한국 초기사 연구

고대의 조선과 한국

한국 초기사 연구

고대의 조선과 한국

초판 1쇄 발행 2024년 3월 14일
초판 2쇄 발행 2025년 1월 20일

—

지은이 박대재
펴낸이 이방원

책임편집 이희도   **책임디자인** 손경화
마케팅 최성수 · 김 준   **경영지원** 이병은

—

펴낸곳 세창출판사
　　　신고번호 제1990-000013호   **주소** 03736 서울시 서대문구 경기대로 58 경기빌딩 602호
　　　전화 02-723-8660   **팩스** 02-720-4579
　　　이메일 edit@sechangpub.co.kr   **홈페이지** http://www.sechangpub.co.kr
　　　블로그 blog.naver.com/scpc1992   **페이스북** fb.me/Sechangofficial   **인스타그램** @sechang_official

—

ISBN 979-11-6684-306-8 93910

한국 초기사 연구

고대의 조선과 한국

박대재 지음

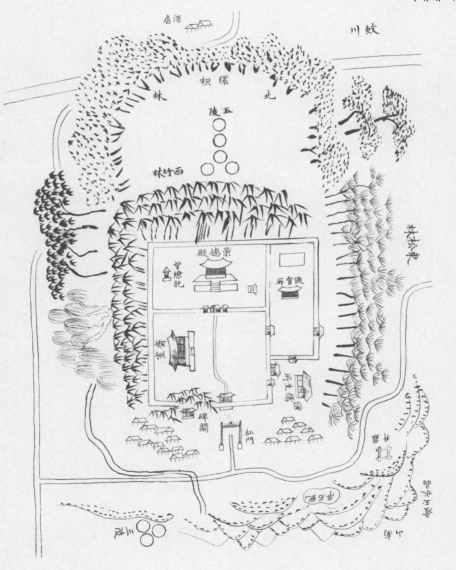

세창출판사

책머리에

　이 책은 필자가 2010년부터 썼던 한국의 초기국가에 관한 글들을 모은 것이다. 고조선에 관한 글이 여덟 편이고, 삼한에 관한 글이 다섯 편이다. 서장과 결장에는 초기국가와 고대의 시대 구분에 관한 총론 두 편을 실었다. 서언은 이 책의 개요와 요지를 서술한 것이다. 고조선·삼한과 함께 한국의 초기국가로 이해되는 부여는 이 책에서 다루지 못했다. 부여의 왕위 계승에 관한 글이 있었으나 여기에 넣지 않고 추후 연구를 통해 진전된 성과를 종합하여 보완하고자 한다.

　이 책의 주요 내용은 필자의 첫 번째 저서인 『의식과 전쟁─고대 국가를 바라보는 새로운 시각』(2003)에서 제기했던 문제의식을 자세하게 풀어서 쓴 것들이다. 필자는 위 책에서 4세기 이후 중앙집권적 지배체제를 갖춘 일원적 구조의 국가만을 고대국가로 규정하는 국내 학계의 경향을 비판하며, 분권적(중층적) 구조의 초기국가를 고대의 주된 국가 형태로 볼 것을 제안하였다. 필자의 두 번째 저서인 『고대한국 초기국가의 왕과 전쟁』(2006)에서 초기국가의 형성 문제를 고찰하였으나 초기국가의 구조 문제는 다루지 못하였다. 이 책은 초기국가의 구조 문제에 초점을 맞춰 썼던 그 이후의 글들을 중심으로 엮은 것이다.

　II장 단군과 기자의 조선에 관한 글들은 부제(신화와 역사의 경계)에서 보듯이, 엄밀히 말해 초기국가 단계의 고조선과 관련된 내용은 아니다. 하지만 단군과 기자는 전통적인 한국인의 역사의식에서 큰 자리를 차지한다는 점을 고려한다면 초기사 서술에서 빠트릴 수 없는 존재이다. 초기사는 고대사보다 좀 더 넓은 의미로 신화와 역사의 경계에 있는 단군과 기자의 시대까지 포괄한 개념이다.

필자의 세 번째 저서인 『중국 고문헌에 나타난 고대 조선과 예맥』(2013)에서는 선진(先秦) 문헌에 나타난 예맥·한·조선의 기록에 대해 살펴보았다. 고조선과 삼한에 관해서는 전하는 문헌 기록이 매우 단편적이어서 연구에 한계가 많다. 이에 초기사 연구에서는 문헌 외에 고고학 자료와 인류학 이론 등을 필수적으로 참고해야 한다. 이 책에서는 문헌 사료와 함께 출토 문자 자료 및 초기국가에 관한 이론을 원용해서 고조선과 백제·신라·가야 초기(삼한)의 국가 형태를 살펴보았다.

남과 북으로 분단된 현실로 인해 초기사 연구에는 많은 어려움이 있다. 고조선 유적 대부분이 북쪽에 있는 상황에서, 남쪽에서 고조선을 연구하는 것은 어찌 보면 공론처럼 보일 수 있다. 남과 북이 각자 한국(삼한)과 조선(고조선)을 중심으로 초기사를 바라보는 것도 당연한 현상인지도 모른다.

하지만 고구려를 삼한에 포함해 보는 삼한일통론(三韓一統論)이나, 고조선과 삼한을 연결해 보는 삼한정통론(三韓正統論) 및 전후삼한설(前後三韓說)에서 보듯이 북과 남의 역사를 하나로 엮어 보는 역사의식은 오래된 전통이다. 고조선과 삼한은 시·공간적으로 분리된 것처럼 보이지만 사료 속에서는 복합적인 맥락으로 연결되어 있다. 『삼국사기』와 『삼국유사』에서 고조선의 고지인 평양 일대가 마한의 지역으로 이해되고, 신라의 기원인 진한은 고조선유민들에 의해 이루어진 것으로 나타난다.

역사 연구에서는 현재로부터의 대화 못지않게 과거로부터의 전통도 중요하게 고려되어야 한다. 이런 면에서 역사는 전통의 현재화라고도 할 수 있다. 초기사는 가장 오래된 역사라는 점에서 현재화가 가장 여러 번 이루어졌다. 북한의 단군릉 발굴이나 남한의 가야사 복원 사업에서 보듯이 초기사의 재인식은 현재에도 진행 중이다. 초기사의 시간은 과거에 고정되어 있지 않고 역사를 통해 현재와 연결되어 있다. 이 책에서 시기마다 재인식되어 온 초기사의 다층성을 확인할 수 있을 것이다.

필자는 이탈리아와 프랑스를 방문한 연구년 동안 이 책의 발간 작업에 집중할 수 있었다. 필자를 초청해 준 나폴리동양대학교 안드레아 데 베네디티스(Andrea De Benedittis) 교수와 파리시테대학교 야닉 부루너통(Yannick Bruneton) 교수께 심심한 감사를 드린다. 기왕의 논문에 있던 오탈자나 오독의 소지가 있는 부분을 바로잡았다. 교정에 필요한 자료를 편하게 이용할 수 있도록 도와준 콜레주 드 프랑스 한국학도서관 사서분들의 고마움도 잊을 수 없다. 끝으로 많은 분량의 원고를 꼼꼼히 읽고 정리해 준 출판사 편집자의 노고를 위로하고 싶다.

파리에서 박대재 序

서언

　아직 '초기사'란 용어는 생소한 편이다. 일반적으로 고대·중세·근대로 역사 시기를 구분하면서 고대사라 칭하는 경우가 많기 때문이다. 고대는 1880년대 후반 일본에서 영어의 'ancient'를 한자로 번역하면서 쓰기 시작하였다. 일본에서는 헤이안시대부터 고대란 용어를 사용하였지만, 한국이나 중국에서는 고대를 쓰지 않고 상대(上代)나 상고(上古)로 표현하였다. 상대나 상고는 일본에서도 사용했던 동아시아의 보편적인 용어였다.

　상(上) 자를 쓰는 상대나 상고는 옛 시대를 숭상한 상고주의(尚古主義)에서 나온 것이다. 중국의 하·상(은)·주 삼대를 이상적 시대로 생각한 송대의 유학자들과 마찬가지로 이탈리아 르네상스 시기의 인문학자들도 고대 그리스와 로마시대를 회복해야 할 완전한 시대라고 믿었다. 암흑시대로 간주한 중세를 경계로 고전 고대와 근세 문예부흥의 시대로 구분한 것도 르네상스 시기부터였다. 상대·상고·고대는 모두 상고주의에서 나온 용어라 할 수 있다.

　고대는 과연 완전하고 이상적인 시대인가? 19세기 말 사회(문화)진화론 등장 이후 고대는 원시에서 갓 벗어난 문명의 초기로 문물제도의 발달이 가장 미숙했던 원시사회에 가까운 단계로 이해된다. 중세가 더 이상 암흑시대로 인식되지 않듯이 고대도 완전한 이상사회가 아니다. 고대는 인류의 역사에서 문명의 발달이 가장 미숙했던 초기에 해당한다. 인류 역사에서 초기는 진전된 문물제도와 중앙집권적인 정치체제를 갖춘 성숙한 국가(mature state) 이전에 있었던 초기국가(early state)의 시대이기도 하다.

초기국가는 일원적인 관료제도나 지방제도를 갖추지 못한 미숙한 단계의 국가로 중앙의 귀족이나 지방의 수장이 왕권을 제약할 수 있는 구조적 특징을 갖고 있다. 인류 문명 초기의 국가들은 대부분 이와 같은 중층적이고 분산적인 구조로 이루어져 있었다. 고대 메소포타미아의 수메르나 중국의 하나라는 여러 도시나 읍들의 복합으로 이루어진 대표적인 초기국가이다. 한국사 최초의 국가인 고조선도 중앙집권체제를 갖추지 못한 초기국가였다. 고조선의 초기국가적 성격은 이 책의 III-1장에서 검토하였다.

고조선의 초기국가적 구조는 부여를 거쳐 삼한까지 이어졌다. 이는 부여에 제가들이 다스린 사출도가 존재한 것이나, 삼한이 여러 개의 국으로 이루어진 복합사회였다는 점을 통해 알 수 있다. 이에 고조선·부여·삼한을 묶어 초기국가라고 부르기도 한다. 고조선·부여·삼한을 초기국가로 규정하는 것은 고구려·백제·신라 등 삼국을 중앙집권체제를 갖춘 성숙한 고대국가로 보는 시각과 연계되어 있다.

하지만 삼국도 미숙한 초기국가에서 출발하였으며, 삼국이 실제로 중앙집권체제를 갖추게 된 것은 6세기 이후에 가서야 가능하였다. 성숙한 중앙집권국가에는 일원적인 관료제도·지방제도·조세제도 등이 정비되어 있어야 한다. 삼국에서 이들 제도가 시행되기 시작한 것은 삼국 간의 영역 쟁탈전이 본격화된 6세기 중엽에 이르러서이다. 5세기 말과 6세기 전반에 부여와 가야 제국이 멸망하면서 삼국이 국경을 접하고 쟁패한 명실상부한 삼국시대가 열렸다. 6세기 이후 삼국은 전쟁에 필요한 인적·물적 자원의 체계적인 확보를 위해 중앙집권체제를 지향하게 되었다. 이런 맥락에서 보면 삼국 시기의 대부분은 초기국가의 시대에 속한다고 볼 수 있다. 초기국가의 개념과 적용 문제는 이 책의 I장과 V장에서 자세히 검토하였다.

한국의 역사가 고조선에서부터 시작하였다는 것은 현재 일반적인 상식이다. 하지만 414년에 세워진 광개토왕비에는 고구려가 북부여에서 나왔다고 기록되어 있다. 부여의 건국 신화에서도 고조선의 흔적은 보이지 않는다. 『삼국사기』나 『삼국유사』에 백제의 건국 시조는 부여나 고구려에서 내려온 유이민 출신으로 보인다. 고조선의 존재가 역사적으로 크게 부각하지 못한 것이다.

현재 남아 있는 사료에 의하면 고조선이 우리 역사의 기원으로 주목받기 시작한 것은 고려시대에 들어와서이다. 12세기에 편찬된 『삼국사기』에서는 기자조선을 해동 역사의 기원으로 보았고, 13세기에 편찬된 『삼국유사』나 『제왕운기』에서는 단군의 고조선(전조선)을 국사의 시원으로 보았다. 그 이전에 편찬된 「고기」(古記)에 단군과 고조선이 기록되었지만, 원전이 전하지 않아서 편찬 시기나 성격에 불명확한 부분이 많다. 이런 점에서 「고기」에 대한 연구는 한국사의 시원을 밝히는 데 중요한 출발점이라 할 수 있다.

『제왕운기』나 『삼국유사』에 인용된 「고기」에서는 단군을 중국의 전설적인 제왕인 요(堯)와 비교하며 단군과 요가 무진년 같은 해에 나라를 세웠다고 하였다. 우리 역사를 중국 역사와 나란하게 보는 역사 인식 위에서 단군의 존재가 주목된 것이다. 그 연장선상에서 15세기에 편찬된 『동국통감』에서는 단군 원년을 요 25년 무진년으로 고쳐 비정하게 되었다. 단군 원년을 기원전 2333년으로 보는 단군기원(단기)은 이런 과정을 통해 형성되었다. 단기에 대한 인식의 형성 과정과 「고기」의 성격은 이 책의 Ⅱ-1장에서 자세히 서술하였다.

한국사의 국가들이 모두 단군의 고조선에서 나왔다고 보는 인식도 단기와 마찬가지로 고려시대에 형성된 것이다. 기자조선의 준왕이 위만에게 쫓기어 남쪽으로 내려와 마한을 세웠다고 하는 중국 사서의 준왕남래설을 사실로 받아들이면서 삼한도 고조선으로부터 기원하였다고 보았다. 고조선 지역에 세워진 고구려·동예·옥저뿐만 아니라 삼한 지역의 백제·신라·가야까지도 모두 단군의 후예로 인식한 것이다. 그러나 준왕남래설은 『삼국지』 동이전에서 기자동래설을 부연하여 만든 중화주의적인 사화(史話)에 불과하다. 기자동래설 및 준왕남래설의 사료적 문제와 배경에 대해선 이 책의 Ⅱ-2~4장에서 검토하였다.

준왕을 연결 고리로 고조선과 삼한을 계승 관계로 보는 역사 인식은 조선시대에 삼한정통론의 형태로 전개되기도 하였다. 삼한(마한)이 고조선(기자조선)의 정통성을 계승하였다고 보는 삼한정통론은 신라가 삼한, 즉 삼국을 통일했다고 보는 삼한일통론과 궤를 같이한다. 고구려도 삼한에 포함해 보는 삼한일통론은 신라 중심의 역사 인식으로 통일신라의 개념도 여기서 파생한 것이다. 이러한 역사 인식에 기초해 삼조선(단군조선·기자조선·위만조선)-삼한-삼국-신라로 이어지는 고대사의 기본 체계가 조선 전기에 정립되었다.

고조선 용어는 고려 후기에 편찬된 『삼국유사』에서 보여 조선시대 이전부터 사용하였음을 알 수 있다. 『삼국유사』의 고조선은 위만조선보다 오래된 조선이란 의미로 왕검조선, 즉 단군조선을 가리킨다. 이는 조선시대 이후 단군·기자·위만의 삼조선을 고조선이라 부르는 것과 다르다. 근대 이후 기자동래설이 비판되면서 기자조선의 실체는 한씨조선·예맥조선·한조선·후조선 등으로 달리 불리고 있지만, 고조선사의 전개 과정을 3단계로 보는 것은 여전히 통설처럼 받아들여지고 있다. 기자조선의 실재를 부정하면서도 그 단계는 인정하는 삼조선설의 형성 과정과 문제점에 대해선 이 책의 Ⅲ-4장에서 검토하였다.

삼한을 고조선이나 고구려와 연결해 보는 역사 인식에 문제를 제기한 것은 17세기 한백겸의 『동국지리지』에 이르러서이다. 한백겸은 한강을 기준으로 고조선과 고구려의 지역은 북쪽에, 삼한과 신라·백제·가야의 지역은 남쪽에 구분해 비정하면서 국사의 전개를 이원적인 맥락에서 파악하였다. 이러한 역사 지리 인식이 정약용이나 유득공과 같은 조선 후기 실학자들에게 받아들여지면서 가야나 발해에 대한 새로운 이해가 심화하게 되었다. 가야의 역사를 변한과 연결해 파악하고, 신라와 발해를 남북국으로 인식하게 된 것이다.

기원전 108년 위만조선 멸망 이후 그 유민이 남쪽으로 내려와 마한·진한·변한 등 삼한의 형성에 영향을 끼친 것은 분명하지만, 삼한의 근간은 그에 앞서 있었던 진국(辰國) 등 토착적인 여러 국[衆國]에서 유래하였다. 진국은 위만조선과 같은 시기에 세형동검 및 초기 철기 문화를 기반으로 하고 있던 남한 지역의 대표적인 정치체이다. 진국은 금강유역에 위치한 것으로 추정되며, 그 지역은 이후 마한의 대표 세력인 진왕(辰王)의 정치적 기반이 되었다. 마한의 기원은 기자조선의 준왕이 아니라 진국에서 찾아야 하는 것이다.

『삼국지』동이전에서는 진한의 기원조차 중국 진나라 유민들에 의한 것으로 기록하였다. 한편『삼국사기』에서는 고조선유민들이 내려와 진한 6부(6촌)를 이루었다고 하였다. 진한 지역에 고조선의 유민이나 문화가 유입된 것은 분명해 보이지만, 진한사회의 근간은 마한과 마찬가지로 토착적인 세형동검 문화에 기반하고 있었다고 보아야 한다. 진한과 의복·거처·언어·법속 등이 비슷하였던 변한사회도 마찬가지이다. 삼한의 기원을 중국이나 고조선과 연결해 보는 것은 중화주의나 국조론(國祖論)과 같은 일원론적인 역사의식에서 나온 것이라 할 수 있다. 삼한의 기원과 그로부터 백제·신라·가야의 초기국가가 형성되는 과정은 이 책의 IV장에서 살펴보았다.

고조선이 한국사에서 최초의 국가인 점은 분명하지만, 그 후의 초기국가가 모두 고조선에서 나왔다고 보는 것은 사실과 괴리된 역사적 담론에 불과하다. 일원론적인 단군국조론은 근대에 이르러 단일민족론의 배경이 되기도 하였다. 단군을 국조로 보는 종족적 내셔널리즘은 일제 강점기를 거치면서 더욱 견고해져 현재까지도 많은 영향을 끼치고 있다.

이 책의 부제인 고대의 조선과 한국은 고조선과 삼한을 의미하는 것이지만, 다른 한편으로 현대 한국(남)과 조선(북)의 고대에 해당하기도 한다. 고조선(조선)과 삼한(한국)의 명칭은 현대에도 남과 북에서 계승되고 있다. 이 책의 내용을 크게 고대의 조선과 한국으로 나누어 구성한 것은 7세기 이전에는 아직 남북 지역을 하나의 체계로 묶어 보는 단일한 역사의식이 형성되어 있지 않았다는 사실과도 관련된다.

한국사에서 일원론적인 역사의식은 신라가 백제와 고구려유민을 통합하기 위해 삼한일통(三韓一統)을 표명하면서부터 등장하였다. 삼국을 아울러 일가(一家)로 규정한 삼한일통적 역사의식은 고려시대『삼국사기』편찬의 배경이 되었고 조선시대를 거쳐 현대까지 이어지며 고대사의 핵심 뼈대가 되고있다. 1970년대 이후 발해사에 대한 재인식이 이루어지면서 남북국시대의개념이 확립되었지만, 다른 한편으로 교과서나 개설서에서는 "남북국시대의통일신라와 발해"라고 표현하는 경우가 많다. 통일신라란 용어가 담고 있는역사의식의 의미를 무시할 수 없기에 모순되지만 절충해 쓰는 것이다.

현전하는 삼한에 대한 가장 오래된 기록인『삼국지』동이전에서는 삼한을'한국'이라 칭하기도 하였다. 삼한은 본래 마한·진한·변한을 가리키는 것이었지만, 7세기 이후에는 고구려·신라·백제의 삼국을 의미하는 대명사로 사용되기도 하였다. 1897년 고종이 선포한 대한제국의 국호도 삼국의 대명사인 삼한의 한에서 따왔으며 이것이 대한민국으로 이어진 것이다.

북한의 국호인 조선은 단군의 고조선에서 유래한 것이다. 북한은 1993년단군릉 발굴 이후 평양이 단군조선 이래 고조선의 중심지였음을 강조하고있다. 그전까지는 고조선의 중심지가 중국의 요동 지역에 있었다고 보다가평양의 역사적 유구성을 표명하기 위해 기존의 견해를 뒤집은 것이다. 고조선의 영역과 중심지에 대해서는 아직 학계에 정설이 없는 실정이다. 이에 대해서는 Ⅲ-2~3장에서 자세히 검토해 보았다.

고조선의 역사적 실체는 한국사의 시원과 관련하여 분명히 중요한 문제이다. 하지만 고조선에서만 한국사의 기원을 찾는 것은 역사의 한쪽 갈래만보는 것이다. 한국 초기사의 전개 과정을 고조선 중심의 일원론적인 맥락에서 벗어나 재구성해 보려는 것이 이 책의 또 다른 목적이다. 고조선과 삼한의 역사적 위치는 현재의 남북 분단 현실과 관련해서도 시사점이 있다. 중앙집권적 통일국가를 지향한 신라-고려-조선 왕조가 1200여 년간 이어지면서 단군국조론과 같은 일원론적 역사의식이 화석화된 것은 아닌지 되돌아보아야 한다.

고조선 중심의 일원론적 역사의식에서 벗어나 다양한 기원과 맥락을 통해 한국 초기사의 전개를 살펴볼 필요가 있다. 고조선-삼한과 함께 한국 초기사의 중요한 갈래 중 하나인 부여는 이 책에서 다루지 못하였다. 부여사의 전개 과정은 고구려뿐만 아니라 옥저·동예 등 소위 예맥 계통의 초기사회와 깊은 관련이 있다. 부여의 왕위 계승 및 국가형성과 관련하여 썼던 한 편의 글이 있었으나 여기에 담지 않았다. 부여사에 대해서는 후일 추가 연구를 통해 보완할 수 있기를 기대한다.

차례

IV. 삼한사회의 구조와 국가형성 · 429

V. 결장: 한국의 '고대'와 초기국가 · 619

I.

서장:
국가형성기의 복합사회와
초기국가

1. 머리말

1970~1980년대에 한국 고대의 국가형성에 대한 연구가 많이 축적되었지만,[1] 1990년대 이후로는 이론적 논의 외에 연구가 눈에 띄게 줄어들었다.[2] 그것은 국가형성에 대한 연구가 완결되었다기보다 이론에 대한 논쟁과 한국사 적용 여부의 혼란 속에서 연구가 유보되었기 때문이었다.

국가형성에 대한 기왕의 연구 성과를 통해 부족국가나 성읍국가의 개념에 여러 문제점이 있음은 비교적 공감되고 있는 듯하다. 그 대신 엘만 서비스(E. R. Service)가 일반화한 신진화론의 발전 단계(band-tribe-chiefdom-state) 중 치프덤(chiefdom) 개념이 군장사회, 족장사회 등으로 번역, 수용되면서 삼한의 국(國)과 같은 일정 영역의 정치체로서 아직 국가(state) 단계에는 이르지 못한 사회를 이해하는 데 적용되고 있다.[3]

또한 기존 부족국가론의 부족 연맹 단계를 부체제(部體制)로 새롭게 이해하면서 고대국가 직전 단계로 설정하는 견해가 고대사학계를 중심으로 비교적 폭넓게 받아들여지고 있다.[4] 최근에는 부체제를 '초기고대국가'로 개념화하면서 중앙집권적인 성숙한 고대국가와 계기적으로 이해하려는 시각도 제기

---

1 한국고대사연구회 편, 1990, 『한국 고대국가의 형성』, 민음사.

2 최몽룡·최성락 편, 1997, 『한국고대국가형성론-고고학상으로 본 국가-』, 서울대학교출판부; 이성주, 2000, 「한국 국가형성론에 대한 이론적 논의」, 『동아시아 1~3세기의 고고학』, 국립문화재연구소.

3 김정배, 1986, 『한국고대의 국가기원과 형성』, 고려대학교 출판부; 1997, 「초기국가의 성격」, 『한국사』 4, 국사편찬위원회.

4 노태돈, 2000, 「삼국시대의 부와 부체제-부체제론 비판에 대한 재검토-」, 『한국고대사의 이론과 쟁점』, 집문당.

되었다.[5]

한편 최근 고고학계를 중심으로 국가형성과 밀접한 관련이 있는 '복합사회'에 대한 연구가 활발하게 진행되고 있다.[6] 국내 학계에서 복합사회에 대한 검토는 1990년대 초 가야고고학 방면에서부터 시도된 듯하다.[7] 이와 비슷한 시기에 복합사회의 출현을 청동기시대 지석묘사회에 적용시켜 본 연구도 있었다.[8]

복합(complexity)이란 개인이나 집단 사이의 상호 관계가 평등하지 않은, 즉 계급, 계층, 또는 다른 형식의 신분 차이와 같은 사회적 차별과 차등이 존재하는 사회 구조를 서술하는 데 사용된다. 종종 소규모 유목 무리(band) 수준의 사회조직을 넘어서는 거의 모든 유형의 사회조직 형태를 복합사회라 지칭하기도 하지만, 대체로 엄밀하게는 엘리트와 계급 또는 계층을 구성하는 집단들 사이에 영속적인 사회적 불평등 또는 귀속 신분의 차이가 존재하는 사회에 국한하여 사용한다. 다른 한편 문명(civilization)의 대체 용어로 사용되기도 하지만, 복합이란 개념에는 도시화(urbanization)가 함축되어 있지 않다. 복합은 분리된 단계 내지 범주라기보다는 정도로서 또는 연속선상에 있는 일련의 과정으로 생각되는 상대적인 현상으로 이해된다.[9]

복합의 정도에 따라 단순사회와 복합사회를 구별하게 되는데, 구성단위들이 서로 동질적인 사회를 평등사회 내지는 단순사회라 한다면, 상대적으로

---

5   김태식, 2003, 「초기고대국가론」, 『강좌 한국고대사』 2, 가락국사적개발연구원.

6   강봉원, 1998, 「한국 고대 복합사회 연구에 있어서 신진화론의 적용 문제 및 '국가' 단계 사회 파악을 위한 고고학적 방법론」, 『한국상고사학보』 28; 김경택, 2004, 「韓國 複合社會 硏究의 批判的 檢討와 展望」, 『한국상고사학보』 44; 오강원, 2012, 「동북아시아 속의 한국 청동기문화권과 복합사회의 출현」, 『동양학』 51.

7   Kwon Hak-Soo, 1992, 「Evolution of Social Complexity in Kaya, Korea」, 『한국상고사학보』 10.

8   S. N. Rhee, M. L. Choi, 1992, "Emergence of Complex Society in Prehistoric Korea," *Journal of World Prehistory* vol.6-1.

9   M. R. Mignon, 2006, 『고고학의 이론과 방법론-고고학의 주요 개념들-』, 김경택 역, 주류성, 157~159쪽(M. R. Mignon, 1993, *Dictionary of Concepts in Archaeology*, Westport: Greenwood).

사회적 차별, 즉 불평등이 존재하고, 그 구성단위들이 서로 이질적인 사회를 복합사회라 할 수 있다. 일반적으로 신진화론의 서열사회(ranked society) 또는 치프덤 이후를 복합사회로 인식하고 있다.[10] 즉 군장사회와 국가 단계가 복합사회의 범주에 들어간다고 이해된다.

다른 한편 복합 정도에 따라 사회 형태를 3단계로 나누어 보기도 한다. 무리사회(이동 수렵채집사회), 중간사회(부족사회, 군장사회), 복합사회(국가, 제국)로 구분해 보는 것이다.[11] 이에 따르면 복합사회는 국가 단계에만 해당된다. 이 것은 군장사회와 국가를 묶어 보는 복합사회론과 비교해 좁은 의미의 복합사회론이라고 할 수 있다. 그러나 군장사회의 군장은 정치적 측면에서 부족사회보다는 국가 단계 지배자의 성격에 더 근접해 있다.[12] 따라서 여기서는 군장사회와 국가를 묶어 넓은 의미의 복합사회로 서술하고자 한다.

복합사회인 치프덤(군장사회)이 국가로 전환되는 과정을 명확하게 규명하는 데는 어려움이 많다. 그 주된 이유는 군장사회와 국가가 모두 복합사회의 범주에 있기 때문이며, 특히 군장사회의 발전된 형태인 복합 군장사회와 국가 간에는 상사점이 너무나 많기 때문이다. 이러한 이유에서 일부 학자들은 복합 군장사회는 이미 국가의 제 요소와 형태를 모두 갖추고 있다고 주장한다.

대표적으로 신진화론의 모델을 완성한 엘만 서비스조차도 군장사회와 국가를 고고학적으로 구분하기란 매우 어려우며, 양자의 차이는 다만 상대적인 문제로, 정도 차이에 불과한 것이라고 인정하였다.[13] 즉 군장사회와 국가는 크고 작음, 혹은 단순하고 복합적인 면에서의 차이점 외에는 특별한 구분

---

[10] 최성락, 1997, 「全南地方에서 複合社會의 出現」, 『한국고대국가형성론』, 119~122쪽.

[11] M. B. Schiffer, 2000, "Social Theory in Archaeology: Building Bridges," *Social Theory in Archaeology*, Salt Lake City: University of Utah Press, p.4.

[12] 테드 류웰린, 1998, 『정치인류학』(제2판), 한경구, 임봉길 역, 일조각.

[13] E. R. Service, 1975, *Origins of the State and Civilization: The Process of Cultural Evolution*, New York: W. W. Norton and Co., pp.303~308.

요소가 없다는 것이다. 신진화론에 따르면 군장사회와 비교하여 국가가 지니는 차이점이란 '권력의 독점'과 '혈통 관계의 희박성', 그리고 '사회적 복합성'의 정도 차이 외에는 별다른 것이 없다고 할 수 있다. 세 가지 기준 중 혈통 관계 문제는 한국을 포함한 고대 동아시아에는 적용할 수 없는 것으로, 국가를 혈통 관계를 초월한 사회 정치체제로 국한한다면 고구려, 백제, 신라 등의 고대국가들은 모두 군장사회로 간주해야 된다. 이런 이유 때문에 한국 고대국가의 정의에서 혈통 관계를 거론하는 것은 타당성이 없다고 이해된다.[14]

사회적 복합성의 정도 차이는 상대적인 것으로, 군장사회나 국가 모두 복합사회의 범주에 있다는 점에서 구분하기 어려운 조건이다. 따라서 위의 세 가지 조건 중 혈연 관계와 사회적 복합도를 제외하면 군장사회와 국가 사이의 차이는 실질적으로 '권력 독점'의 문제에 국한해 볼 수밖에 없다고 하겠다. 정치인류학에서 군장사회와 국가는 모두 중앙집권화된 사회로 이해된다.[15] 정치적 복합도와 지속성의 차이가 있을 뿐 군장사회와 국가는 넓은 의미에서 중앙집권적 사회의 범주에 있다는 것이다. 중앙집권도의 획기적 구분은 군장사회에서 국가로 전환하면서 나타나는 권력의 독점화 현상, 즉 독점적 권력자인 왕(king)이 등장하는 것으로 표상되며 왕권의 출현 과정은 국가의 형성 과정이라고 할 수 있다.[16] 따라서 복합사회에서 독점적이고 지속적인 왕권이 형성되는 과정을 통해 군장사회에서 국가로의 전환을 이해할 수 있을 것이다.

국내 학계의 국가형성 연구에는 아직까지도 과거 부족연맹설의 영향이 많이 남아 있다. 고대국가 직전 단계에 연맹왕국,[17] 소국연맹체[18] 등 '연맹' 단계

---

14 이송래, 1989, 「국가의 정의와 고고학적 판단 기준」, 『한국상고사』, 민음사, 104~108쪽.

15 테드 류웰린, 1998, 앞의 책, 52~63쪽.

16 박대재, 2006, 『고대한국 초기국가의 왕과 전쟁』, 경인문화사, 36~44쪽.

17 이기백·이기동, 1982, 「城邑國家와 聯盟王國」, 『한국사강좌』 I(고대편), 일조각.

18 이현혜, 1984, 『삼한사회형성과정연구』, 일조각; 이종욱, 1989, 「韓國 初期國家의 形成·發展段階」, 『한국사연구』 67.

를 설정하는 시각은 물론이고, 부체제설 역시 기존의 연맹이라는 막연한 개념에서 벗어나 삼국 초기의 내부 구조를 여러 부(部)의 연합체로 이해한다는 점에서 넓게 보아 부족연맹설의 연장선상에 있다고 할 수 있다.[19] 그러나 연맹이란 개념이 가지는 모호성과 발전 단계로서의 부적합성에 대해서는 그동안 적지 않은 비판이 있었다.

국내 대부분의 국가형성 연구는 연맹의 단계를 꼭 거쳐야 하는 것처럼 이해하고 있다. 연맹이라는 개념은 19세기 루이스 헨리 모건(L. H. Morgen)의 부족연맹(confederacy of tribes)에서 나온 것인데, 고대 한국의 국가형성 연구에서 과연 유효한 것인지 의문이다. 연맹은 집단 간의 연합 관계를 기본으로 하는 것으로 사회 진화의 한 단계로 보기에는 부적합한 면이 있다. 부족 간의 연맹, 군장사회 간의 연맹, 도시 간의 연맹, 국가 간의 연맹 등 연맹은 어느 단계에서나 있을 수 있는 집단 간의 관계로 그것이 하나의 발전 단계가 될 수는 없는 것이다.

연맹이나 연합 관계를 기초로 사회가 한 단계 더 발전한다는 것은 근대 사회계약설 이후 전통적인 패러다임이지만, 국가형성이 반드시 집단 간의 연맹이나 연합을 통해서만 이루어지는 것은 아니다. 브럼필(E. M. Brumfiel)[20]은 사회 변형의 추동력으로 능동적인 집단 간의 경쟁을 강조하고 있다. 집단 경쟁(factional competition) 이론은 일정 사회 내 분포하는 집단 또는 같은 계급 내의 다른 집단들이 전략적인 자원의 획득과 분배를 놓고 경쟁하는 과정에서 사회 변동이 일어난다고 보는 것이다. 브럼필의 집단 경쟁 이론은 한 사회 내지 계급 내의 집단 간 경쟁에 의해 사회 변동이 발생한다고 보는 것이지만, 이것을 사회 외적 관계로 확대해 보면 다른 사회 집단 간의 경쟁에 의해 더

19 최광식, 2006, 「한국의 고대국가형성론」, 『한국고대사입문』 1, 신서원.

20 E. M. Brumfiel, J. W. Fox (eds.), 1994, *Factional Competition and Political Development in the New World*, Cambridge: Cambridge University Press.

큰 사회로 전환하는 사회 변동의 발전상을 이해할 수도 있다.[21]

고대 한국의 국가형성 과정은 역사적으로 보아 고구려의 주변국(행인국, 북옥저, 양맥, 개마국 등) 정복, 백제 온조왕과 마한 왕 사이의 갈등, 음즙벌국과 실직국의 강역 경쟁 및 그를 둘러싼 신라(사로국)와 가야(구야국)의 갈등, 포상8국의 가라(구야국) 침공 등을 통해 볼 때 연맹보다는 집단 간의 경쟁 내지 갈등에 의해서 복합사회가 변화(통합)되었을 가능성이 더 높다. 마르크스주의 등 기존의 갈등론적 국가형성론에서는 사회의 내적 계급 갈등에 주목해 보았지만, 사회 외적, 즉 집단(공동체) 간의 갈등을 통해 국가형성의 과정을 이해할 수 있는 것이다.

삼한과 같이 서로 다른 수준의 지역공동체(국)가 혼재되어 있던 사회의 국가형성을 고찰하는 데 군장사회와 국가 단계를 '복합사회'라는 개념으로 묶어 그 연속적인 발전 과정을 살펴보는 것은 유효한 접근 방식이다. 복합사회 내부에서 권력 독점화에 의해 등장한 왕권이 외부적으로 다른 복합사회와의 경쟁에서 우위를 차지해 가는 과정이나 방식을 통해서 군장사회로부터 국가로의 전환 과정을 밝힐 수 있을 것이다.

이 글에서는 국가형성 연구에서 여전히 "의미 있는 패러다임"으로 가장 폭넓게 받아들여지고 있는[22] 신진화론의 발전 단계설을 바탕으로 하면서, 최근 세계 학계에서 군장사회와 성숙한 고대국가 사이 중간 단계의 복합사회로 설정되고 있는 '초기국가'(early state)[23]의 성격을 검토하고자 한다. 그리고 초기국가의 개념을 한국 고대사에 적용해 국가형성 과정을 좀 더 가시적으로 설명해 보고자 한다. 특히 초기국가 단계의 중심에 있었던 왕권과 그 주변 지역 복합사회의 상호 관계에서 나타나는 공납제적 지배 구조에 초점을 맞춰

---

21 이성주, 2016,「王權에 대한 考古學的 論議」,『영남고고학회 학술워크샵』, 영남고고학회, 39쪽.

22 M. B. Schiffer, 2000, op. cit., vii.

23 최근 고고학계의 '초기국가'에 대한 논의는 김대환, 2016,「한반도 국가형성론에서 '초기국가'의 제안」,『영남고고학회 학술워크샵』, 영남고고학회, 57~78쪽을 참조하라.

살펴보게 될 것이다.

2. 초기국가 이론 검토

'초기국가'란 용어가 고대국가 이전의 이른바 원시국가 단계로서 국내 역사학계에서 언급되기 시작한 것은 1970년대 초부터이다. 1971년에 있었던 『월간 신동아』 심포지엄 "토론-한국사의 쟁점"에서 부족국가, 도시국가, 읍제국가 등의 개념이 고대국가에 선행하는 원초적 형태의 원시국가로서 몇몇 연구자에 의해 '초기국가'로 호칭되었다.[24] 당시 이 용어가 선택된 것은 고구려, 백제, 신라 등 삼국을 그 초기부터 '고대국가'로 보기 어렵다는 공감대에서 출발한 것이었다.

그 후 국내에서 초기국가란 용어가 보다 본격적으로 사용되기 시작한 것은 고고학계에서부터이다. 1974년 윤용진은 수 개의 세력 집단에 의해서 구성되어 왔던 취락 집단을 붕괴시키고 하나의 세력 집단이 영도하는 사회를 초기국가사회라고 보면서, 대구 지역의 초기국가(소국가, 지방국가)는 4~5세기 사이에 석곽묘에서 석실묘로 전환되면서 형성되고, 5세기 말 내지 6세기 초 신라에 병합되면서 소멸하게 된다고 이해하였다.[25] 『삼국지』 동이전 한(韓)조에 보이는 각 지역의 소국을 거론하면서, 이것을 초기국가 또는 지방국가로 해석한 것이다.

한편 역사학계에서 초기국가란 용어가 사용된 것은 1977년 전해종의 논문에서부터인 듯하다.[26] '초기국가와 국가체제'라는 장 제목 아래에서 율령제

---

24 천관우 편, 1975,『한국상고사의 쟁점』, 일조각, 231~232쪽.

25 윤용진, 1974,「大邱의 初期國家 形成過程-考古學的 資料를 中心으로-」,『동양문화연구』1, 경북대학교 동양문화연구소, 12~13쪽.

26 이에 앞서 일본 학계의 井上秀雄은 1976,「朝鮮の初期國家-三世紀の夫餘國-」,『日本文化硏究所 硏

성립 이전 시기를 초기국가로 파악하고, 흔히 도시국가 또는 성읍국가라는 말로 불리는 단계라고 보면서 역시 『삼국지』 동이전 한조의 여러 소국을 그 예로 거론하였다.[27]

이와 같이 1970년대에 들어와 국가형성에 대한 논의가 시작되면서 초기국 가는 고대국가의 전 단계로서 부족국가, 도시국가, 성읍국가 등 원시적인 국 가 형태를 가리키는 용어로 사용되었다. 그러나 부족국가와 성읍국가 용어 는 국가 단계 이전 사회에 '국가'라는 용어를 붙임으로써 국가형성 과정을 이 해하는 데 많은 혼선을 야기했다는 비판을 받았다. 현재 학계에서는 부족국 가라는 용어를 거의 사용하지 않고 있으며, 성읍국가의 개념 역시 일각에서 만 언급되고 있다.

성읍국가라는 용어는 성곽이 있는 읍을 중심으로 한 국가 형태라고 하겠 는데, 『삼국지』 동이전 한조에는 마한에 성곽이 없다고 하거니와,[28] 『삼국사 기』의 용례[29]에 의하면 성읍은 중앙에 대비되는 지방의 의미로 많이 사용되 었기 때문에 삼한 내지 삼국 초기의 국가 형태를 성읍국가라고 부르는 것은 적절치 않다.

한편 일본 학계에서는 국내 학계[30]와 마찬가지로 삼국의 국가형성을 다루 면서 초기국가와 함께 원시국가란 용어를 종종 사용한다. 대표적으로 이노

究報告』12, 東北大学文学部日本文化研究所, 65~79쪽에서 권력적인 측면과 원시적인 측면을 아 울러 가지고 있던 부여왕(夫餘王)이 귀족연합체제에 의해 공립(共立)되던 3세기 국가형성기의 부여국을 '초기국가'로 이해한 바 있다.

27 전해종, 1977, 「東亞 古代文化 比較에 관한 序說」, 『韓國學報』 3-2, 中華民國韓國研究學會, 105쪽.

28 『삼국지』 권30 동이전 한, "馬韓在西 其民土著 種植 知蠶桑 作綿布 各有長帥 大者自名爲臣智 其次爲 邑借 散在山海間 無城郭".

29 『삼국사기』 권13 고구려본기1 시조동명성왕 6년, "冬十月 王命烏伊扶芬奴 伐太白山東南荇人國 取 其地爲城邑"; 동 10년, "冬十一月 王命扶尉猒 伐北沃沮滅之 以其地爲城邑"; 『삼국사기』 권14 고구려 본기2 태조대왕 4년, "秋七月 伐東沃沮 取其土地爲城邑 拓境東至滄海 南至薩水".

30 강인구, 1991, 「序文」, 『한국고대국가형성기의 고고학적 연구』, 한국정신문화연구원, 5쪽에 서도 부족국가, 도시국가, 성읍국가 등을 원시국가 형태로 이해하였다.

우에 히데오[井上秀雄]는 소국가군(小國家群)인 삼한이 3세기 후반 진(晉)에 대한 조공을 급격히 증가시키는 것은 국가형성으로의 태동을 보여 주는 것이며, 곧이어 4세기 초 낙랑·대방 2군의 멸망은 마한 제국에서 백제국으로, 진한 제국에서 신라국으로의 국가형성을 촉진하는 역할을 하였다고 보면서, 3~4세기 삼한에서 삼국으로의 전환을 '원시국가'의 형성 과정으로 이해하고 있다.[31]

또한 다케다 유키오[武田幸男]는 삼국의 국가형성 단계를 좀 더 구체적으로 세분해 보면서 초기국가·원시국가의 용어를 사용하였다. 부족국가와 부족연합국가에 해당하는 ① 부족제국가(소국가·초기국가·원시국가) 단계, 지배공동체(5부, 6부)가 재지의 성촌(城村) 공동체를 누층적으로 지배하는 ② 신분제국가(수장제국가) 단계, 신라 통일을 기해 관사제(官司制)가 완성되면서 기존의 신분제국가가 개편된 ③ 관료적 신분제국가-집권국가(集權國家) 단계 등으로 이해하면서, 그것을 각각 '초기국가-고대국가-통일국가'로 표현되는 국가형성의 사적 과정이라고 보았다.[32] 발전 도식에 의하면 수장제국가, 즉 군장사회(chiefdom) 단계보다 앞서 있던 부족사회 단계를 초기국가(원시국가)로 보는 것인데, 이것은 부족국가 용어와 마찬가지로 서로 다른 발전 단계의 사회 형태인 부족(원시)과 국가(문명)가 혼효되어 있는 문제점이 있다. 또한 수장제국가라는 용어 역시 수장사회와 국가가 착종되어 있는 모호한 개념이다.

이와 같은 개념상의 혼란으로 인해 국내 학계에선 초기국가 용어를 부족국가뿐만 아니라 성읍국가, 군장사회에까지 포괄적으로 적용해 사용하고 있다.[33] 이런 맥락에서 1970년대 초부터 진행된 부족국가, 성읍국가, 군장사회

---

31 井上秀雄, 1972, 「原始國家の形成」, 『古代朝鮮』, 日本放送出版協會, 52~68쪽.

32 武田幸男, 1980, 「朝鮮三國の國家形成史」, 『朝鮮史研究會論文集』 17, 41~54쪽. ② 신분제국가(고대국가)의 성립을 고구려에서 4세기, 백제·신라에서 6세기에 이루어진다고 이해한다.

33 이기백, 1985, 「高句麗의 國家形成 問題」, 『한국고대의 국가와 사회』, 역사학회 편, 일조각, 83~90쪽.

와 관련한 일련의 논쟁을 묶어 '초기국가론'이라고 이해하기도 한다.[34] 군장사회를 '군장국가'라고 부르는 시각[35] 역시 '수장제국가' 용어와 마찬가지로 군장사회와 국가 단계를 구분하는 데 혼란을 준다. 최근에도 초기국가 용어는 부족국가, 성읍국가, 군장사회 등 고대국가(삼국시대)의 전 단계 내지 전 시대를 표현할 때 사용되고 있다.[36]

이러한 관행 때문에 외국 학계로부터 국내 학계가 '국가'라는 용어를 인류고고학적 개념과는 근본적으로 다른 방식에서 사용하고 있다는 비판을 받기도 했다. 즉 국내 대부분의 연구자들이 사료에 보이는 정치체인 '국'(國)을 곧 '국가'라고 보면서, 인류학적 개념인 치프덤(chiefdom)과 국가(state) 단계를 구분하지 못하는 문제점이 있다는 것이다.[37]

이상과 같이 국내 학계에는 인류학계에서 일반적으로 국가 이전 단계로 보는 부족국가, 성읍국가, 군장사회 단계를 '초기국가'라고 부르는 입장이 존재하고 있다. 이처럼 국가 이전 단계를 초기국가라고 부르는 연구자들은 그 단계를 원시국가라고 부르기도 하는데, 원시국가란 용어는 부족국가와 마찬가지로 원시(야만) 단계와 국가 단계가 혼효된 문제점이 있다. 원초적인 국가라는 의미에서 명명한다면 원시가 아닌 다른 용어를 선택하는 것이 좋다. 이런 의미에서 인류학계에서는 국가의 초기 단계 내지 유형을 가리키는 개념으로 '초기국가'를 이론화하여 사용하는 것이다.

---

[34] 주보돈, 1990, 「韓國 古代國家 形成에 대한 연구사적 검토」, 『한국 고대국가의 형성』, 민음사; 2002, 「초기국가 형성론」, 『한국 전근대사의 주요 쟁점』, 역사비평사.

[35] 이기동, 1989, 「韓國 古代國家形成史 硏究의 現況과 課題-新進化論의 援用問題를 중심으로-」, 『산운사학』 3.

[36] 문창로, 2000, 『삼한시대의 읍락과 사회』, 신서원, 40~41쪽.

[37] G. L. Barnes, 2001, "Early Korean States: A Review of Historical Interpretation," *State Formation in Korea: Historical and Archaeological Perspectives*, Richmond: Curzon, p.44. 이 글에서는 고대 한국의 국가형성은 3세기 후반(고구려, 백제) 내지 4세기 초(신라)에 이루어졌기 때문에 그 이전 고조선, 삼한, 초기 고구려 단계의 '국'은 치프덤(chiefdom)으로 보아야 옳다고 주장한다(*Ibid.*, p.48).

앞서 본 원시국가론과 달리 국내 학계에서는 다른 차원에서 초기국가 용어를 사용하기도 한다. 1977년 김정배의 논문에서 프리드(M. H. Fried)의 두 가지 국가 유형에 대한 이론을 소개하면서, 초기국가(pristine state)는 그 지역에서 발생, 발전된 것이며, 이차국가(secondary state)는 외부로부터 물리적 힘에 의해서 형성된 국가라고 구분하고, 예맥조선 말기, 즉 늦어도 기원전 4~기원전 3세기에는 군장사회 단계가 아니라 초기국가 단계에 이르렀다고 정리하면서 그다음의 정복국가(이차국가)인 위만조선과 구별해 보았다.[38]

그런데 1982년 논문에서는 초기국가란 용어를 클라선(H. J. M. Claessen)과 스칼릭(P. Skalink)의 *The Early State*[39]를 소개하면서 사용하기도 하였다. 즉 초기국가(early state)의 8가지 조건에 대해 검토하면서, 시초(inchoate)의 초기국가, 전형적인(typical) 초기국가, 변이적인(transitional) 초기국가 등 초기국가의 유형별 특징을 소개하였다.[40] 프리드의 'pristine state'와 클라선의 'early state'를 모두 '초기국가'로 번역한 것이다.

하지만 양자의 개념은 성격이 다르다. 클라선은 근대국가 이전의 국가 형태를, 법적 제도와 사적 소유권이 발달한 성숙국가(mature state) 내지 후기국가(late state) 단계와, 그에 선행하는 호혜적 상호 관계(reciprocity)와 혈연 관계에 기초한 초기국가(early state) 단계로 구분해 보았다. 초기국가는 촌락, 군장사회 등 재래의 집단들로 구성되어 있는데, 그들이 더 이상 통치자의 초자연적 권력에 의존하지 않고 또한 통치자와 구성 집단 사이의 호혜적 의무가 지속되지 않게 되면, 이데올로기적 요소에 기반하고 있던 초기국가는 끝나고 법제적·계급적 소유 관계를 지향하는 성숙국가로 대체된다는 것이다.[41]

---

[38] 김정배, 1977, 「衛滿朝鮮의 國家的 性格」, 『사총』 21·22합; 1986, 앞의 책, 35쪽.

[39] H. J. M. Claessen, P. Skalník (eds.), 1978, *The Early State*, Hague: Mouton Publishers. 이 책은 1973년 미국 시카고에서 개최된 제9회 국제인류학·민족학회에서 발표된 논문들을 묶어 간행한 것이다.

[40] 김정배, 1982, 「國家起源의 諸理論과 그 適用問題」, 『역사학보』 94·95합; 1986, 앞의 책, 186쪽.

[41] H. J. M. Claessen, P. Skalník (eds.), 1978, *op. cit.*, pp.633~634.

클라선은 근대 이전의 국가 구조를 초기국가로부터 성숙국가(후기국가)로 이어지는 장기적인 변화 과정으로 이해하고 있다. 한편 프리드의 'pristine state'는 세계 4대 문명 지역에서 자체적으로 발생한 일차국가(first state)로, 주변 지역에서 그에 영향받고 형성된 이차국가(secondary state)와 구별된다.[42] 물론 프리드가 일차국가로 언급한 고대 이집트나 고대 중국은 클라선의 초기국가 단계에 해당하기도 한다. 그러나 클라선은 성숙국가의 전 단계로서 초기국가를 다루었다면, 프리드는 일차국가와 이차국가를 지속적인 발전 과정이 아니라 별개의 유형으로 보고 있다는 점에서 차이가 난다. 이런 의미에서 프리드의 'pristine state'는 '원초국가' 내지 '일차국가'라고 번역하여 클라선의 초기국가와 구분하는 것이 혼란의 여지가 없다.[43]

클라선이 제시한 초기국가 개념은 앞서 보았던 국내 학계의 부족국가, 성읍국가, 군장사회 단계를 초기국가로 이해하는 원시국가론과 전혀 다른 것이다. 클라선은 초기국가가 그 전 단계인 군장사회와 다른 점을 중앙정부의 결정을 강제할 수 있는 권력과 분열을 방지할 수 있는 권력 등 정당화된 권력(legitimized power)의 발달에서 찾고 있다. 특히 시초(inchoate)의 초기국가 단계에서는 두 가지 정당화된 권력 가운데 특히 전자의 결정 강제력이 후자보다 더 중요하였으며, 그것은 무장된 신하(부하) 조직의 존재에 의해 유지되었지만, 군사적 폭력보다는 합의에 의한 정당화와 지배 정책의 균형에 주로 의존하였다고 한다.[44] 정당화된 권력, 특히 중앙(군주)의 결정을 강제할 수 있는 권력의 존재 여부를 기준으로 초기국가와 군장사회를 구별한 것이다.

최근 클라선은 기존의 연구에 약간의 수정을 더해 다음과 같이 새롭게 초

---

[42] M. H. Fried, 1967, *The Evolution of Political Society: An Essay in Political Anthropology*, New York: Random House, pp. 231~235.

[43] 한편 신진화론의 사례 연구에서 국가의 원형 단계로 'proto-state'라는 용어가 사용되기도 한다(P. C. Salzman, 1978, "The Proto-State in Iranian Baluchistan," *Origins of the State: The Anthropology of Political Evolution*, Philadelphia: Institute for the Study of Human Issues, pp. 125~140).

[44] H. J. M. Claessen, P. Skalník (eds.), 1978, *op. cit.*, pp. 629~633.

기국가에 대한 정의를 규정하고 있다.

초기국가(early state)는 최소 2개의 기본 계층(사회 계급), 즉 지배계급과 피지
배계급—이들의 관계는 전자의 정치적 지배와 후자의 납세의무로 특징되며
호혜(reciprocity)를 기초 원리로 하는 공공 이데올로기에 의해 합리화되는—으
로 나뉜 복합 계층사회의 사회적 관계를 규제하기 위한 3층위(three-tier)—국
가적(national), 지역적(regional), 지방적(local) 수준—의 사회정치적 조직이다.[45]

초기국가는 지배계급과 피지배계급의 호혜적인 상호 관계에 기초한 중층
적(국가, 지역, 지방) 국가 구조의 조직이라는 것이다. 기존 1978년의 정의와 비
교해 가장 눈에 띄는 부분은 '중앙집권화'(centralized)라는 표현이 사라지고, 그
대신 '3층위'(국가·지역·지방)가 들어간 것이다.[46] 이러한 변화는 중요한 것으
로, 기존과 달리 초기국가의 성격을 중앙집권적인 구조보다는 중층적인 구
조로 새롭게 파악하는 것이다.

이것은 1980년대 이후 진행되었던 성숙한 고대국가(중앙집권국가)와 다른
구조를 가진 초기국가의 분산적인(segmentary) 또는 분권적인(decentralized) 체제
를 주목한 일련의 연구[47]들을 참고하였기 때문으로 보인다.

---

45 H. J. M. Claessen, 2004, "Was the State Inevitable?," *The Early State, Its Alternatives and Analogues*,
L. E. Grinin et al. (eds.), Volgograd: "Uchitel" Publishing House, p.74.

46 H. J. M. Claessen, P. Skalník (eds.), 1978, *op. cit.*, p.640. 1978년의 정의에서는 피지배계급의
의무를 "tributary obligation"(공납 의무)라고 했었는데, 2004년에는 "pay tax"(납세)라는 일반적
인 표현을 쓰고 있다.

47 A. W. Southall, 1988, "The segmentary State in Africa and Asia," *Comparative Studies in Society and
History* vol.30; G. Stein, 1994, "Segmentary States and Organizational Variation in Early Complex
Societies: A Rural Perspective," *Archaeology Views from the Countryside: Village communities in early
complex societies*, G. M Schwartz, S. E. Falconer (eds.), Washington, D.C.: Smithsonian Institution
Press; J. W. Fox et al., 1996, "Questions of Political and Economic Integration: Segmentary versus
Centralized States among the Ancient Maya," *Current Anthropology* vol.37, No.4; R. E. Blanton,
1998, "Beyond Centralization: Steps Toward a Theory of Egalitarian Behavior in Archaic States,"

최근 필자도 고조선(기원전 4세기 이후), 부여, 삼한의 목지국, 백제국, 사로국, 구야국 등 고대 한국 초기의 원초적 국가를 '초기국가'로 보면서, 이들이 율령제, 군현제 등을 갖춘 중앙집권국가와 다른 분산적인 지배 구조의 '분권국가'(segmentary state)[48] 유형에 근접해 있을 가능성에 대해 생각해 보았다.[49]

클라선에 따르면 초기국가의 형성 과정은 군장사회나 대인복합체(big-man conglomerate), 폴리스(polis)와 같은 국가 이전의 복합사회로부터 점진적으로 이루어지다가, 어떤 내적 또는 외적 계기의 촉발에 의해 눈덩이 효과(snowball effect)와 같이 가속화되는 경우가 많다. 역사적인 사례에 의하면 국가의 발전은 대개 장기적인 과정을 거치는데, 대표적으로 프랑크 왕국의 경우 초기국가의 등장이 5세기 클로비스에 의해 시작되어 700년이 지난 12세기 필립 2세 오귀스트에 이르러서야 성숙국가(mature state)의 건설이 완료되었다. 한편 마다가스카르의 베칠레오(Betsileo)족과 같이 초기국가의 형성이 50년 만에 이루어진 경우도 있지만, 앙골라의 음분두(Mbundu)족과 같이 국가형성의 필수 조건들이 대부분 존재함에도 불구하고 국가가 등장하지 않는 경우도 있다.[50] 초기국가를 국가 이전의 복합사회(군장사회, 폴리스)로부터 성숙국가로 발전하는 장기적인 과정상의 일반적인 한 단계로 이해하지만, 반드시 불가피한 필연적인 단계로까지 보는 것은 아니다.

Archaic States, G. M. Feinman, J. Marcus (eds.), Santa Fe: School of American Research Press. 이에 대한 연구사 검토는 박대재, 2003, 『의식과 전쟁-고대 국가를 바라보는 새로운 시각-』, 책세상, 22~24쪽을 참조하라.

[48] 사우덜(Aidan Southall)에 의해 제안된 'segmentary state'는 국내에서 분권국가(박대재, 2003, 앞의 책), 단편국가[리우리·천싱찬, 2006, 『중국 고대국가의 형성』(State Formation in Early China), 심재훈 역, 학연문화사] 分節國家(박순발, 2008, 「국가 형성에 대한 고고학적 접근」, 『국가 형성의 고고학』, 사회평론) 등으로 소개되었다. 대체로 분권국가는 정치적 통치권은 중앙과 핵심 영역에 한정되지만 제사적 종주권은 가변적인 변경 지역으로까지 광범위하게 확산된 중심과 주변의 쌍방향적인 지배 구조의 국가 형태를 가리킨다.

[49] 박대재, 2006, 앞의 책.

[50] H. J. M. Claessen, 2004, *op. cit.*, pp.75~82.

이상에서 살펴본 바와 같이 인류학계에서는 군장사회와 초기국가를 분명히 구분해 보고 있다. 김정배는 클라선의 초기국가 이론을 소개하면서 발전단계상 군장사회와 구분하였고, 이러한 입장은 변태섭의 1986년 개설서에서 다음과 같이 반영되어 정리되었다.

군장사회 중에는 이미 청동기시대 말기부터 국가형태를 이룬 곳도 있기는 하였지만, 역시 대부분의 군장사회는 철기를 사용하게 된 후에 초기국가(初期國家)의 단계로 넘어갔던 것이다. 우리나라는 각지에서 우세한 군장사회가 주위의 여러 소국을 병합하여 몇 개의 초기국가가 성립되었는데, 그 가운데 선진 지역인 고조선·부여·고구려가 먼저 국가형태를 이루었고, 옥저·동예·삼한 등 후진 지역에서는 오랫동안 군장사회의 단계를 벗어나지 못하고 있다가 점차 그 내부에서 중심 세력이 대두하여 삼한 지역에서는 마침내 백제국과 사로국을 중심으로 백제·신라의 국가가 출현하게 되었다. 그러나 고조선은 한 무제의 침략을 받아 멸망하고, 부여는 고구려에 병합됨으로써 결국 고구려·백제·신라만이 고대국가의 체제를 갖추는 데 성공하였다. 고대국가는 초기국가의 발전된 형태로 독립적인 대가(大加)들이 중앙관료의 지위로 떨어지고 미약하였던 국왕권이 강화되어 보다 조직화된 정치체제를 정비하게 되었던 것이다.[51]

변태섭의 국가형성론은 김정배가 소개한 신진화론의 개념에 영향을 받은 것인데, 클라선의 초기국가-성숙국가 모델에 근접해 있으면서도 한국사적 맥락이 잘 반영되어 있다.

이에 따르면 고대 한국에서 복합사회의 발전 과정은 군장사회(옥저·동예·삼한)-초기국가[고조선·부여·고구려·백제(백제국)·신라(사로국)]-고대국가(고구

---

51 변태섭, 1986, 『한국사통론』, 삼영사, 49~50쪽.

려·백제·신라)의 단계로 전개되었다. 옥저와 동예가 군장사회 단계에서 멈추고 고구려에 복속된 것과 달리, 삼한의 백제국과 사로국은 군장사회로부터 초기국가를 거쳐 고대국가인 백제와 신라로까지 발전하였다. 여기서 '고대국가'는 클라선의 성숙국가에 해당하는 것이다.

이종욱은 촌락(추장)사회(chiefdom)와 중앙집권적 왕국 사이의 '소국(성읍국가)-소국연맹-소국병합국' 단계를 묶어서 초기국가로 명명하고 있다.[52] 이 역시 초기국가를 군장사회와 중앙집권적 고대국가의 중간 단계로 인식하는 것이다. 다만 촌락사회를 추장사회(chiefdom)로 보고 성읍국가와 발전 단계상 구분하고 있다는 점은 일반적인 치프덤론이나 성읍국가론과 차이나는 부분이다.

최광식도 삼한의 소국을 수장사회(chiefdom), 대국을 초기국가, 그다음을 영역국가(정복국가) 단계로 구분하면서, 각 단계별로 제천 의례-시조묘 제사-천지신 제사의 순으로 제의가 발전하였다고 이해하였다.[53] 이 역시 군장사회와 고대국가 사이에 초기국가 단계를 설정하는 입장이다.

그런데 『한국사』 4(국사편찬위원회 편, 1997)에서는 초기국가(고조선·부여·삼한)라는 부제 아래에, 군장사회인 동예·옥저·삼한과 함께 국가적 성격을 띤 고조선, 부여를 섞어서 서술하면서, 초기국가 개념에 군장사회까지 포함되는 것처럼 이해하였다.[54] 고대사학계에서 고조선, 부여, 삼한, 옥저, 동예 등을 특별한 개념 정의 없이 '초기국가'라고 범칭[55]하는 경향도 이러한 이해와 관련이 있다.

그러나 삼한의 백제국과 사로국과 같이 주변 소국을 통합하여 초기국가로 성장하고 더 나아가 성숙한 고대국가로 발전한 경우와, 동예나 옥저와 같이

52 이종욱, 1999, 『한국의 초기국가』, 아르케.
53 최광식, 1994, 『고대한국의 국가와 제사』, 한길사; 2006, 앞의 글.
54 국사편찬위원회 편, 1997, 『한국사』 4(초기국가-고조선·부여·삼한).
55 송호정, 2007, 「기원전 시기의 사회 성격과 시대 구분」, 『한국고대사연구』 46, 한국고대사학회.

고구려에 복속되어 초기국가로 성장하지 못하고 군장사회에 머물렀던 경우는 구분해서 이해해야 한다. 삼한을 초기국가의 범주에서 다룰 때는 삼한의 여러 국 가운데 주변국을 통합하여 왕국으로 성장한 목지국, 백제국, 사로국, 구야국과 같은 국가적 성격을 띤 복합사회에 한정해야 한다.[56] 그렇지 않고 삼한의 국을 모두 군장사회로 규정하거나 또는 초기국가인 것처럼 인식하면, 백제와 신라가 군장사회로부터 초기국가를 거쳐 성숙한 고대국가로 발전한 장기적인 과정을 이해하기 어렵게 된다.

기왕에 본격적인 고대국가 이전 단계로 이해되던 부체제 단계를 최근에는 '부체제 국가' 내지 '초기고대국가'로 명명하여 국가적 성격을 부여하고 있다.[57] 삼국 초기의 부체제가 국가 단계인지 아닌지 모호하다는 비판을 고려해, 본격적인 고대국가는 아니지만 초기적인 성격을 가지고 있다는 의미에서 기존 입장을 보완한 것으로 보인다.

이에 따르면 성숙한 고대국가는 귀족-평민-노비 등 3개 이상의 사회경제적 계층 구분, 왕을 중심으로 한 무력 독점, 중앙집권적 관료제의 정비, 귀족회의의 상설 개최, 지방관의 파견, 불교나 유교와 같은 인간 중심적 세계관의 형성 등 6가지 요소를 갖춘 단계로 보고, 그보다 완전치 못한 또는 그 직전 단계를 '초기고대국가'로 보는 것이다. 초기고대국가는 여러 단위 정치체들의 대외적인 소국명의 포기와 대외교섭 창구의 일원화를 특징으로 한다. 즉 대외적으로는 하나의 국가로 기능을 하면서, 대내적으로는 지역별 독립성이 인정되는 부(部)가 존재하는 정치체제이다. 따라서 초기고대국가는 기존의 소국이 해체되고 왕 중심의 부체제로 새롭게 편제되었다는 점에서 소국연맹체의 완성이라기보다 진일보한 고대국가의 성립 단계로 보아야 한다는 것이다.[58] 국가형성 과정을 소국-부체제 국가(초기고대국가)-고대국가의 발전

---

56 박대재, 2006, 앞의 책.
57 노태돈, 2000, 앞의 글; 김태식, 2003, 앞의 글.
58 김태식, 2003, 앞의 글.

단계로 이해하고 있는 것이다.

그런데 초기고대국가는 넓게 보아 고대국가의 범주에 포함될 수 있으므로 개념상 다소 충돌하는 문제점이 있다. 삼국시대를 '초기삼국시대'라고 부른 것과 같은 혼동이 생길 수 있다. 성숙한(중앙집권적인) 국가와 구분되는 초기적인 국가라는 의미에서 용어를 선택한다면 간단히 '초기국가'라고 부르면 좋을 것 같다.

물론 초기국가도 고대의 국가 형태로 존재할 수 있다. 클라선의 초기국가론에서 '초기'는 단지 고대에만 한정되는 것이 아니라, 프랑크 왕국의 경우처럼 중세에도 등장할 수 있다. 성숙(후기)의 상대 개념으로서 초기이지, 꼭 고대의 초기라는 의미는 아니다. 고대국가라는 개념 속에는 고대에 존재한 모든 국가 형태가 포괄되어 있다. 따라서 정확히 말하자면 고대의 초기국가, 고대의 성숙국가라고 불러야 한다. 통시대적으로 보면 초기국가와 성숙국가는 순환될 수 있는 것이다.

또한 '부체제 국가'는 부가 설치된 중심 지역의 정치체제가 지나치게 부각된 용어로 그에 복속되어 있던 주변 지역 소국과의 관계가 나타나 있지 않다. 국가의 범위가 부가 설치된 중심 지역에 제한된 것인지 아니면 주변 소국 지역까지 포괄하는 것인지 불명확한 것이다. 왕-부-소국으로 이루어진 중층적인 국가 구조에서 부만 강조되었다는 한계가 있다.

개념상의 혼선 때문에 초기국가를 둘러싸고 연구자 사이에 불필요한 입장 차이가 노정되기도 했다. 백제의 국가형성과 관련하여 성읍국가(읍락통합 단계) 다음의 연맹왕국 내지 부체제 단계를 집권국가(집권적 귀족국가) 이전의 초기국가 단계로 설정한 연구[59]에 대해, 연맹왕국이나 부체제 단계는 이미 중앙집권화가 상당히 진전된 단계이므로 그 이전 정치발전 수준의 성읍국가나 군장사회에 해당하는 '초기국가'란 개념을 적용할 수 없다고 비판[60]한 것이

---

59 박순발, 2001, 『한성백제의 탄생』, 서경문화사, 37~38쪽.

---

59 박순발, 2001, 『한성백제의 탄생』, 서경문화사, 37~38쪽.

대표적인 사례이다. 전자는 초기국가를 성읍국가와 집권국가 사이의 단계로 본 데 비해, 후자는 성읍국가(군장사회) 단계를 초기국가로 본 것이다. 초기국가 용어에 대한 이해가 서로 다르기 때문에 생긴 논쟁이다.

한편 최근에는 초기국가를 '고대 노예제국가'와 같은 발전 단계로 이해하여,[61] 성숙한 고대국가와의 구분에 혼선을 주기도 한다. 이러한 시각 차이와 혼선이 일어나는 이유는 그동안 국내에서 초기국가 용어가 개념 정리 없이 사용되어 왔기 때문이다. 국내 학계의 초기국가에 대한 인지불일치는 1960~1970년대 국가형성에 대한 논의 초기에 부족국가, 성읍국가, 읍락국가와 같이 국가(state) 이전 단계 사회에 '국가'라는 용어를 습관적으로 붙여 사용하면서 부지불식간에 그 단계를 국가의 범주로 인식하게 된 결과이다.

'국가'(國家)라는 용어는 『삼국사기』의 초기 기록에서부터 확인된다.[62] 그러나 이 국가를 곧바로 인류학적인 발전 단계의 국가(state)로 이해할 수는 없다. 이들 사료상의 국가는 관념적·유교적 표현으로 이론상으로 보았을 때는 국가보다는 포괄적인 복합사회 개념에 더 부합한다. 국가형성론에서는 국가 단계에만 한정해서 국가 용어를 사용해야 하고, 사료에 나타난 포괄적 표현과 혼동해서는 안 된다.

국내 학계에서는 아직도 성읍국가, 군장사회 단계를 초기국가의 범주에서 이해하는 시각이 적지 않다. 그러나 인류학적 연구 성과에 의하면 초기국가는 군장사회와 발전 단계상 분명히 구분되며, 성숙한 고대국가와도 구별해

---

60 주보돈, 2001, 「〈서평〉백제의 국가형성과 관련한 몇 가지 문제-朴淳發, 2001, 《漢城百濟의 誕生》-」, 『한국고대사연구』 24.

61 이청규, 2011, 「동아시아에서 문명의 기원과 국가형성」, 『동아시아의 역사』 I(자연환경-국제관계), 동북아역사재단, 131쪽. 국가형성 과정을 초기군장사회-후기군장사회-초기국가 단계로 구분하면서, 한반도 남부의 경우 각 단계는 기원전 1000년기 전 중반, 기원전 4~기원전 3세기, 기원전 1세기경에 개시되었다고 추정한다.

62 『삼국사기』 권1 신라본기1 파사이사금 8년; 동 권13 고구려본기1 유리명왕 28년; 동 권23 백제본기1 시조온조왕 13년.

보아야 한다. 그래야만 세계 학계, 특히 일본과 중국 등 주변 지역에서의 국가형성 과정과도 비교 검토할 수 있으며, 그를 통해 불필요한 논쟁을 줄이고 좀 더 객관적인 연구 성과를 기대할 수 있다.

3. 국가형성 단계로서 초기국가의 성격

1) 아시아적 국가로서의 성격

클라선의 초기국가론에 영향을 받아 일본 고고학계에서 고훈시대(古墳時代)를 국가(state) 단계로 파악하는 초기국가론[63]이 1980년대 말 쓰데 히로시[都出比呂志]에 의해 제기되었다. 최근 고고학의 고훈시대 초기국가론은 문헌사학[64]에도 많은 영향을 미치고 있다.[65]

쓰데 히로시는 국가형성 과정을 수장제사회[彌生時代]-초기국가[古墳時代]-성숙국가[律令國家]의 단계로 명시하면서, 문헌사학계에서 7세기 이후 율령국가만을 국가로 인정하는 지나치게 엄격한 국가론을 비판하고 고분시대의 전방후원분체제를 초기국가 단계로 파악하였다.[66] 쓰데[都出]에 따르면 초기국가

---

63 都出比呂志, 1989, 「古代文明と初期國家」, 『古墳時代の王と民衆』(古代史復元 6), 講談社; 1991, 「日本古代の國家形成論序說-前方後圓墳體制の提唱-」, 『日本史研究』 343.

64 문헌사학의 입장에서 고분시대를 초기국가로 보는 입장은 山尾幸久, 2003, 「韓倭政治世界における初期國家の形成」, 『古代王權の原像-東アジアの古墳時代-』, 學生社, 201~230쪽에서 대표적으로 확인할 수 있다.

65 클라선의 초기국가론이 일본 학계에 소개된 것은 鬼頭淸明, 1985, 「東アジアにおける國家形成史の理論的諸問題-日本の古代國家の形成を素材に-」, 『歷史學研究』 540-4, 18~19쪽인데, 초기국가와 아시아적 생산양식의 관계를 검토하면서 초기국가는 엄밀한 의미에서 계급 관계를 내포한 국가 단계는 아니고 '未開上段의 정치형태'일 가능성이 높다고 보았다. 이는 엥겔스의 고전국가(계급국가)론에 기초한 평가이다.

66 都出比呂志, 1996, 「國家形成の諸段階-首長制・初期國家・成熟國家-」, 『歷史評論』 551. 하지만 일본 문헌사학계에서는 아직도 고분시대를 국가 이전 수장제사회(chiefdom) 단계로 파악하는 경향이 일반적이다(石母田正, 1971, 『日本の古代國家』, 岩波書店; 鈴木靖民, 1996, 「日本古代の首長制社會と對

는 수장(계급적 지배자)·중간층·일반성원의 3단계 계층으로 이루어지고, 조세 수취와 노동력 징발이 발생하며, 강제력을 가진 중앙권력기구가 출현하고, 혈연보다 지연을 중시하는 원리에 의해 지역편성이 이루어지고, 중간 수장에 의한 간접 지배가 존재하고, 공동체 간의 상하 관계에 입각한 물자유통(공납 관계)이 존재하는 단계이다.

일본 학계에서는 초기국가에 대한 이론적 검토가 본격적으로 이루어지기도 했다. 초기국가란 명료한 영토 위에 입법·사법·행정·제사·군사 등을 장악한 중앙정부가 있는 독립정치체라고 정의하면서, 일반적으로 그 정점에 서 있는 국왕과 그 친족으로부터 귀족, 사제, 전사, 공예직인, 상인, 농민, 노예 집단까지 포함하는 국민이 3계층 이상의 사회계급에 계서적(hierarchical)으로 나뉘어 속해 있으며, 국왕 혼자 통치하는 것은 불가능하기 때문에 친족이나 귀족이 책임지는 몇 개의 큰 관할구역(省, 縣郡 등)으로 나누고, 그것들은 다시 작은 관할구역(local, 村 등)으로 나눈 복수 층위의 행정구가 존재하는 특징이 있다는 것이다.[67]

위의 초기국가 개념은 국왕을 정점으로 한 3층위의 행정 지역으로 이루어진 계급사회라는 점에서, 클라선의 초기국가론과 대체로 동일하다. 다만 수장사회의 수장(chief)과 국가 단계의 국왕(king)을 명확히 구분하고, 국왕이 국가 권력의 중추에 위치하며 개인(국왕) 또는 매우 제한된 소수 집단(국왕의 측근)에 통치 권력이 집중되어 있음을 주목하는 점이 눈에 띈다.[68] 이는 클라선에 비해 초기국가의 중추적 권력으로서 왕권의 존재를 강조하는 입장이다.

그 후 초기국가론은 더욱 구체적으로 고훈시대에 적용되었다. 고훈시대에 지역 수장을 중심으로 한 다수의 지역 연합이 대왕을 중심으로 한 기나이(畿

外關係」, 『歷史評論』 551). 일본 학계의 국가형성론에 대한 연구사 검토는 이영식, 2006, 「일본의 고대국가형성론」, 『한국고대사입문』 1, 신서원을 참고하라.

[67] 植木武, 1996, 「初期國家の理論」, 『國家の形成』, 三一書房, 31쪽.

[68] 植木武, 1996, 앞의 글, 10쪽.

內) 연합을 정점으로 중층적으로 서열화 되어 있는 수장층의 정치적 결합 관계를 '수장연합체제'라고 보는 시각[69] 역시 고훈시대 중기를 중심으로 국가의 구조와 왕권의 성격을 논한다는 점에서 초기국가론의 연장선상에 있다.

수장연합체제론보다 고훈시대를 더 적극적으로 국가 단계로 파악하는 시각은 최근의 전방후원분국가론에서 확인된다. 전방후원분국가는 한 통합 집단의 이익을 보증·방어하기 위한 군사와 외교를 중핵으로 한 정통적 폭력을 가지고 있으며, 일체적 가치관을 유지하기 위한 이데올로기 장치를 공유하는 단체를 국가라고 규정하면서, 3세기 중엽 이후 전방후원분을 상징으로 한 수장 간의 중앙-지방 관계가 발현되면서 생성되고, 5세기에 야마토[大和] 정권을 중심으로 각 지역 정권과의 사이에 물(物)·인(人)·정보의 재분배체제가 완성되면서 성숙된, 수장층의 이익공동체 내지 광역화 된 지배공동체로 이해된다.[70]

이와 같이 1990년대 이후 일본에서는 고훈시대를 초기국가 내지 국가형성기로 이해하는 시각이 고고학계를 중심으로 활발하게 확산되고 있다.[71]

초기국가는 최근 중국의 고대국가 연구에서도 '조기국가'(早期國家)라는 용어로 활발하게 적용되고 있다. 1987년 셰웨이양[謝維揚]의 연구[72]를 필두로 많

---

69 和田晴吾, 1998, 「古墳時代は國家段階か」, 『古代史の論點』4(權力と國家と戰爭), 163~166쪽; 2004, 「古墳文化論」, 『日本史講座』1(東アジアにおける國家の形成), 東京大學出版會, 186~190쪽.

70 廣瀬和雄, 2003, 『前方後圓墳國家』, 角川選書; 2004, 「彌生·古墳時代の集落と地域社會」, 『日本史講座』1(東アジアにおける國家の形成), 東京大學出版會, 260~262쪽. 전방후원분국가설은 국가의 공동체적 측면을 강조하고 있다는 점에서 엥겔스의 『반 듀링론』에서 시사된 공동체국가론과도 관련되며, 전방후원분 제사를 공유하는 형식의 이데올로기를 매개로 야마토 정권[大和權]과 각지 유력수장이 결합되었다고 보는 점에서 전통적인 국가=이데올로기설과도 연결된다(小林敏男, 2006, 『日本古代國家形成史考』, 校倉書房, 97~98쪽).

71 大阪大學考古學研究室 編, 1999, 『國家形成期の考古學』, 大阪大學考古學研究室10周年記念論集; 松木武彦, 2006, 『日本列島の戰争と初期國家形成』, 東京大學出版會; 野島永, 2009, 『初期國家形成過程の鐵器文化』, 雄山閣; 豊島直博, 2010, 『鐵製武器の流通と初期國家の形成』, 塙書房.

72 謝維揚, 1987, 「中國國家形成過程中的酋邦」, 『華東師範大學學報』1987-6. 조기국가란 용어는 林澐, 1986, 「關于中國早期國家形成的幾個問題」, 『吉林大學學報』1986-6, 1~12쪽에서 먼저 사용되었지

은 연구자가 진·한제국 이전 하·상·주 시기의 국가 형태를 조기국가로 보면서, 추방(酋邦, chiefdom)[73] 다음 단계로서 국가(state)의 조기 형태로 이해하고 있다.

초기국가 이론을 선도하는 셰웨이양은 모건의 군사민주제적 부족연맹이 국가로 전화하였다는 부락(부족)연맹론에 반대하면서, 부락(부족)연맹이 아니라 부락(부족)연합체, 즉 신진화론의 추방(chiefdom)을 거쳐 하나라시대 조기국가가 형성되었다고 이해한다. 셰웨이양은 클라선의 초기국가론을 단계적으로 적용하여, 하는 조기국가의 발생기, 상은 조기국가의 전형기, 춘추전국은 조기국가의 전형기(轉型期)로 파악하였다. 그리고 군장사회[酋邦]에서 조기국가로 발전하는 과정은 정복 활동과 밀접히 관련된다고 보면서, 정복 전쟁을 군장사회-초기국가 발전 모델의 중요한 특징으로 거론하였다. 이처럼 중국의 조기국가는 군사민주제적인 부족연맹이 아니라 정복 활동과 관련된 추방을 거쳐 형성되었기 때문에, 유럽의 고전적 유형과 비교해 민주적 전통이 결핍되고 전제적 성격이 농후하다는 것이다.[74]

셰웨이양의 조기국가론은 많은 연구자에게 영향을 주어 현재 중국 학계의 고대국가에 대한 연구를 주도하고 있다.[75] 한편 최근에는 셰웨이양의 조기국

만, 이는 셰웨이양의 1984년 지린대학[吉林大學] 박사학위논문 「周代家庭形態研究」에서 영향을 받은 것으로 짐작된다. 이 글에서 임운(林澐)은 군현제 이전의 제후제로 대표되는 국가연합체를 조기국가형식으로 이해하였다.

73 중국 학계에 신진화론이 알려진 것은 張光直, 1978, 「從夏商周三代考古論三代關係與中國古代國家的形成」, 『屈萬里先生七秩榮慶論文集』, 聯經出版事業公司; 1983, 『中國靑銅時代』, 聯經出版事業公司, 56~59쪽에서 엘만 서비스의 발전 단계(band-tribe-chiefdom-state)를 유단(遊團, 구석기시대·중석기시대)-부락(仰韶文化)-추방(龍山文化)-국가(하상주 삼대 이후)로 소개·적용하면서부터이다.

74 謝維揚, 1995, 『中國早期國家』, 浙江人民出版社, 211쪽.

75 何玆全, 1991, 『中國古代社會』, 河南人民出版社; 王震中, 1994, 『中國文明起源的比較研究』, 陝西人民出版社; 2005, 『中國古代文明的探索』, 雲南人民出版社; 李學勤 主編, 1997, 『中國古代文明與國家的形成研究』, 雲南人民出版社; 李玉潔 主編, 1999, 『中國早期國家性質-中國古代王權和專制主義研究』, 河南大學出版社; 周書燦, 2002, 『中國早期國家結構研究』, 人民出版社; 許宏, 2006, 「二里頭遺跡から見た華夏初期國家の特質」, 『東アジア古代國家論』, すいれん舍. 한편 '조기국가'와 같은 개념으로 '상고국가'

가론에 문제를 제기하면서, 추방(군장사회)의 비전제적 집체성과 중국 조기국가의 민주정치에 대해 강조하는 반론[76]이 제기되기도 하였다.[77] 하지만 중국 조기국가론에서 유럽을 모델로 한 고전적 국가론과 달리 혈연 관계에 기초한 사회조직, 즉 씨족의 지속적인 존재와 기능에 대해 주목하면서, 불평등한 씨족연합조직(취락군)인 추방(군장사회)을 거쳐 하·상·주의 조기국가로 발전했다고 보는 데는 대체로 연구자들의 합의가 모이고 있다.[78]

주지하듯이 중국의 상·주 청동 예기에서 보이는 지배씨족 집단의 족휘(族徽, 족씨명문)는 중국 조기국가의 씨족연합체적 성격과 결부되는 것이다. 이처럼 씨족제적 전통에 기초하여 초기국가로 발전하는 과정은 최근 일본의 국가형성 연구에서도 주목받고 있다. 대화개신(大化改新, 646) 이전에 보이는 씨족의 직능으로부터 파생된 존칭인 가바네[カバネ, 姓]의 정치적 기능을 통해 율령제 이전에 씨족합의제, 즉 각 씨족의 대표에 의해 구성된 합의체를 중심으로 대왕과 유력 씨족 간에 일원적인 정권 구조(권력 집중)가 정비되어 있었다고 이해하는 것이다.[79] 이는 한국고대사에서 고대국가의 정치 구조를 귀족평의체제에서 대왕집권(전제)체제로 발전했다고 보는 논의[80]와도 일맥상통하는

란 용어를 사용하기도 한다(張榮明, 2001, 「中國上古國家的産生及特徵」, 『史學月刊』 2001-2, 12~15쪽).

[76] 易建平, 2001, 「酋邦與專制政治」, 『歷史研究』 2001-5; 2004, 『部落聯盟與酋邦-民主·專制·國家: 起源問題比較研究-』, 社會科學文獻出版社.

[77] 이에 대한 재반론은 謝維揚, 2010, 「中國國家起源研究中的幾個問題」, 『歷史研究』 2010-6, 18~27쪽을 참조하라.

[78] 沈長雲·張渭蓮, 2009, 『中國古代國家起源與形成研究』, 人民出版社, 39~42쪽. 한편 중국 학계 일부에서는 신석기 문화 후기의 紅山文化나 良渚文化의 사회 형태를 '古國'으로 개념화하여, 하나라 이전 古國 단계에 이미 국가가 형성되었다고 보는 견해도 있다(蘇秉琦, 1999, 『中國文明起源新探』, 三聯書店, 137~140쪽). 이에 대한 이론적 비판은 謝維揚, 2001, 「中國國家起源研究中的"古國"問題」, 『學術月刊』 2001-4, 90~103쪽을 참조하라. 張忠培(1999, 「中國古代文明的形成」, 『考古·文明與歷史』, 中央研究院 歷史言語研究所, 25~35쪽)와 杜正勝(1992, 「從村落到國家」, 『古代社會與國家』, 允晨文化出版, 121~128쪽) 역시 하나라 이전 半坡四期文化 내지 龍山文化 단계에 문명(국가) 내지 조기국가가 등장했다고 보고 있어, 중국 학계의 일반적인 하·상·주 조기국가론과 차이가 난다.

[79] 倉本一宏, 1997, 「氏族合議制の成立と展開」, 『日本古代國家成立期の政權構造』, 吉川弘文館, 3~37쪽.

[80] 김영하, 2002, 「韓國 古代社會의 政治構造」, 『한국고대사회의 군사와 정치』, 고려대학교 민족문

것이다. 귀족평의체제 단계의 '귀족'은 국가의 중요한 의사결정 회의에 참여하는 '지배씨족'이라고 이해할 수 있기 때문이다.

중국 상주시대와 일본 고분시대의 초기국가는 씨족제의 해체가 이루어지지 않은 상태에서 사회 계층화를 맞이했다는 점이 공통되며, 이런 의미에서 프리드만(J. Friedman)이 정의했던 아시아적 국가(asiatic state)는 의미 있는 개념이다.[81] 이와 같이 최근 동아시아 국가론에서는 혈연 관계에 기초한 씨족조직의 정치적·사회적 기능이 공통된 특징으로 주목받고 있다.[82]

한편 엥겔스의 『가족, 사유재산, 국가의 기원』에 나타난 고전적 국가론에 기초해 씨족제도의 해체 과정이 곧 동아시아의 국가형성 과정이라고 보는 전통적 시각도 여전히 남아 있다.[83] 서주 시기 지배자 공동체를 구성한 혈연 집단인 백성(百姓, 百生)이 전국시대 말기(기원전 4세기) 이후 공민(서민)화 되는 과정을 국가형성으로 보는 시각[84] 역시 고전적 국가론에 바탕하고 있다.

엥겔스는 모건의 『고대사회』에서 서술된 북아메리카 인디언의 혈연결합체를 통해 그리스, 로마, 게르만의 고대 역사를 해결해 줄 열쇠를 발견하였다. 이러한 선사적인 혈연결합체가 계급 갈등에 의해 붕괴되고 국가의 최소 단위인 지연결합체로 전환되는 과정이 곧 국가의 탄생이라고 본 것이다.[85] 혈연결합체인 부족사회를 국가 이전의 사회조직이라고 이해하고, 그것을 아테네, 로마, 게르만 국가 이전 사회에 대입해 본 것이다.

화연구원, 306~310쪽.

[81] 宮本一夫, 2006, 「中國における初期國家形成過程を定義づける」, 『東アジア古代國家論』, すいれん舍, 255~256쪽. 아시아적 국가(asiatic state)의 개념에 대해서는 박대재, 2003, 앞의 책, 31쪽을 참조하라.

[82] 王震中, 2000, 「中國における古代國家の起源-研究の回顧と視點-」, 『國學院雜誌』101-10, 36쪽.

[83] 岩永省三, 2006, 「國家形成の東アジアモデル」, 『東アジア古代國家論』, すいれん舍, 94~105쪽.

[84] 渡邊信一郎, 2005, 「百姓の成立-中國における國家の形成によせて-」, 『國家形成の比較研究』, 學生社, 213~228쪽.

[85] 프리드리히 엥겔스, 1987, 『가족, 사유재산, 국가의 기원-루이스 H. 모오간 이론을 바탕으로-』, 김대웅 역, 아침; 2012, 두레, 1884년 초판 서문, 9~10쪽.

그러나 엥겔스의 고전적 국가론에서조차 '부족'이 국가형성과 동시에 소멸한다고 이해되지는 않았다.

　　이제 막 생겨나기 시작한 아테네 국가가 출발점으로 삼은 단위는 현대 국가가 최고도로 발전한 결과 도달한 종착점과 동일한 것이다. 10개의 이러한 단위가, 즉 데모스가 한 개의 부족을 구성했다. 하지만 그 부족은 그때까지의 '혈연부족'과는 달리 이제는 '지역부족'으로 불렸다. 이 부족은 자치적인 정치조직이었을 뿐만 아니라 군사조직이기도 했으며 … 마지막으로 그것은 아테네 평의회의 대표 50명을 선출했다. 이런 모든 것들의 정점이 바로 아테네 국가였다.[86]

　　그 대신 (로마) 국가가 낡은 세 개의 '혈연부족'을 제거하기 위해 네 개의 '지역부족'을 조직했다. 이 지역부족들은 각각 도시의 4분의 1씩을 차지해 살았으며, 일련의 정치적 권리를 가지고 있었다.[87]

위에 따르면 아테네와 로마의 국가형성 이후 기존의 혈연부족 대신 지역부족이 국가의 기본조직으로서 정치적·군사적 기능을 하고 있다. 엥겔스는 지역부족(ortsstämme)이 혈연부족에 비해 지연결합체(ortsverbände)의 성격을 가지고 있다고 본다. 하지만 여전히 혈연적 의미를 가진 'stämme'(종족 또는 부족)라는 용어를 사용하고 있어서 부족의 유제를 보여 주고 있다. 이러한 그리스·로마 국가의 '지역부족'은 한국 초기국가의 중심 조직인 부의 성격을 이해하는 데도 많은 시사를 준다.

　　다음으로 최근 일본과 중국의 초기국가론에서 주목하고 있는 초기국가의

---

[86] 프리드리히 엥겔스, 2012, 앞의 책, 203쪽.
[87] 프리드리히 엥겔스, 2012, 앞의 책, 224쪽.

또 다른 특징은 공납제(tributary system)에 의한 지배 구조이다. 공납제는 초기 국가의 중앙과 지방 사이의 호혜적인 지배·종속 관계를 설명하는 중요한 개념이다.

인류사의 발전 단계에 대한 마르크스주의 유물사관이 스탈린에 의해 정식화된 이후 인류 최초의 계급사회, 즉 고대사회는 노예제사회로 인식되어 왔다. 그러나 경제사 분야에서는 노예제국가 이전에 공납제를 중심으로 한 계급사회, 즉 공납제적 국가가 보편적으로 존재하였을 가능성이 제기되어 왔다.[88]

사실 공납제적 국가의 출현에 대해서는 엥겔스의 『반 듀링론』에서 이미 제기된 바 있었다. 기존에는 엥겔스의 국가론을 『가족, 사유재산, 국가의 기원』에 기초해 사회 내적 계급 갈등의 입장에서 주로 이해해 왔다. 그러나 그보다 앞서 『반 듀링론』에서는 계급(국가) 발생의 사회 외적 경로로서 '공동체적 지배·예속 관계'에 대해 다음과 같이 서술하고 있다.

지배·예속 관계의 발생에는 두 가지 길이 있다. … ① 이들 각 공동체(농경 공동체)에는 처음부터 일정한 공동이익이 존재하였으며, 그 공동이익의 수호는 공동체 전체의 통제를 받는 각각의 개인들에게 이양될 수밖에 없었다. 분쟁의 해결, 타인의 권리의 침해방지 및 처벌, 특히 더운 나라들에서의 식수공급의 통제, 그리고 마지막으로는 원시적 상태 하에서의 종교적 기능 등이 그것이다. … 그것이 일정 정도의 권위를 부여받고 있었으며 국가권력의 시초가 된다는 것은 두말할 나위도 없다. … 어떻게 사회에 대한 이들 사회적 기능의 독립성이 시간이 지남에 따라 증대하여 마침내 사회에 대한 지배로까지 발전하게 되었는가, 어떻게 원래 '심부름꾼'에 불과했던 것이 호조건에 힘입어 점차 '주인'으로 탈바꿈해 갔는가, 어떻게 이 '주인'이 상황에 따라 '동양

---

[88] 김준호, 2003, 「공납제사회」, 『경제사』, 나남, 85~92쪽.

의 전제군주' 혹은 태수, 그리스의 부족장, 켈트족의 씨족장 등등으로 나타나게 되었는가, 이러한 전화 과정에서 그는 어느 정도 폭력을 사용하였는가, 그리고 어떻게 개별 지배자들이 궁극적으로 지배계급으로 결집되었는가라는 것들을 여기서 검토할 필요는 없을 것이다. … ② 이러한 계급형성과 나란히 또 하나의 과정이 전개되고 있었다. … 그러나 이제 인간이 도달한 경제적 상황의 단계에서는 전쟁 포로들도 가치를 갖게 되었다. 따라서 그들을 살려주고 그들의 노동을 이용하였다. 이처럼 폭력은 경제적 상황을 지배하는 것이 아니라 거꾸로 경제적 상황에 복종할 것을 강요당하였다. '노예제'가 발명되었다. 그것은 곧이어 오래된 공동체를 뛰어넘어 발전하고 있던 모든 인간들 사이에서 생산의 지배적인 형태로 정착되었지만, 또한 결국에는 그 인민들의 쇠망의 주요 원인의 하나이기도 했다.[89]

위의 인용문에서 ①은 공동체적 지배・예속 관계에 의한 계급(국가 권력)의 발생 과정을, ②는 노예제에 의한 계급 관계의 발전 과정을 서술하고 있다. 이어서 엥겔스는 ①의 고대 공동체는 가장 저급한 국가 형태인 동양적 전제정치의 기초가 되었으며, 공동체들이 해체된 곳에서만 한 단계 진전되어 노예노동을 통한 생산의 증대 및 발전이라는 경제적 진보가 나타났는데, 특히 그리스 세계의 계급 대립에 기초한 사회로의 진전은 ②의 노예제 형태를 통해서만 수행될 수 있었다고 이해하였다.[90] 공동체적 국가와 노예제적 국가의 전형을 각각 동양적 전제국가와 그리스의 계급국가에서 찾고 있는 것이다.[91]

『반 듀링론』에 나타난 공동체적 국가의 발생 과정은 사실 엥겔스만의 새로

---

89 프리드리히 엥겔스, 1987, 「폭력론」, 『반 듀링론』, 김민석 역, 새길아카데미, 191~193쪽.
90 같은 책, 194쪽.
91 『반 듀링론』(1878)의 국가형성에 대한 이원론이 『가족, 사유재산, 국가의 기원』(1884)에서 내적 계급대립에 의한 노예제국가 중심의 일원론으로 바뀌게 된 계기는 그 사이에 참조한 모건의 『고대사회』(1877)에서 영향을 받았기 때문이었다(熊野聰, 1976, 『共同體と國家の歷史理論』, 靑木書店, 23~26쪽).

운 것은 아니었다. 공동체 내부에서 '주인'(지배자)의 등장 과정은 18세기 사회 계약설에서 기원한 19세기 말 허버트 스펜서의 통합론과 통하며, 20세기 엘 만 서비스의 일반적인 통합 모델에서도 초기의 국가에서 유산계급 및 무력 적 계급지배기구의 존재가 확인되지 않는다는 점이 지적되었다.[92] 엥겔스의 공동체적 국가론은 이와 같은 국가형성에 대한 통합론[93]과 연결되는 부분이 많다.

엥겔스의 공동체적 국가는 공납제적 사회 형태로서, 농업공동체 단계의 계급분화 및 공동체 정복 과정을 통해 수립된 공동체 지배를 기반으로 공동 체 수장 및 정복국가가 공동체 구성원으로부터 잉여생산과 잉여노동을 공납 의 형태로 수취하는 체제이다. 공납제 사회는 공납적 수취가 공동체 내부에 서 성립하여 수장이 단독으로 수취하는 전기 공납제 단계와 공동체가 정복 국가에 복속됨으로써 기존의 수장 수취와 외부로부터의 국가 수취가 이중적 으로 성립하는 후기 공납제 단계로 구분될 수 있다. 공납제는 정복국가가 공 동체를 해체하지 않고 온존하는 데 기인하는 것으로서, 이는 정복국가의 지 배 및 수취기구가 공동체 농민들을 직접 지배할 수 있는 수준에 도달하지 못 했고, 또 피정복공동체의 혈연적 유대 또한 강하게 유지되고 있는 사정을 반 영한다. 즉 공납제적 지배는 '외부로부터의 지배'라고 할 수 있는데, 외부에 존재하는 국가를 배제하고 공동체 내부의 계급 관계만을 중시한 5단계 사회 구성체론이 정설화되면서 그동안 관심 밖에 밀려나 있었던 것이다.[94]

이와 같이 공납제에 기초한 공동체적 지배·예속 관계, 즉 공동체의 이익 을 위한 공공기관에 의한 지배계급(국가 권력)의 발생 모델은 일본 학계에서 공동체국가론-외적국가론(外的國家論)[95]으로 이론화되기도 하였다.

---

[92] 조나단 하스, 1989, 『원시국가의 진화』, 최몽룡 역, 민음사, 81~112쪽 참조.

[93] 통합론에 대한 연구사 검토는 최광식, 1987, 「고대국가 형성에 대한 이론적 검토」, 『신라문 화』 3·4합; 박대재, 2003, 앞의 책, 15쪽을 참조하라.

[94] 김준호, 2003, 앞의 책, 88쪽.

이에 근거해 최근 데라사와 가오루[寺澤薫][96]는 고대 일본의 야요이시대[彌生時代] 말인 3세기 초 비미호(卑彌呼) 여왕권의 '왕국'(王國) 단계를 공동체 간의 연합에 의한 '외적국가'로 이해하고 있다. 외적국가론은 4~5세기를 중심으로 한 고분시대의 초기국가론보다 국가형성 시기를 더 소급해서 야요이시대 말기인 3세기에 주목한다는 점에서 야요이시대 국가론이라고도 할 수 있다.[97]

데라사와 가오루의 외적국가론[98]은 소공동체로부터 출발하여 대공동체인 부족적 국가, 대공동체군인 부족적 국가연합을 거쳐, 3세기 초에 나라현[奈良縣] 사쿠라이시[櫻井市] 마키무쿠[纏向] 유적의 도궁(都宮)에 소재하던 비미호의 왕권을 중심으로 각지의 부족국가 간에 공납(부역)적 계급 관계에 기초한 왕국, 즉 외적국가가 성립되고, 이것이 고훈시대를 거쳐 발전하다가 7세기 후반에 율령국가로 진전된다는 것이다. 왕국과 그전 부족적 국가와의 최대 차이는 잡다한 부족적 국가의 정치적·제사적·문화적 영역을 뛰어넘는 일원적 정치체제를 탄생시킨 점에 있으며, 왕국의 최고 지휘관은 '대왕'을 칭했는데 이것이 바로 야마토 왕권의 탄생이라는 것이다.[99]

외적국가론은 『반 듀링론』의 공동체적 계급 관계로부터 파생된 광의의 국가 형태, 즉 공동체국가(공동체-즉-국가)에 기초한 것으로, 내적 계급 관계에 기초한 율령국가(내적국가) 이전의 초기국가 단계에 해당하는 것이다. 최근 외적국가론과 같은 맥락에서 비미호 왕권 및 그 유적을 중심으로 광역의 의

---

95 瀧村隆一, 1971, 『マルクス主義國家論』, 三一書房; 2003, 『國家論大綱』 第一卷 上·下, 勁草書房.

96 寺澤薫, 2000, 『王權誕生』, 講談社.

97 1980~1990년대에도 야요이시대 국가론이 일각에서 제기되기도 하였다(이영식, 2006, 앞의 책, 363쪽 참조). 한편 寺澤薫의 국가론은 '彌生都市論'의 범주에서 다루어지기도 한다(武末純一, 2002, 『彌生の村』, 山川出版社, 90~94쪽).

98 寺澤薫, 2012, 「일본열도의 국가형성-部族的 國家에서 王權의 탄생으로-」, 『한일지역 고대왕권과 국가의 형성』, 영남고고학회 제2회 학술워크샵 자료집, 1~14쪽.

99 한편 일본 고대사(문헌사)학계에서는 야마토왕권의 성립을 4세기 전반 숭신천황(저묘고분)과 연결시켜 보면서, 3세기 비미호(사마대국)와 야마토왕권을 분리해 보는 경향이 강하다(吉村武彦, 2010, 『ヤマト王權』 シリーズ日本古代史②, 岩波書店, 52~63쪽).

례적 사회 질서가 형성되었던 3세기를 초기국가의 형성기 내지 국가의 초기

단계로 이해하는 시각이 여러 연구자에 의해 점차 지지받고 있다.[100]

외적국가론은 '부족적 국가' 개념의 모호성과 공동체적 국가론이면서도 전

쟁의 기능을 지나치게 강조한다는 점에서는 비판의 여지가 있다.[101] 하지만

공동체 간의 지배 권력인 왕권의 등장을 통해 초기국가의 형성 과정을 살피

고 있다는 점에서, 왜(倭)와 비슷하게 여러 지역 국이 혼재해 있던 삼한의 왕

권을 이해하는 데 많은 시사를 준다.

최근 중국의 초기국가론에서도 『반 듀링론』의 공동체적 국가론을 주목하

면서, 그리스·로마의 고전적 국가론과 다른 아시아적인 초기국가 형성 과

정을 살피고 있다.[102] 이에 따르면 원시사회의 최후 단계인 농업공동체는 신

진화론의 군장사회에 해당하며, 이 공동체의 이익을 위한 공공기관으로서의

군장 권력은 국가 권력의 맹아라고 한다. 여러 공동체 연합의 대표 수장으로

서 군장 권력이 점차 세습화되고 그 직능이 독립화하면서 기존의 공복에서

주인으로 전환되는데, 이것이 곧 초기국가의 통치자라는 것이다. 이러한 공

동체적인 국가형성 과정에서 씨족혈연조직은 파괴되지 않고 국가 권력의 집

행자들 역시 씨족 내지 씨족연합체의 수장 출신들인데, 중국 조기국가(하·

상·주)의 형태는 바로 이러한 지배 구조와 유사하다는 것이다.

한편 중국 학계에서 하상주 3대를 초기국가로 보는 것과 달리, 국내와 일

본의 중국고대사학계에서는 일반적으로 상주시대를 초기국가 단계로 이해

하고 있다.[103] 초기국가로서 하의 역사적 실체성에 대해서는 아직 학계에 의

문이 남겨져 있는 것이다.

---

[100] 福永伸哉, 2005, 「倭の國家形成過程とその理論的予察」, 『國家形成の比較研究』, 學生社, 43~46쪽; 石
部正志, 2012, 『古墳は語る−最新の成果で學び, 樂しむ初期國家の時代−』, かもがわ出版, 168~170쪽.

[101] 寺澤薰의 「部族的國家」에 대한 비판적 검토는 小林敏男, 2006, 앞의 책, 115~126쪽을 참조하라.

[102] 沈長雲, 2001, 「關于中國早期國家的幾個問題」, 『史學月刊』 2001-2, 9~10쪽.

[103] 岡村秀典, 2005, 「中國の國家形成」, 『中國古代王權と祭祀』, 學生社, 466쪽; 김정열, 2012, 『서주 국
가의 지역정치체 통합 연구』, 서경문화사, 70쪽.

2) 초기국가의 고고학적 지표

이상에서 본 바와 같이 최근 중국·일본에서는 고고학계를 중심으로 군장사회와 성숙한 고대국가 사이의 중간 단계로서 초기국가를 설정하고, 초기국가에서 나타나는 씨족제의 전통, 공납제사회로서의 공동체적 성격에 대한 논의가 이루어지고 있다.

2000년대 이후 국내 고고학계에서도 클라선의 초기국가론을 원용해 국가형성 시기를 기존보다 소급해 새롭게 파악하려는 시도가 나왔다. 박광춘은 초기국가의 성립을 알려 주는 고고학적 지표로 대형 목곽묘의 등장과 무력적 위세품인 장검의 출현, 지배자 무덤의 입지 우월성 등을 꼽으면서 낙동강유역에서 초기국가의 성립은 이러한 변화가 일어나는 2세기 중엽에 시작되었다고 보았다.[104] 그리고 낙동강유역에서 초기국가가 성립된 원동력은 낙랑유민 집단들의 이주이며, 수로왕과 탈해왕을 각각 가야와 신라의 초기국가를 성립시킨 왕이라고 추정하였다.

이것은 초기국가에 대한 1990년대까지의 소박한 이해에서 한발 진전된 것으로서 초기국가를 본격적인 국가 단계로 보자는 것이다. 그러나 고고학계에서는 이러한 목곽묘 단계의 초기국가론에 대해 대체로 회의적인 분위기이다. 그보다 전통적인 삼국시대 고총고분론과 일본 고고학계의 초기국가론에 영향을 받으면서, 신라의 고총고분인 적석목곽묘와 초기국가 단계를 연결해보는 시각이 비교적 우세한 편이다.

이성주는 삼국의 국가형성 과정을 소국(chiefdom)-초기국가-고대국가 단계로 파악하면서, 율령에 의해 광역으로 중앙집권화 된 고대국가의 정치 시스템 이전 단계에 해당하는 연합정치체, 즉 족장사회(chiefdom)의 소국보다 발전된 부체제 또는 소국연맹 단계를 초기국가로 보았다.[105] 군장사회와 고대국가

---

104 박광춘, 2003, 「洛東江流域의 初期國家 成立」, 『한국상고사학보』 39, 31~49쪽.

105 李盛周, 2006, 「考古學からみた新羅の成立とアイデンティティ」, 『東アジア古代國家論-プロセス・モデル・アイデンティティ』, すいれん舍.

의 중간 단계로 초기국가를 설정한 것이다. 그리고 그 시기에 대해서는 신라의 경우 5세기 초 초기국가가 형성되었다고 보면서, 그 고고학적 지표로 왕권을 상징하는 고총고분인 적석목곽묘의 축조와 수지형대관(樹枝形帶冠)과 같은 이념적 위세품의 존재를 제시하고 있다.[106]

또한 김대환은 4세기 중반부터 6세기 중엽 이전 신라의 고총 체계(고분군의 위계화) 단계를 클라선의 초기국가 개념을 차용해 모델화하고 있다.[107] 기존에 연맹체, 연맹왕국, 부체제 등으로 이해되던 중간 단계를 초기국가로 정의하면서, 소국(chiefdom)-초기국가-고대국가(집권적 귀족국가)의 발전 과정으로 보는 것이다.[108]

이처럼 율령에 의해 광역으로 중앙집권화된 성숙한 고대국가 이전 단계의 연합적인 정치체제, 즉 부체제, 연맹왕국, 연맹체 단계를 소국(군장사회)과 고대국가 사이의 초기국가로 설정하는 의견은 국가의 형성을 장기적인 과정에서 단계적으로 살핀다는 점에서 기존과 다른 새로운 시도라고 평가할 만하다.

다만 역사적 맥락상 짚고 넘어가야 할 문제가 몇 가지 있다. 우선 '소국'이라는 개념은 고대사학계의 연구를 참고한 것이지만, 발전 단계로 규정하기에는 적합하지 못한 상대적인 개념이다. 『삼국지』 동이전에는 마한 50여 국, 진변한 24국 등 제국과 함께 이들을 묶어서 가리키는 '한국'(韓國)의 용어가 같이 나온다. 광·협의 국(國) 개념이 동시에 사용된 것으로, 국 안에 국이 있는 구조이다.[109]

---

106 이성주, 2016, 앞의 글, 43~45쪽.

107 김대환, 2008, 「古墳資料로 본 新羅의 國家 形成」, 『국가 형성의 고고학』, 사회평론.

108 김대환, 2016, 앞의 글, 60~63쪽.

109 서의식, 2010, 「韓國古代國家의 二重聳立構造와 그 展開」, 『신라의 정치구조와 신분편제』, 혜안, 64~65쪽에서는 이와 같이 작은 국들과 그를 통합한 상위의 국이 동시에 존재하는 구조를 '이중용립구조'(二重聳立構造)라고 보면서, 개별 소국을 지배하는 왕諸干과 그들이 공립한 연방국가의 왕居西干이 공존하는 이중 구조라고 이해하였다.

「위지」(魏志)에 나오는 각 종족의 국에 대한 서술을 살펴보면, ① 국이 보이지 않는 오환과 선비, ② 한 종족 전체가 하나의 국을 이루는 부여와 고구려, ③ 한 종족 내에 다수의 국이 존재하는 한과 왜로 구별할 수 있다.[110] 왜가 왜인, 왜국 등으로 표기된 것처럼 한 역시 한인, 한국 등으로 서술되었다. 한과 왜는 종족명이면서 동시에 정치적 공동체, 즉 국명으로도 사용된 것이다. 하나의 국으로 이루어진 고구려와 부여의 국가형태는 국 안에 국이 있는 삼한과 같은 사회형태로 이해할 수는 없다.

『삼국지』에서는 삼한의 국들을 대국, 소국으로 구분해서 대체적인 인구수를 기록하였다. 그런데 왜인조에서는 대마국(對馬國), 불미국(不彌國)과 같이 1000여 호로 인구가 적은 국과 5만여 호의 투마국(投馬國)과 7만여 호의 야마대국[邪馬臺國, 여왕국] 등 큰 국이 공존함에도 불구하고 대국, 소국으로 구분하지 않고 있다. 이것은 각 국별로 일일이 기록한 왜인조와 비교해 삼한조가 상당히 소략하게 기록되면서, 여러 국을 크게 대국과 소국으로만 분류하고 그 평균 인구수와 거수의 호칭 등에 대해 개관했기 때문이다. 당시 조위의 입장에서는 왜를 강남의 손오나 요동의 공손씨 정권을 후방에서 견제할 수 있는 세력으로 파악하였기 때문에 왜와의 외교 정책에 매우 적극적이었다.[111] 『삼국지』 왜인조의 상세한 기록과 비미호의 친위왜왕(親魏倭王) 책봉 등은 모두 이러한 배경에서 이해할 수 있다.

『삼국지』 동이전 한조에는 복합사회를 가리키는 용어로 국, 대국, 소국, 국읍(國邑), 읍락(邑落), 별읍(別邑) 등이 보인다. 이 가운데 '국'을 일반적으로 군장사회(chiefdom) 단계로 이해하지만,[112] 더욱 세분하여 소국은 단순 군장사회, 대국은 복합 군장사회,[113] 또는 소국은 군장사회, 대국은 초기국가라고 차등적

---

110 吉田晶, 1995, 『卑彌呼の時代』, 新日本出版社.

111 西嶋定生, 1994, 「'親魏倭王'冊封の背景─三世紀の東アジア─」, 『邪馬臺國と倭國─古代日本と東アジア』, 吉川弘文館, 111~128쪽; 川勝守, 2008, 『日本國家の形成と東アジア世界』, 吉川弘文館, 85~88쪽.

112 김정배, 1986, 앞의 책.

56   I. 서장: 국가형성기의 복합사회와 초기국가

으로 보기도 한다.[114] 이것은 그만큼 삼한사회가 발전 단계상 차등 있는 복합사회들로 구성되어 있었음을 시사해 준다.

『삼국지』 동이전에 의하면, 진변한 24국의 경우 소국은 600~700가, 대국은 4000~5000가이며, 총 4만~5만 호라고 한다. 산술적으로 계산해 보면 24국 중 대국의 숫자는 6~7개이고, 소국은 17~18개였던 것으로 추정된다. 진한과 변한을 평균적으로 나눠 보면 진한에는 대국이 3개 내외, 소국은 9개 내외가 있었던 셈이다. 이처럼 소국과 대국이 3:1 정도의 비율로 섞여 분포하고 있는 단계의 사회 형태를 어떻게 이해해야 할까? 대국은 소국보다 인구수에서 7배 정도 큰 세력이었는데, 이들을 동일한 발전 단계로 묶을 수 있을까?

고대사학계에서는 삼한의 국을 평균적으로 인구 1만의 군장사회 단계의 사회로 보고 있다.[115] 그런데 이를 단순하게 해석하여 마한이 50여 개, 진·변한이 각각 12개의 군장사회로 이루어진 형태라고 이해해서는 안 된다. 인구 1만~1만 2000명 정도의 규모를 가진 복합사회의 수준이 군장사회 단계에 해당한다는 것이지,[116] 삼한 지역에 70여 개의 군장사회가 있었다는 것은 아니다.

그런데 1만여 명(약 2000호)의 인구를 가진 국은 『삼국지』의 가호 수에 따르면 대국도 아니고 소국도 아니다. 소국과 대국의 평균을 잡다 보니 1만이라는 가공의 숫자가 나온 것이다. 인류학적 성과에 의해 인구 1만 이상을 군장사회의 평균 규모로 본다면 진변한의 소국은 군장사회 단계에 해당할 수 없다. 진한의 경우 인구 8000~1만 정도의 대국이 되어야 군장사회 수준의 규모라고 할 수 있다. 한편 마한의 경우 대국은 1만여 가, 소국은 수천 가라고 했으니, 대국은 군장사회 수준을 훨씬 지난 것이고, 소국은 군장사회 정도

---

113 김태식, 1990, 앞의 글.

114 최광식, 1994, 앞의 책.

115 김정배, 1986, 앞의 책, 204쪽.

116 B. G. Pfeiffer, 1977, *The Emergence of Society*, New York: McGrow-Hill, p.468.

에 해당한다고 할 수 있다. 이처럼 국의 인구수에 대소 차이가 크고, 군장사회 수준에 이른 것도 있고 그렇지 못한 것도 있다는 점에서 『삼국지』의 소국과 대국을 일정한 발전 단계를 의미하는 개념으로 설정하기에는 문제점이 있다.

가장 규모가 작은 진변한 소국의 인구수가 600가, 즉 3000명인 것은 그 규모가 군장사회에는 아직 도달하지 못한 중간사회인 대인(big-man)사회[117] 정도였음을 시사해 준다. 가장 규모가 큰 마한의 대국은 인구가 1만여 호, 즉 5만명이 넘는 것으로 보아 몇 개의 군장사회를 통합한 초기국가의 규모에 해당한다고 볼 수 있다. 아마도 진왕의 치소였던 목지국이 이에 해당할 가능성이 가장 높다고 하겠다.

결국 삼한의 국에는 발전 수준으로 보아 대인사회, 군장사회, 초기국가 등의 다양한 수준의 복합사회가 공존하고 있었다고 볼 수 있다. 즉 삼한의 국은 일정한 발전 단계를 가리킨다고 보기보다는 계층 분화가 이루어진 복합사회 정도의 포괄적인 개념으로 이해된다.

다음으로 고고학의 초기국가론에 제기할 수 있는 문제는 고총고분을 고고학적 지표로 파악해 초기국가의 형성 시기를 4세기 내지 5세기로 보는 시각에 대해서다. 일본 고고학에 의해서도 고대 한국의 고총고분과 국가형성 과정이 결부되어 이해되고 있다. 4~5세기 한반도 지역에서는 다른 분묘와 묘역을 달리하고 분구나 매장시설의 규모, 부장품의 양질에서 탁월한 '왕묘'(王墓)가 출현하는데, 낙동강유역에서는 고총고분의 대형 분묘가 5세기에 등장한다는 것이다. 이 단계에서는 각 왕권이 주변 제 지역의 수장을 자신들의 정치적 네트워크에 편입시키고, 왕도를 중심으로 한 문물의 생산·유통체제

---

[117] P. B. Roscoe, 1988, "From Big-Men to the State," *American Behavioral Scientist* vol.31, No.4, pp.473~474; Anick Coudart, 1991, "Social Structure and Relationships in Prehistoric Small-Scale Sedentary Societies: The Bandkeramik Groups in Neolithic Europe," *Between Bands and States*, Susan A. Gregg (eds.), Carbondale: CAI Southern Illinois University, p.409.

가 출현한다. 이것은 국가형성 과정의 큰 획기로 기존의 연맹왕국이나 초기 국가, 또는 간접 지배 단계에 해당하며, 다음 6세기에 왕권에 의한 지방의 직접 지배체제가 확립되는 완성된 국가 단계인 이른바 '신분제국가'의 선행 단계라는 것이다.[118]

이와 같이 고고학에서는 초기국가의 지표를 4~5세기 고총고분(적석목곽묘)에서 찾는 입장이 우세하다. 경주 지역 적석목곽묘의 상한에 대해서는 고고학계의 논의가 통일되지 않았지만, 대체로 4세기 전반 내지 5세기 전반을 중심으로 이해되고 있다.[119] 이에 따라 연구자마다 신라에서 초기국가의 성립 시기를 4세기, 5세기로 각각 다르게 판단하는 것이다. 그러나 현재 경주분지에 분포하는 대형분묘의 역사성에 대해서는 조금 다른 각도에서 생각해 볼 여지가 있다.

『삼국사기』에 의하면 미추이사금 23년(284) 왕이 돌아가자 '대릉'(大陵)에 장사지냈다고 한다.[120] 최초의 김씨 왕이었던 미추왕릉에 처음으로 '大' 자를 붙인 것이 주목되는데, 이를 근거로 김원룡은 미추왕을 거대한 봉토분의 창시자, 즉 고대 왕국의 왕이라 보고 미추왕 대에 신라가 고대국가로 성립되었다고 이해하였다.[121] 3세기 말에 처음 지어진 미추왕릉을 최초의 거대봉분을 가

---

118 吉井秀夫, 2010, 「朝鮮半島における墳墓の變遷と國家形成過程」, 『古代朝鮮墳墓にみる國家形成』, 京都大學學術出版會, 244~248쪽. 吉井秀夫의 '신분제국가'는 앞서 본 武田幸男과 이성시의 연구를 참고한 것이다. 이성시는 '신분제국가'의 선행 단계인 '部族制國家'를 신라의 경우 350년~520년 사이로 보면서, 중앙 지배공동체(6部)와 지방 읍락공동체 사이에 출자형입식 금동관 및 적석목곽분의 확산으로 상징되는 정치적 상하 관계가 형성되어 있었고, 이것은 대가야를 중심으로 한 5세기 후반 가야연맹체의 정치적 관계(연맹, 연합)와도 유사하다고 이해한다(李成市, 1993, 「朝鮮史における國家形成の諸段階-新羅・加耶を中心に-」, 『歷史評論』 514, 94~95쪽). 吉井秀夫가 언급한 '신분제국가'의 선행 단계(4세기 후반~6세기 초 신라)는 바로 武田幸男과 이성시의 '부족제국가'를 가리키는 것이다.

119 이에 대한 연구사 검토는 최병현, 1998, 「新羅 積石木槨墳의 起源 再論」, 『숭실사학』 12, 26~28쪽 참조.

120 『삼국사기』 권2 신라본기2 미추이사금 23년.

121 金元龍, 1980, 「考古學の立場から見た韓國古代國家形成の問題」, 『日韓古代國家の起源』(金廷鶴 編), 六

진 왕릉이라고 이해한 것은 오릉(五陵)과 같은 초기 왕릉의 현재 모습이 축조 당시의 원형대로가 아니라 후세에 확대되었을 가능성이 충분히 있다고 보았기 때문이다.

이와 관련하여『삼국사기』눌지마립간 19년(435) 2월에 "역대능원(歷代園陵)을 수즙(修葺)했다"[122]는 기록을 주목해 볼 필요가 있다. 이에 따르면 435년에 역대 왕릉을 수리하고 봉분을 다시 올린 것이다. 현재 경주분지에 남아 있는 왕릉급 적석목곽묘 가운데 상당수는 이때 다시 수즙되었을 가능성이 높다. 봉토분의 규모나 형태에 의해서 판단한다면 왕릉의 상당수는 5세기 전반에 정비된 것이다. 그 이전에 축조된 미추왕릉도 이때에 이르러 지금과 같은 모습의 거대한 원형봉토분으로 개축되었을 것이다. 그럼에도 미추왕릉에 '대릉'이라는 표현을 붙인 것은 기존 분묘보다 거대한 봉분을 가지고 있었기 때문일 것이다. 따라서 5세기 전반에 새로 수즙된 거대한 봉토분은 아닐지라도 3세기 말에 '대릉'이라고 부를 수 있는 규모의 왕릉이 새롭게 등장했음을 시사해 준다. 이와 같이 본다면 봉토분의 왕릉이 3세기 말에 이미 출현하였을 가능성이 역사적으로 상정될 수 있다.

고고학이 조사된 물질 자료만을 근거로 고찰한다는 점에서 왕권 등 국가의 이데올로기를 연구하는 데 적지 않은 한계가 있다. 하지만 역사시대의 고고학적 연구에서는 이러한 한계를 문헌 사료를 통해 보완할 수 있다. 봉토분의 왕릉이 출현하는 과정은 제한적으로 조사된 고총고분의 유적·유물을 통해 유추된 현상만을 가지고 판단하기보다, 문헌 사료의 역사적 맥락까지 고려해 재검토할 필요가 있다.

일반적으로 초기국가와 초기왕권의 존재를 알려 주는 고고학적 지표로는 왕의 능묘와 함께 궁전지도 동시에 주목된다.[123] 지상에 돌출된 고분 유적에

興出版, 15쪽. 이 글에서는 사로국(신라)의 고대국가 형성기를 100년경부터 3세기 말 미추왕 대까지 약 2세기간으로 추정하고 있다.

122 『삼국사기』권3 신라본기3 눌지마립간 19년.

비해 지하에 매립된 궁전지를 확인하기 어려운 점은 있지만, 이는 왕권의 현실적 존재를 알려 주는 보다 직접적인 지표이다. 중국과 일본에 비해 한국의 경우 초기국가의 궁전지로 추정할 만한 대형 건물지 유적이 많지 않다.

하지만 최근에 백제의 왕성인 서울 풍납토성 내에서 길이 21m, 너비 16.4m, 잔존 면적 약 344.4㎡(105평)의 대형 건물지(30호)가 발굴되었는데, 그 규모나 독특한 구조에서 인근의 의례용 건물로 추정되는 '여'(呂) 자형 특수 건물지와 함께 궁전 종묘 구역에 위치한 최고위 신분자의 건물로 파악되고 있다.[124] 또한 최근 풍납토성 내 미래마을 부지에서 다양한 형태의 초석, 기단석, 적심 시설을 갖춘 지상 건물지와 함께 약 5000점이 넘는 기와 무지가 발굴되었는데, 이곳을 왕궁지로 추정할 수도 있다.[125]

신라 왕성의 궁전지에 대해서는 현재까지 발굴 조사가 이루어지지 않아 구체적인 양상을 파악하기 어렵다. 그런데 최근 월성 전역에 대한 비파괴 레이더 탐사가 이루어져 몇 가지 새로운 이해가 가능하게 되었다. 월성 내부에 대규모 건축물이 집중 조성된 지역을 3개의 권역으로 나눌 수 있는데, 그 가운데 서편 권역에서 가장 규모가 큰 동서 56m, 남북 31m의 대형 건물지가 확인되었다.[126] 현재 학계에서는 월성 내 대형 건물들이 조성된 연대를 대체로 6세기 후반 진평왕 대 이후로 보고 있다. 하지만 『삼국사기』 파사왕 22년(101)에 월성을 축조하고 왕이 이거하였다는 기록으로 보아, 2세기부터 월성 내에 궁전 건물이 축차적으로 세워지기 시작했을 것으로 추정된다.

변한 구야국과 금관가야의 도성 지역으로 추정되는 김해 봉황동 유적에서도 동서 400여m, 남북 550m 전후로 추정되는 토성 범위 내에서 2~5세기 주

---

123 角田文衛, 2002, 「總叙」, 『古代王權の誕生』 I(東アジア編), 角川書店, 13~14쪽.

124 신희권, 2008, 「都城의 출현과 百濟의 형성」, 『국가 형성의 고고학』, 사회평론, 46쪽.

125 권오영, 2012, 「한국고고학 연구에서 풍납토성의 가치」, 『동북아시아 속의 풍납토성』, 학연문화사, 170~190쪽.

126 양정석, 2010, 「新羅 月城의 空間構造 認識에 대한 再檢討」, 『사총』 71, 303~304쪽.

거지들이 확인되었다.[127] 부분적인 시굴로 아직 궁전지로 추정할 만한 대형
건물지가 확인되지 않았지만, 봉황동 유적이 금관가야 도성의 중심 유적으
로서 초기왕권의 존재와 관련된 것만큼은 인정할 수 있다. 이와 같이 앞으로
는 왕권의 현실적 공간인 궁전지를 통해 국가형성에 대한 고고학적 연구를
시도해 볼 필요가 있다.

고총고분의 등장에만 주목하여 신라에서 초기국가가 5세기에 형성되었다
고 보면, 앞선 군장사회[國] 단계(기원전 3~기원전 2세기 세형동검 문화기 이후)[128]와
다음 성숙한 고대국가 단계(6세기 이후)와 비교해, 그 존속이 지나치게 단기간
이고 균등하지 못하다.

초기국가를 국가형성의 한 단계로 설정하기 위해서는 보다 장기적인 과정
에 대한 이해가 필요하다. 적어도 사로국이 주변 복합사회(국)를 통합하기 시
작하는 시점부터는 초기국가 단계로 이해해야 한다. 그리고 그 시기는 고고
학적으로 경주 지역에서 목곽묘가 등장하는 시기와 일치할 가능성이 높다.

경주 지역에선 2세기에 들어가면서 사라리, 황성동, 탑동, 덕천리, 조양동
을 중심으로 기존 목관묘보다 대형화된 목곽묘가 등장한다. 묘광의 규모나
부장유물의 조합에서 3개 층위의 계층 분화가 확인되고, 경주 중심부와 주변
부 간에 일정한 관계를 유지하며 통합 과정이 진행되는 지배 구조의 변화를
보여 주고 있다.[129]

2세기에 등장한 목곽묘의 구조는 6세기 석실묘가 등장하기 전까지 적석목
곽묘의 매장부묘제로 채용되며 발전하였다. 따라서 신라의 초기국가 단계

[127] 전옥연, 2013, 「고고자료로 본 봉황동유적의 성격」, 『봉황동유적』, 제19회 가야사학술회의,
84~90쪽.
[128] 이청규, 2000, 「國의 形成과 多鈕鏡副葬墓」, 『선사와 고대』 14; 이성주, 2009, 「族長墓와 國의 成
立」, 『21세기의 한국고고학』 II, 최몽룡 편저, 주류성. 다른 한편 비파형동검 문화(송국리문화)
단계를 國의 형성과 관련해 보기도 한다(배진성, 2007, 「無文土器社會의 階層構造와 國」, 『계층 사회와
지배자의 출현』, 사회평론).
[129] 권용대, 2011, 「경주지역의 출현기 목곽묘 연구」, 『한국고대사탐구』 9, 117~206쪽.

는 고고학적으로 2~5세기 목곽묘 단계라고 이해할 수 있다.[130] 그리고 이것은
『삼국사기』에 보이는 역사적 맥락, 즉 파사왕 후기(2세기) 이후 신라가 주변
복합사회를 통합해 가는 과정과도 일치하는 것이다.

가야 묘제에서도 2세기 중엽에 출현하는 목곽묘는 앞서 목관묘를 사용하
던 지배자와 내부 규모뿐 아니라 부장품에 있어서 월등한 차이를 보이고 있
어서 가장 중요한 획기로 이해되고 있다. 김해 양동리 162호분과 같은 대형
목곽묘의 출현을 기점으로 가야에서 왕권이 성립되었다고 보면서, 2세기 중
엽부터 고총고분이 축조되는 5세기 전반까지의 목곽묘 단계를 왕권의 성립
기로 이해하는 것이다.[131] 나아가 신라와 가야에서 목곽묘가 출현하는 2세기
부터를 초기국가 단계로 파악하기도 한다.[132]

후대에 다시 수즙된 고총고분의 외형적 봉분 규모에 초점을 맞추기보다
내부의 대형 매장 주체부인 목곽의 기원을 통해 살펴보면, 초기국가의 지표
는 2세기 목곽묘의 출현과 관련이 있을 가능성이 높다. 또한 왕권의 현실적
공간인 궁전지를 통해 볼 때도 발굴 자료가 축적되지 않아 구체적인 연대 비
정에는 아직 어려움이 있지만, 풍납토성의 경우를 미루어 보면 늦어도 3세기
중엽에는 궁전 건물이 조성되었던 것으로 추정된다. 따라서 고총고분만을
고집해 초기국가의 시기를 4세기 또는 5세기 이후로 한정해 보는 것은 새로
운 초기국가론의 취지와도 부합하지 않는 것으로 재고의 여지가 있다.

한편 최근 국내 학계에서 군장사회와 국가 사이의 중간 단계로 왕국(king-
dom)을 설정하는 시각도 있다.[133] 그러나 왕국 단계를 국가(state) 이전으로 보
면 고구려, 백제, 신라 등 대부분 고대국가를 일반적으로 왕국으로 칭한다는

---

[130] 다른 한편 목곽묘 이전인 1세기 경주 사라리 130호 무덤(목관묘)을 초기국가 단계 왕의 무덤
으로 보는 시각도 있다(이청규, 2011, 앞의 글).
[131] 박광춘, 1997, 「加耶의 墓制와 王權」, 『가야제국의 왕권』, 인제대학교 가야문화연구소 편, 신서
원, 91~94쪽.
[132] 박광춘, 2003, 앞의 글.
[133] 강봉원, 1995, 「국가와 군장사회 사이의 중간 단계에 대한 고찰」, 『한국고고학보』 33, 7~22쪽.

점에서 오해의 소지가 있을 수 있다.

왕(king)의 존재 양태는 군장사회의 'chief'와 구분되는 초기국가 단계에 출현한 독점적인 최고 지배자로 이해된다.[134] 이런 점에서 왕국은 국왕의 권력에 기초한 국가 형태로서, 관료제(율령제)에 기초한 성숙한 고대국가보다는 그 전 단계인 초기국가에 가까운 개념이다. 기존의 복합사회(국)가 새롭게 등장한 왕을 중심으로 통합된 왕국이 바로 초기국가의 역사적 표현일 수 있는 것이다.

이상에서 본 바와 같이 최근 동아시아학계에서 군장사회와 성숙한 고대국가 사이의 중간 단계로 초기국가를 설정하고 그 성격에 대해 활발하게 논의하고 있다. 최근 동아시아 역사 교과 자료에서도 국가의 형성·발전 과정을 초기국가와 고대국가로 단계를 나누어 서술[135]하고 있는 것도, 최근 동아시아학계의 이러한 경향을 고려했기 때문으로 볼 수 있다.

4. 초기국가의 공납제적 지배와 복합사회

1) 초기국가의 왕과 복합사회

70여 개 다양한 규모의 복합사회(국)가 마한, 진한, 변한 등 세 개의 한국으로 각각 묶여 있는 사회형태를 어떻게 이해해야 할까? 그동안은 이 단계를 연맹왕국 내지 소국연맹체 단계로 보아 왔다. 그러나 인류학적으로 연맹

---

134 植木武, 1996, 앞의 책; 박대재, 2006, 앞의 책.

135 김병준, 2011, 「국가의 성립과 발전」, 『동아시아의 역사』 I(자연환경-국제관계), 동북아역사재단, 173~201쪽. 이 글에서 초기국가는 종종 원시국가로 불리기도 하는, 기본적으로 초기문명지표(청동기, 도시, 문자)를 갖춘 단계로서 제사 권력이 중심이 되는 신정국가를 의미한다고한다. 또 고대국가는 신정의 성격이 줄어들고 영토의 확대 및 지배 시스템의 확립 과정이 확인되는 단계를 가리키는데, 중국의 경우 춘추전국시대에 점차적으로 고대국가가 형성되었다고 한다.

(confederacy)은 부족(tribe) 단계의 사회 결합 형태를 나타낸 개념으로, 완전히 평등하고 독립적인 부족들의 결합(union)으로 어떠한 행정장관이나 공식적인 수장을 갖지 않고, 연맹에 의해 상호 간에 조직의 약화나 손해 등의 영향을 받지 않는 군사민주제적 사회형태이다.[136] 그러므로 삼한과 같이 부족사회를 지난 군장사회가 이미 존재하고, 국 간의 인구 차가 큰 복합사회들의 복합체를 연맹이라고 개념화하기는 어렵다.

삼한의 제국 사이에 존재한 상호 관계를 이해하는 데는 다음 『삼국지』 동이전 한조의 기록들이 무엇보다도 주목되어야 한다.

A. (馬韓) 辰王治月支國 … 其官有魏率善邑君·歸義侯·中郎將·都尉·伯長

B. (馬韓) 各有長帥 大者自名爲臣智 其次爲邑借 散在山海間 無城郭

C. (馬韓) 其國中有所爲及官家使築城郭 諸年少勇健者 皆鑿脊皮 以大繩貫之 又以

丈許木鍤之 通日嚾 呼作力 不以爲痛 旣以勸作 且以爲健

A에 의하면 마한에는 진왕이 있었고 월지국(목지국)에 치소를 두고 있었으며, 그 관(官)으로 위솔선읍군(魏率善邑君) 이하 5종류의 책봉호가 보인다. 전 경북 상주 출토의 '위솔선한백장'(魏率善韓佰長) 동인[137]으로 미루어 볼 때, 이들 관호는 마한사회에서 실재하였던 것으로 이해된다. 비록 조위로부터 책봉받은 것이지만 5단계의 관호는 당시 진왕의 영향력 아래에 있던 마한의 거수층이 실제로 5단계로 나뉘어 있었음을 시사해 준다.

B에서는 마한 각국 장수의 구분을 신지와 읍차의 2단계로 서술하였지만, 실제로는 A에서 본 바와 같이 5단계로 구분되었을 가능성이 높다. 이것은

---

136 L. H. Morgan, 1877, *Ancient Society*; 2000, with a new introd. by Robin Fox, New Brunswick: Transaction Publishers, pp. 128~133.

137 윤무병, 1973, 「"魏率善韓佰長" 청동 도장 발견의 뜻」, 『서울신문』 7월 17일, 6면.

『삼국지』 한조가 왜인조와 비교해 각국의 상황에 대해 자세히 서술하지 않고, 크게 대·소국으로 구분해 그 대략만 서술한 것과 관련이 있다. 마한의 거수층도 A사료나 다음에서 볼 변진의 기록(E)을 통해 볼 때 5단계의 차례가 있었으며, 그 규모에 따라 조위로부터 차등 있게 책봉을 받았던 것이다.

그런데 B에서는 마한에 "성곽이 없다"라고 한 데 반해, 같은 기록의 C에서는 국중(國中)에 큰일이 있거나 관가에서 성곽 축조 사역 때 건장한 소년들이 동원되었다고 하였다. 이러한 기록의 모순 때문에 일찍부터 『삼국지』 한조의 체계성에 의문이 제기되어 왔던 것이다.

B의 성곽은 마한의 각국 수장이 산해 간에 산재해 있다는 기록과 연결되어 나오는 것으로, 문맥상 각국 수장들이 성곽을 갖고 있지 않다는 것이다. 반면 C는 국중과 관가라는 표현으로 보아 일반 국과는 다른 중심국에서 이루어졌던 성곽 축조 사역을 전하는 것이다. 관가와 성곽 축조에 청년들을 동원하는 것으로 보아 이는 진왕의 목지국 등 유력한 중심국과 관련된 기록이라고 보인다. 즉 중심국과 일반 국 사이에 성곽의 유무로 차이가 있었던 것이다. 이 것은 목지국을 중심으로 한 진왕 세력이 다른 국에 비해 군사적·정치적인 면에서 더 발전된 상태에 있었음을 시사해 준다.

목지국에 치소를 두고 있던 진왕은 그 호칭으로 보아 마한 전체의 왕은 아니었다. 만약 마한 전체의 왕이었다면 '고구려왕'이나 '부여왕', 또는 '왜왕'처럼 '한왕'(마한왕)이라 불렸을 것이다. '진왕'(辰王)이라는 용어에는 그 세력 범위가 목지국을 중심으로 옛 진국의 범위인 '진'지역에 머물러 있었다는 의미가 내포되어 있다.[138] 목지국을 중심으로 한 진왕의 통치 범위를 진왕국이라고 할 때, 그 안에는 중심국으로 목지국과 함께 몇 개의 소국들이 통합되어 있었을 것이다. 그렇다면 위의 사료에 보이는 관가, 성곽 등은 마한 중에서 세력이 가장 컸던 진왕국과 관련된 것일 가능성이 높다.

---

[138] 박대재, 2006, 앞의 책.

그런데 『삼국지』 동이전 한조에는 다음과 같이 또 하나의 진왕이 보이고 있어 주목된다.

D. (辰韓) 十二國屬辰王 辰王常用馬韓人作之 世世相繼 辰王不得自立爲王

진한의 12국이 진왕에게 '속'(屬)해 있었다는 것이다. 이 진왕의 실체에 대해서는 그동안 논란이 적지 않았다. 일반적으로 목지국에 치소를 두고 있던 마한의 진왕으로 이해하는 경우가 많지만,[139] 다른 한편 진한의 진왕, 즉 진한 왕으로서 사로국왕(첨해왕)으로 비정하는 견해가 있다.[140] 『양서』 신라전 등에는 이 진왕이 '진한왕'(辰韓王)으로 기록되어 있거니와, 바로 이어서 진왕은 항상 마한인(토착인)으로써 세웠다는 기록은 이 진왕이 마한이 아니라 진한의 왕이었음을 시사해 준다. 진한의 왕을 진왕이라 한 것은 진한이 진국의 후신이란 인식이나 진한을 줄여 '진'이라고 표기한 경우가 있는 점 등에서 이해할 수 있다.[141]

여기서 진한의 12국과 진왕의 상호 관계를 '속'이라고 표현하고 있는 것이 주목된다. 여기서 '속'은 대외적 외교 창구의 귀속으로 이해될 수도 있다. 진왕을 중국 군현으로부터 책봉 받은 작호로 보는 입장에서는 진왕을 이들 12국을 포함한 마한 내지 삼한 전체의 대외교섭 조정자로 본다.[142] 그러나 진왕이 중국의 책봉 관호였다면 동예의 불내예왕(不耐濊王)[143]이나 왜의 친위왜왕(親魏倭王)[144]의 예처럼 조공·책봉 기록이 남아 있을 것이다. 그리고 '위솔선한백장'

---

[139] 권오영, 1995, 『三韓의 〈國〉에 대한 연구』, 서울대학교 박사학위논문; 武田幸男, 1995·1996, 「三韓社會における辰王と臣智」, 『朝鮮文化研究』 2·3.

[140] 천관우, 1989, 『고조선사·삼한사연구』, 일조각.

[141] 박대재, 2006, 앞의 책.

[142] 武田幸男, 1995, 앞의 글.

[143] 『삼국지』 권30 동이전 예, "(正始)其八年(247) 詣闕朝貢 詔更拜不耐濊王".

명 동인의 한백장 작호에서 보듯이 한왕이라 아니라 진왕이라고 한 이유를 설명할 수 없다.

진한 12국과 진왕의 관계를 뜻하는 '속'은 중심국인 경주의 사로국과 기타 국들 사이의 지배·예속 관계를 보여 준다. 물론 이 관계에는 대외적인 교섭의 귀속도 포함되었을 것이다. D에서는 진한의 진왕이 대대로 계승은 되었으나 자립할 수는 없었다고 한다. 이는 진왕의 성격을 보여 주는 것으로 세습은 되었지만 자립할 수 없는 자리였다는 것이다. 왜왕 비미호가 사망하고 그 왕위가 종녀(宗女)에게 바로 계승되지 못하고 새로 남자 왕이 세워진 것과 비교하면, 진왕은 세습이 가능했다는 점에서 진전된 것으로 보이지만 자립할 수 없다는 점에서 아직 완전히 독립적인 왕권은 아니었다.

이처럼 세습은 가능하지만 자립할 수 없는, 즉 국인(國人)들의 추대(공립)를 받아야 세습의 정당성을 인정받는 왕권은, 막스 베버의 3가지 지배 유형 중 카리스마적 지배와 전통적 지배 사이의 과도 형태로 '카리스마의 일상화'(세습적 카리스마 또는 직위 카리스마)[145] 단계에 해당한다고 하겠다.

> E. 弁辰亦十二國 又有諸小別邑 各有渠帥 大者名臣智 其次有險側 次有樊濊 次有
> 殺奚 次有邑借 … 弁辰與辰韓雜居 亦有城郭 衣服居處與辰韓同 言語法俗相似
> 祠祭鬼神有異 施竈皆在戶西 其瀆盧國與倭接界 十二國亦有王 其人形皆大 衣服
> 潔清長髮 亦作廣幅細布 法俗特嚴峻

E기록은 변한의 상황을 전하는 『삼국지』 동이전 기록으로 변한에 12국과 함께 작은 별읍이 있으며, 각국의 거수는 크기에 따라 신지-험측-번예-살

---

144 『삼국지』 권30 동이전 왜인, "(魏明帝)景初二年(238)六月 倭女王遣大夫難升米等詣郡 … 其年十二月 詔書報倭女王曰 制詔親魏倭王卑彌呼…".

145 막스 베버, 1997, 「지배의 유형」, 『경제와 사회』 I, 박성환 역, 문학과지성사, 456~468쪽.

해-읍차 등의 차례로 불렀다는 것이다. 변한에는 진한과 마찬가지로 성곽이 있었다고 하며, 의복·거처는 동일하고 언어와 법속도 비슷하지만 귀신을 제사 지내는 데는 차이가 있었다고 한다. 여기서 귀신 제사는 다음의 '조'(竈)로 보아 부뚜막신앙, 즉 조왕신앙과 관련된 것으로 파악된다.[146]

E기록에서 가장 주목되는 부분은 변한 12국에도 왕이 있었다는 것이다. 그동안 변한의 왕에 대해 단편적이나마 복수의 왕, 즉 12국 각국의 수장으로 보는 입장도 있었지만,[147] 전통적으로는 변한 12국 전체를 대표하는 단수의 변한왕으로 이해하는 시각이 많다.[148] 이에 따르면 변한 12국은 변한왕을 중심으로 연합되어 있었던 것이며, 그 중심국은 3세기 초 포상 8국이 연합해 침공했던 김해의 구야국일 가능성이 높다. 김해의 구야국이 중국 군현-삼한-왜와의 교통에서 중심 거점 역할을 하고 있던 것에 포상 8국이 대항했다가 실패한 것이며, 이로 인해 구야국의 중심국으로서 위상은 더욱 확고해졌을 것이다.[149]

변한 12국의 관계를 진한과 비교할 때 주목되는 부분은 '속왕'(屬王)이 아니라 '유왕'(有王)이라고 했다는 것이다. '유'의 의미는 각국이 종속되기보다 독자성을 유지하면서 공공의 왕으로 추대한 것이라고 추정된다. 진한의 왕보다는 그 영향력이 미약했으며 왕위의 세습도 확인되지 않는다. 이러한 변한왕의 성격은 세습적 카리스마 이전 단계의 개인의 신성성에 기초한 일대적 카리스마의 지배 유형에 가깝다고 볼 수 있다. 진한왕이 그 소속국들을 일정하게 통합하고 있던 것과 달리, 변한왕은 대외적 성격이 강한 존재로서 3세기

146 박대재, 2009, 「三韓의 '臘日祭祀'와 부뚜막신앙」, 『한국사학보』 37, 고려사학회.

147 김정학, 1990, 「加耶와 日本」, 『고대한일문화교류연구』, 한국정신문화연구원; 武田幸男, 1996, 앞의 글; 김태식, 1990, 앞의 글.

148 那珂通世, 1895, 「朝鮮古史考-三韓考-」, 『史學雜誌』 6-6; 1958, 『外交繹史』, 岩波書店; 岡田英弘, 1976, 『倭國の時代』; 1994, 朝日文庫; 노중국, 2002, 「辰·弁韓의 政治·社會구조와 그 운영」, 『진·변한사연구』, 경상북도·계명대학교 한국학연구원.

149 박대재, 2006, 앞의 책.

전·중엽 일시적으로 존재했던 것으로 추정된다.

진변한의 중심 세력이었던 사로국 진한왕, 구야국 변한왕의 존재 양태를 이처럼 이해하면 진한과 변한의 성격은 국들의 병립적인 연맹체로 이해하기는 곤란하다. 특히 진한의 경우는 지역 복합사회(국)가 중심의 왕에게 종속해 있던 관계라는 점에서 연맹체가 아니라 외적으로는 군장사회를 통합한 왕국(kingdom)의 형태를 띠고 있었다.

변한은 진한에 비해 중심지의 왕은 인정되지만 그에 대한 주변국의 복속도가 약하고 구성국들의 상호 관계가 비교적 대등한 측면을 가지고 있다는 점에서 콜린 렌프류(C. Renfrew)가 제안했던 중심지(도시국가)와 주변 지역의 도시들로 분할 구성된 '초기국가모듈'(early state module: ESM)[150]에 근접할 가능성이 높다. 초기국가의 유형 중 가장 원시적이고 분산적인 구조라고 할 수 있다.

초기국가의 지배 구조하에 있는 지역 복합사회는 초기에는 내부적으로 정체성을 상실하지 않고 중앙과의 외적 관계에서만 예속적인 관계를 형성하고 있다. 재래의 단위 복합사회로서의 성격을 유지하고 있는 것이다. 그러나 초기국가의 지배 구조가 지역 수장을 배제하는 방향으로 전개될수록 지역 복합사회의 정체성은 약화되어 갔다. 『삼국지』 동이전에 나타나는 부여, 고구려, 삼한의 지배 구조 사이에 나타나는 차이를 이러한 지배 구조의 발전 과정으로 이해할 수 있다.

『삼국지』에서 부여와 고구려의 경우 모두 하나의 국으로 표기되고 내부의 지역 국이 따로 없다는 점에서 국명이 온존해 있는 삼한보다는 발전된 지배 구조를 가지고 있었다. 고구려는 지방공동체의 단위로 읍락이 나오는데, 이

---

[150] C. Renfrew, 1975, "Trade as Action at a Distance: Questions of Integration and Communication," *Ancient Civilization and Trade*, J. A. Sabloff, C. C. Lamberg-Karlovsky (eds.), Albuquerque: University of New Mexico Press, pp. 13~20. 콜린 렌프류의 '초기국가모듈'은 칸막이접시(module plate)와 같은 초기국가의 공간적 분구성을 보여 준다.

것은 기존 상위의 복합사회인 중간 단계의 지역공동체로서 국(國)이 해체된 결과이다. 다만 중앙에 별도의 관인 조직과 제사 체계를 가진 5부가 온존해 있다는 점에서 아직 완전히 중앙집권적인 단계라고 할 수는 없다. 그 대신 고구려는 동옥저와 동예 등의 외부 세력을 다음 기록과 같이 공납제적인 지배 관계로 포함시켜 국가의 외연을 확대해 나갔다.

> F. (東沃沮) 國小迫于大國之間 遂臣屬句麗 句麗復置其中大人爲主者 使相主領 又
> 使大加統責其租稅 貊布·魚·鹽·海中食物 千里擔負致之 又送其美女 以爲婢妾
> 遇之如奴僕[151]

위 기록에서 고구려는 동옥저의 재지 대인을 따로 세워 통제하게 하는 한편 중앙의 대가를 통해 그 지역에서의 수취를 통괄하게 하였다. 그를 통해 맥포(貊布), 물고기, 소금 등의 토산물을 중앙까지 공급하고, 또 그 지역 미녀까지 중앙으로 송출하는 것은 바로 공납제적 지배 구조의 전형적인 모습이라고 할 수 있다. 아마도 고구려 국내의 지역 복합사회로서 국이 해체되기 이전에도 이와 같은 형태의 지배 구조였을 것이다. 이와 같이 국외까지 공납제적 지배로 관할하고 국가의 외연을 확대했던 3세기 당시 고구려의 지배 구조는 초기국가 3유형 중 가장 발달된 변형(transitional) 단계에 해당한다고 하겠다.

다음으로 부여의 경우도 고구려와 같이 내부에 국이 존재하지 않는다는 점에서 삼한보다는 한 단계 더 진전된 지배 구조를 가지고 있었다. 부여도 고구려와 같이 읍루를 신속시켜 일시적으로 공납을 받기도 하였으나, 황초 연간(220~226)에 읍루가 반란을 일으켜 이탈하게 되면서 별도의 공납 지역이

---

151 『삼국지』 권30 동이전 동옥저.

존재하지 않았다.[152]

또한 국내 지방에 일반 읍락과 함께 제가의 별읍인 사출도(四出道)가 공존하고 있었다는 점에서 고구려보다는 덜 일원화된 지배 구조였다고 할 수 있다.

G. 諸加別主四出道 大者主數千家 小者數百家[153]

제가의 별읍이었던 사출도의 성격[154]은 당시 한의 지방제도에서 보이는 도(道)와 비교되는 점이 많다. 도는 자립적인 주변의 소수종족 세력이 변경 지역에 편제 내지 내속된 후 설치한 행정단위로서 내지의 현급에 해당한다. 『한서』 지리지에 의하면 전한 말년에는 이러한 도가 32개 설치되었는데, 도에는 도위(道尉), 도령(道令), 도재(道宰) 등 별도의 관이 있었던 것으로 파악된다.[155]

이와 같은 한대 도의 성격은 『삼국지』에 보이는 사출도의 성격을 이해하는데 실마리를 제공한다. 학계 일각에선 부여의 사출도를 고구려의 부와 같은 성격으로 이해하는 시각도 있다.[156] 그러나 부는 기본적으로 중앙의 세력 단

---

[152] 『삼국지』 권30 동이전 읍루, "自漢以來 臣屬夫餘 夫餘責其租賦重 以黃初中叛之 夫餘數伐之 其人衆雖少 所在山險 隣國人畏其弓矢 卒不能服也".

[153] 『삼국지』 권30 동이전 부여.

[154] 사출도에 대해서는 일찍이 사방으로 뻗은 가도를 중심으로 그에 연한 속령지를 가리킨다고 본 견해(日野開三郎, 1946, 「夫餘國考-特にその中心地の位置について」, 『史淵』 34) 이래, 최근 식읍으로 보는 견해(이인재, 2006, 「夫餘・高句麗의 食邑制-三國志 東夷傳을 중심으로-」, 『동방학지』 136)에 이르기까지 다양한 시각이 제기되어 왔다.

[155] 後曉榮, 2008, 「《漢書・地理考》'道'目錄考」, 『中國歷史地理論叢』 23-1; 紙屋正和, 2009, 「兩漢時代における縣・道の長吏の任用形態とその變遷」, 『漢時代における郡縣制の展開』, 朋友書店, 460~508쪽.

[156] 송호정, 2000, 「古朝鮮・夫餘의 국가구조와 정치운영-部 및 部體制論과 관련하여-」, 『한국고대사연구』 17.

위라는 점에서 지방에 존재했던 사출도와는 성격이 다르다.

부여의 제가는 지방의 재지 기반을 가지고 있는 족장 출신으로 중앙에 진출 내지 편제된 귀족 세력으로 이해된다.[157] 사출도는 명칭으로 보아 변경 사방 지역에 분포하던 제가들의 재지 기반으로 기존의 지역 복합사회인 국이 해체되고 재편된 지방 특별구역으로 보인다.

제가의 사출도 가운데 대가의 도는 수천 가이고, 소가의 도는 수백 가였다고 한다. 규모로 보아 대가의 도는 진변한의 대국에 해당하고, 소가의 도는 소국에 해당한다. 이러한 도의 숫자는 제가의 숫자만큼이나 여러 개였을 것이다. 부여의 전체 호구 수가 8만 호였다고 하므로, 진변한 24국의 전체 호수인 4~5만 호와 비교하면, 부여에는 어림잡아도 원래 40여 개 정도의 지역 복합사회(국)가 있었던 것이다. 마한 50여 국의 전체 호수가 10여만 호이니, 이와 견주어 보면 크게 벗어나는 통계는 아닐 것이다.

그렇다면 부여사회에 재래하던 40여 개의 국 중 상당 부분은 해체되어 일반 지방 읍락으로 재편된 데 반해, 일부 지역 특히 변경 지역의 국은 상대적으로 정체성을 유지하고 제가들의 별읍인 도로 전환된 것이다. 이 도들은 제가가 별주(別主)했다는 것으로 보아 중앙의 지배력이 직접 미치지 않는 지역이었다. 그 규모에서는 차이가 나겠지만 진변한의 여러 '별읍'과 성격이 비슷하다고 할 수 있다. 그러나 제가들의 국이 '도'로 전환되었다는 것은 이들이 중앙에 의한 공납제적 지배 질서 속에 완전히 편입되었음을 시사해 준다. 제가의 별주는 도의 내부에 제한되었던 것이다.

부여의 지방 읍락에는 호민이라는 상층민이 보이는데, 이들은 읍락 하층부의 하호와 대비되는 존재로 그들을 노복과 같이 다루었다고 한다.[158] 부여의 호민은 읍락사회에 거주하면서 실질적인 지배층으로 자리했던 재지 지배

---

157 문창로, 2009, 「夫餘의 官制와 그 계통적 접근」, 『한국학논총』 31.

158 『삼국지』 권30 동이전 부여, "邑落有豪民民下戶皆爲奴僕". 이 부분의 해석과 관련한 논란에 대해서는 박경철, 2006, 「부여」, 『한국고대사입문』 1, 신서원, 258~260쪽을 참조하라.

세력이며, 하호와 노복은 그 지배 대상이었던 것으로 이해된다.[159]

그런데 『삼국지』에 나타난 삼한사회에서는 호민의 존재가 보이지 않는다. 부여와 삼한 사이의 호민의 존재 유무는 지역 복합사회인 국의 존재 양태와 관련이 있다. 국의 정체성이 남아 있는 삼한사회에서는 아직 호민이 등장하지 않은 반면, 국이 해체된 부여에서는 읍락사회를 호민이 지배하고 있었던 것이다. 이를 통해 부여의 호민은 국의 수장 세력이 중앙에 의해 읍락사회의 상층부로 해체·재편된 존재로 이해할 수 있다. 물론 국의 수장 세력이 모두 호민으로 재편된 것은 아니다. 수장층 중에서도 최상위의 수장들은 중앙으로 이주하여 귀족화하였다. 지방의 사출도를 별주하고 있던 중앙의 제가들이 바로 그러한 세력에 해당한다.

진한(신라)에서는 호민이 3세기 말에 확인되는데, 유리이사금 10년(293)에 사벌주의 호민 80여 가를 개축한 사도성(沙道城)으로 이주시켰다.[160] 사벌주는 첨해왕 때(247~261) 복속한 사벌국, 즉 지금의 상주 지역을 가리키는 것으로서, 그 호민 80여 가는 사벌국 수장 세력의 후신으로 이해할 수 있다. 이와 같이 부여의 호민 역시 국의 수장 세력이 독자성을 잃고 읍락의 재지 세력으로 재편된 존재라고 볼 수 있다.

호민이 읍락사회의 재지 세력이지만, 명칭에서 보듯이 기존의 수장 세력과 달리 민으로서의 정체성이 부여된 존재이다. 읍락의 호민은 제가들과 달리 일반 읍락의 상층민으로 편제되었고 공납 지배의 대상이 되었다. 호민은 중앙의 제가와 읍락의 하호를 매개하던 공납 지배의 중간 계층이라고도 할 수 있다. 한편 부여의 하호들은 전쟁 때에는 중앙의 제가들에게 식량을 공급해주는 존재이기도 했다.[161] 이는 하호가 공납제적인 지배 구조에서 제가와 호민에게 이중적으로 착취당하는 계층이었음을 의미한다. 하호를 노복

---

159 문창로, 2000, 앞의 책, 131쪽.

160 『삼국사기』 권2 신라본기2 유례이사금 10년(293), "春二月 改築沙道城 移沙伐州豪民八十餘家".

161 『삼국지』 권30 동이전 부여, "有敵 諸加自戰 下戶俱擔糧飮食之".

과 같이 다루었다는 기록은 바로 이러한 하호의 존재 양태와 관련이 있을 것이다.

이와 같이 부여왕을 중심으로 공납 지배를 받는 일반 지방 읍락과 변방의 특별 지방구역인 사출도가 공존하는 부여의 지배 구조는 고구려보다는 덜 발달된 형태이지만, 삼한과 비교할 때 지역 복합사회인 국의 정체성이 소멸되었다는 점에서 초기국가의 중간 유형인 전형(typical) 단계에 해당한다고 볼 수 있다.

한편 마한의 진왕국과 진변한의 사회형태는 중심 세력으로 왕이 존재하지만 각 지역에 여전히 국의 대외적 정체성이 온존해 있다는 점에서 초기국가의 초기 형태인 시초(inchoate) 단계에 가깝다고 하겠다.

진한의 경우 12국이 진왕에게 복속해 있다는 표현은 외적인 구조에서 진한(사로국왕)을 중심으로 한 초기국가의 형태를 띠고 있었음을 시사해 준다. 진한이 초기국가의 시초 단계에서 부여와 같은 전형 단계로 발전한 시기는 앞서 본 호민의 존재를 통해 볼 때 3세기 말로 추정해 볼 수 있다. 3세기 중엽까지는 사로국과 여타의 국 사이에 완만한 복속 관계에 의해 초기국가의 외적 구조가 형성되고, 3세기 말 호민의 등장에서 보듯이 점차 국이 해체되면서 일반 읍락으로 전환되어 부여와 같은 전형적인 초기국가 단계로 발전했던 것으로 보인다.

『삼국사기』 신라본기에 의하면, 경주의 사로국을 중심으로 한 진한 여러 국의 복속 관계는 일시에 성립된 것이 아니라 약 150년에 걸쳐 지속적으로 성립된 것이다. 『삼국사기』에는 사로국이 주변의 여러 국을 차례로 통합해 나아가는 과정이 2~3세기에 집중적으로 기록되어 있다.

그들의 복속 과정을 시기별로 보면 파사왕 때인 102~108년에 복속한 음즙벌국(안강)·실직국·압독국·비지국·다벌국·초팔국 등 6국, 그다음 벌휴·조분·첨해왕 등 석씨왕 때인 185~261년 사이에 복속한 소문국·감문국·골벌국·사벌국 등 4국과 정확한 복속 시기가 나오지 않지만 유례왕 14년(297)

이전에 복속했던 이서국까지 총 11개국의 통합 과정이 나온다.[162] 『삼국사기』에 나타나는 진한 지역의 국들이 경주의 사로국을 중심으로 통합되는 과정은 『삼국지』에서 3세기 중엽 진한 12국이 진왕(진한왕)에게 속해 있던 상황과 합치된다.

진한의 발전 과정과 관련하여 『삼국지』의 다음 기록은 그동안 제대로 이해되지 못했다.

H. (辰韓) 始有六國 稍分爲十二國

처음의 6국을 6부와 연결시켜 이해하는 시각도 있지만, 『삼국지』 고구려조에 5부가 나온다는 점에서 부와 국을 환치시켜 볼 수는 없다. 위 기록은 6국이 나뉘어 12국으로 분화한 것처럼 서술하였지만, 사실은 사로국이 주변 소국을 통합해 가는 과정의 단계를 보여 주는 것이다. 즉 진한이 6국으로 구성되었던 것은 파사왕 때인 2세기 초 무렵이며, 2세기 말~3세기 중엽 총 12국이 통합된 형태로 발전한 과정을 마치 국들이 분화한 것처럼 서술한 것이다. 이것은 진한의 개념이 중심국(왕)을 중심으로 통합된 지역 국(거수)들의 복합체로서, 외적으로는 왕국 형태의 초기국가였음을 시사해 준다.

진한이 초기국가의 외적 형태를 갖추기 시작한 시기는 진한이 6국으로 이루어져 있던, 다시 말해 6국이 사로국왕에게 통합되어 있던 2세기 초 파사왕 때부터라고 할 수 있다. 그리고 3세기 중엽에는 12국으로 구성된 초기국가로 확대되었다가, 3세기 말부터 지역 국이 해체되고 읍락으로 전환되는 초기국가의 전형기에 접어들었다. 부여와 고구려도 이러한 과정을 거쳐 초기국가의 지배 구조를 확대, 발전시켰던 것이다.

---

[162] 박대재, 2006, 앞의 책, 173~181쪽.

2) 초기국가의 공납제적 지배

이상에서 살펴본 바와 같이 내적 통합도 내지 통합 범위에서는 차이가 있지만, 크게 보아 중심국(왕)을 중심으로 지역 복합사회(국) 내지 지방 공동체(읍락)들이 통합되어 있는 마한의 진왕국, 진한, 변한, 부여, 고구려의 외적 구조는 초기국가의 범주에 있다.

앞서 보았듯이 클라선 등의 초기국가론에 의하면, 초기국가의 중앙과 지역 복합사회 간의 상호 관계는 공납제에 기초한 것으로 이해된다. 이러한 지배 구조는 성숙한 고대국가의 지방관파견(군현제)에 의한 직접 지배와 비교되어 '간접 지배'[163]라고 불리기도 하였다.

간접 지배란 상대적 독자성을 어느 정도 인정받고 있는 지역 수장을 통해 중앙에서 지방을 간접적으로 지배하는 방식이다. 기존의 간접 지배 연구에서도 공납을 전제로 하고 있지만, 그보다 중앙에서 지방 세력에게 사여한 위세품의 존재에 더 주목해 보았다. 초기국가의 지배 구조는 중앙과 지방의 호혜적인 상호 관계에 의해 이루어졌다는 점에서 중앙의 사여에 의한 지배와 함께 지방에서 중앙으로의 공납 역시 중요하다. 사실 중앙과 지방의 지배·종속 관계는 중앙의 사여보다도 먼저 지방의 공납이 이루어질 때 성립된다. 그래서 클라선의 초기국가론에서도 중앙과 지방의 관계를 공납제로 설명한 것이다.

다음에서 살펴볼 것처럼 사료에서도 지방의 공납이 먼저 이루어진 후 그에 대한 반대급부로 중앙의 재분배로 사여가 이루어진다. 따라서 초기국가의 지배 구조를 설명하는 개념으로 기존의 간접 지배보다는 쌍방향적인 공납제적 지배가 더 적합할 듯하다. 공납제적 지배는 지방의 공납을 근간으로

---

163 한우근, 1960, 「古代國家成長過程에 있어서의 對服屬民施策(上)」, 『역사학보』 12; 이우태, 1991, 『新羅 中古期의 地方勢力 硏究』, 서울대학교 박사학위논문; 이한상, 1995, 「5~6世紀 新羅의 邊境 支配方式-裝身具 分析을 중심으로-」, 『한국사론』 33; 주보돈, 1998, 『新羅 地方統治體制의 整備過程과 村落』, 신서원; 이희준, 2007, 『신라고고학연구』, 사회평론.

한 중앙의 재분배가 이루어지는 지배 방식이다. 공납을 통해 확보된 토산물은 다른 지역으로 재분배된다는 점에서, 단지 한 지역에 대한 지배뿐만 아니라 다른 지역에 대한 지배 방식에도 영향을 미친다. 이처럼 공납은 초기국가의 재분배 및 유통 체계의 근간이었으며, 중앙 세력이 행사한 대내외적 교섭권 내지 네트워크의 경제적 기반이었다.

초기국가의 지배 구조를 직접 전해주는 문헌 사료는 찾기 어렵다. 다만 『삼국사기』에 공납제적 지배를 시사해 주는 몇몇 기록들이 보인다. 먼저 진한(신라)의 공납제를 시사해 주는 기록부터 살펴보면 다음과 같다.

> I. ① (파사왕 5) 夏五月 古陁郡主獻青牛 南新縣麥連歧 大有年 行者不賫糧
> ② (벌휴왕 3) 秋七月 南新縣進嘉禾
> ③ (조분왕 13) 秋 大有年 古陁郡進嘉禾
> ④ (첨해왕 5) 春正月 始聽政於南堂 漢祇部人夫道者 家貧無諂 工書算著名於時 王徵之爲阿湌 委以物藏庫事務
> ⑤ (유례왕 11) 秋七月 多沙郡進嘉禾

위 기록에 보이는 고타군, 남신현, 다사군 등에서 청우(靑牛), 가화(嘉禾) 등 상서물들을 진헌한 것은 제의적 공납의 사례이다. 그런데 공교롭게도 모두 사로국이 지역 복합사회(국)을 통합했던 시기, 즉 파사왕, 벌휴왕, 조분왕, 유례왕 때에 한정되어 보인다.

그리고 첨해왕 5년의 남당청정(南堂聽政) 기사에 이어서 나오는 한기부인 부도에게 책임을 맡겼던 물장고(物藏庫)는 후대 내성(內省) 소속 물장전(物藏典)이나 진평왕 6년(584)에 설치된 조부(調府)[164]의 전신으로 이해할 수 있는데, 지방

---

[164] 『삼국사기』 권38 잡지7 직관 상.

에서 올라온 공물을 관리하던 공납 관리 부서로 보인다. 3세기 중엽 남당과 물장고는 사로국을 중심으로 한 진한왕국에서 가장 중추적인 지배기구였다. 남당이 진한왕인 사로국왕이 재지 수장들을 초치하여 의례 정치를 펼치던 정무 공간으로 기능했다면,[165] 물장고는 재지 수장으로부터 공물을 수취하고 또 반대급부로 수장들에게 재분배할 이데올로기적 선물인 위세품을 관리하던 공납·사여 담당 기구였을 것이다.

신라에서 지방으로부터의 공납 기록은 『삼국사기』에 계속해서 내물왕, 눌지왕, 소지왕 때도 확인된다.

J. ① (내물왕 21) 秋七月 夫沙郡進一角鹿 大有年

② (눌지왕 7) 夏四月 養老於南堂 王親執食 賜穀帛有差

③ (눌지왕 25) 春二月 史勿縣進長尾白雉 王嘉之 賜縣吏穀

④ (눌지왕 36) 秋七月 大山郡進嘉禾

⑤ (소지왕 10) 夏六月 東陽獻六眼龜 腹下有文字

이 가운데 J-② 기록은 눌지왕이 남당에서 친히 노인들에게 음식을 대접하고 곡식과 비단을 차등 있게 내려 주었다는 것이다. 이 노인들은 아마도 삼로와 같은 지방 수장 세력으로 추정되며, 이들을 중앙의 남당에 초치하여 공납을 받고 세력에 따라 재분배한 것이라고 해석할 수 있다. 남당이 공납제적 지배, 즉 의례 정치의 중앙 정청이었음을 다시 한 번 확인시켜준다. ③에서는 사물현에서 공납을 올리자 왕이 그에 대한 보답으로 곡식을 하사하고 있다. 이를 통해 공납과 사여의 선후 관계 내지 상호 관계를 확인할 수 있다.

소지왕 10년(488)의 기록을 끝으로 지증왕 이후 중고기에는 공납 기록이

---

165 박대재, 2006, 앞의 책.

확인되지 않는다.[166] 이것은 지증왕 6년(505) 2월에 있었던 "왕친정국내주군현"(王親定國內州郡縣) 기록[167]과 관련이 있는 것으로 보이며, 이때부터 지방에 대한 직접 지배가 점차 확대되어 나갔던 것으로 추정된다. 중고기 지방에 대한 직접 지배(지방관 파견)는 법흥왕 25년(538)에 외관(外官)이 가족을 데리고 부임하는 것을 허가했다는 기록[168]을 통해서도 확인된다.

하지만 직접 지배가 시행되었다고 해서 지방의 공납이 사라지는 것은 아니다. 조용조 제도에서 보듯이 공납은 고대국가의 기본적인 수취체제로 계속 기능하였다. 다만 초기국가 단계에서는 공납이 주요한 수취체제였다면, 성숙한 고대국가에서는 토지와 주민에 인신 지배가 강화되면서 수취체제의 중심이 전조나 인두세로 전환되었던 것이다.

다음으로 신라가 성숙한 고대국가로 발전하고 있던 진흥왕 때(562년 무렵) 신라에 의해 정복된 대가야를 비롯한 가야 사회에 대해 살펴보자. 가야의 발전 단계에 대해서는 고대국가에 도달했는가의 여부를 둘러싸고 아직까지 논란이 진행되고 있다. 고대사에서 김태식은 고령과 함안과 같은 경우 복합 군장사회들의 통합(연맹)이 이루어져 최고 수준의 군장사회에 도달했지만, 고대국가의 성립은 이루지 못했다고 본다.[169] 그런데 최근 고령의 대가야와 함안의 아라가야가 고대국가 단계에 진입했다거나,[170] 특히 5세기 후반 대가야는 국가 단계에 들어섰음이 고고학계를 중심으로 꾸준히 제기되고 있다.[171]

---

[166] 다만 지증왕 13년 6월 우산국(于山國)이 귀속하여 해마다 토산물[土宜]로써 공납하였다는 기록이 보이는데, 해도(海島)지역인 우산국의 세공(歲貢)을 전하는 것으로 상고기의 공납도 이러한 형태였을 것이다.

[167] 『삼국사기』 권4 신라본기4 지증마립간 6년.

[168] 『삼국사기』 권4 신라본기4 법흥왕 25년.

[169] 김태식, 1990, 앞의 글; 2000, 「加耶聯盟體의 性格 再論」, 『한국고대사논총』 10.

[170] 백승옥, 2003, 『가야 각국사 연구』, 혜안.

[171] 이희준, 1995, 「토기로 본 大加耶의 圈域과 그 變遷」, 『가야사연구-대가야의 정치와 문화-』, 경상북도; 박천수, 1996, 「大伽耶의 古代國家 形成」, 『석오 윤용진교수 정년퇴임기념논총』; 김세기, 2000, 『古墳資料로 본 大加耶』, 계명대학교 박사학위논문; 권학수, 2003, 「가야의 社會發

『남제서』와 『일본서기』에서 대가야의 지배자가 '가라왕'(加羅王)이라 칭해진 것이나 대가야의 토기 중에 '대왕'(大王) 명문이 확인되는 것은 국가 단계 왕권의 존재를 시사해 주는 자료다.[172] 하지만 다른 한편 문헌사적으로 보았을 때 대가야의 지배 구조가 아직 군현제적인 중앙집권체제 단계에는 이르지 못한 부체제 내지 귀족합의체제의 초기고대국가 단계였음도 인정된다.[173] 이러한 최근의 논의를 종합해 볼 때 대가야의 발전 단계는 군장사회와 성숙한 고대국가 사이의 초기국가 단계에 해당한다고 이해할 수 있다. 결국 대가야는 초기국가의 성립에는 이르렀지만 성숙한 고대국가로 발전하지 못하고 신라에 의해 통합된 것이다. 하지만 주지하듯이 대가야의 국가적 역량은 신라가 정복국가의 성격을 띤 성숙한 고대국가로 발전하는 데에 크게 기여하였다.

다음으로 『삼국사기』 백제본기를 통해 백제와 마한 국읍 사이의 공납제적 관계의 변화를 이해할 수 있다.

K. ① (온조왕 10) 秋九月 王出獵 獲神鹿 以送馬韓

② (온조왕 18) 冬十月 靺鞨掩至 王帥兵 逆戰於七重河 虜獲酋長素牟 送馬韓 其餘賊盡坑之

③ (초고왕 48) 秋七月 西部人茴會獲白鹿獻之 王以爲瑞 賜穀一百石

④ (고이왕 25) 春 靺鞨長羅渴獻良馬十匹 王優勞使者以還之

展 動因과 發展段階」, 『가야 고고학의 새로운 조명』, 혜안.

172 田中俊明, 2002, 「朝鮮古代における小國の領域擴大と王權−加耶諸國を題材として−」, 『古代王權の誕生』 I(東アジア編), 角川書店, 177쪽에서 대가야는 국내적으로 격절한 왕권 단계에 도달하였으며, 대가야연맹은 대대가야국(大大加耶國)이라고도 할 수 있는 대가야왕을 중심으로 한 하나의 국과 같이 보는 것도 이상하지 않을 정도로 고대국가에 가까운 상태까지 도달했다고 한다. 이는 국내 학계보다는 다소 소극적인 입장이지만, 대가야 국내적으로는 고대국가에 가까운 격절한 왕권이 성립되어 있었다고 보는 것이다.

173 남재우, 2004, 「加耶聯盟과 大加耶」, 『대가야의 성장과 발전』, 고령군·한국고대사학회, 71~80쪽.

위에 의하면 온조왕 때는 백제가 마한 국읍의 마한왕에 신록(神鹿)과 말갈 추장 등을 잡아 바치는 공납제적 예속 관계 아래에 있었다. 그러다가 온조왕 26년에 백제가 마한 국읍을 병합했다고는 하지만,[174] 이 기록을 문면 그대로 믿을지는 논란이 많다. 위 기록에서 보듯이 백제가 예하 세력으로부터 공납을 받기 시작하는 것은 3세기부터인데, 초고왕 48년(213)에 서부에서 백록을 바친 것이 처음이다. 서부는 백제의 5부 중 하나로 지배 세력을 구성하고 있던 집단이었다. 백제 초기사에서 부(部)는 지방적 성격으로도 이해되는데,[175] 이에 따르면 지방 세력으로부터 공납을 받은 것으로 볼 수도 있다.

한편 고이왕 25년(258)에 이르러서는 마한의 북부 세력으로 추정되는 말갈[176]로부터 양마 10필을 상납 받음으로써 백제가 본격적으로 지역 세력과 공납제적인 관계를 성립시켜 나갔던 것으로 확인된다. 위의 기록에 보이는 상납들이 정기적인 세공이 아니라 다분히 의례적인 성격을 띠고 있는 것이지만, 단편적이나마 이를 통해 백제의 초기국가로의 발전 과정을 짐작할 수 있다.

마한의 1국이었던 백제가 초기국가로 성장한 시기는 북쪽에 인접한 낙랑군의 간섭과 남쪽의 목지국을 중심으로 한 진왕국의 패권에 의해 상당 기간 지연되었다. 3세기에 이르러서야 백제가 대외적으로 성장할 수 있는 계기가 마련되는데, 3세기 초 요동의 공손씨 정권에 의해 백제의 북쪽에 설치된 대방군과 정치적으로 유대 관계를 맺으면서,[177] 마한 북부 지역에서 점차 패

---

174 『삼국사기』 권23 백제본기1 시조온조왕 26년, "秋七月 王曰 馬韓漸弱 上下離心 其勢不能久 爲他所 幷 則唇亡齒寒 悔不可及 不如先人而取之 以免後艱 冬十月 王出師 陽言田獵 潛襲馬韓 遂幷其國邑 唯圓 山錦峴二城 固守不下".

175 박현숙, 2005, 『백제의 중앙과 지방』, 주류성.

176 윤선태, 2001, 「馬韓의 辰王과 臣濆沽國-嶺西濊지역의 歷史的 推移와 관련하여-」, 『백제연구』 34.

177 『삼국사기』 권24 백제본기2 책계왕 즉위년, "王徵發丁夫 葺慰禮城 高句麗伐帶方 帶方請救於我 先 是 王娶帶方王女寶菓爲夫人 故曰 帶方我舅甥之國 不可不副其請 遂出師救之 高句麗怨 王慮其侵寇 修阿 且城蛇城備之".

권을 장악해 나갔던 것으로 보인다. 그러다가 3세기 중엽 고이왕 대에 이르러 낙랑·대방군과 마한제국 사이에 일어난 기리영 전쟁(246)를 기회로 대내적인 지배체제 정비를 통해 국가로서 성장할 수 있는 발판을 마련하였다. 그리고 280년 무렵부터 마한과 중국 서진 사이의 대외교섭권을 장악하게 되면서, 백제가 드디어 마한의 중심국인 '마한왕'으로 대두하게 되었다.[178] 따라서 백제가 초기국가로 성립한 시기는 바로 3세기 중후반의 고이왕 대라고 할 수 있다.

백제에서도 신라와 마찬가지로 초기국가 단계 공납제적 지배의 중앙 정청은 남당이었다.

L. ① (고이왕 28) 春正月初吉 王服紫大袖袍靑錦袴金花飾烏羅冠素皮帶烏韋履
坐南堂聽事

② (동성왕 11) 秋 大有年 國南海村人獻合穎禾 冬十月 王設壇祭天地 十一月
宴群臣於南堂

위 『삼국사기』 백제본기의 기록들은 남당에서 국왕이 주관하는 원회와 연회가 이루어졌음을 전하고 있다. 이를 통해 남당이 백제 국왕의 의례 정치가 시행된 정청임을 확인할 수 있다.[179] 백제본기의 경우 신라본기에 비해 기록이 영성해서 지방의 공납이 계기적으로 확인되지 않지만, 남당 기록을 통해 볼 때 대체로 동성왕 11년(489)까지 공납제적 지배가 지속되었던 것으로 짐작된다.

동성왕 11년 가을 기록은 국 남쪽 바닷가 마을에서 이삭이 합쳐진 벼를 바

178 박대재, 2006, 앞의 책.
179 박대재, 2004, 「백제 초기의 회의체와 南堂」, 『한국사연구』 124; 2006, 앞의 책, 145~148쪽.

첬는데, 지리적으로 보아 백제의 남해안인 지금의 전라남도 남부 지역으로 추정된다. 그리고 10월에 제단을 설치하고 천지에 제사를 지내고, 11월에는 남당에서 군신들을 대상으로 연회를 베풀었다. 지방공납, 천지제사, 남당연회로 이어지는 이 일련의 기록은 제의를 통한 공납제적 지배(의례 정치)를 종합적으로 보여 준다.

백제는 4세기 중엽 근초고왕 때 외적으로 전성기를 맞이하면서 신라에 비해 더 일찍 군현제적 지배 구조의 성숙국가로 발전할 수 있었다. 하지만 475년 고구려에 의해 한성이 함락되면서 국가 발전이 일시 좌절되면서, 웅진 시기까지는 지방 세력을 일원적으로 지배하지 못했던 것으로 이해된다.

이와 같이 마한의 목지국을 중심으로 한 진왕국, 사로국을 중심으로 한 진한왕국, 구야국을 중심으로 한 변한왕국, 백제국을 중심으로 한 마한왕국들은 중심국과 주변국 사이의 공납제적 지배 구조로 형성된 초기국가였다. 초기국가의 공납제적 지배 구조는 지역사회의 정체성을 인정하고 그 중심 지역에도 왕권의 지지기반으로서 부의 공동체적 성격이 온존해 있다. 이런 점에서 초기국가는 일원적인 중앙집권국가의 군현제적 지배 구조와 비교해 분권국가의 지배 구조에 근접해 있다고 할 수 있다.

삼한보다 발달된 초기 고구려와 부여의 공납제적 지배에 대해서는 이미 앞 절에서 살펴보았다. 『삼국지』에 나타난 부여의 공납제적 지배는 삼한의 초기적인 공납제로부터 발전한 초기국가의 전형적인 지배 구조이며, 고구려는 초기국가로부터 성숙한 고대국가의 지배 구조로 전환되는 변형적인 단계를 보여 주고 있다.

이러한 초기국가의 공납제적 지배 구조의 원형은 다음 기록에서 볼 수 있듯이 위만조선 시기에도 확인된다.

M. 滿亡命 聚黨千餘人 稍役屬眞番朝鮮蠻夷及故燕齊亡命者 王之 都王險 ⋯ 以故 滿得兵威財物侵降其旁小邑 眞番臨屯 皆來服屬 方數千里[180]

위에 보이는 그 주변 소읍(小邑)인 진번과 임둔은 읍과 국을 서로 바꾸어 쓰는 예와 위만조선 멸망 이후 설치되는 진번군과 임둔군의 규모를 생각할 때 작은 읍락이라기보다는 위만조선에게 복속당한 군장사회 이상의 정치체로 추측된다.[181]

기원전 108년 한제국이 위만조선의 왕검성을 함락시킨 뒤 그 중심 지역에 낙랑군을 설치하고 그 주변 지역에 진번군과 임둔군, 그리고 그다음 해에는 현토군을 설치했다는 것은 널리 알려진 사실이다. 한이 위만조선을 정복하고 세운 4개 군현 지역은 원래 위만조선의 영역 범위였다고 할 수 있다. 이렇게 보면 위만조선의 영역은 그 중심인 조선(낙랑)지역을 중심으로 그 주변에 진번, 임둔, 현토의 지방 세력이 둘러싸고 있는 상당히 넓은 지역 범위였다는 것을 알 수 있다. 위만조선의 영역을 둘러싸고 아직 논의가 분분하지만, 멸망 후 설치된 한군현의 지역 범위를 고려하면 위만조선은 단지 왕검성을 중심으로 한 작은 '지역국'이 아니라 적어도 한반도 북부 지역의 대부분을 포괄하고 있던 상당한 규모의 영역국가였다.

그러나 위만조선의 국가 구조는 『사기』 조선열전에 의하는 한 군현제가 정비된 중앙집권적인 지배 구조와는 상당히 거리가 있기도 하다. 조선상(朝鮮相), 이계상(尼谿相)과 같이 조선·이계의 지역적 기반을 가지고 있는 상(相)은 중앙에서 파견된 지방관이라기보다, 일정 지역에 기반을 둔 각 지역 집단의 족장 출신으로서 중앙 관직에 편제된 세력으로 이해된다.[182]

조선상 역계경(歷谿卿) 기록[183]에서 보듯이 예하에 2000여 호의 주민 집단을 거느리고 있는 상(相) 또는 경(卿)은 1만여 명의 인구수로 보아도 군장사회 수

---

180 『사기』 권115 조선열전.

181 김정배, 1987, 「사기 조선열전 역주」, 『중국정사조선 역주』 1, 국사편찬위원회, 34쪽.

182 송호정, 2003, 『한국고대사 속의 고조선사』, 푸른역사, 416쪽

183 『삼국지』 권30 동이전 한 인용 위략, "初 右渠未破時 朝鮮相歷谿卿以諫右渠不用 東之辰國 時民隨出 居者二千餘戶 亦與朝鮮眞番不相往來".

장 출신의 고위자라고 판단된다. 조선상 역계경은 2000여 호의 재지 기반을 가지고 위만조선의 우거왕에게 정치적으로 복속되어 있던 역계 지역 군장이면서 동시에 중앙에서 조선상으로 활동하던 고위자였다가 이탈해 나간 세력이라고 파악할 수 있다. 지방 세력의 이탈은 공납제적(분권적)인 초기국가의 지배 구조에서는 종종 나타나는 현상이다. 이와 관련하여 고조선의 상(相), 경(卿), 대부(大夫) 등 대부분의 관직들이 지방에 일정한 봉토를 가지고 있는 일종의 제후적 존재라는 의견[184]도 참고할 만하다.

위만조선의 국가 구조는 성숙한 중앙집권적 지배 구조와는 거리가 있다. 역계경이 이탈할 수 있었던 것도 중심과 주변 지역의 미숙한 지배·예속 관계 때문이다. 이러한 주변 세력의 이탈은 기원전 128년에 있었던 예군남려(濊君南閭)의 이탈에서도 확인된다.

> N. ① (元朔元年) 東夷濊君南閭等口二十八萬人降 爲蒼海郡[185]
>
> ② 元朔元年 濊君南閭等畔右渠 率二十八萬口 詣遼東內屬 武帝以其地爲蒼海
>
> 郡 數年乃罷[186]

위에 보이는 예군남려의 역사적 실체에 대해서는 고구려 또는 부여의 전신이라는 서로 다른 견해가 대립하고 있지만, 예군남려의 실체 문제는 잠시 접어 두고 위만조선 우거왕과의 관계에 초점을 맞춰 살펴보자.

이들은 앞서 보았던 조선상 역계경과 마찬가지로 위만조선에 복속되어 있던 세력이었다가 예하의 주민 집단을 거느리고 이탈한 세력임을 알 수 있다. 그 규모가 28만 명이라고 해서 상당한 규모인데, 이것은 '예군남려 등'이라는

---

184 윤상열, 2007, 「고조선의 天下觀에 관한 試論」, 『사학연구』 88.

185 『한서』 권6 무제기6.

186 『후한서』 권85 동이열전 예.

표현으로 보아 단독 세력이라고 보기는 어렵다.

위만조선의 국가 구조는 조선상 역계경이나 예군남려와 같은 지역 군장 세력이 예하의 주민 집단을 거느리고 중앙에 완만하게 복속되어 있던 미숙한 지배·예속 관계였다. 이와 같은 맥락에서 보면 앞서 본 진번과 임둔 역시 조선을 중심으로 완만하게 복속되어 있던 주변의 지방 수장 세력이라고 볼 수 있다. 여기서 왕성인 왕검성에 대비되는 주변(지방) 지역으로서 소읍의 존재를 상정해도 좋을 것이다. 왕성과 소읍의 상호 관계는 삼한의 중심 대국(국읍)과 주변 소국 사이의 관계와도 같은 형태라고 할 수 있다.

위만조선의 왕성과 소읍 사이의 중층적 지배 구조는 그 이전 고조선 말기에도 이미 존재했던 것으로 보인다.

> O. 燕乃遣將秦開攻其西方 取地二千餘里 至滿番汗爲界 … 其子準立 二十餘年而
> 陳項起 天下亂 燕齊趙民愁苦 稍稍亡往準 準乃置之於西方 … 及縮反入匈奴 燕
> 人衛滿亡命 爲胡服 東度浿水 詣準降 說準求居西界 收中國亡命爲朝鮮藩屛 準
> 信寵之 拜爲博士 賜以圭 封之百里 令守西邊[187]

위 기록은 『위략』(魏略)의 일문으로, 기원전 3세기 초 전국 연의 장수 진개가 고조선의 '서방'(西方)을 공취하였고, 기원전 3세기 말 중국유민들이 고조선에 망명하자 준왕이 그들을 '서방'에 안치시켰다는 내용이다. 또한 기원전 2세기 초 위만이 망명해 '서계'(西界)에 머물며 조선의 번병이 될 것으로 청하자, 준왕은 위만을 박사(博士)에 봉하고 '서변'(西邊)을 지키게 했다는 것이다.

여기서 보이는 서방, 서변 등은 고조선 내의 서쪽 지방을 가리키는 것으로, 위만과 같은 수장이 따로 존재하며 다스리던 지역으로 봉지와 성격이 유사

---

187 『삼국지』 권30 동이전 한 인용 위략.

하다. 위만이 고조선의 준왕으로부터 받은 서변의 봉지는 마한왕이 남하해 온 백제 온조왕에게 할양했던 동북 지역의 100리[188]와도 비슷하다. 마한왕과 초기 백제 사이의 상호 관계는 의례적 공납제에 기초한 지배·예속 관계라는 것은 앞서 살펴보았다. 이를 미루어 보면 고조선 말기에도 의례적 공납제에 기초한 지배 구조가 존재하였음을 짐작할 수 있다. 위만이 준왕으로부터 받은 박사라는 직위도 진·한대 박사의 의례적 성격[189]과도 관련 있어 보인다.

지금까지 살펴본 바와 같이 초기국가의 지배 구조는 왕성(국읍)-소읍(소국)-읍락의 3단계 층위의 분층적 사회 구조로 이루어졌다. 물론 초기국가의 시초 단계에는 삼한의 경우와 같이 지역 소국(소읍)을 통한 읍락에 대한 공납 지배가 불완전하게 이루어지는 미숙한 단계로부터 출발하여,[190] 점차 부여나 고구려의 경우와 같이 중간 단계 소읍의 기능이 소멸하고 중앙의 대가나 사자 등을 파견하여 읍락의 하호에게 공납을 직접 부담시키는 형태로 발전하는 변화가 있었다.

고조선 말기에 성립되어 있던 초기국가의 지배 구조가 3세기 이후까지, 신라의 경우 6세기까지 장기간 지속된 원인은 무엇보다도 기원전 108년 위만조선의 멸망과 그로 인한 낙랑군 등 중국 군현의 설치라는 대외적 계기 때문이었다.

낙랑군과 대방군이 313~314년 고구려에 의해 축출될 때까지 초기국가의 주변부 세력이었던 지역 복합사회들은 중국 군현의 제어와 간섭으로부터 자유로울 수 없었다. 낙랑·대방군의 영향력이 초기국가의 지배 구조가 왕성을

---

188 『삼국사기』 권23 백제본기1 시조온조왕 24년, "秋七月 王作熊川柵 馬韓王遣使責讓曰 王初渡河 無所容足 吾割東北一百里之地安之 其待王不爲不厚 宜思有以報之 今以國完民聚 謂莫與我敵 大設城池 侵犯我封疆 其如義何 王慙遂壞其柵".

189 진·한대 박사는 예의 제사를 관장하던 봉상(태상)의 속관으로, 제릉의 제사와 승상의 자문 역할을 담당하였다(和田淸 編, 1945, 『中國官制發達史-特に中央集權と地方分權との消長を中心として-』, 汲古書院, 48쪽).

190 『삼국지』 권30 동이전 한, "其俗少綱紀 國邑雖有主帥 邑落雜居 不能善相制御".

중심으로 일원화되는 것을 지연시키는 데 영향을 끼쳤던 것이다.[191]

그럼에도 고구려, 부여, 진왕국(목지국), 사로국, 백제국, 구야국 등은 낙랑·대방군의 축출 이전에 이미 초기국가의 지배 구조를 성립시켰다. 낙랑군과 대방군의 존재는 초기국가가 성숙한 고대국가로 발전하는 것을 저해하기는 했지만, 초기국가의 형성은 이미 2군의 축출 이전에 완료되었다. 이것은 2군 소멸 이후 4~5세기에 전개된 초기국가 상호 간의 본격적인 각축의 기반이 되었으며, 결국 그 가운데 고구려, 백제, 신라는 성숙한 고대국가로 발전하여 나머지 초기국가들을 정복하며 삼국의 정립을 이루었던 것이다.

5. 맺음말

세계 학계에서 초기국가 단계에 초점을 맞춰 국가형성을 추구하는 것과 달리 국내 학계에서는 관료제, 율령제, 군현제 등 중앙집권적인 지배체제를 갖춘 성숙한 고대국가 단계에 과도하게 집중하는 경향이 있다. 그리고 중앙집권적인 성숙한 고대국가 이전 단계를 연맹왕국, 소국연맹체, 부체제 등으로 연구자마다 다양하게 개념화하여 복잡한 양상을 보이고 있다. 본고에서는 이러한 국내 학계의 다양한 개념을 세계 학계의 연구 성과를 참고해 '초기국가' 단계로 정의해 보았다.

초기국가는 군장사회와 성숙한 고대국가의 중간 단계로서 내적으로는 율

---

[191] 木村誠, 2004, 「朝鮮における古代國家の形成」, 『古代朝鮮の國家と社會』, 吉川弘文館, 27쪽에서는 기원전 2세기 고조선의 국가형성이 좌절된 이후 4~6세기에 이르러서야 삼국이 각각 국가 단계에 도달하였다고 보면서, 그 사이 위만조선, 3세기까지 고구려, 4세기까지 백제, 5세기까지 신라 등을 이행기의 '수장층 연합 지배' 단계로 설정하고 있다. 이와 같이 국가형성 과정에서 장기간의 '이행기'가 지속된 원인은 중국의 군현 지배와 함께 지역적·종족적 다양성 때문이라고 보았다. 그러나 지금까지 살펴본 초기국가론에 의하면, 이 시기에 이미 초기국가의 형성이 이루어져 국가 단계에 진입했다고 볼 수 있다.

령제와 같은 중앙집권적인 국가체제가 아직 성숙하지 않았지만, 외적으로는 중추적인 공권력(왕권)을 중심으로 지역 수장을 경유해 주변 지역에 대한 공납제적 지배가 이루어진 국가형태이다. 초기국가는 아직 미숙한 국가로서 국가형성 단계의 국가 형태라고 할 수 있다.

초기국가의 중앙과 지역 복합사회 간의 상호 관계는 공납제에 기초한 지배·예속 관계이다. 이러한 초기국가의 지배 구조는 성숙한 고대국가의 군현제에 의한 직접 지배와 비교해 지역 수장을 통한다는 점에서 간접 지배로 불리기도 한다. 공납제는 국가가 지역공동체를 해체하지 않고 온존한 데 기인하는 것으로서, 이는 초기국가의 지배 및 수취기구가 공동체 농민들을 직접 지배할 수 있는 수준에 도달하지 못했고, 피정복공동체의 혈연적 유대 또한 강하게 유지되고 있는 사정을 반영한다. 즉 공납제적 지배는 공동체 간의 외적 지배·피지배 관계라고도 할 수 있다.

『삼국지』 동이전에 나타난 고구려, 부여, 삼한의 왕국 등은 중심국의 왕을 중심으로 주변 복합사회가 분층적으로 통합된 지배 구조를 보여 준다. 이러한 지배 구조는 중앙집권적인 군현제에 기초한 성숙한 고대국가의 전 단계인 초기국가에 해당하는 것이다.

삼한의 왕국들은 지역 복합사회로서 국이 온존해 있다는 점에서 초기국가의 시초 단계에 해당한다. 부여는 국이 해체되고 일반 지방 읍락으로 재편되었지만, 여전히 변방에 제가들의 별읍인 사출도가 남아 있고, 읍락의 호민을 통해 공납제적 지배가 이루어진다는 점에서 삼한보다는 발전된 전형적인 단계로 보인다. 고구려는 국내 지역을 완전히 읍락으로 재편하고, 아울러 외부의 동옥저와 동예까지 공납제적 질서로 편입시키고 있다는 점에서 초기국가의 확대된 변형 단계라고 할 수 있다. 그리고 이러한 초기국가의 공납제적 지배 구조는 고조선 말기에 보이는 왕성과 소읍 간의 완만하고 분권적인 구조로부터 기원한 것으로 추정된다.

국내 학계에서는 아직도 성읍국가, 군장사회 단계를 초기국가의 범주에서 이해하는 시각이 적지 않다. 그러나 세계 학계에서는 군장사회와 초기국가의 개념을 발전 단계상 분명히 구분하고 있다. 국가의 장기적인 발전 과정에서 보면 초기국가는 국가형성 단계, 그다음 성숙한 고대국가는 국가발전 단계이다.

군장사회와 성숙한 고대국가의 중간 단계로 초기국가를 설정하는 것은 국가형성 과정을 가시적으로 보여 주는 효과가 있다. 또한 율령제, 관료제, 군현제와 같은 성숙한 고대국가 단계에서 보이는 일원적 제도만이 아니라, 헤게모니적인 왕권과 지역 세력, 공납과 재분배(사여) 등의 호혜적인 상호 관계를 통해 국가의 지배 구조를 다원적으로 이해할 수 있게 한다.

이를 통해 고대 한국의 국가를 바라보면 고구려, 백제, 신라 이외에도 복수의 초기국가가 존재했음을 인지하게 된다. 그리고 그 가운데 삼국이 성숙한 고대국가로 발전하는 과정도 계기적으로 이해할 수 있게 된다. 초기국가의 개념을 고대의 조선(고조선)과 한국(삼한)에 구체적으로 적용해 보는 사례 연구는 이 책의 III~IV장을 참조하기 바란다.

참고문헌

1. 국내 단행본

국사편찬위원회 편, 1997,『한국사』 4(초기국가-고조선·부여·삼한-), 국사편찬위원회.

김영하, 2002,『한국고대사회의 군사와 정치』, 고려대학교 민족문화연구원.

김정배, 1986,『한국고대의 국가기원과 형성』, 고려대학교 출판부.

김정열, 2012,『서주 국가의 지역정치체 통합 연구』, 서경문화사.

김준호, 2003,『경제사』, 나남.

리우리·천싱찬, 2006,『중국 고대국가의 형성』, 심재훈 역, 학연문화사.

문창로, 2000,『삼한시대의 읍락과 사회』, 신서원

박대재, 2003,『의식과 전쟁-고대 국가를 바라보는 새로운 시각-』, 책세상.

_____, 2006,『고대한국 초기국가의 왕과 전쟁』, 경인문화사.

박순발, 2001,『한성백제의 탄생』, 서경문화사.

박현숙, 2005,『백제의 중앙과 지방』, 주류성.

백승옥, 2003,『가야 각국사 연구』, 혜안.

베버, 막스, 1997,『경제와 사회』 I, 박성환 역, 문학과지성사.

변태섭, 1986,『한국사통론』, 삼영사.

송호정, 2003,『한국고대사 속의 고조선사』, 푸른역사.

엥겔스, 프리드리히, 1987,『반 듀링론』, 김민석 역, 새길아카데미.

_____, 2012,『가족, 사유재산, 국가의 기원』, 김대웅 역, 두레.

이기백·이기동, 1982,『한국사강좌』 I(고대편), 일조각.

이종욱, 1999,『한국의 초기국가』, 아르케.

이현혜, 1984,『삼한사회형성과정연구』, 일조각.

이희준, 2007,『신라고고학연구』, 사회평론.

주보돈, 1998,『신라 지방통치체제의 정비과정과 촌락』, 신서원.

천관우 편, 1975,『한국상고사의 쟁점』, 일조각.

_____, 1989,『고조선사·삼한사연구』, 일조각.

최광식, 1994,『고대한국의 국가와 제사』, 한길사.

최몽룡·최성락 편, 1997,『한국 고대 국가 형성론-고고학상으로 본 국가-』, 서울대학교 출판부.

하스, 조나단, 1989,『원시국가의 진화』, 최몽룡 역, 민음사.

한국고고학회 편, 2007,『계층 사회와 지배자의 출현』, 사회평론.

_____, 2008,『국가 형성의 고고학』, 사회평론.

한국고대사연구회 편, 1990,『한국 고대국가의 형성』, 민음사.

2. 국내 논문

강봉원, 1995,「국가와 군장사회 사이의 중간 단계에 대한 고찰」,『한국고고학보』33.

_____, 1998,「한국 고대 복합사회 연구에 있어서 신진화론의 적용 문제 및 '국가' 단계 사회 파악을 위한 고고학적 방법론」,『한국상고사학보』28.

권오영, 1995,『三韓의 〈國〉에 대한 연구』, 서울대학교 박사학위논문.

_____, 2013,「한국고고학 연구에서 풍납토성의 가치」,『동북아시아 속의 풍납토성』, 학연문화사.

권용대, 2011,「경주지역의 출현기 목곽묘 연구」,『한국고대사탐구』9.

권학수, 2003,「가야의 社會發展 動因과 發展段階」,『가야 고고학의 새로운 조명』, 혜안.

김경택, 2004,「韓國 複合社會 硏究의 批判的 檢討와 展望」,『한국상고사학보』44.

김대환, 2008,「古墳資料로 본 新羅의 國家 形成」,『국가 형성의 고고학』, 사회평론.

_____, 2016,「한반도 국가형성론에서 '초기국가'의 제안」,『영남고고학회 학술워크샵』, 영남고고학회.

김병준, 2011,「국가의 성립과 발전」,『동아시아의 역사』I(자연환경-국제관계), 동북아역사재단.

김영하, 2002,「韓國 古代社會의 政治構造」,『한국고대사회의 군사와 정치』, 고려대학교 민족문화연구원.

김태식, 2000,「加耶聯盟體의 性格 再論」,『한국고대사논총』10.

_____, 2003, 「초기고대국가론」, 『강좌 한국고대사』 2, 가락국사적개발연구원.

남재우, 2004, 「加耶聯盟과 大加耶」, 『대가야의 성장과 발전』, 고령군·한국고대사학회.

노중국, 2002, 「辰·弁韓의 政治·社會구조와 그 운영」, 『진·변한사연구』, 경상북도·계명대
　　학교 한국학연구원.

노태돈, 2000, 「삼국시대의 부와 부체제-부체제론 비판에 대한 재검토-」, 『한국고대사의
　　이론과 쟁점』, 집문당.

문창로, 2009, 「夫餘의 官制와 그 계통적 접근」, 『한국학논총』 31.

박경철, 2006, 「부여」, 『한국고대사입문』 1, 신서원.

박광춘, 1997, 「加耶의 墓制와 王權」, 『가야제국의 왕권』, 인제대학교 가야문화연구소 편, 신
　　서원.

_____, 2003, 「洛東江流域의 初期國家 成立」, 『한국상고사학보』 39.

박대재, 2004, 「백제 초기의 회의체와 南堂」, 『한국사연구』 124.

_____, 2006, 「삼한의 기원과 국가형성」, 『한국고대사입문』 1, 신서원.

박순발, 2008, 「국가 형성에 대한 고고학적 접근」, 『국가 형성의 고고학』, 사회평론.

寺澤薰, 2012, 「일본열도의 국가형성-部族的 國家에서 王權의 탄생으로-」, 『한일지역 고대왕
　　권과 국가의 형성』, 영남고고학회.

서의식, 2010, 「韓國古代國家의 二重聳立構造와 그 展開」, 『신라의 정치구조와 신분편제』, 혜안.

송호정, 2000, 「古朝鮮·夫餘의 국가구조와 정치운영-部 및 部體制論과 관련하여-」, 『한국고
　　대사연구』 17.

_____, 2007, 「기원전 시기의 사회 성격과 시대 구분」, 『한국고대사연구』 46.

신희권, 2008, 「都城의 출현과 百濟의 형성」, 『국가 형성의 고고학』, 사회평론.

양정석, 2010, 「新羅 月城의 空間構造 認識에 대한 再檢討」, 『사총』 71.

오강원, 2012, 「동북아시아 속의 한국 청동기문화권과 복합사회의 출현」, 『동양학』 51.

윤상열, 2007, 「고조선의 天下觀에 관한 試論」, 『사학연구』 88.

윤선태, 2001, 「馬韓의 辰王과 臣濆沽國-嶺西濊지역의 歷史的 推移와 관련하여-」, 『백제연구』 34.

이기동, 1989, 「韓國 古代國家形成史 硏究의 現況과 課題-新進化論의 援用問題를 중심으로-」,
　　『산운사학』 3.

이기백, 1985, 「高句麗의 國家形成 問題」, 『한국고대의 국가와 사회』, 역사학회 편, 일조각.

이성주, 2016, 「王權에 대한 考古學的 論議」, 『영남고고학회 학술워크샵』, 영남고고학회.

이송래, 1989, 「국가의 정의와 고고학적 판단 기준」, 『한국상고사』, 민음사.

이영식, 2006, 「일본의 고대국가형성론」, 『한국고대사입문』 1, 신서원.

이청규, 2011, 「동아시아에서 문명의 기원과 국가형성」, 『동아시아의 역사』 I(자연환경-국
　　제관계), 동북아역사재단.

전옥연, 2013, 「고고자료로 본 봉황동유적의 성격」, 『봉황동유적』, 제19회 가야사학술회의.

주보돈, 1990, 「韓國 古代國家 形成에 대한 연구사적 검토」, 『한국 고대국가의 형성』, 민음사.

최광식, 1987, 「고대국가 형성에 대한 이론적 검토」, 『신라문화』 3·4합.

＿＿＿, 2006, 「한국의 고대국가형성론」, 『한국고대사입문』 1, 신서원.

최병현, 1998, 「新羅 積石木槨墳의 起源 再論」, 『숭실사학』 12.

3. 국외 단행본

角田文衛 編, 2002, 『古代王權の誕生』 I(東アジア編), 角川書店.

岡村秀典, 2005, 『中國古代王權と祭祀』, 學生社.

廣瀨和雄, 2003, 『前方後圓墳國家』, 角川選書.

吉田晶, 1995, 『卑彌呼の時代』, 新日本出版社.

吉村武彦, 2010, 『ヤマト王權』 シリーズ日本古代史 ②, 岩波書店.

大阪大學考古學硏究室 編, 1999, 『國家形成期の考古學』, 大阪大學考古學硏究室10周年記念論集.

瀧村隆一, 2003, 『國家論大綱』 第一卷 上·下, 勁草書房.

寺澤薰, 2000, 『王權誕生』, 講談社.

石部正志, 2012, 『古墳は語る-最新の成果で學び, 樂しむ初期國家の時代-』, かもがわ出版.

小林敏男, 2006, 『日本古代國家形成史考』, 校倉書房.

松木武彦, 2006, 『日本列島の戰爭と初期國家形成』, 東京大學出版會.

野島永, 2009, 『初期國家形成過程の鐵器文化』, 雄山閣.

歷史學硏究會·日本史硏究會 編, 2004, 『日本史講座』 1(東アジアにおける國家の形成), 東京大學出
　　版會.

熊野聰, 1976, 『共同體と國家の歷史理論』, 靑木書店.

田中良之·川本芳昭 編, 2006, 『東アジア古代國家論』, すいれん舍.

前川和也·岡村秀典 編, 2005, 『國家形成の比較硏究』, 學生社.

豊島直博, 2010, 『鐵製武器の流通と初期國家の形成』, 塙書房.

和田清 編, 1945, 『中國官制發達史-特に中央集權と地方分權との消長を中心として-』, 汲古書院.

謝維揚, 1995, 『中國早期國家』, 浙江人民出版社.

蘇秉琦, 1999, 『中國文明起源新探』, 三聯書店.

沈長雲・張渭蓮, 2009, 『中國古代國家起源與形成研究』, 人民出版社.

易建平, 2004, 『部落聯盟與酋邦-民主・專制・國家: 起源問題比較研究-』, 社會科學文獻出版社.

李學勤 主編, 1997, 『中國古代文明與國家的形成研究』, 雲南人民出版社.

Morgan, L. H., 1877, *Ancient Society*; 2000, with a new introd. by Robin Fox, New Brunswick: Transaction Publishers.

Fried, M. H., 1967, *The Evolution of Political Society: An Essay in Political Anthropology*, New York: Random House.

Service, E. R., 1975, *Origins of the State and Civilization: The Process of Cultural Evolution*, New York: W. W. Norton and Co..

Pfeiffer, B. G., 1977, *The Emergence of Society*, New York: McGrow-Hill.

Claessen, H. J. M., Skalník, P. (eds.), 1978, *The Early State*, Hague: Mouton Publishers.

Brumfiel E. M., Fox, J. W. (eds.), 1994, *Factional Competition and Political Development in the New World*, Cambridge: Cambridge University Press.

Schiffer, M. B. (ed.), 2000, *Social Theory in Archaeology*, Salt Lake City: University of Utah Press.

Grinin, L. E. et al. (eds.), 2004, *The Early State, Its Alternatives and Analogues*, Volgograd: "Uchitel" Publishing House.

4. 국외 논문

角田文衛, 2002, 「總叙」, 『古代王權の誕生』 I(東アジア編), 角川書店.

鬼頭清明, 1985, 「東アジアにおける國家形成史の理論的諸問題-日本の古代國家の形成を素材に-」, 『歷史學研究』 540-4.

吉井秀夫, 2010, 「朝鮮半島における墳墓の變遷と國家形成過程」, 『古代朝鮮墳墓にみる國家形成』, 京

都大學學術出版會.

金元龍, 1980, 「考古學の立場から見た韓國古代國家形成の問題」, 『日韓古代國家の起源』(金廷鶴 編), 六興出版.

渡邊信一郎, 2005, 「百姓の成立−中國における國家の形成によせて−」, 『國家形成の比較研究』, 學生社.

都出比呂志, 1989, 「古代文明と初期國家」, 『古墳時代の王と民衆』(古代史復元 6), 講談社.

_____, 1991, 「日本古代の國家形成論序說−前方後圓墳體制の提唱−」, 『日本史研究』343.

_____, 1996, 「國家形成の諸段階−首長制・初期國家・成熟國家−」, 『歷史評論』551.

木村誠, 2004, 「朝鮮における古代國家の形成」, 『古代朝鮮の國家と社會』, 吉川弘文館.

武田幸男, 1980, 「朝鮮三國の國家形成史」, 『朝鮮史研究會論文集』17.

_____, 1995・1996, 「三韓社會における辰王と臣智」, 『朝鮮文化研究』2・3.

福永伸哉, 2005, 「倭の國家形成過程とその理論的予察」, 『國家形成の比較研究』, 學生社.

山尾幸久, 2003, 「韓倭政治世界における初期國家の形成」, 『古代王權の原像−東アジアの古墳時代−』, 學生社.

植木武, 1996, 「初期國家の理論」, 『國家の形成』, 三一書房.

李成市, 1993, 「朝鮮史における國家形成の諸段階−新羅・加耶を中心に−」, 『歷史評論』514.

田中俊明, 2002, 「朝鮮古代における小國の領域擴大と王權−加耶諸國を題材として−」, 『古代王權の誕生』I(東アジア 編), 角川書店.

井上秀雄, 1972, 「原始國家の形成」, 『古代朝鮮』, 日本放送出版協會.

_____, 1976, 「朝鮮の初期國家−三世紀の夫餘國−」, 『日本文化研究所 研究報告』12.

紙屋正和, 2009, 「兩漢時代における縣・道の長吏の任用形態とその變遷」, 『漢時代における郡縣制の展開』, 朋友書店.

杜正勝, 1992, 「從村落到國家」, 『古代社會與國家』, 允晨文化出版.

謝維揚, 1987, 「中國國家形成過程中的酋邦」, 『華東師範大學學報』1987-6.

_____, 2001, 「中國國家起源研究中的"古國"問題」, 『學術月刊』2001-4.

_____, 2010, 「中國國家起源研究中的幾個問題」, 『歷史研究』2010-6.

沈長雲, 2001, 「關於中國早期國家的幾個問題」, 『史學月刊』2001-2.

林澐, 1986, 「關于中國早期國家形成的幾個問題」, 『吉林大學學報』1986-6.

張光直, 1978, 「從夏商周三代考古論三代關係與中國古代國家的形成」, 『屈萬里先生七秩榮慶論文集』,

聯經出版事業公司.

張忠培, 1999, 「中國古代文明的形成」, 『考古·文明與歷史』, 中央研究院 歷史言語研究所.

Barnes, G. L., 2001, "Early Korean States: A Review of Historical Interpretation," *State Formation in Korea: Historical and Archaeological Perspectives*, Richmond: Curzon.

Blanton, R. E., 1998, "Beyond Centralization: Steps Toward a Theory of Egalitarian Behavior in Archaic States," *Archaic States*, G. M. Feinman, J. Marcus (eds.), Santa Fe: School of American Research Press.

Claessen, H. J. M., 2004, "Was the State Inevitable?," *The Early State, Its Alternatives and Analogues*, L. E. Grinin et al. (eds.), Volgograd: "Uchitel" Publishing House.

Coudart, A., 1991, "Social Structure and Relationships in Prehistoric Small-Scale Sedentary Societies: The Bandkeramik Groups in Neolithic Europe," *Between Bands and States*, S. A. Gregg (eds.), Carbondale: CAI Southern Illinois University.

Fox, J. W., et al., 1996, "Questions of Political and Economic Integration: Segmentary versus Centralized States among the Ancient Maya," *Current Anthropology* vol.37, No.4.

Renfrew, C., 1975, "Trade as Action at a Distance: Questions of Integration and Communication," *Ancient Civilization and Trade*, J. A. Sabloff, C. C. Lamberg-Karlovsky (eds.), Albuquerque: University of New Mexico Press.

Roscoe, P. B., 1988, "From Big-Men to the State," *American Behavioral Scientist* vol.31, No.4.

Southall, A. W., 1988, "The segmentary State in Africa and Asia," *Comparative Studies in Society and History* vol.30.

Stein, G., 1994, "Segmentary States and Organizational Variation in Early Complex Societies: A Rural Perspective," *Archaeology Views from the Countryside: Village communities in early complex societies*, G. M Schwartz, S. E. Falconer (eds.), Washington, D.C.: Smithsonian Institution Press.

II.

단군과 기자의 조선:
신화와 역사의 경계

1장

단군기원과 고기

1. 머리말

단군기원[檀紀]이란 단군이 즉위한 해를 원년으로 연수를 누적 합산하는 기년 방식이다. 1948년 정부수립 이후 1961년까지 단기가 사용되었는데, 당시 기준이 된 단군 원년은 기원전 2333년이었다. 이것은 조선 성종 16년(1485) 서거정 등이 편찬한 『동국통감』 외기의 "檀君之立在後二十五年戊辰", 즉 단군의 즉위가 중국의 요 25년 무진년에 해당한다는 기록을 따른 것이었다.

이러한 단군 원년 무진설은 이미 고려 후기 1287년에 편찬된 이승휴의 『제왕운기』에서도 확인되며, 조선 초기의 『응제시』, 『세종실록지리지』에서도 『동국통감』에 앞서 보인다.[1] 다만 『제왕운기』에서는 "竝與帝高(堯)興戊辰", 즉 단군이 요임금과 나란히 무진년에 즉위하였다고 하여 요 25년이라고 한 『동국통감』과 차이가 난다.[2] 단군 원년의 간지를 무진으로 본 것은 『제왕운기』와

---

1   이홍직, 1959, 「檀君神話와 民族의 理念」, 『국사상의 제문제』 1, 국사편찬위원회; 1971, 『한국고대사의 연구』, 신구문화사, 34쪽.

2   리상호, 1962, 「단군 설화의 년대 문제」, 『력사과학』 5, 93~94쪽에서는 『제왕운기』에서 설정한 단군기원 무진년이 요 원년이 아니라 요 25년 무진년이라고 보고, 이것이 이후 모든 사서에서 채택한 단군기원 연대라고 하였다. 하지만 후술하겠지만 『제왕운기』는 단군 원년 무진을 요 25년이 아니라 요 원년에 비정하였다.

『동국통감』이 동일하지만, 전자는 무진년이 요 원년이라 하였고 후자는 요 25년이라고 본 것이다.

이색도 단군 원년이 요 원년 무진이라고 보았는데,[3] 이는 1394년 권근의 『응제시』에서도 이어진다. 이로 보아 단군 원년-요 원년 무진설이 고려 말 조선 초에 일반적이었음을 알 수 있다. 그러다가 『동국통감』에 이르러 요 25년 무진으로 바뀐 것이다. 이처럼 간지가 동일함에도 불구하고 요 원년과 25년으로 차이가 나는 것은, 서로 다른 중국의 기년설을 따랐기 때문이다.

『동국통감』의 요 25년 무진설은 요 원년이 갑진년이라는 기년설을 따른 것이다. 요 원년 갑진설은 송대 소옹(邵雍; 邵康節, 1010~1077)의 『황극경세서』(皇極經世書)의 기년설에서 비롯되었다.[4] 반면 『제왕운기』의 요 원년 무진설은 송대 유서(劉恕)의 『자치통감외기』(1078)의 기년에 따른 것이다.[5] 소옹의 기년설은 남송 김이상(金履祥)의 『자치통감전편』(1264) 이래 원·명·청대에 일반화되었고,[6] 그의 이학(理學)과 함께 조선의 성리학자들에게 많은 영향을 주어 조선 후기까지 널리 받아들여졌다.[7] 이런 경위로 인해 현재의 단군기원이 『동국통

---

3 이색, 『목은고』 시고 권3 시 파사부; 문고 권9 서 주관육익서.

4 이기동, 1977, 「古朝鮮問題의 一考察-帝王韻紀 所在 古朝鮮紀年에 대한 存疑-」, 『대구사학』 12·13, 26쪽.

5 방선주, 1987, 「韓·中 古代紀年의 諸問題」, 『아시아문화』 2, 7쪽.

6 이기동은 "사마광이 『자치통감전편』에서 『황극경세서』를 채용한 이래 그 기년이 보편화되어 왔다"고 하였으나, 이것은 착각으로 『자치통감전편』의 찬자는 남송 김이상(인산)으로 이종 경정 갑자년(1264)에 편찬되었다. 사마광(1019~1086)의 『자치통감』(1084년 편찬)은 동주 위렬왕(威烈王)이 삼진[三晉(韓·魏·趙)]을 봉후(封侯)한 기원전 403년부터 주기(周紀)가 시작되고, 그 이전 시기에 대해서는 서술하지 않았다. 김리상의 『통감전편』은 바로 이 전대(前代)의 기록으로, 소옹의 기년에 따라 동주 위렬왕 이전의 역사를 편년체로 서술한 것이다. 송대 이후 요 원년 갑진설은 원 察罕 編·명 黃諫 重訂의 『重訂帝王紀年纂要』, 명 吳繼安의 『歷代帝王曆祚考』, 청 萬斯同의 『歷代紀元彙考』, 청 董醇의 『歷代甲子紀元表』 등에서 두루 확인된다. 한편 근대의 董作賓(1895~1963)은 구설과 달리 갑골복사 연구를 통해 요 원년을 다시 유서의 『통감외기』와 같이 무진년(기원전 2333)으로 비정하였다(董作賓·嚴一萍 編, 1957, 『年代世系表』, 藝文印書館).

7 안정복, 『동사강목』 부권상 고이 檀君元年戊辰當唐堯二十五年; 이규경, 『오주연문장전산고』 권15 歷代甲子辨證說; 이만운·이덕무, 『기년아람』 권1 上古紀. 정부수립 이후 사용한 단군기원

감』의 무진(요25)설에서 나왔다고 보는 것이다.

한편 『삼국유사』 고조선조에는 단군이 당고(요) 50년 경인에 조선을 개국하였다는 「고기」(古記)의 내용이 전해진다. 그런데 찬자는 "당고(요) 즉위년은 무진으로 50년이면 정사(丁巳)이지 경인(庚寅)이 아니므로 아마도 사실이 아닌 듯하다"라고 주를 붙였다. 이를 통해 「고기」에서는 단군이 경인에 즉위했다고 했음을 알 수 있지만, 『삼국유사』가 편찬된 당시에는 일반적인 설이 아니었던 것으로 보인다. 「고기」의 기록처럼 요 50년이 경인이었다면 그 원년은 신축(辛丑)이 된다. 그런데 이러한 「고기」의 기년이 어떤 자료에 근거한 것인지 그동안 구명되지 못했고, 이것이 「고기」의 단군 기록을 회의적으로 보는 빌미가 되기도 했다.[8]

이와 같이 요 즉위 원년에 대해 무진·갑진·신축 등으로 설이 갈리는 이유는, 사마천의 『사기』 연표에서 주(周) 공화(共和) 원년(기원전 841)부터 간지를 기록하고 여왕(厲王) 이전에 대해서는 자료마다 차이가 커 기록하지 않았기 때문이다.[9] 이런 상황에서 단군 즉위년의 간지를 추정하는 것은 사실상 불가능하다. 하지만 「고기」의 경인년 단군 즉위설이 어느 시기의 자료에 근거한

기원전 2333년(무진)은 『동국통감』에 근거한 것이지만, 직접적으로는 근세의 『기년아람』이 참고가 된 것으로 보인다. 『기년아람』은 영조 말년에 이만운이 편찬하고, 정조 1년에 이덕무가 수정·보완하고, 그다음 해 이만운이 다시 정리하여 완성하였다. 고종이 그 가치를 평가하여 『기년편람』이라 이름하고 정조 이후 사실을 보완하도록 하였다. 『기년아람』 권1에는 "帝堯陶唐氏元年甲辰 朝鮮檀君元年戊辰", 권5에는 "檀君諱儉唐堯二十五年戊辰立爲王…"으로 나온다. 『기년아람』은 편찬 직후부터 많이 필사되었지만, 1911년 조선고서간행회에서 조선군서대계(속제1집)로 간행하면서 널리 보급되었다.

8 　今西龍이 요 원년 무진설은 원대의 기년설이며, 그 외 『죽서기년』의 丙子說, 『노사』의 戊寅說도 있으나, 「고기」의 설은 어떤 자료에 근거한 것인지 모르겠다고 지적한 바 있다[今西龍, 1929, 『檀君考』(靑邱說叢 1); 1937, 『朝鮮古史の硏究』, 近澤書店, 18~20쪽]. 그 뒤 무진설이 송대부터의 기년설이란 사실은 확인되었지만, 「고기」의 근거 자료에 대해서는 더 이상 밝혀지지 못했다.

9 　太初 연간(기원전 104~기원전 101)에 편찬된 사마천의 『사기』는 간지기년법을 채용하여 편년 체계를 세운 최초의 사서이다. 하지만 『사기』 十二諸侯年表에서는 『춘추』의 왕대 연수를 기초로 주 공화 원년(기원전 841) 경신(庚申)까지만 간지로 표기하고, 그 이전은 간지가 없는 세표로 정리하였다.

것인가의 문제는 「고기」의 성격[10] 및 단군 기록의 형성 과정을 이해하는 데 중요한 단서가 된다.

「고기」의 단군 기록은 최남선(1890~1957)이 통찰한 바와 같이 크게 두 부분으로 나누어지는데, 전반부의 신화(환웅신화) 부분과 후반부의 역사, 즉 단군원사(檀君原史) 부분으로 구분된다.[11] 그동안 국내의 단군 연구는 주로 전반부의 신화 부분에 집중되었다.[12] 반면 단군 기록을 고려 중기 이후의 소산으로 보는 일본 학계에서는 주로 후반부 기록에 주목하여 천착해 왔다.[13] 전반부 신화 연구에서는 가능한 원시적 유풍을 찾아 그 기원을 고구려-부여로 소급해 보려는 경향이 강하다면,[14] 후반부 기록에 대한 연구에서는 고려시대의 흔적을 단서로 후대적 성격을 부여하는 데 노력해 왔다.

국내의 단군신화 연구에서는 글자 하나하나에 의미를 부여하면서 그 역

---

[10] 「고기」의 성격에 대해서는 「舊三國史」와의 관련 문제를 포함하여, 특정서명(『古記』)으로 볼 것인가 아니면 고기록에 대한 범칭(「古記」)으로 볼 것인가로 의견이 갈려 왔다. 이 글에서 다룬 「고기」의 성격은 『삼국유사』 고조선조 인용 「고기」에 한정된 것임을 밝혀 둔다. 여타 「고기」의 성격과 관련한 연구사 검토는 다음을 참고하기를 바란다. 田中俊明, 1982, 「檀君神話の歷史性をめぐって-史料批判の再檢討-」, 『韓國文化』 4-6; 김정배, 1987, 「檀君記事와 관련된 《古記》의 性格」, 『한국상고사의 제문제』, 한국정신문화연구원; 이강래, 1996, 「《三國遺事》 인용 〈古記〉의 성격」, 『삼국사기 전거론』, 민족사; 김상현, 2014, 「《古記》의 사학사적 검토」, 『한국고대사연구』 74.

[11] 최남선, 1956, 「檀君古記箋釋」, 『사상계』 1956년 2월호, 57~70쪽. 이 글은 전반부 신화 부분에 대해서만 주석한 것으로, 그다음 해에 육당이 절필하면서 결국 후반부[檀君原史]에 대한 箋釋은 나오지 못했다. 최광식, 2015, 「桓雄天王과 檀君王儉에 대한 역사민속학적 고찰」, 『한국사학보』 60, 107~129쪽에서도 「고기」의 기록을 전반부의 '桓雄天王의 신화'와 후반부의 '檀君王儉의 역사'로 구분해 보았다.

[12] 이기백 편, 1988, 『단군신화논집』, 새문사; 윤이흠 외, 1994, 『단군-그 이해와 자료-』, 서울대학교 출판부; 노태돈 편, 2000, 『단군과 고조선사』, 사계절.

[13] 高橋亨, 1954, 「三國遺事の註及檀君傳說の發展」, 『朝鮮學報』 7; 原田一良, 2002, 「《本紀》檀君卽位年の復元」, 『朝鮮學報』 184.

[14] 김성환, 2008, 「단군 연구사의 정리와 방향-단군릉 발굴 이후 역사학 분야 성과를 중심으로-」, 『단군학연구』 18; 조법종, 2012, 「단군 연구사 검토 및 역사적 의미」, 『민족문화논총』 52, 영남대학교.

사성을 파악하려고 노력하고 있다. 하지만 단군 원년 경인년이나 그 후반부에 보이는 단군 관련 연대, 즉 어국(御國) 1500년, 수(壽) 1908년에 대해서는 별로 의미를 두지 않았다. 『제왕운기』에 보이는 단군 향국(享國) 1028년이나, 그 「본기」의 이(理) 1038년의 기록에 대해서도 마찬가지다.

이와 같이 하나의 기록에 대해 이중적인 잣대로 접근하는 방법은 바람직하지 않다. 「고기」의 내용이 전반부 신화와 후반부 원사(原史)로 대별되는 것은 인정되지만, 하나의 기록으로 정리된 단계에서는 분명히 일관된 서술이라고 보아야 한다. 전반부의 신화가 상고의 연원을 서술한 것이라면, 후반부의 원사는 당대로의 연결을 위한 서술이라고 이해된다.

이상의 문제의식을 바탕으로 이 글에서는 「고기」의 단군 기년에 대해 『삼국유사』, 『제왕운기』 등 관련 기록을 중심으로 새롭게 해석해 보고자 한다.

2. 단군의 즉위년과 요의 원년

1) 「위서」(魏書)의 단군 기록 시점

『삼국유사』 권1 기이 고조선조에는 「위서」와 「고기」를 차례로 인용하여, 단군의 조선 개국에 대해 전하고 있다. 먼저 「위서」의 기록을 살펴보면 다음과 같다.

> A. 魏書云 乃往二千載有壇君王儉 立都阿斯達[經云無葉山 亦云白岳在白州地 或云在
>
> 開城東 今白岳宮是] 開國號朝鮮 與高同時(『三國遺事』 卷1 紀異 古朝鮮)

위의 「위서」에 의하면, '내왕이천재'(乃往二千載), 즉 2000년 전에 단군왕검이 아사달에 도읍하여 조선을 개국하였는데, 중국의 요와 같은 때라고 한다.

「위서」에서 단군 즉위년의 간지에 대해서는 언급이 없지만, 요와 같은 때라는 인식은 앞서 보았듯이 『제왕운기』·『응제시』 등에서도 확인되는 바이다.

「위서」의 성격에 대해서는 그동안 다양한 논의가 있었지만, 현재 전하는 『위서』에서 단군 기록이 보이지 않는 이상 결론은 나기 어렵다. 하지만 대체로 『위서』, 즉 위의 사서라고 하면 중국 삼국시대의 조위나 남북조시대의 북위를 연상하는 것이 일반적이기 때문에, 『위서』 역시 그와 관련한 범위 내에서 생각하는 것이 자연스럽다.[15]

「위서」의 단군 기록에서 주목되는 것은 연대의 기준 시점이 정해져 있다는 점이다. 이와 관련해 「위서」가 삼국시대 왕침(王沈)의 『위서』 또는 『위략』(魏略)의 범칭일 수 있다고 전제하고, 그것들은 3세기 중엽에 편찬된 문헌들이므로 기원전 18~기원전 17세기가 단군의 개국 시기라고 본 견해가 있다.[16] 이에 따르면 「고기」에서 단군 어국이 1500년이라고 한 것도 이와 관련이 있는데, 기원전 18~기원전 17세기로부터 1500년이면 고조선의 준왕이 위만에게 멸망된 기원전 194년 무렵이 된다고 한다. 이것은 상당히 흥미 있는 추정이다.

그런데 한 가지 고려해야 할 것은 「위서」의 '2000년 전'은 상징적인 연수로 보인다는 점이다. 특히 단군의 즉위가 요와 동시라는 것이 더욱 그렇다. 바꾸어 말하면 「위서」 기록의 시점이 요로부터 2000년이 되는 때인 것이다. 또한 「위서」의 기록 시점이 반드시 그 편찬 시기와 일치하겠는가 하는 점이다. 아사달이나 단군왕검과 같은 토착적인 용어로 보아, 「위서」는 조선 측의 자료를 전재하였던 것으로 보인다. 그렇다면 「위서」의 2000년 전은 편찬 시점이 아니라 그 전거 자료의 시점이 된다. 이러한 점들을 염두에 두고 2000년 전의 의미에 대해 다시 살펴보아야 한다.

「위서」의 기록처럼 요로부터 기원을 잡아 연대를 적산하는 방식은 이미

---

15 박대재, 2001, 「《三國遺事》古朝鮮條 인용 《魏書》論」, 『한국사연구』 112, 1~31쪽 참조.
16 리상호, 1962, 앞의 글, 94쪽.

『맹자』에서도 확인된다. 그 진심(盡心)장에서 "由堯舜至於湯五百有餘歲 由湯至於
文王五百有餘歲 由文王至於孔子五百有餘歲"라고 하였다. 즉 요순으로부터 공자
까지 1500년이 된다는 것이다. 물론 정확한 연대가 아니라 500년마다 성인
이 출현한다는 천운설(天運說)의 논리이지만, 이러한 인식은 사마천의 『사기』
에도 계승되었다. 태사공자서(太史公自序)에서 공자로부터 사마천 당시까지 또
500년이 지났다는 인식으로 발전하였다.[17] 『맹자』와 『사기』의 인식을 종합하
면, 2000년 전에 요임금과 동시에 단군이 개국하였다는 기록의 시점은 사마
천이 『사기』를 지은 기원전 100년 무렵에 가깝다.

그런데 기원전 100년 무렵은 고구려의 건국 시기와 근접해 있다. 『삼국사
기』에서는 고구려가 한 원제 건소 2년 갑신(기원전 37)에 건국되었다고 하였
지만, 그보다 앞선 기원전 100년 전후에 건국되었다고 보는 인식은 일찍부
터 있었다. 조선 후기의 안정복은 『삼국사기』에서 『통전』을 인용하여 주몽
이 한 건소 2년에 북부여로부터 흘승골성에 이르렀다고 하였으나, 『통전』에
는 그 연대가 없다고 비판하면서, 고구려는 그 전에 이미 있었다고 파악하였
다.[18] 이에 따라 현토군(玄菟郡)이 요동(遼東) 쪽으로 후퇴하는 기원전 75년 무렵
에 고구려가 이미 형성되었다고 보는 견해가 있기도 하다.[19]

---

[17] 사마천은 『사기』 천관서 태사공찬에서 천운은 30세를 1소변으로 하고, 100년을 중변으로 하
고, 500재를 대변으로 하고, 3대변, 즉 1500년을 1기로 한다고 하면서, 황제로부터 기원을 잡
아 1기가 되는 시점을 주 성왕대 주공의 졸년으로 보고, 그로부터 또 1대변(500년) 지난 시점
을 공자의 생년으로 보았다. 『맹자』와 달리 황제를 기원으로 잡으면서 공자까지 2000년이라
고 본 것이다. 「태사공자서」에서는 주공이 졸하고 500년이 되어 공자가 있었고, 공자가 졸한
후 지금 500년이 되어 또 한 번 대변의 시기가 되었다고 하였다. 이것은 공자의 『춘추』를 계
승하여 『사기』를 지었다는 대의명분을 드러낸 부분이기도 하다.
[18] 『동사강목』 부권하 지리고 고구려현고. 한편 안정복은 같은 책 부권상 잡설 三國始起에서 한
무제 원봉 3년(기원전 108) 이전에 고구려가 이미 있었다고 추정하기도 하였다. 이것은 『한
서』 지리지 현토군에 고구려현이 있는 점에 착안한 것이다. 하지만 『한서』 지리지의 현토군
은 기원전 75년에 이치된 제2현토군이기 때문에, 현토군이 설치된 기원전 107년부터 고구려
현이 있었는지는 분명하지 않다.
[19] 이기백, 1985, 「高句麗의 國家形成 問題」, 『한국고대의 국가와 사회』, 역사학회 편, 일조각,

이와 같이 고구려의 건국 시점을 기원전 100년에서 가까운 시기로 보면, 「위서」의 단군 기록은 고구려 건국과 관련된 기록의 일부일 가능성이 있다. 즉 고구려가 건국된 때로부터 2000년 전에 단군의 조선 개국이 있었다고 그 전사(前史)로 기록되었을 수 있다. 이와 관련해 『삼국유사』 왕력에 인용된 「단군기」(壇君記)에, 고구려의 건국 시조 주몽이 단군의 아들이었다고 한 기록은 주목되어야 한다. 단군과 주몽이 부자 관계로 서술된 것은 조선과 고구려의 계승 관계를 말해 주는 것이다. 주몽이 건국한 시점으로부터 2000년 전에 단군이 조선을 개국하였다는 기록은 고구려 건국신화에서 중요한 수사적 장치였을 가능성이 있다. 「단군기」에 전하는 단군과 주몽의 부자 관계는 이러한 기록의 한 단편일 수 있다. 「위서」의 단군 기록도 이와 같은 맥락에서 이해할 수 있을 것이다.

또한 『삼국유사』 고구려조의 주에서는, 「단군기」를 인용하여 군(단군)과 서하(西河) 하백의 딸 사이에서 부루(夫婁)가 태어났다고도 하면서, 부루와 주몽은 이모형제(異母兄弟)라고 보았다. 단군의 아들로 주몽 외에 부루도 있었다는 것이다. 그렇다면 앞서 본 단군-주몽의 맥락과 마찬가지로, 「위서」의 단군 기록 시점은 부루의 부여와 관련된 것일 수도 있다.

『삼국유사』 고구려조에 인용된 「국사」(國史) 고려본기에 의하면, 부루는 주몽보다 1세대 앞서 있었다. 동부여왕 부루가 죽고 금와가 즉위한 후에 유화로부터 주몽이 태어났던 것이다. 이를 미루어 보면 『삼국유사』 찬자는 부루와 주몽을 각각 이모형제의 형과 동생으로 파악한 것이다. 이것은 고구려에 앞서 북부여와 동부여가 먼저 기록된 맥락과 통하기도 한다. 북부여가 먼저 성립되고, 거기서 동부여가 파생되고, 거기서 다시 고구려(졸본부여)가 나왔다고 하는 것이 『삼국유사』의 서술 체계이다. 『삼국유사』 동부여조에 의하면, 부루는 원래 북부여의 왕이었는데 천제의 자손을 피해 동해안 가섭원(迦

77~91쪽.

葉原)으로 이도(移都)하여 새로 동부여를 세웠다. 부루는 동부여의 건국 시조인 것이다.

이상의 기록에 근거하면 「위서」의 시점은 부루가 동부여를 건국한 시기와 관련된 것일 수도 있다. 동부여의 건국신화 속에 2000년 전에 단군이 조선을 개국하였고, 부루는 단군의 아들이라고 서술되었을 가능성이 상정되는 것이다. 부루가 주몽보다 1세대 앞선 존재로 보인다는 점에서, 위에서 본 고구려의 건국신화보다 시기적으로 더 가능성이 높다. 고구려보다 먼저 건국된 동부여가 요임금으로부터 2000년 만의 대주기인 기원전 100년과 시기적으로 더 인접해 있기 때문이다.

부여의 건국신화는 고구려의 건국신화보다 사료에서 먼저 확인된다. 후한 왕충(王充)의 『논형』에 부여의 동명신화가 천인감응의 길험(吉驗)으로 전하고 있다. 부여의 건국신화는 후한 대에 이미 중국에 전해진 것이다. 이는 고구려의 건국신화가 광개토왕비와 『북위서』에 이르러 등장한 것과 비교해 상당히 이른 것이다. 이러한 점은 부여의 건국이 고구려보다 앞서 있었음을 시사해 준다. 부여의 건국신화는 조위 어환(魚豢)의 『위략』에서도 언급되고 있다. 『위략』의 일문은 현재 『삼국지』 동이전에 배송지(裴松之)의 주(注)로 인용되어 전하는데,[20] 거기에서는 그 전거로 '구지'(舊志)를 들고 있다. 이 '구지'가 『논형』을 가리키는 것일 수도 있겠으나, 넓게 보아 일종의 「고기」와 같은 의미라고 할 수 있다. 어쩌면 「위서」의 전거 자료가 이 '구지'와 관련이 있을지도 모르겠다. 어쨌든 『위략』에 부여의 건국신화가 전해진다는 점에서, 단군 기록을 전하는 「위서」의 후보에 『위략』도 포함할 수 있다.[21]

『논형』과 『위략』에 전하는 동명신화는 부여의 건국신화로, 이 부여(북부여)로부터 부루의 동부여가 갈라져 나온 것이다. 그런데 『삼국사기』와 『삼국유

---

20 『삼국지』 권30 동이전 부여, 배송지 주 "魏略曰 舊志又言 昔北方有橐離之國者 … 東明因都王夫餘之地". 『논형』 '北夷橐離國', 『후한서』 동이전 부여조에는 '索離國'으로 나와 약간의 차이가 있다.

21 최남선도 「위서」의 후보로 어환의 『위략』을 언급하였다(崔南善, 1943, 「解題」, 『新訂 三國遺事』, 三中堂).

사』에 부루의 동부여가 보이는 것과 달리 중국 사료에서는 확인되지 않는다. 이에 동부여가 동예를 가리키는 것이 아닌가 하는 추정[22]도 있었다. 하지만 동부여는 광개토왕비에도 보이거니와, 후한 대에 이미 고구려에 복속된 동예[23]와 같은 실체라고 보기는 어렵다. 부여(북부여)와 고구려의 건국신화와 달리 동부여의 건국신화는 그 원형이 제대로 전해지지 않고 있다. 『삼국사기』와 『삼국유사』에 고구려 시조 주몽의 출생과 관련하여 동부여의 부루와 금와가 거론된 정도이다. 현재 전하지 않는 동부여의 건국신화에 「위서」의 단군 기록이 단군-부루의 관계와 관련하여 서술되었을 가능성을 배제할 수 없다.

요컨대 「위서」에 보이는 2000년 전이라는 시제에 주목해 보면, 그 단군 기록의 시점은 부여 내지 고구려의 건국과 관련이 있을 가능성이 높다.[24] 다시 말해 부여나 고구려의 건국신화 속에 단군의 2000년 전 개국이 수사로 전치되었을 수 있는 것이다. 그런 점에서 부여의 건국신화를 전하는 어환의 『위략』이나 고구려의 건국신화를 기록한 위수(魏收)의 『위서』(북위서)가 「위서」와 관련될 공산이 크다. 특히 『위략』은 원서가 전하지 않고 그 일문만 일부 전하고 있거니와, 위수의 『위서』 역시 당대(唐代)에 산일되어 현전하는 송대 이후의 『위서』와 차이가 있었다는 점에서, 이들 사서가 단군 기록을 전하는 「위서」와 관련될 확률이 높은 것이다.

「위서」의 '2000년 전' 시제는 단군으로부터 연수를 계산한 단군기원의 원초적인 형태라고 할 수 있다. 단군이 조선을 개국한 지 2000년이 된 시점을 기준으로 한 것이다. 『맹자』와 『사기』에서 요나 황제를 기원으로 잡은 것과

---

22 이병도, 1976, 「夫餘考」, 『한국고대사연구』, 박영사, 227쪽.

23 『삼국지』 권30 동이전 예, "自領以東七縣 都尉主之 皆以滅爲民 後省都尉 封其渠帥爲侯 今不耐滅皆其種也 漢末更屬句麗".

24 김성환, 2015, 「고조선 건국신화의 계승과 고조선 인식」, 『동북아역사논총』 47, 16~17쪽에서도 고조선 건국신화와 동부여·북부여·고구려 등 범부여계의 건국신화가 일정하게 관계되어 있다고 이해하였다.

같은 맥락이다. 이러한 단군기원 인식 역시 「위서」의 전거를 파악하는 데 실마리가 될 것이다. 「단군기」에서 고구려의 시조 주몽과 동부여의 시조 부루가 각각 단군의 아들로 기록된 것은 단군기원 인식의 다른 표현이라고 할 수 있다. 따라서 「위서」의 전거 역시 그와 관련하여 모색될 수 있을 것이다.

2) 「고기」와 『제왕운기』의 단군 즉위년

다음으로 『삼국유사』 「고기」와 『제왕운기』에 기록된 단군의 즉위년과 관련해 살펴보자

B. 古記云 昔有桓因[謂帝釋也]庶子桓雄 … 熊女者無與爲婚 故每於壇樹下 呪願有孕雄乃假化而婚之 孕生子 號曰壇君王儉 以唐高卽位五十年庚寅[唐高卽位元年戊辰 則五十年丁巳 非庚寅也 疑其未實] 都平壤城[今西京] 始稱朝鮮 又移都於白岳山阿斯達 又名弓[一作方]忽山 又今彌達 御國一千五百年 周虎王卽位己卯 封箕子於朝鮮 壇君乃移於藏唐京 後還隱於阿斯達爲山神 壽一千九百八歲(『三國遺事』卷1 紀異 古朝鮮)

C-1. (前朝鮮) 初誰開國啓風雲 釋帝之孫名檀君[①本紀曰 上帝桓因有庶子曰雄 云云謂曰 下至三危太白 弘益人間歟 故雄受天符印三箇 率鬼三千而降太白山頂神檀樹下是謂檀雄天王也 云云 令孫女飮藥成人身 與檀樹神婚而生男 名檀君 據朝鮮之域爲王故尸羅高禮南北沃沮東北扶餘穢與貊 皆檀君之壽也 理一千三十八年 入阿斯達山爲神不死故也] ②竝與帝高興戊辰 經虞歷夏居中宸 於殷虎丁八乙未 入阿斯達山爲神[今九月山也 一名弓忽又名三危 祠堂猶在] 享國一千二十八 無奈變化傳桓因③却後一百六十四 仁人聊復開君臣[一作爾後一百六十四 雖有父子無君臣](『帝王韻紀』卷下 東國君王開國年代)

C-2. 後朝鮮祖是箕子 周虎元年己卯春 逋來至此自立國 … 四十一代孫名準 被人侵奪聊去民 九百二十八年理 遺風餘烈傳熙淳 準乃移居金馬郡 立都又復能君

人(『帝王韻紀』卷下 東國君王開國年代)

B 「고기」의 기록에 의하면, 요 50년 경인에 단군이 평양성에 도읍을 정하
고 조선을 처음 칭했다. 즉 단군이 조선을 개국하고 즉위한 해가 요 50년 경
인에 해당한다는 것이다. 이것은 요 원년의 간지가 신축이라는 설에 기초한
것이다.

한편 C-1『제왕운기』에 의하면, 제고[帝高, 고려 정종 요(堯)의 피휘], 즉 제요와
단군이 무진년에 함께 즉위[興]하였다고 한다. B의 주문(注文)과 같이,『삼국
유사』편찬 당시에도 요 원년은 무진이라고 이해되고 있었다.『제왕운기』와
『삼국유사』가 편찬된 1280년대에는 요 원년 무진설이 일반적이었던 것이다.
이것은 「고기」가 요 원년 무진설이 유행하기 전의 기록임을 시사해 준다.

이와 같이 요 원년의 간지는 「고기」의 시대적 배경을 이해하는 데 중요한
단서가 된다. 요 원년에 대해 진대(晉代) 이후 여러 가지 기년설이 제기되어
왔는데, 그 대강을 정리하면 다음과 같다.

① 戊辰說(『通鑑外紀』)

② 戊寅說(『路史』)

③ 辛卯說(『通鑑外紀』注)

④ 丙子說(『竹書紀年』)

⑤ 甲辰說(『帝王世紀』,『皇極經世書』)

⑥ 癸未說(『山堂考索』)

먼저『제왕운기』와『삼국유사』가 따르고 있는 요 원년 무진설은 남송 유서

의 『통감외기』(1078년경 편찬)에서 확인된다. 그렇다면 요 원년 신축설을 취한 「고기」는 11세기 이전의 저술일 가능성이 있다.[25] 그러나 『통감외기』의 편찬 연대가 곧 「고기」 성립의 하한이 될 수는 없다. 『통감외기』가 고려에 유입된 시기도 문제지만, 그 전에 무진설의 다른 전거가 있었을 가능성도 배제할 수 없기 때문이다.[26]

유서는 『통감외기』의 자서(自序)에서 두원개(杜元凱), 즉 두예(222~284)의 말을 빌려 『삼통력』(三通曆)의 춘추 기년에 오류가 많다는 점을 지적하고 있다. 『삼통력』은 반고가 가장 정밀하다고 평가한 유흠(劉歆)의 역서(曆書)로, 『한서』 율력지(律曆志)의 근본 자료가 되기도 하였다. 이로 보아 유서는 전통적인 기년설에 회의적인 입장을 취하고 있던 것으로 보인다. 하지만 어떤 전거에 기초해 공화(共和) 이전 각 왕대의 적년과 간지를 기록했는지는 밝히고 있지 않다.[27]

『통감외기』는 포희씨(包犧氏)로부터 시작되는데, 유서는 그 주문에서 상고 기년에 대한 본인의 생각을 서술하고 있다.[28] 주(周) 여왕(厲王) 이전의 기년에 대해 서진의 황보밀(皇甫謐) 이하 여러 설이 있지만 서로 다르기 때문에, 의심나거나 다른 것은 주에 기록해 두었다고 한다. 그러면서 포희씨의 원년은 신

---

25 서영대, 1999, 「傳統時代의 檀君認識」, 『단군학연구』 창간호, 58쪽.

26 홍기문, 1989, 『조선신화연구』, 지양사, 173쪽에서는 요 원년 무진이 중국 삼국시대 서정(徐整)의 『삼오력기』에서 처음 보인다고 하였다. 『삼오력기』는 현재 전하지 않는데, 서영대의 검토에 의하면 그 일문에서 관련 기록은 확인되지 않는다고 한다.

27 유서가 거론했던 두예의 유흠 『삼통력』에 대한 비판은 두예의 『春秋釋例』 經傳長歷篇(叢書集成 初編, 商務印書館, 3632冊, 472~474쪽)에 그 원문이 보인다. 두예는 경전장력에서 노 은공 원년 기미부터 애공 27년 계유까지 매월 삭일의 간지와 일식일을 적기하고 있지만, 그 전의 기년은 서술하지 않았다. 두예가 『춘추좌씨전』을 정리하면서 붙인 주에서도, 요와 관련한 간지기년 기록은 보이지 않는다(杜預注 · 孔穎達疏, 『春秋左氏傳正義』, 文公 18年 傳 및 昭公 7年 傳의 注). 유서는 요 · 순 150년, 하 432년, 상 629년, 서주 공화 원년(기미) 이전 281년 등의 적년을 합산하여 얻은 1492년에 따라 간지를 역산하여 요 원년의 간지를 무진으로 비정한 것으로 보인다.

28 劉恕, 『資治通鑑外紀』 卷第1 包犧以來紀 包犧氏, "上古至周厲王無年可紀 而皇甫謐諸儒所紀 皆有年衆說 差互不同 及疑事異端 備列於注 以示傳聞異辭".

사인데, 혹은 갑인이라고도 한다고 주를 붙였다. 이와 마찬가지로 제요의 원년에 대해서도 일단 무진으로 기록하고, 무인 또는 신묘라고 한다는 이설을 소개하고 있다.[29]

유서가 이설로 언급한 요 원년 무인설은 남송 나필(羅泌)의 『노사』(路史)에서 확인된다. 나필은 먼저 『죽서기년』의 요 원년 병자(丙子) 설을 비판하고, 황보밀과 소요부(邵堯夫, 소옹)의 갑진(甲辰) 설도 잘못이라고 하면서 무인설을 주장하였다.[30] 이로 보아 무인설은 남송 시기에 무진설만큼 꽤 유행하였던 것 같다.

나필이 언급한 『죽서기년』은 서진 함녕 5년(279) 급군[汲郡, 지금의 하남성 급현(汲縣)]의 위양왕(魏襄王) 고분에서 출토된 죽간소전고서(竹簡小篆古書),[31] 즉 급총죽서(汲塚竹書)에 포함된 「기년」(紀年)을 말한다. 『죽서기년』에 대해서는 위서(僞書) 논란도 있지만,[32] 원래 소전(小篆) 즉 전국시대 고문(古文)으로 기록된 죽서(竹書)를 당시 영비서감(領秘書監)이었던 손욱(筍勖, ?~289)과 화교(和嶠, ?~292)가 예서(隸書)로 옮기는 과정에서 발단한 문제라고 이해된다. 진대(晉代)에 처음 정리된 『죽서기년』은 송대에 거의 산일되었고, 명대에 이르러 단행본의 『죽서기년』이 다시 나와 진본으로 믿어졌지만, 청 말기에 주우증(朱右曾)이 당·송대 일문을 모은 『급총기년존진』(汲塚紀年存眞, 1864)을 내고, 왕국유(王國惟, 1877~1927)가 그 집본(輯本)을 보정하여 『고본죽서기년집교』(古本竹書紀年輯校, 1917)를 내면서, 명대의 『금본죽서기년』(今本竹書紀年)은 위작이라고 밝혀졌다. 반면 송대 이전 일문(逸文)의 집본(輯本)인 『고본죽서기년』은 대체로 신뢰받고 있다.[33] 최근 중국에서 하상주(夏商周) 연대 연구에 『고본죽서기년』을 이런 맥

---

[29] 『資治通鑑外紀』卷第1 堯紀, "帝堯[元年戊辰 或云戊寅辛卯]".

[30] 羅泌, 『路史』後紀 第10卷 陶唐氏.

[31] 『晉書』卷3 武帝紀 咸寧 5年 10月.

[32] 山田統, 1960, 「竹書紀年の後代性」, 『國學院雜誌』61-11; 1981, 『山田統著作集』1, 明治書院, 185~212쪽.

[33] 楊家駱, 1967, 「例言」, 『古今本竹書紀年八種』, 世界書局.

락에서 적극 이용하고 있다.[34]

나필이 언급한 「죽서기년」은 『고본죽서기년』인데, 『수서』 율력지(律歷志)에도 그 일문이 "제요원년경자"(帝堯元年景子, 景子는 丙子의 唐代 避諱)로 인용되어 있다. 『금본죽서기년』에도 제요도당씨(帝堯陶唐氏)의 원년은 병자(丙子)로 보인다.[35]

다음으로 나필이 언급한 황보밀은 서진 초기에 삼황으로부터 한·위 대까지의 연대기인 『제왕세기』(帝王世紀)를 편찬한 거사이다. 그가 68세로 사망한 태강 3년(282)은 『죽서기년』이 출토된 직후이기 때문에 그 영향을 받았다고 짐작된다. 『제왕세기』는 당 이후 산일되고, 현재는 그 일문을 모은 집본만 있다. 그 일문은 북송 초 『태평어람』에서 많이 보이며, 『사기』 삼가주(三家注), 『논어정의』, 『모시정의』 등에서도 자주 인용되었다. 그 서명은 당 태종(李世民)의 피휘로 인해 『제왕대기』(帝王代紀)라고도 한다.

중국의 기록 가운데 서주 공화(共和) 원년(기원전 841) 이전의 간지를 적기한 것은, 3세기 말의 『죽서기년』과 『제왕세기』에서부터 나타나기 시작한다. 요 원년을 간지로 표기한 제설도 모두 그 이후에 나온 것이다.

황보밀의 『제왕세기』에서는 요가 갑신에 태어나 갑진에 즉위하고 갑오에 순을 부르고 갑인에 순에게 천자의 일을 대행시키고, 신사에 붕하였다고 하였다.[36] 『제왕세기』의 기록은 비슷한 시기의 『죽서기년』에서 요 원년이 병자라고 한 것과 다른데, 그 간지가 갑신-갑진-갑오-갑인으로 연결되고 있는 점은 다분히 참위적이라고 할 수 있다. 이것은 후한 이후 유행한 위서(緯書)의 영향 때문이라고 생각된다.[37]

---

34 張富祥, 2013, 『《竹書紀年》與夏商周年代硏究』, 中華書局.

35 王國惟 校補, 『今本竹書紀年疏證』 卷上, 世界書局(史部刊要 史學叢書之一), 4쪽.

36 徐宗元 輯, 1964, 『帝王世紀輯存』, 中華書局, 38쪽, "堯以甲申歲生 甲辰卽帝位 甲午徵舜 甲寅舜代行天子事 辛巳崩 年百十八 在位九十八年". 劉宋 裴駰의 『史記集解』 五帝本紀에 '皇甫謐云'으로 인용되어 전한다.

37 安居香山, 1979, 『緯書の成立とその展開』, 國書刊行會, 424~425쪽.

나필이 언급한 소요부, 즉 소옹의 『황극경세서』는 이 황보밀의 기년과 같이 갑진으로부터 시작되는 운세설을 주장한 것이다. 하지만 『황극경세서』에서는 요 이전 소위 삼황오제의 연대는 서술하지 않고 있다. 이 점은 『제왕세기』가 복희씨의 기년부터 시작하는 것과 다른 부분으로, 십삼경(十三經)체제가 확립되는 송대 이후 『상서』와 『논어』에서 중시한 요순 시기부터 상고사의 기원을 찾는 흐름 위에 있다. 또한 당요의 즉위년 간지(갑진)를 제외하고, 계축에 순의 등용, 을묘에 순의 섭정, 계미에 요가 조락(徂落)하였다고 한 것도 『제왕세기』와 다른 부분이다.[38] 따라서 소옹이 요 원년을 갑진이라고 비정하였지만, 그것이 황보밀의 『제왕세기』를 좇은 결과라고 보기는 어렵다.

소옹의 갑진설이 이후 정초(鄭樵, 1104~1162)의 『통지』(通志)와 김이상의 『통감전편』 등으로 계승되어 통설이 되었음은 앞서 살펴보았다. 이 밖에 송 장여우(章如愚)가 1195~1200년경 편찬한 『산당고색』(山堂考索)에서는 요 원년의 간지를 계미(癸未)로 비정하기도 하였다.[39]

이상에서 요 원년의 간지에 대해 『죽서기년』 및 『제왕세기』 이래 제설을 살펴보았다. 그런데 단군 즉위년을 전하는 「고기」가 근거한 요 원년 신축설은 보이지 않는다. 이로 인해 그동안 「고기」의 기년을 믿기 어렵다고 본 것이다.

「고기」에서는 단군의 즉위년이 요 50년이라고 했는데, 이것을 요가 50년에 순을 등용했다는 사실과 연결해 보는 해석도 있다.[40] 요 50년의 순 등용 기록은 『죽서기년』에 보이는데, 『사기』 오제본기에는 요 70년에 순(舜)을 얻었다고 하여 차이가 난다. 만약 「고기」가 『죽서기년』을 참고하였다면, 요 원년 병자로부터 계산하여 그 50년은 경인이 아니라 병인이 된다. 따라서 「고기」가 『죽서기년』에 보이는 요 50년 순 등용에 착목하였다고 보기는 어렵다. 단군

---

38 邵雍, 『皇極經世書』 卷之二 以會經運之二 觀物篇之十四.

39 董醇 輯, 1855, 『歷代甲子紀元表』 第六甲子 太古 唐, "甲辰 唐堯元載[高辛次子都平陽 竹書紀年堯元列丙子 路史列戊寅 山堂考索列癸未 玆依皇甫氏謐邵氏雍金氏履祥諸說]".

40 방선주, 1987, 앞의 글.

즉위 시점은 「위서」와 『제왕운기』에서 모두 요와 동시로 보인다는 점에서, 역시 순보다는 요와 관련이 깊다고 보아야 한다.

그런데 「고기」에서 「위서」나 『제왕운기』와 달리 요 50년이라고 한 이유가 의문으로 남는다. 이에 대해서는 단군 원년 무진이 고려 후기에서 조선 초기를 지나면서, 요 원년(『제왕운기』)에서 요 25년(『동국통감』)으로 바뀐 것과 같은 맥락에서 이해할 수 있지 않을까 한다. 다시 말해 50년이라는 연수보다 '경인'이라는 간지에 더 주목해야 한다. 전통적인 간지기년법에서 제일 중요한 것은 역시 간지이며, 그에 연동된 요 원년, 25년, 50년 등은 부수적인 표현이라고 생각된다.

이와 같이 보면 「고기」의 단군 기년은 원래 요와 같이 경인에 즉위하였다는 기록이었다가, 이후에 요 50년 경인으로 바뀌었을 가능성을 고려할 수 있다. 즉 요 원년 경인설의 존재를 단군의 즉위년과 관련하여 살펴볼 필요성이 제기되는 것이다. 이에 대해서는 다음 장에서 검토해 보기로 하겠다.

3. 단군의 어국과 기자의 수봉

1) 단군의 어국 기간

앞서 B에서 「고기」는 단군의 즉위년 다음에 1500년간 다스렸다는 어국 연수를 전하고 있다. 다만 어국(御國) 1500년의 하한이 불분명한데, 주(周) 무왕(武王) 즉위년 기묘에 기자가 조선에 봉해지자 단군이 장당경(藏唐京)으로 옮겨갔다는 기록이 이어져 있어서 그때[己卯]를 어국 기간의 종점으로 보는 것이 일반적이다.

단군의 어국 기간이 1500년으로 설정된 것은 천운설의 영향이라고 할 수 있다. 앞서 보았듯이 사마천은 500년을 1대변으로 보면서, 3대변, 즉 1500년을 천운의 1기로 파악하였다. 『사기』 천관서의 천운설 가운데 "위국자필귀

삼오"(爲國者必貴三五)라는 구절이 있는데,[41] 사마정(『사기색은』)은 '삼오'(三五)는 30년의 1소변과 500년의 1대변을 가리키는 것으로 보았다. 그런데 문맥상 '삼오'는 3대변(3×500), 즉 1500년으로 읽을 수도 있다. 단군 어국 1500년은 이러한 천운설과 관련이 있는 듯하다.

『제왕운기』는 단군 어국(향국, 이국) 기간에 대해 두 가지 다른 기록을 전하고 있다. 본문에서는 '1028년'이라 한 반면, 주의 「본기」(本紀)에서는 '1038년'이라고 하였다. 본문의 1028년은 많은 연구자가 지적한 바와 같이, 『제왕운기』를 인용한 조선시대의 『응제시주』·『동국통감』·『역대세년가』 등에 모두 1048년으로 나오므로 1048년의 오류가 분명해 보인다.[42]

한편 「본기」의 1038년에 대해서도 마찬가지로 20년을 더해 '1058년'으로 고쳐 봐야 한다는 의견이 있다. 더 나아가 이를 근거로 「본기」의 단군 즉위 원년은 『고본죽서기년』에 따른 것으로 추정하기도 하였다.[43] 하지만 「본기」의 '1038'년까지 '1058'년으로 수정할 근거는 없다. 오히려 『세종실록지리지』 평양부에서 「본기」의 내용과 비슷한 「단군고기」(檀君古記)를 인용하면서 '향국 1038년'이라고 한 것으로 보아, 원래의 기록이었다고 판단된다.

「본기」의 1038년은 본문의 1048년보다 10년 적다는 점이 주목된다. 『제왕운기』의 단군 원년은 무진년인데, 그로부터 10년 내려오면 무인년이 된다. 즉 「본기」의 어국 1038년은 단군 원년을 무인년에 비정한 데서 나온 결과라고 할 수 있다. 무진년이 원년일 때 어국 기간이 1048년이라면, 무인년이 원년이면 10년 줄어 1038년이 되기 때문이다. 이러한 「본기」의 무인설은 앞서 본 『노사』의 요 원년 무인설과 연결되는 것이다. 즉 「본기」는 단군이 요 원년

---

41 『사기』 권27 서5 천관, "太史公曰 … 夫天運 三十歲一小變 百年中變 五百載大變 三大變一紀 三紀而大備 此其大數也 爲國者必貴三五 上下各千歲 然后天人之際續備".

42 방선주, 1987, 앞의 글, 6쪽.

43 原田一良, 앞의 글, 26~27쪽. 이 글에서는 「본기」의 단군 즉위 원년을 기원전 2085년이라고 추정하였으나 계산상에 많은 무리수가 전제되어 있다.

무인년에 즉위하였다는 맥락에서 기록된 것임을 알 수 있다.

그런데 간지기년법에 조금만 주의하면서 「고기」의 기록을 음미해 보면 의문이 생기는 부분이 있다. 경인에 즉위한 단군이 1500년 간 어국하였다면 말년은 기축(己丑)이 되며, 그다음 1501년에 다시 경인이 된다. 경인에 즉위한 후 60갑자가 25번 순환한 것이다. 그러나 어국 연수에 바로 이어서 기록된 주 무왕 즉위년(기자수봉년)이 기묘(己卯)라고 하여 간지에 큰 간극이 생긴다. 경인과 제일 가까운 1주갑 내의 기묘도 48년 후가 된다. 이것은 간지기년법에 익숙했던 전통시대의 사서에서 있기 어려운 문제이며, 그동안 어국의 하한을 기자의 수봉(受封) 시점(기묘)으로 보아 온 일반적인 해석의 문제점이기도 하다.

『제왕운기』는 단군의 치국 기간(C-1-②)과 기자의 수봉(C-1-③) 사이에 164년의 간극이 있었던 것으로 분명히 기록하고 있어서, 「고기」의 기록 양상과 차이가 난다. 『제왕운기』에서는 단군이 아사달 산신이 된 지 164년 후에 "인인(仁人)이 다시 군신(君臣)을 열었다"고 하였다. 단군 어국의 하한을 아사달 산신이 된 시점으로 보았을 뿐만 아니라, 단군과 인인(기자) 사이에 164년의 간극이 있었음을 적시하고 있다. 하지만 「고기」는 단군의 어국과 기자의 수봉이 바로 이어진 것처럼 기록되어 있어 혼란을 주고 있다.

단군의 어국과 기자의 수봉 사이에 간지상 간극이 있다는 것은, 이 부분을 기존과 다른 각도에서 해석할 수 있는 여지를 준다. 사실 단군의 어국 1500년은 기자의 수봉 시점(기원전 11세기 말)을 생각하면 지나치게 길다. 『제왕운기』의 단군 어국 1048년 내지 1038년과 비교해 보아도, 1500년은 500년이나 더 길다. 『맹자』와 『사기』의 연대관에 의하면, 요부터 주 문왕에 이르기까지 1000년이다. 기자를 조선에 봉한 주 무왕은 문왕의 아들이다. 이로 보아 단군의 어국 1500년은 기자의 수봉 시점으로부터 500년 더 연장된 기간이다. 이것은 기자의 시대를 단군의 어국 기간 내에 포함해 본 결과라고 판단된다.

1500년에 초점을 맞추고 「고기」의 기록을 다시 보면, 기자가 조선에 봉해진 시기는 단군의 어국 기간에 포함된다. 즉 단군의 1500년 안에 기자가 포함되어 있는 것이다. 이것은 『삼국유사』에서 기자의 조선(기자조선)을 따로 설정하지 않은 점과도 연결된다. 『제왕운기』에서는 단군과 기자의 시대를 전조선과 후조선으로 각각 구분하고 있다. 단군과 기자의 사이에 164년의 간극을 분명히 설정한 것도 이런 맥락에서 이해된다. 반면 『삼국유사』는 중간의 기자조선을 빼고, 고조선(왕검조선)과 위만조선으로만 구분하였다.

이러한 추정이 가능하다면, 단군 어국 1500년의 하한은 기자의 수봉 시점이 아니라 그 이후에 해당하게 된다. 「고기」에서 기자가 수봉되자 단군이 장당경으로 옮겼다고 한 것은 은퇴가 아니라 이어(移御), 즉 이도(移都)라고 보아야 한다. 장당경이라는 지명도 단군의 도읍지였음을 상기시켜 준다. 단군이 최종적으로 은퇴한 것은 아사달로 돌아가 산신이 된 시점이다. 「고기」에서 단군의 최후를 "우환은어아사달위산신"(又還隱於阿斯達爲山神)이라 하여, '은'(隱)이라는 표현을 쓴 것도 이런 맥락에서 이해된다. 『제왕운기』에서 단군 치세의 하한을 아사달 산신이 된 시점으로 본 것과 서로 통한다. 그동안은 기자의 수봉 시점을 단군 어국의 하한으로 이해해 왔으나, 기자 수봉 이후 단군이 장당경에 머물고 있던 시기도 그 어국 기간에 포함해 보아야 한다.

단군의 어국 및 이도와 관련하여 고려 말기 석간(石磵) 조운흘(趙云仡, 1332~1404)의 『삼한시귀감』(三韓詩龜鑑)의 다음 기록이 참고 된다.

D. 石磵曰 古朝鮮檀君已 檀君壽一千八百歲 在位一千五百年 後箕子受武王命 移都

檀君舊都莊唐京 在今文化郡九月山東(『三韓詩龜鑑』 西京永明寺 注)[44]

[44] 『삼한시귀감』(3권)은 고려 말 졸옹 최해(1287~1340)가 최치원부터 이제현까지 본국 명현의 시문을 선집하여 『동인지문』(25권)을 간행하였는데, 공민왕 대 석간 조운흘이 이것을 다시 정선하고 주를 붙여 편찬한 시문집이다. 성현의 『용재총화』에서는 『삼한귀감』이라 하였고,

위 기록에 의하면 단군의 수는 1800세이고 재위 기간은 1500년이라고 하여, 그 수가 1908세로 한 「고기」와 차이가 난다. 원문에는 원래 '이십팔백세'(一十八百歲)로 보이는데, 1800세 내지 1908세의 오기로 추정된다. 위 기록에서 주목되는 것은 기자가 무왕의 명을 받자 단군이 '이도'하였다는 부분이다. 단군의 구도인 장당경(莊唐京, 「고기」는 藏唐京으로 표기)이 당시 문화군(文化郡) 구월산 동쪽에 있다는 것이다. 「고기」의 '이어장당경'(移於藏唐京) 역시 같은 맥락에서 단군의 퇴위가 아니라 장당경으로의 이도를 의미하는 것으로 이해할 수 있다.[45]

이와 같이 보면 단군의 어국 1500년이 끝나는 시점(기축)과 기자가 수봉된 해(기묘) 사이에 간극이 생기는 이유를 이해할 수 있다. 기자의 수봉으로 인해 단군의 어국이 끝나지 않았기 때문에 간지가 서로 맞물리지 않는 것이다. 「고기」는 기자조선의 시기를 따로 설정하지 않고 단군의 어국 기간에 포함해 본 것이다.

『제왕운기』에서도 단군의 퇴위와 기자의 수봉을 연결해 보지 않았다. 기자가 수봉되기 168년 전인 은(殷) 무정(武丁) 8년 을미에 단군이 아사달 산신이 된 시점을 그 치세의 하한으로 본 것이다. 『제왕운기』에서 왜 하필 은 무정 8년 을미가 단군의 퇴위 시점으로 설정되었는가가 의문이다.

이에 대해 단군의 퇴위를 은 무정대의 을미에 결부시킨 것은 이승휴의 작위로, 무정 대에 이루어진 귀방(鬼方) 정벌을 염두에 두고 은 건국으로부터 꼭

『동문선』에도 대부분의 시가 다시 실렸으나 주문(注文)은 보이지 않는다. 초간본은 현전하지 않고, 조선 명종 21년(1566) 순천에서 새긴 중간본만 규장각에 소장되어 있다. 일본 내각문고 한서목록에서도 조선간본과 원록 11년(1698) 일본간본이 확인된다(今西龍, 앞의 책, 128쪽). 현재는 일본 국회도서관에 소장되어 있다. 서경 영명사란 제목의 시는 이혼의 작품으로 『동문선』 권14에 시문만 수록되어 있다. 서경 영명사는 『용재총화』, 『연려실기술』, 『해동역사』 등에서 고구려 동명왕의 구제궁 터로 언급되었다.

45 유희령, 『표제음주동국사략』 권1 전조선에서도 "後嗣避箕子來封 移都於藏唐京(在文化縣) 傳世凡一千五百年"이라 하여, 장당경으로 천도한 기간까지 포함해서 1500년으로 보았다. 다만 유희령은 어국 1500년을 모두 단군의 수(壽)가 아니라 전세역년의 수(數)라고 이해하였다.

8원(480)이 경과한 무정 을미에 단군이 은퇴한 것으로 기록한 것 같다고 추정한 견해가 있다.[46] 이러한 추정은 『황극경세서』의 기년설에 기초해 은 탕왕 원년을 을미로 본 것이다. 그러나 『제왕운기』가 참고한 기년은 『황극경세서』가 아니라 『통감외기』이며, 그에 의하면 탕왕 원년은 을미가 아니라 무술(戊戌)이다. 따라서 8원의 계산에 의한 이승휴의 작위라고 본 것은 잘못된 해석이다.

한편 단군 전설이 지닌 도가적인 냄새를 전제로 단군이 무정 8년에 퇴위한 이유는, 노자가 무정 9년에 출생하였다고 한 『태상노군연보요략』(太上老君年譜要略) 등 도가 경전류 때문이 아닐까 추정하기도 한다.[47] 이 문제는 『제왕운기』의 성격과 관련하여 향후 주의 깊게 검토해 볼 만하다.

어쨌든 『제왕운기』에서도 「고기」와 마찬가지로 단군의 퇴위와 기자의 수봉을 연결해 보지 않았으며, 단군 치세의 하한을 아사달 산신이 된 시점으로 본 것이다. 그동안 「고기」의 해석에서 단군의 어국이 기자의 수봉으로 인해 끝난 것처럼 해석해 온 것은 재고가 필요하다.

2) 기자의 수봉 기년과 『대연력』(大衍曆)

「고기」와 『제왕운기』에서는 기자가 조선에 수봉된 시기를 주 무왕 즉위년 기묘라고 하였다. 그런데 주 무왕의 즉위년, 즉 은 주왕을 정벌한 극은(克殷) 연대에 대해서는 요 원년에 대한 논의보다 더 복잡하게 논의가 전개되어 왔다. 주 무왕의 극은 연대는 최근 중국의 하상주 단대공정의 핵심 문제이기도 하다.

『죽서기년』과 『제왕세기』이래 주 무왕의 극은 연대는, 신묘·기묘·을유·

---

46 이기동, 1977, 앞의 글, 28~29쪽.

47 방선주, 1987, 앞의 글, 8~9쪽. 방선주는 송초 도장의 노자 은대 출생설은 북위로부터 연원한 것이라고 하면서, 단군전설이 수록된 『위서』가 이러한 도가류 서적의 범칭이 아닐까 추정하기도 하였다.

신미·병오·경인·갑인·을해·갑오·갑신 등으로 다양하게 비정되었다.[48] 이 가운데 『삼국유사』와 『제왕운기』가 편찬되기 전에 나온 설은, 갑인[『죽서기년』(고본)], 을유(『제왕세기』), 신미(공영달, 『모시정의』), 병오(『남제서』 상서지), 기묘(『통감외기』, 『황극경세서』) 등이다. 「고기」와 『제왕운기』가 따른 것은 기묘설이다.

기묘설에 따른 『통감외기』와 『황극경세서』는 모두 1070년대에 편찬되었다. 이를 기준으로 보면 「고기」는 그 이후의 기록이 된다. 하지만 「고기」가 『통감외기』나 『황극경세서』의 기년설에 영향을 받았다면, 앞서 보았듯이 단군 즉위년인 요 50년은 경인이 될 수 없다. 그렇다면 「고기」는 어떤 자료에 근거해 주 무왕의 즉위년을 기묘라고 한 것일까.

사실 주 무왕의 즉위년을 기묘로 처음 비정한 것은, 당 개원 15년(727)에 밀교승 일행(一行)이 봉칙 찬한 『대연력』(52권)에서부터 시작된 것이었다. 『통감외기』 등 송대 이후의 기묘설은 모두 『대연력』의 영향을 받은 것이다.[49]

『한서』 율력지에 전하는 유흠의 『삼통력』(세경)에 의하면, 주 무왕의 극은년은 "세재순화장십삼도"(歲在鶉火張十三度)에 해당한다.[50] 여기서 기년을 나타내는 '세재순화'(歲在鶉火)는 원래 『국어』의 주 무왕 기록에서 인용한 세성(歲星, 木星) 기년인데, 일행은 『대연력』에서 이것을 처음으로 간지기년의 '기묘'(己卯)로 해석한 것이다.[51]

유흠은 세성(목성) 주기가 12년이 아니라 11.917년에 하늘을 한번 돌기 때문에 144년마다 1진(辰)의 오차가 생긴다는 것을 알아내고, 144년마다 1진

---

48 北京師範大學 國學研究所 主編, 1997, 『武王克商之年研究』, 北京師範大學出版社, 11~12쪽.

49 吳其昌, 1929, 「殷周之際年曆推證」, 『國學論叢』 2-1; 北京師範大學 國學研究所 主編, 앞의 책, 31쪽.

50 『한서』 권21 율력지1하, "三統 上元至伐紂之歲 十四萬一千一百九歲 歲在鶉火張十三度".

51 목성(세성)의 운행 주기(12년에 一周天)를 기준으로 하는 세성기년법은 기원전 365년경부터 시작되었으며, 간지기년법은 전한 무제 태초 원년(기원전 104)부터 공식적으로 사용되었다(新城新藏, 1928, 「周初の年代」, 『東洋天文學史研究』, 弘文堂書房, 21~22쪽; 能田忠亮·藪內淸, 1947, 『漢書律曆志の研究』, 全國書房, 130~131쪽).

(월)을 건너뛰는 초진법(超辰法)을 개발했다.[52] 이를 토대로 선진문헌의 세성기년을 검토하였지만, 새로운 간지기년으로 바꾸어 적기하지는 않았다. 세성(목성)의 운행은 우행(右行)이며, 간지기년의 기준인 태세(太歲, 12지지)의 운행은 좌행(左行)으로 방향이 반대이다. 또한 세성과 태세의 대응이 고정된 것이 아니기 때문에 그 비정을 놓고 여러 이설이 나왔다. 『국어』에 주의 극은 연대로 나오는 '세재순화'를 을유·신미 등으로 다양하게 해석한 것도 이 때문이다. 이런 가운데 일행의 『대연력』에서 처음으로 '세재순화'를 기묘로 비정한 것이다.

『대연력』은 『신당서』 역지에 그 주요 내용이 실려 전하고 있다. 『신당서』 찬자인 구양수는 당대 약 290년간 8번의 역법 개정 가운데 일행의 『(개원)대연력』을 가장 높이 평가하여, 그 주요 내용을 상세히 실어 놓았다.[53] 당 개원 17년(729)에 반행된 『대연력』은 「역경」(曆經, 7편), 「약례」(略例, 1편), 「역의」(曆議, 10편)로 구성되었는데, 특히 「역의」에서 고금 역서의 득실을 검토한 점이 특징이다. 주 무왕의 극은 연대도 바로 이 「역의」에서 언급되었다.

「고기」가 근거한 요 원년의 기년이 송대의 기년설과 다르다는 점에서 주무왕 즉위 기년 기묘는 그 이전 일행의 『대연력』을 참고한 것일 가능성이 높다. 이러한 가능성은 『대연력』에서 비정한 요 원년의 확인을 통해 검증될 수 있을 것이다. 하지만 『신당서』에 인용된 『대연력』에서 요 원년의 간지는 보이지 않는다. 『대연력』의 주요 원리를 발췌 기록하였기 때문에 그 전모를 직접 확인하기 어려운 것이다.

그런데 이와 관련하여 『대연력』에서 하(夏) 우왕(禹王)의 원년을 경무(庚戌)로

---

52 奧野彦六, 1976, 『干支紀年考』, 酒井書店, 108~110쪽; 張聞玉, 1995, 「釋辰」, 『古代天文曆法論集』, 貴州人民出版社, 72~72쪽.

53 『신당서』 권27상 지17상 역3상, "自太初至麟德 曆有二十三家 與天雖近而未密 至一行密矣 其倚數立法固無以易也 後世雖有改作者 皆依倣而已 故詳錄之". 『구당서』 권32 역지에서도 당대의 역법 가운데 이순풍과 일행의 것이 가장 정밀하다고 평가하면서 그 曆術을 발췌해 놓았으나, 『신당서』에 비해 내용이 매우 소략하다.

비정한[54] 점을 주목해 볼 만하다. 사마천의 『사기』 오제본기에 의하면, 요는 즉위한 지 98년에 붕어하고 순은 요의 아들을 위해 3년간 피하다가 즉위하여 39년 재위하였다고 하였다. 이에 따라 요와 순의 연간을 합하면 140년이 되는데, 순을 이어 즉위한 하 우왕의 원년 경술에서 간지를 역산하면, 요의 원년은 '경인'이 된다. 『대연력』에서 요 원년을 경인으로 비정하였을 가능성이 높은 것이다.

이것은 「고기」의 단군 즉위년이 '경인'이었다는 사실과 관련하여 매우 주목되는 부분이다. 앞서 검토하였듯이 「고기」에서는 경인이 요 50년이라고 하였으나, 무진이 요의 원년에서 25년으로 바뀐 것과 같은 맥락에서, 경인이 원래 요 원년이었을 가능성이 있다고 보았다. 「위서」와 『제왕운기』에서 단군이 요와 동시에 즉위하였다고 한 것처럼, 단군의 경인년 즉위설도 원래 요 원년 경인설에서 기원하였다고 이해되는 것이다. 따라서 「고기」의 단군 즉위년 경인은 『대연력』의 요 원년 경인설에서 파생된 것이며, 주 무왕의 즉위년을 기묘라고 한 것도 그에 따른 것으로 추정된다.

『대연력』의 동전(東傳)과 관련하여 조선 후기의 『국조역상고』(國朝曆象考, 1794)에는 신라가 당의 『인덕력』(麟德曆)과 『대연력』을 썼다는 기록이 있다.[55] 이 기록은 『증보문헌비고』 상위고(象緯考)에서도 확인된다. 당에서 『대연력』이 사용된 729~758년 사이는 그전까지 갈등 관계에 있던 나·당 관계가 732년 발해의 등주 공격으로 인해 우호 관계로 전환된 시기이다. 이 기간에 『대연력』이 신라에 수용되었던 것으로 보인다. 735년에 『대연력경』(大衍曆經) 1권과 『대연력입성』(大衍曆立成) 12권이 도당유학생이었던 길비진비(吉備眞備, 下道眞備)에 의해 일본에 전해졌다. 일본에서는 763년부터 『대연력』을 시행하여 100년

---

54 汪曰楨, 『疑年表』, 藝文印書館(1968年 影印 百部叢書集成 式訓堂叢書 73), 三十五甲子 庚戌.

55 徐浩修, 『國朝曆象考』 序, "東方自古受朔于中華 不別立書器 新羅之用麟德大衍 高麗之用宣明授時 皆揣摸立成乘除氣朔而已"; 韓國科學史學會 編, 1982, 『書雲觀志·國朝曆象考』, 誠信女子大學校 出版部, 341쪽.

간 사용하다가 862년에 『선명력』(宣明曆)으로 개정하였다.[56] 이러한 사정을 감 안하면 신라에서 『대연력』을 채용했다고 보는 것은 전혀 무리가 아니다.

고려 선종 8년(1091) 6월에 송 철종이 고려에 전사를 요구한 선본(善本) 목록 가운데 『대연력』이 확인된다. 송에서 요구한 선본 가운데 어떤 책들을 전사 해 주었는지 보이지 않지만, 『옥해』(玉海)의 기록 등을 통해 상당수 이본(異本) 과 선본이 송에 전해진 것으로 추정된다.[57] 또한 『고려사』 역지(曆志)에서 『대 연력』을 천문관측과 역산에 이용했다는 기록이 보인다. 이로 보아 신라 이래 고려에서도 『대연력』이 계속 전존·이용된 것이다.[58]

고려에서 시행된 역법은 당 선명력(822~892)과 원의 수시력 2가지였다. 『증 보문헌비고』 상위고에 의하면, 고려 태조 때 당의 선명력을 승용한 이래 충 선왕 때 원의 수시력을 채용하기까지 400년 가까이 선명력을 계속 사용하였 다. 중국에서 선명력 이후에도 여러 번 역법이 개정되었고, 송대에만 22회의 개력(改曆)이 있었지만 고려에서는 채용하지 않았다. 이것은 선명력이 대연력 을 그대로 계승한 것이거니와, 당의 역법 가운데 가장 오랜 기간(71년간) 시행 된 만당(晚唐)의 선력(善曆)이기 때문이었다.[59] 태조 16년(933)에 후당(後唐)에서 역서를 보내오자, 고려의 천수(天授) 연호 대신 후당의 연호를 사용하였다고 한다. 이때부터 선명력을 시행한 것으로 보이는데, 그전까지는 『대연력』을 주로 사용한 것이다.

『고려사』 고려세계에 의하면, 세조(世祖, 왕건의 부 龍建)가 송악산 옛집에 살 다가 새집을 그 남쪽에 건설했는데, 그때 동리산(桐裏山) 조사(祖師) 도선(道詵)

---

56 細井浩志, 2014, 「律令國家と曆」, 『日本史を学ぶための〈古代の曆〉入門』, 吉川弘文館, 113~123쪽.

57 김상기, 1965, 「宋代에 있어서의 高麗本의 流通에 대하여」, 『아세아연구』 8-2, 273~279쪽에 의 하면, 『황제함경』·『설원』·『동관한기』·『상서』·『맹자』 등의 고려본이 송에 유입된 것이 확 인된다.

58 조선 세종 27년(1445) 이순지가 봉칙찬한 『제가역상집』에서도 『대연력』을 매우 높이 평가하며 여러 곳에서 인용하고 있다(한국과학사학회 편, 1983, 『諸家曆象集·天文類抄』, 誠信女子大學校 出版部).

59 岡田芳朗 外, 2014, 『曆の大事典』, 朝倉書店, 263~264쪽.

이 당에 들어가 일행의 지리법을 배워서 돌아와 세조의 집을 보고, '기장을 심을 터에 어찌 삼을 심었는가'라고 탄식한 뒤에 가 버렸다는 일화가 있다. 이 기록은 원래 김관의(金寬毅)의 『편년통록』에서 인용한 것인데, 도선이 세조를 만난 시기는 당 희종 건부 3년(876) 4월이었다고 한다. 그러나 이때는 도선이 당에 가서 일행(683~727)을 만날 수 없던 시기이다. 이것은 중국에서 풍수지리설의 대가로 손꼽힌 일행과 도선을 서로 연결한 전설로 보인다. 고려에 들어와 태조 왕건에 의해 정치적으로 도선이 이용되었고, 또 그 후 왕실이나 다른 정치 세력들에 의하여 이용되는 과정에서 윤식되거나 여러 전설이 붙은 결과라고 이해된다.[60]

하지만 이 일화를 통해 일행이 고려에서 얼마나 영향력 있는 인물이었는지를 짐작할 수 있다. 또한 일행이 지은 『대연력』이 고려에서 어떻게 인식되었는지도 짐작하게 해 준다. 일행이 풍수지리설의 원조로 이해되고 있었다는 점은, 그의 『대연력』이 고려 시기에 유행한 도참에서 중요한 전거로 활용되었을 가능성이 높음을 시사해 준다.

「고기」에서 단군의 즉위년이 경인인 점이나 기자가 조선에 수봉된 해가 기묘인 것은, 모두 일행의 『대연력』에서 비롯된 기년들과 관련된다. 일행의 『대연력』에서 요의 원년을 경인으로 비정하였다고 보이거니와, 주 무왕의 즉위년을 기묘로 처음 해석한 것도 『대연력』이다. 따라서 「고기」의 단군 관련 기년은 일행의 『대연력』을 그 전거로 하였을 가능성이 높다고 추정된다.

4. 단군기원과 「고기」의 시점

「고기」에서는 단군의 어국 1500년에 이어 단군의 수(壽)가 1908세였다고

---

[60] 최병헌, 1975, 「道詵의 生涯와 羅末麗初의 風水地理說-禪宗과 風水地理說의 관계를 중심으로 하여」, 『한국사연구』 11, 115쪽.

하였다. 「고기」의 기록은 『단종실록』 즉위년(1452)조 경창부윤(慶昌府尹) 이선제(李先齊)의 상서에서도 인용되었는데, 수 1908세가 정확히 일치한다.[61] 이는 현행 『삼국유사』가 중간된 조선 중종 7년(1512)보다 앞선 기록인데, 전존 과정에서 생긴 기록의 착오는 없는 것이다.

1908세라는 단군의 수는 상당히 구체적인 연수라는 점에서 「위서」의 2000년 전과는 성격이 다르다. 1908년은 천운설과 같은 관념에 의한 것이 아니라 다분히 실제의 계산에 의해서 나온 수치이다. 또한 고려 후기의 일반적인 단군 수인 1000년[62]보다 2배나 길다는 점이 주목된다.

1908년이 실제 계산에 의한 수치임은 다음의 『제왕운기』의 기록을 통해서도 추정된다. 『제왕운기』에서는 단군의 수에 대한 기록 대신 단군으로부터 고려 태조 18년(935)까지의 연수를 적산한 기록이 다음과 같이 보인다.

E. 金傅大王能遠計 後唐末帝淸泰二 乙未仲冬朝我陛[我太祖十八年也 自檀君元年戊辰
至此凡三千二百八十八年] 妻以長主[樂浪公主也]封尙父 衣冠亦使朝連袂[賜羅臣皆以
本職詣朝行] 九百九十二年來 五十六王能稱制(『帝王韻紀』卷下 東國君王開國年代)

E에 의하면 신라의 경순왕 김부가 고려의 태조 왕건에게 귀부한 해(태조 18, 935)는 단군 원년 무진년으로부터 3288년이 되는 때이다.[63] 이것은 바로 단군

---

[61] 『단종실록』 즉위년 임신 6월 28일 기축. 여기서 이선제가 인용한 "三國遺史 古記"와 현재의 『삼국유사』「고기」원문을 대조해 보면, 周武王卽位 다음에 己卯가 빠져 있다. 이것은 단군의 어국과 기자의 수봉 시점 사이에 간지의 불연속을 의식한 이선제의 산삭인지도 모르겠다.

[62] 『목은집』시고 권23 시 잡흥, "帝堯戊辰歲 東方始有君 其時與天通 秋怪成三墳 壽考至千載 奄有東海濱 質朴禮向簡 矗疏言不文 奈何予之生 世變如浮雲". 「趙延壽墓誌」, "平壤之仙 仙人王儉 至今遺民 堂堂司空 平壤君子 在三韓前 壽過一千". 이 묘지는 1325년(충숙왕 12)에 이숙기가 찬한 것으로, 선인 왕검은 단군왕검을 가리키는 것으로 이해된다(서영대, 1994, 「檀君關係 文獻資料 硏究」, 『단군-그 이해와 자료-』, 서울대학교 출판부, 62쪽).

[63] 사실 『제왕운기』의 3288년은 3268년의 오산이다. 『제왕운기』에서 한사군 설치(기원전 108)부

기원에 입각한 기년 방식이다. 이러한 단군기원의 존재는 단군을 고려의 역사적 기원으로 파악하고 있었다는 증거이기도 하다.

3288년은 단군 원년 무진년으로부터 태조 18년(935)까지의 적년을 계산하여 나온 수치이다. 『제왕운기』에서는 단군 이래 역대 적년을 각각 제시하고 있는데, 이를 정리하면 다음과 같다.

표 1 『제왕운기』의 역대적년(歷代積年)과 단군기원

시기 구분	적년	비고
전조선(前朝鮮)	1048	1028년의 교정
단군 은퇴~기자 수봉	164	
후조선(後朝鮮)	928	
위만 3世	88	
한사군~신라 건국	72	실제는 52년
신라	992	
	-5	적년 사이의 중복 연수
합계(단군기원)	3288	고려 태조 18년(935) 기준

이러한 『제왕운기』의 단군기원 연대는 「고기」의 1908년을 이해하는 데 중요한 단서가 된다. 1908년이라는 것은 끝에 8년이 붙은 것에서 짐작할 수 있듯이, 관념상의 숫자가 아니라 정확히 계산된 연수다. 『제왕운기』에서 단군으로부터 태조 18년(935)까지의 적년이 3288년이라고 한 것과 같은 맥락이다. 1908년도 단군기원에 입각한 계산 수치일 가능성이 있는 것이다.

이처럼 단군 원년을 기준으로 연도를 적산하는 단군기원은 고려시대에

터 신라 건국(기원전 57)까지 72년이라고 하였지만 52년이 맞다. 『제왕운기』의 기년 착오는 「고기」의 단군기원 비정과 직접 관련이 없으므로 여기서는 상세히 다루지 않는다. 『제왕운기』의 기년에 대한 자세한 검토는 박대재, 2022, 「이승휴의 국사편년과 역사의식」, 『민족문화연구』 94, 163~164쪽을 참조하라.

비교적 확산되었던 것 같다. 백문보(白文寶, 1303~1374)가 공민왕에게 올린 상소[64]에서도 단군기원 인식은 확인된다. 백문보는 700년이 1소원, 3600년이 1대주원이라는 천수순환설에 입각해, 단군부터 당시까지 3600년이 되었다고 하였다.[65] 백문보의 단군기원 3600년은 천수설에 입각한 상징적인 것으로,『제왕운기』보다 추상적이고 다분히 참위적이다. 이러한 단군기원 인식은 조선시대에 서거정 등에게 이어져 더욱 구체화되었다.[66]

기존의 『삼국유사』 해석에서는 대체로 1908세를 단군이 아사달 산신이 되기까지의 나이로 보아 왔다. 즉 '1500년 동안 나라를 다스리다가 주나라 무왕이 즉위한 기묘년에 기자를 조선에 봉하자 이에 단군은 장당경으로 옮기었다가 뒤에 돌아와서 아사달에 숨어서 산신이 되니, 나이는 1908세였다'[67]는 해석이 일반적으로 받아들여졌다. 이에 따르면 어국 1500년도 수 1908세에 포함되는 것이다.

---

64 『고려사』 권112 열전25 백문보, "後上疏言事日 國家世守東社文物禮樂有古遺風 不意寇患屢作紅巾陷京乘輿南狩 言之可謂痛心 今當喪亂之後民不聊生宜需寬恩以惠遺黎 且天數循環周而復始 七百年爲一小元積三千六百年爲一大周元 此皇帝王覇理亂興衰之期 吾東方自檀君至今已三千六百年 乃爲周元之會 宜遵堯舜六經之道不行功利禍福之說 如是則上天純祐陰陽順時國祚延長".

65 今西龍, 1929, 앞의 책, 128쪽에서는 백문보가 2주갑(120년)을 오산하였다고 보았다. 백문보가 상소한 시점을 공민왕 13년(1364) 갑진이라고 보면서, 요 원년 갑진(기원전 2357년)부터 공민왕 12년 계묘(1363년)까지 합산하면 3720년이기 때문이라는 것이다. 하지만 백문보가 단군 원년을 갑진으로 보았을 가능성은 적다. 고려 후기에 단군 원년은 일반적으로 무진으로 인식되었기 때문이다. 백문보의 상소 시점을 1364년 갑진으로 잡은 것도 특별한 근거가 없다. 참고로 朝鮮史編修會 編, 1935, 『朝鮮史』 제3편 제6권, 朝鮮總督府; 1986, 東京大學出版會, 478쪽에서는 이 기사를 백문보가 사망한 공민왕 24년(폐왕 원년) 12월조에 부기하였다. 이 기록은 『조선사』에 실린 유일한 단군 기록이기도 하다.

66 서거정, 『사가문집』 권5 역대연표서, "中國則始自帝嚳四十一載甲子 而終於皇明成化十四年戊戌凡三千八百幾年 東國則始自檀君戊辰 而終於我殿下九年戊戌 凡三千八百幾年"; 서거정, 『필원잡기』 권1, "嘗考 自唐堯元年甲辰 至洪武元年戊申 摠三千七百八十五年 自檀君元年戊辰至我太祖元年壬申 亦三千七百八十五年 吾東方歷年之數 大槩與中國相同". 권근의 「朝鮮太祖健元陵神道碑銘幷序」(『양촌집』 권36)에서도 "自檀君之世而已有歷數千載"라고 하여, 추상적인 단군기원 인식이 보인다.

67 이민수 역, 1983, 『삼국유사』, 을유문화사, 44쪽.

그런데 일반적인 해석과 달리 이홍직은 1908세를 단군이 산신이 된 이후의 해수라고 보았다.[68] 신화를 말하는 자가 신화를 말한 해까지 쳐서 계산한 것으로 추정하고, 단군 원년 무진년(기원전 2333)에서 1500년과 1908세를 가산하면 단기로 3408년이 되며, 이는 고려 문종 28년(1074)에 해당한다고 하였다. 하나의 가설에 지나지 않는다고 조심스럽게 제기하였지만, 문종 대의 지리도참적 분위기와 관련하여 여지가 전혀 없지 않다고 여운을 남기고 있다.

여기서 단군의 수를 산신이 된 후의 역년으로 본 것은 상당히 흥미 있는 시각이다. 그동안은 '수'의 의미를 평생 누린 나이라고만 생각하였는데, 산신이 되어 죽지 않았다면 그 후의 수라고도 볼 수 있는 것이다. 이와 같이 단군의 '수'를 그 후의 역년으로 본 것은, 『제왕운기』의 「본기」에서도 확인된다. 편의상 그 부분만 다시 인용해 보면 다음과 같다.

F. 本紀曰 (중략) 故尸羅高禮南北沃沮東北扶餘穢與貊 皆檀君之壽也 理一千三十八
年 入阿斯達山爲神 不死故也(『帝王韻紀』 卷下 東國君王開國年代)

신라·고려(고구려)·옥저·부여·예맥이 모두 단군의 '수'로, 산신이 되어 죽지 않았기 때문이라는 것이다. 단군의 이국(理國)은 1038년이지만 산신이 된 이후에도 죽지 않은 까닭에 신라까지 모두 단군의 수에 포함된다는 것이다. 단군이 조선을 직접 다스린 기간과 산신이 된 이후의 수에 해당하는 기간을 구분해 보고 있다. 이러한 「본기」의 기록을 참고하면, 「고기」의 수 1908세도 단군이 산신이 된 이후의 역년이라고 이해할 수 있다.

그런데 이홍직의 연대 비정에는 잘못된 전제가 있다. 단군 원년을 무진년,

68 이홍직, 1959, 앞의 책, 44쪽.

즉 기원전 2333년을 기준으로 계산한 것이다. 「고기」의 단군 원년은 앞서 보았듯이 무진년이 아니라 경인년이다. 따라서 경인년을 단군 원년으로 하여 새롭게 계산해야 수 1908세의 정확한 기준 시점이 나오게 된다.

단군의 어국 1500년과 산신의 수 1908세를 합산하면 3408년이 된다. 이것은 『제왕운기』에서 태조 18년(935)을 기준으로 적산한 단군기원 3288년보다 정확히 2주갑 120년이 많은 수치이다. 『제왕운기』가 근거한 『통감외기』의 하 우왕 원년(무술)은, 「고기」가 참고한 『대연력』의 하 우왕 원년(경술)보다 2갑자 아래에 위치한다.[69] 『제왕운기』의 기년이 「고기」보다 2갑자 늦게 출발하는 것이다. 다시 말해 「고기」의 단군 원년(경인)이 『제왕운기』보다 2갑자 선행한 행렬의 경인에 해당한다. 이처럼 「고기」와 『제왕운기』의 단군기원에 2주갑(120년) 차이가 있는 것은 「고기」가 『통감외기』보다 2갑자 빠른 기년의 『대연력』을 참조하였음을 방증해 주기도 한다. 이러한 점들을 염두에 두고 「고기」의 경인년을 기준으로 그 기준 시점을 다시 계산해야 한다.

「고기」의 기록대로 단군이 경인년에 즉위하여 3408년(1500년+1908세)이 되었다면, 60갑자가 56번 돌고 48년째가 되는 해이다. 경인에서 48년 내려온 간지는 무인이다. 따라서 『제왕운기』의 단군 원년 무진년을 통해 얻은 연도인 기원후 1074년보다 2주갑 위의 행렬에서 무인년을 찾아야 한다. 그 결과는 기원후 918년 무인이 된다.

위의 계산에 착오가 없다면, 918년이 「고기」에서 단군이 아사달 산신이 된 후의 수인 1908세의 기준 시점인 것이다. 이것은 「고기」에 보이는 단군 기록의 서술 시점이기도 하다. 또한 이것은 918년이 단군으로부터 3408년 되는 해라는 단군기원의 다른 표현이기도 하다.

---

[69] 汪曰楨, 앞의 책, 6~7쪽에 의하면, 『대연력』의 하 우왕 원년 경술은 제35갑자에, 『통감외기』의 하 우왕 원년 무술은 제37갑자에 위치하여, 2갑자의 차이가 있음이 확인된다. 이러한 갑자 열의 차이는 주 공화 이전의 하·은·주 각 시대의 역년을 다르게 산정하기 때문에 생긴 결과이다.

기원후 918년으로부터 3408년을 역산하면 단군 원년의 서기 연도가 나오는데, 기원전 2490년이 된다. 이는 현행 단군기원의 기준인 기원전 2333년보다 157년 앞서는 것이다. 「고기」의 단군 원년 경인과 『제왕운기』의 단군 원년 무진의 간지 연차가 37년이므로, 「고기」의 경인년(기원전 2490) 이후 2주갑(120)이 지나고 37년째 되는 무진년이 『제왕운기』의 단군 원년(기원전 2333)이 되는 것이다.

「고기」의 단군기원 기준 시점인 918년 무인은 왕건이 태봉의 궁예를 축출하고 신왕으로 즉위한 고려의 개국 연대이다. 왕건은 신왕으로 즉위하면서 국호를 고려라 하고 연호를 천수(天授)라고 하여, 궁예의 태봉과 명확히 구분하였다. 이상의 검토에 의하면, 「고기」의 단군 기록은 왕건의 신왕 즉위 및 고려 개국과 관련된 것일 가능성이 높다.

『삼국사기』 궁예전에는 918년에 있었던 철원 고경참(古鏡讖) 일화가 실려 있다.[70] 궁예의 재위 말년인 정명 4년 무인(918)년에 철원 저자에서 이상한 글자가 적힌 고경(古鏡)이 나타났다. 그 내용은 "상제가 진마(辰馬)에 아들을 내리니 먼저 닭을 붙들고 후에 오리를 잡을 것이다. 사년(巳年) 중에 두 마리 용이 나타나 한 마리는 청목(靑木) 중에 움츠리고 한 마리는 흑금(黑金)의 동쪽에 나타날 것이다"라는 것이다. 왕이 이상히 여겨 문인 송함홍(宋含弘) 등에게 해석하게 하였으나, 송함홍 등은 그 뜻을 알고 해가 미칠까 봐 두려워 바른대로 고하지 않았다. 고경참의 의미는, 철원의 궁예가 멸망하고 송악의 왕건이 일어나 먼저 계림(신라)을 얻고 후에 압록을 수복한다는 뜻이었다.

이 고사는 『고려사』 태조세가에도 기록되어 있는데, '三水中四維下 上帝降子 於辰馬'로 시작하는 고경참 147자 전문이 실려 있다. 이 기록은 고려 초기의 대표적인 지리도참으로 일찍부터 주목받았다.[71] 이것은 918년 고려 태조 왕

---

[70] 『삼국사기』 권50 열전10 궁예.

[71] 이병도, 1948, 『고려시대의 연구-특히 지리도참 사상의 발전을 중심으로-』, 을유문화사, 6~11쪽.

건의 등극을 예견한 도참인데, 이를 통해 그 무렵의 세태를 짐작할 만하다. 위에서 파악한 「고기」의 단군기원(3408)이 918년을 기준으로 한 것이라면, 「고기」에 보이는 단군 기록의 성립 과정도 이와 같은 맥락 속에서 이해될 수 있다.

또한 단군이 처음에 평양에 도읍하였다가 백악산 아사달로 옮기었는데 기자가 조선에 봉해지자 장당경으로 옮기었다가 뒤에 다시 아사달에 돌아와 산신이 되었다는 「고기」의 서사 구조는, 고려 초기의 천도론과 관련된 지리 도참의 일종인지도 모른다.[72] 「위서」에서 단군이 아사달에 도읍하여 조선을 개국하였다고 한 것과 달리, 「고기」에서는 평양-아사달-장당경 등으로 천도의 과정이 다소 복잡하다. 이것은 「고기」가 천도론과 일정하게 연관된 기록일 가능성을 시사해 주는 것이다. 고려 초기 태조와 정종은 서경(평양)을 중시하였을 뿐만 아니라 실제로 천도를 기획하기도 하였다.[73]

「고기」에서 단군의 천도지로 언급한 백악산 아사달, 장당경 등의 위치는 고려 시기부터 여러 비정이 있었는데, 대체로 구월산 내지 문화현 등 지금의 황해도 신천군 주변을 지향하고 있다.[74] 대동강을 사이에 두고 북쪽의 평양성과 마주하고 있는 황해도 서북부 지역이다. 「고기」의 단군 기록과 이 지역의 관계는 향후 연구해 볼 만한 과제이다.

이상과 같이 「고기」에 보이는 단군 기년을 단군기원의 관점에서 바라보면, 그 기록의 기준 시점은 고려 태조 즉위년인 천수 원년 무인(918)이 된다는 결

---

[72] 단군과 지리도참설의 관계에 대해서는 이미 서영대, 1999, 앞의 글, 61~62쪽 및 김성환, 2015, 앞의 글, 21~22쪽에서도 주목된 바 있다.

[73] 이병도, 1948, 앞의 책, 84~87쪽.

[74] 『삼국유사』 권1 기이 고조선조의 아사달에 대한 주에서는, 백악이라고도 하는데 배주(白州) 혹은 개성 동쪽에 있다고 하면서 지금의 백악궁이라고 하였다. 『삼국유사』 편찬 당시 백악궁은 개성 동쪽에 있던 삼소 중 좌소인 백악산의 신궐(고종 4년 축조)을 가리키는 것이다. 『삼국유사』에서 아사달을 개성 동쪽 백악산에 비정한 것은, 조선시대 이후 일반적으로 구월산에 비정한 것과 다른 점이다. 이러한 아사달의 위치 문제는 태조 왕건의 개성(송악) 천도(919)와 관련이 있을 수도 있는데, 이에 대해서는 별도의 검토가 필요하다.

론에 이른다. 이것은 단군 기록을 전하는 「고기」의 성립 시기가 918년이라는 사실을 의미하는 것이기도 하다. 물론 「고기」의 성립은 단군 기록의 기준 시점인 918년보다 늦은 시기일 가능성도 배제할 수 없다. 그렇게 되면 918년은 「고기」 성립의 상한 연대가 될 것이다. 하지만 「고기」와 그 속의 단군 기록 사이에 시기적 간극이 확인되지 않는 이상 일단 「고기」의 성립도 918년을 기준으로 이해하는 것이 자연스러울 듯하다.

이상에서 살펴본 「고기」의 성격은 전적으로 『삼국유사』 고조선조 인용 단군 관련 「고기」에 한정된 것임은 주의를 요한다. 여타 「고기」의 성격을 이해하는 데 단군 관련 「고기」가 918년을 기준 시점으로 하고 있다는 점은 중요한 정보가 된다. 앞으로 이러한 점들을 고려하면서 「고기」의 전체상에 다각적으로 접근해 보아야 할 것이다.

5. 맺음말

『삼국유사』 고조선조에는 단군 기록이 전하는 「위서」와 「고기」가 인용되어 있다. 특히 상세한 내용을 전하는 「고기」는 전반부의 신화적 기록과 후반부의 역사적 기록으로 구분된다. 그동안 연구에서는 주로 전반부의 단군신화에만 주목하였고, 후반부의 단군 즉위년(경인), 어국 기간(1500년), 수(1908세) 등 연대와 관련해서는 관심을 두지 않았다. 대체로 이 연대들을 상징적인 것으로 이해했기 때문이다.

「위서」의 '2000년 전'이란 시제는 그 기록의 기준 시점을 알려 주는 중요한 단서이다. 『맹자』와 『사기』에 보이는 연대설을 참고하면, 단군과 동시에 즉위한 요로부터 2000년이 경과한 시점은 사마천이 『사기』를 편찬한 기원전 100년 무렵이다. 「위서」의 단군 기록이 이 시점을 기준으로 정리된 것임을 시사해 주는 것이다. 기원전 100년 무렵은 부여와 고구려의 건국 연대와 근접해 있다. 부여나 고구려의 건국신화 속에서 2000년 전의 단군 기록이 언급되었을 가능성이 제기되는 것이다. 이런 맥락에서 보면 「위서」의 단군 기록은 원래 부여나 고구려의 건국신화가 전하는 『위략』이나 『북위서』에 실려 있었을 가능성이 높다.

「고기」에 전하는 단군의 즉위년과 어국 기간은 『제왕운기』 및 그 「본기」의 연대와 차이가 난다. 이것은 이들 자료가 각각 참고한 기년 자료가 달랐기 때문이다. 「고기」는 일행의 『대연력』(727년 편찬)을 참고한 것으로 보이며, 「본기」는 남송대 나필의 『노사』를 참고한 것으로 추정된다. 『제왕운기』의 단군 기년은 유서의 『통감외기』(1078년경 편찬)에 근거한 것으로 이해되고 있다.

『제왕운기』는 단군으로부터 고려 태조 18년(935)까지의 적년을 계산하여 3288년(실제는 3268)이라는 단군기원을 제시하고 있다. 이러한 단군기원에 기초해 「고기」의 단군 수인 1908세를 음미해 보면, 1908년은 추상적인 수치가 아니라 『제왕운기』의 단군기원과 같이 정확한 계산에 의해 나온 연수라는 점을 알게 된다. 또한 『제왕운기』의 「본기」에서는 단군의 수를 치세 기간 1038년과 구분하여, 단군이 아사달 산신이 된 이후의 시기로 파악하였다. 이와 같은 맥락에서 「고기」의 수 1908년도 어국 기간 1500년 이후, 즉 아사달 산신이 된 이후의 연수라고 이해할 수 있다. 이에 따라 단군 어국 1500년과 단군의 수 1908년을 합하면 3408년을 얻게 되는데, 이것이 바로 「고기」의 단군기원 연대이다.

「고기」의 단군기원 3408년은 단군 원년 경인으로부터 그 기록의 시점까지 계산한 연수이다. 이에 「고기」가 근거한 『대연력』의 기년에 따라 『제왕운기』의 단군 원년 무진년(기원전 2333)보다 2주갑 앞선 행렬에서 경인년(기원전 2490)을 찾아 3408년을 더하면, 「고기」의 단군기원 시점이 고려 태조 왕건이 즉위한 천수 원년, 즉 기원후 918년이라는 사실을 알게 된다. 918년은 왕건이 태봉의 궁예를 대신하여 신왕으로 즉위한 해로 고려의 건국 연대이다. 「고기」에 전하는 단군왕검의 조선 개국 기록이 태조 왕건의 고려 건국과 관련이 있을 가능성이 제기되는 것이다.

「고기」의 단군 어국 1500년과 단군의 수 1908세에 대해, 그동안은 단군의 수 1908세 안에 1500년이 포함된다고 해석해 왔다. 하지만 이상의 검토에 의하면 단군의 어국 1500년과 단군의 수 1908세는 서로 연속되는 연대로, 두 시기를 합산한 3408년이 「고기」에서 인식한 단군기원이다. 다시 말해 단군은 경인년에 즉위하여 1500년을 다스렸고, 아사달 산신이 된 이후 1908년이 지났다는 것이다. 이와 같이 해석하면 「고기」의 단군 기년이 태조 즉위년인 918년을 기준으로 하고 있음을 확인하게 된다.

이상에서 서술한 『삼국유사』와 『제왕운기』에 보이는 단군 관련 기년들에 대한 필자의 논지를 정리해 보면 다음과 같다.

표 2 『삼국유사』와 『제왕운기』의 단군 기년

사료명	단군 원년	단군 어국	단군기원 (기준 시점)	전거
「위서」 (『삼국유사』)	여요동시 (與堯同時)	–	2000년 (기원전 100)	『맹자』, 『사기』
「고기」 (『삼국유사』)	경인(庚寅)	1500년	3408년 (태조 원년, 918)	『대연력』
「본기」 (『제왕운기』)	무인(戊寅)	1038년	–	『노사』
『제왕운기』	무진(戊辰)	1048년	3288(3268)년 (태조 18년, 935)	『통감외기』

그동안 「고기」의 성격을 둘러싸고 많은 논의가 있었다. 이상의 논의를 바탕으로 생각해 본다면, 단군 관련 「고기」는 고려 초 918년 무렵의 기록으로 이해된다. 「고기」가 특정 서명인가 아니면 고기록에 대한 범칭인가를 두고 아직도 논란이 진행되고 있다. 그런데 만약 「고기」가 특정 서명이라면, 모든 「고기」의 기록 시점이 동일한 시기 범위 내에 있어야 한다. 즉 「고기」가 하나

의 서적이었다면, 『삼국사기』와 『삼국유사』 등에 보이는 여타 「고기」의 시점이 모두 단군 관련 「고기」와 마찬가지로 918년 무렵을 지향하고 있어야 한다. 이 점에 대해서는 향후 생각해 보아야 할 문제이다.

참고문헌

1. 국내 단행본

노태돈 편, 2000, 『단군과 고조선사』, 사계절.

윤이흠 외, 1994, 『단군-그 이해와 자료-』, 서울대학교 출판부.

이기백 편, 1988, 『단군신화논집』, 새문사.

이병도, 1948, 『고려시대의 연구-특히 지리도참 사상의 발전을 중심으로-』, 을유문화사.

_____, 1976, 『한국고대사연구』, 박영사.

홍기문, 1989, 『조선신화연구』, 지양사.

2. 국내 논문

김상기, 1965, 「宋代에 있어서의 高麗本의 流通에 대하여」, 『아세아연구』 8-2.

김상현, 2014, 「《古記》의 사학사적 검토」, 『한국고대사연구』 74.

김성환, 2008, 「단군 연구사의 정리와 방향」, 『단군학연구』 18.

_____, 2015, 「고조선 건국신화의 계승과 고조선 인식」, 『동북아역사논총』 47.

김정배, 1987, 「檀君記事와 관련된 《古記》의 性格」, 『한국상고사의 제문제』, 한국정신문화연
　　구원.

리상호, 1962, 「단군 설화의 년대 문제」, 『력사과학』 5.

박대재, 2001, 「《三國遺事》 古朝鮮條 인용 《魏書》 論」, 『한국사연구』 112.

_____, 2022, 「이승휴의 국사편년과 역사의식」, 『민족문화연구』 94.

방선주, 1987, 「韓·中 古代紀年의 諸問題」, 『아시아문화』 2.

서영대, 1999, 「傳統時代의 檀君認識」, 『단군학연구』 창간호.

이강래, 1996, 「《三國遺事》 인용 《古記》의 성격」, 『삼국사기 전거론』, 민족사.

이기동, 1977, 「古朝鮮問題의 一考察-帝王韻紀 所在 古朝鮮紀年에 대한 存疑-」, 『대구사학』

12·13.

이기백, 1985, 「高句麗의 國家形成 問題」, 『한국고대의 국가와 사회』, 역사학회 편, 일조각.

이홍직, 1959, 「檀君神話와 民族의 理念」, 『국사상의 제문제』 1, 국사편찬위원회; 1971, 『한국
고대사의 연구』, 신구문화사.

조법종, 2012, 「단군 연구사 검토 및 역사적 의미」, 『민족문화논총』 52.

최광식, 2015, 「桓雄天王과 檀君王儉에 대한 역사민속학적 고찰」, 『한국사학보』 60.

최남선, 1956, 「檀君古記箋釋」, 『사상계』 2월호.

최병헌, 1975, 「道詵의 生涯와 羅末麗初의 風水地理說-禪宗과 風水地理說의 관계를 중심으로
하여-」, 『한국사연구』 11.

3. 국외 단행본

岡田芳朗 外, 2014, 『曆の大事典』, 朝倉書店.

今西龍, 1929, 『檀君考』(靑邱說叢 1), 近澤書店.

_____, 1937, 『朝鮮古史の研究』, 近澤書店.

能田忠亮·藪內淸, 1947, 『漢書律曆志の研究』, 全國書房.

董作賓·嚴一萍 編, 1957, 『年代世系表』, 藝文印書舘.

北京師範大學 國學研究所 主編, 1997, 『武王克商之年研究』, 北京師範大學出版社.

徐宗元, 1964, 『帝王世紀輯存』, 中華書局.

細井浩志, 2014, 『日本史を学ぶための〈古代の曆〉入門』, 吉川弘文館.

新城新藏, 1928, 『東洋天文學史研究』, 弘文堂書房.

安居香山, 1979, 『緯書の成立とその展開』, 國書刊行會.

楊家駱, 1967, 『古今本竹書紀年八種』, 世界書局.

奧野彦六, 1976, 『干支紀年考』, 酒井書店.

張富祥, 2013, 『《竹書紀年》與夏商周年代研究』, 中華書局.

4. 국외 논문

高橋亨, 1954, 「三國遺事の註及檀君傳說の發展」, 『朝鮮學報』 7.

山田統, 1960, 「竹書紀年の後代性」, 『國學院雜誌』 61-11; 1981, 『山田統著作集』 1, 明治書院.

吳其昌, 1929, 「殷周之際年曆推證」, 『國學論叢』 2-1.

原田一良, 2002, 「《本紀》檀君卽位年の復元」, 『朝鮮學報』 184.

田中俊明, 1982, 「檀君神話の歷史性をめぐって-史料批判の再檢討-」, 『韓國文化』 4-6.

2장

기자조선과 소중화

1. 머리말

고조선의 역사가 단군조선·기자조선·위만조선의 3단계로 전개되었다고
보는 인식은 조선시대에 들어와 체계화된 것이다. 이러한 3단계 고조선설,
즉 삼조선설의 단서는 고려 후기 이승휴의 『제왕운기』에서 먼저 보이지만,
3단계로 체계화된 것은 조선 초기 1450년 무렵 편찬된 『고려사』 지리지에 이
르러서이다.[1] 지금의 평양인 서경(西京)이 전조선(前朝鮮, 檀君), 후조선(後朝鮮, 箕
子), 위만조선(衛滿朝鮮) 등 삼조선(三朝鮮)의 도읍이었다는 것이다. 삼조선설은
곧이어 『동국통감』 외기(外紀)에서 단군조선·기자조선·위만조선으로 용어
가 확립된 이후 대한제국 시기 교과서에까지 이어졌다.

3단계 고조선 가운데 근대에 이르러 그 실체에 문제가 제기된 것은 단군조
선과 기자조선이었다. 위만조선은 사마천의 『사기』 조선전에 기록이 있는 만
큼 의심의 여지가 없지만, 단군조선은 고려 후기 『삼국유사』부터 보이며, 기
자조선 역시 기자의 시대로부터 천년 뒤인 전한 시기 문헌부터 보인다는 점

---

1 『고려사』 권58 지12 지리3 서경유수관.

에서 신빙하기 어렵다는 것이다.[2]

최남선을 중심으로 한 민족주의 사학자들은 단군조선의 역사성을 부정하는 식민사학을 강하게 비판하면서도, 기자조선의 역사성에 대해서는 마찬가지로 비판적인 입장이었다. 이러한 민족주의 사학의 입장을 이중적 자세라고 볼 수도 있지만, 고려 전기 이전 전승 문헌의 멸실에 의한 기록의 부재와 여러 선진 문헌의 전존에도 불구하고 관련 기록이 부재한 것을 동일한 잣대로 비교할 수는 없을 것이다. 현재 국내에서 단군조선은 고조선의 첫 단계로 인식되는 반면, 기자조선은 그 실재가 부정되고 한씨조선(韓氏朝鮮),[3] 계자조선(鷄子朝鮮),[4] 예맥조선(濊貊朝鮮)[5] 등 다른 개념으로 대체되고 있다. 즉 기자조선의 시대나 단계만 인정하고 그 실체는 기자와 무관한 토착 세력으로 대체해 보는 것이다. 최남선의 '기ᄋ지조선'[奇氏朝鮮], 정인보의 '검조선', 안재홍의 '크치조선' 등[6] 역시 기자조선을 토착 세력으로 대체해 다르게 명명한 것이다.

한편 기자조선 연구사를 살펴보면,[7] 기자조선을 부정하는 일반적 입장과 달리 기자를 중국 화하족(華夏族)과 구분되는 동이족(東夷族)으로 보고 기자 집단의 동래와 기자국(기자조선)의 존재를 인정하는 일련의 시각[8]도 존재한다.

2 　今西龍, 1922, 「箕子朝鮮傳說考」, 『支那學』 2-10·11; 1929, 『檀君考』(靑邱說叢 1); 1937, 『朝鮮古史の研究』, 近澤書店.

3 　이병도, 1933, 「所謂箕子八條教について」, 『市村古稀紀念東洋史學論叢』, 富山房; 1976, 「箕子朝鮮의 正體와 所謂 箕子八條教에 대한 新考察」, 『한국고대사연구』, 박영사.

4 　정중환, 1964, 「箕子朝鮮考」, 『동아논총』 2-1; 1971, 「續箕子朝鮮考」, 『동아논총』 8-1.

5 　김정배, 1972, 「古朝鮮의 住民構成과 文化的 複合」, 『백산학보』 12; 1973, 『한국민족문화의 기원』, 고려대학교 출판부.

6 　박준형, 2009, 「한국 근현대 기자조선 인식의 변천」, 『고조선사 연구 100년 - 고조선사 연구의 현황과 쟁점 - 』, 학연문화사, 103~107쪽.

7 　조원진, 2009, 「기자조선 연구의 성과와 과제」, 『단군학연구』 20.

8 　천관우, 1974, 「箕子攷」, 『동방학지』 15; 1989, 『고조선사·삼한사연구』, 일조각; 윤내현, 1983, 「箕子新考」, 『한국사연구』 41; 1986, 『한국고대사신론』, 일지사; 이형구, 1990, 「渤海沿岸 靑銅器 文化와 箕子朝鮮」, 『한국사상사대계』 I, 한국정신문화연구원; 1991, 「大凌河流域의 殷末周初 靑銅器文化와 箕子 및 箕子朝鮮」, 『한국상고사학보』 5.

이러한 시각은 기자의 조선 수봉은 부정하지만 기자의 동래는 인정하는데, 기자가 본래 동이족이었으므로 동이사의 맥락에서 기자조선을 다루고자 하는 것이다.

하지만 산동 지역을 중심으로 분포했던 선진 시기의 동이와 요하 이동 지역에 분포했던 진·한 이후의 동이는 종족 계통이나 문화가 전혀 다른 집단이었다. 기원전 221년 진이 제를 정벌하여 중국을 통일하면서 산동 지역의 동이는 민호로 편입되었고, 그 이후 만주와 한반도 일대에 분포하던 예맥·한 등이 동이로 새롭게 인식되었다.[9] 따라서 기자의 족원이 설사 선진 시기의 동이족이라 하더라도, 그것을 예맥·한과 동일한 계통으로 이해할 수는 없다. 또한 요서 지역 대릉하유역에서 출토된 '기후'(萁侯)명 청동기를 기자조선과 관련해 보기도 하지만, 다른 계통의 여러 족휘(族徽, 族氏銘文)가 새겨진 청동기가 함께 출토된다는 점에서 그것을 바로 기자 집단의 동래나 기자조선의 존재로 해석하기는 어렵다.[10]

근대 이후 기자조선은 부정되고 있지만, 기자조선을 계기로 확립된 3단계 고조선사-삼조선설의 체계는 여전히 유지되고 있다. 기자조선 대신 '한씨조선' 내지 '예맥조선'의 단계를 설정하거나, 단군조선(성읍국가)과 대고조선(영역국가) 사이의 중간 단계를 '한조선'(韓朝鮮)[11]이라 부르기도 한다. 1990년대 이후 북한에서는 평양에 중심지가 있었던 고조선을 전조선(단군조선)·후조선·만조선의 3단계로 구분해 보고 있다.[12] 이러한 삼조선설 체계는 『삼국유사』의 고조선(왕검조선)조와 위만조선조에 나타난 2단계 고조선사 체계[13]와는 차이

9 이성규, 1991, 「先秦 文獻에 보이는 '東夷'의 성격」, 『한국고대사논총』 1, 가락국사적개발연구원.
10 박대재, 2010, 「箕子 관련 商周靑銅器 銘文과 箕子東來說」, 『선사와 고대』 32, 131~137쪽.
11 서영수, 1988, 「古朝鮮의 위치와 강역」, 『한국사 시민강좌』 2, 일조각, 39쪽. 한조선설에서는 한을 알타이어의 汗(한·칸)과 통하는 고조선의 정치적 군장 칭호로 보고 있다. 한조선과 기자조선이 시기적으로 명확히 일치하지 않지만, 3단계로 구분해 본다는 점에서 삼조선설과 통한다.
12 전대준·최인철, 2010, 『조선단대사-고조선사-』, 과학백과사전출판사.

가 나는 것이다. 근대 이후 기자조선의 역사성은 부정되고 있지만, 기자조선을 계기로 성립된 삼조선설의 전통은 여전히 지속되고 있다.[14]

이와 같은 문제는 기자조선을 고조선사 전체 체계 속에 위치시켜 보지 않고, 그 단계만 따로 떼어 내어 다루어 왔기 때문이다. 기자조선 연구는 그 존재를 비판하는 데 머물지 말고, 고조선사 전체 체계와 결부시켜 맥락적으로 연구해야 한다. 기자조선이 존재하지 않았다면, 고조선사의 전개가 2단계였는지 아니면 여전히 3단계였는지 그 체계를 근본적으로 재검토해야 한다. 그동안 연구에서는 기자조선의 역사성만 비판되었고, 그로 인해 성립된 삼조선설에 대해서는 비판이 이루어지지 않았다.

이 글은 기존 고조선사 체계에 대한 비판적 연구의 서론으로서, 기자조선이 고조선의 중간 단계로 수용되고 체계화되는 과정을 검토해 보고자 한다. 부족한 문헌 사료를 근거로 고조선사의 체계가 성립되는 과정을 추적하기 쉽지 않지만, 기자조선 전승이 등장한 중국 전한 시기부터 기자조선이 고조선의 중간 단계로 정립되는 고려 후기까지의 과정을 살펴보고자 한다. 이를 통해 기자조선 전승이 국사(國史)에 수용·체계화되는 과정에 군자국(君子國)의식, 소중화(小中華)의식 등 자존적 중화사상이 작용했음을 확인하게 될 것이다.

2. 기자조선 전승의 성립 과정

중국 문헌 사료에서 기자가 조선으로 갔다거나 주 무왕에 의해 조선에 봉

---

13 이기백, 1973, 「古朝鮮의 諸問題」, 『월간중앙』 5월호; 1975, 『한국고대사론』, 탐구당; 1988, 「古
   朝鮮의 國家 형성」, 『한국사 시민강좌』 2, 일조각.

14 최근에도 기자조선(후조선)의 대안으로 '검조선'을 다시 제안하며, 고조선사의 체계를 전조선
   (단군조선)-후조선(검조선)-위만조선으로 구분해 보기도 한다(조원진, 2014, 「단군과 기자-고조
   선사의 체계에 대한 고찰-」, 『고조선단군학』 31, 363~364쪽).

해졌다는 기록은 진·한 시기부터 나타나기 시작한다. 그 이전 선진 문헌에서 기자는 언급되지만, 조선과는 전혀 무관하게 기록되었다.

기자와 조선의 관계를 처음 기록한 것은 전한 초기 복생(伏生, 伏勝)이 편찬했다고 전하는 『상서대전』(尚書大傳)으로 알려져 있다. 복생은 진대부터 활동했기 때문에 당시에 기자조선 기록이 이미 성립되었을 가능성도 없지 않지만, 복생과 동시대 인물인 한영(韓嬰)의 『한시외전』(韓詩外傳)에 기자는 나오지만 조선 관련 기록이 없음을 볼 때, 기자조선 전승의 성립 시기는 전한 초기 이후 특히 기원전 108년 한 무제의 조선 4군(郡) 개설이 중요한 요인이었던 것으로 추정된다.[15]

그런데 복생은 진대에 박사를 역임하였고 한 문제(기원전 180~기원전 157년 재위) 초에 이미 90세의 고령이었기 때문에, 『상서대전』이 복생에 의해 편찬된 것이라면 위의 추정은 조금 빗나간 것이 된다. 사마천은 『사기』에서 복생에 대해 상세히 기록하였지만, 그가 『상서』의 전(傳)을 지었다는 것은 언급하지 않았다. 『한서』 예문지(六藝略)에서도 『상서』에 대한 전(傳) 41편이 있다고 했지만, 그것을 복생의 것이라고 하지는 않았다. 후한 말 정현이 『상서』에 주를 달면서, 처음으로 41편의 전은 복생이 지은 『상서대전』이라고 밝혔다. 『사고전서총목』에서는, 『상서대전』을 복승(복생)의 자찬(自撰)이 아니라 제자인 장생(張生)·구양생(歐陽生) 등에 의해 이루어졌다고 보았다. 이로 보아 『상서대전』이 반드시 복생에 의해 편찬된 것이라고 단정하기 어려우며, 그 연대 역시 진대 내지 전한 초기까지 소급해 보기도 쉽지 않을 듯하다.

『상서대전』에서는 주 무왕이 은(殷)을 이기고 옥에 갇혀 있던 기자를 풀어주었는데, 기자가 그것을 참지 못하고 달아나 조선으로 가자, 무왕이 그를 조선에 봉하였다고 한다. 또한 기자는 주(周)의 책봉을 받은 후 신례(臣禮)를 하지 않을 수 없어 13년에 주에 내조하였다는 것이다.[16]

---

15 江畑武, 1983, 「箕子朝鮮開國傳承の成立」, 『阪南論集』(人文·自然科學編) 18-4, 阪南大學, 6쪽.

『상서대전』원서는 현재 전하지 않고 후대에 여러 서적에 인용된 일문을 모은 집본(輯本)만 전하고 있다. 따라서 『상서대전』에 인용된 기자와 조선 관련 기록의 전체 문맥을 정확히 알 수는 없지만, 주 무왕이 기자를 풀어 주자 기자는 그것이 부끄러워 조선으로 달아났는데, 주 무왕이 그 소식을 듣고 기자를 조선에 봉하였고, 기자는 신하로서의 예를 표하기 위해 주에 조회하였다는 것이다.

그런데 이러한 줄거리는 사마천의 『사기』 송미자세가(宋微子世家)에 전하는 기자의 조선 기록과 다소 차이가 난다. 그에 따르면 주 무왕이 은을 정벌한 뒤 기자를 방문하여 홍범 9주의 가르침을 받은 뒤, 기자를 조선에 봉하였으나 신하로 삼지 않았다는 것이다.[17]

『상서대전』의 기록과 비교해 보면, 먼저 주 무왕이 기자를 방문하여 홍범 9주의 가르침을 받았다고 하였는데, 이것은 기자가 석방되자 참지 못하고 조선으로 달아났다고 한 것과 다르다. 또한 『상서대전』에서는 주에 입조하여 신하로서의 예를 표했다고 했지만, 『사기』에서는 기자를 조선에 봉했지만 신하로 삼지는 않았다고 한다. 이러한 차이는 사실 여부를 떠나 두 기록이 동일 계통의 자료에서 나온 것이 아님을 시사해 준다. 즉 사마천이 『상서대전』의 기록을 참고하였을 가능성은 적어 보인다.

『사기』 송미자세가의 기자 기록에서 주목되는 것은 홍범 9주이다. 기자가 주 무왕에게 전했다고 하는 홍범 9주로부터 『상서』의 홍범 편명도 나온 것이다. 홍범 9주는 정치의 요체를 기록한 9가지 법칙인데, 천제(天帝)가 치수(治水)에 실패한 우(禹)의 아버지 곤(鯀)에게 주지 않고 치수에 성공한 우에 주었다

---

16 清 陳壽祺 輯校, 『尙書大傳』 卷2 周傳 洪範, "武王勝殷 繼公子祿父 釋箕子囚 箕子不忍周之釋 走之朝鮮 武王聞之 因以朝鮮封之 箕子旣受周之封 不得無臣禮 故于十三祀來朝"(朱維錚 主編, 中國經學史基本叢書(1), 2012, 上海書店出版社, 26쪽). 본래 원문은 『태평어람』과 『자치통감전편』에 인용되어 있다. 단, 『자치통감전편』에는 '因以朝鮮封之'까지만 보인다.

17 『사기』 권38 세가8 송미자, "武王旣克殷 訪問箕子 武王曰 於乎 維天陰定下民 相和其居 我不知其常倫 所序 箕子對曰 … 於是武王乃封箕子於朝鮮而不臣也".

는 것이다. 『상서』 홍범에 따르면, 주 무왕 13년에 왕이 기자를 방문하여 천하의 이치[彛倫攸敍]에 대해 물으니, 기자가 홍범 9주를 무왕에게 설명하였다고 한다.

현재 전하는 『상서』에는 홍범 9주가 일괄 정리되어 있지만, 아마도 서주 초부터 전국시대 말에 이르기까지 여러 번의 부가를 거쳐 처음에는 3주 내지 5주였다가 최종 9주가 되었을 것으로 이해된다. 홍범 9주 가운데 8정(政)[食·貨·祀·司空·司徒·司寇·賓·師], 5기(紀)[歲·月·日·星辰·曆數], 5사(事)[貌·言·視·聽·思], 계의(稽疑)[卜筮] 등 네 가지가 가장 오래되었으며, 5행(行)[土·金·水·木·火]이 가장 늦게 추가된 것으로 보인다. 5행이 추가된 시점이 곧 홍범편의 성립 시기가 되는데, 이에 대해서는 춘추 초기부터 전국 말기까지 의견이 나뉘지만, 대체로 전국시대를 중심 연대로 이해하고 있다.[18]

『상서』 홍범편의 성립이 전국시대에 이루어졌다는 것은 기자동래(조선)설의 등장 시기를 가늠하는 데 중요한 단서가 된다. 기자의 조선을 가장 먼저 기록한 『상서대전』과 『사기』의 내용은 모두 홍범과 관련되어 있다. 『상서대전』은 홍범편에 대한 주석(전)에서 기자의 조선 동래를 언급하고 있으며, 『사기』에서는 기자가 주 무왕에게 홍범 9주를 설하자 무왕이 기자를 조선에 봉했다고 하였다. 모두 홍범(9주)에 대한 기록에 기자의 조선 전승을 붙여 놓은 것이다. 따라서 기자의 조선 전승은 홍범편보다 늦게 성립되었다고 보아야 한다.

한편 사마천의 『사기』는 기원전 91년 무렵에 편찬되었으므로, 그 이전에는 기자의 조선 전승이 성립되어 있던 것이다. 그런데 같은 책 『사기』의 조

---

[18] 『상서』 홍범편의 성립기에 대한 전통적인 설은 전국초기설, 전국중기설, 전국말기설로 크게 3분된다[松本雅明, 1966, 「洪範篇の成立」, 『春秋戰國における尙書の展開』, 風間書房, 438~452쪽; 池田末利, 1976, 「洪範」(解題), 『尙書』(全釋漢文大系 11), 集英社, 242쪽]. 이에 대해 최근 劉起釪, 2004, 「《洪範》成書時代考(附今譯)」, 『尙書研究要論』, 齊魯書社, 396~419쪽에서는 춘추초기설을 제기하였지만, 전국시대로 보는 것이 학계의 중론이다.

선전에서는 정작 기자에 대한 언급이 전혀 보이지 않아 의문이다. 조선전은 위만의 조선과 그 앞에 있던 조선을 기록하면서도, 기자를 전혀 언급하지 않았다.

『사기』 조선전은 위만이 복속시킨 대상을 진번·조선의 만이(蠻夷)와 연(燕)·제(齊)의 망명자들이라고 하였다. 여기서 진번과 조선의 만이라는 표현이 주목된다. '만이'라는 것은 중원의 화하에 대비되는 개념으로 주변 오랑캐를 낮추어 부른 것이다. 조선의 주민을 만이라고 한 것은,『한서』 지리지에서 기자가 조선의 백성들에게 예의를 가르쳐 8조교(범금 8조) 등 인현(仁賢)의 교화가 이루어졌다[19]고 한 것과 서로 배치된다.

또한 『사기』 조선전에서 위만이 천 여인을 이끌고 조선으로 망명할 때 '북상투와 만이의 복장'(魋結蠻夷服)을 했다는 것 역시 위만조선 이전의 조선이 송미자세가에 언급된 기자의 조선과 다른 실체임을 시사해 준다. 위만이 북상투와 오랑캐 복장을 하고 망명한 조선은 앞서 본 만이의 조선과 연결되며, 인현의 교화가 미쳤다고 한 기자의 조선과는 거리가 먼 것이다.

이상으로 보아 사마천은 『사기』에서 한 무제에 의해 정복된 위만조선과 그 이전의 조선에 대해 서술하였지만, 그것을 송미자세가의 기자가 수봉된 조선과는 연결해 보지 않은 것이다. 오히려 위만의 조선과 기자의 조선을 별개인 것처럼 다른 맥락에서 서술하고 있다.

이와 관련하여 사마천이 기자의 조선 봉건은 일단 인정했지만, 그가 제시한 기자상(箕子像)은 폭군(은주왕)에게 간언하고 성군(주무왕)에게 치세의 대법을 진언한 현명하고 어진 신하의 전형이었고 변방 조선을 교화한 현명한 제후의 상은 아니었다고 본 이해[20]가 참고 된다. 즉 기자의 후손에 대한 일언반구도 없었다는 것은, 사마천에게 '기자조선'이란 개념이 사실상 없었음을 시

---

19 『한서』 권28하 지리지 8하 연지.
20 이성규, 2003,「고대 중국인이 본 한민족의 원류」,『한국사 시민강좌』32, 136쪽.

사해 준다는 것이다.

후한 때 반고가 편찬한 『한서』의 조선전에서도 역시 기자를 기록하지 않았다. 하지만 앞서 언급하였듯이 그 지리지에서 기자가 조선을 '예의·전잠·직작'(禮義·田蠶·織作)으로 교화하여 낙랑조선에 범금 8조가 있게 되었다고 기록하고 있다. 이를 통해 기자와 조선의 관계가 보다 분명해졌을 뿐만 아니라, 낙랑군(낙랑조선)이 기자가 갔던 조선의 후신으로 연결되고 있다.

하지만 『한서』에서도 아직 기자 이후의 세계(世系)까지는 성립해 있지 않았고, 역사적 사실보다는 성인 교화의 행적으로 인식되었던 것으로 보인다. 반고는 지리지에서 1지역의 풍속을 1인의 교화에서 유래한 것으로 설명하였는데, 이 원칙에 따라 다른 12지역과 마찬가지로 조선 지역의 풍속 형성자로 기자가 설정된 것이다. 그 결과 기자 전승은 『상서대전』·『사기』에 비해 비약적으로 상세하게 되고, 『위략』·『위지』에서 역사적 사실로서 기자조선 전승이 성립하게 되는 기반이 되었던 것이다.[21]

기자의 교화가 낙랑군까지 이어졌다고 한 『한서』 지리지에 의하면, 기자-위만조선-낙랑군으로 연결된다. 하지만 여기서도 여전히 기자의 교화만 언급되었을 뿐, 기자의 후손이나 그 역대 왕 내지 말왕(末王)에 대한 세계(世系) 기록은 없다.

기자의 후손에 대한 기록이 처음 보이는 것은 삼국시대 조위의 어환이 편찬한 『위략』에서이다.[22] 먼저 기자의 후손인 조선후(朝鮮侯)를 언급하며 그가 연(燕)에 대항하여 스스로 왕호를 칭하였으며, 그 뒤에 다시 조선왕 비(否)와 비의 아들 준왕(準王)이 있었다고 하였다. 준왕이 기자조선의 마지막 왕으로

---

21 江畑武, 1989, 「箕子朝鮮開國傳承の展開-《漢書》·《魏略》·《魏志》を中心に-」, 『阪南論集』(人文·自然科學編) 25-1·2·3合(創立25周年記念論文集).

22 『삼국지』 권30 동이전 한, 배송지 주, "魏略曰 昔箕子之後朝鮮侯 見周衰燕自尊為王欲東略地 朝鮮侯亦自稱為王 … 否死 其子準立 二十餘年而陳項起 天下亂 燕齊趙民愁苦 稍稍亡往準 準乃置之於西方 及漢以盧綰為燕王 朝鮮與燕界於浿水 及綰反入匈奴 燕人衛滿亡命為胡服 … 逐還攻準 準與滿戰不敵也".

위만에게 나라를 빼앗겼다는 것이다.

『위략』은 기자 이후의 세계를 어디에 근거해 기록한 것일까? 이에 대해 일찍이 이마니시 류[今西龍]는 낙랑군의 대성(大姓)이었던 낙랑한씨(樂浪韓氏)가 작성한 계보에서 나왔을 것으로 추정한 바 있다.[23] 『위략』의 "其子及親 留在國者因冒姓韓氏"라는 기사를 통해, 낙랑한씨가 전조선 왕가의 자손이라고 칭하고 있었음을 알 수 있으며, 후예라고 칭한 이상 계보가 있었을 것인데, 거기에 기자가 시조로 되어 있었다고 본 것이다.

그런데 낙랑한씨 계보에 근거하였다면 왜 조선후의 이름이 빠져 있는가 하는 문제가 제기될 수 있다. 이에 조선후는 기자와 마지막 준왕을 연결하기 위해 어환이 창출해 낸 인물이며, 계보를 통해 새롭게 알려진 비왕·준왕의 세계와 연결됨으로써, 기자조선 전승은 역사 서술에 가까워지게 되었다고 이해되기도 한다.[24]

기자조선의 전승은 3세기 후반 『삼국지』(위지)에 이르러 더욱 발전하여 위만조선의 앞 단계로 체계화되었다. 『삼국지』 동이전 예(濊)조에는 다음과 같이 기자조선 기록이 보인다.

A. 예(濊)는 남쪽으로 진한과, 북쪽으로는 고구려·옥저와 접하였고, 동쪽으로는 대해(大海)에 닿았으니, 오늘날 조선의 동쪽이 모두 그 지역이다. 호수는 2만이다. ① 옛날에 기자가 조선에 가서 8조의 교(教)를 만들어 가르쳤으니, 문을 닫지 않아도 백성들은 도둑질을 하지 않았다. ② 그 뒤 40여 세를 지나 조선후 준(準)이 참람되게 왕이라 칭하였다. 진승(陳勝) 등이 일어나 온 천하가 진(秦)에 반기를 드니, 연·제·조의 백성 수 만인이 조선으로 피난하였다. 연인(燕人) 위만이 북상투

23 今西龍, 1922, 앞의 글.
24 江畑武, 1989, 앞의 글, 38~39쪽.

를 하고 오랑캐의 복장으로 와 왕이 되었다. 한 무제는 조선을 정벌하여 멸망시키고, 그 지역을 분할하여 4군을 설치하였다. 이 뒤로 호인(胡人)과 한인(漢人) 사이의 구별이 점차 생겼다.[25]

위의 기록 중 ①에 보이는 기자 전승은 『한서』 지리지의 기록을 압축한 것이다. 한편 그 뒤에 이어지는 ② 기록, 즉 준왕이 기자의 40여 세 손이었다는 것은, 앞선 『위략』까지는 보이지 않던 것이다. 또한 『위략』에서는 조선후가 왕호를 참칭한 시기가 준왕이 아니라 이미 그 이전 선대였다고 하였다. 그런데 위의 『삼국지』 동이전 예조뿐만 아니라 한(韓)조[26]에서도 준왕 때 왕호를 참칭하였다고 하여, 『위략』의 기록과 차이가 있다.

『위략』에 의하면, 기자의 후손이 칭왕한 것은 준왕의 부인 비왕(否王)보다도 앞선 조선후 때에 이루어졌고, 그 시기는 전국시대 연이 칭왕했던 연 이왕(易王) 10년(기원전 323)에 해당한다. 이에 따르면 준왕보다 약 120년 정도 앞서 조선후가 왕을 칭하였으며, 그 후 조선의 왕위는 2세대 정도의 자손과 비왕을 거쳐 준왕에게 계승되었던 것이다.[27]

『위략』과 『삼국지』의 준왕 기록 차이는, 후자에 의한 간략화 때문인지 전거 자료의 차이 때문인지 판단하기 어렵다. 하지만 준왕이 기자의 40여 세 손이라는 기록은, 그 표현으로 보아 낙랑한씨나 또는 낙랑한씨와 동종의식을 가지며 기자를 선조로 인식하고 있었던 낙랑왕씨(樂浪王氏)의 세보와 같은 낙랑

---

25 『삼국지』 권30 동이전 예.
26 『삼국지』 권30 동이전 한, "侯準旣僭號稱王 爲燕亡人衛滿所攻奪 將其左右宮人走入海 居韓地 自號韓王 其後絶滅 今韓人猶有奉其祭祀者".
27 박대재, 2005, 「고조선의 '王'과 국가형성」, 『북방사논총』 7; 2006, 「古朝鮮의 王과 燕과의 전쟁」, 『고대 한국 초기국가의 왕과 전쟁』, 경인문화사, 51~53쪽.

호족의 계보 자료에 의거해 후대에 덧붙여진 것인 듯하다.[28]

어쨌든 『삼국지』에서는 기존의 『한서』 지리지·『위략』 및 낙랑 호족의 계보 등을 종합하여, 기자로부터 시작해 준왕까지 40여 세 동안 기자조선이 이어지다가, 위만에 의해 왕실이 교체되었으며, 한 무제 때 위만조선을 정벌하고 4군을 설치하였다고 정리하고 있다. 이에 따라 기자조선-위만조선-한사군으로 이어지는 고조선사 체계가 세워지고, 기자조선이 역사적 실체로 분명히 자리 잡게 되었다.

『사기』에는 오(吳)의 시조 태백(太伯)이 주태왕(周太王)의 아들이며[吳太伯世家], 초(楚)의 선조는 전욱고양씨(顓頊高陽氏)에서 나왔으며[楚世家], 월왕(越王) 구천(句踐)은 우(禹)의 후예이며[越王句踐世家], 흉노의 선조는 하후씨(夏后氏)의 묘예 순우(淳維)이며[匈奴傳], 조선도 은의 현인 기자의 후예라고 하여, 주변 이민족이 모두 한인(漢人)을 시조로 하였다는 사예화하(四裔華夏) 기원설[29]이 나타나 있다. 기자조선 전승도 이와 같은 중화의 성제(聖帝)·성인(聖人)이 이족(異族)의 시조가 되었다는 중화·화이사상에 기초해 성립되었음은 물론이다. 이러한 이민족 한인시조(漢人始祖) 설은 초·오·월과 같이 이족이 화하의 세계에 들어오거나, 조선과 같이 화하가 이를 자신의 세계에 편입시켰을 때 등장하게 되었을 것이다.[30] 이런 맥락에서 보면 기자조선 전승 등장의 중요한 요인은 기원전 108~기원전 107년 한 무제의 조선 4군 개설이었다. 조선이 중국의 군현으로 편입되었을 때, 기자의 조선 책봉 전승이 등장하였다고 하겠다.

이상에서 살펴본 바와 같이 기원전 2세기 말 한의 조선 정복과 4군 설치를 계기로 등장한 기자조선 전승은, 후한 대 『한서』를 거치면서 낙랑군과 결부되어 구체화되고, 3세기 후반 『위략』과 『삼국지』에 이르러 준왕을 매개로 기자조선에서 위만조선으로 이어지는 역사적 전승으로 성립하게 되었다.

---

28 박대재, 2011, 「準王南來說에 대한 비판적 검토」, 『선사와 고대』 35, 122~123쪽.

29 小倉芳彦, 1970, 「裔夷の俘-《左傳》の華夷思想-」, 『中國古代政治思想研究』, 青木書店, 155쪽.

30 江畑武, 1983, 앞의 글, 11쪽.

3. 기자조선 전승의 수용과 군자국의식

313년 낙랑군이 고구려에 의해 축출된 이후, 기자 존숭은 평양에 도읍한 고구려의 풍속으로 이어졌다. 『구당서』 고려전에 고구려에서 기자신(箕子神)을 제사하였다는 기록이 다음과 같이 보인다.

> B. 그릇은 변두(籩豆), 보궤(簠簋), 준조(罇俎), 뇌세(罍洗)를 쓰니 자못 기자의 풍습이 남아 있다. (중략) 풍속은 음사(淫祀)가 많고, 영성신(靈星神)·일신(日神)·가한신(可汗神)·기자신(箕子神)을 섬긴다. 국성 동쪽에 큰굴이 있어 신수(神隧)라고 한다. 해마다 10월에 왕이 친히 제사를 지낸다. 습속은 서적을 매우 좋아하여, 문지기·마부 따위의 집에 이르기까지 각 거리마다 큰 집을 지어 경당(扃堂)이라 부른다. 자제들이 결혼할 때까지 밤낮으로 이곳에서 독서와 활쏘기를 익히게 한다. 책은 5경, 『사기』, 『한서』, 범엽의 『후한서』, 『삼국지』, 손성의 『진양추』(晉陽秋), 『옥편』·『자통』(字統)·『자림』(字林)이 있고, 또한 『문선』이 있는데 더욱 귀중하게 여긴다.[31]

『구당서』 고려전은 7세기 무렵 고구려의 사정을 전하는 것인데, 변두 등의 그릇을 쓰는 기자의 유풍이 있고, 또 기자신을 섬겼다고 한다. 427년 고구려가 평양에 천도한 이후, 그곳에 잔류하며 기자를 시조로 존숭했던 낙랑 한씨

---

[31] 『구당서』 권199상 열전149상 동이 고려. 한편 『신당서』 권220 동이전 고려에는 "俗多淫祠 祀靈星及日箕子可汗等神"으로 조금 다르게 보인다. 이병도는 『신당서』를 더 존중하여 '箕子可汗神'으로 붙여 보면서, 이러한 기자신앙은 낙랑시대나 한씨조선시대부터 시작된 것으로 추정하였다(이병도, 1976, 앞의 책, 54~55쪽). 하지만 『구당서』에 따라 가한과 기자를 별개로 구분해보고, 가한은 단군이나 주몽 특히 단군과 관련된 것으로 파악하는 것이 일반적이다(김성환, 2002, 『고려시대의 단군전승과 인식』, 경인문화사, 144쪽).

나 왕씨 등의 호족을 포섭하면서 기자신 신앙이 국가신앙으로 흡수되었던 것으로 추정된다. 다만 음사라고 한 것으로 보아, 유교적 제사 규범이나 사대 외교와 무관한 고유신앙의 하나였다고 이해할 수 있다.[32]

그런데 『구당서』에 앞서 『주서』와 『북사』에서는 6세기 후반 고구려의 풍속에 대해, 불법을 믿지만 음사를 더 좋아하며, 또 부여신(夫餘神)과 등고신(登高神)을 모시는 신묘(神廟)가 두 곳 있는데, 아마도 전자는 하백의 딸이고 후자는 그들의 시조이며 부여신의 아들인 주몽이라고 하였다.[33] 『주서』의 부여신·등고신이 『구당서』의 가한신·기자신으로 대치된 것처럼 보이는 것이다.

『구당서』 고려전은 641년 고구려에 왔던 당 사신 진대덕(陳大德)이 작성한 보고서인 『고려기』(高麗記)[34] 등의 자료를 참고하였기 때문에, 기존 사료에 보이지 않던 새로운 기록들이 많이 추가되었는데, 기자신 제사 기록도 그중 하나로 보인다. 7세기 전반은 고구려와 수·당 사이의 전쟁이 격화되던 시기였던 만큼, 그사이 고구려의 제사 체계에 변화가 있었을 가능성도 없지 않다.

고구려 기자신앙의 기원에 대해서는 더 천착해 보아야 하겠지만, 일단 기자신앙이 7세기 고구려에 존재했던 것은 분명하다. 이것은 기자조선 전승이 평양을 중심으로 한 고구려 사회에 수용되었음을 의미하는 것이다.

7세기 당 초기 기록에서 기자는 고구려와 연결되어 자주 확인된다. 624년 무렵 당 고조는 신하들 앞에서 수 양제처럼 무리하게 고구려를 칭신(稱臣)하도록 만들고 싶지 않다고 심정을 밝혔다. 이에 대해 시중 배구(裴矩)와 중서시랑 온언박(溫彦博)이, '요동의 땅은 주대의 기자국이고, 한대의 현토군으로, 위·진 이전에는 봉역 안에 가까이 있었으니, 칭신하지 않는 것을 허락해서는 안 되며', '중국과 이적의 관계는 태양과 열성(列星)과 같으니, 이치상 존(尊)을 낮추어 번국과 같게 할 수는 없다'고 간언하였다.[35]

---

32 한영우, 1982, 「高麗~朝鮮前期의 箕子認識」, 『한국문화』 3, 22~23쪽.

33 『주서』 권49 열전41 이역상 고려. 『북사』 권94 고구려전에는 '登高神'이 '高登神'으로 나온다.

34 吉田光男, 1977, 「〈翰苑〉註所引〈高麗記〉について－特に筆者と作成年次－」, 『朝鮮學報』 85, 1~30쪽.

배구와 온언박의 말로 미루어 보아, 당 관인들은 고구려(요동)가 원래 기자국(조선)이었다고 인식하고 있던 것이다. 당 고조가 명분과 실제의 부응을 내세우며 고구려와 대등한 관계를 맺으려 하자, 배구 등은 주의 제후국이었던 기자국 이래의 역사적 전통을 거론하며 그것은 불가하다고 막았던 것이다.

고구려와 기자(조선)의 관계는『구당서』에 앞서 편찬된『수서』동이전 사론에서도 확인된다. 그에 의하면, 기자가 조선으로 피해 가면서 비로소 8조의 범금이 있게 되었고, 그 교화가 천 년 동안 끊이지 않았으니, 지금 요동 여러 나라에 의관과 조두의 문화가 있고, 경전과 학술을 좋아하며 문사(文史)를 즐기고, 경도에 유학하는 자가 끊이지 않는 것은, 모두 선철(先哲)의 유풍이 있었기 때문이라 하였다.[36]

『수서』는 당 정관 10년(636)에 편찬되었는데, 동이전에는 고려(고구려)·백제·신라·말갈·유구국·왜국이 실려 있다. 이 여섯 나라가 사론에서 언급된 요동의 여러 나라에 해당하는 것이다. 이 가운데 그 내용에 가장 부합하는 곳은,『구당서』의 기록과 연결해 보아도 단연 고구려이다. 사론에서 일컬은 '선철'은 문맥상 기자를 가리키는 것이며,『구당서』고구려전의 '기자의 유풍'과도 호응한다.

또한『수서』배구전에는 수 양제에게 올린 장문이 실려 있는데, 거기서 배구는 '고려의 땅은 본래 고죽국으로 주대에 그곳을 기자에 봉했고, 한대에는 나뉘어 3군이 되었는데, 진대(晉代)에는 요동까지 아울렀을 뿐만 아니라 불신(不臣)하고 따로 외역이 되었던 까닭에 선제(수 문제)가 정벌하려고 하였으나 이루지 못하였다'고 하며, '후환이 될 수 있으니 입조하지 않는다면 돌궐을 이용해 바로 쳐야 한다'고 주청하고 있다.[37] 이 문장은『구당서』배구전에도 실려 있으며,『삼국사기』고구려 영양왕 18년조 및『삼국유사』고조선조에도

---

35 『구당서』권199상 고려전.
36 『수서』권81 열전46 동이, 사신왈.
37 『수서』권67 열전32 배구.

축약 인용되어 있다.

『수서』와 『구당서』에 보이는 배구의 언급을 종합해 보면, 고죽국-기자국(조선)-현토군-고구려로 이어지는 역사 인식 체계가 드러난다. 기자국(조선)이 고구려의 전사(前史)로 자리매김된 것이다. 이처럼 수와 당 초기에는 기자(조선)와 고구려의 관계가 비교적 체계적으로 인식되고 있었다.

기자(조선)와 고구려의 관계는 고구려 멸망 후, 당 고종이 의봉 연간(676~678)에 고장(高藏, 보장왕)을 '조선왕'(朝鮮王)에 봉한 것이나, 고장이 죽자 수공 2년(686)에 그 손자 보원(寶元)을 '조선군왕'(朝鮮郡王)에 봉한 사실[38]과도 연결된다. 『삼국사기』 고구려본기 마지막 사론에서, 고구려가 기자의 교화와 유풍을 살리지 못한 채 대국에 불의(不義)하고 백성에 불인(不仁)하다가 결국 멸망을 자초하였다고 비판한 것도, 바로 기자(조선)와 고구려의 선후 관계를 전제로 한 것이다.

한편 당에서는 고구려 멸망 이후 기자의 유풍이 신라로 이어졌다고 이해한 것으로 보인다. 신라를 동방의 군자국(君子國)으로 인식한 것이다. 고대 중국인들은 동방에 군자국이 있었다는 인식을 가지고 있었는데, 『산해경』·『회남자』·『박물지』 등에 기록이 보인다.

이 가운데 가장 이른 시기의 기록이 『산해경』인데, 군자국은 의관을 차려 입고 칼을 차며, 짐승을 기르고 큰 호랑이 두 마리를 옆에 거느리고, 그곳 사람들은 사양하기를 좋아하고 서로 다투지 않으며, 훈화초(薰華草)라는 식물이 있는데 아침에 나서 저녁에 죽는다고 하였다.[39]

『산해경』의 군자국 인식은 동방이 오행에서 목(木)에 해당하며, 목은 오상(五常) 가운데 인(仁)에 해당한다는 음양오행설과 결부되어 후대에 더욱 발전하였다. 후한 허신의 『설문해자』에서 이(夷)의 풍속은 인한데 인자(仁者)는 장

---

[38] 『구당서』 권199상 고려전.

[39] 『산해경』 해외동경, "君子國在其北 衣冠帶劍 食獸 使二大虎在旁 其人好讓不爭 有薰華草 朝生夕死".

수하니 군자불사지국(君子不死之國)이 있다고 하며, 구이(九夷)에 가서 살고 싶다고 한 공자의 말을 인용하고 있다.[40]

『산해경』의 군자국 기록은 『예문류취』에 인용된 「외국도」(外國圖)와 「현중기」(玄中記)에서도 확인된다. 「외국도」와 「현중기」는 역도원(酈道元)의 『수경주』(水經注)에서 인용된 것으로 보아 적어도 북위 이전의 자료인데, 이 두 기록에 의하면 군자국은 낭야(琅琊)에서 3만 리 떨어져 있고, 그곳에는 근화지화(木槿之華)가 많다고 한다.[41] 서진(西晉) 곽박(郭璞)의 『산해경주』(山海經注)에 의하면 훈화초는 판본에 따라 '근화초'(菫華草)라고도 하였는데,[42] 「현중기」의 '목근지화'(木槿之華)는 여기서 나온 듯하며, 이후 신라를 가리켜 '근화향'(槿華鄕)이라고 한 것도 여기서 비롯된 것이다.

이러한 동방 군자국 인식은 5세기 초 범엽의 『후한서』 동이전에 이르러 기자와 연결되며 더욱 구체화되기에 이른다. 범엽은 동이전의 사론에서 기자의 교화와 공자의 구이관(九夷觀)을 연결하고, 또 그 서(序)에서는 동이는 천성이 유순하고 도(道)로 다스리기 쉬워 '군자불사지국'(君子不死之國)이 있게 되었는데 공자가 구이에 살고 싶어 했던 것도 그 때문이라고 하였다. 이러한 범엽의 동이관은 『논어』 자한편의 공자 언설과 『산해경』의 군자국 기록을 기자의 조선 교화를 근거로 연결한 것이다. 공자가 구이에 가 살고 싶다고 한 것이나 동방의 군자국이 모두 기자의 교화로부터 비롯된 것이라고 본 것이다. 범엽의 동이관은 허신의 동이 인식을 발전시킨 것으로, 기자의 교화를 그 전제로 깔고 있다.

그런데 범엽의 『후한서』에서는 아직 군자국을 특정 국가로 지칭하지는 않

40 『설문해자』 羌, "西戎牧羊人也 從人牧芉 芉亦聲 南方蠻閩從虫 北方狄從犬 東方貉從豸 西方羌從芉 此六種也 西南僰人焦僥從人 蓋在坤地 頗有順理之性 唯東夷從大 大人也 夷俗仁 仁者壽 有君子不死之國 孔子曰 道不行 欲之九夷 乘桴浮於海 有以也".

41 권덕영, 2011, 「신라 '君子國' 이미지의 형성」, 『한국사연구』 153, 161~162쪽.

42 袁珂, 1993, 『山海經校注』, 巴蜀書社, 302쪽.

았다. 중국에서 동방의 특정 국가를 군자국과 연결한 것은 기록상 7세기 중반에 신라부터였던 것으로 보인다. 『삼국사기』 김유신전에서 김춘추가 당을 떠받드는 발언을 하자, 당 태종이 "진실로 군자의 나라이다[誠君子之國也]"라고 했다는 기록이다. 그런데 김유신전은 김유신의 현손 김장청(金長淸)이 지은 행록에 토대를 둔 것이기 때문에 후대의 표현일 가능성이 크다. 아무튼 이처럼 군자국이 신라와 연결된 것은, 당 성립 이후 신라가 가장 적극적으로 접근하였고, 7세기 중반 짧은 나당전쟁 기간을 제외하면 당과 가장 우호적인 관계를 유지한 것이 신라였기 때문일 것으로 이해된다.[43]

특히 신라 성덕왕 대는 재위 36년 동안 당에 파견한 사신이 기록에 확인된 것만도 46회로 나당 관계가 아주 긴밀한 때였다. 737년 성덕왕이 죽고 효소왕이 즉위하자, 당 현종은 조제사(弔祭使)로 형숙(邢璹)을 신라에 보내면서, 다음과 같이 신라를 군자국이라고 칭하였다.

> C. 상[玄宗]이 숙(형숙)에게 이르길, "신라는 군자의 나라로 불리며, 자못 서기(書記)를 알아 중화와 비슷함이 있다. 경의 학술이 강론에 뛰어나 사신으로 선발한 것이니, 거기에 도착하면 마땅히 경전을 널리 펼쳐 대국의 유교가 융성함을 알게 하라."[44]

성덕왕 대는 신라와 당의 관계가 발해의 성장으로 인해 긴밀하게 전환된 때였으므로, 당에서 신라를 대하는 태도는 유례없이 극진하였다. 이 시기 당에서 신라를 다른 번방과 달리 군자국으로 칭한 것도 발해를 의식하였기 때문일 것이다.[45]

---

43 하일식, 2000, 「당 중심의 세계질서와 신라인의 자기 인식」, 『역사와 현실』 37, 84쪽.

44 『구당서』 권119 열전149 신라.

45 하일식, 2000, 앞의 글, 85~86쪽. 한편 이기동, 1998, 「新羅 聖德王代의 政治와 社會-'君子國'의

당 현종은 756년 신라 경덕왕에게 보낸 시에서도, 신라를 명분과 의리를 지키고 의관을 갖추어 예절을 받들 줄 알며, 충성과 신의가 있어 유학을 높일 줄 아는 나라로 평하였다.[46] 이러한 현종의 시구는 『산해경』의 군자국을 연상시키는 것이다.

현종 이후에도 당에서는 신라를 군자국으로 인식하였다. 768년 귀숭경(歸崇敬)이 가지고 온 당 대종의 혜공왕 책봉 조서에서도 신라를 '군자지국'(君子之國)이라 하였고,[47] 786년 건당사 김원전(金元全)이 가지고 온 덕종의 조서에서는 신라를 '유교의 유풍을 받아 예법이 잘 시행되는 나라'라 하였다.[48] 이와 같이 8세기 중엽 당에 의해 구체화된 신라 군자국 이미지는 그 후에도 변함이 없었다.

그러다가 9세기 이후에는 신라 스스로가 군자국을 자부하였는데, 최치원이 대표적인 경우이다. 최치원이 당을 떠나기 직전 항해의 안전을 빌기 위해 지은 「제참산신문」(祭巇山神文)에서, '참산 신령의 바람에 의지하여 조속히 군자지국으로 돌아가 황제의 명을 전하고자 한다'고 하였고, 진성여왕이 조카 요(嶢)에게 왕위를 물려주며 당에 보낸 「양위표」(讓位表, 최치원 찬)에서도 신라를 군자의 이름에 부합하는 나라라 하였다. 그리고 최치원이 찬한 「성주사낭혜화상백월보광탑비명」(聖住寺朗慧和尙白月葆光塔碑銘)에서는, 신라를 동방의 군자국이라고 하였고, 「봉암사지증대사적조탑비명」(鳳巖寺智證大師寂照塔碑銘)과 「신라왕여당강서고대부상서」(新羅王與唐江西高大夫湘書)에서는 신라를 '군자지향'(君子之鄕)이라 하였다. 또한 「쌍계사진감선사대공영탑비명」(雙谿寺眞鑒禪師大空靈塔碑銘)의 '인역'(仁域), 「초월산대숭복사비명」(初月山大崇福寺碑銘)의 '인방'(仁方),

---

內部事情-」, 『역사학보』 160, 1~18쪽에서는, 성덕왕 대의 군자국 인식은 대당외교의 강화에 더해, 유학과 율령을 비롯한 제반 성당 문물을 도입하여 국가의 면모를 일신하려고 한 성덕왕의 유교적 예제 정비 정책과 연결된 당의 평가로 이해하고 있다.

46 『삼국사기』 권9 신라본기 경덕왕 15년.

47 송민구 편, 『唐大詔令集』 卷129 「冊新羅王金乾運文」 및 「冊新羅王太妃文」.

48 『삼국사기』 권10 신라본기 원성왕 2년.

「사불허북국거상표」(謝不許北國居上表)의 '근화향'(槿花鄕)도 모두 신라가 군자국임을 뜻하는 것이다. 「신라가야산해인사선안주원벽기」(新羅迦倻山海印寺善安住院壁記)에서는 『예기』(왕제편)・『후한서』・『이아』를 인용하여, 동방의 신라는 천성이 유순하고 도로써 다스리기 쉽고 태평 화락한 땅이라고 하여, 신라가 동방의 군자국임을 에둘러 표현하였다. 이처럼 최치원은 재당 시절부터 신라에 귀국한 후까지 줄곧 신라를 동방의 군자국으로 자부하고 있었다.[49] 또한 최치원뿐만 아니라 최하(崔賀)・김영(金穎) 등 신라 하대의 유학 지식인들도 유학 진흥을 통해 신라 문화의 위상이 중국 문화와 견주어 인(仁)이 흥성한 군자국이었음을 자부하였다.[50]

최치원의 군자국 자부심이 기자 동래와 교화에서 연원한 것임은 물론이다.[51] 그런데 최치원의 기자 인식은 『삼국지』에 보이는 바와 같이 체계적이지는 않았던 것으로 보인다.

D-1. 신의 본국은 비록 울루(鬱壘)의 반도(蟠桃)와 접하고 있으나 위력으로 대하는 것을 숭상하지 아니하고, 또 백이・숙제의 고죽국과 이웃하여 본래 청렴하고 겸양함을 바탕으로 하며, 하물며 (기자가) 남긴 9주의 규범을 빌리고 진작 8조의 교훈을 계승하여, 말만 하면 반드시 하늘을 경외하고, 다닐 적에는 모두 길을 양보하였으니, 대개 인현의 교화를 받아, 군자란 이름에 부합되었던 것입니다.[52]

2. 신이 엎드려 생각건대, 우리 땅은 진한(秦韓)이라고 부르고, 도(道)는

49 권덕영, 2011, 앞의 글, 179쪽.
50 장일규, 2002, 「崔致遠의 新羅傳統 認識과 《帝王年代曆》의 찬술」, 『한국사학사학보』 6, 13쪽.
51 이현혜, 1983, 「崔致遠의 歷史認識」, 『명지사론』 1, 8~9쪽; 하일식, 2000, 앞의 글, 83쪽; 권덕영, 2011, 앞의 글, 181쪽.
52 최치원, 「양위표」; 『동문선』 권43 표전.

추(鄒, 맹자)와 노(魯, 공자)를 흠모합니다. 그러나 은나라 부사(父師, 기자)가 처음 교화함에 잠시 몸소 친밀함을 받았고, 공자가 살고 싶다고 할 때도 오직 말의 은혜만 들었습니다.[53]

최치원은 신라의 군자국 인식이 기자가 남긴 홍범 9주와 8조의 교에서 기원한 것이었다고 하면서도(D-1), 기자의 교화는 잠시 이루어졌다고 하였다(D-2). 기자의 교화를 군자국의 연원으로 파악하였지만, 『삼국지』에 보이는 바와 같이 40여 세 이어진 기자조선의 역사로까지 체계적으로 인식하지는 못했다. 최치원의 관심은 기자 자체에 한정되었으며, 기자조선의 역사에까지 확대되지는 않았던 것이다.

이러한 최치원의 기자 인식은 그의 『제왕연대력』(帝王年代曆)에 기자조선의 시대가 설정되지 않았던 것과도 일맥상통한다. 최치원의 『제왕연대력』은 김부식의 『삼국사기』에 유일하게 관련 기록이 전한다. 신라의 거서간·차차웅·이사금·마립간 등의 왕호에 대해 최치원이 지은 『제왕연대력』에서는 모두 왕이라고 칭하고 거서간 등의 칭호는 쓰지 않았다는 것이다.[54]

『제왕연대력』은 그 서명으로 미루어 연표 형식의 사서로 추정된다. 이승휴의 『제왕운기』에 견주어 보면, 중국의 제와 우리나라 왕의 연표가 함께 포함되었을 것이며, 『삼국유사』의 왕력과 비슷한 체재로 신라뿐만 아니라 고구려·백제·가야의 역사가 포함되었을 것으로 짐작된다.[55]

『제왕연대력』이 삼국시대로부터 출발하였음은, 『삼국사기』 연표의 서문을

53 최치원, 「주청숙위학생환번장」; 『동문선』 권47 장.
54 『삼국사기』 권4 신라본기 지증마립간 즉위년 사론.
55 조인성, 1982, 「최치원의 역사서술」, 『역사학보』 94·95; 고운국제교류사업회 편, 2010, 『고운 최치원의 역사관』, 문사철, 16~19쪽.

통해서도 엿볼 수 있다. 이에 따르면 해동에 국가가 있은 지 오래되었지만, 기자로부터 위만까지 연대가 오래되고 문헌이 소략하여 자세히 알 수 없다는 것이다. 그러나 삼국이 정치함에 이르러서는 그 시종을 상고할 수 있으므로 삼국의 연표를 만든다고 하였다.[56] 이로써 김부식이 참조한 『제왕연대력』에는 기자부터 위만까지, 즉 기자조선의 기록이 들어있지 않았음을 짐작할 수 있다. 『삼국사기』 연표에서 삼국시대부터 정리한 것도, 『제왕연대력』의 체재에서 비롯된 것이라고 생각된다.

이러한 사실은 현재 전하는 최치원의 기록 가운데 마한 · 진한 · 변한 등 삼한은 확인되지만,[57] 조선은 전혀 보이지 않은 것과도 무관하지 않다. 즉 위에서 본 것처럼 기자의 홍범 9주나 8조교에 대한 이해는 있으나, 『삼국지』 · 『후한서』 등에 보이는 바 기자로부터 준왕에 이르는 기자조선에 대한 언급은 보이지 않는다. 이것은 최치원의 삼한일통 인식과도 관련된 것으로써, 신라의 역사적 계통을 조선보다는 삼한에서 찾는 입장이라고 할 수 있다.

이와 같이 최치원 등에게서 보이는 신라 하대의 군자국의식을 고려와 조선시대의 이른바 소중화의식과 다를 바 없는 자존의식이라고 평가하기도 한다.[58] 최치원은 신라를 중국의 제후국으로 위치시키는 중국 중심의 세계관을 가지면서도, 한편으로는 중국 문화의 수용과 발전이 신라의 전통적 토착 문화를 토대로 구현되었음을 부각하는 소중화적 자존의식도 함께 지니고 있었다고 보는 것이다.[59] 이러한 최치원의 소중화적 군자국의식은, 그가 동인(東

---

56 『삼국사기』 권29 연표 상.

57 『삼국사기』 권46 최치원전 인용 「上太師侍中狀」에서 마한은 고구려, 변한은 백제, 진한은 신라라고 하였다. 또한 『삼국유사』 권1 진한조에서도 최치원의 말을 인용하여 진한은 본래 연인(燕人)들이 피난해 왔으므로 탁수의 이름을 따서 그들의 읍락을 사탁 · 점탁 등으로 불렀다고 하였다.

58 전덕재, 2004, 「新羅의 對外認識과 天下觀」, 『역사문화연구』 20, 222~224쪽; 권덕영, 2011, 앞의 글, 182~184쪽.

59 장일규, 2002, 앞의 글, 30쪽. 조인성, 1994, 「崔致遠 撰述 碑銘의 註釋에 대한 一考」, 『가라문화』 11, 99쪽에서는 최치원이 사산비명에서 득난(得難) · 아해(阿孩) 등 신라어에 대해 중국인 독자

人)은 인인(仁人)이라고 한 것과 관련하여 동인의식으로 개념화되기도 한다.[60]

하지만 이러한 평가에도 불구하고 최치원의 군자국의식에는 한계도 없지 않았다. 최치원의 군자국은 어디까지나 상고적(尚古的) 이상향의 표현이었지, 신라에 대한 현실 인식과 표리를 이루는 것은 아니었다. 또한 당시의 국제 질서는 당을 중심으로 한 일원적 중화 질서가 유지되고 있었기 때문에, 그의 자존의식이 고려시대나 조선시대의 소중화의식과 같은 수준으로까지 발전했다고 보기는 어렵다.

최치원의 신라 현실 인식은 '난세'(亂世), '말세'(末世)라는 그의 표현에서 잘 나타난다. 최치원은 당시 신라사회가 쇠란세(衰亂世)에 속하였다고 여기고 있었다. 특히 「해인사묘길상탑기」(海印寺妙吉祥塔記)에서 악중악(惡中惡)이 없는 곳이 없으며 굶어서 죽고 전쟁으로 죽은 시체가 들판에 별처럼 흩어져 있다고 하며, 질서가 없을 때 더욱 질서가 요구되고 현인·군자가 없을 때 더욱 이들이 아쉽다는 현실 인식을 드러내고 있다.[61] 또한 같은 글에서 당 소종 대(재위 888~904)의 정세를 중흥의 시기로 규정하고, "전쟁과 흉년 두 재앙이 서국(西國, 당)에서는 멈추고 동국(東國, 신라)으로 건너왔다"고 현실을 진단하였다.

최치원은 진성여왕을 대신하여 지은 「양위표」에서 당시의 혼란상에 대해 신랄하게 기록하고 있다. '우신(愚臣, 진성여왕)이 왕위를 계수함에 미쳐 여러 환란이 한꺼번에 밀어닥치더니', '결국 인향(仁鄉)이 변하여 병든 나라[疵國]가 되었다'라는 것이다. 「양위표」는 최치원의 군자국의식이 대표적으로 드러난 글이기도 하다. 하지만 「양위표」의 앞에서는 신라가 군자의 이름에 부합하는

들을 의식해 주석을 붙인 것은, 신라인이 본래 중국인이었다는 사실을 밝히고 신라와 중국의 언어 동질성을 강조함으로써, 중국의 여러 제후국 중 문화적으로 가장 중국과 유사한 나라가 신라라는 사실을 드러내기 위한 것으로, 이는 최치원의 소중화적 자존의식을 일러 준다고 하였다.

60 유승국, 1988, 「崔致遠의 東人意識에 관한 考察」, 『한국사상과 현대』, 동방학술연구원, 49쪽; 최영성, 1990, 「孤雲의 東人意識과 韓國思想」, 『최치원의 사상연구』, 아세아문화사, 110~127쪽.

61 이구의, 2010, 「최고운의 문학에 나타난 역사 정신」, 『고운 최치원의 역사관』, 문사철, 170쪽.

나라라고 하였다가, 뒤에서는 지금 그 인향이 비국이 되었다고 한 것이다. 이를 통해 최치원이 현실을 얼마나 심각하게 인식하였는지를 짐작할 수 있으며, 새로운 시대를 위한 개혁 정치를 효공왕에게 기대하였음을 엿볼 수 있다.

최치원은 당시의 신라가 쇠란세에 속했다고 여겼던 것이며, 따라서 그가 바라는 것은 언제인지는 모르지만 앞으로 올 태평세인 것이다.[62] 최치원에게 당시는 쇠란세의 하대(下代)이며, 회복해야 할 고(古)는 태평세의 상대(上代)였을 것으로 이해된다. 최치원을 비롯한 하대 지식인들의 인식 가운데 당대 신라사회란 그러한 복고의 당위를 통감하게 하는 쇠란기였다는 점에서 말세적 평가를 받았던 것이다.[63]

이처럼 최치원의 군자국은 당시 신라 현실에 대한 신랄한 비판 위에서 거론된 상고적(복고적) 이상향이었다. 최치원의 군자국의식을 소중화적 자존의식으로만 받아들이기에는, 그의 현실 인식이 '신라=소중화'와 다소 거리가 있다. 최치원에게 당시 신라는 군자국으로부터 멀리 떨어진 말세에 해당했으며, 군자국으로의 복고를 주장하였던 것이다. 이러한 군자국 복고의식은 고려를 중화에 근접한 문화국으로 보거나, 또는 조선을 중화에 대신할 문명국으로 인식한 소중화의식과 구별된다고 하겠다.

덧붙여 당이 신라만을 군자국으로 인식하였는가도 문제이다. 당은 군자국 이미지를 신라에만 적용한 것은 아니었다. 사실 당은 신라보다 먼저 일본에 대해서도 군자국·예의지국(禮義之國)이라는 칭호를 사용하였다. 『속일본기』(권3) 경운(慶雲) 원년(704) 7월에 당인(唐人)의 말을 인용하여 "듣건대 해동에 대왜국이 있는데 군자국이라 이른다"[聞 海東有大倭國 謂之君子國]라고 하였고, 『문원영화』(권471)에 실린 「칙일본국왕서」(勅日本國王書)에서도 일본을 '예의지국'(禮義之國)이라 하였다.[64]

62　이구의, 2002, 「崔孤雲의 詩文과 文學觀」, 『신라한문학연구』, 349~352쪽.

63　이강래, 2004, 「최치원의 고대 인식과 그 함의」, 『고운학보』 2; 2011, 「최치원의 고대 인식-'일통삼한'을 매개로-」, 『삼국사기 인식론』, 일지사, 199쪽.

일본의 견당유학이 가장 성행했던 시기는 영구(靈龜, 715~716)~천평(天平, 729~749) 연간이며, 그를 전후한 대보(大寶, 701~703)~승보(勝寶, 749~756) 연간은 유학생 파견에 의한 유학 지식의 체계적 도입과 당 문화의 추진에 열심이었던 시기로, 당인이나 당승(唐僧)의 초빙도 이 무렵을 중심으로 이루어졌다.[65] 그 후 승려의 유학은 이어졌지만 속인(俗人)의 유학생은 감소하고 청익생(請益生)[66] 파견이 중심이 되는 경향이 보인다. 일본과 당 사이의 교류가 가장 번성했던 시기는 신라(성덕왕~경덕왕 대)와 일치하고 있다. 그 시기에 당은 신라에 대해서도 군자국이라고 칭하였던 것이다. 이로 보아 군자국의 호칭이 신라에게만 적용되었다고 보기는 어렵다.

또한 당은 신라나 일본에 앞서 고구려에게 먼저 군자국 이미지를 투영시켰던 것으로 보인다. 「천남생묘지명」(泉男生墓誌銘)에는 당인(唐人)들이 고구려를 군자국으로 인식한 흔적이 남아 있다. 묘지명 앞부분에서 천남생의 출신을 표현하여, "유순한 땅에서 발을 띠고[擧踵柔順之境], 군자의 샘에서 흘러나와[濫觴君子之源], 조두를 잡고 율려를 살펴[抱俎豆而窺律呂], 수놓은 비단 입고 궁궐에 올랐다[懷錦繡而登廊廟]"고 하였다. 여기서 '유순지경'(柔順之境)과 '군자지원'(君子之源)은 『후한서』의 동이에 대한 표현과 연결되며, '조두'(俎豆)와 '율려'(律呂)는 기자의 예의·교화를 상징하는 것이다. 즉 '군자지원'(君子之源)은 군자지국(君子之國)이나 군자지향(君子之鄕)과 같은 표현으로 보인다. '원'(源) 자를 선택한 이유는, '공의 성은 천(泉)이며 요동군 평양성 사람으로, 원래 그 원계(遠系)가 천(泉)에서 나왔기 때문에 천이라고 했다'는 족원 기록과 서로 호응하는 것이 아닌가 한다.

---

64 권덕영, 2011, 앞의 글, 171쪽 각주 30에서는, 일본을 군자국이라 한 당인의 말은 단순한 일회성의 외교적 수사가 아니었을까 추정하였다.

65 森公章, 2008, 「遣唐使と唐文化の移入」, 『遣唐使と古代日本の對外政策』, 吉川弘文館, 105쪽.

66 청익생은 견당사에 따라 입당유학한 학생의 일종으로, 이미 국내에서 학업을 받은 학생이 당에 가서 구체적인 학문을 더 청하여 자기를 이롭게 한다는 의미에서 나왔다. 『延喜式』 大藏省의 견당사 조직에도 보인다(田中健夫·石井正敏 編, 2009, 『對外關係史辭典』, 吉川弘文館, 379쪽).

또한 묘지명에는 고구려 말기 중앙의 혼란을 서술하면서, "마침내 도해(桃海)의 바닷가로 하여금 8조를 예양(禮讓)에 떨어지게 하였다[遂使桃海之濱 墜八條於禮讓]"라 하고, 천남생의 망명과 그의 조력으로 평양성을 함락시킨 공에 대해서는, "화를 도리어 복으로 만든 것이 기자가 주(疇, 홍범 9주)로 공을 이룬 것과 비슷하다[反禍成福 類箕子之疇庸]"고 평하였다.[67]

묘지명에서는 8조·홍범 9주 등 기자와 관련된 표현들이 보이거니와, 천남생의 공을 직접 기자에 비유하기도 하였다. 천남생이 출생한 고구려 지역을 기자의 유풍이 남아 있는 군자지원에, 그 공적을 기자의 홍범에 비유하여 칭송한 것이다.

이 묘지명은 천남생이 사망한 당 고종 의봉 4년(679)에 중서시랑 왕덕진(王德眞)이 찬한 것이다. 이 무렵 당과 신라는 전쟁을 끝낸 직후였지만 여전히 적대적인 관계에 있었다. 묘지명에 나타난 천남생의 이미지는 당시 당 관인들이 가지고 있던 귀당(친당) 고구려유민들에 대한 인식을 보여 주는 것이다. 고구려 멸망 직후 신라와 당의 갈등이 고조되던 시기의 부면을 보여 준다고 하겠다.

또한 군자국 표현은 고구려유민인 이타인(李他仁)의 묘지명에서도 확인된다. 묘지명에 의하면 이타인은 609년(영양왕 20)에 출생하여, 666년~668년 당 대총관 이적(李勣)에게 항복하고, 668년 이적의 휘하에서 고구려 평양성 공격에 참전하였다. 그 공으로 669년 우융위장군(종3품)에, 670년에는 부여성의 고구려유민 반란을 진압한 공으로 동정원우령군장군(종3품)에 제수되었다. 675년 질병으로 장안에서 사망하자 우효위대장군(정3품)에 추증되었으며, 677년에 장안성 동쪽 백록원(白鹿原)에 안장되었다.[68]

---

67 「泉男生墓誌銘」 원문은 『역주 한국고대금석문』 제1권(1992, 가락국사적개발연구원) 및 김영관·조범환, 2016, 「고구려 泉男生 墓誌銘에 대한 소개와 연구 현황」, 『한국고대사탐구』 22의 판독문을 참조하였다.

68 안정준, 2013, 「〈李他仁墓誌銘〉에 나타난 李他仁의 生涯와 族源-高句麗에서 활동했던 柵城 지역

묘지명에서는 이타인의 출생과 관련하여, "훌륭한 인재가 탄생하였으니, 군자의 나라 십주(十洲)에 기린이 하늘에서 복을 내려주었다[龍媒誕靈 君子之國十洲 麟空降祉]"고 하였다.[69] 기존 연구에서는 이 묘지명에 나오는 '군자지국'(君子之國)을 주목하지 않았으나, 「천남생묘지명」의 '군자지원'과 짝하여 기자의 조선(기자국)과 관련된 것으로 보인다. 이타인 묘지명에서는 고구려를 '팔조지국'(八條之國)과 '인애지향'(仁愛之鄕)으로 표현하기도 하였다.[70] 이러한 표현들은 고구려가 기자조선을 계승하였다는 인식에서 나온 것임은 두말할 필요가 없을 것이다.

700년에 작성된 「고질묘지명」(高質墓誌銘)에서도 고구려유민인 고질을 '기자지묘예'(箕子之苗裔)라고 표현하며, '기자팔조'를 같이 언급하고 있다. 그 묘지명에서 고질은 요동 조선인 출신이라고 하였으며, 같은 해 작성된 그 아버지 고자(高滋)의 묘지명에는 조선인 출신으로 되어 있다. 702년에 작성된 천남생의 동생 남산(男産)의 묘지명에서도 '요동 조선인'이라고 출신을 표기하였다.[71] 여기서 '조선인'은 낙랑군 조선현에서 유래한 것이겠지만, 또한 앞서 검토한 바와 같이 당시 당인들이 가지고 있던 기자국(조선)=고구려 인식의 반영으로도 이해된다.

당대(唐代)에는 '조선'(朝鮮)이 군현의 명칭으로 사용되지 않았으며, 고구려 멸망 후 보장왕 일가에게 준 책봉 왕호가 '조선군왕' 내지 '조선왕'이라는 사실에 근거해 '조선'은 고구려의 별칭이었다고 이해되기도 한다.[72] 당인들이

靺鞨人의 사례-」,『목간과 문자』 11, 200~213쪽. 이타인의 출신에 대해서는 그가 "12주의 고려를 관리하고, 37부의 말갈을 통제하였다"는 기록에 의해 말갈인으로 추정되기도 하지만, 그 조·부가 고구려 관등인 大兄과 大相을 각각 역임하였다는 사실 등을 통해 고구려인으로 보는 것이 일반적이다(拜根興, 2010, 「唐 李他仁 墓志에 대한 몇 가지 고찰」,『충북사학』 24, 220쪽; 이문기, 2010, 「墓誌로 본 在唐 高句麗 遺民의 祖先意識의 變化」,『대구사학』 100, 69쪽).

69 원문과 해석은 안정준, 2013, 앞의 글, 199~202쪽 참조.

70 『冊府元龜』 卷959 滅國條에서도 기자조선을 '八條之國'으로 표현하였다.

71 이문기, 2010, 앞의 글, 〈표 1〉과 〈표 3〉 참조.

72 최진열, 2009, 「唐人들이 인정한 高句麗人의 正體性-唐代 墓誌銘에 보이는 高句麗의 別稱(朝鮮·三

고구려를 '조선'으로 별칭한 이유는 물론 기자의 조선과 관련되어 있다고 보아야 하겠다.[73]

고구려유민 고원망(高遠望)의 묘지명[74]에서 그의 선조가 '은인'(殷人)이라고 한 것도, 고구려가 기자(조선)의 후예라는 인식에서 연원한 것이라 이해할 수 있다.

고구려를 '조선'으로 표기했던 예는 『위서』 유유전(蠕蠕傳)에서도 확인된다. 유연(柔然)의 사람들은 수초를 따라다니며 가축을 길렀는데, 서쪽은 언기(焉耆)의 땅이고, 동쪽은 조선의 땅이라고 한 것이다.[75] 유연(연연)이 몽골고원을 지배하던 4세기 말부터 6세기까지 유연의 동쪽 국경은 지두우(地豆于)를 사이에 두고 고구려와 접해 있었다. 이런 지리적 상황에 근거해 이 '조선'은 고구려를 가리키는 것으로 추정하기도 한다.[76] 이에 따르면 북위 시기에 이미 고구려의 별칭으로 '조선'이 쓰였다고 볼 수도 있다.

6세기 중엽 북제의 위수(魏收)가 봉칙 찬한 『위서』 고구려전에는 '조선'에 대한 언급이 없다. 『위서』 연연전의 조선은 432년 북위에 의해 난하유역(노룡 북방)으로 교치되었다가, 556년 북제에 의해 신창현(新昌縣)으로 편입되며 소멸한 북평군(北平郡)의 조선현(朝鮮縣)[77]과 관련될 수도 있다. 하지만 언기와의 대구나, 몽골고원에 위치하고 있던 유연과의 지리 관계로 보아 그 가능성은 매우 희박하다.

韓·扶餘) 分析을 중심으로-」, 『동북아역사논총』 24, 243쪽.

[73] 최진열, 2009, 앞의 글, 245~246쪽에서는 중국인들이 고구려와 조선을 동일시 한 이유를, 한사군의 하나인 현토군의 속현 가운데 고구려현이 존재하였기 때문이라고 보았다. 그러나 앞서 裵矩의 인식이나 『구당서』 고려전의 기록을 통해 보면, 고구려가 기자국(조선)의 후신이라고 본 당인들의 인식이 더 근본적인 이유라고 보아야 할 것이다.

[74] 권은주, 2014, 「고구려유민 高欽德·高遠望 부자 묘지명 검토」, 『대구사학』 116.

[75] 『위서』 권103(補) 열전92 연연.

[76] 최진열, 2009, 앞의 글, 245쪽.

[77] 천관우, 1977, 「灤河下流의 朝鮮-中國 東方州郡의 置廢와 관련하여-」, 『사총』 21·22; 1989, 『고조선사·삼한사연구』, 일조각, 114~131쪽.

그렇다고 이 기록을 곧바로 북위 시기 고구려의 별칭 예로 단정하기도 어렵다. 위수가 편찬한『위서』연연전은 북송 초에 이미 망실되어, 치평 4년~희녕 3년(1067~1071) 유반(劉攽) 등이 역대 사서를 참고해 보입하였다. 현존『위서』연연전은 당 이연수의『북사』연연전을 토대로 보입한 것인데,『북사』와 비교해 내용이 소략하고 기록에 다소 차이도 있다.[78]『북사』에 연연의 동쪽이 조선의 땅이라는 같은 기록이 있는 것으로 보아, 현존『위서』연연전의 조선 기록은『북사』에 의거한 것임을 알 수 있다. 따라서 이 기록을 근거로 북위나 북제 시기에 고구려를 '조선'으로 칭하였다고 단정하기 어려우며,『북사』가 편찬된 7세기 중엽 당 초기 '고구려=조선' 인식의 반영일 수 있다.

이상의 맥락에서 보면 고구려 멸망 후 당인들의 군자국의식은 고구려유민들이 중심이 되어 세워진 발해 쪽으로 전개되었을 가능성도 있다. 특히『신당서』발해전에서, "처음에 그 나라의 왕이 자주 학생들을 경사(京師)의 태학에 보내어 고금의 제도를 배우고 익혀 가더니, 이때에 이르러 드디어 해동성국이 되었다"고 하며, 발해의 관제는 "중국의 제도를 기준으로 본받았다"[79]고 한 기록이 주목된다. 발해가 해동성국이라 불린 시점이 정확히 기록되어 있지 않지만, '이때에 이르러[至是]'라는 표현을 보아『신당서』발해전의 기초자료가 된 장건장(806~866)의『발해기』가 작성된 835년 무렵,[80] 즉 대이진 대(831~857)가 아닌가 생각된다.

대이진 대 발해는 학사층 고급 지식인을 선발하여 당에 파견하고, 그를 통해 당의 새로운 문물을 적극 수용하고자 하였다. 해동성국이라는 영예의 칭호 외에, 당의 온정균(801~866 추정)으로부터 발해가 "문물제도에서 일가를 이

---

78 中華書局 編輯部,「(二十四史) 魏書 出版說明」및『위서』권103 교감기.

79 『신당서』권219 열전144 북적 발해.

80 장건장은 833년 발해국으로 사행을 떠나, 834년 9월 발해국 상경에 도착하였고, 835년 8월 유주로 돌아왔다. 장건장은 귀국 후 발해의 풍속·궁전·관품 등을 정리한『발해기』3권을 저술하였는데, 이것이『신당서』발해전과『오대회요』발해전의 토대가 되었다(송기호, 1992, 「張建章 墓誌」,『역주 한국고대금석문』1, 500~ 502쪽).

루었다"[81]고 평가받은 것이나, 당 조정으로부터 "의로움을 아는 것이 화하와 동일하다"는 칭찬을 받은 것도, 대이진 대를 중심으로 한 문화적 성숙이 바탕에 깔려 있었기 때문으로 이해된다.[82] 이러한 당의 발해 인식에 기자-고구려로 이어진 동방 군자국 이미지가 투영되었을 가능성이 있는 것이다.

신라의 군자국의식은 고구려와 비교해 기자와의 연결고리가 약하다. 신라는 기자조선의 중심지였던 평양 지역을 확보하지 못했기 때문이다. 고구려에 기자신 제사, 기자국(조선) 계승의식이 있었던 것은 고구려가 평양에 도읍하고 있었기 때문이었다. 반면 신라는 성덕왕 대에 평양성 남쪽 대동강 이남의 영토를 당으로부터 인정받았으나, 사실상 예성강유역 패강진(황해도 평산)까지만 실질적으로 지배하고 있었다. 최치원 등 신라 하대 지식인들이 군자국을 자부하면서도, 신라가 기자조선을 계승했다고 한 역사 인식으로까지 발전하지 못했던 것도 이러한 현실과 무관하지 않다고 하겠다.

9세기 신라가 군자국을 자부하던 시기는 신라와 발해가 당과의 관계에서 서로 우이를 잡기 위해 경쟁하던 시기였다. 당시 신라와 발해의 경쟁 관계는 최치원의 「여예부배상서찬장」(與禮部裵尙書瓚狀)과 「사불허북국거상표」에 잘 나타나 있다. 여기서 최치원은 신라와 발해를 근화향과 고시국(楛矢國)으로, 혹은 군자지향과 추한 오랑캐, 그리고 군자의 노나라와 소인의 기(杞)나라로 극단적으로 대비하며, 발해에 대한 강한 경계심과 적대감을 표출하고 있다. 이처럼 최치원 등 신라 하대 지식인의 군자국의식은 발해와의 대결 속에서 나온 자기방어의 기제일 수 있다.

이상의 검토를 보아 신라의 군자국의식은 기자조선 계승의식에 기초한 현실적인 소중화의식이라기보다는, 고구려유민들이 중심이 되어 해동성국으로 성장한 발해에 대한 경계심·적대감과 함께 신라의 말세적 현실에 대한

---

81 『全唐詩』 5冊 送渤海王子歸本國.

82 박진숙, 2007, 「해동성국의 구현」, 『발해의 역사와 문화』, 동북아역사재단, 88~94쪽.

좌절감의 역설적·복고적 표출에 가깝다고 보아야 할 것이다. 최치원의『제왕연대력』에서 기자조선이 역사상의 한 시대로 체계화되지 않은 것도 이런 맥락에서 이해할 수 있다.

4. 기자조선의 국사 편입과 소중화의식

고려 시기에 들어오면 고려가 기자를 계승한 나라라는 인식이 뚜렷해진다. 이것은 신라 시기에 기자 계승의식이 명확하지 않았던 것과 대조적인 현상이다. 고려를 기자국의 후신으로 본 인식은 중국의 5대 10국에서부터 확인된다.

933년 후당의 명종이 고려 태조에게 보낸 책봉 조서에서, "주몽이 개국한 전통을 계승하여 군장이 되었고, 기자가 번신이 된 자취를 좇아 교화를 넓히고 있다"고 하였다.[83] 송은 고려를 고구려의 후신으로 이해하면서, 963년 송 태조가 고려 광종에게 보낸 제서(制書)에서, "고려 국왕 소(昭)는 요좌(遼左, 요동)에서 추대되어 기자가 남긴 교화를 익히고 주몽의 옛 풍습을 따랐다"고 하였다.[84] 거란도 996년 고려 성종에게 보낸 책서에서 고려를 '군자지구국'(君子之舊國)이라 표현하였는데, 이 역시 기자국을 의미하는 것이다. 원과 명에서도 고려는 본래 기자가 봉해졌던 땅이라고 인식하였다.[85] 이처럼 중국에서 고려를 기자국의 후신으로 인식한 것은, 북송 방원영(龐元英)의『문창잡록』(文昌雜錄)과 남송 채조(蔡絛)의『철위산총담』(鐵圍山叢談) 등의 필기 자료에서도 확인된다.[86]

---

83 『고려사』권2 세가2 태조 16년 계사 춘 3월.
84 『송사』권487 열전246 외국3 고려.
85 『원사』권208 열전96 외이1 고려, "高麗本箕子所封之地".
86 원문은 이근명 외, 2010,『송원시대의 고려사 자료1』, 신서원, 479·487쪽 참조.

한편 고려 내부에서 기자 계승의식이 확인되는 것은 11세기에 들어와서
이다. 문종 9년(1055) 고려에서 거란의 동경유수에게 보낸 국서에서 거란이
압록강 동쪽에 성(보루)과 다리를 만든 것에 항의하며, 고려는 '기자지국'(箕
子之國)을 이어받아 압록강을 국경으로 삼아 왔다고 하였다.[87] 또한 선종 원년
(1084) 박인량이 지은 문종의 제축문에서도, "왕(문종)은 경사로운 전통을 이
어 선왕의 봉토를 통치하였고, 기자의 유훈을 본받아 예의를 숭상하고 한결
같은 마음으로 우리나라에 성의를 다하였다"고 칭송하였다.[88]

12세기에 들어가 고려 왕실은 기자 계승의식을 더욱 발전시켜 국가 제사
로 제도화하기에 이른다. 고려 숙종 7년(1102)에 기자사(箕子祠)가 서경(평양)에
건립되고, 그 제사가 국가 사전(祀典)에 포함된 것이다.[89] 숙종이 서경을 방문
했을 때 예부에서 우리나라의 교화와 예의는 기자로부터 비롯되었음에도 묘
(廟)가 없고 사전에 빠져 있으니, 분영을 찾아 사당을 세우고 제사를 올릴 것
을 건의하자 그에 따른 것이다.[90]

『삼국사기』 제사지의 신라 사전에는 기자에 대한 기록이 없다. 다만 고구
려조에서 기자신 제사와 관련한 『당서』(신당서)의 기록을 인용해 두고 있다.
앞서 보았듯이 고구려의 기자신 제사는 음사였다고 한 것으로 보아, 국가의
사전에 포함되지는 않았던 것 같다. 기자 제사가 국가의 사전에 포함된 것은
고려 시기 숙종 대에 이르러서인 것이다.

나아가 명종 8년(1178)에는 기자사에 유향전(油香田) 50결을 지급하였다. 그
뒤 기자사 제사는 중단되기도 했으나, 충숙왕 12년(1325)에 부활되었다. 이후
공민왕 원년(1352)에 평양부에 사당을 세워 기자를 제사 지내게 하였고, 공민

---

87 『고려사』 권7 세가7 문종 9년 을미 추 7월.
88 『고려사』 권10 세가10 선종 원년 갑자 추 8월.
89 『고려사』 권63 지17 예지5 잡사, "十月壬子朔 禮部奏 我國教化禮義 自箕子始 而不載祀典 乞求其墳塋
立祠以祭 從之".
90 『고려사절요』 권6 숙종 7년 8월 동 10월. 『고려사』 정문전에 따르면, 정문이 왕(숙종)을 따라
서경에 갔다가 기자사 건립을 건의하였다고 한다.

왕 5년과 20년에도 기자 사당을 수리하여 수시로 제사 지내게 하였다.[91]

평양의 기자사 제사는 12세기 초 고려 중기 이래의 전통으로, 조선시대에 단군이 기자와 함께 국가의 사전에 포함된 것보다 시기적으로 훨씬 앞선다.[92] 기자사 제사가 개시·부활·중시되었던 고려 숙종·충숙왕·공민왕 대는 모두 대내적으로 개혁 정치가 추진되고, 대외적으로는 북방으로의 진출이 모색되던 시기였다는 데 특징이 있다.[93]

숙종 대 기자사가 서경(평양)에 세워진 것도 북진 정책을 위한 포석으로 이해된다. 고려 태조 왕건은 918년 즉위 이듬해(919) 철원에서 개경(개성)으로 천도한 이후, 서경을 장래의 수도로 정하고 차차 도성으로 조영하기 시작하였다. 서경은 고구려의 고도로 고구려 계승을 표방한 고려의 입장에서 마땅히 회복해야 할 곳인데, 태조는 서경의 지력에 의해 삼한을 평정하고 장차 그곳에 천도하고자 하였던 것이다.[94]

서경에 기자사가 세워진 또 다른 배경은, 평양이 기자조선의 구도였다는 점에서 기자로 상징되는 중화적 예의 교화를 진작시키기 위한 정책의 일환일 수도 있다. 『고려사』 악지(樂志) 서경조에서 "서경은 고조선, 즉 기자가 봉해진 땅이라"고 하였고, 같은 책 속악(俗樂) 대동강조에서도 고려에 들어와 백성들이 평양에 봉해진 기자의 교화를 기뻐하여 대동강을 황하에 비유하고, 영명령(永明嶺)을 숭산(崇山)에 비유한 노래를 지어 기자를 송도(頌禱)하였다고 한다. 이러한 기자 존숭은 뒤에서 살펴볼 숙종 대의 신법적 개혁정치와도 연결해 이해할 수도 있을 것이다.

12세기에 들어와 제도적으로 확립된 기자 존숭에 의해 기자조선은 국사의 시원으로 체계화되기에 이른다. 이 무렵 기자조선을 국사의 첫 단계로 자리

---

91 이강한, 2010, 「1325년 箕子祠 祭祀 再開의 배경 및 의미」, 『한국문화』 50, 3~26쪽.

92 김한규, 2001, 「箕子와 韓國」, 『진단학보』 92, 145쪽.

93 유경아, 1986, 「李承休의 生涯와 歷史認識」, 『고려사의 제문제』, 변태섭 편, 삼영사, 558쪽.

94 『고려사』 권2 세가2 태조 15년 임진 5월 갑신.

매김한 것은, 1145년 편찬된『삼국사기』연표에서 확인된다.

E. 해동에 국가가 있은 지 오래되었다. 기자가 주실(周室)로부터 수봉(受封)된 이래 위만이 한초에 참호(僭號)하기까지 연대가 면면히 이어졌으나, 문자가 소략하여 자세한 것은 알 수 없다. 삼국이 정립하면서 전세가 더욱 많아졌으니, 신라는 56왕 992년이고, 고구려는 28왕 750년이고, 백제는 31왕 678년으로, 그 시종을 고찰할 만하여 삼국 연표를 짓는다[당 가언충(賈言忠)이 이르길, 고려는 한나라부터 나라가 있은 후 지금까지 900년이라고 하였는데, 잘못이다].[95]

위에 의하면, 삼국 이전에 기자로부터 위만이 왕을 참칭하기까지, 즉 기자조선에 해당하는 시기가 면면히 이어졌다고 보는 인식이 확인된다. 단군조선이나 위만조선의 시대는 설정하지 않고, 삼국시대 이전 시기를 기자조선을 중심으로 인식한 것이다.

또한『삼국사기』고구려본기의 마지막 사론에서도, 고구려 멸망의 원인을 설명하면서, 고구려의 땅은 본래 기자조선의 영토로 높은 문화를 유지하였으나, 고구려가 등장하면서 이웃 대국에 불의하고 백성에 불인하여 멸망을 자초하였다고 하였다. 이 사론은 고구려가 기자조선의 후신으로 인식되었다는 사실과 함께 고구려가 기자조선의 전통을 계승하지 못했다는 김부식의 비판을 동시에 보여 주고 있다.

이상『삼국사기』에 나타난 기자상(箕子像)을 종합해 보면 국사상 최초의 국가(조선)를 건설했다는 것과, 기자의 아름다운 문화 전통이 고구려에 계승되지 않았다는 것이다.

---

[95] 『삼국사기』권29 연표 상.

한편 『삼국사기』 고구려본기 동천왕조에 서술된 평양 기록에서는 기자가 확인되지 않고 대신 선인왕검이 보인다. 이것은 앞서 본 연표나 고구려본기의 사론과 차이가 나는 부분이다.

> F. (동천왕) 21년 봄 2월 왕은 환도성이 난을 겪어 다시 도읍이 될 수 없다고 여겨, 평양성을 쌓고 백성과 묘사를 옮겼다. 평양이란 곳은 본디 선인왕검의 터이며, 혹은 왕의 도읍 왕험이라고도 한다.[96]

여기서 고구려 동천왕이 도읍을 정한 평양성이 지금 대동강유역의 평양을 가리키는 것인지는 이견이 있다. 하지만 기록의 후반부에 나오는 평양, 즉 선인왕검의 터 내지 왕험의 평양은 지금의 평양을 가리킨다고 이해된다.

『삼국유사』 「고기」에서도 평양이 단군왕검의 도읍지로 기록되어 있으며, 묘청의 주청으로 평양(서경) 임원궁(林元宮)에 설치한 팔성당(八聖堂)에 단군을 가리키는 '구려평양선인'(駒麗平壤仙人)[97]이 모셔진 것으로 보인다. 위 기록에 보이는 선인왕검이 단군왕검을 가리킴은, 조연수묘지(趙延壽墓誌, 1325)에서도 '仙人王儉 壽過一千'이라고 하여, 『제왕운기』 등에 나타난 단군의 수(壽)와 연결된다는 점에서 의문이 없을 것이다.

그런데 "혹은 왕의 도읍 왕험이라고 한다"는 것은, 단군(왕검)보다는 『사기』 조선전에 나온 위만의 도읍지 왕험과 관련된 기록으로 보인다. 앞서 보았듯이 『사기』에서는 위만이 진번·조선의 만이와 연·제의 망명자들을 복속하여 '왕이 되고 왕험에 도읍하였다'고 하였다. 『사기』에서는 '왕지'(王之)와 '도왕험'(都王險) 사이를 구독하였지만, 『삼국사기』에서는 '王之都王險'으로 연결해

---

[96] 『삼국사기』 권17 고구려본기5 동천왕 21년.
[97] 『고려사』 권127 열전 묘청.

본 것이다.

이와 같이 보면『삼국사기』고구려본기에서는 평양을 선인왕검, 즉 단군의 근거지이면서 또한 위만의 도읍지로 이해한 것이다. 여기서 평양과 관련하여 기자가 언급되지 않은 것이 의문이다.

고려시대에 평양이 기자의 고도로 인식되고 있었음은 앞서 살펴보았다. 기자조선의 도읍을 평양에 비정한 것은 기자조선의 마지막 왕인 준왕에게 나라를 빼앗은 위만의 도읍지(왕험성)가 바로 낙랑군의 치소였던 평양이었다는 데 근거한 것이다. 기자조선의 도읍을 평양으로 본 인식으로부터 단군의 도읍을 평양에 비정한 설이 역으로 파생되었다고 이해되기도 한다.[98]

이와 같은 평양의 기자 전승에도 불구하고,『삼국사기』동천왕조의 평양 기록에서는 기자가 빠져 있는 것이다. 이것은 동천왕조 평양 기록의 전거가 연표나 사론의 전거와 다른 계통의 자료였음을 시사해 주는 것이다. 동천왕조 기록에 의하면, 평양의 고조선은 선인왕검(단군조선)과 위만조선으로 구분된다. 이것은『삼국유사』의 고조선(왕검조선)-위만조선 체계와도 연결되는 것이다.『삼국사기』동천왕조의 전거는 연표나 사론에서 참고한 것으로 보이는 중국계 자료가 아니라,『삼국유사』가 참조한 국내의 고기 계통일 가능성이 높다.

이상에서 살펴본 바와 같이『삼국사기』에서는, 기자조선 중심의 인식(연표·사론)과 단군조선·위만조선 인식(동천왕조)이 혼재되어 나타난다. 고조선사에 대한 종합적이고 일관된 체계가 아직 확립되지 않는 것이다.

『삼국사기』의 기자조선 중심 역사 인식은 조선시대 기자수봉설과 결부된 소중화의식의 선구를 이루는 것이라고 이해되기도 한다.[99] 기자조선 중심의 국사관이 소중화의식과 맞물려 있는 현상은 고려 말의 이곡·이제현·최해

---

98 矢木毅, 2012,『韓國·朝鮮史の系譜-民族意識·領域意識の變遷をたどる-』, 塙書房, 166~167쪽.
99 조성을, 2007,「高麗時代의 中國史 認識」,『한국사학사학보』16, 12쪽.

등이나,[100] 조선 후기 소론계나 근기남인계 지식인들의 고대사 인식에서도 보인다.[101] 기자조선이 고려 말 내지 조선 후기 소중화의식의 기초가 된 것이다.

소중화의식은 조선 후기 명·청 교체에 의해 등장한 북벌론에서 가장 극명하게 발달하였다.[102] '조선중화사상',[103] '중화회복의식·중화계승의식'[104] 등 다양한 형태로 표출된 소중화의식은 성리학적 화이관에 입각한 자존의식이었다. 17세기 중엽 명의 멸망에 따라 중국을 중심으로 한 천하인식이 후퇴하고, 조선을 지상에 존재하는 유일한 중화라고 보는 자국 중심의 천하인식으로서 소중화의식이 등장하였다.[105]

최근에는 이러한 소중화의식이 고려 후기에 이미 등장하였다고 이해되고 있다. 고려 후기의 사회변동과 원·명 교체라는 국제 정세 변화에 대응하여 사대부는 중국 중심의 동아시아 질서를 받아들이는 가운데 주자학을 수용하여 개혁 정치를 추진하고 자신이 중심이 되는 소중화의 지배 질서를 확립하려고 하였다는 것이다.[106] 고려 후기와 조선 후기의 소중화의식은 모두 원·명 내지 명·청의 교체라는 국제 질서의 변화에 대응해 등장한 성리학적 세계인식이라는 공통점이 있다.

그런데 소중화의 개념은 고려 후기보다 앞서 고려 중기 문종 대 박인량의 기록에서부터 먼저 보인다. 박인량은 문종 25년(1071) 민관시랑 김제(金悌)를

---

100 최봉준, 2013, 「李穀의 箕子 중심의 국사관과 고려·원 典章調和論」, 『한국중세사연구』 36, 317~318쪽; 2015, 「여말선초 箕子 중심의 역사계승의식과 조선적 문명론」, 『한국사학사학보』 31, 135~139쪽.

101 조성산, 2009, 「조선후기 소론계의 古代史 연구와 中華主義의 변용」, 『역사학보』 202, 59~66쪽; 이정일, 2009, 「조선 후기 기자인식에 나타난 유교 문명과 보편성」, 『한국사학보』 37, 223~225쪽.

102 조영록, 1996, 「朝鮮의 小中華觀-明淸交替期 東亞三國의 天下觀의 變化를 中心으로-」, 『역사학보』 149, 106쪽.

103 정옥자, 1998, 『조선후기 조선중화사상 연구』, 일지사, 17~19쪽.

104 허태용, 2009, 『조선후기 중화론과 역사인식』, 아카넷, 117쪽.

105 山內弘一, 2003, 『朝鮮からみた華夷思想』, 山川出版社, 42쪽.

106 도현철, 2000, 「원명교체기 고려 사대부의 소중화 의식」, 『역사와 현실』 37, 119~200쪽.

수행하여 서장관으로 1차 북송 사행을 갔다. 이때 박인량은 뛰어난 시문 창작 능력을 발휘하여 북송 지식인들에게 깊은 인상을 남기고 그들에게 고려의 문화 수준을 재인식시켰다. 그리고 문종 34년(1080)에는 정사 유홍(柳洪)을 수행하여 부사 신분으로 2차 북송 사행을 갔다. 박인량의 2차 사행 때는 김부식의 부친 김근(金覲)도 사절단에 동행했는데, 송인들이 박인량과 김근이 지은 시문을 보고서 감탄하고, 이들의 작품을 모아 『소화집』(小華集)이라는 이름으로 책을 간행하였다. 『소화집』의 소화는 소중화를 의미하는 것이다.[107] 또한 그사이 문종 30년(1076) 공부시랑 최사량(崔思諒) 일행의 고려사절단이 송에 들어가자, 북송은 이들이 머무르는 곳을 '소중화지관'(小中華之館)이라고 칭했다.[108]

현존하는 문헌 자료를 통해 보면, 송인들이 고려를 '소화'(小華) 또는 '소중화'라고 부른 것은 고려 중기 문종 연간(1047~1082)에 시작되었다. 이것은 북송과의 외교 관계가 재개되고 사신 왕래가 빈번해지면서, 북송 사행을 통해 박인량으로 대표되는 고려 지식인들이 보여 준 문화적 역량에 의해서 형성된 것이었다.

박인량은 문종이 사거한 원풍 5년(1082)에 작성한 「문왕애책」(文王哀冊)에서는, 문왕(문종)의 업적을 칭송하며 "우리의 융성함이 중국에 견줄 만하여 그들이 우리를 소중화라 일컬었다"고 평하였다.[109] 박인량은 『신라수이전』의 저자로도 전해지는데,[110] 『고금록』(古今錄) 10권을 편찬하기도 하였다.[111] 『고금록』은 현재 전하지 않지만, 그 속에 박인량의 소중화의식이나 기자 관련 기록이

---

107 정선모, 2010, 「北宋使行을 통해서 본 朴寅亮의 문학사적 위상」, 『한국한문학연구』 46, 12~51쪽.
108 『동사강목』 권7하 문종 30년 秋 8월. 『고려사』 권120 김자수전에서도 송이 고려사절의 객관을 '小中華之館'이라고 칭했다고 하였다.
109 『동문선』 권28 문왕애책.
110 小峯和明·增尾伸一郎 編譯, 2011, 「解說」, 『新羅殊異傳-散逸した朝鮮說話集-』(東洋文庫 809), 平凡社, 220~221쪽.
111 『고려사』 권95 박인량전, "寅亮文詞雅麗 南北朝告奏表狀 皆出其手 嘗撰古今錄十卷 藏秘府".

포함되어 있었을지도 모르겠다.

박인량의 소중화의식은 확실히 고려인의 자기 인식이었다. 하지만 '고려=소중화의식'은 고려의 자기 인식인 동시에, 신종 대 북송이 처해 있었던 국제 상황에서 고려를 특별히 예의의 국가로 대우하지 않을 수 없었던, 북송의 자기 인식이 반영된 것이기도 했다.[112]

고려가 현종 대 이래 단절되었던 송과의 관계를 50여 만에 재개한 문종 25년(1071) 무렵은, 송 신종이 거란에 대항하기 위하여 고려와 제휴한 대외 정책을 펴던 시기였다. 당시 고려와 송의 단교를 강요했던 거란은 종실 내부의 반란 등으로 국력이 기울어 가고 있었다.

이 무렵 희녕(1068~1077) 연간은 신종에 의한 왕안석의 신법이 채택되어 이른바 신법당의 1차 집권기가 시작되던 때였다. 원풍(1078~1085) 연간에 들어서면서 신법에 의한 개혁이 한층 강화되었다. 신법당은 고려와 연합하여 거란을 공격하려는 전략하에 구법당의 반대에도 불구하고 고려의 사신을 극진히 예우하였다.[113]

당시 송의 관료 중 고려에 대해 부정적인 인식을 강하게 지니고 있던 인물들은 사마광·소식·소철·장방평(張方平) 등의 구법당에 속한 인물들이었으며, 고려를 긍정적으로 인식한 인물들은 여혜경(呂惠卿) 등 신법당의 인물들이었다.[114]

고려의 소중화의식이 등장한 문종 대 직후인, 숙종(1096~1105)~예종(1106~1122) 초기는 송의 신법을 적극 수용하여 왕권 강화와 부국강병 등 공리주의적 신법 개혁을 추진하던 시기였다.[115] 11세기 말~12세기 초 신법 개혁기에

---

[112] 近藤一成, 2011, 「宋代神宗朝の高麗認識と小中華-曾鞏をめぐって-」, 『전북사학』 38, 170쪽.

[113] 정수아, 1995, 「高麗中期 對宋外交의 再開와 그 意義-北宋 改革政治의 수용을 중심으로-」, 『국사관논총』 61, 149~170쪽.

[114] 장동익, 2000, 「宋代 資料에 수록된 高麗關係 記事의 槪觀」, 『宋代麗史資料集成』, 서울대학교 출판부, 60~61쪽.

[115] 채웅석, 2001, 「12세기 초 고려의 개혁추진과 정치적 갈등」, 『한국사연구』 112, 40~51쪽.

고려의 자국 중심 천하인식인 소중화의식은 더욱 발전하였던 것으로 추정된다. 숙종 7년(1102) 서경에 설치된 기자사는 바로 이러한 소중화의식의 표출이자, 당시 윤관에 의해 주도되던 북방 진출 의지의 표현이었다.

고려의 소중화의식은 이후 이규보(1168~1241)의 『동국이상국집』[116]에서 확인되며, 김구(金坵, 1211~1278)의 「상좌주김상국사의발계」(上座主金相國謝衣鉢啓)[117]에서도 확인된다.

소중화의식이 더욱 구체화되면서 기자조선과 결부된 것은, 1287년 편찬된 이승휴의 『제왕운기』에 이르러서이다. 이승휴는 『제왕운기』 하권의 서두 지리기에서 다음과 같이 저술 의도를 서술하였다.

> G. 요동에 하나의 별천지가 있으니, 땅이 중국과 구분되어 나뉘었네.
> 큰 파도 물결이 삼면을 둘렀고, 북으로는 실과 같이 대륙과 이어졌네.
> 그 가운데 1000리가 조선이니, 강산의 형승은 천하에 이름 높네.
> 농사짓고 우물 파는 예의의 나라니, 화인(華人)이 이름하여 소중화(小中華)라 하였네.[118]

위의 기록에는 이승휴의 다원적 천하관과 소중화의식이 동시에 나타나고 있다. 전반부에서 조선이 요동의 별천지로 중국과 구분된다고 하는 것은 고려 중심의 다원적 천하관을 보여 준다. 한편 후반부에서는 고려를 예의의 나라인 소중화라고 보고 있다.[119]

---

116 『동국이상국집』 권17 고율시 제화이도장단구, "君不見華人謂我小中華 此語眞堪採".

117 『동문선』 권46 계 상좌주김상국사의발계(양경), "儒道盛行 世不殊乎大上古 海邦雖僻 人皆謂之小中華".

118 『제왕운기』 권하 동국군왕개국연대 병서, "遼東別有一乾坤 斗與中朝區以分 洪濤萬頃圍三面 於北有陸連如線 中方千里是朝鮮 江山形勝名敷天 耕田鑿井禮義家 華人題作小中華".

119 채웅석, 2012, 「《帝王韻紀》로 본 李承休의 국가의식과 유교관료정치론」, 『국학연구』 21,

예의의 나라는『한서』지리지나『후한서』동이전 서문에서 보았던 기자의 조선과 관련됨은 물론이다. 즉 이승휴의 소중화의식은 기자조선에서 연원한 것이다. 반면 조선이 중국과 구분되는 별천지라는 다원적 천하관은 단군조선과 연결된 것이라고 할 수 있다. 『제왕운기』의 이원적 국가의식은 전조선(단군)과 후조선(기자)으로 이어지는 이원적 고조선사 체계의 바탕이기도 하였다.

『제왕운기』에서는 고조선을 전조선(단군)과 후조선(기자)으로 나누어 보면서, 위만은 참주(僭主)로 다루어 앞선 두 조선과 구분해 보았다.[120] 정통론을 바탕으로 전조선(단군)과 후조선(기자)을 동등한 단계로 체계화하고, 위만은 참람된 정권으로 부수적으로 다룬 것이다.

『제왕운기』에서는 전조선 1048년, 후조선 928년이 각각 별도의 시대로 설정되어 있다. 전조선과 후조선 사이에 164년의 간극이 있어 양자가 직접 연결되지 못하는 면도 있다. 단군의 존속과 기자의 수봉이 시기적으로 중첩되어 기록된『삼국유사』와 비교해, 기자조선의 시대가 분명하게 설정되고 있다는 점에서 더욱 체계화된 고조선사 인식을 보여 주고 있다. 기자조선이 국사에서 단군조선과 함께 하나의 시기로 분명히 정립하게 된 것은 바로『제왕운기』에 이르러서였다. 이러한『제왕운기』의 인식이 조선시대 이후의 삼조선설에 단초를 제공하였다는 데 주의를 요한다.

『제왕운기』와 비슷한 시기에 편찬된『삼국유사』고조선조에는 '왕검조선'이라고 부제가 붙어 있어서, 일견 '고조선'이 단군조선만을 가리키는 것처럼 보이지만, 내용에서는 단군과 기자가 함께 서술되어 있다. 이러한『삼국유

274~280쪽.

[120] 『제왕운기』권하 동국군왕개국연대병서. 현행『제왕운기』목판본(조선 태종 13년, 1417년 중간본)에는 단군 기록의 서두에 '前朝鮮'이 보이지 않는다. 하지만 초간 직후 이승휴가 진양부 서기 정소에게 보낸 서간에서, 단군 기록 앞에 원래 '前朝鮮紀' 4자가 들어가야 함을 지적하고 있다(『動安居士文集』雜著1 與晉陽書記鄭玿書).

사』의 구성은 단군과 기자를 하나의 '고조선'으로 묶어 보고, 위만조선과 구분해 보려는 데 주안점이 있는 것이다. 『삼국유사』에 의해 단군조선과 위만조선이 고조선사의 첫 단계와 마지막 단계로 설정된 한편, 『제왕운기』에 의해 기자조선이 고조선사의 중간 단계로 인식된 것이다.

11세기 고려에서 소중화의식과 함께 등장한 기자 계승의식이, 12세기 초 기자사 제사를 통해 제도화되고, 12세기 중엽 『삼국사기』에서 기자조선의 시대가 국사상에 설정되었지만, 소중화의 표상으로서 기자조선이 고조선사의 중간 단계로 체계화된 것은 13세기 후반 이승휴의 『제왕운기』에 이르러서였다. 이상의 검토를 통해 고려 중·후기에 소중화의식과 기자조선을 중심으로 한 국사의 체계화가 전개된 양상을 확인할 수 있었다.

고려의 소중화의식은 고려와 송·거란(요)·여진(금)·몽골(원) 사이의 다원적 국제 관계 속에서 등장한 새로운 천하 인식이었다. 조선 후기의 소중화(조선중화)의식과 달리 중국(송·원) 중심의 중화 질서를 인정한 위에서 전개되었다는 점에서 차이가 있다. 이런 점에서 조선 후기의 소중화의식은 고려시대보다 더 진전된 자국 중심의 천하인식으로, '조선중화'의식이라고 구분할 수도 있다. 조선 후기에 기자의 수봉보다 기자의 동래에 초점이 맞춰져 인식된 것도 이런 배경에서 이해할 수 있다.

고려 중·후기 소중화의 표상으로 국사 체계에 편입된 기자조선은, 단군조선과 위만조선의 중간 단계로 자리 잡았다. 기자조선이 단군조선의 다음 단계로 설정된 것은, 기자조선보다 앞서 단군조선이 먼저 국사 체계에 편입되어 있었기 때문일 것이다. 단군조선의 국사 체계화는 고려 초기에 이루어진 것으로 보이는데, 이는 『삼국유사』 고조선조에 전하는 「고기」의 성립 시기와도 관련된다고 하겠다.[121]

---

[121] 『삼국유사』 고조선조 인용 「고기」의 성립 시기에 대해선 이 책의 II-1장 참조.

5. 맺음말

근대 이후 기자조선이 부정되면서 그 역사적 의의는 더 이상 주목되지 않게 되었다. 하지만 삼국시대부터 조선시대까지 장기간 기자조선은 우리 역사에서 당연하면서도 중요한 존재로 인식되었다. 현재 전하는 기록상으로는 단군보다 기자가 먼저 존숭된 것으로 확인된다. 고구려에서 이미 기자신(箕子神)을 제사하였으며, 고려 중기 숙종 때 평양에 기자사(箕子祠)를 세워 국가 제사로 존숭하였다.

기존 연구에서는 기자조선의 실체를 부정하는 데 초점이 맞춰지다 보니, 기자조선이 국사 체계에 미친 영향이나 역사적 의미를 크게 생각해 보지 못했다. 이 글에서는 전통적인 고조선사 체계, 즉 삼조선설에 대한 비판적 연구의 서론으로서, 기자조선의 사학사적 의의를 검토해 보았다.

중국 전한~삼국 시기에 성립된 기자조선 전승이 국내에 수용되면서, 평양에 도읍한 고구려가 기자국(조선)의 후신으로 이해되고, 통일기 이후 신라의 예교 문화가 기자로부터 비롯되었다는 군자국의식으로 전개되었다. 당에 의해 군자국 이미지는 신라뿐만 아니라 일본·고구려에도 적용되었고, 신라 지식인들의 말세적 현실 인식과 군자국의식 사이에 괴리감도 컸다. 이런 점에서 최치원으로 대표되는 신라 하대의 군자국의식은 기자조선의 계승을 근거로 한 현실적 소중화의식이라기보다, 고구려유민이 중심이 되어 해동성국으로 성장한 발해에 대한 경계심과 함께 신라의 말세적 현실에 대한 좌절감의 역설적·복고적 표출이었던 것으로 보인다.

기자조선의 시대가 고조선사의 한 단계로 체계화된 것은 고려 중기에 이르러서이다. 12세기 중엽 『삼국사기』 연표에 이르러 구체적인 연대는 제시되지 않았지만, 삼국시대 이전 시기의 중심시대로 기자조선이 설정되었다. 기자조선이 단군조선의 다음 단계로 분명하게 체계화된 것은 13세기 후반 이승휴의 『제왕운기』에 이르러서였다. 『제왕운기』의 전조선(단군)과 후조선

(기자)이 그것이다. 『제왕운기』에서는 다원적 천하관에 입각한 단군조선과 소중화의식에 기초한 기자조선이 하나의 체계로 연결되면서, 단군조선-기자조선-위만조선으로 이어지는 삼조선설에 단서를 제공하였다. 이처럼 고려 중·후기 기자조선이 고조선사의 한 단계로 체계화되는 과정에는, 고려와 송·거란(요)·여진(금)·몽골(원) 사이의 다원적 국제 관계 속에서 성립된 소중화의식이 영향을 미쳤다.

Ⅲ-4장에서는 고조선사의 체계를 3단계로 인식하는 삼조선설에 대해 본격적으로 검토해 보고자 한다. 근대 이후 기자조선의 역사성은 부정되고 있지만, 삼조선설의 체계는 여전히 유지되고 있다. 이 글은 전통적인 삼조선설의 체계를 비판적으로 검토하고, 고조선사의 체계를 새롭게 정립하고자 하는 연구의 기초 작업이라 할 수 있다.

참고문헌

1. 국내 단행본

김성환, 2002, 『고려시대의 단군전승과 인식』, 경인문화사.

김정배, 1973, 『한국민족문화의 기원』, 고려대학교 출판부.

박대재, 2006, 『고대 한국 초기국가의 왕과 전쟁』, 경인문화사.

이병도, 1976, 『한국고대사연구』, 박영사.

정옥자, 1998, 『조선후기 조선중화사상 연구』, 일지사.

천관우, 1989, 『고조선사·삼한사연구』, 일조각.

허태용, 2009, 『조선후기 중화론과 역사인식』, 아카넷.

2. 국내 논문

권덕영, 2011, 「신라 '君子國' 이미지의 형성」, 『한국사연구』 153.

김한규, 2001, 「箕子와 韓國」, 『진단학보』 92.

도현철, 2000, 「원명교체기 고려 사대부의 소중화 의식」, 『역사와 현실』 37.

박대재, 2010, 「箕子 관련 商周靑銅器 銘文과 箕子東來說」, 『선사와 고대』 32.

_____, 2011, 「準王南來說에 대한 비판적 검토」, 『선사와 고대』 35.

박준형, 2009, 「한국 근현대 기자조선 인식의 변천」, 『고조선사 연구 100년-고조선사 연구
    의 현황과 쟁점-』, 학연문화사.

서영수, 1988, 「古朝鮮의 위치와 강역」, 『한국사 시민강좌』 2, 일조각.

이강래, 2011, 「최치원의 고대 인식-'일통삼한'을 매개로-」, 『삼국사기 인식론』, 일지사.

이강한, 2010, 「1325년 箕子祠 祭祀 再開의 배경 및 의미」, 『한국문화』 50.

이기백, 1988, 「古朝鮮의 國家 형성」, 『한국사 시민강좌』 2, 일조각.

이문기, 2010, 「墓誌로 본 在唐 高句麗 遺民의 祖先意識의 變化」, 『대구사학』 100.

이성규, 1991, 「先秦 文獻에 보이는 '東夷'의 성격」, 『한국고대사논총』 1, 가락국사적개발연

구원.

_____, 2003, 「고대 중국인이 본 한민족의 원류」, 『한국사 시민강좌』 32, 일조각.

이현혜, 1983, 「崔致遠의 歷史認識」, 『명지사론』 1.

장일규, 2002, 「崔致遠의 新羅傳統 認識과 《帝王年代曆》의 찬술」, 『한국사학사학보』 6.

전덕재, 2004, 「新羅의 對外認識과 天下觀」, 『역사문화연구』 20.

정선모, 2010, 「北宋使行을 통해서 본 朴寅亮의 문학사적 위상」, 『한국한문학연구』 46.

정수아, 1995, 「高麗中期 對宋外交의 再開와 그 意義-北宋 改革政治의 수용을 중심으로-」, 『국사관논총』 61.

정중환, 1964, 「箕子朝鮮考」, 『동아논총』 2-1.

_____, 1971, 「續箕子朝鮮考」, 『동아논총』 8-1.

조성을, 2007, 「高麗時代의 中國史 認識」, 『한국사학사학보』 16.

조영록, 1996, 「朝鮮의 小中華觀-明清交替期 東亞三國의 天下觀의 變化를 中心으로-」, 『역사학보』 149.

조원진, 2009, 「기자조선 연구의 성과와 과제」, 『단군학연구』 20.

_____, 2014, 「단군과 기자-고조선사의 체계에 대한 고찰-」, 『고조선단군학』 31.

조인성, 1982, 「최치원의 역사서술」, 『역사학보』 94·95.

_____, 1994, 「崔致遠 撰述 碑銘의 註釋에 대한 一考」, 『가라문화』 11.

채웅석, 2001, 「12세기 초 고려의 개혁추진과 정치적 갈등」, 『한국사연구』 112.

_____, 2012, 「『帝王韻紀』로 본 李承休의 국가의식과 유교관료정치론」, 『국학연구』 21.

최진열, 2009, 「唐人들이 인정한 高句麗人의 正體性-唐代 墓誌銘에 보이는 高句麗의 別稱(朝鮮·三韓·扶餘) 分析을 중심으로-」, 『동북아역사논총』 24.

하일식, 2000, 「당 중심의 세계질서와 신라인의 자기 인식」, 『역사와 현실』 37.

한영우, 1982, 「高麗~朝鮮前期의 箕子認識」, 『한국문화』 3.

近藤一成, 2011, 「宋代神宗朝의 高麗認識と小中華-曾鞏をめぐって」, 『전북사학』 38.

3. 국외 단행본

今西龍, 1937, 『朝鮮古史の研究』, 近澤書店.

山內弘一, 2003, 『朝鮮からみた華夷思想』, 山川出版社.

4. 국외 논문

江畑武, 1983, 「箕子朝鮮開國傳承の成立」, 『阪南論集』(人文・自然科學編) 18-4, 阪南大學.

_____, 1989, 「箕子朝鮮開國傳承の展開-《漢書》・《魏略》・《魏志》を中心に」, 『阪南論集』(人文・自然科學編) 25-1・2・3合(創立25周年記念論文集).

3장

중국의 청동기 명문과 기자동래설

1. 머리말

중국 문헌을 통한 고조선 연구에서 무엇보다 유념해야 할 점은 그 속에 중화주의적인 역사 인식이 적지 않다는 것이다. 한대(漢代) 이후 문헌에 보이는 기자동래(箕子東來) 및 기자조선(箕子朝鮮)과 관련한 기록은 그 대표적인 예라 할 수 있다. 주지하듯이 기자동래설은 고대 중국 상(은) 멸망 후(기원전 11세기 중엽) 기자가 동쪽으로 조선에 오자 주 무왕이 기자를 조선에 봉했다는 것이며, 이에 따라 전통시대 사서에서는 단군조선 이후에 기자조선 단계를 설정하곤 하였다.[1]

이러한 기자동래 및 기자조선설은 개항기까지도 이어졌으며, 일제강점기의 역사 서술에서도 완전히 극복되지 못하다가 해방 이후에 이르러 본격적으로 비판받게 되었다.[2] 기자동래 관련 기록이 선진(先秦) 문헌에 보이지 않고 한대 이후 문헌에서 등장한다는 점, 고고학적으로 고조선의 청동기 문화는

---

[1] 박광용, 1980, 「箕子朝鮮에 대한 認識의 변천-高麗부터 韓末까지의 史書를 중심으로-」, 『한국사론』 6(서울대학교 국사학과) 참조.

[2] 박준형, 2009, 「한국 근현대 기자조선 인식의 변천」, 『고조선사 연구 100년-고조선사 연구의 현황과 쟁점-』, 학연문화사 참조.

고대 중국 상·주 청동기 문화와 관계없는 독자적인 비파형동검 문화였다는 점 등에서 기자동래 및 기자조선의 역사성은 인정하기 어렵다는 것이다. 이에 '기자조선'이란 용어 대신 청동기시대 고조선 주민이 예맥족이라는 점에서 '예맥조선'이라 부르기도 하는 것이다.[3]

하지만 최근까지도 중국 학계에서는 문헌의 기자동래 및 조선수봉(朝鮮受封)을 역사적 사실로 받아들일 뿐만 아니라, 1973년 요녕성 객좌현(喀左縣) 북동촌(北洞村)에서 출토된 상말 주초의 '기후'(箕侯)명 청동기가 기자동래 및 기자조선의 고고학적인 증거라고 강조하고 있다.[4] 요녕 객좌에서 출토된 '기후'명 방정(方鼎)은 전통적인 기자동래설 및 기자조선설에 새로운 전기를 제공했다고 할 수 있는데, 국내 학계에서도 이를 근거로 발해 연안-대릉하유역에 기자조선이 실재했다고 보는 주장[5]이 제기되기도 하였다.

이에 대해 요녕 객좌 '기후'명 청동기의 존재를 통해 일단 은의 일족인 기씨족(箕氏族) 또는 기자 집단이 요서 지역으로 이동했던 것은 인정해도 무방하지만 요서에서 확인된 '기'(箕)는 연후(燕侯)에 복속된 소국에 불과한 것 같다거나,[6] 또는 대릉하유역의 토착 문화(하가점 상층문화) 및 그 주민 융족(戎族)에 주목하여 기자 집단이 이동해 왔다고 하더라도 토착사회에 흡수되었기 때문에 이 지역에 기자조선이 실재했다고 볼 수 없다는 비판이 가해지기도 하였다.[7]

---

3   김정배, 2003, 「고조선 연구의 현황과 과제」, 『단군학연구』 9.

4   조법종, 2006, 「중국 학계의 고조선 연구」, 『고조선 고구려사 연구』, 신서원, 168~177쪽 참조.

5   이형구, 1991, 「大凌河流域의 殷末周初 靑銅器文化와 箕子 및 箕子朝鮮」, 『한국상고사학보』 5. 이에 앞서 객좌 북동의 '箕侯'명 청동기를 직접 거론하지 않았지만, 발해 연안-대능하유역의 殷代 청동기를 근거로 이 일대를 기자조선의 영역으로 파악하기도 하였다(이형구, 1983, 「靑銅器文化의 비교 II(中國과의 비교)-銅鏡을 중심으로 본 우리나라 靑銅器의 起源-」, 『한국사론』 13(한국의 고고학 II 하), 국사편찬위원회, 432~434쪽).

6   이성규, 1991, 「先秦 文獻에 보이는 '東夷'의 성격」, 『한국고대사논총』 1, 가락국사적개발연구원, 104쪽.

7   송호정, 2005, 「大凌河流域 殷周 靑銅禮器 사용 집단과 箕子朝鮮」, 『한국고대사연구』 38, 22~24쪽.

그러나 위의 비판적 연구에서도 요녕 객좌의 '기후'명 청동기를 은유(殷遺) 기족(箕族)의 요서 지역 이주와 관련해 보았다는 점에서 여전히 기자동래의 단서를 남겨 놓았다고 할 수 있다. 특히 청동기 명문에 대한 직접적인 분석 없이 그와 관련된 역사적 배경이나 고고학적 배경에 초점이 맞춰지다 보니 '기후'명 청동기의 성격이나 그것이 요서 지역에 유입된 경위에 대해서는 검토되지 못한 한계가 있었다.

상·주 청동기 명문의 성격에 대한 검토는 고문자학뿐만 아니라 고고학적으로도 많은 자료를 섭렵해야 하기 때문에 접근하기 쉽지 않은 문제다. 이와 관련해 최근 중국 중원 지역뿐만 아니라 북경 일대와 산동 지역에서 출토된 '기'(貴)명 청동기를 종합적으로 검토하고 이를 통해 상 멸망 후 서주 초기 '기'(貴)족의 이산 과정을 고찰한 연구[8]는 많은 시사점을 주고 있다. 하지만 요녕 객좌의 '기후'명 청동기 및 그와 관련된 기자동래설에 대해서는 본격적인 검토를 미루고 있다는 점에서 여전히 아쉬움을 남기고 있다.

'기후'명 청동기 및 그와 관련된 기자동래설을 분석하기 위해서는 요녕 객좌 북동 유적뿐만 아니라 그 주변 대릉하유역에서 출토된 비슷한 성격의 상주 청동기 출토 유적까지 함께 검토해야 한다. 또한 최근 북경 유리하(琉璃河) 묘지를 중심으로 괄목상대하게 축적되고 있는 서주 초기 연국(燕國)의 청동기 자료도 종합적으로 고찰해야 한다. '기후'명 뿐만 아니라 대릉하유역에서 출토된 상주 청동기 명문 가운데 상당 부분이 북경 일대의 서주 초기 연국과 관련된 것으로 파악되기 때문이다. 이에 최근 기자동래와 관련된 고고학 자료로 주목받고 있는 '기후'명 청동기를 비롯한 대릉하유역 상주 청동기의 성격에 대해 하북·북경 일대 연국 청동기와의 비교를 통해 고찰해 보고자 한다.[9]

---

8 심재훈, 2008, 「商周 청동기를 통해 본 貴族의 이산과 성쇠」, 『역사학보』 200, 371~416쪽.
9 이 글에서 참고한 상주 청동기 명문 集錄 및 그 약어는 다음과 같다. 張亞初 編著, 2001, 『殷周金文集成引得』, 中華書局(『引得』); 劉雨·盧岩 編著, 2002, 『近出殷周金文集錄』(全4冊), 中華書局(『近出』);

2. 요녕 객좌의 '기후'(舅侯)명 청동기와 기자동래설

1973년 3월 중국 요녕성 객좌현 북동촌 고산(孤山) 중턱에서 주민들이 땅을 파다가 지하 약 30cm에서 청동 예기 6점을 발견하였다. 청동기가 출토된 구덩이는 고산 서쪽 사면의 평탄한 구릉 정상부이며 인접한 대릉하 상류의 하상으로부터 약 17m 높이에 해당하는 지점이다. 청동기 가운데 2호 뇌(罍)에서 "父丁晉冉亞[光(微)]"[10] 명문이 확인되었는데, 원 보고서에서는 상대(商代) 청동기들로 추정하면서 이 일대를 상문화 지역으로 파악하였다.[11] 곧이어 여기서 출토된 청동기들은 고문헌에 전하는 상대 고죽국(孤竹國)의 유물로 비정되었고,[12] 나아가 명문의 3·4번째 글자를 '晉竹'(孤竹)이라고 새롭게 판독하면서,[13] 객좌 일대는 상대 봉국(封國) 고죽국의 영역에 포함되는 것으로 이해하게 되었다.[14]

한편 이 교장(窖藏)을 조사하던 중 1973년 5월에 그 옆에서 또다시 청동기 6개가 매납된 구덩이를 추가로 발굴하게 되었다. 2호 교장은 1호 교장의 동북쪽 3.5m 지점에서 발견되었는데, 거기서 출토된 청동기 6점 중 3점에서 4개의

鍾柏生·陳昭容·黃銘崇·袁國華 編, 2006, 『新收殷周靑銅器銘文暨器影彙編』(全3冊), 藝文印書館(『新收』); 山東省博物館 編, 2007, 『山東金文集成』(全2冊), 齊魯書社(『山東』); 中國社會科學院考古研究所 編, 2007, 『殷周金文集成』(修訂增補本, 全8冊), 中華書局(『集成』); 王心怡 編, 2007, 『商周圖形文字編』, 文物出版社(『字編』); 胡長春, 2008, 『新出殷周靑銅器銘文整理與硏究』, 線裝書局(『新出』). 본문에서 청동기 명문의 隸定(판독)은 특별히 언급이 없는 한 『集成』을 따른 것이다.

10 명문에서 '亞' 자 다음의 [ ]는 亞形 중의 고문자를 표기하기 위한 편의상의 기호다. '光'는 일반적으로 '微'의 고문자로 이해된다(『集成』9810).

11 遼寧省博物館·朝陽地區博物館, 1973, 「遼寧喀左縣北洞村發現殷代靑銅器」, 『考古』1973-4, 225~226, 257쪽.

12 唐蘭, 1973, 「從河南鄭州出土的商代前期靑銅器談起」, 『文物』1973-7, 11쪽.

13 晏琬(李學勤), 1975, 「北京·遼寧出土銅器與周初的燕」, 『考古』1975-5, 276쪽.

14 李學勤, 1983, 「試論孤竹」, 『社會科學戰線』1983-2, 204~205쪽; 金岳(金岳), 1983, 「亞微罍考釋-兼論商代孤竹國-」, 『社會科學戰線』1983-2, 211쪽; 孟古托力, 2003, 「孤竹國釋論」, 『中國東北邊疆硏究』 (馬大正 主編), 中國社會科學出版社, 105쪽.

그림 1 요녕 객좌 북동 기후방정(𠭯侯方鼎) 명문

명문이 확인되었다. 그 가운데 방정의 안쪽 벽에서 4행 24자의 청동기 제작 경위에 대한 명문이 나오고(그림 1의 좌), 그 아래 바닥 중심에서 별도로 "亞[𠭯 侯]戈"의 족씨명문(族氏銘文)이 확인되었다(그림 1의 우). 이것이 바로 문제의 '기 후'명 방정이다.

명문의 내용은 은(殷)의 귀척인 㸰'이 예하의 우정[又正, 右正 또는 有正(政), 관명] '要'(斐)에게 목(穆)지역의 패(貝, 재물) 붕이백(朋二百)을 내리자 비(要)가 그에 대 하여 (답례로) 어머니 기(己)를 위한 존기(尊器)를 만들었다는 것이며, 큰 '亞' 자 모양의 아형(亞形) 내 작호인 '𠭯(𠭯, 箕의 고문자)侯'와 그 아래 의(戈, 疑의 고문자) 는 작기자(作器者)인 要(斐)의 족씨를 나타내는 명문, 즉 족휘(族徽)에 해당한다.[15]

---

15 이 명문의 隸定(판독)과 해석에 대해서는 白川靜, 1979, 「金文通釋 補記篇 卷一下」「白鶴美術館 誌」 51; 2005, 『白川靜著作集』 別卷 金文通釋 6, 平凡社, 443~444쪽 要方鼎조 및 唐蘭, 1986, 『西周 靑銅器銘文分代史徵』, 中華書局, 110쪽 斐方鼎조를 참조하라. '朋'은 貝의 단위로 貝 10개 한 묶음 이 1朋에 해당한다. 商周 청동 예기의 제작 과정 및 정치사회적 배경과 관련해서는 松丸道雄, 1980, 「西周靑銅器製作의 背景」, 『西周靑銅器와 그 國家』, 東京大學出版會, 11~131쪽을 참고할 만하 다. 이 청동기의 명칭은 일반적으로 作器者의 이름을 따라 '要(斐)方鼎'이라고 많이 부르지만,

상대 청동기에 족씨명문과 함께 자주 보이는 특징적인 도형문자인 아형(亞形)에 대해서는 여러 가지 해석이 제기되었지만,[16] 일반적으로 상(은) 왕실을 위해 봉사한 정인(貞人) 등 고위 성직자(사제)에게 부여된 예칭 정도로 이해할 수 있다.[17] 따라서 아형과 결부되어 있는 旲는 기후, 즉 기국(異國)의 후이면서 동시에 은 왕실의 정인이었던 인물이다.[18] 정(貞)은 점복(占卜)하여 물어본다는 뜻[卜問], 점복의 일을 담당한다는 뜻[當], 어떤 일에 대한 점복에서 올바름, 즉 길조를 얻었다는 뜻[正] 등이 있는데, 여기서 정인이란 점복의 일 전체를 관장하는 복관(卜官)으로 구갑(龜甲)을 불에 그슬리는 일을 주로 담당하는 '복인'(卜人)과는 구별되는 상위의 이복자[涖卜者, 太卜]에 해당한다.[19]

기존에는 기후방정의 족씨명문인 "亞[異侯]旲" 가운데 '기후'에만 주목했으나, 은 왕실과의 관계에서 '亞'가 더욱 중요한 지위를 나타내고 있으며 이 때문에 의(旲)의 후손들은 명예로운 '亞'를 강조하여 때로 '亞旲'만으로도 족휘를 나타내기도 하였다.[20] 은 왕실의 정인이자 기후였던 의(旲)는 이후 기국후(異國侯)의 직계 조상으로 추앙되었다는 점에서 기후방정의 출자와 성격을 이해하는 데 매우 중요한 인물이다. 의(旲)가 점복한 은의 복사(卜辭)에 선왕의 명칭으로 '형경'(兄庚)이 있는 것으로 보아, 의(旲)는 조갑(祖甲)시대(기원전 12세기 전반)의 정인으로 이해된다.[21] 따라서 기후방정의 작기자인 '斐'(斐)는 의(旲)의 후손으로 조갑시대 이후의 인물임을 알 수 있다.

여기서는 기자(箕子) 관련 문제를 다루므로 편의상 '異侯方鼎'이라고도 부르고자 한다.

16 張光直, 1990, 「說殷代的'亞形'」, 『慶祝高去尋先生八十歲論文集』, 臺北正中書局; 1990, 『中國青銅器時代』(第二集), 聯經, 81~89쪽 및 何景成, 2009, 『商周青銅器族氏銘文研究』, 齊魯書社, 47~61쪽 참조.

17 白川靜, 2004, 「亞」, 『新訂 字統』, 平凡社, 3~5쪽.

18 이와 관련해 최근 상대 정인의 성격을 봉국 수령으로서 중앙 조정에 와 점복제사의 일을 맡았던 관인이라고 본 견해(李雪山, 2004, 「貞人爲封國首領來朝職掌占卜祭祀之官」, 『2004年安陽殷商文明國際學術研討會論文集』)가 있어 참고할 만하다.

19 饒宗頤, 1996, 『殷代貞卜人物通考』I, 손예철 역, 민음사, 97~99쪽 참조.

20 王獻唐(遺書), 1983, 「黃縣異器」, 『山東古國考』, 齊魯書社, 78~93쪽 참조.

21 饒宗頤, 1996, 『殷代貞卜人物通考』III, 손예철 역, 민음사, 1165쪽.

원 보고서에서는 기후방정 자체는 상 만기의 청동기이지만 함께 나온 청동기 가운데 서주 초기의 것이 섞여 있는 것으로 보아 1호 교장보다 조금 늦은 서주 초기에 매납된 것으로 파악하였다. 그리고 이와 관련해 1867년 북경 근교 노구교(蘆溝橋)에서 출토된 "亞[賏侯]矣 匽(燕)侯易(錫, 賜)亞貝 作父辛尊彝"명 동화(銅盉)(『집성』 9439)를 함께 거론하면서, 상대 기국은 고죽과 함께 북방에 소재한 제후국이었다가 서주 초기 연국이 분봉된 이후 연(匽)후에 종속되었지만 족명과 작호는 예전처럼 계속 유지하고 있었다고 이해하였다.[22] 앞서 '고죽'(孤竹)명과 마찬가지로 '기후'명 청동기를 근거로 객좌 일대 북방에 상대 기국이 있었다가 서주 초기에는 연국(燕國)의 지배하에 들어갔다고 본 것이다. 다른 한편 북동보다 앞서 1955년 객좌 마창구(馬廠溝)에서 출토된 서주 초기의 연후우[匽(燕)侯盂](『집성』 10305), 1973~1974년 출토된 북경 유리하(琉璃河) 서주 초기 M52의 연후[匽(燕)侯]명 청동기들(『집성』 5978, 10953, 11854)을 통해 볼 때, 서주 연국의 수도는 북경에 위치하고 있었지만 객좌에서 '연후'명이 출토되는 것으로 보아 이 일대까지 연의 세력이 미쳤던 것이며, 북동의 기후(賏侯)는 상대(商代)의 원 근거지인 산서 지역을 떠나 서주 초기 연국으로 이주한 은유(殷遺) 기족(箕族)의 일원으로 연후(燕侯)에 복속되어 있던 존재라고 파악하기도 하였다.[23] 이와 같이 상대 기(賏, 箕)의 근거지를 어디로 비정하는가에 대해서는 차이가 있지만, 북동의 기후방정은 서주 초기 연국의 판도에 속해 있던 객좌 일대 상(은) 유민의 유물로 이해하고 있다는 점에서 공통된다고 할 수 있다.

그런데 북동의 기후방정을 요서 지역 기자조선의 실재와 직접 관련시켜 보는 시각이 1970년대 말 제기되었다.[24] 북동의 청동기들은 형태나 문양에서

---

22 喀左縣文化館·朝陽地區博物館·遼寧省博物館北洞文物發掘小組, 1974, 「遼寧喀左縣北洞村出土的殷周靑銅器」, 『考古』 1974-6, 531~539쪽.

23 晏琬, 1975, 앞의 글, 278~279쪽.

24 張震澤, 1979, 「喀左北洞村出土銅器銘文考釋」, 『社會科學戰線』 1979-2, 142~155쪽. 한편 북동의

볼 때 상 말기에 제작된 것으로 1호 교장의 명문 청동기는 고죽국이 아니라 은말 3인(仁)의 하나인 미자(微子) 계(啓)와 관련된 것이며,[25] 2호 교장의 기후방정 역시 은말 기자와 관련된 것으로 기자가 조선에 와서 최초로 활동했던 지역이 바로 객좌 일대임을 실증해 준다는 것이다.

이와 관련해 국내에서도 북동에서 출토된 '기후'명 청동기는 상대의 기후, 즉 전설상의 기자 씨족 집단이 서주 건국 후 새로운 거주지를 찾아 이동하다가 최후로 도달한 곳이 바로 난하 동쪽의 요녕성 서남부 객좌 지역이었음을 의미한다고 이해되기도 했다.[26] '기자조선'의 존재를 인정한 것은 아니지만 북동의 기후방정을 근거로 기자의 요서 지역 이주 및 기자국을 언급한 것이다. 그리고 앞서 본 바와 같이 기후방정을 주에게 밀려나 원래의 거주지로 돌아온 은의 기자족이 남긴 것으로 보면서, 이를 통해 대릉하유역을 중심으로 발해 연안까지 기자조선이 실재했다고 더욱 구체적으로 파악하기도 하였다.[27]

사실 이러한 난하-대릉하유역의 기자국 및 기자조선설은 북동의 기후방정을 거론하지 않았지만 천관우에 의해 먼저 제기된 바 있다. 그에 따르면 기자족은 발해 연안에서 발상한 동이의 일지(一支)로 중원으로 남하하여 산서 태곡(太谷)에서 기국을 형성하였는데, 신흥 세력인 주의 압력으로 말미암아 그 주력이 동방으로 이동을 개시하여 난하 하류(하북성 노룡 일대)에 처음 정착하였고, 그 후 다시 오랫동안 요서·요동을 거쳐 동진하여 마침내 평양까지

'𨥙侯'명 청동기가 출토되기 이전에 丁山(1901~1952)이 전세(傳世)의 "亞[𨥙侯]"명 청동기들을 기자 및 그 자손의 유물로 추정한 바 있었다. 그러나 이것은 기자가 은왕기내후(殷王畿內侯)였다는 논지 속에서 나온 것이며 기자동래설의 입장에서 제시된 것은 아니었다[丁山(沈西峰 點校), 1949(2008), 『商周史料考證』, 國家圖書館出版社, 162쪽 참조].

25 張震澤은 孤竹과 관련된 '曶冉' 또는 '曶竹' 명문의 첫 자를 동사인 '曶'(冊) 자로 보고 '竹'은 인명으로 파악한다.

26 윤내현, 1986, 「箕子新考」, 『한국고대사신론』, 일지사, 221, 226쪽.

27 이형구, 1991, 앞의 글.

도달하였다는 것이다.[28] 비록 북동의 기후방정을 참조하지 않고 문헌 자료를 위주로 기자족의 이동 과정을 설명했지만 전체적인 논지는 발해 연안-대릉하유역 기자조선설과 거의 유사하다. 최근 중국에서도 이와 비슷한 맥락에서 북동의 기후방정을 근거로 기자조선이 최초에 요서 지역에 위치했다가 이후 요동을 지나 한반도 북부로 이동했다고 보는 설이 제기되고 있다.[29] 기자족이 요서 지역에서 일단 건국했다가 다시 동쪽으로 이동했다고 본 점에서 앞서 본 견해와 마찬가지로 2단계 이동설이라고 할 수 있다.

다른 한편 전래하는 소신부방정(小臣缶方鼎)에 보이는 '소신부'(小臣缶)에 대해 은허(殷墟) 복사(卜辭)의 기후부(䛣侯缶)와 동일 인물이며 동시에 기자라고 추정하여, 북경과 객좌 일대의 북방에서 기후와 관련된 청동기가 출토되는 것은 문헌에 보이는 기자의 사적과 서로 관련된다고 이해하기도 한다.[30] 여기서 문헌에 보이는 기자의 사적이란 바로 기자동래를 가리키는 것인데, 부(缶)를 기자의 실제 이름으로 파악하면서 북경과 객좌의 '기후'명 청동기를 기자동래와 관련한 유물로 보는 것이다. 그러나 소신부방정(『집성』 2653)에는 𣄼 자형[31]의 족씨명문이 보인다는 점에서 부는 기후나 기자와 족씨상 구분되는 별개 인물로 파악해야 할 것이다.

일반적으로 중국 학계에서는 기후방정을 기자동래와 직접 관련된 청동기

---

28 천관우, 1974, 「箕子攷」, 『동방학지』 15; 1989, 『고조선사·삼한사연구』, 일조각, 87~88쪽.

29 楊軍, 1999, 「箕子與古朝鮮」, 『吉林大學社會科學學報』 1999-3; 閻海, 2001, 「箕子東走朝鮮探因」, 『北方文物』 2001-2.

30 李學勤, 1985, 「小臣缶方鼎與箕子」, 『殷都學刊』 1985-2; 2005, 「缶方鼎」, 『靑銅器與古代史』, 聯經, 148~157쪽. 상주의 '소신'은 관명(노비 출신 근시직)인 경우와 겸칭으로 사용된 경우로 구분되는데, 여기의 '소신'은 겸칭의 예로 이해된다(白冰, 2007, 『靑銅器銘文研究-白川靜金文學著作的成就與疏失-』, 學林出版社, 254~257쪽). 관명으로서 '小臣'에 대한 검토는 汪寧生, 2002, 「'小臣'之稱謂由來及身分」, 『華夏考古』 2002-1, 56~60쪽 및 韓江蘇, 2004, 「商代的"小臣"」, 『2004年安陽殷商文明國際學術研討會論文集』 참조.

31 이 고문자의 판독[隸定]에 대해서는 '翼'(郭沫若), '擧'(于省吾) 등의 제설이 제기되어 왔다(秦建明·張懋鎔, 1984, 「說𣄼」, 『考古與文物』 1984-6).

로 거론하고 있다.[32] 하지만 이에 대한 비판도 없지 않다. 기후방정의 주인공 '夫'(斐)는 기자와 같은 기족(箕族)이지만, 그는 은왕조 23대 무정(武丁)-24대 조경(祖庚)-25대 조갑(祖甲) 때의 인물이고 기자는 마지막 31대 제신(帝辛, 紂王) 때의 인물로 시기 차가 크기 때문에 이를 통해 기자가 정착했던 조선의 위치를 대릉하유역으로 비정할 수 없다는 것이다.[33]

그러나 기후방정의 족씨명문인 "亞[夨侯]矣"를 통해 보았듯이, 작기자인 비(斐)의 조상인 의(矣)가 조갑시대의 정인(貞人)이었다는 점에서 그 후손인 비를 그보다 앞서는 무정 시기의 인물로 보는 것은 무리가 있다. 기후방정의 명문에 보이는 '夨'와 비는 모두 은 주왕 때 동이 정벌에 참여했던 인물이며 비에 대한 사여도 이와 관계된 것으로 추정되기 때문에 방정의 제작 연대 역시 은의 동이 정벌 직후인 은 주왕 20년(기원전 1056) 전후로 비정된다.[34] 구체적인 제작 연대에서는 다소 차이가 있을 수 있으나, 어쨌든 '夨'가 은 주왕 시기 동이 정벌에 참여했던 중요 인물이라는 점에서 작기자인 비 역시 은 주왕 대의 인물로 봐도 무방할 것이다.[35]

이와 같이 이해하면 기후방정의 작기자인 비는 기자와 거의 동시대이거나

---

[32] 張博泉, 1985, 『東北地方史稿』, 吉林大學出版社, 75쪽; 張博泉·魏存成 主編, 1998, 『東北古代民族·考古與疆域』, 吉林大學出版社, 47쪽; 李德山·欒凡 主編, 2003, 『中國東北古民族發展史』, 中國社會科學出版社, 103쪽.

[33] 李健才, 2001, 「箕子朝鮮是否初在遼西的問題」, 『東北史地考略』, 吉林文史出版社, 69쪽.

[34] 金岳, 1986, 「斐方鼎考釋-兼論殷周夨國-」, 『中國考古集成-東北卷-』; 1996, 『東北亞研究-北方民族方國歷史研究-』, 中州古籍出版社, 193쪽. 상주 교체기의 연대는 平勢隆郎의 殷周觀象授時曆 연구에 따르면 帝辛은 기원전 1044~기원전 1023년(22), 克殷 후 주 무왕의 재위는 기원전 1023~기원전 1022년(平勢隆郎, 1996, 『中國古代紀年の研究-天文と曆の檢討から-』, 東京大學東洋文化研究所, 附表 74~129쪽), 중국의 斷代工程에 따르면 상 제신(주왕)의 재위는 기원전 1075~기원전 1046년(30년), 주 무왕은 기원전 1046~기원전 1043으로 비정된다(夏商周斷代工程專家組, 2000, 『夏商周斷代工程-1996~2000年階段成果報告-簡本』, 世界圖書出版公司, 88쪽). 이 글에서는 연구사 검토의 편의상 최근 중국 학계의 연대 비정에 따랐다.

[35] 한편 張震澤, 1979, 앞의 글, 153쪽에서는 夨侯方鼎의 명문 본문에 보이는 인물들의 생존 연대는 은말의 기자보다 약 40년 정도 앞선다고 보았다.

1세대 정도 앞서는 아의(亞矣)계 기족(異族)의 인물임을 알 수 있다. 일반적으로 청동 예기의 전세 기간이 수 세대에 걸쳐 있다는 점을 고려한다면 이 정도의 시차를 근거로 기후방정과 기자의 관계를 부인하기는 어렵다. 오히려 시기적으로 보아 기후방정은 기자와 동시대 기족의 유물임을 알 수 있다.

그런데 기후방정과 기자의 관계에 대한 보다 근본적인 문제 제기가 나왔다. 고문(古文)에서 '異'와 '箕'는 서로 다른 글자이기 때문에 양자를 연결해 볼 수 없다는 것이다. 『설문해자』에 의하면 箕는 고문에서 '𠦝'로 보이고 '𠀤'는 異의 고문자로 서로 따로 보이고 있으며, 또 '기후'는 산동 지역에 근거한 강성(姜姓) 족단의 봉후(封侯)이고 기자[子爵]는 은 왕실의 친족[子姓]으로 양자는 별계통의 존재이기 때문에 기후방정의 기후를 기자와 연결해 볼 수 없다는 것이다.[36]

사실 기후방정의 '기후'를 기자와 연결해 볼 수 없다는 문제 제기는 김악(金岳)에 의해 먼저 제기되었다.[37] 상주금문(商周金文)에 보이는 "異侯亞矣" 등의 기후는 산동반도에 위치했던 강성의 기국군후(異國君侯)이며,[38] 문헌에 보이는 기자는 은 왕실과 같은 자성(子姓)으로 산서성 동부의 태곡(太谷) 부근에 봉지가 있었기 때문에 양자는 족씨와 지역에서 별개 존재라는 것이다. 이를 좇아 국내에서도 자성의 기자와 강성의 기후는 별개의 존재이거니와, 기(異)자와 기(箕)자는 고문에서 서로 다르게 보이기 때문에 같은 글자로 보기 어렵다고 이해되기도 했다.[39] 이에 따르면 기후방정을 기자와 관련해 논하는 것은 불가

---

36 張碧波, 2000, 「關于箕子與古朝鮮幾個問題的思考-與楊軍先生商榷-」, 『吉林大學社會科學學報』 2000-3, 12~13쪽; 2002, 「關于箕子東走朝鮮問題的論爭-與閻海先生商榷-」, 『北方文物』 2002-4, 73~74쪽. 張碧波와 앞의 李健才는 기자조선이 처음부터 요서 지역이 아니라 한반도 북부 지역(평양 일대)에 위치했다고 보는 입장에서 객좌의 異侯方鼎을 기자동래와 연결해 본 선행 연구를 비판하였다.

37 金岳, 1993, 「殷周異方非箕子辯」, 『文物季刊』 1993-1, 38~40쪽.

38 金岳은 山東 異侯國의 구체적인 위치를 山東 登萊 일대에서 출토된 師袁簋와 烟台市 남쪽에서 출토된 異侯鼎을 근거로 烟台와 東萊 사이에 비정하였다(위의 글, 40쪽).

39 배진영, 2007, 「甲骨-金文으로 본 商代 北京地域 政治體-」, 『중국사연구』 47, 11쪽.

능하게 된다.

'기'(覬)와 '기'[其(箕)], 기후와 기자의 족성 문제는 기후방정을 기자와 연결해 보는 데 아주 중요한 전제라고 할 수 있다. 기자가 과연 자성이었는지에 대해서는 『제왕세기』(帝王世紀) 등 후대 문헌에 의한 것이기 때문에 의문의 여지가 있다고 이해되기도 한다.[40] 하지만 사마천의 『사기』에서 기자를 주왕(紂王)의 친척이라고 하였고, 또 후한의 마융(馬融)이 기자를 주왕의 제부(諸父)였다고 본 이래로 기자는 은 왕실과 동성인 자성으로 이해하는 것이 통설이다. 특히 은 무정(武丁) 시기 복사에 보이는 '子其'(箕)는 은대의 기족(其族) 가운데 시기적으로 가장 먼저 보이는 기자의 시조로써, 여기의 자(子)는 자성을 뜻하고 무정의 왕자인 왕족자성(王族子姓)의 성원이 '기'(其)에 분봉되면서 '其'(覬)가 그 후손들의 족휘로 분화된 것으로 이해된다.[41] 기자의 자(子) 역시 미자(微子) 계(啓)의 '子'와 마찬가지로 자작이 아니라 원래 상(殷) 왕족의 자성에서 유래한 왕족에 대한 호칭이었다가 상 멸망 후에 일반적인 존칭의 성격으로 변화했다고 보기도 한다.[42] 따라서 기자의 족성은 전통적인 견해에 따라 은 왕족과 동성인 자성이었다고 보는 것이 무난할 것이다.

그렇다면 1950년대 이후 산동 지역 출토 청동기에 보이는 강성 기후와 상대 자성 기족의 관계는 어떻게 이해해야 할까? 이와 관련하여 국명(족씨)은 같지만 족성이 다른 경우가 역사적으로 존재한 사실을 고려할 필요가 있다. 예컨대, 1954년 강서(江西) 단도(丹徒) 연돈산(烟墩山)에서 출토된 의후우궤(宜侯矢簋)에 보이는 '矢', 즉 우(虞)의 족성은 산백궤[散白(伯)簋]의 "矢姬"에 의해 희성

---

40 심재훈, 2008, 앞의 글, 384쪽.

41 王蘊智, 2001, 「殷商箕族淵源考訂」, 『高敏先生七十華誕紀念文集』, 中州古籍出版社, 64~78쪽; 王長豊, 2006, 『殷周金文族徽整理與研究』, 鄭州大學博士學位論文, 129~131쪽. '子其'의 성격과 관련해 상대 복사에 보이는 子漁·子央 등 상대의 '子某'는 왕위를 계승하지 못한 왕의 친자가 분기하여 따로 건립한 족씨라고 이해한 연구(朱鳳瀚, 2003, 『商周家族形態研究』(增訂本), 天津古籍出版社, 69쪽)를 참고할 만하다.

42 陳蒲淸, 2003, 『箕子評傳』, 岳麓書社, 10~11쪽.

202   Ⅱ. 단군과 기자의 조선: 신화와 역사의 경계

(姬姓)으로 보는 데 별 이견이 없다.[43] 하지만 『일주서』(逸周書)와 『좌전』등에 의하면 서주 초기 3개의 우국(虞國)이 있었는데, 산서의 우(虞)는 위성(媯姓)이며 오(吳)의 우(虞, 南虞)와 하북(河北)의 우(虞, 北虞)는 희성(姬姓)이었다.[44] 이처럼 국명은 동일하지만 족성이 다른 경우가 역사적으로 존재한 것이다. 따라서 산동에서 출토된 강성(姜姓) 기후(䣄侯)의 청동기만 주목하여 나머지 명문의 '䣄侯'까지 모두 강성(姜姓)으로 보고 자성(子姓) 기자와는 무관하다고 단정할 수는 없다. '기후'(䣄侯)와 기자의 관계를 규명하기 위해서는 족성보다 '䣄' 자와 '其'(箕) 자의 이동(異同) 여부를 우선적으로 검토해 보아야 한다. 이에 대해서는 절을 달리해 살펴보자.

3. 상주 청동기의 '其·䣄' 족명과 연국의 기족(箕族)

1) 기(其)와 기(䣄)의 관계

상주금문(商周金文)에 보이는 䀠(其)와 䣄(䣄)의 관계 문제는 기후방정과 기자의 관련성을 검토하는 데 아주 중요한 전제라고 할 수 있다. 기자와 관련된 고문의 기(其)와 기(䣄)의 관계에 대해 학계에는 세 가지 시각이 있다. 첫째, 기(其)와 기(䣄)를 별개의 글자로 보면서 기(其)는 기자와, 기(䣄)는 기후와 관련된 별개의 족씨라고 보는 이자이족(異字異族) 설이다.[45] 둘째, 기(箕)의 고문인 기(其)는 기(䣄)와 서로 바꾸어 쓸 수 있는 같은 글자이지만 역사적으로는 상대(商代) 산서의 기족(箕族, 子姓)과 서주 산동의 기족(箕族, 姜姓)은 구분된다고 보는 동자이족(同字異族) 설[46]이 있다. 셋째, 기(其)와 기(䣄)는 모두 기(箕)의 고문으

43 周寶宏, 2007,「宜侯夨簋銘文集釋」,『西周靑銅重器銘文集釋』, 天津古籍出版社, 31~32, 48쪽 참조.

44 唐蘭, 1956,「宜侯夨簋考釋」,『考古學報』1956-6; 1995,『唐蘭先生金文論集』, 紫禁城出版社, 69쪽.

45 張碧波, 2002, 앞의 글; 裵眞永, 2007, 앞의 글.

46 晏琬(李學勤), 1975, 앞의 글; 曹定雲, 2007,「"亞其"考」,『殷墟婦好墓銘文研究』, 雲南人民出版社, 15쪽.

로 같이 쓰였을 뿐만 아니라 상대의 기족(箕族)과 주대 산동의 기족은 동일 계통의 족씨라고 보는 동자동족(同字同族) 설[47]이다.

첫 번째 고문의 기(其)와 기(畁)를 구분해 본 입장은 후한 허신의 『설문해자』에서 기원한다. 『설문해자』 죽부(竹部)에서 '𠀠'를 기(箕)의 고문으로, 기부(己部)에서는 '𦥔'를 기(畁)의 고문으로 보아 서로 다른 고문자인 것처럼 구분하고 있다.[48] 이에 따르면 기(其)와 기(畁)는 별개의 고문자로 이해된다.

『설문해자』가 갑골문과 금문 등 고문을 한자로 판독[隸定]하는 고문자학에서 중요한 1차 전거 자료가 됨은 부인할 수 없는 사실이다. 하지만 과연 전적으로 신뢰할 수 있는지에 대해서는 근대 이후 많은 학자가 의문을 제기해 왔다. 청말 손이양(孫詒讓)·나진옥(羅振玉)·왕국유(王國維) 등의 고문자학에 대한 공헌은 다름 아니라 2000년간 내려온 『설문해자』의 속박에서 벗어나고자 한 노력이라고 평가되며, 그로 인해 근대 고문자학의 길이 열리게 되었다. 선진(先秦) 문자를 한(漢) 이후의 문자로 변식하는 작업에서 『설문해자』가 필수적인 기준서임은 분명하지만, 그렇다고 해서 『설문해자』가 유일하고 완전한 자료라고 인정될 수는 없다. 『설문해자』의 한계는 사주편(史籒篇) 이전 상주 문자 자료가 매우 부족하다는 점과 후대의 전사·모각 과정에서 허신의 수정본과 달리 와전된 경우가 적지 않다는 점이다.[49] 『설문해자』에 수록된 자형은 여러 차례 전사된 것이어서, 동일한 글자임에도 불구하고 현존하는 여러 판본마다 자형에 차이가 난다. 이것은 고문을 예정하는 과정에서 자형의 기준이 서로 다르다는 점에서 큰 문제가 될 수 있다.

또 현존하는 『설문해자』에 빠진 부분이 있고, 현재까지도 새로운 고문자가

---

47 孫敬明, 1999,「兩周金文與畁史新徵」,『齊魯學刊』1999-3, 86~90쪽; 심재훈, 2008, 앞의 글, 401~402쪽. 단, 商代 畁族의 근거지에 대해 孫敬明은 王獻唐의 설과 같이 산동 莒縣 북쪽 일대로 본 반면, 심재훈은 산서 太原 일대의 汾河 유역으로 다르게 비정하면서 상 멸망 후 箕族이 이산되었다가 서주 중기 이후 다시 산동 지역에 정착하여 畁侯로 성장했다고 이해한다.

48 王筠,『說文解字句讀』卷9 16頁 및 卷28 15頁(1998, 中華書局, 166쪽 및 591쪽).

49 陳夢家, 1943,『中國文字學』(重訂本); 2006, 中華書局, 242쪽.

계속 발견되고 있다는 점을 상기해야 한다. 『설문해자』에 수록된 글자들은 이미 고석이 완료된 것이라고 여겨지지만 결코 오류가 없다고 장담할 수 없다. 예컨대, 허신은 『설문해자』에 수록된 글자의 자의에 대해서는 비교적 설명해 놓았지만, 자음에 대한 설명이 없기 때문에 후대의 연구자들이 많은 보충 설명을 달아 놓은 것이다. 특히 자음에 의한 글자의 통가(通假)가 상례적이었던 전국시대 이전의 고문자 해석에서 이러한 단점은 작은 것이 아니라고 할 수 있다.[50] 오늘날의 고문자학 수준에서 본다면 『설문해자』에는 당연히 적잖은 착오가 존재하고 있으며, 이 책이 신성불가침한 성질의 것은 결코 아니라 하겠다. 현대의 고문자학이 전통적인 『설문』학을 능가할 수 있었던 것은 그 대부분이 새로 출토된 고문자 자료에 근거할 수 있었기 때문이며, 이는 과거의 『설문해자』를 연구하던 학자들이 볼 수 없었던 자료들이다. 『설문해자』에 대한 이러한 인식은 고문자학의 기초를 확립하게 되었다.[51]

따라서 『설문해자』의 자형에만 의존해서 고문자를 해석해서는 안 되며 특히 근대 이후 출토된 자료에 더 주목해 보아야 한다. 기(其, 箕)와 기(夔)의 고문을 같은 글자로 보는 두 번째, 세 번째 설은 이와 같이 『설문해자』보다 근대 출토 자료와 고문자학의 성과를 더욱 비중 있게 받아들이기 때문에 가능한 것이다.

송대 이후의 상주금문 자료와 고문자학의 성과에 의하면, 𠖥(其)와 𠵼(夔)를 완전히 구분된 별개의 족씨명문이었다고 보기는 어렵다. 우선 왕헌당(王獻唐)이 지적한 바와 같이 전래하는 상대 청동기 명문 가운데 "亞[其]夨"와 "亞[其]侯]夨"명이 확인되는데,[52] 이들은 모두 "亞[夔侯]夨"와 동일 계통의 족씨명문이다.

---

50 林澐, 1984, 『古文字研究簡論』, 吉林大學出版社; 2004, 『중국고문자연구방법론』, 윤창준 역, 학고방, 87~88쪽.

51 李學勤, 1985, 『古文字學初階』, 中華書局; 1991, 『고문자학 첫걸음』, 하영삼 역, 동문선, 173~175쪽.

52 王獻唐, 1983, 앞의 책, 72, 74쪽.

기(其)와 기(冀)가 혼용되고 있는 것이다. 또한 전래하는 '기후아의부기기'(其侯
亞吳父己器)(『집성』 10559)의 명문을 통해 '冀'가 '其' 자와 서로 통가 혼용되었음을
분명히 확인할 수 있다.[53] 따라서 기(其, 箕)와 기(冀)의 고문을 구별하여 기후
(冀侯)와 기자(箕子)가 전혀 관련될 수 없는 존재라고 보는 것은 받아들이기 어
렵다.

한편 출토 자료로 1976년 은허 무정왕비(武丁王妃) 무덤인 부호묘(婦好墓, M53)
에서 "亞其"명 청동기가 21점 확인되었는데, 아기(亞其)의 '其'는 후대 기후(冀侯)
의 '冀'와 기본적으로 같은 국호로써 동일가족 계통의 족씨명으로 이해된다.[54]
또 1999년 하남 정주(鄭州) 석불향(石佛鄕) 와유촌(洼劉村)의 서주 초기 토광목곽
묘(ZGW99M1)에서 "亞[其父己]"명 동정(銅鼎)과 "其父辛"명 동화(銅盉)가 10개의 청
동 예기와 함께 출토되었는데,[55] 이 역시 아형(亞形)을 띄고 있다는 점에서 기
후방정의 아의(亞吳)와 동일 계통의 기(其, 冀)족이라고 이해된다. 이상의 자료
에 의하면 상주금문의 족씨명문에서 기(其, 箕)와 기(冀)는 서로 혼용된 글자였
으며, 기후(冀侯)는 기존설대로 기국(箕國)의 후(侯)로서 기자와 관련될 가능성
이 높다고 보아야 할 것이다.

이와 관련해 근래 출토된 '其'명 가운데 크게 주목받지 못했던 사례가 있다.
1992년 10월 하북 천안현(遷安縣) 하관영진(夏官營鎭) 마초촌(馬哨村)에서 출토된

---

53 이 밖에 '冀' 대신 '其'를 쓴 "亞其吳"도 전래 청동기 명문 가운데 확인된다(『集成』 5015·5292-
5294).

54 曹定雲, 2007, 앞의 책, 12쪽. 曹定雲은 '其'에 대해 商 武丁期 山西 蒲縣 부근의 봉국으로, '冀'는
祖甲 후기 이후 북경 부근에 새롭게 분봉된 국으로 시기 차가 있지만 모두 吳 계통의 동일 가
족이라고 본다.

55 鄭州市文物考古硏究所, 2001, 「鄭州洼劉西周貴族墓出土靑銅器」, 『中原文物』 2001-2, 4~9쪽; 張松林
外, 2001, 「鄭州市洼劉村西周早期墓葬(ZGW99M1)發掘簡報」, 『文物』 2001-6, 28~44쪽. 그런데 鄭
州市文物考古硏究所의 글에서는 동화의 명문을 "冉父辛"으로 예정하여, 다음 張松林 등의 발굴
간보에서 '其辛父'라고 본 것과 차이가 난다. 두 글 모두 이 동화의 명문 탁본을 공개하지 않
아서 확인할 수 없으나, 뒤에 간행된 발굴간보와 최근 『新收』 598에 따라 "其辛父"로 보고자
한다.

'其'명 동궤(銅簋)다. 난하유역의 마초촌 남쪽 소산자(小山子) 상대(商代) 유적 서쪽에서 농민이 땅을 파다가 지하 50cm 부근에서 동정(높이 22.8, 구경 18.1cm) 1개, 동궤(높이 16.4, 구경 22.4, 저경 18.9cm) 1개, 도격(陶鬲) 2개, 도관(陶罐) 1개를 발견하였는데, 상대 만기의 것으로 추정되는 동궤 안쪽 바닥에서 '其' 자명이, 동정 안쪽 벽에서 'ㅏ' 자명이 각각 확인되었다.[56] 조사자는 '其'를 기(箕) 자로 예정하

그림 2 하북 천안현 마초촌 동궤의 기(其)명

고 기자 가족의 족휘로 보면서, 상말 이 일대에 있던 고죽국에 산서 태곡 지역의 기자가 딸을 시집보내면서 함께 보냈던 잉기(媵器)의 일종이며 출토 지점은 기녀(箕女)의 무덤이었을 것으로 추정하였다.[57]

이 하북 마초촌 출토 '其'명에는 아형(亞形)이나 의(夨)의 표기가 보이지 않아 기후방정과 같은 계통의 족씨명문인지 단정하기가 쉽지 않지만, 뒤에서 살펴볼 바와 같이 인접한 북경 일대에서 아의(亞夨)계 '其'명 청동기가 출토되었다는 점에서 서로 연결될 수 있을 것으로 보인다.

그러나 원보고자의 견해처럼 이 '其'명 동궤를 기국의 잉기로 추정할 수 있는가에 대해서는 의문이 남는다. 산동에서 출토된 황현(黃縣) 기기(夁器)나 "왕부기맹강"(王婦夁孟姜)명 동이(銅匜) 등에서는 국(족씨)명인 '夁'와 함께 족성인 강(姜)이 함께 보여 이들이 잉기임을 확인할 수 있지만,[58] 마초촌 청동기에서는 족씨(국명)로 추정되는 '其'만 보이기 때문에 이를 반드시 잉기라고 보기는 어

56　李宗山·尹曉燕, 1995, 「河北省遷安縣出土兩件商代銅器」, 『文物』 1995-6, 88~89쪽.

57　尹小燕, 1996, 「遷安縣發現商代器物」, 『文物春秋』 1996-1, 89~90쪽. 한편 『新收』 1304에서는 마초촌 동궤의 명문을 '其'가 아니라 명문의 위아래를 뒤집어서 '冉' 자에 가깝게 해석하였다. 상주 청동기에서 명문의 위아래가 뒤집혀 새겨지는 경우가 간혹 있기는 하지만, 여기서는 원조사자의 보고에 따라 '其' 자로 보고자 한다. 『新出』 445에서도 '其' 자로 예정하고 있다.

58　王獻唐, 1983, 앞의 책, 50쪽, 120~124쪽.

럽다. 조사자가 이것을 기국의 잉기라고 판단한 것은 전래문헌에서 유추되는 고죽국과 기국 사이의 관련성 때문이라고 보이는데,[59] 그보다는 청동기와 함께 출토된 토기들이 모두 토착적인 성격(장가원상층 문화)을 보인다는 점에서 하북 지역에 정착한 기족의 존재와 연결해 보는 것이 더 자연스러워 보인다. 원보고자의 견해처럼 마초촌의 '其'명·'卜'명 청동기는 모두 상대 만기의 청동기로 추정되지만,[60] 이 지역에서 출토된 역사적 경위는 인접한 북경 유리하 유적에서 많이 출토된 서주 초기 연국(燕國)의 '㠱'(其)명 청동기와 같은 맥락에서 이해해야 할 것이다.

2) 북경 일대 '㠱'(其)명 청동기와 아의계(亞夨系) 기족(箕族)

앞서 언급하였듯이 1867년 북경 노구교(蘆溝橋)에서 "亞[㠱侯夨 匽(燕)侯易(錫) 亞貝 作父辛尊彝"명 동화(銅盉)(『집성』 9439)가 출토된 적이 있으며, 1970년대 이후 북경 유리하 유적 등 서주 초기 연국 묘지가 발굴되면서 '㠱'명 청동기들이 다수 확인되었다. 1975년 북경 유리하 M253(『집성』 2035),[61] 1982년 북경 순의(順義) 금우촌(金牛村) 우란산(牛欄山)(『집성』 2374, 5078, 5742, 6402)[62] 등 서주 초기 연국 고분에서 '㠱'명 청동기가 출토되었다. 또한 북경 유리하 M253의 "其史 作祖己寶尊彝"명 동치(銅觶)[63]는 기(其)와 기(㠱)의 관계와 관련하여 주목되는데,

---

59 고죽국의 위치에 대해 전통적으로 河北 遷安과 인접한 盧龍 일대로 보는 것이 통설이다. 한편 1973년 객좌 북동에서 '孤竹'명 청동기가 출토되면서 상대 고죽국의 위치를 대릉하 상류 지역까지 확대해 보는 추세지만(李學勤, 1983, 앞의 글), 일각에서는 고죽국이 상대까지는 상 중심지와 인접한 산서성 남부 일대에 위치했다가 서주 초기에 발해 연안 지역으로 이주했다고 보기도 한다(배진영, 2006, 「출토자료로 본 孤竹」, 『이화사학연구』 33, 283~296쪽 참조).

60 '卜'명 청동기는 安陽 殷墟 侯家莊 M1004에서도 출토된 바 있다(『集成』 11891 卜卣).

61 北京市文物研究所, 1995, 『琉璃河西周燕國墓地 1973~1977』, 文物出版社, 102, 112쪽. 한편 북경 유리하 M54에서 "亞夨妃"명 銅盤이 출토되었는데, 亞夨의 부인으로 추정되어 역시 㠱族 관련 청동기로 이해할 수 있다(같은 책, 193, 197쪽 참조).

62 程長新, 1983, 「北京市順義縣牛欄山出土一組周初帶銘靑銅器」, 『文物』 1983-11, 66~69쪽. 우란산에서는 '亞㠱'명과 '亞夨'명(『集成』 2374)이 동시에 출토되었다는 점에서도 주목된다.

63 北京市文物研究所, 1995, 앞의 책, 171쪽.

M253에서는 이 '其'명과 함께 "亞[冀]矣"명 동정(銅鼎)도 함께 나왔다. 동일 무덤에서 동반 출토되었다는 점에서 '其'는 '冀'와 동일 계통의 족씨명문으로 볼 수 있다.

북경 유리하 M253의 기사치(其史觶)에 대해 기족(冀族)의 후예가 연의 조정에서 사(史)의 역할을 담당했음을 암시하며, 이를 통해 서주 초기 연국에 사민된 기족(冀族)의 후예가 주족(周族)의 주류사회에서 자리 잡아가는 모습을 읽어낼 수 있다.[64] 사(史)를 작기자(作器者)의 인명으로 볼 여지도 없지 않지만, 아무튼 전(傳) 낙양 출토 "齊史疑祖辛"명 동치(銅觶)(『집성』 6490·6491)의 사례를 통해 보아도 '其'는 국명(족씨)일 가능성이 높다. 그리고 이 '其'명은 『집성』 6489에서도 '箕' 자로 예정되고 있다. 따라서 북경 유리하 M253의 '其'명은 동반한 "亞(冀)矣"명과 함께 같은 기족(箕族)의 동기라고 볼 수 있다. 그렇다면 앞서 본 하북 천안 마초촌의 '其'명 동궤의 성격도 지리적으로 보아 인접한 서주 초기 연국 고분인 북경 유리하 M253의 '其'명 동치와 연결될 가능성이 높다고 하겠다.

북경 및 그 주변 하북 지역 출토 '其'(冀)명 청동기는 북경의 노구교 1점[亞(冀侯)]·유리하 2점[其·亞(冀)], 순의 우란산 4점[亞(冀)], 천안 마초촌 1점(其) 등인데, 노구교를 제외하고 모두 고분에서 출토되었다는 점에서 이 일대에 '冀'족이 거주하였음을 시사해 준다. 특히 북경 지역의 '冀'명은 아형(亞形)을 띠고 있다는 점에서 상 후기 기(冀, 箕)족 가운데 아의계(亞矣系)일 가능성이 높다. 전래하는 '아기'(亞其)명 가운데 '矣' 대신 '戈'를 쓴 족휘(『집성』 5168: 亞其戈父辛卣)도 확인된다. 이로 보아 기족(箕族) 가운데 아의계(亞矣系)와 구별되는 아과계(亞戈系)도 있던 것이다. 하지만 '冀侯'명이 아의계(亞矣系) 족휘에서만 확인된다는 점에서 상 후기 기후(冀侯)의 지위는 아의계(亞矣系)에 의해 계승되었다고 이해된다. 이런 점에서 아의계(亞矣系)는 상말 기백(箕伯)[冀侯]인 기자와 같은 계통의 기(冀,

---

[64] 심재훈, 2008, 앞의 글, 398쪽.

箕)족이며, 나아가 서주 초기 연국 내에 분포했던 아의계(亞矣系) 기(冀, 箕)족도 기자箕侯) 계통이라고 판단된다.

근래 북경 일대에서 출토된 서주 초기 '冀'명 청동기를 근거로 서주 이전 상대 기족(冀族)의 원주지까지 이 일대에 비정해 보는 견해가 적지 않다.[65] 하지만 아직까지는 상대 기국(箕國)의 위치에 대해 전래문헌을 토대로 산서성 태원(太原) 일대의 태곡(太谷)과 분하(汾河)유역, 유사현(楡社縣) 기성진(箕城鎮) 등지로 보는 것이 학계의 통설이다.[66] 그러나 산서 태원 및 분하유역에서는 '冀'명 청동기가 아직 한 점도 발견되지 않았다는 점에서 기존의 통설 역시 다시 검토할 필요가 있다.

최근의 출토 자료에 의하면 상 후기 '冀'명 청동기 대부분이 은허 일대에서 출토되기 때문에 상대 기족(冀族)의 근거지는 오히려 안양(安陽)과 가까운 기내(畿內) 하남 지역일 가능성이 높다. 최근 통계에 따르면 상 무정(武丁) 이후 안양에서 출토된 '冀'족 관련 청동기는 부호묘(婦好墓)의 21점, 후가장(侯家莊) 서북강(西北崗)의 4점, 대사공촌(大司空村)의 11점, 전(傳) 안양의 2점 등 38점에 이른다.[67]

이 밖에도 안양 후가장(侯家莊)에서 아의유(亞矣卣)(『집성』 4813)와 아의난형기(亞矣卵形器)(『집성』 10344), 무관북지(武官北地)에서 아의가(亞矣斝)(『집성』 9158) 등이 출토되었고, 전(傳) 안양의 아의과(亞矣戈)(『집성』 10831)·아의동포(亞矣銅泡)(『집성』 11853)·아의뢰(亞矣耝)(『집성』 11831)·아기유(亞其卣)(『집성』 4817)·아기요(亞

---

65 韓嘉谷, 1995, 「論北京地區爲"其"國(族)故地」, 『北京文博』 1995-1; 陳平, 1995, 「箕國與箕子」, 『燕事紀事編年會按』上冊, 北京大學出版社, 33쪽; 朱彦民, 1997, 「金甲文中的"其"·"冀"與箕子封燕考」, 『北京建城3040年曁燕文明國際學術硏討會會議專集』, 北京燕山出版社, 218~225쪽; 李雪山, 2001, 『商代封國方國及其制度硏究』, 鄭州大學博士學位論文, 77~78쪽; 2004, 「卜辭所見商代晚期封國分布考」, 『殷都學刊』 2004-2, 15쪽; 曹定雲, 2007, 앞의 책, 5~17쪽.

66 심재훈, 2008, 앞의 글, 385쪽 참조. 또한 일각에서는 산동 황현 등에서 출토된 주대의 '冀' 명 동기들을 근거로 산동 거현 북쪽에 상대부터 箕國이 위치했다고 보는 견해도 있다(王獻唐, 1983, 앞의 책; 孫敬明, 1999, 앞의 글).

67 심재훈, 2008, 앞의 글, 379쪽 〈표1〉 참조.

夭鏡)(『집성』382) 등까지 추가하면 50점에 달한다. 또한 서주 초기의 '員'(其) 관련 청동기이지만, 하남 낙양에서 출토된 아의부을작(亞夭父乙爵)(『집성』9000)·아의뢰(亞夭罍)(『집성』9761), 하남 상채(上蔡) 전장촌(田莊村)의 '亞夭'명 청동기(『집성』828, 7283), 하남 준현(濬縣) 신촌(新村)의 '亞夭'명 청동기(『집성』5248), 앞서 본 하남 정주 와유촌(洼劉村)의 '亞[其父己]'·'其父辛'명 청동기까지 포함하면 하남 안양·낙양·상채·정주 일대는 기족(員族) 특히 기후(員侯)[기자]와 관련된 아의계(亞夭系) 기족(員族)의 청동기가 가장 집중적으로 출토되는 지역이다. 이 가운데 정주와 상채 지역은 왕기 내이면서도 황하 북쪽의 안양과 일정한 거리를 두고 있는 황하 남쪽 지대로, 『장자』·『여씨춘추』 등 전래문헌에 나오는 기(箕)와 관련된 가장 오래된 지명인 '기산'(箕山)이 바로 이 지역인 하남 등봉현(登封縣) 동남쪽에 위치한다[68]는 점에서 특히 주목된다.

상대 기국(箕國)은 현재까지의 출토 자료와 전래문헌을 종합해 볼 때 정주-등봉-상채 일대의 하남 중남부 지역일 가능성이 가장 높다. 상 말기의 도성인 안양에서 '亞夭'명 동기가 많이 출토된 것은 의(夭)가 은 왕실의 정인(貞人)으로서 중앙에서 많이 활약했기 때문일 것이며, 아의(亞夭)의 봉지인 기(員, 箕)국은 안양에서 가까운 왕기 내 하남 중남부 지역이었을 것이다.[69] 결국 기후(기자)로 대표되는 아의계(亞夭系) 기족(箕族)은 상 후기까지 하남 중남부에 분포해 있다가 상 멸망 후 서주 초기에 하북 북경 일대 연국(燕國) 지역으로 이주 정착한 것이라고 정리할 수 있다.

서주는 건국 초기에 제후국들을 분봉하면서 주의 근거지인 섬서 지역으로부터 이주한 주족(周族)이 새로운 제후국의 상층부를 구성하고, 사민된 상의 유민들과 기존 토착민들을 그 아래에 편입해 새로운 지역 거점을 확보해 나갔다.[70] 또 주 성왕 때 낙읍(洛邑, 成周)을 건설할 때도 많은 은유민이 천사되었

---

68 陳平, 1995, 앞의 책, 31쪽.

69 상대의 '員侯'(箕子)가 王畿內侯였다는 점은 丁山에 의해서도 지적된 바 있다(丁山, 2008, 앞의 책, 161~162쪽).

는데 대부분이 상왕과 혈연 관계에 있던 동성 귀족이었던 것으로 파악된다.[70] 이처럼 상 멸망 후 친상적 성향의 귀족과 유민들이 서주에 의해 정책적으로 사민되었는데, 기족(箕族) 역시 서주에 의해 연국이 분봉된 기원전 11세기 말[72] 하남 중남부 일대의 근거지를 떠나 북경 일대로 이주되어 그 지배하에 놓이게 된 것으로 이해된다.

상 멸망 후 주에 의해 사방으로 사민된 은유민들에 의해 상의 발달된 청동기 문화가 주변 지역으로 전파되는데, 이때 은유민이 각지로 가지고 간 상대에 제작된 청동기를 '은식동기'(殷式銅器), 서주 초기 은유민에 의해 제작되었지만 기형·문양·족휘 등에서 상대의 유풍을 간직한 청동기를 '은계동기'(殷系銅器)로 분류할 수 있다.[73]

서주 초기 북경 일대에서 상대 유풍의 청동기가 다수 등장하는 것도 이와 같은 맥락에서 이해할 수 있다. 북경 일대에서 출토된 '冀'명 청동기는 노구교의 동화(銅盉)와 같이 '연후'(燕侯)가 직접 보이거나, 또 서주 초 연국 묘지인 유리하 고분군에서 출토된다는 점에서 연국에 복속되어 있던 은유민 기족(箕族)이 남긴 '연국동기'(燕國銅器)의 일종이라고 볼 수 있다.[74] 하지만 또 다른 한편

---

70 심재훈, 2008, 「商周시대 移民과 국가-동서 융합을 통한 절반의 중국 형성-」, 『동양사학연구』 103, 26~34쪽

71 彭裕商, 2002, 「周初的殷代遺民」, 『四川大學學報』(哲學社會科學版), 2002-6, 112~114쪽; 2003, 『殷墟甲骨文發現一百周年紀念國際學術研討會議論文集』, 社會科學文獻出版社, 569~572쪽

72 서주 연국이 분봉된 시기에 대해서는 武王代(기원전 1046~기원전 1043) 설(殷瑋章, 1990, 「新出土的太保銅器及其相關問題」, 『考古』 1990-1), 成王代 설(王宇信, 1997, 「《史記》"封召公奭于燕"的武王爲宏觀"武王(時期)"說」, 『北京建城3040年曁燕文明國際學術研討會會議專輯』, 北京燕山出版社, 80~91쪽), 康王代(기원전 1020~기원전 996) 설(沈長雲, 1999, 「說燕國的分封在康王之世-兼說明有"匽侯"的周初靑銅器-」, 『中國歷史博物館館刊』 1999-2, 25~31쪽) 등이 제기되었다.

73 李宏·孫英民, 1999, 「從周初靑銅器看殷商遺民的流遷」, 『史學月刊』 1999-6, 17~23쪽. 한편 상(은) 유민 이주 전에도 상대 주변 방국과의 전쟁을 통해 상 중심지의 청동기가 하북·산서·산동·섬서·강남·사천 등 주변 지역으로 유입되어 청동기 문화에 영향을 미치기도 했다(陳旭, 2000, 「商代戰爭的性質及其歷史意義」, 『夏商文化論集』, 科學出版社, 246~247쪽).

74 張亞初, 1993, 「燕國靑銅器銘文研究」, 『中國考古學論叢』(中國社會科學院考古研究所 編), 科學出版社, 328쪽. 특히 張亞初는 '冀'명 동기가 4개나 출토된 우란산 유적을 기족 묘지로 파악하면서, 서주 초기

에서는 은유민의 족휘가 보인다는 점에서 '은계동기'이기도 하다. 북경 일대에서 출토된 '冀'명 청동기를 통해 볼 때, 서주 초기 연국 내 은유민 기족(箕族)이 차지하고 있던 지위는 비록 주 귀족의 정치적 지위에는 미치지 못했지만 청동기를 제작하고 연후(燕侯)로부터 상을 받을 정도로 사회적으로는 노예주 계급의 지위를 유지하고 있었던 것으로 파악된다.[75]

그런데 북경 일대에서 출토된 족휘가 있는 서주시대 은계(殷系) 청동기 가운데 상대에 보이지 않던 새로운 족씨명문이 나타난다. 1975년 북경 창평(昌平) 백부촌(白浮村) 용산양록장(龍山養鹿場) M2 서주묘(西周墓)에서 출토된 'ㅠ'명 동과(銅戈, 1점)·동극(銅戟, 2점)(『집성』 10786·10806·10807)이 그것이다. 'ㅠ'는 현대 자전에서도 확인되듯이 '其' 자의 고자다. 백부촌에서 출토된 'ㅠ'명 중 1점의 동과에는 'ㅠ' 자 위에 'ㅇ'이 있지만 두 동극의 'ㅠ'와 같이 모두 기(其, 箕)의 고자이며, 북경 노구교와 유리하에서 출토된 '冀'(其)명과 같이 서주 연국의 지배하에 있던 은유민 기족(箕族)의 족씨명문이라고 이해된다.[76] 하지만 이 'ㅠ'명은 하남 등 상대의 중심지에서는 보이지 않던 기족(箕族)의 새로운 족휘라는 특징이 있다.

북경 백부촌에서는 모두 3기의 서주 초기 토광목곽묘가 발굴되었는데 출토된 부장 유물만 600여 건에 달하는 방대한 양이다. 그 가운데는 하남 준현(浚縣) 신촌(辛村)의 동극(銅戟)에서 발전한 동극 등 중원식 청동기류와 함께 대령비수식(帶鈴匕首式)의 준수검(鷹首劍)·마수검(馬首劍) 등 북방식 청동 무기류도

연국 내 기족의 채지를 金牛村 일대로 비정하였다.

75 張劍, 1997, 「談西周燕國殷遺民的政治地位-兼論西周燕都與洛邑成周的關系-」, 『北京建城3040年暨燕文明國際學術研討會議專輯』, 北京燕山出版社, 269~274쪽.

76 陳平, 1995, 앞의 책, 33쪽에서는 백부촌 서주묘에서 출토된 'ㅠ'명 청동기를 노구교·유리하 출토의 '冀'명과 함께 기족의 것으로 보면서 이를 근거로 상말 기국의 위치를 북경 일대에 비정하지만, 노구교 동화에서는 분명히 서주 연국의 '燕侯'명이 보일 뿐만 아니라 백부촌과 유리하 유적 모두 서주 초기 이후의 고분이라는 점에서 상대 기국의 위치가 북경 일대였다고 보기는 힘들다.

많이 포함되어 있어서 중원 문화와 북방 문화가 융합된 양상을 나타내고 있다. 특히 M2와 M3에서는 복갑(卜甲)·복골(卜骨) 편이 많이 출토되었는데, M2 복갑에는 '貞' '不止', M3 복갑에는 '其祀' '其尙上下韋馭' 등의 각자가 확인된다. 이 복갑들은 상대 만기 갑골문의 유풍을 가지고 있지만 각자의 방식이나 공반 유물의 특징으로 볼 때 서주 초기의 갑골인 것으로 이해된다.[77] 족씨명문의 청동기나 갑골문의 존재를 통해 볼 때 백부촌 유적이 상문화의 직접적인 영향을 받았다는 것은 분명해 보인다. 북경시 북쪽의 백부촌 묘지는 출토 유물의 양과 중요성에서 북경시 남쪽의 유리하 묘지와 비교되기도 한다. 그러면서도 출토 유물의 성격상 동물 문양의 비수식 동검·경형식(鏡形飾)·동호퇴갑(銅護腿甲)·동부(銅斧)·동회(銅盔) 등 청동기에서 유리하보다 훨씬 지방적(북방적) 요소가 강하게 보인다는 특징이 있다. 하지만 다른 한편 묘제(목곽)나 동극·동과·동모, 마구류, 복갑골 등에서 여전히 중원식(은식) 유풍도 분명히 확인된다. 이것은 중원에서 이주한 은계 유민 집단이 현지 문화를 흡수하면서 토착화하였기 때문이라고 판단할 수 있다.

북경 백부촌의 동극·동과·복갑에서 모두 '箕'의 고자인 'ㅠ'나 '其'명이 나왔다는 점에서 이 유적을 만든 주민 집단은 상대 기족(箕族)의 일파라고 볼 수 있다. 특히 인접한 북경 유리하 고분에서도 '其'명 청동기가 출토되었다는 점에서 이들 역시 아의계(亞娄系) 기족(箕族)과 같은 계통일 가능성이 높다. 결국 백부촌 출토 'ㅠ'명은 상 멸망 후 서주 초기 북경 일대에 정착한 아의계(亞娄系) 기족이 현지(북방) 문화를 흡수하면서 토착화한 은유민의 족씨명문인 것이다. 이로 보아 서주 초기 북경 일대에 이주한 아의(亞娄)계 기족은 현지 문화를 흡수하면서 토착화되어 갔던 것으로 추정된다.

최근 북경 일대 및 산동 지역에서 출토된 '箕'족 관련 명문을 모두 동일 계

---

77 北京市文物管理處, 1976, 「北京地區的又一重要考古收穫-昌平白浮西周木槨墓的新啓示-」, 『考古』 1976-4.

통으로 보면서, 상 멸망 후 서주 초기 북경 일대 연국으로 사민된 기족(箕族)이 서주 중기 이후 산동 지역으로 다시 이주하여 성장하였는데, 근래 산동 지역에 출토된 서주 중기 이후의 강성(姜姓) 기족(黄族) 청동기들이 바로 그와 관련된 자료라고 보는 시각이 제기되었다.[78] 서주 초기 연국 내의 아의(亞矣)계 기족과 서주 중기 이후 산동 지역의 강성(姜姓) 기족을 동일 족씨 집단으로 연결해 보는 것이다. 이와 비슷한 맥락에서 북경 일대의 기족에 대해 언급하지는 않았지만, 요서 지역에 일시 거주하던 기족은 결코 동북방으로 이동하지 않았으며 그와 반대쪽인 산동지방으로 집결하여 영주하였다고 보기도 하였다.[79] 또한 상 멸망 후 주왕(周王)이 기자를 기족의 원래 근거지였던 요서 지역에 봉했는데, 서주 초기까지 연후(燕侯) 관할 아래에 있다가 산융의 남하로 인해 기족은 대규모 이주를 시작하여 일부는 남하하여 산동반도에 도착하였고 기족의 대부분은 동쪽으로 이동하여 한반도 북부 고조선 지역에서 기씨조선을 건립하였다고 보기도 한다.[80]

그러나 요서 대릉하유역의 기(黄)는 기본적으로 자성(子姓) 은족(殷族)이며, 춘추시대의 산동 강성(姜姓) 기국(黄國)은 은대에 일반씨족과 같은 대우를 인정받지 못하고 항상 포획·희생의 대상이었던 강족(羌族)이었음을 상기할 때 산동의 강성 집단을 은족 또는 그 동계로 보기는 어렵다.[81] 대릉하유역이 과연 서주 초기 기족(箕族)의 근거지였는지에 대해서는 뒤에서 다시 검토하겠지만, 객좌 북동의 기후방정은 상대 자성(子姓) 기족과 관련이 있으며 산동 지역의 강성 기족과는 구분해 보아야 한다.

서주 초기 북경 일대에서 출토된 '黄'명 청동기들 역시 자성의 은계 기족과 관련된 것이라는 점에서 산동 지역에서 출토된 강성의 '黄'명 청동기들과 동

---

78 孫敬明, 1999, 앞의 글; 심재훈, 2008, 앞의 글.

79 송호정, 2005, 앞의 글, 33쪽.

80 佟冬 主編, 1986, 『中國東北史』 제1권; 2006, 吉林文史出版社, 159쪽.

81 이성규, 1991, 앞의 글, 105쪽.

일 계통으로 보기 어렵다. 서주 초기 북경 일대의 "亞矣"계 '髟'족과 서주 중기 이후 산동의 강성 '髟'족은 동일 족씨명(髟)을 쓰고 있지만, 앞 절에서 본 3우(虞)의 경우처럼 역사적으로 다른 별개 존재다. 따라서 북경 일대의 기족이 서주 중기 이후 다시 산동 지역으로 이주했다는 주장은 성립하기 어렵다.

북경 백부촌의 토착적인 족씨명문인 '丌'명을 통해 확인되듯이, 연국 내의 은계 기족은 향후 토착화 과정을 밟았던 것으로 추정된다. 기자의 후예인 은계 기족이 서주 만기-춘추시대 북경 남쪽의 하북 정현(定縣) 부근에서 선우국(鮮虞國)을 세운 것은 역사적으로 확인되며,[82] 전국시대의 선우, 즉 중산국(中山國) 역시 자성(子姓)인 점에서 은인(殷人)과 밀접한 관계에 있던 것으로 이해된다.[83] 지금의 하북성 정정시 동북쪽에 위치한 춘추시대 선우의 족원은 '자성백적'(子姓白狄)이라 요약될 수 있는데,[84] 이것은 자성의 은유민과 현지민인 '적'(狄)[85]의 결합에 의해 주민 구성이 이루어졌음을 시사해 주는 것이다.[86] 또 북경 동남쪽의 천진에서 출토된 선우황비명(鮮于璜碑銘, 165년 제작)에서 이 지역의 선우씨(鮮于氏)가 기자의 후예라고 하였으며,[87] 후한 응소의 『풍속통』 성씨편에서도 선우씨를 기자의 자손이라고 하여,[88] 기자 계통의 기족(箕族)이 북경 부근의 하북 지역에 정착하였음을 보여 준다.[89] 이로 보아 상 멸망 후 기자

---

82 이성규, 1991, 앞의 글, 104쪽.

83 陳夢家, 1955, 「西周銅器斷代(2)」, 『考古學報』 1955-10; 1995, 「西周之燕的考察」, 『燕文化研究論文集』(陳光 匯編), 中國社會科學出版社, 8쪽.

84 孫聞博, 2005, 「鮮虞·中山族姓及淵源問題之再探」, 『四川文物』 2005-5, 30쪽.

85 楊建華, 1999, 「《春秋》與《左傳》中所見的狄」, 『史學集刊』 1999-2, 17~22쪽. 춘추시대의 '狄'은 한대 이후 문헌에 나타나는 북방 유목민족에 대한 통칭인 '狄'(戎狄)과 구별되는 역사적인 실체로써 지금의 하북성 부근에 분포했던 농경민족으로 이해된다.

86 춘추시대 선우와 전국시대 선우(중산국)의 관계 및 계통 문제에 대해서는 다양한 학설이 제기되고 있는데, 이에 대해서는 다음 글을 참조하라. 渡邊英幸, 2002, 「鮮虞中山と春秋時代の'華夏'について」, 『歷史』 98; 2010, 「鮮虞中山國の成立」, 『古代〈中華〉觀念の形成』, 岩波書店, 103~130쪽.

87 天津市文物管理處 等, 1974, 「武清縣發現東漢鮮于璜墓碑」, 『文物』 1974-8.

88 『후한서』 권41 열전31 제오륜, "倫始以營長詣郡尹鮮于襃[李賢注 風俗通曰 武王封箕子于朝鮮 其子食采於朝鮮 因氏焉]".

의 기족은 북경 일대의 연국 지역으로 이주한 뒤 북경 부근의 하북 지역에 정
착하여 토착 세력으로 발전하였다고 판단된다.

4. 대릉하유역 청동기 명문의 성격과 연후

이상의 검토를 토대로 기자 집단의 요서 지역 정착 문제를 고찰해 보자. 최
근에는 객좌의 기후방정이 상대 청동기의 특징을 보인다는 점에서 상대 기
자의 봉국인 기국(箕國)을 요서 일대에 비정하거나,[90] 상 멸망 전에 이미 기자
의 '기후아의'(冀侯亞矣)족이 요녕 일대에서 활동하고 있었다고 보는 견해[91]가
제기되기도 했다.[92] 기자동래설과 조금 다르게 상대에 이미 요서 지역에 기
자의 기국과 기족이 존재하고 있었다는 것이다. 그러나 이러한 시각은 기자
동래설과 마찬가지로 객좌에서 출토된 족씨명문이 있는 여러 상주(商周) 청동
기를 종합적으로 고찰하지 않고 기후방정만 따로 떼어서 기자 집단과 연결
해 본다는 데 문제점이 있다.

객좌 북동의 2호 교장에서는 기후방정뿐만 아니라 '丹(冉)父辛'명[93] 동정(銅
鼎)(『집성』 1651)과 '作寶尊彝'명 동궤(銅簋)가 함께 나왔으며, 옆의 1호 교장에서

---

89 물론 한대 이후 자료에서 하북 선우씨(河北 鮮于氏)가 기자(箕子)의 후예라고 한 것은 당시의 기
    자동래설과 관련된 선우씨(鮮于氏) 자신들의 분식이나 부회일 가능성도 없지 않은데, 이에 대
    해서는 별도의 검토가 필요하다.
90 彭邦炯, 1991, 「從商的竹國論及商代北疆諸氏」, 『甲骨文與商周史』 3, 上海古籍出版社, 392쪽.
91 任偉, 2001, 「從考古發現看西周燕國殷遺民之社會狀況」, 『中原文物』 2001-2, 57쪽.
92 한편 '冀侯'를 직접 거론하지 않았지만 갑골문과 금문의 '矣'를 西周封燕 이전 토착 세력의 존재
    와 연결해 보기도 한다(배진영, 2009, 『고대 北京과 燕文化-燕文化의 형성과 전개를 중심으로-』, 한국
    학술정보, 38쪽). 그러나 앞서 보았듯이 상 만기 矣와 관련된 청동기가 하남 지역에서 가장 많
    이 출토되고 있다는 점에서 矣를 서주 이전 북경 지역의 토착 세력으로 보기는 어렵다.
93 '丹'의 예정에 대해 '盧'(鑪)나 '竹'(竹)으로 읽거나, 또는 '窑'의 고문으로 보는 견해[葛英會, 2000,
    「古代典籍與出土資料中的旬·陶·窯字-兼論商周金文徽帳字丹及相關問題-」, 『考古學研究』 4(北京大學考古學叢書),
    科學出版社, 184쪽]가 있으나 통설(『集成』)에 따라 '冉'의 고문으로 보았다.

는 앞서 보았듯이 '父丁孤竹亞[微]'명 동뢰(銅罍)(『집성』 9810)가 출토되었다. '冉' 역시 상대의 저명한 족씨로 관련 청동기 명문만 245건에 달할 정도로 수량이 비교적 많은 대표적인 족씨이다.[94] 1호 교장의 명문 가운데 '孤'에 대해 통설과 달리 '冊'이라 판독하기도 하고,[95] 또 '智'로 판독하여 상대의 고죽국과 관련된 청동기로 보기 어렵다고 이해하기도 한다.[96] 하지만 아형(亞形) 중에 보이는 '微'는 분명히 족휘라는 점에서 상대의 미(微)족과 관련된 청동기라는 것은 부정할 수 없다. 이와 같이 북동에서는 3개의 족씨명문이 함께 출토되었다.

객좌 북동 1호와 2호 교장 사이의 거리가 불과 3.5m에 불과하다는 점, 청동기 가운데 서주 초기 양식이 분명히 확인된다는 점, 1호는 저주기(貯酒器) 중심으로, 2호는 팽임기(烹飪器)와 성저기(盛貯器)를 중심으로 구성되어 두 교장의 청동 예기가 상호 보완된다는 점에서 두 교장은 모두 서주 초기에 동시에 조영된 유적으로 이해된다.[97] 이처럼 상대가 아니라 서주 초기에 북동의 교장이 조영되었다고 본다면, 객좌 일대에 상대의 고죽국이나 기국(屭國)이 위치했다고 보기는 어렵다.

또한 북동에서 3개의 족씨명문이 동시에 출토된 점에서 이 유적을 어느 특정 족씨 집단의 존재나 활동과 관련하여 이해하기도 어렵다. 만약 족씨명문의 존재를 근거로 집단의 이주나 정착을 말한다면 북동 지역에는 기족(屭族)뿐만 아니라 염족(冉族)·미족(微族) 등도 함께 분포한 것이다. 기후방정과 함께 출토된 청동기의 성격까지 종합적으로 검토하면 북동의 교장과 기족의 상관성은 약해진다. 또한 북동에서 기후방정과 함께 출토된 '作寶尊彝' 명문과

94 何景成, 2009, 앞의 책, 99~113쪽 참조.

95 張震澤, 1979, 앞의 글.

96 白川靜, 1977, 「金文通釋46-西周史略-」, 『白鶴美術館誌』 46; 2005, 『白川靜著作集』 別卷 金文通釋 6, 平凡社, 32쪽.

97 張長壽, 1979, 「商周時代의 靑銅容器」, 『考古學報』 1979-3; 2007, 『商周考古論集』, 文物出版社, 33쪽; 町田章, 1981, 「殷周와 孤竹國」, 『立命館文學』 430·431·432합, 285쪽. 『集成』에서도 북동의 孤竹 銘이나 屭侯銘 청동기를 모두 서주 조기의 유물로 파악하고 있다.

똑같은 명문의 청동기가 인접한 객좌 산만자(山灣子) 교장에서도 출토되었다. 따라서 북동뿐만 아니라 주변 지역에서 출토된 상주 청동기들까지 함께 포괄해서 고찰해야 기후방정의 성격이 드러날 수 있다.

지금까지 대릉하유역에서 출토된 중원식 상주 청동기는 객좌 소성자(小城子) 고로구(咕嚕溝) 교장 1점(1941), 객좌 마창구(馬廠溝) 교장 18점(1955), 객좌 북동 1·2호 교장 12점(1973), 객좌 산만자 교장 22점(1974), 객좌 소파태구(小波汰溝) 교장 14점(1978), 객좌 화상구(和尙溝) A지구 M1 토광묘 2점(1979), 객좌 고가동(高家洞) M1 토광묘(1991) 1점, 의현(義縣) 화아루(花兒樓) 교장 5점(1974) 등 9처 76점이 알려져 있다. 이들은 대릉하 하류의 의현 화아루를 제외하면 모두 객좌를 중심으로 대릉하 양안 약 30km 범위 안에 밀집되어 있다.[98] 이 가운데 약 32점에서 명문이 확인되었는데, 대부분의 족씨명문이 북경 일대의 유리하 등 서주 초기 연국 유적에서 출토된 족씨명문과 밀접히 관련되어 있다는 사실이 주목된다.

먼저 북동의 기후방정에서 보이는 '賏'명은 앞서 보았듯이 북경의 노구교, 유리하, 순의 우란산 등의 서주 초기 연국 유적에서 출토되었으며, 북동의 '微'·'冉'명은 1978년 하북 영수현(靈壽縣) 서목불촌(西木佛村) 묘지에서도 함께 출토된 바 있다(『집성』 4805·7679).[99] 또한 객좌 마창구와 산만자에서 보이는 '魚'명(『집성』 3216·9791·5589), 산만자의 '伯矩'명(『집성』 893)·'庚'명(『집성』 3190), 소파태구의 '圍'명(『집성』 3824) 등도 북경 유리하 고분에서 확인되며,[100] 객좌

98 魏凡, 1994, 「從考古學上再論東北商文化問題」, 『遼寧大學學報』 1994-6, 11~14쪽.

99 正定縣文物保管所, 1978, 「河北靈壽縣西木佛村出土一批商代文物」, 『文物資料叢刊』 5; 孫進己 主編, 1998, 『中國考古集成-河北卷: 北京市·天津市·河北省·山西省-商周(2)』, 哈爾濱出版社, 1320~1322쪽. 『集成』 4805에서는 서목불촌 출토 銅卣의 고문을 '伐' 자로 예정하였으나, 伐의 고문(『圖編』 245 伐部 참조)과 거리가 있다고 판단하여 원보고서의 자형에 따라 '微' 자의 고문으로 보았다.

100 廣川守, 1995, 「大凌河流域の殷周靑銅器」, 『東北アジアの考古學硏究-日中共同硏究報告-』, 同朋舍出版, 219쪽. 북경 인근 易縣에서도 "伯魚"銘 銅鼎과 銅敦이 출토된 바 있다(柯昌濟, 1935, 『金文分域編』; 2004, 『國家圖書館藏金文硏究資料叢刊』 2, 北京圖書館出版社, 527쪽).

화상구 M1의 '丙'명[101]도 유리하 M50 '丙父己'명 동작(銅爵)에서 보인다.[102]

기존 연구에서는 대릉하유역 상주 청동기에 보이는 족씨명문의 계통에 대해 서주 초기 연국과의 관계를 언급하면서도, '冉'·'丙' 등의 족씨명문이 북경 지역에서 확인되지 않는다는 이유로 섬서 주원(周原)지역이나 산서 중부 지역 등 중원 지역과의 관련성을 더 강조하였다.[103] 단적인 예로 객좌 산만자 출토 청동기의 '凡'(几)명[104]은 북경을 경유해 들어왔을 가능성도 없지 않지만, 하북 일대에서 아직 출토되지 않았다는 점에서 현재로서는 멀리 떨어져 있지만 이 명문 동기가 집중 출토된 주원 지역과 관련된 청동기로 볼 수밖에 없다는 것이다.[105]

그러나 산서 광사문화(光社文化) 유적에서 출토된 궁형(弓形) 청동기를 근거로 '几'족의 근거지를 산서 태원 부근으로 보는 견해[106]도 있다는 점에서 다른 지역과의 관련성도 고려해야 한다. 특히 1991년 하북 정주시 북장자촌(北庄子村) M98[107]에서 상대 만기의 "几父癸"명 동작(銅爵)(『신수』 1293)이 출토되었다는

---

101 이 명문에 대해 雙耳陶鬲의 器形에서 기원한 '鬲' 자라고 보는 설이 있으나(鄒衡, 1980, 「論先周文化」, 『夏商周考古學論文集』, 文物出版社; 2001, 第2版, 科學出版社, 319쪽), 최근에는 '丙' 자로 예정하는 것이 일반적이다(殷瑋璋·曹淑琴, 1990, 「靈石商墓與丙國銅器」, 『考古』 1990-7, 621쪽 참조).

102 北京市文物研究所, 1995, 앞의 책, 167~168쪽. 북경 유리하 M50의 '丙'명에는 객좌 화상구 M1의 '丙'명과 조금 다르게 양쪽의 쉼표 모양이 생략되어 있다. 그런데 섬서성 長安縣 灃西鄉고분 출토 銅卣의 뚜껑과 바닥에서 쉼표가 있는 '丙'명과 없는 것이 함께 보인다는 점에서(王長啓, 1990, 「西安市文物中心收藏的商周青銅器」, 『考古與文物』 1990-5, 25, 37쪽), 쉼표 모양이 있건 없건 동일 계통의 족씨명문이라고 판단된다(『新出』 618).

103 廣川守, 1995, 앞의 글, 219쪽.

104 이 족씨명문의 예정에 대해 하남 낙양 北窯村 西麗家溝 M5 출토 서주 조기 銅戈의 명문을 근거로 '冬' 자의 初文으로 보고 상주 시기 국족명인 終氏의 족휘로 비정한 견해가 있다(蔡運章, 1996, 「洛陽北窯西周墓青銅器銘文簡論」, 『文物』 1996-7, 63쪽). 또 『引得』 4384에서는 '尺' 자로 보기도 한다. 아직 정설이 없으므로 여기서는 편의상 명문 자형에 가까운 '几'로 표기한다.

105 廣川守, 1995, 앞의 글, 223쪽 注(40).

106 鄒衡, 1980(2001), 앞의 책, 310쪽. 최근 상대 '几'족의 원거지를 商都의 서북 지역으로 비정하는 견해도 있다(李伯謙, 2009, 「從殷墟青銅器族徽所代表氏氏的地理分布看商王朝的統轄範圍與統轄措施」, 『多維視域-商王朝與中國早期文明研究-』, 科學出版社, 144쪽).

점에서, 객좌 산만자의 '凡'명 청동기 역시 지리적으로 가까운 하북 정주 지역과 관련될 가능성이 높으며, 북경 일대의 연국을 통해서 객좌 일대까지 유입된 것이라고 판단된다.

표 1 요서 객좌 및 북경-하북 일대 출토 청동기 명문 비교

명문	청동기 출토 유적	
	요서 객좌	북경 · 하북
眞(其) · 亞吳	북동 2호	북경 노구교, 유리하 M253 · M54 북경 순의 우란산, 창평 백부촌 천안 마초촌, 邢臺市(『집성』 7241)
微	북동 1호	영수현 서목불촌
冉	북동 2호	영수현 서목불촌
丙	화상구 M1	북경 유리하 M50
(伯)魚	마창구, 산만자	북경 유리하 M253, (傳)易縣(『집성』 1879 · 2168 · 7543)
史	마창구, 산만자	북경 유리하 M54
戈	마창구	북경 유리하 M251
庚	산만자	북경 유리하 M251
叔	산만자	북경 유리하(『집성』 2053) 元氏縣 西張村(『집성』 5428 · 5429)
伯矩	산만자	북경 유리하(『집성』 10073), 유리하 M251
凡	산만자	정주시 북장자촌 M98
受	산만자	磁縣 下七垣(『집성』 3030 · 4737 · 6601)
啓	산만자	磁縣 下七垣(『집성』 6594 · 7455)
圉	소파태구	북경 유리하 M253,[108] 趙縣 雙廟村(『집성』 6631)

---

[107] 河北省文物研究所 · 保定地區文物管理所, 1992, 「定州北庄子商墓發掘簡報」, 『文物春秋』 1992-S1(增刊), 230~240쪽.

[108] 북경 유리하 M253 출토 동궤의 뚜껑 안쪽에서 '圉'명이 나왔으며 청동기 바닥에서는 '伯魚'명이 확인되었다. 동궤의 뚜껑과 동체는 화문이나 결구 형식으로 보아 원래 한 세트였던 것으로 판단된다(北京市文物研究所, 1995, 앞의 책, 135쪽 참조). 이를 통해 볼 때 '圉'는 作器者의 이름,

이상 출토 자료에 의하면 대릉하유역 청동기 명문의 상당 부분이 북경 및 하북 일대의 청동기 명문과 깊은 관련이 있음을 확인할 수 있다.[109] 이것은 대릉하유역의 중원식 청동 예기가 북경 일대의 서주 초기 연국과 관련될 가능성을 시사해 준다.

특히 위의 표에 의하면 대릉하유역의 상주 청동기 유적 가운데 객좌 북동·마창구·산만자 교장에서 출토된 청동기 명문이 북경 및 하북 일대 청동기 명문과 가장 일치도가 높다. 세 유적은 대릉하유역의 상주 청동기 유적 가운데 하북 지역과 가장 가까운 대릉하 상류의 10km 범위 안에 모여있다.[110] 따라서 북동 출토 기후방정의 성격을 파악하기 위해서는 일차적으로 인접한 마창구·산만자 출토 청동기와 비교하고 나아가 북경 일대 연국 청동기와 비교해 종합적으로 고찰해야 한다. 이러한 전제 위에서 먼저 주목해야 할 유물은 1955년 5월 마창구 교장에서 출토된 '匽(燕)侯作饋盂'명 동우(銅盂)(『집성』 10305)이다.[111]

객좌 마창구 출토 '연후'(燕侯)명 동우는 인근의 북동과 산만자의 교장 역시 '연후'와 관련된 유적일 가능성을 시사해 준다. 또 북경 노구교 출토 동화(銅盉) 명문에서 연후가 '亞(冕侯矢)', 즉 아의(亞矢)계 기족의 아(亞)에게 패(貝)를 하사하였다거나(『집성』 9439), 북경 유리하 M253 출토 동방정(銅方鼎) 명문에서 연후가 '圉'에게 패(貝)를 하사였다거나, 또 북경 유리하 M251 동격(銅鬲) 명문에서는 연후가 '伯矩'에게 패(貝)를 하사하였다는 내용이 확인된다.[112] 이것은

'魚'는 족씨명으로 추정된다.

[109] 북경 유리하 고분군 3차 발굴 조사(灰坑 96G11H108)에서 '其'와 '成周'가 새겨진 복갑이 출토되었다(陳平, 2006, 『燕文化』, 文物出版社, 44~48쪽). 卜甲의 '其'는 유리하고분에서 출토된 '冕'(其)명과 관련될 가능성이 있다.

[110] 喀左縣文化館·朝陽地區博物館·遼寧省博物館, 1977, 「遼寧省喀左縣山灣子出土殷周靑銅器」, 『文物』 1977-12, 23쪽 지도 참조.

[111] 熱河省博物館籌備組, 1955, 「熱河凌源縣海島營子村發現的古代靑銅器」, 『文物參考資料』 1955-8, 16~27쪽. 현재 마창구는 객좌현으로 소속이 바뀌어 있다.

[112] 北京市文物研究所, 1995, 앞의 책, 101쪽, 140쪽.

북경 지역의 기(黿, 亞)·어(圉)·백구(伯矩) 등이 연후의 예하에 복속되어 있던 은유민 집단이었음을 보여 주는 것이다.

이와 관련하여 연후에게 복속해 있던 북경 지역의 '黿侯矢'·'復'·'攸'·'伯矩' 등 은의 구족(舊族)이 연후로부터 상을 받은 것은 이들 집단이 연후의 동북 지역 원정에 조력했기 때문이라고 추정한 연구[113]가 있다. 객좌 일대에서 출토된 청동기 명문과 직접 비교를 통해 내린 결론은 아니지만, 연후에게 상을 받은 북경 지역의 은유민 족씨명문이 객좌 일대에서도 확인된다는 점에서 주목해 볼 필요가 있다.

그림 3 객좌 마창구 출토 동우의 '연후'명

위에서 본 바와 같이 '黿'·'圉'·'伯矩'의 명문은 객좌 북동 및 산만자 청동기에서도 확인되는데 객좌 지역 명문에서는 이들이 연후로부터 상을 받았다는 기록이 직접 보이지 않는다. 하지만 북경 지역 명문에서는 연후가 이들에게 상을 내린 것이 확인되므로, 객좌 일대의 이들 청동기는 연후의 동북 지역 진출을 계기로 유입되었을 가능성이 높다고 볼 수 있다. 북경 유리하 M253에서는 '圉'명과 '伯魚'명이 한 청동기에서 세트로 확인되는데, 이로 보아 마창구의 '魚'명 역시 기(黿)·백구(伯矩)와 마찬가지로 연후에 복속되어 있던 은유민의 족씨명문이라고 파악된다.

중국 학계에서는 마창구 출토 연후우(燕侯盂)를 근거로 객좌 일대를 서주 연국의 영역으로 이해하는 경향이 강하다.[114] 하지만 서주 초기 객좌 일대를 연

113 白川靜, 1977, 앞의 글; 2005, 앞의 책, 29~33쪽.

114 唐蘭, 1958,「《五省出土重要文物展覽圖錄》序言」,『陝西江蘇熱河安徽山西五省出土重要文物展覽圖錄』, 文物出版社; 1995,『唐蘭先生金文論集』, 紫禁城出版社, 74쪽; 公孫燕, 1979,「燕侯盂出土咯左說

국 영역에 포함해 보기에는 이들 청동기 교장 주변 유적에서 대릉하유역의 토착 청동기 문화인 위영자(魏營子) 문화가 확인된다는 점에서 이를 따르지 않는 시각도 있다. 위영자 문화는 대릉하유역 남부·소릉하유역·발해 연안에서 확인되는 요서지방의 청동기시대 문화로, 그 시기는 하가점 하층 문화와 상층 문화(능하유형) 사이의 상 만기~서주 조기에 해당한다. 특히 1979년 발굴된 객좌 화상구 A지점 M1 토광목곽묘에서 2개의 중원식 청동기와 전형적인 위영자유형 토기들이 함께 출토되었고, 또 객좌 소파태구 교장에서 중원식 청동기와 북방식 청동기가 공반 출토된 것으로 보아 청동기 교장 유적은 중원과의 정치적 통합 관계보다는 토착적인 청동기 문화, 즉 위영자 문화와 관련된 유적이라고 판단되며, 이 지역에서 족씨명문이 있는 상주 청동기가 존재하는 것은 중원 지역과의 밀접한 관계를 보여 주는 것이지만 토착적인 토기와 중원식 청동 예기가 함께 보이는 점은 이 일대 청동기 교장 역시 위영자 문화의 범주에 포함해 보아야 한다는 것이다.[115] 이러한 시각은 재지적인 청동기 문화의 존재를 주목한다는 점에서 북방 및 동북 지역 청동기 문화 연구자들 사이에서 공감을 얻고 있다.[116]

하지만 대릉하유역의 청동기 교장에서 토착적인 위영자 문화의 토기가 중원식 청동기와 함께 출토된 적은 없다. 객좌 화상구·고가동(高家洞)[117] 고분에

明什么?」, 『理論與實踐』 1979-11, 62쪽; 中國社會科學院考古研究所, 1982, 『新中國的考古發現和研究』; 2007, 方志出版社, 262~263쪽; 朱鳳瀚, 1995, 「西周青銅器」, 『古代中國青銅器』, 南開大學出版社, 794~795쪽.

[115] 郭大順, 1987, 「試論魏營子類型」, 『考古學文化論集』 1(蘇秉琦 主編), 文物出版社, 89~90쪽; 郭大順·張星德, 2005, 『東北文化與幽燕文明』, 江蘇教育出版社; 김정열 역, 2008, 『동북문화와 유연문명』, 동북아역사재단, 809~811쪽.

[116] 烏恩, 1999, 「中國北方青銅文化研究中的幾個問題」, 『昭烏達蒙族師專學報』(漢文哲學社會科學版) 20-5, 23쪽; 烏恩岳斯圖, 2007, 「魏營子文化」, 『北方草原考古學文化研究-青銅器時代至早期鐵器時代-』, 科學出版社, 108~111쪽; 王立新, 2004, 「遼西區夏至戰國時期文化格局與經濟形態的演進」, 『考古學報』 2004-3; 趙賓福, 2009, 「遼西山地地區考古學文化的分期與編年」, 『中國東北地區夏至戰國時期的考古學文化研究』, 科學出版社, 77~78쪽.

[117] 遼寧省文物考古研究所, 1998, 「遼寧喀左縣高家洞商周墓」, 『考古』 1998-4.

서는 위영자 문화 토기가 중원식 청동기와 함께 출토되었지만, 교장 유적에서는 중원식 청동 예기만 출토되었고 토기는 그 주변 유적에서 따로 발견되었다. 예를 들어 마창구 교장에서 2km 떨어진 후분(後墳) 유적에서, 산만자 교장 주위의 1km 지점에서, 북동 교장 부근 100여m 지점에서 각각 위영자 문화의 토기편이 발견되었다.[118] 토기가 함께 출토된 고분은 교장과 달리 토착적인 위영자 문화의 주민이 남긴 유적일 가능성이 높다. 청동기 교장이 조영될 당시 현지 토착 문화로 위영자 문화가 존재한 것은 분명하지만, 청동기 교장 자체가 위영자 문화의 구성 요소라고 보기는 어렵다.[119]

대릉하유역에 토착적인 위영자 문화가 분명하게 존재한다는 점에서 이 일대를 연국의 정치적 영역으로 보기는 힘들다. 대릉하유역에서는 토착적인 위영자유형의 토기만 보이고 연산(燕山) 이남에서 보이는 중원식 토기가 출토되지 않는다.[120] 주민 집단의 존재를 시사해 주는 토기 문화의 양상을 통해 볼 때 연국의 영역이 대릉하유역에 이르렀다거나 또는 연국의 영향 아래 중원으로부터 이주한 주민 집단이 정착했다고 보기는 어렵다.

또한 객좌 일대 중원식 청동기 교장에서 다른 계통의 족씨명문이 함께 출토된다거나 동일 교장에서 출토된 청동기 사이에 시기 차이가 보인다는 사실은, 이를 특정 족씨 집단의 이주나 정착과 같은 구체적인 활동과 연결해 보기도 어렵게 만든다.[121] 앞서 보았듯이 북동에서는 염(冉)·기(曻)·미(微), 마창구에서는 어(魚)·사(史)·과(戈)·채(蔡), 산만자에서는 어(魚)·사(史)·기(㐬)·백구(伯矩)·주(舟)·경(庚)·윤(尹) 등 여러 개의 족씨명문이 한 교장에서 함께 출토되었다. 따라서 이들 교장을 특정 족씨 집단의 존재 및 활동을 보여 주는

---

118 郭大順·張星德, 2005, 앞의 책, 810쪽 참조.
119 최근 위영자 문화 연구에서는 대릉하유역의 청동 예기에 대해 위영자 문화의 3가지 기본요소 (夏家店下層文化, 高台山文化, 朱開溝文化)와 구분해 하북 지역의 張家園上層文化 및 中原商周文化로부터 기원한 외래적인 요소로 보고 있다(董新林, 2000, 「魏營子文化初步研究」, 『考古學報』 2000-1, 17~19쪽).
120 楊建華, 2002, 「燕山南北商周之際青銅器遺存的分群研究」, 『考古學報』 2002-2, 165쪽.
121 熊增瓏, 2008, 「試論大小凌河流域商周之際窖藏青銅器的歸屬」, 『文物春秋』 2008-6, 14쪽.

자료로 보기 어렵다. 여러 계통의 족씨명문이 한 교장에서 함께 섞여서 출토된 것은 이들 족씨를 통섭할 수 있는 상위의 정치 세력에 의해 교장이 조영되었을 가능성을 시사해 준다. 요컨대 상말 주초 대릉하유역의 지역 문화로서 위영자 문화의 위상은 토착적인 토기 문화를 중심으로 분명히 인정되지만, 이 지역의 청동 예기는 외래적인 중원 문화 특히 연국과 관련된 것으로 보는 것이 타당할 것이다.

국내 학계에서는 객좌 북동의 기후방정을 통해 상 멸망 후 기씨의 일부가 요서 지역으로 이주한 것은 인정되지만 이 지역의 주도권을 장악하지는 못한 것으로 보는 시각이 지배적인 편이다.[122] 또 한편에서는 대릉하유역 출토 청동기의 명문 대부분이 상대의 족휘라는 점에서 이 지역의 청동기가 서주 연국(연후)과 직접 관계될 가능성은 없으며, 상유민의 이주나 아니면 이 지역의 세력 집단이 연국과의 전쟁에서 취득한 전리품일 가능성이 있다고 보기도 한다.[123]

그러나 앞서 보았듯이 중원식 토기 등 중원계 주민 문화 관련 자료가 대릉하유역에서 확인되지 않았고, 오히려 토착적인 위영자 문화가 강하게 존재한다는 점에서 상(은) 유민의 이주 가능성은 희박하다고 판단된다. 또한 북경 유리하 및 백부촌 유적에서는 연국의 무력 기반을 시사해 주는 청동제 극(戟)·과(戈) 등의 무기류가 다수 부장되는 특징이 확인되지만,[124] 위영자 문화 유적에서는 소량의 비수식단검·탁과(啄戈) 외에 청동제 무기류가 상대적으로 빈약하게 출토되고 있다는 점[125]에서 무력적 세력 집단의 존재를 상정하기도 어렵다. 따라서 이 지역 세력 집단이 연국과의 전쟁에서 취득한 전리품일

---

[122] 이성규, 2003, 「고대 중국인이 본 한민족의 원류」, 『한국사 시민강좌』 32, 일조각, 139쪽; 송호정, 2005, 앞의 글, 26~29쪽.

[123] 배진영, 2009, 앞의 책, 104~106쪽.

[124] 甲元眞之, 1990, 「燕の成立と東北アジア」, 『東北アジアの考古學-天池-』, 六興出版, 71~73쪽.

[125] 烏恩, 2007, 앞의 책, 102~103쪽.

가능성도 희박하다.

앞서 보았듯이 객좌 일대에서 연후(燕侯) 및 그 예하 은유민 족씨 집단(眞·伯矩·伯魚)의 청동기 명문이 출토된다는 점에서 이 일대가 연국의 진출과 어떤 식으로 관계된다는 사실은 부인하기 힘들다. 기존 연구에서는 연국의 객좌 일대 진출 시기에 대해 서주 초기인 성왕 시기부터 최소한 강왕 시기까지 계속된 것으로 보거나,[126] 또는 성왕과 강왕 시기에 2차에 걸쳐 진행된 것으로 파악하였다.[127] 그러나 이처럼 연국의 진출이 지속적이었다면 이 시기 대릉하 유역에 토착적인 위영자 문화가 분명히 존재하고 중원계 주민 문화의 흔적이 나타나지 않는 이유에 대해 설명하기 어렵다. 연국(연후)의 진출은 이 지역의 토착 문화를 변경한다거나 또는 중원으로부터 주민을 이주시킬 정도의 장기적인 것은 아니었다. 결국 객좌 일대의 청동기 교장은 연국(연후)의 단기적인 진출[128]과 관련된 유적으로 이해할 수 있다.

객좌 일대 청동기 명문 가운데 연후와 직접 관계된 것으로 확인된 족씨는 앞서 본 바와 같이 기(眞)·백구(伯矩)·어(圉, 伯魚)인데, 이들은 북경 노구교와 유리하(M251·M253) 고분에서 연후 명문과 함께 보인다. 보고서에 따르면 북경 유리하 M251과 M253의 시기는 서주 성·강왕 교체기로 특히 기(眞)·어(圉, 伯魚)가 연후 명문과 함께 출토된 M253은 낙양 성주 건설 이후부터 소공(召公)이 사망한 강왕 초년 사이로 비정된다.[129] 또 소공의 아들이며 제1대 연후로 봉해진 극(克)의 명문 청동기가 나온 유리하 M1193의 탄소 연대 측정치는 기원전 1015~기원전 985년(기원전 1000±15)으로 밝혀져 있다.[130]

위의 연대치를 고려하면 유리하 M253의 유물은 대체로 제1대 연후 극(克)

---

[126] 白川靜, 1977, 앞의 글; 2005, 앞의 책, 33쪽.

[127] 甲元眞之, 1990, 앞의 글, 74~76쪽.

[128] 町田章, 1981, 앞의 글, 286쪽.

[129] 北京市文物研究所, 1995, 앞의 책, 244~245쪽.

[130] 夏商周斷代工程專家組, 2000, 앞의 책, 15쪽.

의 재위 기간인 기원전 1000년을 전후한 강왕 시기(기원전 1020~기원전 996)에 사용된 것임을 알 수 있다. 따라서 객좌 일대에서 출토된 '員·圍(魚)·伯矩' 명문의 청동기도 제1대 연후 극의 활동과 관련하여 유입·매납된 것이라고 파악된다. 제1대 연후 극의 재위 기간은 소공[奭]의 장수로 인해 강왕 전기에 단기간에 그쳤던 것으로 추정된다.[131] 이러한 연후[克]의 단기 재위는 연국의 객좌 일대 진출이 단기간이었다는 사실과도 관련된다.

기존에는 북동·마창구·산만자 등 객좌 청동기 교장의 성격을 모두 제사와 관련된 유적으로 보거나,[132] 또는 전쟁과 같은 위급한 상황 때문에 갑자기 묻힌 것으로 이해하였다.[133] 그러나 북동의 두 교장에는 각각 6개의 청동기가 질서 정연하게 매납된 반면 마창구와 산만자에서는 각각 16개와 22개의 청동기가 무질서하게 묻혔을 뿐만 아니라 청동기에 심한 훼손이 있기도 하다는 점에서 이들을 동일하게 묶어 보기는 어렵다. 북동과 같이 청동 예기가 질서 정연하게 묻힌 곳은 제사 유적일 가능성이 높지만, 그와 달리 청동 예기가 황급히 묻힌 마창구와 산만자는 전쟁 등 유사시에 갑자기 만들어진 교장으로 보아야 한다.

최근 북동의 청동기 교장에 대해 장강 중류 지역과 같은 변경 지역에서 이민족을 주진(呪鎭)하기 위해 주축(呪祝)과 관련된 특정 직능자[亞矣]의 족씨도상이 있는 주기(呪器)를 매납하였던 유적으로 파악한 견해[134]가 제기되었다. 원보고서에서도 북동의 청동기 교장을 산천 제사와 관련된 것으로 보았다.[135] 이처럼 북동의 기후방정은 주술적 제의와 관련하여 매납된 것으로 이해할 수 있다. 원 보고서에서는 북동 교장의 제사 주체를 미(微)·기(員) 양 씨족의

131 沈長雲, 1999, 앞의 글, 31쪽.
132 郭大順·張星德, 2005, 앞의 책, 812~813쪽; 李零, 2004, 『入山與出塞』, 文物出版社, 4쪽.
133 傅仁義·許玉林 外, 1992, 『東北古文化』, 春風文藝出版社, 90쪽.
134 白川靜, 2006, 「遼寧喀左の窖藏器と孤竹國」, 『殷文札記』(白川靜著作集 別卷 金文通釋 續編), 平凡社, 132~137쪽.
135 喀左縣文化館 外, 1974, 앞의 글, 537쪽.

귀족이라고 보았지만, 앞서 살펴본 바에 의하면 마창구에서 출토된 '연후'(燕侯), 즉 이 지역에 진출한 제1대 연후 극(克)이 제사의 주체일 가능성이 높다.

객좌 마창구의 '燕侯'명 동우(銅盂)와 비슷한 성격의 연후우(燕侯盂) 2점(『집성』 10303·10304)이 전하는데, 서주 초기 제1대 연후의 청동기로 이해된다.[136] 이 연후의 동우들에는 "燕侯作旅盂"라는 명문이 있는데, 여기서 '旅'는 연후가 이 청동기를 통해 거행한 제의의 성격을 말해 준다. 주대 '旅彝'(器)의 여(旅)는 사려(師旅)의 여(旅)로 1개 장소에 한정하지 않고 이동하면서 사용한다는 의미이며, 전쟁시 주둔 지역에서 제사를 올릴 때 쓰던 예기가 바로 여기(旅器)이다.[137] 이러한 제1대 연후[克]의 여우(旅盂)가 전하는 것으로 보아, 북동의 청동 예기는 연후가 이 일대에 출정하여 주둔하였을 때 거행한 여제(旅祭)와 관련된 유물로 보인다.

한편 산만자와 같이 유사시에 갑자기 청동기를 매납한 것으로 보이는 교장은 이 일대에 주둔하고 있던 연후의 군대가 갑자기 철군함에 따라 청동기를 급히 땅에 묻은 결과라고 추정된다. 이것은 기원전 10세기 무렵부터 연국 북쪽 지역에 등장한 산융족의 세력 확대와 관련이 있다고 판단된다. 기원전 10세기부터 유목민족 산융이 흥기하여 북경 일대의 연을 압박하기 시작하면서,[138] 당시 객좌 일대까지 진출해 있던 연국 군대는 북경 지역으로 후퇴할 수밖에 없었을 것이다. 이때 연군은 다량의 청동기를 급히 땅에 묻고 퇴각한 결과 산만자와 마창구와 같은 무질서하게 매납된 청동기 교장이 만들어진 것이다.

이상의 검토를 통해 볼 때 객좌 북동·산만자·마창구 청동기 교장에서 보

---

[136] 唐蘭, 1986, 앞의 책, 110쪽.

[137] 林巳奈夫, 1984, 『殷周時代靑銅器の硏究-殷周靑銅器綜覽(一)-』, 吉川弘文館, 123쪽.

[138] 산융 세력이 연산산맥을 넘어 燕을 압박하기 시작한 시점은 북경 延慶縣 西拔子 교장을 통해 볼 때 기원전 10~9세기 전후로 추정된다(靳楓毅·王繼紅, 2001, 「山戎文化所含燕與中原文化因素之分析」, 『考古學報』 2001-1, 60~61쪽). 산융문화의 성격에 대해서는 陳平, 1995, 「略論"山戎文化"的族屬及相關問題」, 『華夏考古』 1995-3, 63~76쪽 참조.

이는 기(眞)·미(微)·어(圍, 魚)·백구(伯矩) 등의 족씨 집단은 당시 연군을 따라 객좌 일대까지 종군했거나 또는 연군의 출정에 조력했던 연후 예하의 은유민 집단이라고 파악된다. 이 가운데 기족(眞族)과 미족(微族)의 청동기는 연군이 출정지에서 지낸 제의 과정에서 매납된 것이며, 산만자와 마창구의 청동기는 연군의 갑작스러운 철군에 의해 황급히 매납된 것으로 추정된다. 특히 북동 교장에서 기족과 미족의 청동기가 제기로 선택된 것은 그들의 신분이 은왕실과 같은 자성(子姓)의 은유민이었다는 점이 고려되었기 때문인 듯하다. 1986년 연후[克]의 무덤으로 추정되는 북경 유리하 M1193에서 43자의 명문이 있는 동뢰(銅罍)와 동화(銅盉)가 출토되었다.[139] 이 명문에 의하면 극(克)이 연후로 분봉될 때 강(羌)·마(馬)·예(叡)·우(雩)·어(馭)·미(微) 등의 여섯 씨족을 분급 받았는데, 이 중 '微'는 상말 자성(子姓)의 미족(微族)으로 이해된다.[140] 북동 1호 교장에서 나온 '亞(微)'족명은 연후에게 분급되었던 6족 가운데 자성 미족과 같은 족씨 집단이며, 은왕족이라는 점에서 북동 2호 교장에서 나온 기후방정의 '眞'(箕)족과 공통점이 있다.[141]

덧붙여 기원전 1000년 전후 연국의 단기적인 객좌 진출은 당시 갑작스러운 기후변화에도 영향을 받은 것으로 추정된다. 내몽고 동남부지대(노합하유역)와 요서 산지지대(대릉하유역) 일대는 기원전 1000년을 전후해 갑작스러운 한랭 건조화에 의해 유목 문화가 남진하고 농경 문화가 쇠락하는 생태 변화를 맞게 되었다.[142] 이러한 환경 변화로 인해 기원전 10세기 무렵 내몽고 초원

139 中國社會科學院考古研究所·北京市文物研究所, 1990, 「北京琉璃河1193號大墓發掘簡報」, 『考古』 1990-1, 24~25쪽.

140 任偉, 2001, 앞의 글, 56쪽 참조.

141 북동 2호 교장에서는 기후방정과 함께 '冉'족명의 청동기도 같이 출토되었는데, '冉'족에 대해서는 상조의 왕족이었다는 설(李學勤, 1972, 「盤龍城與商朝的南土」, 『文物』 1972-2)과 왕족에 속하지 않았다는 설(何景成, 2009, 앞의 책, 113쪽)이 나뉘어 있다.

142 楊志榮·索秀芬, 1991, 「內蒙古農牧交錯地帶東南部環境考古研究」, 『環境考古研究』 2; 鄧輝, 1997, 「燕北地區兩種對立青銅文化的自然環境透視」, 『北京大學學報』(哲學社會科學版) 1997-2, 125쪽; 內蒙古自治區文物考古研究所·寧城縣遼中京博物館, 2009, 『小黑石溝-夏家店上層文化遺址發掘報告』, 科學出版社,

지대와 요서 지역을 연결하는 중간 통로인 객좌 일대에 북방 유목민족이 다른 지역에 비해 집중적으로 남하 유입하였던 것으로 보인다. 위와 같은 여러 가지 요인이 복합되면서 서주 초기 연의 객좌 일대 진출은 단기간에 그칠 수밖에 없었으며, 대릉하유역의 청동기 교장이 서주 초기에 집중 조영되다가 그 후에 자취를 감추게 된 이유도 여기에 있다고 추정된다.

5. 맺음말

1973년 중국 요녕성 객좌 북동촌에서 '기후'(異侯)명 방정(方鼎)이 출토된 이후 중국 학계와 국내 학계에서 이를 기자동래 및 기자조선과 관련한 고고학적인 증거로 간주하는 시각이 제기되어 왔다. 기존 연구에서는 기자와 관련하여 객좌 북동의 기후방정에만 주목해 보았지만, 1970년대 이후 북경 유리하·순의 우란산·창평 백부촌·천안 마초촌 등 북경 및 하북 지역의 서주 초기 연국 유적에서 많은 기(異, 其)족 명문 청동기가 출토되었다. 이들 청동기 명문에서 '異侯' 및 '亞奀'의 족휘가 다수 보이는 것으로 보아, 이들은 상말 기국(箕國)의 방백이었던 기자와 같은 계통의 기족 집단이라고 파악된다. 상 멸망 후 기자와 관련된 아의(亞奀)계 기족 집단은 서주 초기 연국의 봉지인 북경일대에 이주 정착하여 연후의 통제 아래에 놓이게 되었다. 그 후 연국의 기족은 북경 일대 하북 지역에서 토착 세력으로 발전했던 것으로 보인다.

대릉하유역 출토 청동 예기의 '微·冉·丙·(伯)魚·史·戈·庚·叔·伯矩·几·受·啓·園' 등의 족씨명문은 '異'(箕)족 명문과 마찬가지로 북경 일대의 연국 관련 청동기에서도 확인된다는 점에서 연국의 지배 아래에 있던 은유민의 것으로 볼 수 있다. 특히 북경 지역 청동기 명문에 연후가 상을 하사한 기(異)·

460쪽.

어(魚, 圉)·백구(伯矩) 등의 명문이 객좌 북동·마창구·산만자 교장에서 집중 확인되는 것으로 보아, 이들은 연후에 직접 예속되어 있던 연국의 대표적인 은유민 집단이라고 판단된다.

북동과 인접한 객좌 마창구 교장에서 출토된 '연후'(燕侯)명 동우를 근거로 서주 연국의 영역이 이 지역까지 미쳤다고 보는 것이 중국 학계의 통설이다. 하지만 객좌 일대 대릉하유역의 토착 문화인 위영자 문화의 존재를 주목한다면, 당시 이 지역이 연국의 영역에 포함되었다거나 연국의 통제하에 은유민 집단이 이주했다고 보기는 어렵다.

객좌 일대 청동기 교장에서는 계통이 다른 여러 개의 족씨명문이 섞여서 함께 출토되는 특징이 보인다. 이것은 특정 족씨 집단의 존재나 활동과 관련되기보다 이들 여러 족씨 집단을 통섭할 수 있는 상위의 세력에 의해 이 지역 청동기 교장이 조영되었음을 말해 준다. 이 상위의 세력은 객좌 일대의 청동기 명문에 보이는 족씨인 기(㠱)·백구(伯矩)·어(圉, 魚) 등에게 상을 내린 '연후'로 추정되며, 객좌 마창구에서 '연후'명 청동기가 출토되었다는 점은 이를 뒷받침해 준다.

객좌 일대에서 연후 및 그 예하 은유민 족씨 집단인 기·백구·어 등의 청동기 명문이 출토되었다는 점에서 이 지역에 연국이 진출했던 것은 인정되지만, 이 지역의 토착 문화(위영자 문화)를 변경한다거나 또는 중원으로부터 주민을 이주시킬 정도의 장기적인 진출은 아니었다. 서주 초기 제1대 연후(克)는 기원전 1000년을 전후해 짧은 기간 재위했는데, 바로 이 시기에 연의 객좌 일대 진출이 단기간 이루어졌다고 추정된다.

객좌 북동·마창구·산만자 교장에서 출토된 기·미(微)·어(圉, 魚)·백구(伯矩) 등의 족씨 집단은 당시 연군을 따라 객좌 일대까지 종군했거나 또는 그에 조력했던 연후 예하의 은유민 집단이었다. 이 가운데 기족(㠱族)과 미족(微族)의 청동기는 연군이 출정지에서 지낸 제의인 여제(旅祭)의 일환으로 지하에 매납된 것이며, 산만자와 마창구의 청동기는 연군의 갑작스러운 철군에 의해 황급히 매납된 것으로 보인다. 이처럼 객좌 일대에 연군이 단기간 진출할 수밖에 없었던 이유는 기원전 10세기부터 연의 북쪽에서 흥기한 산융 세력이 기후변화에 의해 남하하며 연을 압박했기 때문으로 추정된다.

결국 북동의 기후방정을 근거로 요서 지역에 기자조선이 실재했다거나 또는 기자 집단이 정착했다고 보기는 어렵다. 대릉하유역의 청동 예기는 토착적인 위영자 문화와 구분되는 중원으로부터의 외래적인 요소로, 서주 초기 이 지역에 일시적으로 진출했던 연군에 의해 사용된 청동기라는 점에서 넓게 보아 연국 청동기의 범주에 들어간다고 할 수 있다.

서주 연국 내에 정착한 기족(箕族)이 춘추전국시대를 거쳐 하북 지역에서 토착 세력으로 발전한 과정은 기자동래설의 기원과 관련하여 더 검토해 볼 만한 문제이다. 『사기』 주본기(周本紀)에 소공(召公) 석(奭)이 주 무왕의 명을 받고 기자를 감옥에서 풀어 주었다는 고사도 소공 가족의 봉지인 연국과 기자의 관련성을 시사해 준다.

참고문헌

1. 국내 단행본

배진영, 2009,『고대 北京과 燕文化-燕文化의 형성과 전개를 중심으로-』, 한국학술정보.

오강원, 2006,『비파형동검문화와 요령지역의 청동기문화』, 청계.

2. 국내 논문

박준형, 2009,「한국 근현대 기자조선 인식의 변천」,『고조선사 연구 100년-고조선사 연구의 현황과 쟁점-』, 학연문화사.

배진영, 2007,「甲骨-金文으로 본 商代 北京地域 政治體」,『중국사연구』 47.

송호정, 2005,「大凌河流域 殷周 靑銅禮器 사용 집단과 箕子朝鮮」,『한국고대사연구』 38.

심재훈, 2008,「商周시대 移民과 국가-동서 융합을 통한 절반의 중국 형성-」,『동양사학연구』 103.

_____, 2008,「商周 청동기를 통해 본 夐族의 이산과 성쇠」,『역사학보』 200.

이성규, 1991,「先秦 文獻에 보이는 '東夷'의 성격」,『한국고대사논총』 1, 가락국사적개발연구원.

_____, 2003,「고대 중국인이 본 한민족의 원류」,『한국사 시민강좌』 32, 일조각.

이형구, 1991,「大凌河流域의 殷末周初 靑銅器文化와 箕子 및 箕子朝鮮」,『한국상고사학보』 5.

3. 국외 단행본

柯昌濟, 1935,『金文分域編』; 2004,『國家圖書館藏金文研究資料叢刊』 2, 北京圖書館出版社.

郭大順·張星德, 2005,『東北文化與幽燕文明』, 江蘇教育出版社(궈다순, 장신더, 2008,『동북문화와 유연문명』, 김정열 역, 동북아역사재단).

金岳, 1996,『東北亞研究-北方民族方國歷史研究-』, 中州古籍出版社.

唐蘭, 1986,『西周靑銅器銘文分代史徵』, 中華書局.

____, 1995,『唐蘭先生金文論集』, 紫禁城出版社.

林巳奈夫, 1984,『殷周時代靑銅器の研究-殷周靑銅器綜覽(一)-』, 吉川弘文館.

白川靜, 2005,『白川靜著作集』別卷 金文通釋 6, 平凡社.

北京市文物研究所, 1995,『琉璃河西周燕國墓地 1973~1977』, 文物出版社.

山東省博物館 編, 2007,『山東金文集成』(全2冊), 齊魯書社.

王心怡 編, 2007,『商周圖形文字編』, 文物出版社.

劉雨·盧岩 編著, 2002,『近出殷周金文集錄』(全4冊), 中華書局.

張亞初 編著, 2001,『殷周金文集成引得』, 中華書局.

趙賓福, 2009,『中國東北地區夏至戰國時期的考古學文化研究』, 科學出版社.

鍾柏生·陳昭容·黃銘崇·袁國華 編, 2006,『新收殷周靑銅器銘文暨器影彙編』(全3冊), 藝文印書館.

中國社會科學院考古研究所 編著, 1982,『新中國的考古發現和研究』; 2007, 方志出版社.

_____ 編, 2007,『殷周金文集成』(修訂增補本, 全8冊), 中華書局.

陳光 匯編, 1995,『燕文化研究論文集』, 中國社會科學出版社.

陳平, 2006,『燕文化』, 文物出版社.

何景成, 2009,『商周靑銅器族氏銘文研究』, 齊魯書社.

胡長春, 2008,『新出殷周靑銅器銘文整理與研究』, 線裝書局.

4. 국외 논문

甲元眞之, 1990,「燕の成立と東北アジア」,『東北アジアの考古學-天池-』, 六興出版.

喀左縣文化館·朝陽地區博物館·遼寧省博物館, 1977,「遼寧省喀左縣山灣子出土殷周靑銅器」,『文物』 1977-12.

喀左縣文化館·朝陽地區博物館·遼寧省博物館北洞文物發掘小組, 1974,「遼寧喀左縣北洞村出土的殷 周靑銅器」,『考古』1974-6.

郭大順, 1987,「試論魏營子類型」,『考古學文化論集』1(蘇秉琦 主編), 文物出版社.

_____, 1999,「遼西窖藏商周靑銅器發現和研究的新進展」,『靑銅文化研究』1, 黃山書社.

廣川守, 1995,「大凌河流域の殷周靑銅器」,『東北アジアの考古學研究-日中共同研究報告-』, 同朋舍 出版.

金岳, 1993, 「殷周<unk>方非箕子辯」, 『文物季刊』 1993-1.

董新林, 2000, 「魏營子文化初步研究」, 『考古學報』 2000-1.

白川靜, 2006, 「遼寧喀左の窖藏器と孤竹國」, 『殷文札記』(白川靜著作集 別卷 金文通釋 續編), 平凡社.

北京市文物管理處, 1976, 「北京地區的又一重要考古收穫-昌平白浮西周木槨墓的新啓示-」, 『考古』
    1976-4.

孫敬明, 1999, 「兩周金文與<unk>史新徵」, 『齊魯學刊』 1999-3.

沈長雲, 1999, 「說燕國的分封在康王之世-兼說明有"<unk>侯"的周初靑銅器-」, 『中國歷史博物館館刊』
    1999-2.

晏琬(李學勤), 1975, 「北京·遼寧出土銅器與周初的燕」, 『考古』 1975-5.

楊建華, 2002, 「燕山南北商周之際靑銅器遺存的分群硏究」, 『考古學報』 2002-2.

熱河省博物館籌備組, 1955, 「熱河凌源縣海島營子村發現的古代靑銅器」, 『文物參考資料』 1955-8

烏恩(烏恩岳斯圖), 2007, 「魏營子文化」, 『北方草原考古學文化硏究-靑銅器時代至早期鐵器時代-』, 科
    學出版社.

王獻唐(遺書), 1983, 「黃縣<unk>器」, 『山東古國考』, 齊魯書社.

遼寧省博物館·朝陽地區博物館, 1973, 「遼寧喀左縣北洞村發現殷代靑銅器」, 『考古』 1973-4.

熊增瓏, 2008, 「試論大小凌河流域商周之際窖藏靑銅器的歸屬」, 『文物春秋』 2008-6.

魏凡, 1994, 「從考古學上再論東北商文化問題」, 『遼寧大學學報』 1994-6.

李健才, 2001, 「箕子朝鮮是否初在遼西的問題」, 『東北史地考略』, 吉林文史出版社.

李宏·孫英民, 1999, 「從周初靑銅器看殷商遺民的流遷」, 『史學月刊』 1999-6.

李宗山·尹曉燕, 1995, 「河北省遷安縣出土兩件商代銅器」, 『文物』 1995-6.

李學勤, 1985, 「小臣缶方鼎與箕子」, 『殷都學刊』 1985-2.

_____, 2005, 「缶方鼎」, 『靑銅器與古代史』, 聯經.

任偉, 2001, 「從考古發現看西周燕國殷遺民之社會狀況」, 『中原文物』 2001-2.

張碧波, 1993, 「燕國靑銅器銘文硏究」, 『中國考古學論叢』, 中國社會科學院考古硏究所 編, 科學出版社.

_____, 2000, 「關于箕子與古朝鮮幾個問題的思考-與楊軍先生商榷-」, 『吉林大學社會科學學報』
    2000-3.

_____, 2002, 「關于箕子東走朝鮮問題的論爭-與閻海先生商榷-」, 『北方文物』 2002-4.

張長壽, 1979, 「商周時代的靑銅容器」, 『考古學報』 1979-3; 2007, 『商周考古論集』, 文物出版社.

張震澤, 1979, 「喀左北洞村出土銅器銘文考釋」, 『社會科學戰線』 1979-2.

程長新, 1983, 「北京市順義縣牛欄山出土一組周初帶銘靑銅器」, 『文物』 1983-11.

町田章, 1981, 「殷周と孤竹國」, 『立命館文學』 430·431·432合.

曹定雲, 2007, 「"亞其"考」, 『殷墟婦好墓銘文硏究』, 雲南人民出版社.

朱鳳瀚, 1995, 「西周靑銅器」, 『古代中國靑銅器』, 南開大學出版社.

中國社會科學院考古硏究所·北京市文物硏究所, 1990, 「北京琉璃河1193號大墓發掘簡報」, 『考古』 1990-1.

陳平, 1995, 「箕國與箕子」, 『燕事紀事編年會按』 上冊, 北京大學出版社.

彭裕商, 2002, 「周初的殷代遺民」, 『四川大學學報』, 哲學社會科學版, 2002-6.

4장

준왕남래설에 대한 비판적 검토

1. 머리말

3세기 후반 진수는 『삼국지』동이전 한(韓)조에서, 조선의 준왕(準王)이 위만에게 패망하자 좌우 궁인을 데리고 한에 망명하여 한왕(韓王)이 되었다고 기술하였다. 이에 영향을 받은 5세기 초 범엽은 다시 『후한서』동이열전 한조에서, 위만에게 밀려난 준왕이 수천 명을 데리고 마한을 공격하여 부수고 한왕이 되었다고 하여, 준왕 집단의 규모를 확대하고 그 지역을 마한이라고 구체화하였다.

이러한 준왕남래설은 13세기 말 『제왕운기』와 『삼국유사』에 이르러, 준왕이 이거 입도한 마한의 지역이 금마군(金馬郡), 즉 전라도 익산으로 더욱 사실화되었다. 이는 조선시대에 들어와 익산이 마한의 국읍(國邑), 즉 마한의 중심지로 인식되는 데 결정적인 계기가 되었다. 준왕남래설은 조선 후기에 더욱 발전하여, 17세기 홍여하의 『동국통감제강』 이후 삼한정통론으로 종합되었다.[1] 삼한정통론은 준왕의 익산 도래를 매개로 고대사의 정통이 기자조선으

---

1   김정배, 1976, 「準王 및 辰國과 三韓正統論의 諸問題」, 『한국사연구』 13; 1986, 『한국고대의 국가 기원과 형성』, 고려대학교 출판부 참조.

로부터 남쪽의 마한으로 계승되었다고 보는 정통론적 역사 인식이다. 조선 후기 삼한사 인식에서 삼한정통론은 역사지리 고증과 함께 하나의 큰 흐름을 형성하였고 근대사학에까지 적지 않은 영향을 미쳤다.[2]

물론 근래의 논의는 준왕의 남래 지역에 대해 전통적인 익산설에서 벗어나, 경기 광주 경안,[3] 충남 직산,[4] 홍성 금마,[5] 강화도,[6] 충남 내포 지역,[7] 전북 김제·전주[8] 등이 새롭게 거론되고 있으나, 큰 틀에 있어서는 여전히 준왕의 남래를 역사적 사실로 받아들이는 것이다. 한(마한)의 성립 시기를 기원전 2세기로 보는 시각[9]도 '준왕이 내려와 한왕이라 하였다'는 기록에 기초한 것임은 말할 나위 없다. 이러한 고대사학계의 경향은 고고학계에도 영향을 미치어, 기원전 2세기 서남부 마한 지역에 서북한 계통의 초기 철기 문화가 유입된 계기로 준왕의 남천을 지적하는 시각[10]이 보편적이기도 하다.

그러나 준왕남래설의 이면을 들여다보면 그 기저에는 기자동래설이 전제

2 박대재, 2010, 「삼한의 기원과 국가형성」, 『한국고대사입문』 1(증보판), 신서원, 276쪽; 문창로, 2011, 「조선후기 실학자들의 삼한 연구-연구 추이와 특징을 중심으로-」, 『한국고대사연구』 62, 79~89쪽.

3 이병도, 1976, 『한국고대사연구』, 박영사; 1985, 수정판, 252~253쪽.

4 천관우, 1976, 「三韓의 國家形成」, 『한국학보』 2·3, 일지사.

5 천관우, 1989, 『고조선사·삼한사연구』, 일조각, 172쪽, 318~321쪽.

6 성주탁, 1987, 「馬韓·初期百濟史에 對한 歷史地理的 管見」, 『마한·백제문화』 10, 155쪽.

7 이기동, 1990, 「馬韓史 序章-西海岸航路와 馬韓社會의 黎明-」, 『마한문화연구의 제문제』, 원광대학교 마한·백제문화연구소, 119~125쪽.

8 서의식, 2010, 「辰國의 變轉과 '辰王'의 史的 推移」, 『역사교육』 114, 269쪽; 2010, 『신라의 정치구조와 신분편제』, 혜안, 52쪽.

9 이병도, 1976, 앞의 책; 천관우, 1989, 앞의 책. 이 밖에 기원전 3세기설(노중국, 1987, 「馬韓의 成立과 變遷」, 『마한·백제문화』 10, 27쪽), 기원전 1세기설(권오영, 1996, 『三韓의 '國'에 대한 연구』, 서울대학교 박사학위논문, 43~45쪽) 등이 있다.

10 전영래, 1990, 「馬韓時代의 考古學과 文獻史學」, 『마한·백제문화』 12, 52~53쪽; 이남규, 1993, 「三韓 鐵器文化의 成長過程」, 『삼한사회와 고고학』, 제17회 한국고고학전국대회 발표요지, 46쪽; 박순발, 1998, 「前期 馬韓의 時·空間的 位置에 대하여」, 『마한사연구』, 충남대학교 출판부, 23쪽.

되어 있음을 알게 된다. 즉 기자의 40여 세 손인 준왕이 남쪽으로 내려가 다시 한(마한)을 세웠다는 논리는 기자동래설(기자조선설)의 부연인 것이다. 기자동래설이 역사적 근거가 없는 후대의 중화주의적 담론인 것처럼, 준왕남래설 역시 그 전제인 기자조선설로부터 자유로울 수 없는 사화(史話)에 가깝다고 보인다. 특히 기원전 2세기 고조선의 역사를 기록한 사마천의 『사기』와 반고의 『한서』에서, 준왕의 남래는 물론 그 이름조차 거론되지 않았다는 것은 준왕남래설의 역사성에 대해 근본적인 의문을 제기하게 만든다.

이에 본고에서는 그동안 통설로 받아들여졌던 준왕남래설의 원전적 문제에 대해 비판적인 시각에서 검토하고자 한다. 그리고 준왕남래설의 등장 계기와 관련하여 낙랑·대방 지역 조선유민들의 마한 북부 지역 유입을 주목해 보고자 한다. 이를 통해 마한 내 조선계 유민 집단의 존재가 밝혀질 수 있을 것이다. 그동안 진·변한에 비해 마한은 문화적으로나 종족적으로 토착성이 강하다고 이해되었다. 이 글에서는 마한의 종족적·문화적 구성이 중국 군현 지역과의 상호작용을 통해 복합적으로 이루어진 부면에 조금이나마 주의를 환기하고자 한다.

2. 준왕남래설의 성립 과정과 문제점-기자동래설의 변주-

『삼국지』와 『후한서』에는 다음과 같이 조선의 준왕이 위만에게 쫓겨 한(마한)으로 남하 망명한 기록이 나온다.

① 조선후 준(準, 准)이 참람되게 왕이라 일컫다가 연나라에서 망명한 위만의 공격을 받아 나라를 빼앗겼다. ㉠ 준왕은 근신과 궁인을 거느리고 도망하여 바다를 경유하여 한의 지역에 거주하면서 스스로 '한왕'(韓王)이라 칭하였다. ㉡ 그 뒤 준의 후손은 끊어졌으나, 지금 한인

중에는 아직 그의 제사를 받드는 사람이 있다.[11]

②과거에 조선왕 준이 위만에게 패하여, 자신의 남은 무리 수천 명을 거느리고 바다로 도망, 마한을 공격하여 쳐부수고 스스로 '한왕'이 되었다. 준의 후손이 끊어지자, 마한 사람이 다시 자립하여 진왕(辰王)이 되었다.[12]

그동안 『후한서』의 기록인 ②는 ①에 비해 그 신빙성에 문제가 있는 것으로 이해되었다. '무리 수천 명을 거느리고 마한을 공격하여 쳐부수었다'는 기록은 당시 준왕이 위만의 반란을 피해 급하게 망명한 상황에서 그대로 믿기 어렵다는 것이다.[13] 이것은 『후한서』 동이전의 기록이 대부분 『삼국지』를 답습·개서한 것이어서 사료 가치가 낮다는 평가[14]와도 연결된다.

그런데 『삼국지』 역시 전대의 기록과 비교해 볼 때 변개가 확인된다. 준왕의 말로에 대한 기록은 2세기 후한의 왕부(王符)가 편찬한 『잠부론』(潛夫論) 지씨성(志氏姓)편에서 처음 보인다. 준왕의 호칭은 직접 언급되지 않았지만, 그 내용이 위만에게 쫓겨난 조선의 말왕임을 보여 준다.

③옛날 주 선왕 때에도 한후(韓侯)가 있었는데, 그 나라가 연나라에 가까웠던 까닭에 『시경』에 "저 한성(韓城)은 연의 군사가 완성하였네"라고

---

11 『삼국지』 권30 동이전 한.

12 『후한서』 권85 동이열전 한.

13 이병도, 1976, 앞의 책; 김정배, 1976, 앞의 글.

14 전해종, 1980, 『동이전의 문헌적 연구-위략·삼국지·후한서 동이관계 기사의 검토-』, 일조각.

하였다. 그 후 한서(韓西) 또한 한(韓)을 성으로 하였는데, 위만에게 정벌되어 해중(海中)으로 옮겼다.[15]

『잠부론』에서는 준왕의 망명 지역을 『삼국지』의 '한지'(韓地)와 달리 '해중'이라고 하였다. 또한 『삼국지』가 많이 참고한 전거 사서였던 『위략』에서도 준왕의 망명을 서술하고 있는데, 여기서도 준왕의 망명 지역이 '해중'으로 보여주목된다.

④ 노관(盧綰)이 배반하고 흉노로 도망한 뒤, 연나라 사람 위만도 망명하여 오랑캐의 복장을 하고 동쪽으로 패수를 건너 준(準)에게 항복하였다. … 만이 망명자들을 유인하여 그 무리가 점점 많아지자, 사람을 준에게 파견하여 속여서 말하기를, "한나라 군대가 열 군데로 쳐들어오니, 들어가 숙위하기를 청합니다"라 하고는, 드디어 되돌아서서 준을 공격하였다. 준은 만과 싸웠으나 상대가 되지 못하였다.[16]

⑤ 그(준왕)의 아들과 친척으로서 그 나라(조선)에 남아 있던 사람들은 이에 한씨(韓氏)로 성을 함부로 바꾸었다. 준은 해중(海中)에서 왕이 되었으나 조선과는 서로 왕래하지 않았다.[17]

---

15 『잠부론』 권9 지씨성35, "昔周宣王亦有韓侯 其國也近燕 故詩云 普彼韓城 燕師所完 其後韓西亦姓韓 爲魏滿所伐 遷居海中".

16 『삼국지』 권30 동이전 한 인용 위략왈.

17 『삼국지』 권30 동이전 한 인용 위략왈.

④·⑤는『삼국지』에 실려 전하는『위략』의 일문으로, 앞서 본 ①의 ㉠과 ㉡ 자리에 각각 나뉘어 인용되어 있다. 그러나 내용상 두 기록은 연결되고 있으며, ①의 전거 자료였음을 알 수 있다. ⑤에 의하면, '준은 해중(海中)에서 왕이 되었다'고 하여『삼국지』의 '한지'와 다르다.

이상의 준왕 기록에서 드는 가장 큰 의문점은 왜『사기』·『한서』등 전대 사서에서는 준왕의 망명은 차치하더라도 그 이름조차 보이지 않는가 하는 것이다.『한서』에 전재되기도 한『사기』의 기록을 보면 다음과 같다.

> ⑥ 연왕(燕王) 노관이 한(漢)을 배반하고 흉노로 들어가자 만(滿)도 망명하였다. 무리 천여 인을 모아 북상투에 오랑캐 복장을 하고서, 동쪽으로 도망하여 요새를 나와 패수(浿水)를 건너 진(秦)의 옛 공지(空地)인 상하장(上下鄣)에 거주하였다. 점차 진번·조선의 만이 및 옛 연·제의 망명자를 복속하여 거느리고 왕이 되었으며 왕험(王險)에 도읍하였다.[18]

⑥의 후반부에서 보듯이 위만은 진번·조선의 주민과 중국계 망명자들을 복속해 왕이 되었다. 여기서 '준왕'의 존재는 보이지 않는다. 준왕이 사서에 처음 나타난 것은 260년대에 편찬된『위략』에서부터이다. 위만조선의 건국이 기원전 195년 무렵이므로 약 350년이 지나서야 준왕이 사서에 등장한 것이다. 또한 준왕의 망명 지역도 '해중'이었다가,『삼국지』에 이르러 '한지'로 바뀌게 된 근거도 의문이다.『삼국지』에 '주호(州胡)가 마한의 서쪽 해중(海中) 대도(大島) 위에 있다'[19]고 한 것을 보면, 진수도 '해중'을 바다로 둘러싸인 지형으로 인식하고 있던 것이다. 그러므로 한의 동서가 바다로 막혀 있다고 하더

---

18 『사기』 권115 열전55 조선.
19 『삼국지』 권30 동이전 한, "又有州胡在馬韓之西海中大島上".

라도,[20] 대방군 남쪽에 있는 한을 해중으로 인식해서 '한지'로 바꾸어 기록했다고 볼 수는 없다.

이러한 점들은 그동안 믿어왔던 준왕남래설에 대해 근본적인 의문을 갖게 만든다. 이상에서 살펴본 준왕남래설의 성립 과정을 정리해 보면 다음과 같다.

표 1 준왕남래설의 성립 과정

구분 \ 사서	사기	한서	잠부론	위략	삼국지
왕명	×	×	×	準	準
망명 지역	×	×	海中	海中	韓地
망명 이후	×	×	×	不與朝鮮相往來	自號韓王 其後絶滅 今韓人猶有奉其祭祀者
편찬 시기	기원전 1세기 초	기원후 1세기 말	2세기	3세기 중엽	3세기 후반

『사기』에서 '준왕' 이름조차 언급되지 않다가 약 400년 이후 편찬된 『삼국지』에서는 망명 지역, 망명 이후의 행적까지 새로운 정보가 한꺼번에 등장한다. 『삼국지』의 전거 사서였던 『위략』에서도 준왕의 망명 지역이나 망명 이후에 대해 모호하게 기술된 것에 비하면 『삼국지』의 준왕 기록은 상당히 구체적이다. 『삼국지』 기록이 더욱 새로운 이유는 다음과 같이 준왕을 기자의 40여 세 손이라고 그 계보까지 명시하고 있기 때문이다.

⑦ 일찍이 기자가 조선에 가서 8조의 교를 만들어 그들을 가르치니, 문을 닫아걸지 않아도 백성들은 도둑질을 하지 않았다. 그 뒤 40여 세

---

[20] 『삼국지』 권30 동이전 한, "韓在帶方之南 東西以海爲限 南與倭接".

(世)를 지나 조선후(朝鮮侯) 준(準)이 참람되게 왕이라 일컬었다.[21]

이 기록에 의하면 준왕은 기자의 40여 세 손이었다는 것이다. 『위략』에도 준왕의 세계에 대한 기록은 있지만, 기자의 후예인 조선후(조선왕)-비(否)-준(準)[22]의 순서로만 보여 준이 기자의 몇 세 손인지 확인할 수 없다. 기자의 40여 세손이라고 한 것은 준왕과 기자를 보다 직접적으로 결부시켜 놓은 것이다. 이처럼 『삼국지』는 준왕과 기자를 직접 연결시키고 있다는 점에서 전대의 기록들과 차이가 난다.

준왕이 기자의 40여 세 손으로 적시된 부분에서 기자동래설이 준왕남래설의 전제가 됨을 확인할 수 있다. 기존의 기자동래설에 준왕남래설이 덧붙여지면서 기자의 전설은 조선에서 끝나지 않고 삼한까지 이어졌다. 기자동래설의 파급이 준왕을 통해 한(韓)에까지 미치게 된 것이다.

준왕남래설이 기자동래설의 연장선상에 있다는 것은 진수와 같은 시대에 살았던 장화(張華, 232~300)의 『박물지』(博物志) 기록을 통해서도 확인된다.

⑧ 기자가 조선에 머물렀다. 그 후손이 … 도망하여 바다로 들어가 선국(鮮國)을 세웠다. …[23]

---

21 『삼국지』 권30 동이전 예.

22 『삼국지』 권30 동이전 한 인용 위략왈.

23 『박물지』 권8, "箕子居朝鮮 其後伐燕之朝鮮 亡入海爲鮮國", '伐燕之朝鮮'는 중간에 글자가 빠지거나 순서가 바뀐 것 같아 의미가 분명치 않다. 최근 역주본(祝鴻杰, 2010, 『博物志新譯』, 上海大學出版社, 218~219쪽)에서는 '其後燕伐之 王朝鮮'으로 원문을 수정 보완하여, '그 후에 연인이 조선을 공벌하고 거기서 왕이라 칭했다'고 해석하였다. '亡入海爲鮮國' 부분은 그동안 뒤 구절(師兩妾 墨色 珥兩靑蛇 蓋句芒也)의 '師'와 연결해 '鮮國師'로 보기도 했으나, '師兩妾'은 『산해경』 해외동경편

장화는 조위 말에 태상박사를 역임하고, 진(晉)에서는 탁지상서·사공 등에 이르렀던 학자이자 정치가로 진수의 후견인이기도 했다. 장화는 평소에 '비이도위'(秘異圖緯)와 관련된 것을 연구하기 좋아하여, 각종 유문일사·민간 전설·지리방물 등을 채집해 『박물지』를 편찬하고 그것을 진 무제에게 바쳤다.[24]

⑧에서 주목되는 것은 기자의 후손이 바다로 도망하여 '선국'(鮮國)을 세웠다는 부분이다. 『삼국지』에서 준왕이 한에 가 '한왕'이 되었다는 것과 다른 내용이다. '鮮國'을 '韓國'의 오기로 볼 수도 있으나,[25] 낙랑유민 묘지명에서 '朝鮮'을 줄여서 '鮮'이라 한 경우가 있고,[26] 또 하북성 천진에서 출토된 선우황비명(鮮于璜碑銘, 165년 제작)에서 선우씨(鮮于氏)가 기자의 후예라고 한 것과 후한 응소의 『풍속통』 성씨편에서 선우씨가 기자의 후손으로 조선에서 채읍을 얻었기 때문에 '鮮于'를 성씨로 하였다는 것과 연결해 볼 때,[27] 이 기록은 위만에게 쫓겨난 기자 후손의 향배를 한(韓)이 아니라 선우씨(鮮于氏)와 연결해 본 유형이라고 볼 수 있다. 선우씨가 기자의 후손을 자처했음은 여러 자료에서 확인된다.[28] 후대의 사실이지만 평양에 있는 기자의 사묘(祠廟)인 숭인전(崇仁殿)에 세워진 「崇仁殿碑」(1613)에서, 준왕의 후손으로 한씨(韓氏)·기씨(奇氏)·선우씨(鮮于氏)가 거론[29]된 것도 이와 무관하지 않아 보인다.

의 '雨師妾在其北 其爲人黑 兩手各操一蛇 左耳有靑蛇 右耳有赤蛇'라는 기록을 참고할 때 '雨師妾'의 오기로 판단된다. 『산해경』에 의하면, 우사첩은 전설상의 동북 지역 국명이며 구망은 동방의 신목명이다. 이 기록의 전반부는 위만에게 쫓겨난 준왕의 고사와 관련이 있고, 후반부는 『산해경』과 관련이 있는 듯한데, 그사이에 누락이나 착종이 있는 것 같아 정확한 연결 관계는 알 수 없다.

24 鄧瑞全·王冠英 主編, 1998, 『中國僞書綜考』, 黃山書社, 562쪽.

25 이성규, 2003, 「고대 중국인이 본 한민족의 원류」, 『한국사 시민강좌』 32, 139쪽.

26 임기환, 1992, 「낙랑 유민 관련 금석문」, 『역주 한국고대금석문』 I, 가락국사적개발연구원, 584~585쪽. 王禎 묘지명에서 朝鮮侯를 鮮侯로 표현한 예가 보인다.

27 박대재, 2010, 「箕子 관련 商周靑銅器 銘文과 箕子東來說」, 『선사와 고대』 32, 130쪽 참조.

28 이성규, 2003, 앞의 글, 144~145쪽 참조.

29 정약용, 『강역고』 권1 마한고 인용 李廷龜 崇仁殿碑略 참조.

이와 관련해 조위 명제 경초(237~239) 연간에 공손씨하에 있던 낙랑·대방 지역을 접수하기 위해 파견한 낙랑태수가 기자의 후손을 자처한 선우씨인 선우사(鮮于嗣)였다는 사실[30]을 음미해 볼 필요가 있다. 조위의 첫 낙랑태수가 기자의 후손으로 인식된 선우씨라는 사실은 당시 중국인들이 가지고 있던 조선(낙랑)과 기자에 대한 인식이 투영된 것일 수 있다.

준왕의 종착 지역을 분류해 보면, 『잠부론』·『위략』은 '해중'인 반면, 『삼국지』는 '한지', 『박물지』는 '선국'이라 하여 서로 차이가 난다. 3세기에 편찬된 동시대 기록에서 준왕의 망명 지역이 해중·한지·선국 등으로 다양하게 보이는 것이다. 하지만 이러한 차이에도 불구하고 3세기의 준왕 전승은 모두 준왕을 기자의 후손으로 인식하고 있다는 공통점을 가지고 있다. 준왕남래를 기자동래의 연장선상에서 서술하고 있는 것이다.

준왕남래설의 배경을 기자동래설과 연결해 보게 되면, 기자동래설과 마찬가지로 그 역사성에 의심이 가게 된다. 기자동래설이 기원전 2세기 말 한 무제의 위만조선 정복을 계기로 등장한 부회였던 것처럼,[31] 준왕남래설 역시 낙랑·대방군 등을 통해 남한 지역 세력과 직접 접촉하게 된 이후에 등장한 또 하나의 중화주의적 사화일 가능성이 높다.

준왕의 남래가 역사적 사실이라면 당대 기록인 『사기』에서 언급되었을 것이다. 특히 『사기』 송미자세가에는 이미 '기자가 조선에 봉해졌다'는 기자동래설의 기록이 있기 때문에, 만약 당시에 준왕이 기자의 후손이라고 인식되었다면 준왕의 말로에 대해서도 관심을 가졌을 것이다. 이것은 기자의 후예를 몰아내고 나라를 빼앗은 위만조선에 대한 한 무제의 정벌에 정당성을 부여하는 명분이 될 수 있기 때문이다. 그러나 『사기』 조선전에는 기자는 물론

---

30 『삼국지』 권30 동이전 한.

31 기자동래설은 복생의 『상서대전』, 사마천의 『사기』, 초연수의 『역림』 등 모두 위만조선이 멸망한 이후인 기원전 1세기에 편찬된 문헌에서 나타나기 시작한다. 기자동래설에 대해서는 이 책의 II-3장(중국의 청동기 명문과 기자동래설)을 참조하라.

준왕의 이름도 보이지 않는다. 이것은 기원전 1세기에는 기자와 준왕을 연결해 보는 인식이 존재하지 않았음을 시사해 준다.

준왕남래설의 작위성은 그 속에 보이는 '한왕'이나 '한지'란 용어의 시기적 부정합성에서도 확인할 수 있다. 『사기』와 『한서』 조선전에는 기원전 2세기 위만조선 남쪽의 정치 세력으로 한이 아니라 중국(衆國)이나 진국(辰國)이 기록되어 있다.[32] 『위략』에서도 다음과 같이 기원전 2세기 말 남한 지역의 정치체로 진국을 언급하고 있다.

> ⑨ 일찍이 우거가 격파되기 전에 조선상(朝鮮相) 역계경(歷谿卿)이 우거에게 간언하였으나 받아들이지 않자 동쪽으로 진국(辰國)에 갔다. 그때 백성으로서 그를 따라가 그곳에 산 사람이 2000여 호였는데, 그들도 역시 조선·진번과 서로 왕래하지 않았다.[33]

⑨는 위만조선의 마지막 왕인 우거왕 때에 조선상 역계경이 주민 2000여 호를 데리고 진국으로 망명한 사실은 전한다. 역계경 집단이 도착한 진국은 한(삼한)보다 앞서 있었던 선행 정치체로 파악된다.[34] 기원전 2세기 말까지 남쪽의 정치체로는 중국이나 진국이 알려져 있었고, 한은 그 뒤인 기원전 1세기에 등장한 것으로 이해되고 있다.[35] 이에 따르면 준왕이 위만에게 패망한 기원전 2세기 초에 '한'(韓)이라는 실체는 역사적으로 존재할 수 없게 된다.

삼한의 '한'이 중국 역사서에 등장한 것은 240년대 편찬된 사승(謝承)의 『후

---

32 衆國 내지 辰國 기록의 판본 문제를 둘러싼 논의는 박대재, 2005, 「三韓의 기원에 대한 사료적 검토」, 『한국학보』 119(31권 2호), 5~11쪽 참조.

33 『삼국지』 권30 동이전 한 인용 위략왈.

34 김정배, 1986, 앞의 책 참조.

35 이현혜, 1997, 「삼한의 정치와 사회」, 『한국사』 4, 국사편찬위원회, 263쪽.

한서』 동이열전에서부터이다.[36] 물론 역사서는 아니지만 그보다 앞서 2세기 말 후한의 복건(服虔)이 『한서』 주(注)에서 '진한'(辰韓)을 거론한 적은 있다. 2세기 이후가 되어야 한이 중국 기록에 등장하는 것이다. 따라서 준왕 시기인 기원전 2세기 초에 '한왕'이나 '한지'가 존재할 수 없으며, 이는 후한 이후 알려진 사실에 의해 진수가 추기한 것이라고 볼 수밖에 없다.[37] 그렇다면 준왕이 칭했다는 '한왕'의 존재는 역사성을 확보하기 어렵다. 한왕의 존재 여부는 준왕의 한지 남래 여부와 직결된다. 결국 준왕남래설은 당대의 사실을 전하는 것이 아니라 후대의 진수에 의해 추기된 사화(史話)에 가까운 것이라고 할 수 있다.

한편 『신찬성씨록』(新撰姓氏錄)에 보이는 "麻田連 百濟國朝鮮王准之後也"의 '朝鮮王准'를 준왕으로 파악하고,[38] 이를 준왕남래설의 근거로 보는 시각도 있다. 하지만 이 기록은 기자의 후예를 칭한 한인(漢人)들이 백제에 들어와 있다가 일본으로 귀화한 후 조작한 가계에서 나온 것이다.[39] 이 기록은 『삼국지』의 준왕남래 기록에서 파생된 후대의 계보에서 나온 것임에 유의해야 한다.

은나라가 멸망한 이후 그 유민들이 요서 지역 등 고조선 인근 지역까지 흘러들어왔을 가능성은 있지만, 기자가 동쪽으로 와 조선의 지배자가 되었다는 이야기는 객관적 근거 없는 중화주의적 인식의 소산이다.[40] 마찬가지로 조선의 유민들이 남한 지역으로 이주한 사실은 역계경 집단의 남하를 통해

---

36 박대재, 2009, 「謝承의 『後漢書』 東夷列傳에 대한 예비적 검토」, 『한국고대사연구』 55 참조.

37 박대재, 2006, 『고대한국 초기국가의 왕과 전쟁』, 경인문화사, 90쪽.

38 '朝鮮王准'의 准(회)는 판본에 따라 洎·雍·准으로 보인다[佐伯有清, 1962, 「第二 校訂新撰姓氏錄(右京諸蕃下)」, 『新撰姓氏錄の研究-本文篇-』, 吉川弘文館, 301쪽].

39 今西龍, 1922, 「箕子朝鮮傳說考」, 『支那學』 2-10·11; 1970, 『朝鮮古史の研究』, 國書刊行會, 141~142쪽.

40 김정배, 1973, 「所謂 箕子朝鮮과 考古學上의 問題」, 『한국민족문화의 기원』, 고려대학교 출판부, 180~197쪽 참조. 한편 1976년 중국 요녕성 객좌현 북동현에서 출토된 '𠂤侯'명 청동기를 근거로 대릉하유역에 기자조선이 실재했다고 보는 견해도 있지만, 이는 요서 지역 청동 예기의 성격을 종합적으로 검토하지 못한 결과이다. 기자 관련 청동 예기의 성격은 이 책의 II-3장을 참조하라.

서도 확인되지만, 기자의 후예인 준왕이 한지에 와 한왕이 되었다는 준왕남래설은 후대의 중국 사가들에 의해 과장된 중화주의적 논리일 가능성이 높다.

기자동래설의 연장선상에서 준왕의 남래를 기술한 중국 사가들의 입장은 주변 지역의 역사를 중국에 귀속시켜 보려는 중화주의적 인식에 입각해 있다. 은나라 말기 기자가 주나라를 피해 동쪽으로 와 조선의 지배자가 되었고, 그 기자조선의 마지막 왕인 준왕이 다시 남쪽으로 망명하여 한의 지배자가 되었다는 논리 속에서, 준왕의 남래는 기자와 한을 연결하는 중간 고리 역할을 한다. 그러나 준왕의 남래가 역사적 사실이 아니라 후대의 전설을 채록한 것에 불과하다면, 이를 근거로 한(삼한)의 성립 시기를 설정하거나 준왕남래 지역을 특정 지역에 비정하는 것은 설득력을 얻기 어렵게 된다.

3. 준왕 제사와 조선계 한씨(韓氏)·왕씨(王氏)

『삼국지』 동이전에 준왕남래설이 채록된 계기는 ① 기록의 '지금 한인(韓人) 중에 아직 준왕의 제사를 받드는 사람이 있다'고 한 부분에 있다고 보인다. '今'이란 표현은 진수가 이것을 직접 전문했음을 보여 주는데, 『삼국지』를 편찬한 3세기 후반 당시의 사정이다. 이것으로 인해 준왕의 망명 지역이 '한지'로 구체화될 수 있었던 것 같다.

준왕의 제사를 모시는 한인의 존재는 준왕남래설의 역사성을 보여 준다고 할 수도 있다. 그러나 고구려에서 기자에 대한 제사가 이루어졌고 고려 이후 기자사(箕子祠) 제향이 유지되었다고 해서 그것이 기자동래설의 근거가 될 수 없듯이,[41] 준왕 제사가 곧 준왕남래설의 역사적 근거가 되는 것은 아니다. 기

---

41 고구려와 고려의 기자 신앙과 제사는 이 책의 II-2장(기자조선과 소중화)을 참조하라.

자 제사와 마찬가지로 준왕 제사는 그를 통해 신앙적 기억을 공유하고자 하
는 집단이 존재하였음을 보여 줄 뿐이다.

준왕 제사 집단의 성격은 무엇보다도 조선상 역계경 집단처럼 서북한 지
역에서 남하한 조선유민과 관련될 가능성이 높다. ⑨에 의하면, 역계경 집단
도 남하한 이후 조선과 서로 왕래하지 않았다고 한다. 이것은 ⑤에서 준은
해중에서 왕이 되어 조선과 서로 왕래하지 않았다고 한 것과 서로 통한다.
즉 준왕과 마찬가지로 역계경 집단도 위만조선과 왕래하지 않았다는 것이
다. 준왕 제사 집단은 바로 역계경 집단과 같이 위만조선에 대해 반감을 가
진 고조선유민으로 추정된다.

고조선유민의 남하는 위만조선이 멸망하고 낙랑군이 설치된 이후에도 계
속 이어졌다. 『삼국사기』 신라본기에 보이는 조선유민에 의한 진한사회의 형
성[42]은 위만조선 멸망 후 기원전 1세기에 있었던 대표적인 사례이다. 마한과
중국의 교류는 후한 때부터 본격화되었는데,[43] 건무 20년(44) 한(韓) 염사인(廉
斯人) 소마시(蘇馬諟)의 낙랑 입조가 대표적인 예이다.[44] 낙랑에서 한으로의 주
민 이동도 후한 시기에 들어가면서 더욱 활발해졌을 것이다.

한에서 준왕 제사를 지내던 사람들은 ①에서 '그 후손은 절멸되었다'고 했
으니 준왕의 직계 후손은 아니다. 그렇다면 이들은 준왕과 혈연적으로는 관
계가 없지만 지역적으로 관계가 있던 고조선에서 남하한 유민들로 추론해
볼 수 있다. 이와 관련하여 ④·⑤의 기록을 다시 살펴볼 필요가 있다. 두 기
록을 종합해 보면, 조선에 남아 있던 준왕의 아들과 친족들이 '한씨'로 성을
바꾼 사실이 확인된다. 따로 떨어져 인용되었던 ④·⑤를 연결해 보면 다음
과 같다.

---

[42] 『삼국사기』 권1 신라본기1 시조 혁거세거서간 즉위년, "先是 朝鮮遺民 分居山谷之間 爲六村 …
是爲辰韓六部".
[43] 『통전』 권185 변방1 마한, "馬韓後漢時通焉".
[44] 『후한서』 권85 동이열전 한.

⑩ 준(準)은 만(滿)과 싸웠으나 상대가 되지 못하였다. 그(준)의 아들과
친척으로서 국에 남아 있던 사람들은 이에 한씨로 성을 함부로 바꾸
었대[冒姓]. 준은 해중에서 왕이 되었으나 조선과는 서로 왕래하지 않
았다.[45]

'모성'(冒姓)은 남의 성을 습칭한다는 의미로 준과 그 일족은 원래 한씨가 아
니었던 것이다. 그런데 위 기록은 준왕 일족이 실제로 성을 바꾸었다기보다
후대의 낙랑한씨들이 자신들의 가계를 분식하기 위해 조선왕의 후손이 한씨
가 되었다고 꾸민 위계보에서 비롯된 것일 가능성이 높다.[46] 즉 후대의 낙랑
한씨들이 자신들의 가계를 준왕에게 부회한 것이다. 뒤에 살펴보겠지만 한
씨는 왕씨와 함께 낙랑 지역의 대표적인 토착 세력이었다. 그러나 후대의 부
회라 할지라도 낙랑한씨와 준왕 사이의 의제적 관계는 존재한 것이다. 준왕
은 낙랑한씨들에게 의제적이긴 하지만 선조로 인식되었다고 보인다. 준왕이
기자의 40여 세 손이라고 했던 기록(⑦)도 낙랑한씨의 세보와 같은 후대 계보
자료에 근거하였을 가능성이 높다.

그런데 낙랑유민 관련 금석문 가운데 기자의 후손과 관련된 흥미로운 자
료가 있다. 중국 하남 낙양에서 출토된 낙랑 수성인(遂城人) 왕정(王禎)과 왕기
(王基)의 묘지명이다.[47] 두 묘지명은 낙랑왕씨의 가계의식을 보여 주는 자료인
데, 이에 의하면 낙랑왕씨 또한 기자의 후손이었으며 조선후였기 때문에 왕
을 성씨라고 하였다고 한다. 313년 낙랑군이 고구려에 의해 축출된 이후 낙
랑군과 함께 그 유민 1000여 가는 모용씨에 의해 대릉하유역으로 옮겨졌고,

---

45 『삼국지』 권30 동이전 한 인용 위략왈.

46 今西龍, 1970, 앞의 책, 141~142쪽.

47 임기환, 1992, 앞의 글, 584~588쪽 참조.

다시 530년대에는 지금의 천진 서쪽인 하북 보정(保定)지역에 이치되었다.[48] 따라서 514년과 522년에 각각 사망한 왕정과 왕기는 낙랑이 대릉하유역에 있었던 시기에 활동한 인물들이다. 그러나 이들 왕씨가 자신들의 가계를 기자와 연결한 것이거나 낙랑한씨와 통혼한 것을 보아, 이들은 대동강유역의 원 낙랑 지역으로부터 이주해 온 낙랑왕씨의 후손들로 이해할 수 있다.[49] 이처럼 낙랑왕씨가 기자를 원조로 내세운 것은 낙랑군하에서 지배 세력으로서의 위치를 정당화하려는 데 있었다고 이해된다.[50]

이러한 낙랑왕씨의 가계인식은 낙랑한씨의 준왕 일족인식과 서로 통한다. 두 성씨 모두 자신들의 가계를 기자의 후손으로 분식하고 있다. 낙랑한씨와 낙랑왕씨는 동종의식을 가지고 있었던 것으로 보인다.[51] 이와 관련하여 중국 낙양에서 출토된 낙랑유민 왕씨부인(王氏夫人)과 한씨부인(韓氏夫人)의 묘지명[52]도 주목된다.

왕씨부인과 한씨부인은 모두 낙랑 수성인 왕도민(王道珉)의 딸들로, 앞서 본 왕정·왕기와 일족이었다. 그런데 자매인 두 부인의 성씨가 다르다. 제2녀인 한씨부인이 원래 왕씨였다가 한씨가 된 사연은 다소 복잡하고 의견 차이가 있긴 하지만,[53] 외조부인 낙랑한씨 한기린(韓麒麟)의 존재 때문으로 이해된다. 이러한 사실은 낙랑한씨와 낙랑왕씨가 기자의 후손으로서 동종의식을 가지고 있으면서 통혼을 통해 낙랑유민으로서의 정체성을 오랫동안 유지하였

---

48 천관우, 1977, 「灤河下流의 朝鮮-中國 東方諸郡의 廢置와 관련하여-」, 『사총』 21·22합; 1989, 앞의 책, 101~129쪽 참조.
49 이성규, 2005, 「4세기 이후의 낙랑교군과 낙랑유민」, 『동아시아 역사 속의 중국과 한국』(최소자교수정년기념논총), 서해문집, 231~242쪽. 왕정·왕기 외 왕서·왕온·왕맹 등 북조 낙랑왕씨의 계통과 존재 양태에 대해서는 羅新, 1996, 「十六國北朝時期的樂浪王氏」, 『韓國學論文集』 6, 北京大 韓國學研究中心, 15~19쪽 참조.
50 윤용구, 1995, 「樂浪遺民의 墓誌 二例」, 『인하사학』 3, 13쪽.
51 이성규, 2005, 앞의 글, 238쪽.
52 임기환, 1992, 앞의 글, 591~592쪽 참조.
53 윤용구, 1995, 앞의 글, 7쪽 및 이성규, 2005, 앞의 글, 234~237쪽 참조.

음을 보여 준다. 평양 석암리 205호분[王旴墓][54]에 출토된 문자 자료를 통해 볼 때, 왕씨와 한씨는 낙랑의 가장 유력한 세력으로서 서로 통혼을 통해 자신들의 세력을 유지하고자 하였다.[55] 낙랑왕씨와 낙랑한씨의 동종의식은 이미 원 낙랑군 시기에 형성되어 있었다고 보인다.

그런데 낙랑군 설치 이전 위만조선 시기에도 한씨와 왕씨의 존재가 확인된다. 위만조선 말기 우거왕 때의 조선상이었던 한음(韓陰)과 장군 왕겹(王唊)이다.[56] 기원전 109~기원전 108년 한의 침공으로 위만조선이 멸망한 과정에서 한음과 왕겹은 우거왕을 배신하고 조선상 노인(路人)·이계상(尼谿相) 참(參)과 함께 한에 투항하여 적저후(荻苴侯)와 평주후(平州侯)에 각기 봉해졌다.[57]

한에 투항한 조선의 고위층 중에 노인이나 참은 성씨가 없는 데 반해, 한음과 왕겹은 한화된 성씨를 가지고 있어서 주목된다. 한음과 왕겹은 낙랑군의 유력한 성씨인 한씨·왕씨와 관련된 인물들로 보인다. 낙랑군 시기 두 성씨가 통혼을 통해 세력을 유지한 것이나 기자의 후손이라는 동종의식을 가지고 있었던 것도 그전에 있었던 한음과 왕겹이 함께 한에 투항한 사실과 무관하지 않아 보인다. 한씨와 왕씨는 위만조선 시기부터 조선상과 장군을 지낼 정도로 유력한 세력이었으며, 위만조선이 멸망할 때 한음과 왕겹이 세운 공적으로 인해 낙랑 지역에 남아 있던 그 후손들이 계속 대성으로서 세력을 유지할 수 있었다고 추정된다.

한씨·왕씨 등 낙랑의 호족에 대해 기존에는 한인계(漢人系) 군민(郡民)으로 보는 것이 일반적인 시각이었다.[58] 그러나 낙랑 전기의 분묘인 토광목곽묘의

54 原田淑人·田澤金吾, 1930, 『樂浪』, 東京帝國大學 文學部 참조.

55 三上次男, 1966, 『古代東北アジア史研究』, 吉川弘文館, 67~68쪽.

56 『사기』 권115 열전55 조선.

57 韓陰의 이름은 『한서』 조선전에서 '韓陶'로 보인다. 또한 한음이 봉해진 지역도 武英殿本 『사기』에는 荻苴로, 『한서』에는 秋苴로 되어 있어 차이가 난다. 『사기』와 『한서』 공신표에 의하면, 한음이 봉해진 荻苴는 황하 하류의 발해군 지역이다. 한음과 왕겹에 대한 한의 공신 책봉에 대해서는 조법종, 2006, 『고조선 고구려사 연구』, 신서원, 272~273쪽 참조.

구조와 그 부장 유물인 세형동검의 존재에 주목해 보면 군현의 지배 세력은 군현 설치 이전부터 거주해 온 토착 원주민 계통으로 보인다.[59] 서남이(西南夷) 자료를 통해 볼 때 낙랑의 이민(夷民), 즉 고조선계 토착 주민 역시 한족(漢族)과 마찬가지로 중국식 성을 사용한 것으로 보이며, 낙랑의 대성으로서 기자의 후손을 자청한 한씨와 왕씨가 대표적인 예로 주목된다.[60] 고조선유민이 중국식 성씨를 쓴 것은 고조선계 주민과 한계(漢系) 주민의 종족적 융합에 의한 '낙랑인'의 형성[61]을 시사해 주는 것일 수도 있다.

낙랑왕씨가 고조선계라는 근거로 전·후한 교체기(23년경) 낙랑태수 유헌을 살해하고 스스로 대장군 낙랑태수를 칭하였던 낙랑의 '토인'(土人) 왕조(王調)의 존재를 거론할 수 있다.[62] '토인'이라는 표현 자체가 왕조가 비한계(非漢系)임을 시사해 준다.[63] 낙랑왕씨가 고조선계 토착 세력이었다면 그와 동종의식을 가지고 있으면서 통혼한 낙랑한씨도 고조선계 씨족이라고 판단해도 무방할 것이다.

낙랑의 한씨와 왕씨는 위만조선 시기부터 보이는 고조선계 토착 세력이라는 점에서, 낙랑한씨 등은 조선(계) 한씨라고 부를 수도 있을 것이다. 물론 낙랑의 한씨나 왕씨 가운데 한인계(漢人系) 주민도 있겠지만, 자신들의 가계를 위만조선 이전의 기자(준왕)와 결부시킨 씨족은 토착 고조선계일 것이다. 조선계 한씨나 왕씨와 같은 토착 씨족이 세력을 유지할 수 있었던 것은 낙랑군

---

58 三上次男, 1966, 앞의 책, 53~62쪽; 권오중, 1992, 『낙랑군연구-중국 고대변군에 대한 사례적 검토-』, 일조각, 69~76쪽.

59 윤용구, 1990, 「樂浪前期 郡縣支配勢力의 種族系統과 性格-土壙木槨墓의 분석을 중심으로-」, 『역사학보』 126, 21~32쪽.

60 이성규, 2006, 「중국 군현으로서의 낙랑」, 『낙랑 문화 연구』, 동북아역사재단, 32쪽.

61 오영찬, 2006, 『낙랑군 연구-고조선계와 한(漢)계의 종족 융합을 통한 낙랑인의 형성-』, 사계절, 159~175쪽.

62 『후한서』 권1하 광무제기 건무 6년 6월 및 권76 순리열전 왕경전 참조.

63 한편 王調政權과 산동 지역의 연계를 근거로 왕조의 출신을 토착 한인(漢人)으로 보기도 한다 (권오중, 2010, 「낙랑군 연구의 현황과 과제」, 『낙랑군 호구부 연구』, 동북아역사재단, 37~38쪽).

의 지배 방식이 토착 세력을 매개로 운영된 점[64]과도 연결해 이해될 수 있다.

한씨와 왕씨의 사례를 통해 볼 때 낙랑 지역의 조선계 대성들이 자신들의 가계를 기자나 준왕과 연결해 보는 분식이 적지 않았던 것으로 추정된다. 이러한 가계 분식은 토착 세력이 한족 지배 세력과 밀착될 수 있는 사회적·문화적 기반을 제공해 주기도 했을 것이다. 그렇다면 한씨·왕씨 등과 같이 기자(준왕)의 후손의식을 가지고 있던 씨족들에 의해서 기자나 준왕에 대한 제사가 이어졌을 가능성이 높다. 왕정과 왕기의 예와 같이 6세기 초 낙랑유민까지 기자의 후손이라는 가계인식을 유지하고 있었다는 데서도 그 가능성을 엿볼 수 있다. 한(마한)에 있었던 준왕 제사 집단의 존재도 낙랑의 조선계 한씨나 왕씨와 같은 분식된 가계인식을 가지고 있던 집단인 것으로 추정할 수 있다.

4. 낙랑·대방 지역 조선유민의 마한 유입

앞서 살펴본 것처럼 준왕남래설은 낙랑 지역에 있던 조선계 씨족들의 분식된 가계에서 기원하였을 가능성이 높다. 특히 『위략』에 서술된 바와 같이 낙랑 지역의 한씨가 준왕 일족이라는 인식은 3세기 당시 꽤 퍼져 있었던 것 같다. 진수가 준왕의 남래 지역을 '한지'라고 적시한 계기도 낙랑 지역 한씨나 왕씨 등의 향방과 관련이 있다고 보인다.

대체로 마한은 진·변한에 비해 재래의 청동기 문화를 배경으로 한 집단을 중심으로 이루어진 토착성이 강한 사회로 이해되고 있다.[65] 그러나 진·변한 사회와 마찬가지로 마한 역시 단일한 주민 구성으로 이루어진 사회는 아니

---

64 송호정, 2010, 「한군현(漢郡縣) 지배의 역사적 성격」, 『역사와 현실』 78, 48~49쪽; 윤용구, 2010, 「낙랑군 초기의 군현 지배와 호구 파악」, 『낙랑군 호구부 연구』, 동북아역사재단, 178쪽.
65 이현혜, 1984, 『삼한사회형성과정연구』, 일조각, 194쪽.

었다. 주지하듯이 마한의 일국인 백제국은 북쪽에서 남하해 온 비류와 온조를 대표로 하는 고구려·부여 계통의 주민과 토착 마한 계통의 주민이 혼합되면서 구성되었다.

마한의 주민 구성 역시 토착 한인계 뿐만 아니라 인접한 낙랑·대방 등 중국 군현 지역에서 들어온 이주민과 혼합된 것으로 보인다. 마한의 장수였던 주근(周勤)[66]이나 맹소(孟召)[67]의 이름을 한화된 인명으로 보면서, 특히 맹소는 '孟政之印'명 동인(銅印)에서 보이는 낙랑 지역 맹씨와 관련이 있다고 추정하기도 한다.[68] 또 246년 기리영 전쟁 이후 백제와 중국 군현의 관계가 회복되면서 고이왕의 아들 책계와 대방공주 보과의 혼인이 이루어졌듯이,[69] 대방 출신 인물들이 백제 중앙에서 활약하면서 관제 등의 제도 문물이 급속도로 정비되기 시작하였을 가능성이 있다.[70] 즉 낙랑·대방 지역 출신이 마한사회의 주요 구성 인자에 포함될 수 있는 것이다.

또한 조선 후기 실학자 이래 '예'(濊)계 세력으로 보아 왔던 『삼국사기』 백제본기의 '말갈'을 마한의 신분고국(臣濆沽國)에 비정하거나,[71] 임진강유역의 적석총 축조 집단을 신분고국이나 한나해국(韓那奚國) 등 마한 북부의 소국으로 파악하는 시각[72] 역시 마한사회의 구성을 복합적인 양상으로 이해하는 것이다.

그동안은 한백겸의 『동국지리지』에 영향을 받아 마한을 한강유역 이남 지역으로 보는 경향이 강했지만,[73] 최근에는 경기도 북부 임진강유역까지 마한

---

66 『삼국사기』 권23 백제본기1 온조왕 34년, "冬十月 馬韓舊將周勤 據牛谷城叛 王躬帥兵五千 討之 周勤自經 腰斬其尸 幷誅其妻子".
67 『삼국사기』 권1 신라본기1 탈해이사금 5년, "秋八月 馬韓將孟召 以覆巖城降".
68 성주탁, 1987, 앞의 글, 161쪽.
69 『삼국사기』 권24 백제본기2 책계왕 즉위년.
70 박대재, 2004, 「백제 초기의 회의체와 南堂」, 『한국사연구』 124, 16쪽.
71 윤선태, 2001, 「馬韓의 辰王과 臣濆沽國—嶺西濊 지역의 歷史的 推移와 관련하여—」, 『백제연구』 34, 23쪽.
72 김병곤, 2007, 「臨津江 流域의 積石塚과 馬韓」, 『동국사학』 43, 31쪽.
73 노중국, 1987, 앞의 글, 35쪽; 임영진, 1996, 「馬韓의 形成과 變遷에 대한 考古學的 考察」, 『삼한

의 범위에 포함해 보는 추세이다.[74] 이것은 『삼국지』에서 서술된 마한 50여 국명이 대방군으로부터 남하하는 순서로 기록된 것으로 보고 백제국 앞의 원양국 등 7국을 경기도 북부에 비정한 견해[75]가 설득력 있게 받아들여진 결과이기도 하다. 이와 관련하여 한반도 중부 이남에는 한이나 예, 혹은 마한·진한·변한이란 용어로만 포용할 수 없는 다양한 종족 집단이 존재하였기 때문에, 마한의 종족성과 공간적 분포를 명료하게 구분하기 불가능하다고 보는 시각이 제기되기도 하였다.[76] 이는 마한의 외연과 내포에 대한 시각이 기존과 달리 상당히 복합적인 양상으로 변화하고 있음을 시사해 준다. 앞으로 마한의 주민 구성이나 분포 범위 및 문화 성격에 대한 논의는 기존보다 복합적인 맥락에서 이루어져야 한다.

최근 논의에서 마한의 북부가 임진강유역까지 확대되면서, 마한과 중국 군현 사이의 인적·물적 교류의 가능성도 더욱 확대되었다. 이런 배경에서 한씨나 왕씨 등과 같은 낙랑·대방 지역의 조선계 주민의 마한 유입도 새롭게 검토해 볼 필요성이 제기된다. 낙랑·대방 지역의 조선계 주민 중 준왕 제사와 관련하여 가장 주목할 존재는 단연 『위략』에서 준왕 일족으로 언급된 한씨 집단이다. 한씨 집단의 분포 양상은 낙랑·대방 지역에서 출토된 여러 문자 자료를 통해 확인할 수 있다.

표 2의 출토 자료 가운데 낙랑 지역에서 나온 2건을 제외하면 나머지는 모

의 사회와 문화」(『한국고대사연구』 10), 118쪽; 박순발, 1998, 앞의 글.

[74] 윤용구, 1998, 「《三國志》 韓傳 對外關係記事에 대한 一檢討」, 『마한사연구』, 충남대학교 출판부; 정재윤, 2001, 「魏의 對韓政策과 崎離營 전투」, 『중원문화논총』 5, 충북대; 문창로, 2005, 「《三國志》 韓傳의 馬韓과 伯濟國-마한의 역사적 실체와 백제국의 성장을 중심으로-」, 『한국학논총』 27.

[75] 천관우, 1979, 「馬韓諸國의 位置試論」, 『동양학』 9; 1989, 앞의 책, 416~417쪽 참조. 천관우는 관구검의 휘하 병력에 의해 점령당한 韓那奚等數十國(『삼국지』 권4 제왕방기 정시 7년 참조)의 위치를 임진강~예성강 일대로 짐작하여, 위군의 공격 이전 마한의 공간 범위를 예성강유역까지였다고 보았다. 한나해 등의 위치에 대해서는 이 책의 IV-4장(백제 초기의 영역과 마한) 참조.

[76] 권오영, 2010, 「馬韓의 종족성과 공간적 분포에 대한 검토」, 『한국고대사연구』 60, 29~30쪽.

표 2 낙랑·대방의 한씨(韓氏) 관련 문자 자료[77]

자료명	출토지	연대
'利韓'[78]명 이배(耳杯)	평양 석암리 205호분(王旴墓)	
'韓兢私印'명 동인(銅印)	평양 정오동 3호분	
'韓范君印'명 동인	미상	
'韓賀之印'명 봉니(封泥)	미상	
'韓□信印'명 봉니	미상	
'光和五年韓氏造牢'명 전(塼)	황해도 봉산군 문정면 토성리	광화 5년(182)
'景元三年三月八日韓氏造'명 전	황해도 봉산군 문정면 토성리	경원 3년(262)
'韓氏壽郭'명 전	황해도 봉산군 문정면 토성리	
'元康三年三月十六日韓氏'명 전	황해도	원강 3년(293)
'永嘉…(年)韓氏造塼'명 전	황해도 신천군 남부면 서원리	영가(307~312)
'永和八年二月四日韓氏造塼'명 전	황해도 신천군 북부면	영화 8년(352)
'建始元年韓氏造塼'명 전	황해도 신천군 용문면 복우리	건시 원년(407)
'…年韓氏造'명 전	황해도 신천군 남부면 서원리	
'…韓氏造'명 전	미상	
'□韓'명 전	미상	

두황해도 봉산군과 신천군 등 대방 지역에서 나온 것들이다. 특히 봉산군은
대방의 중심 지역으로 멸악산맥을 경계로 남쪽으로 평산군과 접해 있는데,
평산의 기린리는 246년에 한의 세력이 공격했던 대방군 기리영으로 추정되
는 곳이다.

황해도 봉산군 문정면 소봉리에서 대방태수로 추정되는 장무이(張撫夷)의

---

77 임기환, 1992, 「낙랑 및 중국계 금석문-제1부 낙랑-」, 『역주 한국고대금석문』 I, 가락국사적
    개발연구원, 201~447쪽 참고.
78 '利韓'의 韓은 주인인 王旴의 부인 성씨로 추정된다. '利王'명 칠기들도 함께 출토되었는데, '利'
    는 吉利를 비는 길상구이다. 건무 21년(50)명 耳杯, 영평 12년(69)명 칠반 등도 함께 출토되어
    연대를 짐작할 수 있다(임기환, 1992, 위의 글 참조).

고분이 발견되었고,[79] 이로 인해 고분 동남쪽 5km에 위치한 토성지[속칭 당토성(唐土城), 지탑리토성]가 대방군(대방현)의 치소로 비정되고 있다.[80] 표 2의 광화 5년명 전, 경원 3년명 전, 한씨수곽명 전 등이 모두 토성지에서 출토되었다. 이 밖에 태시 7년·10년·11년명 전도 이곳에서 출토되어, 이 토성지가 2세기 후반부터 3세기 후반까지 집중적으로 사용되었음을 보여 준다. 명문전을 남긴 한씨 세력이 대방 지역에서 주로 활동한 시기도 이 무렵일 것이다. 출토 자료의 분포 양상을 볼 때, 한씨 집단의 존재는 낙랑보다 대방 지역을 중심으로 나타난다. 이것은 대방 지역이 조선계 한씨 집단의 근거지였음을 시사해 주는 것이다.

한편 낙랑·대방 지역의 제일 호족이었던 왕씨와 관련된 문자 자료는 너무 많아서 일일이 열거할 수 없을 정도이다.[81] 왕씨 관련 자료의 출토양상을 보면, 평양 석암리·정백리를 중심으로 낙랑 지역에 집중된 특징이 나타난다.[82] 황해도에서는 신천군 지역의 출토 빈도가 다른 지역에 비해 높다. 한씨 관련 문자 자료가 대방 지역에 집중된 반면, 왕씨 관련 자료는 낙랑 지역에 집중적으로 분포한다. 왕씨 관련 자료가 특히 많은 이유는 이 가운데 한인계(漢人系) 왕씨도 상당수 포함되었기 때문일 것이다. 대표적 예로 황해도 신천군 봉황리에서 출토된 명문의 왕경(王卿)은 산동 동래(東萊) 황현(黃縣) 출신의 한계(漢系) 왕씨로 이해된다.[83] 후한 광무제 때 낙랑태수였던 왕준(王遵), 명제 때

---

79 關野貞, 1897, 『(考古學講座)樂浪帶方兩郡の遺蹟及遺物』, 雄山閣, 21쪽.

80 이병도, 1976, 앞의 책, 116쪽. 한편 장무이묘에 대해 고분의 천장이 石蓋 천장이라는 사실과 고구려적인 구성 요소가 보인다는 점을 근거로 대방태수의 무덤이 아니라 4세기 중엽 이후의 고구려 무덤이라고 보는 견해(정인성, 2010, 「대방태수 張撫夷墓의 재검토」, 『한국상고사학보』 69, 39~67쪽)가 제기되기도 하였다.

81 평양 지역의 낙랑왕씨에 대해서는 今西龍, 1912, 「大同江南の古墳と樂浪王氏との關係」, 『東洋學報』 2; 1970, 앞의 책, 277~290쪽 참조.

82 임기환, 1992, 앞의 글; 윤용구, 2010, 「낙랑·대방지역 신발견 문자자료와 연구동향」, 『한국고대사연구』 57, 56~57, 62쪽 참조.

83 임기환, 1992, 앞의 글, 367쪽 참조.

왕경(王景), 위 정시 연간의 대방태수였던 왕기(王頎) 등도 모두 한인(漢人)일 것이다.[84]

　한씨가 주로 분포했던 대방 지역은 기원전 108년 진번군이 설치되었다가, 기원전 82년 진번군이 폐지된 후 낙랑군의 남부도위에 속하였다. 기원후 30년 변군의 도위를 폐지할 때 남부도위도 폐지되면서 낙랑군의 통제력이 미치지 못하게 되었다. 그 후 2세기 후반(환제·영제의 말기)에 후한 중앙의 혼란으로 인해 낙랑군의 세력은 더욱 쇠퇴하게 되었다. 이때 한(韓)·예(濊)가 강성해지고 군현은 통제할 능력이 없어지면서 군현의 많은 민들이 한국으로 유입하였다. 그러다가 3세기 초 요동의 공손씨 정권이 둔유현(황해도 황주) 이남의 황무지를 나누어 따로 대방군을 설치하면서,[85] 군현의 민들이 다시 돌아오고 한(삼한)도 대방에 복속하게 되었다. 경초 연간(237~239)에는 조위가 공손씨 정권 아래에 있던 낙랑·대방 2군을 평정하고 한국의 신지 등에게 인수를 더해 주면서 영향력을 회복하고자 했다.[86] 그러나 246년 대방군 기리영이 한 세력의 공격을 받고 대방태수가 전사하는 등 큰 타격을 받게 되면서, 다시 낙랑군 중심의 군현체제로 전환하게 되었다. 하지만 265년 이후 진(晉)의 낙랑·대방군을 평주(平州)가 관할하게 되면서 그 통치 지역이 축소되고 각각 6현·7현을 확보하는 데 그치게 되었다.[87]

　2세기 후반 후한 왕조가 환관의 발호와 황건의 쟁란 등에 의해 급속하게

---

[84]　今西龍, 1970, 앞의 책, 286~287쪽 참조.

[85]　대방군이 설치된 시기는 204~207년으로 추정된다(임기환, 2000, 「3세기~4세기 초 위(魏)·진(晉)의 동방정책」, 『역사와 현실』 36, 7쪽).

[86]　경북 상주에서 출토되었다고 전해지는 '魏率善韓佰長'명 銅印(윤무병, 1973, 「"魏率善韓佰長" 청동 도장 발견의 뜻」, 『서울신문』 1973년 7월 17일, 6면 참조)은 이 시기에 분급된 위의 인장으로 보인다.

[87]　낙랑·대방군의 추이에 대해서는 다음 글을 참조하라. 窪添慶文, 1981, 「樂浪郡と帶方郡の推移」, 『東アジア世界と日本古代史講座』 3, 學生社; 송지연, 2004, 「帶方郡의 盛衰에 대한 硏究」, 『사학연구』 74; 권오중, 2008, 「낙랑군 역사의 전개」, 『인문연구』 55, 영남대학교 인문과학연구소.

쇠퇴하면서 '왜국대란'(倭國大亂)이 발발한 것처럼,[88] 동이 각 지역에서 토착 세력이 군현으로부터 이탈하려는 움직임이 대두하였다. 이와 같은 흐름에서 대방 지역에 분포하던 조선유민 가운데도 낙랑군이 약화된 2세기 후반에 군현을 이탈해 인접한 마한 지역으로 유입한 집단이 상당수 있었을 것이다.

마한으로 유입된 군현 출신 집단은『삼국사기』백제본기를 통해 단편적이나마 유추해 볼 수 있다. 백제 초기의 지배 세력 중에 진씨(眞氏)와 해씨(解氏)는 모두 백제의 북부에 속하여 대방 지역과 지리적으로 인접해 있었다. 이 가운데 해씨는 부여계라고 기록에 보이지만,[89] 진씨는 그 출신이 기록되어 있지 않다.

최근 진씨의 근거지에 대해 서북쪽의 대방군과 동북쪽의 말갈로 가는 통로의 중간 요충지인 경기도 파주 적성 육계토성 일대로 보는 견해가 제기되었다.[90] 진씨는 3세기 초 초고왕 때 말갈과의 전투로 두각을 나타내기 시작해, 고이왕 때부터 중앙에서 주로 군사 업무를 맡아 활약하며 지배 세력으로 성장하였다. 육계토성의 구조나 입지가 백제 풍납토성과 흡사하며, 토성 내부에서 풍납토성의 출토품과 제작기법이 유사한 대옹이 출토되었다는 점 등에서 제2의 풍납토성으로도 이해되는 만큼,[91] 육계토성이 백제 한성기 왕비족이었던 진씨의 근거지였을 가능성은 충분해 보인다.

진씨 세력의 초기 근거지가 마한 북부의 임진강유역으로 비정되고, 또 한화된 성씨를 가지고 있다는 점 등에서 그들이 원래 인접한 대방 지역에서 유입된 집단일 가능성이 있다. 특히 진씨 세력이 대두한 고이왕 때에는 백제 왕자(책계)와 대방 공주가 혼인할 정도로 정치적으로 밀접한 관계에 있었다

---

88 西嶋定生, 1994,『邪馬臺國と倭國-古代日本と東アジア-』, 吉川弘文館, 118쪽.

89 『삼국사기』권23 백제본기1 온조왕 41년, "春正月右輔乙音卒 拜北部解婁爲右輔 解婁本扶餘人也".

90 정재윤, 2007,「初期 百濟의 成長과 眞氏 勢力의 動向」,『역사학연구』29, 16~18쪽. 이 글에서 육계토성은 마한 신분고국의 중심지로도 추정되었다.

91 백종오 외, 2006,『파주 육계토성-시굴조사보고서-』, 경기도박물관.

는 점에서 그 개연성이 높다. 이와 관련해 고이왕 때 좌평에 임명된 고수(高壽) 역시 성씨로 미루어 보아 낙랑·대방 지역 출신으로 추정되는데,[92] 고씨는 왕씨·한씨와 함께 낙랑·대방의 대성이란 점도 유의할 만하다.[93]

또한 앞서 언급하였듯이 마한의 장수였던 주근과 맹소 역시 한화된 성씨를 가지고 있다는 점에서 군현 지역 출신일 가능성이 있다. 낙랑·대방 지역의 문자 자료에서 주씨(周氏)는 정백동 3호분 출토 '周古'명 은인, 낙랑토성 출토 '周思傷印'명 봉니 등에서, 맹씨(孟氏)는 '孟政之印'명 동인에서, 진씨(眞氏)는 정백동 19호분 출토 '眞氏牢'명 이배(耳杯), 황해도 봉산군 문정면 용담리 출토 '眞靡及'명 전(塼)에서 각각 확인된다.[94] 특히 황해도 봉산에서 확인된 진씨의 존재는 한씨의 향방과 관련해서도 주목된다.

고고학적으로도 경기 지역 초기 철기~삼국 초기 유적에서는 다른 지역에 비해 낙랑계 유물이 집중적으로 분포한다는 특징이 보인다. 연천 학곡리 적석총의 낙랑계 유물은 경기 북부 지역에 인접한 낙랑·대방계 문물의 유입 과정을 잘 보여 준다. 또한 가평 달전리 목곽묘의 발견은 낙랑계 주민의 이주를 고려하게 한다. 화성 기안리 유적에서는 낙랑계 기와 제작술로 만들어진 송풍관과 함께 기존 토기 제작술과는 다른 새로운 기술로 제작된 토기가 다량 출토되었다. 이 유적은 제철 기술을 보유한 낙랑계 주민의 집단적인 이주에 의해 조성된 것으로 추정된다. 포천 금주리, 시흥 오이도, 양평 상석정, 가평 대성리 등에서도 낙랑계 유물이 출토되었다. 한편 기왕에 조사된 화성 고금산이나 당하리 유적에서도 낙랑계 토기가 존재함이 밝혀지기도 하였다.[95] 낙랑과 백제의 교섭은 최근 고고학계의 관심 주제이기도 하다.[96]

---

92 노중국, 1988, 『백제정치사연구』, 일조각, 85쪽; 강종원, 2002, 『4세기 백제사 연구』, 서경문화사, 88쪽.

93 今西龍, 1970, 앞의 책, 288쪽에서는 『일본서기』에 보이는 백제의 박사 왕인을 한인(漢人)의 후예로 낙랑으로부터 백제에 들어와 입사한 낙랑왕씨로 추정하였다.

94 임기환, 1992, 앞의 글, 229·305·351·415쪽 참조.

95 권오영, 2006, 「경기지역 백제고고학의 최근 성과와 연구의 미래」, 『호서고고학』 15, 94~95쪽.

낙랑계 유물이 마한 지역에서 출토되는 양상은 고분이 아니라 주로 주거지에서 집중되고 있으며 유물의 종류도 토기가 대부분을 이루고 있다. 또 시기적으로 보아 낙랑군의 주변 지역에 대한 영향력이 유지되었던 1세기 대까지의 유물은 적고 대부분 2세기 후반 이후 3세기를 전후한 시기에 집중된 특징을 보인다.[97] 반면 마한 지역과 달리 진·변한 지역에서는 2세기 중엽 이후 낙동강 하류 지역을 중심으로 동한경(東漢鏡)·동정(銅鼎)·동복(銅鍑)·철복(鐵鍑)·대구(帶鉤)·환두대도(環頭大刀) 등 낙랑계 위세품이 증가하는데, 이것은 이 지역 지배층과 낙랑군 사이의 활발한 교역에 의한 산물로 이해된다.[98]

이러한 지역별 양상 차이는 낙랑계 문화의 마한 유입이 정치적인 교섭의 산물이 아니라, 주로 군현 지역 주민의 이주와 같은 사회적인 요인에 의해 이루어졌음을 시사해 준다. 낙랑·대방 지역 주민의 유입은 지리적으로 인접한 마한 북부 지역으로부터 전개되었던 것으로 보인다. 『삼국지』의 '한(마한) 북방의 군(郡)에 가까운 여러 국이 먼 지역과 달리 예속을 알고 있었다'[99]는 기록도 이런 정황을 뒷받침해 준다. 군현과의 교류뿐만 아니라 그곳에서 유입된 주민들로 인해 마한 북부의 국들이 남쪽의 국들에 비해 상대적으로 선진 문화를 쉽게 받아들여 성장할 수 있었다. 이와 같은 맥락에서 마한 북방의 백제국과 같은 특정 소국이 2세기 후반 이후 비약적으로 성장한 계기도 군현과 인접해 있던 '근군제국'(近郡諸國)이라는 공간적 특징[100]에서 기인한다고 볼 수 있다.

---

96 김무중, 2004, 「考古資料를 통해 본 百濟와 樂浪의 交涉」, 『호서고고학』 11; 박순발, 2004, 「百濟土器 形成期에 보이는 樂浪土器의 影響」, 『백제연구』 40.

97 김무중, 2006, 「마한지역 낙랑계 유물의 전개 양상」, 『낙랑 문화 연구』, 동북아역사재단, 301~305쪽.

98 김길식, 2001, 「삼한지역 출토 낙랑계 문물」, 『낙랑』, 국립중앙박물관, 247~260쪽; 高久健二, 2002, 「樂浪郡と三韓」, 『韓半島考古學論叢』, 西谷正 編, すずさわ書店, 249~270쪽.

99 『삼국지』 권30 동이전 한, "其北方近郡諸國 差曉禮俗 其遠處 直如囚徒奴婢相聚".

100 문창로, 2005, 「《三國志》 韓傳의 伯濟國과 '近郡諸國'」, 『한국학논총』 28, 27~28쪽.

이상의 추론을 통해 낙랑·대방 지역의 주민 중에 조선계 한씨나 왕씨와 같은 씨족 집단이 마한 지역으로 유입하였을 가능성은 충분히 확인되었다고 생각된다. 한 지역의 준왕 제사 집단은 바로 낙랑·대방 지역으로부터 마한 북부를 통해 유입된 조선유민 중에서 준왕의 일족을 자처한 한씨나 왕씨 등의 조선계 씨족 집단과 관련이 있다고 보인다. 특히 한씨 집단은『위략』의 기록에서 확인하였듯이 의제적이나마 준왕과 연결되어 있거니와, 마한 북부와 인접한 대방 지역에 주로 분포하고 있었다는 점에서 그 가능성이 더욱 높다고 하겠다.

결국 한(마한)에 유입된 조선계 씨족 집단의 준왕 제사로 인해, 진수는 그동안 모호하게 '해중'으로만 전해지던 준왕의 망명 지역을 '한지'라고 구체화하였던 것이 아닌가 추정된다. 그러나 이러한 진수의 서술은 3세기에 수집된 정보를 소급해 기원전 2세기의 상황을 판단했다는 점에서 무리가 있다. 더욱이 기자의 동래에 이어 준왕의 남래를 역사적 사실처럼 기록함으로써 중화주의적·정통론적 역사 인식에 단서를 제공했다는 점에서 사료 비판의 대상이 되는 것이다.

5. 맺음말

이상에서 그동안 학계에서 엄정한 사료 비판 없이 관습적으로 받아들여져 왔던 준왕남래설의 역사성에 대해 검토해 보았다. 그 결과 기원전 2세기 초 준왕이 위만에게 쫓기어 한(韓)의 지역으로 망명한 후 '한왕'(韓王)이라 칭하였다고 한 준왕남래설은 역사적 사실로 받아들이기 어렵다는 결론을 얻게 되었다.

준왕남래설은『삼국지』에서 처음 보이는데, 그보다 앞서 편찬된『위략』과『잠부론』에서는 준왕의 망명 지역에 대해 '해중'으로만 보인다. 준왕남래설의 기록에 보이는 '한왕'·'한지'는 후한 이후 알려진 정보에 의해 진수가 추기한 것이다. 『사기』나 『한서』에 기록된 기원전 2세기 남한 지역의 정치체는 중국(衆國) 내지 진국이며, 한(삼한)은 기원전 1세기 이후의 존재로 후한 대의 기록에서부터 나타나기 시작한다. 따라서 '한지'와 '한왕'의 용어를 포함한 준왕남래설은 후대에 분식된 기록임을 알 수 있다.

『삼국지』에서 처음 기자의 40여 세 손으로 기록된 준왕은 기자동래설의 연장선상에 있는 인물이라고 할 수 있다. 40여 세 손이라는 표현은 자신들의 가계를 기자나 준왕과 관련시키고자 했던 낙랑한씨의 계보와 같은 후대 조선유민의 계보에 근거한 것으로 보인다. 준왕이 기자의 후손이며 기자조선의 마지막 왕이라는 점에서 준왕의 존재는 기자동래설로부터 자유로울 수 없다. 『삼국지』에 이르러 준왕의 말로가 기존과 달리 '한지'로 바뀐 배경도 기자동래설의 연장을 통해 기자교화의 외연을 확대해 보려고 한 중화주의적 역사 인식과 관련이 있다. 기자동래설과 마찬가지로 준왕남래설에서도 그 이면에 깔려 있는 중화주의에 주의해야 한다.

진수가 준왕의 망명 지역을 한의 지역으로 서술하게 된 계기는 당시 준왕 제사를 지낸 한인(韓人)들이 존재했기 때문이다. 이들은 낙랑·대방 지역에서 남하해 온 고조선유민과 관련이 있다고 추정된다. 낙랑·대방 지역의 조선계 대성인 한씨나 왕씨는 자신들의 계보를 기자나 준왕과 결부시키며 동종의식을 가지고 있었다. 이것은 군현 지역의 고조선유민 중에 의제적이나마 준왕을 자신들의 선조로 인식한 씨족이 있었음을 시사해 준다. 바로 이러한 조선계 씨족 집단이 군현 세력이 약화된 2세기 후반 이후 마한 북부를 통해 한의 지역으로 유입하였던 것으로 보인다.

요컨대 준왕남래설은 기원전 2세기의 역사적 사실이라기보다 후대 특히 낙랑군 세력이 위축된 2세기 후반 이후 한으로 유입된 준왕의 일족을 자처한 조선계 유민 집단의 존재로 인해 부회된 기록이라고 판단된다. 따라서 준왕남래설을 역사적 사실로 받아들여 구체적인 남래 지점을 비정한다든지, 한

(마한)의 성립을 준왕의 남래와 연결해 본다든지, 또는 서북한계 초기 철기 문화가 유입되는 계기를 준왕의 망명과 연결해 본다든지 하는 시각은 관련 사료의 비판을 통해 다시 검토해 볼 필요가 있다.

물론 기원전 2세기를 전후해 남한 중서부 지역에서 초기 철기 유적이 등장하는 계기를 서북한 지역의 철기 문화와 관련해 해석하려는 시각은 여전히 유효하다고 할 수 있다. 두 지역 사이의 교류 내지 주민이동에 의해 철기 문화가 전파되었을 가능성은 충분히 있기 때문이다. 다만 '준왕의 남천'을 그 역사적 계기로 적시하는 것은 설득력이 부족하다고 할 수 있다.

참고문헌

1. 국내 단행본

권오중, 1992, 『낙랑군연구-중국 고대변군에 대한 사례적 검토-』, 일조각.

김정배, 1986, 『한국고대의 국가기원과 형성』, 고려대학교 출판부.

박대재, 2006, 『고대한국 초기국가의 왕과 전쟁』, 경인문화사.

백종오 외, 2006, 『파주 육계토성-시굴조사보고서-』, 경기도박물관.

오영찬, 2006, 『낙랑군 연구-고조선계와 한(漢)계의 종족 융합을 통한 낙랑인의 형성-』, 사
　　계절.

이병도, 1976, 『한국고대사연구』, 박영사.

이현혜, 1984, 『삼한사회형성과정연구』, 일조각.

조법종, 2006, 『고조선 고구려사 연구』, 신서원.

천관우, 1989, 『고조선사ㆍ삼한사연구』, 일조각.

2. 국내 논문

권오영, 1996, 『三韓의 '國'에 대한 연구』, 서울대학교 박사학위논문.

_____, 2004, 「物資ㆍ技術ㆍ思想의 흐름을 통해 본 百濟와 樂浪의 交涉」, 『한성기 백제의 물류
　　시스템과 대외교섭』, 학연문화사.

_____, 2006, 「경기지역 백제고고학의 최근 성과와 연구의 미래」, 『호서고고학』 15.

_____, 2010, 「馬韓의 종족성과 공간적 분포에 대한 검토」, 『한국고대사연구』 60.

권오중, 2010, 「낙랑군 연구의 현황과 과제」, 『낙랑군 호구부 연구』, 동북아역사재단.

김길식, 2001, 「삼한지역 출토 낙랑계 문물」, 『낙랑』, 국립중앙박물관.

김무중, 2004, 「考古資料를 통해 본 百濟와 樂浪의 交涉」, 『호서고고학』 11.

_____, 2006, 「마한 지역 낙랑계 유물의 전개 양상」, 『낙랑 문화 연구』, 동북아역사재단.

김병곤, 2007, 「臨津江 流域의 積石塚과 馬韓」, 『동국사학』 43.

노중국, 1987, 「馬韓의 成立과 變遷」, 『마한·백제문화』 10.

문창로, 2005, 「《三國志》韓傳의 馬韓과 伯濟國-마한의 역사적 실체와 백제국의 성장을 중심으로-」, 『한국학논총』 27.

박대재, 2009, 「謝承의 《後漢書》東夷列傳에 대한 예비적 검토」, 『한국고대사연구』 55.

_____, 2010, 「箕子 관련 商周靑銅器 銘文과 箕子東來說」, 『선사와 고대』 32.

박순발, 1998, 「前期 馬韓의 時·空間的 位置에 대하여」, 『마한사연구』, 충남대학교 출판부.

서의식, 2010, 「辰國의 變轉과 '辰王'의 史的 推移」, 『역사교육』 114.

성주탁, 1987, 「馬韓·初期百濟史에 對한 歷史地理的 管見」, 『마한·백제문화』 10.

송호정, 2010, 「한군현(漢郡縣) 지배의 역사적 성격」, 『역사와 현실』 78.

윤선태, 2001, 「馬韓의 辰王과 臣濆沽國-嶺西濊 지역의 歷史的 推移와 관련하여-」, 『백제연구』 34.

윤용구, 1990, 「樂浪前期 郡縣支配勢力의 種族系統과 性格-土壙木槨墓의 분석을 중심으로-」, 『역사학보』 126.

_____, 1995, 「樂浪遺民의 墓誌 二例」, 『인하사학』 3.

_____, 2010, 「낙랑군 초기의 군현 지배와 호구 파악」, 『낙랑군 호구부 연구』, 동북아역사재단.

_____, 2010, 「낙랑·대방지역 신발견 문자자료와 연구동향」, 『한국고대사연구』 57.

이기동, 1990, 「馬韓史 序章-西海岸航路와 馬韓社會의 黎明-」, 『마한문화연구의 제문제』, 원광대학교 마한·백제문화연구소.

이성규, 2003, 「고대 중국인이 본 한민족의 원류」, 『한국사 시민강좌』 32, 일조각.

_____, 2005, 「4세기 이후의 낙랑교군과 낙랑유민」, 『동아시아 역사 속의 중국과 한국』, 서해문집.

_____, 2006, 「중국 군현으로서의 낙랑」, 『낙랑 문화 연구』, 동북아역사재단.

이현혜, 1997, 「삼한의 정치와 사회」, 『한국사』 4, 국사편찬위원회.

임기환, 1992, 「낙랑 및 중국계 금석문」, 『역주 한국고대금석문』 I, 가락국사적개발연구원.

임영진, 1996, 「馬韓의 形成과 變遷에 대한 考古學的 考察」, 『삼한의 사회와 문화』(『한국고대사연구』 10).

전영래, 1990, 「馬韓時代의 考古學과 文獻史學」, 『마한·백제문화』 12.

정인성, 2010, 「대방태수 張撫夷墓의 재검토」, 『한국상고사학보』 69.

정재윤, 2007, 「初期 百濟의 成長과 眞氏 勢力의 動向」, 『역사학연구』 29.

3. 국외 단행본

關野貞, 1897, 『(考古學講座)樂浪帶方兩郡の遺蹟及遺物』, 雄山閣出版.

今西龍, 1970, 『朝鮮古史の硏究』, 國書刊行會.

三上次男, 1966, 『古代東北アジア史硏究』, 吉川弘文館.

原田淑人・田澤金吾, 1930, 『樂浪』, 東京帝國大學 文學部.

4. 국외 논문

高久健二, 2002, 「樂浪郡と三韓」, 『韓半島考古學論叢』, 西谷正 編, すずさわ書店.

羅新, 1996, 「十六國北朝時期的樂浪王氏」, 『韓國學論文集』 6, 北京大 韓國學硏究中心.

窪添慶文, 1981, 「樂浪郡と帶方郡の推移」, 『東アジア世界の日本古代史講座』 3, 學生社.

III.

고조선의 정치체제와
영역 구조

1장

고조선의 정치체제

1. 머리말

조선 초기 『조선경국전』과 『고려사』 지리지에서 전조선(단군)-후조선(기
자)-위만조선의 삼조선(三朝鮮)설이 제시된 이래 국내 학계에서는 고조선사의
흐름을 대체로 이와 같이 3단계로 이해하고 있다. 근대 이후 기자조선의 실
체에 대한 비판이 진행되면서, 그 대신 한씨조선(韓氏朝鮮),[1] 또는 예맥조선(濊貊
朝鮮)[2] 등이 대안으로 제시되기도 하였지만, 크게 3단계로 구분해 보고 있다는
점에서 전통적인 삼조선설의 연장선상에 있다.

이와 달리 학계 일각에서는 기자조선의 존재를 아예 부인하고 고조선(단군
조선)과 위만조선의 2단계로 보는 시각도 존재한다. 이것은 기자조선의 역사
를 인정할 수 없다는 점과 『삼국유사』에서 고조선(왕검조선)과 위만조선으로
구별하고 있다는 점을 주목한 것이다.[3] 국내에서 고조선에 관한 가장 오래된
문헌인 13세기 말의 『삼국유사』에서 '고조선'(古朝鮮)이란 용어를 '위만조선'(魏
滿朝鮮)과 구분해 사용하였다는 점은 일단 의미 있는 관점이라 할 수 있다.

---

1   이병도, 1935, 「三韓問題의 新考察」, 『진단학보』 3; 1976, 『한국고대사연구』, 박영사.

2   김정배, 1973, 『한국민족문화의 기원』, 고려대학교 출판부.

3   이기백, 1988, 「古朝鮮의 國家 형성」, 『한국사 시민강좌』 2, 일조각, 2쪽.

하지만 『삼국유사』 고조선조의 내용을 보면 그 속에 단군과 함께 기자가 아울러 서술되어 있다. 여기서 고조선을 꼭 단군조선으로만 제한해 볼 수 있는가 하는 문제가 제기된다. '왕검조선'(王儉朝鮮)이라는 주기에 주목하면, 고조선이 왕검조선, 즉 단군조선만을 가리킨다고 볼 수도 있지만, 내용상으로는 기자의 동래(東來)와 단군의 피은(避隱)을 함께 서술하고 있다는 점에서 소위 '기자조선' 시기까지 포괄하고 있는 것이다. 다시 말해 『삼국유사』의 '고조선'은 단군만이 아니라 단군과 기자의 시대를 아우른 개념이다.[4]

'위만조선'이라는 말과 대칭되는 '왕검조선'이 그 의미에서는 '고조선'보다 더욱 선명하고 구체적이다.[5] 그런데 구체적인 왕검조선 대신 다소 모호한 성격의 고조선을 표제어로 한 것은 아마도 「고기」(古記)의 내용을 감안했기 때문으로 보인다. 국내 전승 자료인 「고기」에서 단군과 기자를 함께 서술하고 있다는 점을 소홀히 할 수 없었던 것이다. 이 때문에 다소 애매하지만 '고조선'이라 제목을 붙이면서도 '위만조선'에 대칭되게 '왕검조선'이라고 주기한 것이다.

「위서」(魏書)와 「고기」의 '단군왕검'(壇君王儉)이라는 표현에 주목하면 '왕검조선'은 단군조선을 가리키는 것으로 보인다. 위만조선이 건국자의 이름을 붙여서 국명으로 한 것처럼 '왕검조선'도 왕검이 세운 조선이라는 의미일 것이다. 그런데 위만조선과 같이 고유명사인 단군을 붙여 '단군조선'이라 하지 않고, 임금을 뜻하는 일반명사인 왕검을 붙여 '왕검조선'이라고 한 것이 주목된다.

'왕검'에 대해서는 일찍이 존장·장상의 뜻이 있는 '알'(앎)과 대인·신성인의 뜻이 있는 '가'(감)가 결합한 왕자의 칭호로 특히 무군적(巫君的) 칭호로 추정된 바 있다.[6] 더 나아가 왕검은 권위와 권력을 표시하는 존칭·존호로, 단

4 김정배, 2010, 「고조선 연구의 현황과 과제」, 『고조선에 대한 새로운 해석』, 고려대학교 민족문화연구원, 68쪽.
5 리상호, 1963, 「단군고」, 『고조선에 관한 토론 론문집』, 과학원 출판사, 176쪽.

군은 제주(祭主), 즉 무군(巫君)의 의의가 많은 반면 왕검에는 정치적 군장의 의의가 더 많다고 파악한다.[7] 한편 왕검은 고조선의 고유 군장 호칭인 '검'과 중국식 한자어인 '왕'이 결합된 첩어라고 이해되기도 한다. 즉 중국식 왕호가 출현하기 전부터 이미 고조선에서는 정치적 대군장을 가리키는 고유어로 '검'이 있었는데, 이후 한자를 수용하는 과정에서 한자어와 고유어를 병기하여 '왕검'이라고 했다는 것이다.[8] 왕검이 고유명사보다는 정치적 군장을 가리키는 일반명사라는 데 공감이 모아져 있다.

이와 같이 왕검조선의 왕검은 일반명사인 반면, 위만조선의 위만은 고유명사라는 점에서 두 용어에 차이가 있다. 『삼국유사』의 찬자가 고조선에 대해 명확하게 '단군조선'이라 주기하지 않고 두루뭉술하게 '왕검조선'이라 한 것은 그 속에 단군과 기자가 함께 포함되었기 때문으로 보인다. 즉 왕검은 단군과 기자를 아우른 정치적 군장이라는 점에서 포괄적인 '왕검조선'을 선택한 것으로 이해된다.

『삼국유사』에서는 조선시대 이후의 삼조선설과 달리 기자(기자조선)의 시대를 따로 설정하지 않았다. 이것은 근대 이후 기자조선을 인정하지 않는 시각과 일맥상통한다. 이러한 고조선관은 「위서」의 조선 기록을 중시했기 때문으로 보인다.

고조선조에서 제일 먼저 인용된 「위서」에는 단군왕검의 조선 개국만 전할 뿐 기자에 대한 언급이 없다.[9] 그다음 인용된 「고기」에는 단군의 개국과 이도

---

6 최남선, 1928, 「壇君及其研究」, 『별건곤』 1928년 5월호; 고려대학교 아세아문제연구소 편, 1973, 『육당최남선전집』 2, 현암사, 249쪽.

7 이병도, 1976, 앞의 책, 34쪽.

8 서영수, 2005, 「고조선의 국가형성 계기와 과정」, 『북방사논총』 6, 65쪽.

9 『삼국유사』 권1 기이 고조선, "魏書云 乃往二千載有壇君王儉立都阿斯達 開國號朝鮮 與高同時". 현전하는 『삼국지』의 위서(위지)와 위수의 『위서』(북위서)에는 이와 관련된 기록이 전하지 않는다. 『위서』의 성격에 대해서는 박대재, 2001, 「《三國遺事》古朝鮮條 인용 魏書論」, 『한국사연구』 112 참조.

(移都)에 이어 기자의 조선 피봉(被封)과 단군의 피은 등이 함께 서술되어 있다. 세 번째 인용된 「당배구전」(唐裴矩傳)에서는 기자조선과 한군현에 대해 언급되어 있다. 대체로 단군-기자-한군현의 시대 순서에 따라 세 문헌을 차례로 인용한 것인데, 기자조선을 따로 설정하지 않은 것은 이 가운데 제일 앞에 인용된 「위서」를 존중했기 때문으로 보인다.

『삼국유사』의 고조선 용어 속에는 단군과 기자가 함께 용해되어 있다. '기자조선'의 역사적 실체는 이미 학계에서 충분히 비판되었기 때문에 다시 논의할 필요가 없지만, 그렇다고 하여 고조선이 단군조선만을 가리킨다고 볼수 없다. 고조선은 단군조선과 위만조선 사이에 있던 과도기의 조선까지 포함한다. 이 과도기를 '기자조선' 대신 어떤 다른 용어로 개념화할 것인가는 어려운 문제인데, 이 글에서 다루는 고조선의 정치체제는 바로 이 과도기에 있었던 고조선의 국가적 발전을 보여 주는 것이다.

그동안 고조선의 정치체제에 대한 논의는 『사기』 조선전에 보이는 위만조선 단계에 초점이 맞춰져 이루어졌다.[10] 자료가 부족하다 보니 고조선의 정치체제에 대해서는 특별히 주의를 기울이지 못했고, 위만조선 단계를 중심으로 왕 밑에 대부(大夫), 박사(博士), 비왕(裨王), 상(相), 장군(將軍), 대신(大臣) 등이 존재했다고 개설한 수준이었다.[11]

하지만 위만조선 이전의 고조선에도 중앙집권체제는 아니지만 미숙하나마 초기국가의 정치체제가 존재했음을 시사해 주는 자료가 있다. 이 글에서는 고조선의 관명으로 보이는 경(卿), 대부, 박사 등에 대해 검토하고, 최근 요동 철령(鐵嶺) 개원(開原) 지역에서 출토된 동도(銅刀)에 보이는 '형'(兄)의 성격을

---

[10] 김광수, 1994, 「古朝鮮 官名의 系統的 理解」, 『역사교육』 56; 노태돈, 1998, 「衛滿朝鮮의 政治構造-官名 분석을 중심으로-」, 『산운사학』 8.

[11] U. M. 부찐, 1990, 『고조선-역사·고고학적 개요-』, 이항재·이병두 역, 소나무, 368~374쪽; 사회과학원 력사연구소, 1991, 『조선사·부여사·구려사·진국사』(조선전사 개정판2), 과학백과사전종합출판사, 110~114쪽.

고조선의 관제와 관련하여 시론해 보고자 한다. 이를 통해 그동안 소극적으로 다루어 오던 고조선의 정치체제에 대한 논의가 조금이나마 진전될 수 있기를 기대해 본다.

2. 정치발전 단계와 왕호

기존에 고조선의 정치발전 단계에 대한 논의는 주로 지배자 호칭의 변화를 중심으로 단계지어 이해되었다. 마치 신라에서 거서간, 차차웅, 이사금, 마립간, 왕으로 왕호가 바뀐 것처럼 고조선에서도 단군왕검, 기자, 왕으로 왕호가 바뀐 것으로 이해하면서, 단군왕검은 성읍국가 단계, 기자는 연맹왕국 단계라고 구분해 보았다.[12] 이 설에서는 '기자'를 중국의 기자와 구분하여 고대 고유의 왕호가 '기ᄌᆞ'였다고 보는 해석[13]을 주목한다. 그러면서 하나의 성읍국가에 불과했던 초기의 고조선이 후기에 방대한 영토를 지닌 연맹왕국으로 성장한 시기는 중국 전국시대 연(燕)의 전성기였던 기원전 4세기보다 이전의 어느 시기인 것만은 확실하다고 보았다.

고대 국어에서 고유 왕호가 과연 '기ᄌᆞ'였는지 문제는 논외로 하고,[14] 여기서는 일단 기원전 4세기 이전에 성읍국가와 연맹왕국의 두 단계를 설정하고 있다는 점을 주목하고자 한다. 성읍국가-연맹왕국 설에 따르면 전국시대 연

---

12 이기백, 1988, 앞의 글, 17~18쪽.

13 이기문, 1982, 「百濟語 硏究와 관련된 몇 問題」, 『백제연구』, 지식산업사, 260~265쪽. 이기문은 『일본서기』에서 백제의 왕을 'kisi'로 새긴 사실과 광주판 『천자문』에 왕의 새김이 '긔ᄌᆞ'라 적혀 있는 사실을 주목하면서, 『周書』에 백제의 왕호로 보이는 「鞬吉支」의 吉支와 kisi/긔ᄌᆞ가 같다고 추정한다(이기문, 1998, 『신정판 국어사개설』, 태학사, 50쪽).

14 현전하는 가장 오래된 중세 국어 자료인 최세진의 『훈몽자회』(1527년 편찬)에는 "님굼 왕"으로 뜻을 새기고 있다(박성훈 편저, 2013, 『훈몽자회 주해』, 태학사, 377쪽). 따라서 광주판 『천자문』의 "긔ᄌᆞ 왕"은 방언이거나, 기자에서 비롯된 한화된 훈(訓)일 가능성이 높다고 보인다.

이 왕을 칭한 기원전 323년 무렵에 고조선 역시 '왕'을 칭하였는데 이는 연맹 왕국 단계의 지배자에 대한 표현이기 때문에 늦어도 기원전 4세기 말 이전에 고조선이 성읍국가에서 연맹왕국으로 성장하였다고 이해된다.[15]

이와 비슷한 시각에서 지배자 호칭의 변화를 기준으로 고조선의 정치발전을 3단계로 구분해 보기도 한다. 제정일치시대의 군장이었던 단군왕검이 다스리던 성읍국가시대의 단군조선, 한(韓)으로 불리던 대군장이 지배하던 연맹왕국시대의 한조선(韓朝鮮), 중국식 왕호를 쓰던 집권적 영역국가시대의 대고조선으로 단계를 구분해 보는 것이다.[16] 최근에는 이를 더욱 구체화하여, 선(先)고조선왕국 시기(기원전 9세기 이전), 고조선왕국 전기(기원전 8~기원전 6세기), 고조선왕국 중기(기원전 5~기원전 4세기), 고조선왕국 후기(기원전 3~기원전 2세기)로 발전 과정을 구분한다.[17] 이 논지에서는 앞의 '기子' 단계에 해당하는 왕호로 '한'을 설정하고 있다는 점이 주목된다. 『삼국유사』에 보이는 왕검조선의 '왕검'이 임금을 뜻하는데, 특히 왕검의 검은 중국식 왕호가 출현하기 전부터 고조선에서 사용하던 고유 왕호이며 한(韓)·한(汗)·간(干)과 같은 용어로 정치적 대군장을 의미한다는 것이다. 그러면서 『시경』 한혁(韓奕)편에 보이는 주 선왕 대(기원전 9~기원전 8세기) 한후(韓侯)의 한도 이와 관련된다고 보고 있다.[18]

그러나 한(韓·汗·干)과 검을 고조선의 고유 왕호로 본 추론의 단서가 '王儉'이라는 점에서 납득되지 않는 부분이 있다. 이에 따르면 단군왕검의 조선도 '검조선', 즉 '한조선'(韓朝鮮)에 해당하기 때문이다. 논리적으로 단군(왕검)조선

---

15 이기백, 1976, 『한국사신론』(개정판), 일조각, 27쪽; 이기백·이기동, 1982, 『한국사강좌』 I(고대편), 일조각, 58쪽.

16 서영수, 1988, 「古朝鮮의 위치와 강역」, 『한국사 시민강좌』 2, 39쪽.

17 서영수, 2005, 앞의 글, 63~66쪽.

18 서영수, 2005, 앞의 글, 92쪽. 이는 『시경』 한혁편의 한(韓)을 알타이계통 언어에서 군장 또는 대군장을 汗(Han) 또는 可汗(Kahan)이라고 한 것이 한자화된 것이라고 본 윤내현, 1986, 「古朝鮮의 社會性格」, 『한국고대사신론』, 160쪽의 견해를 따른 것이다.

과 한조선의 왕호가 구분되지 않는 것이다. 또한 한(汗, 可汗)이 최고 군장 칭호로 사용된 것은 3~4세기 선비족부터이며 그전에는 '선우'(單于)라는 호칭이 쓰였다[19]는 사실도 주목해야 한다. 따라서 '한'을 기원전 4세기 이전의 토착 군장 호칭으로 보기는 어렵다.

『시경』 한혁편에 보이는 한(韓)은 일찍이 여러 선학들에 의해 논박되었듯이, 우리 고대의 한과는 무관한 황하유역에 위치한 주의 후국(侯國)으로 이해된다.[20] 한혁편에 보이는 한의 위치에 대해서는 후한 정현(鄭玄) 이래 섬서(陝西) 설과 하북(河北) 설이 제기되어 왔지만, 한성(韓城)과 인접한 양산(梁山)과 분수(汾水)의 지명을 통해 볼 때 한후는 섬서 한성 주변에 위치했던 제후로 보는 것이 타당할 것이다.[21] 따라서 한혁편의 한은 지명으로 보아야 하며, 후대 알타이 제어의 토착 군장호인 한(汗, 可汗)이나 간(干)과 연결해 보기는 어렵다.

이상 기자조선설, 한조선설은 모두 '기자'와 '한'을 고조선의 고유 왕호로 보면서, 단군(왕검)과 기원전 4세기 이후 중국식 왕호 사이에 중간 단계를 설정한다는 데 공통점이 있다. 하지만 앞서 검토하였듯이 왕검, 기자, 한은 모두 고유 왕호로 본다는 점에서 단계가 구분되지 않고, 특히 한(韓)은 한(汗, 可汗)과 같은 고유 왕호라고 보기 어렵다. 중국식 왕호 이전 단계의 토착 군장 호칭은 '왕검'이라고 일괄해 보면 좋을 것이다. 즉 고조선에서 왕호의 발전 과정은 고유 왕호(왕검) 단계에서 중국식 왕호 단계로 구분되는 것이다.

단군은 제의적 성격, 왕검은 정치적 성격의 군장으로 각각 구분해 보는 견해도 있지만,[22] 단군과 왕검이 결합되어 '단군왕검'으로 칭해졌다는 점에서

---

19 羅新, 2009, 「匈奴單于號研究」, 『中古北族名號研究』, 北京大學出版社, 27쪽. 문헌상 '可汗'호를 쓴 최초의 군주는 402년 柔然의 杜崙(豆代可汗)이다(「可汗號之性質」, 같은 책, 3~4쪽).

20 황의돈, 1956, 「詩經의 解說」, 『동국사학』 4-1, 94~96쪽; 김정배, 1968, 「辰國과 韓에 관한 고찰」, 『사총』 22·23합; 2000, 『한국고대사와 고고학』, 신서원, 218~222쪽.

21 박대재, 2013, 「『詩經』의 追와 貊」, 『중국 고문헌에 나타난 고대 조선과 예맥』, 경인문화사, 38~44쪽.

22 이병도, 1976, 앞의 책.

단군이나 왕검은 모두 제의적 성격이 강한 무군(巫君)으로 이해하는[23] 쪽이 더 자연스럽다.

왕검의 성격과 관련하여 『삼국사기』 고구려본기 동천왕조에서 평양을 '선인왕검지택'(仙人王儉之宅)이라고 한 것이나, 고려 후기 평양조씨(平壤趙氏)인 조연수(趙延壽)의 묘지(墓誌)에서 "평양지선 선인왕검"(平壤之仙 仙人王儉)이라고 한 점도 주목할 만하다. 이를 통해 고려시대에 단군이 선인(仙人)으로 인식되었음을 알 수 있거니와,[24] 나아가 단군왕검과 마찬가지로 선인과 왕검이 결합되어 있음이 확인된다. 선인이라면 중국 도교의 신선을 생각할 수도 있지만, 신라 최치원의 「난랑비서」(鸞郎碑序)에서 보이듯이 화랑과 관련된 독자적인 선교(仙敎)의 전통도 있었다. 단군과 선인(仙人)의 성격을 통해 보면 그와 결합되어 불린 왕검 역시 제의적·종교적 성격의 군장 호칭으로 보아야 할 것이다.

고조선에서 제의적 군장으로부터 정치적 왕호로의 전환이 이루어진 시기는 분명하게 확인되지 않는다. 다만 3세기 중엽 조위의 어환(魚豢)에 의해 편찬된 『위략』에서 기원전 323년 무렵 조선후(朝鮮侯)가 연(燕)의 영향을 받아 왕호를 자칭한 사실이 다음과 같이 확인된다.

> A. 옛날 기자의 후예인 조선후는 주나라가 쇠약해지자 연나라가 스스로 높여 왕이라 칭하고 동쪽으로 침략하려는 것을 보고, 조선후도 역시 스스로 왕이라 칭하고 군사를 일으켜 연나라를 맞아 공격하여 주왕실을 높이고자 하였는데, 그 대부 예(禮)가 간언하므로 중지하였고, 예를 서쪽으로 보내 연나라를 설득하게 하니, 연나라도 멈추고 침공하지 않았다.[25]

---

23 최남선, 1928, 앞의 글.

24 서영대, 2009, 「단군 인식의 변천」, 『고조선 연구 100년-고조선사 연구의 현황과 쟁점-』, 학연문화사, 64쪽.

25 『삼국지』 권30 동이전 한조 인용 위략, "昔箕子之後朝鮮侯 見周衰 燕自尊爲王 欲東略地 朝鮮侯亦自

중국의 전국시대인 기원전 334년 제와 위가 회맹하고 왕호를 서로 칭한 역사적 사건 이후, 각 제후의 칭왕이 확산되면서 기원전 323년에는 연·한·중산국 등이 왕호를 칭하게 된다.[26] 바로 이때 조선도 연의 영향을 받아 왕호를 칭한 것이다.

위 기록에서 기자의 후예인 조선후가 존주(尊周)의 명분을 내세워 칭왕하며 연을 침공하였다는 것은 중화주의적 서술이라고 보아야 한다. 기원전 1세기 이후 기자조선설이 정착된 이후 편찬된 중국 사서이다 보니 당시 조선의 지배자를 기자의 후손이라고 부회한 것이다. 이러한 중화주의적 부회를 걷어내고 보면, 연이 칭왕한 기원전 323년(연 이왕 10) 무렵 고조선도 연과 대등한 정치적 수준에서 칭왕하며 대립하였음을 알 수 있다.

기원전 323년에 있었던 조선의 칭왕은 부족사회가 국가형태를 이루게 된 것을 선포한 중대한 정치적 변화라고 할 수 있다.[27] 즉 고조선이 연과 대등하게 왕호를 취하며 '대부'의 존재가 나타나고 있는 점이나, 연과의 전쟁도 불사한 외교적 강경 조치를 강구한 것으로 보아 이 시기 고조선의 세력이 전국 7웅의 하나인 연에 비견한 수준이었음을 알 수 있다.[28] 기원전 4세기 후반에 등장한 고조선의 왕은 기존의 제사장에서 탈피하여 한 단계 성장한 정치적 군장으로 이해된다.[29]

당시 고조선이 연을 공격할 준비를 하고 있었던 사실을 미루어 보면, 고조선의 왕은 기원전 4세기 후반에 그 아래에 일정한 규모의 군대를 소유하고 있었음을 알 수 있다. 이러한 단계의 왕을 단군왕검과 같은 제의적 군장으로

稱爲王 欲興兵逆擊燕以尊周室 其大夫禮諫之 乃止 使禮西說燕 燕止之不攻".

26 戰國의 稱王 등 주요 사건의 연대에 대해서는 藤田勝久, 1997, 『史記戰國史料の硏究』, 東京大學出版會를 참고하라.

27 천관우, 1975, 「三韓의 成立過程」, 『사학연구』 26; 1989, 『고조선사·삼한사연구』, 일조각.

28 김정배, 1986, 『한국고대의 국가기원과 형성』, 고려대학교 출판부; 1997, 「고조선의 국가형성」, 『한국사』 4, 국사편찬위원회, 93쪽.

29 김병곤, 2000, 「고조선 왕권의 성장과 지배력의 성격 변화」, 『동국사학』 34, 46~48쪽.

보기는 곤란하다. 왕의 밑에 대부라는 관이 존재하고 있었으며, 일정한 군사 조직도 갖춰져 있었다. 당시 조선의 통치자는 제의적 군장을 지나 국가(state) 단계의 정치적 지배자, 즉 왕(king)에 해당한다고 볼 수 있다.[30]

기원전 4세기 후반에 제·연 등 전국시대 대국의 칭왕은 단순한 호칭의 변경이 아니라 각 제후가 국내 체제 안정 및 국력 신장을 확보함으로써 명실상부한 영역국가의 전제군주로서 권위와 권력을 과시하고 나아가 왕천하의 열망을 표출한 결과라고 이해된다.[31] 이와 마찬가지로 고조선이 기원전 4세기 말 연과 대결하는 과정에서 왕호을 칭한 것도 명실상부한 국가 단계의 군주로서 그 권위와 권력을 드러낸 것이라 볼 수 있다.

한국사의 초기 정치체들을 기록한 중국 문헌들은 각 정치체의 지도자에 대해 왕, 후, 군장(거수) 등으로 칭호를 구분해 쓰고 있다. 이러한 호칭의 구분이 절대적인 기준이라고 볼 수는 없지만, 정치발전 단계를 추적하는 데 하나의 실마리를 제공해 준다.[32] 기원전 4세기 말 '조선왕'의 등장은 중국과 대결하는 과정에서 성장한 고조선의 정치적 발전을 시사해 주는 객관적인 근거이다.

조선왕이 등장하는 기원전 4세기 말 이전 고조선의 정치발계 단계를 추정할 수 있는 자료는 찾아보기 어렵다. 그럼에도 불구하고 학계 일각에선 초기 국가로서의 고조선소국 형성(기원전 12세기 말~기원전 9세기), 고조선소국의 성장과 소국연맹의 형성(기원전 8~기원전 5세기), 고조선왕국의 성장과 소국병합의 전개(기원전 5세기 말~기원전 4세기 말) 등 발전 단계를 세분하여 소국-소국연맹-왕국(소국병합)의 3단계로 구분해 보기도 한다.[33]

---

30 박대재, 2005, 「古朝鮮의 '王'과 國家形成」, 『북방사논총』 7.

31 이춘식, 1986, 『중국 고대사의 전개』, 신서원, 149쪽; 이성구, 1989, 「春秋戰國時代의 國家와 社會」, 『강좌 중국사』 I(고대문명과 제국의 성립), 지식산업사, 134~135쪽.

32 김정배, 1997, 「초기국가의 성격」, 『한국사』 4, 국사편찬위원회, 32~33쪽.

33 이종욱, 1993, 『고조선사연구』, 일조각.

여기서 고조선소국의 형성을 기원전 12세기 말로 본 근거는 중국으로부터 이주민의 유입과 비파형동검이 사용되기 시작한 시기라는 점 때문이다.[34] 비파형동검이 고조선과 관련된 청동기 문화라는 사실은 분명하지만, 비파형동검의 등장이 곧 고조선의 국가형성을 의미하는 것은 아니다. 고조선의 정치발전을 밝히는 데 고고학 자료를 참고할 수 있지만 그보다 역사적인 문헌 사료가 먼저 제시되어야 한다. 고조선의 정치발전 단계를 소국-소국연맹-왕국으로 세분해 보기 위해서는 그를 뒷받침할 만한 사료가 단계적으로 제시되어야 한다.

문헌 사료에 나타나는 왕호의 발전 과정과 청동기 문화의 발전 과정을 종합적으로 검토해 보면, 고조선의 정치발전 과정을 고유 왕호(왕검)=비파형동검 단계(기원전 4세기 이전)와 중국식 왕호(왕)=세형동검 단계(기원전 4세기 이후)의 두 단계로 설명하는 것이 자연스럽다.

한편 『위략』에 보이는 조선후의 존재에 주목하여 고조선사회가 소국(고인돌사회), 후국(조선연맹체, 기원전 5~기원전 4세기) 단계를 거쳐 기원전 3세기 이후에 본격적인 고대국가 단계로 성장하였다고 보는 견해도 있다.[35] 이에 따르면 칭왕이 곧 고조선의 비약적인 성장을 의미하는 것은 아니며, '조선후국'(朝鮮侯國)이 맹주가 되어 주변 소국에 일정한 영향력을 행사하는 연맹체 단계로서 본격적인 고대국가에 아직 도달하지 않았다는 것이다. 기원전 4세기 후반 조선후국의 '왕'은 주변에 산재한 지역 집단의 연맹장이며, 대부는 왕의 보좌 역할을 한 미숙한 초기의 직위라고 제한해 파악한다. 그리고 고조선이 본격적인 고대국가 단계로 성장한 것은 기원전 3세기 이후 전국 연의 철기 문화가 한반도 서북지방으로 파급되면서부터 가능했다고 본다.[36]

위 견해는 『위략』의 기록 중에 '칭왕'보다는 '조선후'에 더 주목해 보는 것이

이종욱, 1993, 앞의 책, 71쪽.

35 송호정, 2003, 『한국 고대사 속의 고조선사』, 푸른역사.

36 송호정, 2003, 앞의 책, 281~283쪽.

1장 고조선의 정치체제 285

다. 하지만 '조선후'는 그 앞에 나온 '기자'(箕子)와 연결된 표현으로 존주와 함께 중화주의적인 수사에 지나지 않는다. 이 기록의 초점은 '조선후'보다 당시 조선이 칭왕하며 연과 대립하였다는 점에 있다. 즉 기원전 4세기 후반 조선의 지배자가 후보다 한 등급 위의 왕을 자칭하며 한 단계 성장하였음을 보여주는 것이다. 다시 말해 고조선이 초기의 고유 왕호인 왕검 단계에서 중국식 왕호인 왕을 사용하는 단계로 변화 발전하였음을 알 수 있다.

위만조선에 대해서는 정복국가 내지 교역에 기반한 고대국가로서의 면모가 비교적 구체적으로 이해되고 있다.[37] 하지만 위만조선 이전 고조선의 국가 단계 여부에 대해선 학계의 시각이 갈라져 있다. 이는 위만조선만 국가 단계로 보는 고고학의 입장[38]이 영향을 미치고 있기 때문이기도 하다.

위만조선만을 국가 단계로 보는 입장은 위만조선 이전에는 아직 관직 체계 등 지배체제가 갖추어져 있지 않았다고 본다. 하지만 위만조선 이전 고조선 시기에도 미숙하지만 초기적인 관제가 정비되어 있었다. 왕호의 변천뿐만 아니라 관제의 존재를 통해 고조선의 국가적 성격을 파악할 수 있는 것이다. 아래에서는 기왕의 연구에서 소홀히 다루어 왔던 고조선의 정치체제로서 관제의 구성과 특징에 대해 검토해 보고자 한다.

3. 관제의 구성과 성격

앞서 살펴보았듯이 기원전 323년 무렵 고조선 지배체제의 중추에는 왕이 있었다. 당시 조선왕의 성격을 연맹체의 맹주가 아니라 초기국가 단계의 국

---

37 김정배, 1977, 「衛滿朝鮮의 國家的 性格」, 『사총』 21·22합, 57~73쪽; 최몽룡, 1983, 「韓國古代國家 形成에 대한 一考察-衛滿朝鮮의 例-」, 『김철준박사화갑기념사학논총』, 지식산업사, 61~77쪽.

38 최성락, 1992, 「鐵器文化를 통해 본 古朝鮮」, 『국사관논총』 33, 41~71쪽; 최몽룡, 1997, 「衛滿朝鮮」, 『한국고대국가형성론』, 서울대학교 출판부, 208쪽.

왕으로 볼 수 있는 가장 중요한 근거는 바로 그 관료로 보이는 대부 예(禮)의 존재이다.

그동안 고조선의 관제(官制)에 대한 논의는 주로 위만조선 시기의 관제인 상(相), 비왕(裨王), 장군(將軍), 대신(大臣) 등의 성격을 중심으로 이루어져 왔다. 이를 통해 위만조선의 국왕은 막료적 문무 근신(近臣) 집단을 형성하고 집권적체제를 구축해 갔다고 보거나,[39] 발전된 관료체제에 의거해 전국에 대한 정치적 지배를 실현한 전제 권력을 행사하여 정치적 지배를 실현하였다고 이해하기도 하였다.[40] 반면 위만조선의 왕은 초월적인 권력자는 아니며 고구려 초기 부(部)의 장인 상가(相加)와 유사한 성격의 상 중에서 가장 세력이 큰 존재였다고 보거나,[41] 또는 연맹 집단 중에서 가장 큰 집단의 우두머리였다고 보기도 하였다.[42]

이러한 위만조선의 관제를 바라보는 상반된 시각은 그에 앞선 고조선의 관제를 이해하는 기준이 되기도 하였다. 집권체제로 보건 연맹체제로 보건 그 기원을 기원전 4세기 후반 조선왕과 대부의 관계에까지 소급해 보고 있기 때문이다.

고조선과 대외교섭이 가장 잦았던 국가는 중국의 연과 제였다. 연은 지금의 북경 일대를 중심으로 하여 동쪽으로 조선과 인접하였고, 제는 임치(臨淄)를 중심으로 산동 지역에 위치하며 발해를 끼고 조선과 마주 보고 있던 만큼 양국의 발달된 문명이 조선에 미친 영향은 컸다. 고조선의 정치체제도 대개 이들 전국시대 대국의 영향을 받아 왕 밑에 경·대부와 장군직을 두었던 것으로 추정된다.[43]

---

39 김광수, 1994, 앞의 글, 18~19쪽.
40 박득준, 1999, 『고조선의 력사 개관』, 사회과학출판사, 112쪽.
41 노태돈, 1998, 앞의 글; 2000, 『단군과 고조선사』, 사계절, 102~103쪽.
42 송호정, 2002, 「衛滿朝鮮의 정치체제와 삼국 초기의 부체제」, 『국사관논총』 98, 19~24쪽.
43 이병도, 1976, 앞의 책, 56쪽.

특히 국경이 인접해 있던 조선과 연은 기원전 323년 연왕의 동진(東進)과 기원전 280년대에 있었던 연장 진개(秦開)의 조선 서방 침공에서 보듯이 주로 갈등 관계에 있었던 반면, 조선과 제는 발해를 사이에 두고 연을 후방에서 견제할 수 있는 위치에 있었기 때문에 비교적 우호적인 교류 관계를 유지하였다.[44]

아래에서는 고조선의 관명으로 사료에 보이는 대부·박사를 중심으로 그 기원과 성격을 살펴보고, 아울러 최근 요동 북부 철령 지역에서 새롭게 알려진 기원전 5세기 무렵의 문자 자료인 '형'을 고조선의 관제와 관련하여 검토해 보고자 한다.

1) 경과 대부

기원전 323년 조선왕은 연왕이 고조선을 침략하려고 하자 연과 일전을 준비했으나, 대부 예의 간언과 연왕에 대한 설득으로 군사적 충돌을 피할 수 있었다. 조선왕의 휘하에 있었던 대부는 고조선의 국가적 성격을 시사해 주는 중요한 관제이다.[45]

기원전 2세기 후반 위만조선의 우거왕 대에 진국(辰國)으로 망명한 조선상 역계경(歷谿卿)[46]의 존재를 미루어 보면, 고조선에는 대부와 함께 경도 왕권 강화를 위해 제도적으로 도입된 것으로 이해되기도 한다.[47] 한편 고조선의 경·대부는 지방에 일정한 봉토를 가진 일종의 제후적 존재로 보기도 한다.[48]

44 박대재, 2006, 「古朝鮮과 燕·齊의 상호관계」, 『사학연구』 83; 2014, 「古朝鮮과 齊의 해상교류와 遼東」, 『한국사학보』 57.

45 한편 『위략』의 조선후를 조선의 제후(渠帥)로 해석하여 대부를 조선왕 휘하의 관료가 아니라 고조선 내 제후국(거수국)의 관료로 보는 견해도 있다(윤내현, 1994, 『고조선 연구』, 일지사, 550쪽).

46 『삼국지』 권30 동이전 한 인용 위략, "初 右渠未破時 朝鮮相歷谿卿以諫右渠不用 東之辰國 時民隨出 居者二千餘戶 亦與朝鮮眞番不相往來".

47 김광수, 1994, 앞의 글, 9쪽.

48 윤상열, 2007, 「고조선의 天下觀에 관한 試論」, 『사학연구』 88, 377~378쪽.

역계경의 성격에 대해서는 인명으로 볼 것인지 관명으로 볼 것인지 의견이 갈리기도 한다. 조선상을 관명, 역계경을 인명으로 보아 1인으로 파악하기도 하지만, 각각 관명으로 보아 2인으로 추정하기도 한다. 이계상(尼谿相)의 이계와 같이 역계가 지명일 수 있고, 노인(路人), 한음(韓陰), 왕겹(王唊), 참(參), 장(長) 등 다른 고조선 인명을 미루어 보아 역계경은 인명보다는 지명에 관명이 붙은 것일 가능성이 더 높아 보인다. 만약 1인이라면 지방(역계)의 군장(경)이면서 동시에 중앙(조선)에서 상으로 활동하던 중앙귀족화한 지방 세력이라고 볼 수도 있다. 역계경을 지명+관명의 구조로 파악한다면, 고조선에서 대부와 동시에 경의 존재도 상정해 볼 수 있다.

주대 봉건제에서 왕·공·후 등의 작호는 천자를 중심으로 하여 열국 사이에 형성된 상하 질서이며, 경·대부 등은 열국 내부의 상하 질서이다.[49] 즉 공경대부는 관원의 등급을 나타내는 내작(內爵)인 반면 공후백자남은 제후 간의 고하를 나타내는 외작(外爵)인 것이다.[50]

『위략』에 의하면 조선후는 마치 주왕실의 제후와 같은 모습으로 보이기도 한다. 이에 따라 고조선의 군장이 주왕실과의 관계 속에서 후(侯) 작위를 받고 제후국임을 표방한 가능성을 상정하기도 한다.[51] 그러나 앞서 본 바와 같이 '조선후'나 '존주'의 표현은 전한 이후의 기자동래설 등에서 파생된 후대의 중화주의적 부회라고 보아야 한다.

서주 때 각 제후의 봉국 내에 경·대부가 있어 제후로부터 영지인 '채읍'(采邑)을 하사받았다. 춘추시대에 이르면 각국의 작위에 경·대부·사가 있었고 매 등급은 상·중·하로 나누어졌으며, 전국시대에도 이러한 양상이 지속되었다. 한편 전국시대 진(秦)의 경우 독자적인 20등급의 작제를 정비하여 관대

---

49 하일식, 2000, 「삼국시대 관등제의 특성에 대하여-爵制·官位制와의 비교-」, 『한국고대사논총』 9, 117쪽.

50 閻步克, 2002, 『品位與職位』, 中華書局, 74~75쪽.

51 이병도, 1976, 앞의 책, 67쪽.

부(官大夫), 공대부(公大夫) 등을 새로 설치하였다. 이러한 선진(先秦) 시기의 작위적 대부는 진(秦)·한(漢) 이래로는 포상으로 수여되었고, 그보다 관직으로서의 대부가 다양하게 분화되어 어사대부(御史大夫), 간대부(諫大夫), 태중대부(太中大夫), 광록대부(光祿大夫) 등의 제대부(諸大夫)가 각 관사에서 특정한 직무를 담당하였다.[52]

기존 연구에서는 고조선의 대부에 대해 선진 시기의 작위적 성격으로 보는 견해[53]와, 진·한 이후의 관직적 존재로 보는 입장[54]으로 시각이 나뉘어 있다. '후(王)-대부'라는 전국시대 제후국체제와 유사한 양상에서 선진 대의 대부로 볼 수도 있지만, 또한 대부 예가 조선왕에게 간관(諫官)의 역할을 하고 있으므로 간쟁을 담당한 한대의 간대부나 간의대부와 유사한 직관(職官)으로 볼 수도 있다. 아울러 조선왕의 대부는 간관뿐만 아니라 연에 파견된 사신의 역할까지 수행하고 있다. 따라서 고조선의 대부는 작위적 성격과 직관적 성격을 아울러 가지고 있던 과도기적 관제로 이해할 수 있다.

이러한 대부의 작·직을 겸한 이중적 성격은 전국시대 대부의 과도기적 성격과 연결되기도 한다. 고대 중국에서 작위로서 대부는 춘추시대에 가장 흥성했다. 작위로서의 대부는 일정한 관인과 군사력을 갖추고 자기 봉읍과 종족(宗族)을 다스린 자치적인 봉군(封君)이자 족장이었다. 대부의 작위적 성격은 전국시대에도 지속되었지만, 다른 한편 변화가 일어나기도 하였다. 전국시대에 관료제가 발달함에 따라 작위 외에 관인으로서의 성격을 함께 겸유하기 시작한 것이다.[55] 이것은 진·한대 대부가 작위보다 직관의 성격을 더 강하게 띠게 되는 장기적인 과정에서 볼 때 그사이의 과도기적 성격에 해당하는 것이다.

---

52 王天有, 2006, 『중국고대관제』, 이상천 역, 학고방, 21~58쪽.

53 이종욱, 1993, 앞의 책, 151쪽.

54 리지린, 1963, 『고조선연구』, 과학원 출판사, 365쪽.

55 劉澤華, 1987, 「戰國大夫辨析」, 『史學集刊』 1987-1, 13쪽.

전국시대의 대부가 가지는 성격은 크게 작위와 관직으로 구별해 볼 수 있다. 작위와 관련해서는 상대부(上大夫; 國大夫, 長大夫, 列大夫, 魏·趙·齊), 중대부(魏·趙·齊), 오대부(五大夫, 秦·魏·趙·楚), 공대부(公大夫, 魏·秦), 상관대부(上官大夫, 楚) 등이 보이는데, 특히 진(秦)에서는 20등급 작제에서 대부(제5급), 관대부(제6급), 공대부(제7급), 오대부(제9급) 등 4등급의 대부가 확인된다. 다음으로 관직으로서의 대부는 중대부령(中大夫令; 中大夫, 秦·魏·齊), 감대부(監大夫), 군대부(郡大夫; 守大夫), 도읍대부(都邑大夫; 都大夫, 齊), 읍대부(邑大夫, 三晉) 등이 보인다.[56]

춘추시대와 전국시대의 대부를 비교해 보면, 춘추시대에는 지방 수장으로서 독립적 성격이 강한 반면 전국시대에는 수장으로서의 성격이 약화되고 중앙 군주(국왕)의 가신(家臣)으로서 관료제도에 편입된 존재로 변화된다. 전국시대 대부의 개념이 작위, 관직, 귀족, 지식인에 대한 총칭 등으로 복잡하게 나타나는 이유도 이와 같은 과도기적 성격과 관련이 있다.

전국시대의 대부 가운데 특히 '중대부'(中大夫)는 작위와 관직의 성격을 모두 가지고 있던 존재로 대부의 변화 과정을 이해하는 데 중요한 단서가 된다. 『사기』 진시황본기에 진국의 중대부령이 보이는데, 『사기정의』에서는 이를 '주관'(奏官)이라고 하였다. 『한서』 백관공경표에 의하면, 중대부는 의론을 담당하였다. 전국시대의 중대부는 의관(議官) 외에 사신(使臣), 근신(近臣), 재정담당관 등의 역할을 했던 것으로도 보인다. 한편 중대부는 춘추시대 이래 상대부(上大夫), 하대부(下大夫)와 함께 작위의 하나로서 기능하기도 하였다.

이와 같은 전국시대 중대부의 성격은 고조선 대부 예의 활동 양상과 유사한 면을 가지고 있다. 고조선의 대부 역시 조선왕의 간관인 동시에 사신으로

---

[56] 같은 글, 13~15쪽. 이 밖에 군주 이하의 관료와 귀족층에 대한 총칭으로 대부와 관련된 것으로 卿大夫, 士大夫, 顯大夫, 子大夫, 散大夫, 令大夫(命大夫) 등이 보인다. 이 가운데 '士大夫'는 춘추시대까지만 하여도 '大夫士'로 표현된 경우가 더 많았는데, 전국시대에 이르러 '士大夫'로 앞뒤가 서로 바뀌게 된 것이다. 이것은 전국시대에 들어와 士가 관인들의 출신 관직으로서 직관의 성격을 갖게 된 것과 관련이 있다. 즉 춘추시대에는 대부 아래의 작위로서 士가 많이 쓰였다면, 전국시대에는 士가 대부 이전에 거치는 출사직으로 많이 쓰인 것이다.

서 역할을 하고 있기 때문이다. 고조선의 대부는 전국시대의 중대부와 비슷하게 작위와 직관의 성격을 아울러 가지고 있던 과도기적 관제로 이해된다. 이러한 특징은 고조선과 지리적으로 인접하며 상호 작용하였던 전국시대 연이나 제의 관제에서 영향을 받은 것이라 할 수 있다.

2) 박사

『위략』에 따르면 기원전 195년 직전 고조선의 준왕이 망명객인 위만을 서쪽 변경에 거주시켜 번병(藩屛)으로 삼고 '박사'(博士)로 임명했다.

> D. 한(漢)이 노관(盧綰)을 연왕(燕王)으로 삼으니, 조선은 연과 패수(浿水)를 경계로 하였다. (노)관이 반란을 일으켜 흉노로 들어가니 연인(燕人) 만(滿)도 망명하였는데, 호복(胡服)을 입고 동쪽으로 패수를 건너 준(準)에게 이르러 항복하고, 서쪽 지방에 거주하면서 중국의 망명인들을 거두어 조선의 번병(藩屛)이 되겠다고 준을 설득하였다. 준은 그를 믿고 총애하여 박사로 임명하고 규(圭)를 하사하며, 100리 땅을 봉해주어 서쪽 변경을 지키게 하였다. 만이 망명자들을 유인하여 무리가 점점 많아지자, 준에게 사람을 보내 거짓으로 고하기를 한의 군사가 십도(十道)로 쳐들어오니 들어가 숙위하겠다고 청하고는 마침내 준을 공격하니, 준이 만과 싸워 대적하지 못하였다.[57]

위 기록에 의하면 위만은 박사에 임명되면서 동시에 규를 하사받고 100리 땅을 분봉받았다. 이와 같이 봉지를 받은 고조선의 박사는 당시 진·한의 박

---

[57] 『삼국지』 권30 동이전 한 인용 위략, "及漢以盧綰爲燕王 朝鮮與燕界於浿水 及綰反 入匈奴 燕人衛滿亡命 爲胡服 東度浿水 詣準降 說準求居西界 收中國亡命 爲朝鮮藩屛 準信寵之 拜爲博士 賜以圭 封之百里 令守西邊 滿誘亡黨 衆稍多 乃詐遣人告準 言漢兵十道至 求入宿衛 遂還攻準 準與滿戰 不敵也".

사와 비교하여 크게 차이가 나는 것이다.

기존 연구에서는 위만이 받은 고조선의 박사에 대하여, 한대 박사가 경학교수(經學教授)를 전담하기 이전의 좀 더 넓은 의미에서 국왕 자문역의 현자(賢者)적 개념으로서 정치적 계서를 초월한 특별 명칭이자 금속 기술을 포함한 대륙 방면의 선진 문화에 밝은 사람에 대한 경칭으로 보거나,[58] 한대의 박사와 동일한 직책으로 문교 관련 업무나 번역 등의 직무를 수행했을 것으로 보기도 하였다.[59] 그런데 위만은 서쪽 지방의 '번병' 역할을 수행하던 가운데 박사에 임명되었으며, 규와 100리의 봉토를 받는 등 제후와 유사한 면모를 보이고 있다. 이에 따라 고조선의 박사를 지방 통치와 관련한 직으로 이해하는 경향이 비교적 많은 편이다.[60]

고조선과 부여의 관제를 비교한 연구에 의하면, 대부는 후에게 딸린 사역적 성격의 관명으로 부여의 사역적 속성의 관명인 사자와 연결되는 반면, 박사는 제후적 성격의 관명으로 족장적 연원을 가진 상 또는 장군과 맥이 닿는다고 이해되기도 한다.[61]

고조선의 박사와 진·한의 박사 사이에 가장 큰 차이는 영지의 분봉이다. 일반적으로 경·대부는 채읍(식읍)을 분봉받는 반면, 박사가 속한 사 계급은 녹읍(祿田, 食田)을 받아 그로부터 조세를 취하였다.[62] 위만이 임명받은 고조선의 박사는 100리 땅의 봉지를 규와 함께 받았다는 점에서 오히려 전국시대의 경·대부와 유사해 보인다.

---

58 김광수, 1994, 앞의 글, 4쪽 및 9~10쪽.

59 리지린, 1963, 앞의 책, 362쪽.

60 이병도, 1976, 앞의 책, 78쪽; 이종욱, 1993, 앞의 책, 185~187쪽; 윤내현, 1994, 앞의 책, 546쪽; 조법종, 1994, 「한국고대신분제연구」, 『국사관논총』 52, 113쪽. 이 경우에도 박사를 지방관적 존재로 보는가(이병도, 조법종), 아니면 제후적 존재로 보는가(이종욱, 윤내현)로 입장이 다시 나뉜다.

61 문창로, 2009, 「夫餘의 官制와 그 계통적 접근」, 『한국학논총』 31, 15~16쪽.

62 閻步克, 2002, 앞의 책, 82~83쪽.

중국에서 박사가 관직으로서 확립된 것은 진대(秦代)이지만, 그 명칭은 전국시대 송·노·위(魏) 등에서 기원하였다.[63] 『송서』 백관지(상)에 의하면 박사는 육국(六國), 즉 전국시대에 종종 설치되어 고금통사(古今通事)를 관장하였으며, 『사기』 구책열전과 순리열전에서는 전국시대 송·노의 박사가 확인된다. 학관 박사로 처음 임명된 인물은 기원전 221~기원전 214년 진(秦)의 숙손통(叔孫通)이었다. 이때부터 박사가 학관으로 역할하기 시작하였다. 이러한 진의 학관 박사는 전국시대 제의 직하학궁(稷下學宮)에서 기원한 것으로 추정된다.[64]

『설원』 존현(尊賢)편에는 전국시대 제의 박사로 순우곤(淳于髡)이 확인된다.[65] 순우곤(기원전 385~기원전 305)은 전국시대 제(齊) 선왕(宣王) 때 활약한 직하 출신으로 학문이 깊었지만 익살과 다변으로도 유명했다. 순우곤의 변론은 『전국책』, 『사기』 골계열전에 보이며, 『맹자』 이루(상)에도 맹자와의 논전이 전한다. 『사기』 진시황본기 34년(기원전 213)조에서 승상 이사와 논쟁을 했던 박사 제인(齊人) 순우월(淳于越)도 순우곤과 관련된 인물로 추정된다. 이와 같이 전국시대 제 직하의 박사와 진의 박사가 역사적으로 서로 연결된 것으로 보인다.

박사는 진대 이전에 이미 등장하였으며, 진·한대에는 관직의 성격을 분명히 지니게 되었다. 춘추전국시대에 박사는 단순히 학자에 대한 범칭으로 사용되기도 하였으며, 전국 말에 이르면 학술 업무 외에 참모나 고문의 역할을 맡은 의정적 직능의 관직으로 정착하였다. 진대에는 수십 인의 박사가 있었다고 하며, 의정관의 성격과 예관적 성격을 동시에 지니고 있었다. 한 무제 때(기원전 141~기원전 87)는 처음으로 오경박사(五經博士)를 두어 박사의 학술적

---

63 彭澤平·李茂琦, 1997, 「中國古代博士考略」, 『文史雜志』 1997-1, 64쪽.

64 金德建, 1988, 「論稷下學派與秦漢博士的關係」, 『管子學刊』 1988-4, 37~38쪽. 이 글에서는 제 직하학궁(齊 稷下學宮) 출신의 인물들로 叔孫通, 伏生, 淳于越, 鮑白令之 등을 거론하면서, 이들을 매개로 제의 직하학궁과 진의 학관 박사가 연결되었다고 본다.

65 楊寬·吳浩坤 主編, 2005, 『戰國會要』 上, 上海古籍出版社, 518쪽, "博士淳于髡仰天大笑而不應(說苑尊賢)".

직능이 강화되었다. 대체로 진·한대의 박사는 학술 업무나 고문의 역할을 담당하였고, 또한 외부로 순행하여 시찰하는 업무도 담당했다. 이와 같은 변화를 거쳐 삼국시대 위(魏) 이후에는 훈교 담당의 오경박사와 예의 담당의 태상박사(太常博士)로 크게 양분되었다.[66]

진대 이후 박사는 학술적인 측면 외에 행정, 감찰, 군사 등의 다양한 분야에서 업무를 수행한 관인이었다.[67] 한 무제 때에는 지방행정의 시찰 혹은 지방민의 위무에서 박사를 파견한 사실도 확인된다.[68] 따라서 한 무제 이전의 시기에도 박사가 지방을 순행하여 시찰하는 업무를 담당했을 가능성은 충분해 보인다. 즉 박사는 최고 통치권자의 명을 받아 지방에 대한 통치권을 행사하기도 한 것으로 이해될 수 있다.[69] 준왕이 위만을 박사로 임명하고 서쪽 지방의 통치를 위임한 것도 그와 같은 한대 초기 박사의 지방관적 성격과 관련해 볼 수 있다.

이와 관련하여 부여와 고구려의 사자는 어느 고유 관명보다도 앞서 사용되었다는 점에서 고조선 시기부터 있었을 가능성이 지적되기도 하였다. 앞서 보았듯이 사자는 박사의 업무 중 하나였다. 이런 맥락에서 보면 고조선의 박사가 부여·고구려의 사자와 연결될 수도 있다.

위만이 고조선의 준왕으로부터 받은 서변의 봉지는 마한왕이 남하해 온 백제 온조왕에게 할양했던 동북 지역의 100리[70]와 비슷하다. 온조왕은 마한

---

66 俞鹿年 編著, 1992, 『中國官制大辭典』, 黑龍江人民出版社, 305쪽; 安作璋·熊铁基, 2007, 『秦漢官制史稿』, 齊魯書社, 409~424쪽.

67 張晉藩 主編, 1992, 『中國官制通史』, 中國人民大學出版社, 109~112쪽.

68 『한서』 권6 무제기6 원수 6년 6월, "詔曰 日者有司以幣輕多姦 農傷而末衆 又禁兼幷之塗 故改幣以約之 … 今遣博士大等六人分循天下 存問鰥寡廢疾 無以自振業者貸與之"; 『한서』 권6 무제기6 원정 2년 9월, "詔曰 … 今京師雖未爲豊年 山林池澤之饒與民共之 今水潦移於江南 迫隆冬至 朕懼其飢寒不活 江南之地 火耕水耨 方下巴蜀之粟致之江陵 遣博士中等分循行 諭告所抵 無令重困". 博士大等과 博士中等은 박사의 관등을 나타내는 것으로 보인다.

69 조법종, 1994, 앞의 글, 113쪽.

70 『삼국사기』 권23 백제본기1 시조온조왕 24년.

왕에게 신록(神鹿) 등 상서로운 물품을 받치는 의례적인 공납 관계로 예속되어 있었다. 준왕이 위만을 임명한 박사 역시 의례적 성격의 관직이었다. 박사의 직능 가운데 하나로 의례 제사를 관장한 봉상(태상)의 속관으로 제릉(諸陵)의 제사를 담당하였음은 주지의 사실이다.[71] 이러한 박사의 제관적 성격은 고조선의 박사가 국왕에게 의례적인 공납 관계로 종속되어 있던 상황과 관련이 있는 것으로 보인다.[72] 한편 위만이 조선의 서쪽 변방을 지키는 번병의 방어 책임을 맡았다는 점에서 박사의 군사적 성격도 짐작할 수 있다. 특히 자신의 군사를 이끌고 왕성에 들어가 준왕을 축출한 것을 보면 일정한 군사 조직을 통솔할 수 있었다고 보인다.

이상을 종합해 보면 고조선의 박사는 지방에서 100리 정도의 지역에 대한 주재권을 국왕으로부터 위임받은 자로서 중앙의 국왕과는 의례적인 공납 관계로 묶여 있었던 존재로 국왕에게 직속된 직위적 성격보다는 변방의 제후와 같은 작위적 성격을 좀 더 많이 가지고 있던 것으로 추정된다.

전국시대의 박사는 진·한대의 학관 박사와는 성격이 다른 것으로 이해된다. 고조선의 박사 역시 진·한의 학관 박사와 크게 다르다는 점에서 전국시대 박사와 관련될 가능성이 더 높다. 특히 고조선과 우호적인 교류 관계에 있었던 제에서 박사의 용례가 많이 확인되는 점은 주목할 만하다.

전국시대 대국이었던 진, 초, 제, 연, 한, 조, 위 등 7국의 관제를 일별해 보면 제에서 고조선의 관제로 보이는 대부와 박사가 공통적으로 확인된다. 제의 직하 출신 박사에 대해서는 위에서 살펴보았고, 대부로는 군읍과 현읍을 관장하던 도대부(都大夫)와 외령(外令, 大夫)이 있었다. 특히 그다음 위만조선 시기의 관제인 상(相)과 장군도 제의 관제에서 공통적으로 확인된다. 연의 관제에서도 상과 장군이 확인되지만 박사와 대부는 보이지 않는다.[73] 이런 특징에

---

71 和田淸 編, 1945,『中國官制發達史』, 汲古書院, 48쪽.

72 박대재, 2013,「국가형성기의 복합사회와 초기국가」,『선사와 고대』 38, 273쪽.

73 李孔懷, 2007,『中國古代行政制度史』, 三聯書店, 26~27쪽〈戰國時期七國官制〉표 참조.

서 보면 고조선의 관제는 전국시대 제의 관제와 가장 밀접한 관련이 있던 것으로 판단된다.

3) 형

기존 연구에서 형(兄)은 주로 고구려의 관제와 관련하여서 다루어져 왔다. 고구려의 관제에서 형은 『삼국지』 단계에서는 보이지 않고, 『위서』에서 대형(大兄)·소형(小兄)이 처음 보이며, 『주서』(周書)에 이르러 태대형(太大兄), 대형(大兄), 소형(小兄) 등이 13관등 중 제2~4 관등으로 확인된다. 『위서』 고구려전의 주요 내용은 북위 이오(李敖)가 고구려 사행 후 보고한 자료에 의해 작성된 것으로 그 시기는 연화 원년(432) 전후 무렵이다. 즉 5세기 전반의 기록부터 형이 고구려의 관명으로 나타나는 것이다.

고구려 관제에서 형은 연장자, 가부장적 가족장의 의미로, 『삼국지』 고구려조에 보이는 우태(優台, 于台), 즉 '웃치'로부터 기원한 것으로 이해되고 있다. 각 가(加)의 장이었던 상가(相加) 역시 부족연맹의 단계에서 고대국가체제로 넘어갈 때 가부장으로서 '형'으로 전환되었고, 이를 재편하면서 태대형, 대형, 소형으로 분화하였다는 것이다.[74] 이에 따르면 고구려의 형은 족장적 성격의 관등인 우태와 상가에서 연원한 것으로 이해된다. 이후 『위서』, 『주서』, 『한원』 인용 『고려기』(高麗記), 「충주고구려비」 등에 보이는 형계 관위에 대한 분석을 통해, 태대형(2등), 의두대형(衣頭大兄, 5등), 대형(7등), 소형(11등), 제형(諸兄, 12등) 등의 관등 서열이 밝혀지게 되었다.[75]

선행 연구를 통해 형의 성격은 대체로 파악되었지만, 형이 우태와 상가에서 기원하였다는 것은 추론에 지나지 않는다. 우태의 음운이 형의 의미와 유

---

[74] 김철준, 1956, 「高句麗·新羅의 官階組織의 成立過程」, 『이병도박사화갑기념논총』; 1975, 『한국고대사회연구』, 지식산업사; 1990, 서울대학교출판부, 234~235쪽.

[75] 武田幸男, 1977, 「高句麗官位制とその展開」, 『朝鮮學報』 85; 1989, 「高句麗官位制の史的展開」, 『高句麗史と東アジア』, 岩波書店, 356~405쪽.

사한 것 외에 상호 선후 관계가 보이지 않기 때문이다. 형이 초기 관제에서는 어떤 관명에 해당하는지를 살펴보아야 한다.

이와 관련하여『위서』등의 대형·소형·제형 등의 '형'이『삼국지』의 우가·마가·상가·고추가 등의 '加'에 해당하는 관명이라는 시라토리 구라기치[白鳥庫吉]의 추정[76]을 다시 주목해 볼 만하다. 시라토리 구라기치는 부여와 고구려의 '加'가 선비 제족(동호)의 존칭인 '가한'(可汗)과 같은 계통의 군장 칭호라는 점도 지적하였다.[77]

그런데 가한이 선비족 군장 칭호로 보이는 것은 385년 서진(西秦)을 건국한 농서선비(隴西鮮卑) 걸복국인(乞伏國仁)의 시조 '걸복가한탁탁막하'(乞伏可汗託鐸莫何, 紇干)나,[78] 모용선비(慕容鮮卑) 토욕혼(吐谷渾) 수낙간(樹洛干)의 '무인가한'(戊寅可汗, 405~417년 재위)[79] 등 4세기 이후의 기록부터이다. 부여와 고구려의 가는『삼국지』단계부터 보인다는 점에서 오히려 가한보다 시기가 앞선다.

부여·고구려의 가와 선비족의 가한은 동일 계통의 조어(祖語)로부터 갈라져 나왔거나, 또는 인접한 언어 사이의 상호 접촉에 의한 영향 관계로 보는 것이 타당할 것이다. 가/가한이 형으로 변한 것인데,『송서』토욕혼전에 의하면 선비족에서 형을 '阿干'이라 불렀다고 한다.[80] 따라서 가·가한·아간 등은 모두 형을 의미하는 동일 계통의 알타이 제어로 이해할 수 있다.[81] 부여·고구려어의 '가'가 중국 한어의 '형'에 해당하는 것이다.

근래 중국 학계에서는 고구려의 '형'에 대한 논의가 새롭게 진행되고 있다.[82] 그것은『한원』인용『고려기』의 고구려 관제 연구에서 비롯되었는데 주

---

76 白鳥庫吉, 1896,「朝鮮古代官名考」,『史學雜誌』7-4; 1986,『朝鮮史研究』, 岩波書店, 94쪽.

77 白鳥庫吉, 1911,「東胡民族考(4)」,『史學雜誌』22-1; 1970,『塞外民族史研究』上(白鳥庫吉全集4), 岩波書店, 123~124쪽.

78 『진서』권125 재기25 乞伏國仁.

79 『진서』권97 사이 서융 토곡혼 樹洛干.

80 『송서』권96 열전56 선비 토곡혼, "鮮卑呼兄爲阿干".

81 羅新, 2009,「高句麗兄系官職的內亞淵源」,『中古北族名號研究』, 北京大學出版社, 183~184쪽.

로 형계 관위의 등급과 성격에 초점이 맞춰져 있다.

고구려의 형계 관명은 『주서』와 『위서』 등 북조계 사서에만 보이는 반면, 남조계 사서인 『양서』에는 형계 관명이 보이지 않고 상가, 고추가 등 가계 관명만 보여 대조적인 양상이 나타난다. 『양서』의 기록은 『삼국지』와 범엽의 『후한서』와 같은 계통인데, 위진(남조) 사서의 '가'가 북조 사서에서는 '형'으로 대치된 것이다.

이에 대해 『삼국지』의 '가'는 음차 표기(음역)이고, '형'은 그 의역으로 동일 관칭의 다른 표기[異譯]로 보는 견해가 있다. 『한원』 인용 『고려기』의 '대형가'(大兄加)를 의역과 음역의 반복(첩어)으로 보면서, 고구려 내에서도 가의 의미를 형으로 알고 있었다고 보는 것이다.[83] 북위 사신 이오 등이 '가'를 선비어의 '아간'과 같은 의미로 파악하고 '가'를 의역하여 '형'이라고 기록한 이후 북조계 사서에서 형계 관등이 나타나게 되었으며, 원래 고구려의 가(형)는 부여에서 온 것으로 부여가 동호의 관제에 영향을 받아 '가'가 관칭으로 성립하였다고 추정한다.[84]

하지만 앞서 보았듯이 '가한'이나 '아간'보다 '가'가 사료에 먼저 보인다는 점에서 가한/아간에서 '가'가 나왔다고 보기는 어렵다. 그보다는 이들이 모두 형을 의미하는 공통의 알타이 조어에서 분화되었거나 지리적으로 인접한 언어 간의 상호 영향으로 보는 것이 자연스럽다.

최근에는 더욱 구체적으로 부여의 가에서 기원한 고구려 초기의 고추가, 대가, 소가가 태대형, 대형, 소형 등으로 각각 전화된 것이며, 『삼국사기』 봉상왕 2년(293) 기록에 신성재(新城宰) 북부(北部) 소형 고노자(高奴子)가 대형으로 승급한 것을 보아, 이미 3세기 말에 형계 관위로 전화·분화되었다고 파악하

---

[82] 高福順, 2007, 「高句麗官制中的兄與使者」, 『北方文物』 2007-2, 49~55쪽; 2008, 「《高麗記》所記高句麗中央官位研究」, 『高句麗與東北民族研究』 2008-1, 13~19쪽.

[83] 羅新, 2009, 앞의 글, 179쪽. 武田幸男은 '大兄加'의 加를 衍文으로 추정하였다.

[84] 羅新, 위의 글, 188쪽.

기도 한다.[85] 『삼국지』고구려전의 관식 기록에 보이는 '대가-소가'[86]가 『위서』
고구려전에서는 '대형-소형'[87]으로 바뀌어 보인다는 점에서 가와 형의 선후
관계나 대응 관계를 엿볼 수 있다. 김철준의 연구에서도 '형'의 기원으로 상
가를 언급했지만, 그보다는 우태에 더 주목하여 '가'에까지 관심이 미치지는
못했다.

이와 같이 본다면 부여와 고구려의 초기 관제에 보이는 '가'는 형의 의미를
가진 관명으로 이해된다. 이를 통해 부여·고구려어에서 형을 '가'(ka)라고 불
렀음을 짐작할 수 있다. 당대 이후 한어(漢語) 구어에서 '형' 대신 쓰기 시작한
'가'(哥)는 외래어로 추정되는데,[88] 대체로 북조 선비어의 '阿干'(akan)에서 온 것
으로 보는 견해가 일반적이다.[89] 그런데 음운상으로 한어(구어)에서 형을 칭
하는 '가'(哥)는 선비어의 '아간'보다 부여·고구려어의 '가'에 더 가깝다고 할
수 있다. '加'와 '哥'의 중고한음(中古漢音)이 [ka]와 [kʌ]로 각각 재구[90]된다는 점
에서 양자의 근친성을 짐작할 수 있다.

이상에서 살펴본 가와 형의 관계를 염두에 두고 가의 기원을 살펴보면, 가
는 부여나 고구려에 앞서 있었던 고조선의 관제에서 기원하였을 가능성이
있다. 그 가능성은 최근 중국 요녕성 개원시(開原市) 팔과수진(八棵樹鎭) 건재촌
(建材村)에서 출토된 기원전 5세기 청동도자(靑銅刀子)의 '형'(兄) 자 명문을 통해
추측해 볼 수 있다.

1981년 개원 건재촌 묘지 조사에서는 고구려 적석묘군이 확인되었고,
1997년 재조사에서 청동기시대 석관묘 35기가 새로 발견되었는데 '兄'명 동

---

85 范恩實, 2013, 「高句麗品位制與國家政治結構特徵」, 『夫餘興亡史』, 社會科學文獻出版社, 203~211쪽.

86 『삼국지』 권30 동이전 고구려, "大加主簿頭著幘 如幘而無餘 其小加著折風 形如弁".

87 『위서』 권100 열전88 고구려, "其官名有謁奢大奢大兄小兄之號 頭著折風 其形如弁 旁挿鳥羽 貴賤有差".

88 王力, 1980, 『漢語史稿』(下), 中華書局, 506~507쪽.

89 胡雙寶, 1980, 「說"哥"」, 『語言學論叢』 6, 商務印書館, 128~136쪽; 趙文工, 1999, 「唐代親屬稱謂"哥"詞
    義考證」, 『內蒙古大學學報』 1999-1, 58~65쪽.

90 중고한음에 대해선 東方語言學(http://www.eastling.org)의 中古音查詢 참고.

도(銅刀)도 이때 수습되었다. 석관묘군은 건재촌 북쪽 800지점의 배산 남쪽 기슭 해발 고도 200~240m에 분포하는데, 묘광은 크고 작은 석퇴와 석관으로 축조된 전형적인 석관묘의 형태를 보인다. 묘지 북쪽에 두 군데의 채석장이 있는데, 채석장 출입 산로에 의해 묘지가 위아래로 양분되어 있다. 묘지는 동서 400m, 남북 300m 정도 범위에 분포한다.

1997년 조사에서 비교적 보존 상태 가 양호한 3기의 석관묘(M10, M24, M26)를 정리했는데, 모두 9건의 청동기시 대 유물이 출토되었다. 석조(石鋤) 2건 (M10, M24), 석도(石刀) 2건(M26), 석리(石 犁) 1건(M26), 원형석기 1건(M26), 석기 잔편 1건(M26), 동환(銅環) 2건(M24) 등 이다. 3기의 석관묘에서 출토된 유물 외에 촌민이 석관묘 묘지에서 수습한 유물로 토기 1건, 동도(銅刀) 1건, 동환 (銅環) 1건이 있다(그림 1).

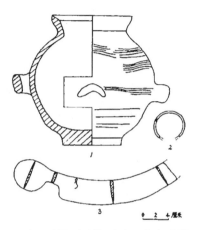

그림 1 개원 건재촌 석관묘 수습 유물 (1. 미송리형 토기, 2. 동환, 3. '兄' 명 동도)

토기의 동체부에는 현문(弦文)이 시 문되어 있고, 다리 모양의 횡이(橫耳)와 입술 모양의 손잡이가 각각 2개씩 붙 은 전형적인 미송리형 토기로 묘지 북쪽의 채석장 산로 건설 과정에서 확인 된 석관묘에서 출토되었다. 미송리형 토기의 구경(口徑)은 12.6cm, 동체부 최 대 너비 19.7cm, 저경(底徑) 9cm, 족고(足高) 1.5cm, 전체 높이 20.8cm이다. 동 환 1건은 1987년 조사 때 채집되었는데, 남은 직경 4.8cm로 1997년 M24에서 출토된 2건의 동환(6.2cm)보다 작다.

동도는 석관묘지 북쪽의 채석장 공인(工人)이 묘지 서쪽에서 수습한 것으 로, 동도가 출토된 지점은 원래 묘광(석관묘 추정)이었는데 산로를 만드는 과 정에서 훼손되었다. 동도는 쌍범합주(雙范合鑄)로 만들어졌으며, 등과 날 부분이 모두 호형(弧形)이고 자루는 편평한 장방형으로 끝에 원형의 납작한 손잡이가 붙어 있다. 동도의 끝부분은 결실되었고, 잔존 길이 25.2cm, 너비 3.6cm, 두께 0.4cm이다. 동도의 손잡이 부분에 가까운 신부(身部) 등쪽에 음각으로 문자부호가 새겨져 있는데 '兄' 자로 판독된다.[91] 초기 보고자인 쉬치궈[許志國]는 이 동도의 연대를 명문의 사법(寫法)에 기초해 서주 만기 혹은 그보다 조금 늦은 시기로 편년하였다.[92]

그런데 최근 '형'명 동도(이하 형도)를 소장하고 있는 철령시박물관(鐵嶺市博物館)의 부관장 쥐상융[周向永]은 형도의 연대를 춘추전국 교체기로 비정하면서, '형'은 당시 요북 동부 산지에 거주하던 토착민인 맥인(貊人)의 수령을 가리키는 관명으로 파악하였다.[93] 쥐상융이 형도를 기원전 5세기 맥인의 수장이 찬신분 표시의 위세품으로 본 근거는 크게 두 가지이다.

첫 번째는 형도가 발견된 석관묘지에서 예맥족의 표지 유물인 미송리형 토기가 출토되었다는 점이다. 건재촌 출토 미송리형 토기는 형식상 늦은 단계인 춘추 만기의 양식이며, 토기가 출토된 석관묘의 구조도 대개석묘(大蓋石墓)에 가까운 춘추전국 교체기의 형식이라는 것이다.

두 번째 근거는 '형'이 맥족의 후신인 고구려의 관명으로 보인다는 점이다. 『위서』, 『주서』 등의 고구려전에 보이는 대형, 소형, 태대형과 함께 서울 아차산 제4보루에서 출토된 고구려 토기의 명문 '지도형'(支都兄), '염모형'(冉牟兄)의 사례를 주목하면서, 고구려의 '형'이 동도의 맥족 수장 명칭인 '형'으로부터 기원하였다고 보았다.

서주~춘추전국시대의 청동기 명문에서 형도와 같이 '형'이 단독으로 확인되는 예는 거의 보이지 않는다. 금문에서 '형' 자는 부형, 형제, 제형, 형모(일간) 등과 같이 종족(宗族) 호칭인 형이나, 또는 '하사하다'는 의미의 '황'(貺)자의

---

91 許志國, 2000a, 「遼寧開原市建材村石棺墓群」, 『博物館研究』 2000-3, 64~67쪽.

92 許志國, 2000b, 「遼寧開原市建材村發現刻銘青銅刀」, 『考古』 2000-5, 56쪽.

93 周向永, 2005, 「遼寧開原建材村所出銅刀銘文涵義考」, 『北方文物』 2005-1(81), 11~14쪽.

통가자로 보인다.[94] '형'이 족휘(族徽)의 일종일 가능성도 있지만, 족씨명문에서 '형'의 사례는 확인되지 않거니와 춘추전국시대는 금문(金文)에서 족휘가 없어지는 시기이다.[95]

갑골문에 보이는 은대 복사(卜辭)의 '형'은 반드시 장유의 분별만이 아니라 동일 세대 친족 중 먼저 죽은 자를 가리키는 용어로도 사용되었다.[96] 서주대의 형제는 친형제에만 한정된 것이 아니라 종부 혹은 종조의 제형제(昆友)를 포함하는 동포 형제의 개념이었다.[97] 서주에서 형은 친형만이 아니라 동족의 제형을 아우르는 광의로 사용되었다.

서주 금문에서 형은 신에게 제사를 올리는 사람을 뜻하며, 형장의 의미도 가의 제사를 관장하는 역할에서 비롯된 것이다.[98] 한편 『시경』 용풍(鄘風)에는 형을 부(夫)의 뜻으로 사용한 예도 보인다.[99] 남자 성인을 부라고 하며 여러 부 가운데 우두머리를 대부(大夫)라고 하는데, 은의 삼구병(三勾兵) 명문에서 대형과 함께 5명의 형이 보인다. 이로 보아 대형은 대부와 비슷한 개념으로 이해할 수 있다.

이와 같이 상주시대의 형은 친형만을 가리키는 것이 아니라 동일 세대 종족 가운데 연장자, 선사자(先死者), 또는 남자 성인[夫]을 가리키는 호칭으로 다양하게 사용되었다. 하지만 상주금문 가운데 형도의 예와 같이 '兄'만 단독으로 쓰인 경우는 확인되지 않는다. 이것은 고대 중국의 일반적인 '형'과 다른 용도로 '형'이 동도에 새겨졌음을 시사해 주는 것이다.

형도의 서체는 '○' 아래에 '儿'이 붙은 형태로 갑골문이나 금문에서 보이는 서체와 많은 차이가 있다. 갑골문과 서주 금문에서 형은 기본적으로 '口' 아래

---

94 張亞初, 2001, 『殷周金文集成引得』, 中華書局, 349쪽.

95 何景成, 2009, 『商周青銅器族氏銘文硏究』, 齊魯書社, 附錄 族氏銘文資料匯編 참조.

96 李學勤, 1957, 「論殷代親族制度」, 『文史哲』 1957-11; 2007, 『李學勤早期文集』, 河北敎育出版社, 76쪽.

97 朱鳳瀚, 2004, 「西周貴族家族的規模與組織結構」, 『商周家族形態硏究』(增訂本), 天津古籍出版社, 297쪽.

98 白川靜, 2004, 『(新訂) 字統』, 平凡社, 235쪽.

99 白川靜, 2002, 「身分と職掌」, 『文字講話』 I, 平凡社, 97쪽.

에 '儿'이 붙은 형태이며, 춘추전국시대의 금문에서는 '女'나 '艾' 자와 비슷한 형태로 변한다.[100] 특히 요녕 지역과 인접한 전국시대 연계(燕系) 문자에서 '형'이 '여'(女) 자와 비슷하게 보인다는 점에서,[101] 형도의 '兄'이 중원 계통의 명문이 아님을 추정할 수 있다.

형도가 출토된 철령 개원 지역은 최근 석관묘와 미송리형 토기의 출토 빈도가 증가하면서 기원전 5세기 이전 청동기시대에는 맥족이 분포한 지역으로 이해되고 있다.[102] 이러한 배경에서 보면 형도는 맥족의 유물일 가능성이 높으며, 이것이 이후 고구려의 형에까지 이어졌을 개연성을 전혀 배제할 수 없다. 다시 말해 형도의 형이 고구려의 형과 같은 성격의 관명일 가능성이 제기되는 것이다.

형도와 같은 형식의 동도가 요녕 무순시(撫順市) 신빈현(新賓縣) 영릉진(永陵鎭) 색가촌(色家村)의 석관묘에서 발견된 바 있다. 색가촌의 동도는 명문이 없고 등 부분에 현문(弦文)이 한 줄 덧붙여져 등이 넓고 날이 얇은 점 등 실용성이 높다는 점에서 형도와 차이가 난다.[103] 다시 말해 형도는 색가촌의 동도에 비해 실용성이 떨어지는 장식성이 강한 동도라고 할 수 있다. 색가촌 석관묘는 1982년 무순시박물관에 의해 조사되었는데, 협사홍도관(夾砂紅陶罐) 3건, 석부(石斧), 석산(石鏟), 석분(石錛), 석촉(石鏃), 동도(銅刀) 각 1건이 출토되었다. 동도는 쌍범합주품으로 길이 29.7cm, 날의 남은 너비 4.5cm, 손잡이의 길이 4cm, 너비 1.8cm, 두께 0.5cm로, 형도와 같이 전체적으로 호형(弧形)을 띠며 손잡

---

100 河琳儀, 1998,『戰國古文字典-戰國文字聲系-』上, 中華書局, 622쪽.

101 대표적인 경우가 상해박물관에 소장되어 있는 평견공수포(平肩空首布)에 보이는 '兄' 자이다(吳良寶, 2006,『先秦貨幣文字編』, 福建人民出版社, 146쪽). 이 '兄' 자에 대해 馬飛海·王慶正 主編, 1988,『中國歷代貨幣大系』1(先秦貨幣), 上海人民出版社, 105쪽 및 1077쪽에서는 '女'로 판독하였으나 '兄'일 수도 있다고 하였다.

102 遼寧省文物考古研究所·鐵嶺市博物館, 2011,「遼寧西豊縣東溝遺址及東溝墓葬發掘簡報」,『考古』2011-5, 31~50쪽; 趙少軍, 2014,「遼北地區靑銅時代石構墓葬初步研究-以淸河·寇河流域石棺墓爲中心-」,『寶鷄文理學院學報』(社會科學版) 2014-10, 42~53쪽.

103 許志國, 2000a, 앞의 글, 69쪽.

이 끝에 원판이 붙어 있다.[104]

색가촌 동도와 같이 원판형 장식이 손잡이 끝에 붙은 호형 동도는 요녕성 건평현(建平縣) 난가영자(欒家營子) M901 목관묘에서도 출토되었다. 난가영자 목관묘에서는 호형 동도가 비파형동검 1, 검병두식 1, 선형동부 1, 추부(錘斧) 1, 새김칼 1, 동령 2, 압형동식(鴨形銅飾) 44, 식도병(食刀柄) 동도(銅刀) 1, 황금팔지 1, 뼈유경식촉 4, 목걸이 돌구슬 42점 등과 함께 출토되었다.[105]

요녕~길림 지역 청동도자의 형식, 수량, 지속성 등에서 요서 지역이 다른 지역에 비해 우월한 양상을 보인다. 이에 따라 요동과 길림 지역의 청동도자는 요서 지역의 기술적 영향 내지 밀접한 관계에 있는 것으로 추정되기도 한다.[106] 동도의 중심 분포 지역을 요서 지역으로 파악하면 철령 개원에서 출토된 형도는 요서 지역의 세력과 관련된 유물일 가능성도 배제할 수 없다.

요서 지역의 주민 문제는 여전히 논란의 대상이 되고 있지만, 건평 난가영자에서 형도와 같은 형식의 동도가 비파형동검 및 선형동부와 함께 출토되었다는 점이 주목된다. 조양 십이대영자 유적에서 대표적으로 확인되듯이, 요서 지역이 비파형동검의 분포 지역에 포함된다는 점은 부인하기 어렵다.[107] 따라서 형도의 성격을 비파형동검 및 미송리형 토기와 연결해 맥족과 관련된 유물로 이해할 수 있을 것이다.

앞서 보았듯이 부여·고구려의 '가'는 선비어의 '아간' 내지 '가한'과 같은 계통의 알타이 제어로 이해된다. 그런데 『삼국지』 오환선비전에서는 오환과 선

---

104 張波, 1984, 「新賓縣永陵公社色家發現石棺墓」, 『遼寧文物』 1984-6, 24쪽.

105 李殿福, 1991, 「建平孤山子·楡樹林子靑銅時代墓葬」, 『遼海文物學刊』 1991-2; 오강원, 2003, 「遼寧~吉林地域 靑銅刀子의 型式과 時空間的 樣相」, 『고문화』 61, 79쪽 참조. 오강원은 형도(兄刀)와 같은 형식의 시병 동도가 유행한 시기를 기원전 9~기원전 7세기로 편년하고 있다. 대체로 건재촌 석관묘를 조사한 許志國의 편년에 가깝다고 할 수 있다.

106 오강원, 2003, 앞의 글, 87쪽.

107 김정배, 2010, 「고조선과 비파형동검의 관계」, 『고조선에 대한 새로운 해석』, 고려대학교 민족문화연구원, 435~438쪽.

비의 수장을 '대인'(大人)이라고 표현하고 있다. 또한 오환과 선비의 전신인 동호의 수장은 『사기』 흉노전에서 '동호왕'(東胡王)이라고 보인다. 선비어의 '아간' 내지 '가한'은 『삼국지』 이후 4세기에 이르러서야 기록에 나타나며, 그 이전 동호와 선비·오환의 수장은 왕이나 대인 등 한화된 용어로 표기되고 있다. 이러한 군장 호칭의 추이는 부여·고구려의 '가'가 동호나 선비로부터 영향을 받았다기보다 예맥 고유의 군장 칭호에서 기원하였음을 시사해 준다.

물론 형이 한어(漢語)라는 점에서 형도의 제작에 중국 문자문화의 영향이 있었음은 부인하기 어렵다. 하지만 형이 중국의 관제에서는 보이지 않는다는 점에서 대부나 박사와 다른 계통의 토착적 관명이라고 이해할 수 있을 것이다.

이상의 검토에 따라 형도가 맥족과 관련된 유물이며 '형'이 부여나 고구려의 '형'과 같은 관명일 가능성이 있다면, 그것은 맥족의 정치체인 고조선의 관명일 가능성도 동시에 보여 주는 것이다. '형'이 중국의 관제에서는 보이지 않고 있다는 점에서 형도는 고조선과 관련된 유물일 가능성이 높다. 특히 형도가 수습된 석관묘지에서 고조선의 표지 유물인 미송리형 토기와 선형동부도 함께 출토된[108] 것은 그 가능성을 더욱 높여 준다.

형도의 '형'은 일반적인 형장의 의미라기보다 부여나 고구려의 형과 같은 동도 소지자의 지위와 관련된 존칭으로 보인다. 형도를 고조선과 관련한 유물로 이해할 수 있다면, 형은 고조선의 족장적 성격의 관명일 것으로 유추된다. 부여나 고구려의 형(가)이 가지는 성격에서 미루어 짐작되기 때문이다. 형은 대부나 박사와 같은 전국계(戰國系) 관명과 달리 고조선 지역 족장에 대한 토착적 존칭이라고 할 수 있다. 이 형도가 철령 지역에서 출토된 배경이나 고조선 관제에서 '형'이 가진 정치적 위상에 대한 검토는 향후의 연구 과제이다.

---

[108] 周向永·許超, 2010, 『鐵嶺的考古與歷史』, 遼海出版社, 54~55쪽 참조.

4. 맺음말

이상에서 본 바와 같이 경·대부, 박사, 형 등의 관제를 갖춘 고조선의 정치 발전 단계를 국가 이전의 연맹체 단계로 이해하는 것은 무리가 있다. 초기국 가론의 맥락에서 생각할 때, 고조선은 늦어도 기원전 4세기 무렵에는 국왕을 중추로 하는 중앙과 지방의 호혜적인 상호 관계에 기반한 분권적인 국가체 제를 갖추었다고 판단된다.[109]

기존 논의에서 기원전 323년 무렵에 보이는 조선왕의 성격을 국가 단계의 국왕이 아니라 연맹체의 맹주로 보았던 이유는 당시 조선 주변에 위치한 진 번, 임둔 등 소국 세력이 조선에 완전히 속해 있지 않고 일정한 독자성을 발 휘하는 정치 세력이었다고 보기 때문이었다.[110]

이처럼 진번, 임둔 등이 완전히 독자성을 잃지 않고 조선왕에게 복속되어 있었다고 하여 그 단계의 왕을 연맹체의 맹주로 보는 것은 성숙한 중앙집권 체제만을 국가의 지배체제로 이해하기 때문이다. 하지만 국가형성기의 국가 형태로 이해되고 있는 '초기국가'의 맥락에서 보면, 이러한 분절적이고 중층 적인 지배체제도 국가의 범주에서 파악할 수 있다.

요컨대 고조선에는 기원전 4세기 이후 국왕 아래에 경·대부, 박사, 형 등 의 관명이 있었던 것으로 이해된다. 그중 국왕과 경·대부·박사는 전국시대 의 대국인 연·제와의 상호 관계 속에서 영향을 받아 성립된 것으로 추정되 며, 형은 지역 족장에 대한 토착적 존칭으로 사용되다가 이후 부여와 고구려 의 형(가)으로 이어진 것으로 추정된다.

고조선의 정치체제는 고조선의 대외 관계와 연결해 볼 때 전국시대 연· 제의 영향을 상당히 많이 받았던 것으로 보인다. 특히 고조선의 관제에서 대

---

[109] 박대재, 2013, 앞의 글, 272~273쪽.
[110] 송호정, 2003, 앞의 책, 282쪽.

부와 박사가 함께 보이는 것은 제와의 상호 작용에 의한 결과라고 생각된다. 한편 '형'은 중국의 관제에서 보이지 않는다는 점에서 토착적 성격의 관명으로 이해된다. 전국계 관명과 토착적 관명의 혼재는 고조선 정치체제의 특징으로 파악할 수 있다. 고조선 관제의 혼종성은 그다음 위만조선 시기에 더욱 심화되었을 것으로 추정된다. 위만조선이 전국계 이주민과 고조선 토착민의 결합으로 이루어졌다는 점에서 충분히 짐작할 수 있기 때문이다.

참고문헌

1. 국내 단행본

김정배, 1973, 『한국민족문화의 기원』, 고려대학교 출판부.

_____, 1986, 『한국고대의 국가기원과 형성』, 고려대학교 출판부.

_____, 2000, 『한국고대사와 고고학』, 신서원.

_____, 2010, 『고조선에 대한 새로운 해석』, 고려대학교 민족문화연구원.

김철준, 1975, 『한국고대사회연구』, 지식산업사.

리지린, 1963, 『고조선연구』, 과학원 출판사.

박대재, 2013, 『중국 고문헌에 나타난 고대 조선과 예맥』, 경인문화사.

부쩐, U. M., 1990, 『고조선-역사·고고학적 개요-』, 이항재·이병두 역, 소나무.

사회과학원 력사연구소, 1991, 『조선사·부여사·구려사·진국사』, 과학백과사전종합출
    판사.

송호정, 2003, 『한국 고대사 속의 고조선사』, 푸른역사.

윤내현, 1994, 『고조선연구』, 일지사.

이기백·이기동, 1982, 『한국사강좌』 I(고대편), 일조각.

이병도, 1976, 『한국고대사연구』, 박영사.

이종욱, 1993, 『고조선사연구』, 일조각.

천관우, 1989, 『고조선사·삼한사연구』, 일조각.

2. 국내 논문

김광수, 1994, 「古朝鮮 官名의 系統的 理解」, 『역사교육』 56.

김병곤, 2000, 「古朝鮮 王權의 成長과 支配力의 性格 變化」, 『동국사학』 34.

김정배, 1997, 「고조선의 국가형성」, 『한국사』 4, 국사편찬위원회.

_____, 1997, 「초기국가의 성격」, 『한국사』 4, 국사편찬위원회.

노태돈, 1998, 「衛滿朝鮮의 政治構造-官名 분석을 중심으로-」, 『산운사학』 8.

리상호, 1963, 「단군고」, 『고조선에 관한 토론 론문집』, 과학원 출판사.

문창로, 2009, 「夫餘의 官制와 그 계통적 접근」, 『한국학논총』 31.

박대재, 2001, 「《三國遺事》古朝鮮條 인용 魏書論」, 『한국사연구』 112.

_____, 2005, 「古朝鮮의 '王'과 國家形成」, 『북방사논총』 7.

_____, 2006, 「古朝鮮과 燕·齊의 상호관계」, 『사학연구』 83.

_____, 2010, 「箕子 관련 商周靑銅器 銘文과 箕子東來說」, 『선사와 고대』 32.

_____, 2013, 「국가형성기의 복합사회와 초기국가」, 『선사와 고대』 38.

_____, 2014, 「古朝鮮과 齊의 해상교류와 遼東」, 『한국사학보』 57.

서영대, 2009, 「단군 인식의 변천」, 『고조선 연구 100년-고조선사 연구의 현황과 쟁점-』,
    학연문화사.

서영수, 1988, 「古朝鮮의 위치와 강역」, 『한국사 시민강좌』 2, 일조각.

_____, 2005, 「고조선의 국가형성 계기와 과정」, 『북방사논총』 6.

송호정, 2002, 「衛滿朝鮮의 정치체제와 삼국 초기의 부체제」, 『국사관논총』 98.

오강원, 2003, 「遼寧~吉林地域 靑銅刀子의 型式과 時空間的 樣相」, 『고문화』 61.

_____, 2013, 「청동기~철기시대 요령·서북한지역 물질문화의 전개와 고조선」, 『동양학』
    53.

윤내현, 1986, 「古朝鮮의 社會性格」, 『한국고대사신론』, 일지사.

윤상열, 2007, 「고조선의 天下觀에 관한 試論」, 『사학연구』 88.

이기백, 1988, 「古朝鮮의 國家 형성」, 『한국사 시민강좌』 2, 일조각.

조법종, 1994, 「한국고대신분제연구」, 『국사관논총』 52.

3. 국외 단행본

羅新, 2009, 『中古北族名號硏究』, 北京大學出版社.

李孔懷, 2007, 『中國古代行政制度史』, 三聯書店.

安作璋·熊鐵基, 2007, 『秦漢官制史稿』, 齊魯書社.

閻步克, 2002, 『品位與職位』, 中華書局.

張晉藩 主編, 1992, 『中國官制通史』, 中國人民大學出版社.

周向永・許超, 2010, 『鐵嶺的考古與歷史』, 遼海出版社.

和田清 編, 1945, 『中國官制發達史』, 汲古書院.

4. 국외 논문

金德建, 1988, 「論稷下學派與秦漢博士的關係」, 『管子學刊』 1988-4.

武田幸男, 1989, 「高句麗官位制の史的展開」, 『高句麗史と東アジア』, 岩波書店.

白鳥庫吉, 1896, 「朝鮮古代官名考」, 『史學雜誌』 7-4; 1986, 『朝鮮史研究』, 岩波書店.

_____, 1911, 「東胡民族考(4)」, 『史學雜誌』 22-1; 1970, 『塞外民族史研究』 上(白鳥庫吉全集4), 岩波書店.

范恩實, 2013, 「高句麗品位制與國家政治結構特徵」, 『夫餘興亡史』, 社會科學文獻出版社.

遼寧省文物考古研究所・鐵嶺市博物館, 2011, 「遼寧西豐縣東溝遺址及東溝墓葬發掘簡報」, 『考古』 2011-5.

劉澤華, 1987, 「戰國大夫辨析」, 『史學集刊』 1987-1.

李殿福, 1991, 「建平孤山子・楡樹林子靑銅時代墓葬」, 『遼海文物學刊』 1991-2.

張波, 1984, 「新賓縣永陵公社色家發現石棺墓」, 『遼寧文物』 1984-6.

趙少軍, 2014, 「遼北地區靑銅時代石構墓葬初步研究-以淸河・寇河流域石棺墓爲中心-」, 『寶鷄文理學院學報』(社會科學版) 2014-10.

周向永, 2005, 「遼寧開原建材村所出銅刀銘文涵義考」, 『北方文物』 2005-1.

彭澤平・李茂琦, 1997, 「中國古代博士考略」, 『文史雜志』 1997-1.

許志國, 2000, 「遼寧開原市建材村發現刻銘靑銅刀」, 『考古』 2000-5.

_____, 2000, 「遼寧開原市建材村石棺墓群」, 『博物館研究』 2000-3.

2장

고조선 이동설에 대한
비판적 검토

1. 머리말

고조선 연구에서 영역 문제는 가장 어렵지만 중요한 과제이다. 특히 고조
선의 중심지에 대해서는, 평양설·요동설·이동설 등으로 크게 의견이 나뉘
어 왔다.[1] 이 가운데 최근 학계의 주류인 이동설은 『위략』에 보이는 기원전
280년대 말 연장(燕將) 진개(秦開)의 조선 침공을 계기로 고조선의 중심지가 요
동에서 평양으로 이동했다고 보는 것이다.[2] 이러한 인식은 기원전 3세기 이
전 비파형동검 문화의 중심지가 요동 지역이었다는 점과도 연결되어 학계에
서 비교적 폭넓게 받아들여지고 있다.[3]

하지만 이동설의 근거가 된 『위략』 기록을 통해서, 고조선의 중심지가 과

1   서영수, 1988, 「古朝鮮의 위치와 강역」, 『한국사 시민강좌』 2, 일조각; 노태돈, 1990, 「고조선
    의 중심지 변천에 대한 연구」, 『한국사론』 23, 서울대학교 국사학과; 오강원, 1996·7, 「古朝
    鮮 位置比定에 관한 硏究史的 檢討(1)·(2)」, 『백산학보』 47·48; 조법종, 2006, 「고조선의 사회
    와 영역」, 『고조선·고구려사 연구』, 신서원; 박선미, 2009, 「고조선의 강역과 중심지」, 『고조
    선사 연구 100년-고조선사 연구의 현황과 쟁점-』, 학연문화사; 송호정, 2010, 「古朝鮮의 位置
    와 中心地 문제에 대한 고찰」, 『한국고대사연구』 58; 박준형, 2012, 「기원전 3~2세기 고조선
    의 중심지와 세계의 변화」, 『사학연구』 105.
2   서영수, 1988, 앞의 글; 노태돈, 1990, 앞의 글.
3   이종욱, 1993, 『고조선사연구』, 일조각; 박준형, 2014, 『고조선사의 전개』, 서경문화사.

연 이동했다고 볼 수 있는지 의문이다.『위략』에서 연의 침공 지역은 조선의 중심지가 아니라, 그 '西方'이었다고 기록되어 있기 때문이다. 이동설이 비교적 폭넓게 받아들여지고 있지만, 이에 대한 반론도 꾸준히 제기되고 있다.[4]

또한 기원전 3세기 이전 비파형동검 문화의 중심지가 과연 고조선의 중심지와 직결되는 것인지도 의문이다. 비파형동검 문화의 중심 연대는 기원전 3세기보다 훨씬 이전이다. 기원전 3세기 당시 고조선의 중심지를 비정하기 위해서는, 비파형동검 문화가 아니라 세형동검 문화(초기 철기 문화) 단계의 중심지를 주목해야 한다. 세형동검 문화는 이미 기원전 5세기부터 점진적으로 진행되었는데, 기원전 3세기는 세형동검 문화의 중심 연대에 가깝다. 따라서 이동설이 고고학적으로 뒷받침되기 위해선, 기원전 280년대 세형동검 문화의 중심지가 요동에서 평양 지역으로 이동한 모습이 확인되어야 한다.

또한 고고학적인 연구에 앞서 그 문화의 담당 세력을 고조선으로 비정하기 위해서는 문헌사적인 연구가 선행되어야 한다. '조선'은 문헌에 보이는 역사적 실체이기 때문에, 근본 사료에 대한 역사적 검토 없이 시기와 지역이 상이한 물질 자료에 이리저리 대입하다 보면, 고조선사의 이해에 혼선만 가중시킬 수 있다.

이런 취지에서『사기』,『위략』,『염철론』,『전국책』 등에 보이는 연의 요동 진출 과정을 검토하여, 연의 침공 지역이 조선의 중심 지역이 아니라 그 서방인 요동 북부 지역에 집중되었음을 밝혀 보고자 한다. '중심지 이동'이란 표현은 사실 오해의 소지가 있다. 중심지 이동은 자칫 '천도'(遷都)라는 의미처럼 영역은 변하지 않고 중심지(도성)만 이동한 것처럼 이해될 수 있기 때문이다.

중심지 이동설의 내용은 고조선은 초기에 요동 지역을 중심으로 위치하다가 연의 침공에 의해 요동 지역을 상실한 뒤 평양으로 이동하였다는 것이다.

---

4   송호정, 2003,『한국고대사 속의 고조선사』, 푸른역사; 김정배, 2010,『고조선에 대한 새로운 해석』, 고려대학교 민족문화연구원.

중심지만 이동한 것이 아니라 고조선 영역이 요동 중심에서 평양 중심으로 변화하였다는 것이다. 엄밀히 말하자면 고조선 전체의 이동이라고 해야 한다. 이처럼 고조선이 이동했다고 보는 시각은 조선시대부터 이미 있었다. 이에 아래에서는 고조선 이동설의 기원과 변천 과정을 먼저 검토해 보고자 한다.

2. 고조선 이동설의 기원과 변천

1) 조선 후기의 이동설

『위략』에 보이는 연의 조선 침공 기록은 전통적인 평양설에서는 중심지 이동이 아니라 고조선 강역이 축소된 계기로 이해되었다. 예컨대 이익은 단군과 기자의 강역을 설명하면서, 그 도읍은 평양이었으나 요동의 요양과 심양까지 강역에 포함하여 전국시대 연나라와 국경을 접하고 있었다고 보았다. 그러다가 연나라가 조선의 서방 2000여 리를 빼앗아 '만반한'(滿潘汗)까지를 국경으로 정하였는데, 만반한의 만(滿)은 만주(滿洲)의 뜻이고, 반(潘)은 심(瀋)의 오자라고 보면서 압록강을 만반한에 비정하였다. 압록강으로 국경을 삼게 됨으로써 영토 일부는 완전히 잃고 한 지역만 보전하게 되었다고 파악하였다.[5] 이처럼 연의 요동 진출을 고조선 강역의 축소로 이해하는 것이 조선 후기의 일반적인 시각이었다.

다만 이익은 산해관(山海關)부터 압록강까지는 불과 1000여 리라고 하여, 『위략』의 '2000여 리' 기록을 그대로 받아들이지 않았다. 안정복도 『위략』에서 연이 취했다고 하는 조선의 서방 '2000여 리'는 믿기 어렵다고 보면서, 『자치통감』과 이익의 「기자실기」(箕子實記)를 전거로 들면서 '1000여 리'가 사실에

5　이익, 『성호사설』 천지문 단기강역.

가깝다고 보았다.[6] 사실『자치통감』의 '1000여 리'는『사기』흉노전에 보이는 진개의 동호(東胡) 침공 기록에 보인다. 동호와 조선의 관계에 대해서는 언급이 없지만, 연이 취한 조선의 서방도 1000리 정도일 것이라고 본 것이다. 또한 안정복은 이익과 마찬가지로 기자의 도읍은 평양이었지만, 요하 이동과 한수 이북이 모두 기자의 강역이었다고 한 오운(吳澐)의 말이 타당하다고 평가하였다.[7]

정약용도 이익과 마찬가지로 기자조선과 위만조선의 도읍은 평양이었다고 보면서, 만번한(滿番汗) 서쪽 2000여 리는 옛날 기자의 강역이었던 지역으로 이해하였다. 다만 만번한을 요동군의 문현[文(汶)縣]과 번한현(番汗縣)의 합칭으로 보고, 만번한에서 서쪽으로 2000리 가면 영평부(永平府, 北平郡)에 이르는데,『명일통지』(明一統志)에서 영평부가 기자의 강역이었다고 한 것은 근거가 있다고 평가하였다.[8] 나아가 정약용은 "지금 사람들이 혹 기자조선이 요동에 있었다고 의심하는 사람들이 많지만", "요동과 조선은 구별된 지명으로 혼동할 수 없으며, 조선 명칭은 평양에서 기원한 것이 분명함"을 강조하고 있다. 이를 통해 조선 후기에 기자조선이 요동에 있었다고 본 설이 대두하였음을 알 수 있다.

고조선이 이동했다고 보는 설은 이처럼 기자조선이 본래 요동에 있었다는 설로부터 파생되었다. 기자(箕子)의 동래 및 기자조선의 동천(東遷)과 관련하여 고조선이 요동에서 평양으로 이동했다고 보는 설이 제기된 것이다.『위략』의 조선은 기자의 후예인 조선후(朝鮮侯)의 조선, 즉 기자조선에 해당한다. 물론 최근의 중심지 이동설에서는 기자조선의 실재를 부정하지만, 조선이 요동에 있다가 평양으로 이동했다고 보는 논리는 조선 후기에 대두한 기자조선 동천설과 궤를 같이한다.

---

6   안정복,『동사강목』부권상 고이 공조선서방취지이천여리.

7   안정복,『동사강목』부권하 지리고 기자강역고.

8   정약용,『아방강역고』조선고.

기자조선이 처음에 요동·요서 지방에서 연과 항쟁하였고, 연에 패해 평양으로 단계적으로 후퇴했다고 보는 인식은, 조선시대 지식인들에게 비교적 일찍부터 수용되고 있었다. 예를 들어, 윤근수(1537~1616)의 『월정만필』에는, 명(明) 조공 사절의 일원으로 요동·요서 지역을 여행할 때 경험했던 견문이 다음과 같이 기록되어 있다.

> A. 광녕성(廣寧城)의 북쪽 5리쯤에 기자정(箕子井)이 있다. 그 옆 근처에는 옛날에 기자묘(箕子廟)가 있었는데, 그 안에 사각 두건(方巾)을 쓴 기자의 소상(塑像)이 모셔져 있었다. 그러나 가정 연간(1522~1566) 달자(㺚子, 몽골)에 의해 불타고 지금은 폐허가 되었다. 광녕이 기자의 봉역 내에 있었거나, 그렇지 않다면 또한 기자가 이곳에 머물러 있어 정(井)과 묘(廟)가 있는 것이 아니겠는가.[9]

기자정과 기자묘가 있었다고 하는 광녕성은 지금의 요녕성 북진(北鎭)으로, 요하 서쪽에 위치하지만 의무려산(醫巫閭山) 동쪽의 요동 지역에 포함되는 곳이다. 명대에 요동 지배의 거점은 요양의 요동도사(요동도지휘사사)였지만, 이와 별도로 중앙에서 진수요동총병관을 파견하여, 광녕성에 주재하게 하고 몽골의 남하에 대비하였다.

윤근수의 또 다른 글을 참고해 보면, 그는 기자조선의 판도가 요서까지 포괄하였기 때문에 기자의 행도(行都)인 광녕에 기자정과 기자묘가 있게 되었다고 추정하였다.[10] 광녕을 기자의 '행궁'(行宮)이라 표현[11]한 것도 같은 맥락이

---

9   윤근수, 『월정집』 별집권4 만록, "廣寧城北五里許 有箕子井 傍近舊有箕子廟 中有箕子戴方巾塑像 嘉靖間 爲㺚子所燒 今廢 廣寧在箕子封內 無亦箕子留駐此地 而有井及廟耶".
10   윤근수, 『월정집』 제5권 서 送李僉樞[壽俊]如京序.
11   윤근수, 『월정집』 제3권 칠언고시 送趙正郎[緯韓]以行臺如京.

다. 행도·행궁이라는 표현을 미루어 보아 윤근수도 이익과 마찬가지로 기자
조선 중심지는 평양이라고 보면서, 요동 광녕 지역을 그 서쪽 강역에 포함시
켜 본 것이다.

그런데 이러한 요동의 기자 고적을 계기로, 조선 후기에는 이른바 기자조
선 동천설이 제기되었다. 당시 기자조선 동천설의 전형적인 예로, 박지원
(1737~1805)의 『열하일기』에 보이는 설을 소개하면 다음과 같다.

> B. 『당서』 배구전(裵矩傳)에 이르길, '고려는 본래 고죽국으로, 주(周)는 거
> 기에 기자를 봉하고, 한(漢)은 4군으로 나누었다'고 하였다. 이른바 고
> 죽 땅은 지금 영평부에 있다. 또 광녕현에는 옛날에 기자묘가 있고 후
> 관(㡌冠, 殷冠)을 쓴 소상이 있었는데, 황명(皇明) 가정 때 병화로 허물어
> 졌다. 광녕을 사람들은 혹 '평양'(平壤)이라 부른다. 『금사』 및 『문헌통
> 고』에는 광녕·함평(咸平)이 모두 기자의 봉지로 기록되어 있는데, 이
> 로써 미루어 보면 영평·광녕 일대가 또 하나의 평양이 되는 것이다.
> 『요사』에 '발해현덕부(渤海顯德府)는 본래 조선 땅으로 기자가 봉해진
> 평양성인데, 요가 발해를 치고 동경으로 고쳤다'고 하였다. 즉 지금
> 의 요양현이 이것이다. 이로써 미루어 보면 요양현도 또 하나의 평양
> 이 되는 것이다. 삼가 생각하건대, 기씨(기자조선)는 처음에 영평·광
> 녕 일대에 있었다가, 뒤에 연장 진개에게 쫓겨 땅 2000리를 잃고, 점
> 차 동쪽으로 옮겨 갔으니, 마치 중국의 진(晉)·송(宋)이 강남으로 건너
> 간 것과 같은 것이다. 머무른 곳을 모두 '평양'이라고 칭했으니, 지금
> 우리 대동강가의 평양도 곧 그 가운데 하나이다.[12]

---

12 박지원, 『열하일기』 도강록 6월 28일 을해.

박지원은 고대에 평양이 하나가 아니었음을 논하는 가운데, 윤근수와 마찬가지로 광녕(북진)의 기자묘에 주목하며 기자조선이 광녕의 평양에 머물다가 요동의 평양(요양)을 거쳐 대동강의 평양까지 동천하였던 것으로 추정하였다. 이 문장은 1832~1833년 김경선(金景善)의 사행 기록인『연원직지』(燕轅直指)[13]에도 그대로 실려 전한다.『연원직지』에서는 광녕성이 옛 기자국(箕子國)이라고 세상에 전한다고 하면서, 그곳에 있었던 기자묘의 존재를 언급하기도 하였다.[14]

박지원이 전거로 삼은『구당서』배구전에는 한 4군이 아니라 3군으로 나오며, 또『금사』가 아니라 정확히는『원사』지리지이고, 명 왕기의『속문헌통고』여지고에는 함평(지금의 요녕성 개원)만 기자의 봉지로 나와 기록에 다소 출입은 있지만, 영평(지금의 하북성 노룡), 광녕(북진), 함평(개원)이 기자 관련 지역으로 전승되었음은 확인할 수 있다.

박지원의 설은 중국의 역사서나 현지의 전승에 보이는 평양을 기자조선의 동천이라는 관점에서 하나로 연결한 것으로 얼핏 보면 근사해 보인다. 본래 기자조선은 요서의 영평과 광녕 일대에 있다가, 그것이 연의 세력에 밀려 요동의 요양으로, 다시 북한의 평양으로 후퇴했다고 보는 것이다.

그러나 이러한 기자동천설의 근거 사료들은 다른 시각에서 해석될 수 있다. 우선『당서』배구전의 고죽국-기자조선-고구려 기록은 수·당인들이 당시 고구려를 기자국(기자조선)의 후신으로 보았던 인식이 확대된 결과이다.[15] 고구려의 도읍 평양은 기자조선의 구도(舊都)로 이해되면서 고구려는 기자조선의 후신으로 인식되었다. 그리고 고죽국을 고구려와 연결시킨 것은 평양에 있던 낙랑군이 요서 지역으로 교치(僑置)된 데서 파생된 것으로 보인다.

『대명일통지』에 의하면 명대의 영평부(노룡)는 백이·숙제의 고사로 유명

---

13 김경선,『연원직지』권1 출강록 임진 11월 24일 봉황성기.
14 김경선,『연원직지』권5 회정록 계사 2월 22일 광녕성기.
15 박대재, 2016,「箕子朝鮮과 小中華」,『한국사학보』65. 이 책의 II-2 참조.

한 고죽국으로, 그 영역 내에는 '조선성'(朝鮮城)이라 불리는 고적이 있었다. 이 조선성은 북조(모용연, 북위)에 의해 낙랑군 조선현의 유민들이 요서 지방(조양-노룡-북경)으로 축차적으로 교치된 '낙랑교군'(樂浪僑郡)의 잔영에 불과하다. 또한『요사』지리지 동경요양부의 평양 기록도 거란(요)에 의한 고구려·발해 유민인 동단국(東丹國)의 주민을 요양에 강제 이주시킨 것에 따라 생겨난 부회라고 이해된다. 금의 함평부(개원)를 기자의 봉지라고 한『원사』지리지나 『속문헌통고』여지고의 기록도, 함평의 군호(軍號)인 안동군(安東軍)을 평양의 '안동도호부'와 단순 연결시킨 것에 불과하다.

따라서 평양 기록에 주목한 박지원의 설은『요사』지리지 등을 무비판적으로 받아들인 것이며, 중국 역사서에 남아 있는 다양한 평양의 존재는 기자의 동천을 보여 주는 것이 아니라, 기자의 후예로서 자의식을 가지고 있던 낙랑유민이나 고구려유민의 이동 흔적으로 기자조선의 동천이 아니라 오히려 전승의 '서천'(西遷)을 보여 주는 것이라고 보아야 할 것이다.[16]

이상 조선 후기의 기자조선 동천설은 '평양' 지명의 이동에 주목하는 데 특징이 있다. 한편 기자조선의 역사성이 부정된 근대 이후에 제기된 이동설에서는 고조선의 초기 중심지로 '험독'(險瀆) 지명을 주목하였다.

2) 근대 이후의 이동설

근대에 들어와 '험독' 지명에 주목하여 고조선의 이동설이 처음 제기된 것은 1930년대 만선사 연구에서부터 확인되는 것 같다.『사기』의 왕험성(王險城)에 대한 당 사마정의 주석(『사기색은』)에 인용된 후한 응소(應劭)의 주에서 험독현이 '조선왕구도'(朝鮮王舊都)라고 한 것을 주목하였다. 응소의 주석을 근거로, 요동의 험독은 기자조선의 '구도'로, 평양의 왕험성은 위만조선의 도성으로

---

16 矢木毅, 2012, 「古朝鮮の繼承」, 『韓國·朝鮮史の系譜－民族意識·領域意識の變遷をたどる－』, 塙書房, 171~175쪽.

구분하면서, 기자조선의 구도는 원래 만주(광녕 부근)의 험독에 있었다가 열수(대동강)유역으로 옮겼다고 추정하였다.[17] 『위략』의 기록이 아니라 응소의 주석을 근거로 고조선의 중심지가 이동했다고 본 것이다.

해방 이후 고조선 이동설은 1960년대 초 북한 학계에서 먼저 제기되었다. 리지린은 요동·요서 지역에 형성되어 있던 몇 개의 국을 통일한 고조선국가가 형성된 시기에는 난하(灤河)유역의 창려군(昌黎郡) '험독'에 수도를 두고 있다가, 그 후 어느 시기엔가 수도가 요동 어니하유역 개평의 왕검성으로 이동하였다고 보았다. 이동 시기에 대해서는, 『위략』에 고조선이 연에게 서방 2000여 리를 빼앗겼다고 하여, 그 수도는 아직 점령되지 않았던 것으로 보이기 때문에, 연에게 침공당한 기원전 3세기 초에는 이미 고조선의 수도가 요동에 있었다고 인정해야 한다고 보았다.[18] 즉 난하유역의 험독을 고조선 초기 중심지로, 요동 개평의 왕검성을 후기 중심지로 구분해 본 것이다. 최근 남한 학계의 이동설에서도 험독을 고조선의 초기 중심지로 이해하는데, 다만 험독의 위치를 난하유역이 아니라 요동 지역에 비정하고 있다.[19]

이에 대해 황철산은 고조선의 중심지는 난하유역에서 요동으로 이동한 것이 아니라, 요동의 요하유역에서 대동강유역으로 이동한 것이라고 반론을 제기하였다. 황철산은 『관자』의 기록을 근거로 문헌에서 처음으로 명료히 보이는 고조선의 중심은 요하유역이었다고 추정하면서, 고조선과 제(齊)의 교역은 요동과 산동 사이의 해로를 이용하였다고 이해하였다. 이어서 『사기』 조선전에서 전국시대 연이 진번·조선을 복속시키고 그 지역에 장새(障塞)를 쌓았다는 기록을 근거로, 진번·조선은 그 중심 지역을 연에게 빼앗겼으나 의연히 그 동쪽에 남아 있었다고 보았다. 또한 『위략』을 통해서도 연의 침공

---

17   大原利武, 1933, 「浿水考」, 『滿鮮に於ける漢代五郡二水考』, 近澤書店, 80~81쪽.

18   리지린, 1963, 「고조선의 위치에 대하여」, 『고조선에 관한 토론 론문집』, 과학원출판가, 77~85쪽.

19   서영수, 1988, 앞의 글.

에 의해 그 중심 지역을 잃고 약화되었지만, 그 중심지를 옮겨 계속 존속하였다고 보았다. 한과 고조선의 실제 경계선은 압록강(패수) 이북의 천산(千山)-본간 산맥의 동쪽 계선에 설치한 장새로, 위만이 장새와 패수를 넘어 망명 후머물렀던 진고공지(秦故空地) 상하장(上下障)은, 진번 쪽, 즉 압록강 중류의 상장과 조선 쪽, 즉 압록강 하류의 하장을 의미하는 것으로, 위만은 대동강유역에 중심이 있었던 고조선의 서쪽 변경 지역인 패수(압록강)유역에서 기반을 닦았다고 보았다. 결국 전국 연의 침략을 받기 이전의 고조선 중심지는 요동의 요하유역이었고, 그 후 비왕(否王)·준왕(準王) 시기의 고조선과 위만·위우거의 위씨조선의 중심은 대동강유역이었다고 파악하였다.[20] 이러한 황철산의 이동설과 최근 남한 학계의 이동설[21]은 패수의 위치 비정에서는 차이가 있지만 나머지는 대체로 거의 일치한다.

한편 황철산은 리지린이 고조선의 초기 중심지로 파악한 험독에 대해서는, 험독을 조선왕의 구도로 본 후한 응소의 주석은 '험' 자에 이끌려 왕험성과 혼동한 것으로, 이미 비슷한 시기의 신찬(臣瓚)이 지적한 바와 같이 낙랑군의 왕험성과 요동군의 험독은 무관한 존재라는 보았다.[22] 즉 험독을 고조선의 중심지로 볼 사료적 근거가 없다는 것이다. 이처럼 험독을 고조선의 초기 중심지로 보기에는 사료적 문제가 있다는 지적은 남한 학계의 이동설[23]에서도 똑같이 제기된 바 있다. '험독'의 문제는 이동설의 핵심이라고 할 수 있는데, 뒤에서 다시 자세히 검토하기로 한다.

남한 학계에서 고조선 중심지 이동설이 제기된 것은 1970년대 김철준에 의해서였다. 이는 고조선의 중심지가 요서에서 요동으로, 다시 평양으로 이

---

20 황철산, 1963, 「고조선의 위치와 종족에 대하여」, 『고조선에 관한 토론 론문집』, 과학원출판가, 117~122쪽.

21 서영수, 1988, 앞의 글.

22 황철산, 1963, 앞의 글, 124쪽.

23 노태돈, 1990, 앞의 글.

동했다고 보는 것이다. 리지린이 주목한 바 있는 『사기』 조선전의 '도왕험'(都王險)에 대한 주인 "徐廣曰 昌黎有險瀆縣也"와, 『한서』 지리지 요동군 험독현의 주인 "應劭曰 朝鮮王滿都 依水險 故曰險瀆"에 착목하여, 고조선의 도읍인 왕험성(왕검성)이 요서 대릉하유역 창려의 험독에서 요동의 험독으로, 다시 대동강 유역의 험독으로 이동했다고 보았다.[24] '험독' 지명의 이동을 연결고리로 고조선의 왕검성이 2번 이동했다고 보는 것이다.

1980년대 이후 이동설이 요동에서 평양으로 중심지가 1번 이동했다고 보는 것과 비교해, 고조선의 중심지가 요서-요동-평양으로 2번 이동했다고 보는 데 특징이 있다. 김철준의 2차 이동설도 최근의 1차 이동설과 마찬가지로 연 소왕 대(기원전 311~기원전 279) 진개의 공격으로 고조선의 경계가 요동의 만번한 동쪽으로 후퇴하였다고 보고, 이때 요동 험독에 있던 왕검성도 대동강유역의 평양으로 이동하였다고 한다.[25] 요동의 험독이 고조선의 중심지였다가, 연장 진개의 침공에 의해 평양으로 이동했다고 보는 것은 1970년대~1980년대 이동설의 공통점이다.[26]

1980년대의 이동설은 연의 침공 결과 고조선의 중심지가 이동한 사실이 『사기』 조선전에 반영되어 있다고 본다. 『사기』 조선전에 이동 전의 진번(북)과 이동 후의 진번(남)이 함께 기록되었다고 보면서, 이것을 고조선의 이동과 관련해 보는 것이다. 진번이 요동 동쪽 외곽 지역에서 황해도 지역으로 이동하였듯이, 고조선도 연장 진개의 침공을 계기로 그 중심지를 요동에서 평양으로 옮겼다는 것이다. 만약 당시 고조선의 중심이 평양 지역에 있었다면, 진번이 고조선의 중심부를 지나 황해도 남부로 이동하기 어렵기 때문에, 진번의 서쪽, 즉 요동 지역에 고조선의 중심지가 있었다고 보았다. 따라서 원래 고조선의 중심지는 요동 험독 지역이었다가, 기원전 4~기원전 3세기에 진

---

[24] 김철준, 1978, 「古朝鮮社會의 政治勢力의 成長」, 『한국사』 2(민족의 성장), 국사편찬위원회, 67쪽.
[25] 김철준, 1978, 앞의 글, 71쪽.
[26] 김철준, 1978, 앞의 글; 서영수, 1988, 앞의 글.

번과 함께 연에 '약속'(略屬)되면서 남쪽으로 함께 이동하였다는 것이다.[27]

이처럼 연의 요동 진출로 인해 요동에 있던 진번과 조선이 남하하면서, 고조선의 중심지도 요동에서 평양으로 이동했다고 보는 1980년대의 이동설은 단지 중심지만 이동한 것이 아니라 고조선의 주민이 함께 이동했다고 본다. 위만이 복속시킨 진번·조선의 만이를 요동 지역에서 이주해 온 그 유민이라고 이해한 것도 그 때문이다.

『위략』에 보이는 연장 진개의 침공 기록은 박지원의 기자동천설 이래 근래까지도 이동설의 중요한 근거가 되고 있다. 다만 북한의 리지린만 『위략』의 기록을 연의 침공으로 조선이 서방을 크게 상실한 것은 사실이지만, 아직 그 중심지는 점령되지 않았다고 보아 차이가 나고 있다. 이러한 리지린의 설은 1993년 단군릉 발굴 이전까지 북한에서 통설로 받아들여졌다.

또한 1980년대 이후 이동설에서는 기존 이동설과 달리 창려군 험독은 고조선 중심지와 무관하다고 이해한다. 전한의 요동군 험독은 원래 요하 서쪽의 오늘날 태안현(台安縣) 부근[孫城子]에 있다가, 후한 대 요동속국 관할 광녕(북진)으로, 진대(晉代)는 대릉하유역(조양 부근)으로 옮겨진 창려군에 속하게 되었다고 보면서, 창려의 험독은 원래 한대 요서군 교려현(交黎縣)에 해당하는 지역으로, 고구려의 팽창에 따라 요동군이 서쪽으로 이치되는 과정에서 요동군의 속현인 험독현도 서쪽으로 이동한 결과 창려군 험독현 기록이 나오게 된 것이지, 고조선의 중심지 이동과는 무관하다고 보는 것이다.[28] 다시 말해 요동군의 험독은 고조선의 초기 중심지이지만, 요서 지역에 있었던 창려군 험독은 요동의 험독이 후대에 이치된 것이며 고조선의 중심지가 아니라는 것이다.

이상에서 살펴본 바와 같이 험독의 위치는 고조선 이동설의 핵심 문제이

---

27 서영수, 1988, 앞의 글, 44~45쪽.

28 서영수, 1999, 「古朝鮮의 對外關係와 疆域의 移動」, 『동양학』 29-1, 102쪽.

다. 험독 지명의 위치와 연혁에 대해서는 절을 달리하여 자세히 살펴보기로 하자.

3. 험독의 위치와 연혁

앞서 보았듯이 고조선의 초기 중심지가 요서나 요동에 있었다고 보는 사료적 근거는, 요동군 험독현과 창려군 험독현의 존재 때문이다. 최근 이동설에서 험독의 위치가 요하 동쪽의 해성(海城) 부근에 비정되었다가,[29] 요하 서쪽의 태안 지역으로 바뀌긴 했지만,[30] 험독은 고조선의 초기 도읍지로 이동설의 중요한 근거가 되었다. 험독이 고조선의 초기 중심지로 주목된 것은, 요동군 험독현이 '조선왕구도'라고 한 후한 응소의 주석 때문이다. '구도'가 고조선의 옛 도읍지를 의미한다고 보는 것이다.[31]

험독현이 '조선왕구도'라고 한 응소의 주석은 당 사마정의 『사기색은』에 인용되어 있다. 응소의 주석은 원래 『한서』 지리지에 대한 주석이었다. 그런데 응소의 『한서』 지리지 주석에는 '조선왕만도'(朝鮮王滿都)라고 하여, 『사기색은』에서 인용한 응소의 주석과 차이가 난다. '구도'가 아니라 '만도'(滿都)로 보이는 것이다.

이에 대해 이동설에서는 『한서』의 주석은 '조선왕구도'의 잘못된 인용으로, 응소는 요동군 험독을 조선왕의 구도로, 낙랑군 조선현(평양)을 고조선의 새 도읍으로 보았다고 파악한다. 이러한 사실을 이해하지 못한 후대 사람들이 '구도'를 '만도'로 고친 것이며, 응소가 살았던 후한까지는 요동군의 험독이 고조선의 옛 도읍이라는 전승이 남아 있었는데, 남북조시대를 거치면서 이

---

[29] 서영수, 1988, 앞의 글.
[30] 서영수, 1999, 앞의 글.
[31] 리지린, 1963, 앞의 글; 서영수, 1988, 앞의 글.

러한 사실을 이해하지 못한 후인들이 응소의 주석에서 '구도'를 '만도'로 고쳤다는 것이다.[32]

여기서 이동설의 근거가 된 '조선왕구도'가 과연 원래 응소의 주문인지 여부를 검토할 필요가 있다. 응소가 2세기 말에 편찬한 『한서』 주석인 『한서집해음의』(한서음의)는 현재 전하지 않고, 그 일부 문장만 여러 사서에 인용되어 전한다.

당 안사고(581~645)의 『한서주』와 당 사마정(679~732)의 『사기색은』에 각각 인용된 응소의 주석을 비교해 보면 다음과 같다.

C-1. 險瀆[應劭曰朝鮮王滿都也 依水險故曰險瀆 臣瓚曰王險城在樂浪郡浿水之東此自是險瀆也 師古曰瓚說是也 浿音普大反][33]

C-2. 都王險[韋昭云古邑名 徐廣曰昌黎有險瀆縣 應劭注地理志遼東險瀆縣朝鮮王舊都 臣瓚云王險城在樂浪郡浿水之東也][34]

『한서주』에서는 험독이 물의 험준함에 의지하고 있기 때문에 '험독'이라 하였다는 기록까지 보여 『사기색은』의 주보다 상세하다. 응소 주의 원형을 확인할 수 없지만, 인용 형식으로 보아 험독의 의미까지 기술한 『한서주』의 주문이 더 포괄적이다.

그런데 이동설에 입각한 다른 연구에서는 주석의 차이에 대해 '구도'가 응소의 원래 주였는지 의문이고, '구도'였을 경우에도 응소가 험독이 『사기』나 『한서』 조선전에 전하는 조선의 수도인 왕험성이라고 여겨 그러한 뜻으로 기

---

[32] 서영수, 1988, 앞의 글, 45~46쪽. 리지린, 1963, 앞의 글, 86쪽에서도 '…滿都'란 주석은 후세 사가들의 오기라고 추정하였다.

[33] 『한서주』 권28하 지리지8하 요동군. 원문은 왕선겸의 『한서보주』를 참조했다.

[34] 『사기색은』 권25 조선열전55. 원문은 琴川毛氏 汲古閣刊本 『사기색은』 30권본을 참조했다.

술한 것일 수 있다는 의견이 제기되었다.[35] 앞서 황철산이 지적한 바와 같이 험독의 '험'과 왕험성의 '험'이 글자가 같은 데서 응소가 양자를 연결해 본 가능성이 크기 때문에, 응소의 주석에 의거해 고조선의 초기 중심지를 비정하는 것은 그 개연성이 희박하다고 지적하기도 하였다.

최근에도 응소의 주석은 『한서주』의 기록대로 원래 '만도'였을 가능성이 크고, 오히려 험독을 건국 전 위만 집단의 거주지와 관련해 검토할 필요가 있다는 의견이 발표되기도 하였다.[36] 또한 '조선왕구도'는 '조선왕만도'의 다른 표현으로, 만도든 구도든 모두 응소는 위만조선의 도읍인 왕검성(왕험성)을 염두에 둔 것이라고 파악하기도 한다.[37]

이런 의견들을 고려하면, 『사기색은』의 응소 주를 근거로 요동의 험독을 위만조선 이전 고조선의 초기 중심지(구도)로 보기는 어려울 듯하다. 설사 '구도'가 원주라 하더라도 옛 도읍지란 일반적 의미로 쓰인 것일 수 있다. 다만 응소의 원주가 '구도'였는지를 좀 더 천착해 볼 필요가 있다. 이를 위해 『사기색은』에 나타난 사마정의 집주 방식을 살펴보기로 하자.

『한서』 지리지 현토군에 대한 응소의 주(『한서주』 인용)에는 '故眞番朝鮮胡國'이라고 하였는데, 『사기색은』에서는 이를 인용하며 '本眞番國'이라고 압축·축약하였다. 사마정은 기존 주석을 인용하는 과정에서 전문을 쓰지 않고 축약하는 경우가 많았다. 이것은 단순함을 추구한 사마정의 주기 방식과도 연결된다.

『사기』의 전체 정문 사이에 협주(夾注)를 넣은 유송 배인의 『사기집해』(130권)와 달리, 사마정의 『사기색은』(30권)은 정문에서 필요한 부분만 발췌하고 거기에 주를 붙였다. 따라서 그 권수도 『사기』 130권의 4분의 1밖에 되지 않으며, 1권 안에 『사기』 여러 권에 대한 주석이 모여 있다. 이와 같이 주 중심의

35 노태돈, 1990, 앞의 글, 36~37쪽.
36 윤용구, 2017, 「『史記』·『漢書』注文의 '古朝鮮' 관련 기사」, 『한국고대사연구』 85.
37 김남중, 2015, 「險瀆과 고조선의 관계」, 『한국사학보』 61, 83쪽.

집주본이다 보니 『사기색은』에는 원 주석을 절문·개문하여 인용한 곳이 많다.[38] 위에서 보았듯이 『한서주』에 인용된 응소의 주석보다 『사기색은』의 주는 축약되어 있다. 따라서 『사기색은』의 '조선왕구도'는 응소의 원주가 아니라 사마정이 개문한 결과일 가능성이 높다.

『사기색은』에는 응소의 주 앞에, 삼국시대 오 위소(韋昭)의 주석인 "古邑名"과 동진 서광(徐廣)의 주석이 먼저 인용되어 있다. 그리고 응소의 주 뒤에 다시 서진 신찬(臣瓚)[39]의 주석을 인용하고 있다. 기존 주석을 인용할 때는 시기 순대로 기록하는 것이 일반적이다. 시기 순서대로 하면 응소-위소-신찬-서광의 순서로 주석이 기록되어야 한다. 하지만 사마정은 『사기』 조선전 서두의 '嘗略屬眞番朝鮮'에 대한 주에서도, 조위 여순(如淳)[40]의 주를 후한 응소의 주보다 먼저 인용하였다. 한편 조선전 말미의 장군 왕겹(王唊)에 대한 주에서는, 응소의 주를 여순의 주보다 먼저 인용하고 있다. 이처럼 『사기색은』의 집주는 체계에서 일관성이 부족하기도 하다.

만약 응소나 사마정의 주석이 왕험성과 험독의 '험' 자에 현혹된 잘못된 부회라고 하면, 험독을 어느 지역에 비정하든 고조선의 중심지와 무관하게 된다. 하지만 왕험성이 시종 요동 지역에 있었다고 본 입장에서는 반대로 응소의 주석[依水險故曰險瀆]을 근거로 험독의 지정학적 위치를 중시한다.[41] 험독현의 위치가 과연 고조선의 중심지로 적합한 지역인지를 검토해 보아야 하겠다.

앞서 보았듯이 1980년대 이동설에서는 요동의 험독을 요하 동쪽의 해성 부근으로 보았다가, 1990년대 이후 요하 서쪽의 태안으로 위치를 바꾸어 비

---

38 賀次君, 1958, 『史記書錄』, 商務印書館, 46~49쪽.

39 『한서』에 주를 붙인 신찬의 성씨에 대해서는 傅瓚(司馬貞 『索隱』, 李善 『文選注』, 陳霆 『兩山墨談』), 于瓚(劉昭 『續漢書志補注』, 杜佑 『通典』), 薛瓚(酈道元 『水經注』) 등 다양한 설이 제기되었다(程金造, 1998, 『史記索隱書考實』, 中華書局, 425쪽). 여기서는 가장 일반적인 진(晉)초의 부찬 설을 따른다.

40 여순은 조위대 陳郡丞이었으며, 『한서』에 주를 붙였다(程金造, 1998, 앞의 책, 390쪽).

41 김남중, 2015, 앞의 글.

정하였다. 이러한 험독=태안설은 1980년대 중국 역사지리학의 위치 비정 성과를 따른 것이다.

　중국 역사지리학에서는 요동군 험독현을 요하 하류 서쪽의 태안현 일대에 비정한다. 험독현은 후한 때에 요동속국으로 소속이 바뀌는데, 요동속국의 현들이 대부분 요하 서쪽에 위치한다는 특징에 근거해, 태안현 동남 20리 손성자촌(孫城子村) 동쪽 성자강(城子崗)에서 발견된 한대 고성지를 험독의 유지로 추정한 것이다.[42]

　중국 학계에서 험독의 위치를 요하 하류 서안에 비정한 전통은 비교적 오래되었다. 명말 청초 고조우(顧祖禹, 1631~1692)의 『독사방여기요』에서는, 요동 광녕우위(廣寧右衛)의 동남쪽에 '험독성'이 있다고 하였다.[43] 광녕우위는 요하 서쪽 의무려산 동쪽 기슭인 지금의 북진에 해당하는데, 그 동남쪽에 험독을 비정한 것이다. 한편 근대에 들어와 양수경(楊守敬, 1839~1915)은 험독을 요하 하구 서쪽의 사하(沙河)유역에 비정하기도 하였다.[44] 1910년대 일본의 만주 역사지리 연구에서는, 『진서』 재기(載記)의 '험독'을 『자치통감』에서는 '황수'(黃水)라고 기록하였는데 황수를 지금의 요하(대요하)로 보고, 험독을 요하 하구 서쪽의 구방자(溝幇子) 지역에 비정하기도 하였다.[45]

　이상에서 추정된 험독의 고지는 대체로 지금의 요하 하구 서안의 '요택'(遼澤) 지역에 해당한다. 이른바 고대의 '요택'은 지금의 북진과 요중(遼中) 사이의 요하 하류 서쪽의 소택지를 가리키며, 당 태종의 고구려 원정 때 '요택'의 동서 너비가 200여 리(80km)에 이르고 인마가 다닐 수 없는 험지였다는 기록이 보인다. 현재의 요하 하구와 해안선은 청말에 형성된 것으로, 지금 반금(盤錦)

42　譚其驤 主編, 1988, 『《中國歷史地圖集》釋文匯編·東北卷』, 中央民族學院出版社, 11쪽.

43　顧祖禹, 『讀史方輿紀要』 卷37, 山東8 廣寧右衛, "險瀆城 在衛東南 漢縣 屬遼東郡 應劭曰 縣依水險故曰 險瀆 後漢屬遼東屬國 金廢".

44　楊守敬, 『前漢地理圖』 橫二縱三; 1904~1911, 『歷代輿地圖』, 觀海堂.

45　秋葉岩吉, 1913, 「漢代の滿洲」, 『滿洲歷史地理』 1, 南滿洲鐵道株式會社, 120~121쪽.

지구의 소택지는 청말 요하의 하도가 쌍태자하(雙台子河)로 바뀐 후에 형성된 것이다. 요택의 동남부에 해당하는 태안현 손성자에 전한 시기 요동군 험독현이 설치되었지만, 삼국 시기 이후 험독현이 폐지된 후 청말까지 현이 설치되지 않은 것도 이러한 험지였기 때문이며, 역사상 요택은 지정학적으로 정치 집단 간의 '완충지대'로 기능해 왔다고 이해된다.[46] 또한 요하 하구의 고지리 연구에 의하면, 태안 고성자(손성자)는 한대 해안선이 지나가던 지점이었다.[47] 요하를 사이에 두고 태안 고성자와 마주 보고 있는 요하 동안의 우장(牛莊)이,『한서』지리지에서 요하 하구로 나오는 안시현(安市縣)에 비정되는 것도 이런 맥락에서 이해된다. 이와 같은 요택과 요하 하구의 고지형을 고려하면, 고대 요하 하구의 요택에 비정되는 험독이 과연 고조선의 중심지였다고 볼 수 있을지 의문이다.

1980년대 이후 이동설 안에서도 요동의 험독을 고조선의 중심지로 보는 데 반대한 입장이 있다. 연의 침공에 밀려 고조선의 중심지가 이동했다고 보면서도, 부정확한 응소의 주석을 근거로 험독을 고조선의 중심지였다고 보기 어렵다는 것이다.[48] 그러면서 고조선의 초기 중심지를 만번한(개평 일대) 서쪽의 해성현 서남쪽과 개평현을 포괄하는 지역의 어느 곳으로 추정하고 있다. 요하 하류 동쪽에 고조선의 초기 중심지가 있었다는 것이다. 이동설 안에서도 중심지의 위치에 대해서 요하 하류 서안과 동안으로 입장이 갈리는 것이다.

다음으로 험독이 요서 지역의 창려군에 있었다고 한 동진 대 서광(352~425)의 주석을 검토해 보자. 앞서 리지린과 김철준은『한서』지리지 험독에 대한

---

46 肖忠純, 2010,「古代文獻中的"遼澤"地理範圍及下遼河平原遼澤的特點成因分析」,『北方文物』2010-3, 93~97쪽.

47 潘桂娥, 2005,「遼河口演變分析」,『泥沙研究』2005-1; 肖忠純, 2013,『遼代遼寧史地研究』, 吉林大學出版社, 7~9쪽.

48 노태돈, 1990, 앞의 글, 53쪽.

서광의 주석 "昌黎有險瀆縣"에 근거하여, 고조선의 최초 중심지는 난하유역이나 대릉하유역의 창려군 험독에 있었다고 보았다. 반면 최근 이동설에서는, 고구려의 팽창에 따라 요동군이 서쪽으로 이치되면서 원래 요동에 있던 험독이 창려군으로 서천한 것이며, 창려군 험독이 원래 고조선의 초기 중심지는 아니었다고 보았다.[49] 전자에 따르면 험독이 요서에서 요동으로, 후자에 따르면 요동에서 요서로 정반대 방향으로 이동했다는 것이다. 과연 서광의 주석을 근거로 험독의 위치가 이동했다고 볼 수 있을까.

험독으로 비정되는 태안 지역은 지리적으로는 요하 서쪽에 위치하지만 행정적으로는 요동군에 속하였다. 한대 이래 요동군과 요서군의 속현 위치를 살펴보면, 두 군의 실제 경계는 요하가 아니라 요하 서쪽의 의무려산이었다. 『한서』 지리지에서도 의무려산이 속한 무려현이 요동군의 속현으로 나온다.

『한서』 지리지 요동군조에 처음 보이는 험독현은, 『후한서』 군국지에서는 요동속국조에 보이며, 『한서』 지리지에 대한 동진 서광의 주에서는 "昌黎有險瀆縣"이라 하여 창려군에 속한 것으로 나온다. 『한서』 지리지는 한 평제 원시 2년(2)을 기준으로 한 것이며, 『후한서』 군국지(『속한서』 군국지)는 후한 순제 영화 5년(140)의 상황이므로, 험독현의 소속이 요동군(전한)-요동속국(후한)-창려군(진)으로 바뀐 것이다. 요동속국과 창려군의 속현과 연혁에 대해 살펴보면, 험독현이 이동한 것이 아니라 그 소속이 바뀐 것임을 확인할 수 있다.

요동속국(요동속국도위)은 후한 안제 원초 2년(115)~영녕 원년(120) 무렵에 요동군 서부도위에 속해 있던 3현(無慮, 險瀆, 房)과, 요서군 동부도위에 속해 있던 3현(昌遼, 賓徒, 徒河)을 합해 설치한 것이다.[50] 요동속국의 전신인 요동군 서부도위와 요서군 동부도위는 전한 시기에 설치된 것인데, 후한 광무제 건무 6년(30)에 함께 폐지되었다가, 화제 영원 16년(104)에 요동군 서부도위만 복

---

49 서영수, 1999, 앞의 글.
50 王宗維, 1983, 「漢代的屬國」, 『文史』 20, 中華書局, 56쪽.

그림 1 후한 요동속국의 위치와 범위

치되었다. 후한 대 요동군 서부도위 치소는 무려현과 그 속현이 험독현·방현이었는데, 이 요동군 서부도위가 안제 시기에 확대·보완되어 요동속국이 개설된 것이다.[51](그림 1 참조)[52]

요동속국의 폐지에 대해서는 기록이 불분명한데, 『삼국지』 위지 제왕방기 정시 5년(244)에 "선비가 내부하자 요동속국도위를 복치하고 창려현을 세워 거주하게 하였다"는 기록이 있는 것으로 보아, 그전에 요동속국이 폐지되었던 것이다. 이에 대해 후한 말 공손씨 정권이 요동 지역을 차지하면서 요동

---

51 권오중, 2011, 「後漢 安帝期(106~125)의 遼東屬國」, 『중국고중세사연구』 25, 177쪽. 권오중은 요동속국이 120년 遼西鮮卑의 내속을 계기로 설치되었을 것이라고 추정하였다.

52 그림 1은 蘇衛國·張旗, 2013, 「有關東漢遼東屬國問題的一些看法」, 『鞍山師範學院學報』 15-5, 25쪽의 [도1]을 수정한 것이다.

속국이 폐지된 것 같다는 추정이 있다.[53] 한편 장순(張純)이 어양(漁陽)~요서 일대에서 반란을 일으켰던 187~189년 시기에 요동속국이 폐지되었던 것으로 추정하기도 한다.[54] 그런데 『삼국지』 공손찬전에 의하면, 요동속국의 장사(長史)였던 공손찬이 장순의 반란을 토벌하는 데 공로가 있어 기도위(騎都尉)가 되었으며, '속국'의 오환 탐지왕(貪至王)이 찬에게 항복하였다거나, 찬이 '속국'에 주둔하면서 호인(胡人)과 5~6년 동안 서로 공격하였다는 기록이 있는 것을 보면, 장순의 반란이 진압된 후에도 한동안 요동속국이 지속한 것으로 나타난다. 대체로 공손도가 요동태수가 되어 요동왕을 자칭한 189년 이후 공손씨 정권기(189~238) 사이에 요동속국을 폐지하였다가, 조위 정시 5년(244)에 다시 설치되었다고 볼 수 있지 않을까 한다. 요동속국이 다시 설치되면서 창려현(후한의 昌遼縣)이 설치된 것은 확인되지만, 나머지 험독현과 방현의 설치는 확인되지 않는다.

창려현이 창려군으로 바뀐 시기에 대해서는 기록에 따라 차이가 있다. 당정관 연간에 편찬된 『진서』 지리지에는 창려군이 위(魏)대에 이미 설치된 것으로 보이지만, 이보다 먼저 편찬된 위수(魏收)의 『위서』 지형지에는 창려군이 진(晉)대에 설치된 것으로 기록되어 있다. 이에 대해 지리지를 좇아 요동속국을 조위가 군으로 승격시켜 창려군을 만들었다고 보기도 하고,[55] 앞서 본 『삼국지』 정시 5년의 "창려현을 세웠다"라는 기록과 지형지의 기록을 존중하여 진대에 설치된 것으로 보기도 한다.[56] 대체로 지형지의 기록에 따라 서진에 들어가 요동속국이 폐지되고 창려군이 설치되었다고 보는 것이 일반적이다.

지리지에서는 진대 창려군에 험독현이 있었다는 기록이 보이지 않는다.

53　清 吳增僅, 『三國郡縣表附考證』 昌黎郡(『二十五史補編』 3, 中華書局, 2917쪽).

54　권오중, 2011, 앞의 글, 180쪽.

55　洪亮吉, 「補三國疆域志補注」(『二十五史補編』 3, 中華書局, 3087쪽).

56　楊守敬, 「三國郡縣表附考證補正」(『二十五史補編』 3, 中華書局, 2915쪽).

다만『진서』재기에 평곽(平郭)의 서쪽에 '험독'이 있던 것으로 보인다.[57]『독사방여기요』는『자치통감』에 전하는 같은 기록을 인용하면서, 평곽의 서쪽에 '문성'(汶城)이 있다는 호삼성의 주를 언급하고 있다.[58] 이에 따르면 험독과 문성은 지리적으로 같은 지역을 가리키는 것으로 보인다. 평곽성은 개주위 남쪽이므로, 평곽의 서쪽에 해당하는 문성이나 험독은 모두 요하 하구 부근이 된다. 이처럼 진대 험독의 위치는 앞서 본 한대 요동군(요동속국)의 험독현과 크게 다르지 않다.

진대에 창려군은 요동군과 함께 평주(平州)에 속해 있었고, 그 서쪽의 요서군은 유주(幽州)에 속해 있었다.[59] 창려군은 후한 대 요서군과 요동군의 중간지역에 설치되었던 요동속국의 후신이었다. 서광의 주석에서 "창려에 험독현이 있다"고 하였는데,『진서』재기의 '험독'을 모용황이 337년 전연의 왕이 되기 전인 서진 대 창려군의 험독현이라고 보면, 그 지역은 평곽(개주)의 서쪽이라는 점에서 한대의 험독현과 위치상 차이가 없다. 따라서 서광의 주석을 근거로 험독의 이동을 설명하기 어려운 것이다. 다시 말해 험독이 이동한 것이 아니라 소속 군이 바뀐 것에 불과하다.

이상의 검토에 의하면 응소의 주석(朝鮮王舊都險瀆)이나 서광의 주석(昌黎有險瀆縣)은 고조선 이동설의 근거가 되기 어렵다. 단편적인 주석에 근거하기보다는 사료 본문의 문맥을 통해 이동설의 여부를 검토해 보자.

---

57 『진서』권109 재기9 모용황, "初 皝庶兄建威翰驍武有雄才 素爲皝所忌 母弟征虜仁廣武昭並有寵於廆 皝亦不平之 及廆卒 並懼不自容 至此 翰出奔段遼 仁勸昭擧兵廢皝 皝殺昭 遣使按檢仁之虛實 遇仁於險瀆 仁知事發 殺皝使 東歸平郭".

58 『독사방여기요』권37 산동8 蓋州衛, "汶城在衛西 漢置文縣 屬遼東郡 後漢改曰汶縣 晉因之 咸和八年 慕容皝遣將攻其弟仁於平郭 敗於汶城之北 胡氏曰 汶城在平郭之西"(賀次君·施和金 點校, 2005, 中華書局, 1713쪽).

59 『진서』권14 지리지(상) 幽州·平州.

4. 연의 침공 지역과 조선의 서방

1) 고진번(古眞番)과 맥국(貊國)

기존 이동설의 주요 근거 사료는 기원전 3세기 초 연의 조선 침공 기록이다. 이 사실을 전하는 『사기』와 『위략』의 사료 원문을 비교해 보면 다음과 같다.

D. 朝鮮王滿者 故燕人也 ①自始全燕時 嘗略屬眞番朝鮮 爲置吏 築鄣塞 ②秦滅燕 屬遼東外徼 ③漢興 爲其遠難守 復修遼東故塞 至浿水爲界 屬燕 燕王盧綰反 入 匈奴 滿亡命 聚黨千餘人 魋結蠻夷服而東走出塞 渡浿水 居秦故空地上下障 稍 役屬眞番朝鮮蠻夷及故燕齊亡命者王之 都王險 ④會孝惠高后時天下初定 遼東 太守卽約滿爲外臣 保塞外蠻夷 無使盜邊 諸蠻夷君長欲入見天子 勿得禁止 以聞 上許之 以故滿得兵威財物侵降其旁小邑 眞番臨屯 皆來服屬 方數千里(『사기』 조선전)

E. 魏略曰 昔箕子之後朝鮮侯見周衰燕自尊爲王欲東略地 朝鮮侯亦自稱爲王 欲興 兵逆擊燕以尊周室 其大夫禮諫之乃止 使禮西說燕 燕止之不攻 後子孫稍驕虐 ①燕乃遣將秦開攻其西方取地二千餘里 至滿潘[番]汗爲界 朝鮮遂弱 及秦幷天下 使蒙恬築長城到遼東 時朝鮮王否立 畏秦襲之 略服屬秦 不肯朝會 否死 其子準 立二十餘年 而陳項起天下亂 燕齊趙民愁苦稍稍亡往準 ②準乃置之於西方 及漢 以盧綰爲燕王 朝鮮與燕界於溴水 及綰反入匈奴 燕人衛滿亡命爲胡服 東渡溴[浿] 水 ③詣準降說準求居西界 故[收]中國亡命爲朝鮮藩屛 準信寵之 拜爲博士 賜以 圭 封之百里 ④令守西邊 滿誘亡黨 衆稍多 乃詐遣人告準 言漢兵十道至 求入宿 衛 遂還攻準 準與滿戰 不敵也(『삼국지』 동이전 한조 배송지 주)[60]

『사기』 조선전에서는 연이 '진번조선'(眞番朝鮮)을 '약속'(略屬)하고, 그 지역에 관리를 두고 장새(鄣塞, 障塞)를 설치하여 영역화한 것처럼 기록하고 있다. '진번조선'을 진번과 조선 2국으로,[61] '약속'을 공략하여 복속한 의미로 보는 것이 전통적인 해석이다.[62]

반면 『위략』에서는 연이 장수 진개를 보내 조선의 서방을 공격하여 2000여 리를 취하자, 조선이 마침내 약해졌다고 하였다. '서방' 2000여 리가 모두 조선 영내인지 아닌지 명확하지 않지만, 그로 인해 '만번한'까지 연의 영역이 되고 조선이 마침내 약화된 것으로 보아, '서방'에 조선의 영역이 포함되었던 것은 분명해 보인다.

이처럼 『사기』 조선전은 연이 조선을 영역화한 것처럼, 『위략』은 연이 조선의 서방을 취한 것처럼 기록되어 차이가 보인다. 두 기록의 차이에 대해 『사기』의 기록이 다소 과장이 있지만, 『위략』의 기록과 연결된다는 점에서 전체적으로 믿을 만하다고 본다.[63]

두 기록을 연결해 보기 위해서는 연의 공격 대상이 동일해야 한다. 전자는 '진번조선'(D-①)으로, 후자는 '기서방'(其西方)(E-①)으로 나온다. '진번조선'이 조선의 '서방'에 해당하는 것이다. 전통적인 해석에서는 '진번조선'을 진번과 조선으로 구분해 보지만, 조선의 서방과 비교해 보면 문제가 간단치 않다.

만약 조선의 서방이 곧 '진번조선'이라고 보면, 진번조선을 하나의 지명처럼 '진번의 조선'으로 해석할 수 있다. 연의 침공으로 조선이 완전히 멸망한 것이 아니기 때문에, 이때 연이 침략한 지역은 조선 전체가 아니라 그 일부인 '진번 지역의 조선'이 되는 것이다.[64]

---

60 통행본 『삼국지』(중화서국 신교본)에는 '滿番汗'으로 보이지만, 송본을 기초로 한 백납본(商務印書館, 1973)에는 '滿潘汗'으로 보인다.

61 사마정, 『사기색은』, 권25 조선열전55, "如淳云 燕嘗略二國以屬己也".

62 『한서』 권115 조선전 안사고 주, "戰國時燕國 略得此地也".

63 서영수, 1988, 앞의 글; 노태돈, 1990, 앞의 글.

64 顧銘學, 1982, 「先秦時期中朝關係問題初探」, 『韓國學論文集』 1, 北京大學 韓國研究中心; 顧銘學·南昌

하지만 『사기』 조선전에는 '진번·임둔'처럼 조선과 구분되어 진번이 따로 보이기도 하기 때문에 전통적인 해석을 무시할 수 없다. 일단 진번과 조선을 구분해 본다고 하더라도, 연의 침공으로 조선이 멸망한 것은 아니었기 때문에 여기서의 조선은 조선 전체가 아니라 그 일부 지역인 것도 분명하다. 따라서 연이 침공한 '진번조선'은 진번과 조선의 일부 지역이라고 볼 수밖에 없다. 그리고 여기서 조선의 일부 지역은 『위략』에서 말한 조선의 서방에 해당하는 지역이 될 것이다. 결국 연은 조선의 서방인 진번과 조선의 일부 지역을 침공하여 취한 것이다.

연의 침공 지역인 진번의 위치에 대해 이동설에서는 조선(요동)의 동쪽에 위치한 현토군 고지로 추정하고 있다.[65] 이것은 『한서』 지리지에서 현토군이 '故眞番朝鮮胡國'이라고 한 응소의 주석을 존중하였기 때문이다. 그런데 진번이 조선의 동쪽에 위치하였다고 보면, 연이 진번까지 침공하였으므로 조선은 그 영역 대부분을 상실한 것이 된다. 고조선 이동설은 이처럼 진번의 위치를 조선의 동쪽에 비정한 데서 발단하였다. 『사기』의 기록이 『위략』의 기록과 서로 연결되려면, 진번은 조선의 동쪽이 아니라 그 서쪽, 즉 조선의 서방에 위치해야 한다.

진번의 위치에 대해서는 요동 지역설, 고구려 지역설, 숙신 지역설 등의 북방설과, 진국설, 맥국(춘천)설, 대방 지역설, 마한 지역설 등의 남방설 등이 복잡하게 제기되어 왔다. 그런데 한백겸이 『동국지리지』에서 간파하였듯이, 『사기』에서 '진번·조선'·'진번·임둔'으로, 『한서』에서 '진번·진국' 등으로 기록된 것을 보아, 진번은 조선·임둔·진국 등과 모두 인접해 있어야 한다. 이에 따라 진번을 조선과 진국 사이의 황해도 일대 대방군 고지에 비정해 보는

龍, 1990, 「戰國時期燕朝關係的再檢討」, 『社會科學戰線』 1990-1; 徐德源, 2004, 「論韓國學者李丙燾歷史地理考證的兩項錯誤」, 『東北史地』 2004-7.

65 서영수, 1987, 「高句麗의 大陸進出과 對中外交의 性格」, 『계간경향』 여름호, 126~127쪽에서 진번고지의 중심지를 고구려의 건국 지역으로 보고 있다.

것이 학계의 일반적인 시각이다.[66]

하지만 현재의 통설처럼 진번의 위치를 황해도 일대로 보면, 『사기』의 기록에 이해하기 어려운 부분도 있다. 전국시대 연이 황해도 지역까지 침공하여 관리를 두고 장새를 설치했다고 볼 수는 없기 때문이다. 이런 이유에서 이동설은 전국시대 진번은 원래 북방에 있었는데, 연의 침공으로 조선과 함께 요동에서 황해도 지역으로 남하하였다고 본 것이다.

D에는 진번이 모두 세 번 나온다. 전반부에서 진번이 두 번 모두 조선과 함께 나오며, 후반부(D-④)에서는 임둔과 함께 보인다. 이동설에서는 앞의 진번은 이동 전의 진번이고, 뒤의 진번은 이동 후의 진번이라고 구분해 본다. 진번이 연의 침공을 계기로 이동했다고 보는 시각은 D-①을 합리적으로 이해할 수 있다는 점에서 설득력이 있다. 다만 진번의 위치가 조선의 동쪽이 아니라 서쪽이 되어야 『위략』의 기록과 모순 없이 연결된다는 점에 주의하고자 한다.

고진번이 원래 요동에 있었음을 뒷받침하는 근거는 기존 북방설에서 이미 많이 거론되었지만,[67] 현토군이 '故眞番朝鮮胡國'이라는 응소의 『한서』 주석을 통해 단적으로 확인된다. 앞서 언급하였듯이 응소의 주석은 사마정의 『사기 색은』에서도 인용되었는데, 현토군이 '本眞番國'이라는 축약된 모습으로 보인다. 이에 따르면 진번의 고지는 『한서』 지리지의 현토군 지역에 해당하게 된다. 『한서』 지리지의 현토군은 기원전 75년 무렵 옮겨진 제2현토군으로 요동의 소자하(蘇子河) 상류인 신빈 영릉진고성(永陵鎭古城) 일대에 해당한다고 보는 것이 일반적이다.[68]

『사기』에서 진번과 조선이 연의 침공 지역으로 함께 나온 것이나, 응소의 주석에서 '故眞番朝鮮胡國'이라고 한 것으로 보아, 진번은 조선과 밀접한 관계

---

66 이병도, 1976, 『한국고대사연구』, 박영사, 110~117쪽.

67 池內宏, 1951, 「眞番郡の位置について」, 『滿鮮史硏究』 上世編, 祖國社, 120~143쪽 참조.

68 田中俊明, 1994, 「高句麗の興起と玄菟郡」, 『朝鮮文化硏究』 1.

에 있던 세력으로 이해된다. 이와 관련해 청말의 정겸(丁謙, 1843~1919)은 진번이 본래 조선의 부속번부(附屬番部)로 전국시대 연의 침략을 받았으며, 한 무제가 조선을 정복한 이후에는 그 지역에 군을 설치하였는데 치소는 봉천 홍경, 즉 지금의 신빈이라고 하였다.[69] 신빈 지역은 요하 동북쪽에 해당하는 지역이다.

D의 줄거리는 연의 조선 서방 침공이며, 진번의 이동은 드러나 있지 않다. 다만 연의 침공 이후에 진번이 다시 보이기 때문에, 진번이 이동하여 다시 세워진 것처럼 짐작할 수도 있지만, 그것이 주민의 이동에 의한 것인지 아니면 단지 지명만 이동한 것인지 판단하기 어렵다. 하지만 설사 진번의 주민이 이동했다고 하더라도 조선도 함께 이동했다고 볼 수 있을지는 의문이다. 이동설에서는 조선이 평양 지역에 있었다면 진번이 조선을 지나 황해도로 남하할 수 없었을 것이라고 보지만, 그것만으로는 설득력이 부족하다.

『위략』에서 연이 조선의 서방을 침공, 만번한에 이르러 조선과의 경계로 삼았다고 하였으므로, 만번한을 경계로 그 서쪽에 조선의 서방인 진번이 위치하고 있었던 것이다. 조선의 서방에 대해서는 『사기』 흉노전과 『염철론』의 기록을 통해 좀 더 구체적으로 살펴볼 수 있다.

F. 其後燕有賢將秦開 爲質於胡 胡甚信之 歸而襲破走東胡 東胡郤千餘里 與荊軻刺
秦王秦舞陽者 開之孫也 燕亦築長城 自造陽至襄平 置上谷漁陽右北平遼西遼東
郡以拒胡(『사기』 흉노전).

G. 大夫曰 ①齊桓公越燕伐山戎 破孤竹 殘令支 ②趙武靈王踰句注 過代谷 略滅林
胡樓煩 ③燕襲走東胡 辟地千里 度遼東而攻朝鮮 蒙公爲秦擊走匈奴 若鷙鳥之
追羣雀 匈奴勢慴 不敢南面而望十餘年 及其後 蒙公死而諸侯反秦 中國擾亂 匈

69 丁謙, 1915, 「漢書西南夷兩粤朝鮮傳地理攷證」, 『蓬萊軒地理學叢書』(浙江圖書館叢書 1), 浙江圖書館.

奴紛紛 乃敢復爲邊寇 夫以小國燕趙 尚猶卻寇虜以廣地 今以漢國之大 士民之力
非特齊桓之衆 燕趙之師也 然匈奴久未復者 羣臣不幷力 上下未諧故也(『염철론』
벌공).

『사기』 흉노전에 따르면, 연장 진개가 동호를 퇴각시키고, 조양(造陽)부터
양평(襄平)까지 장성을 쌓아, 상곡·어양·우북평·요서·요동 등 5군을 설치
하였다. 양평은 요동군의 치소로 지금의 요양 일대에 해당한다. 이 기록에서
는 요동의 양평까지 1000리가 동호의 지역이라고 하였으며, 조선에 대해서
는 언급이 없다.

이런 『사기』 흉노전의 기록 때문에 『위략』의 기록은 신뢰받지 못하기도 한
다. 『위략』에서 연이 취했다고 한 2000여 리를 둘러싸고 여러 해석이 있지
만, 연장 진개가 정벌한 곳은 동호의 1000리 땅이며 거기에 장성을 쌓고 5군
을 설치하였다면, 진개가 다시 조선의 서쪽 땅을 2000여 리나 빼앗았다는 기
록은 정복 지역이 겹치기 때문에 신뢰할 수 없다는 것이다.[70] 고조선의 중심
지가 평양이었다고 하더라도, 요동까지 이른 연이 다시 2000리를 더 확보
했다고 보기는 거리상 불가능하다고 보는 것이다. 이처럼 『사기』 흉노전의
1000리와 『위략』의 2000여 리를 선후의 병렬 관계로 보면 해석이 어렵다. 이
에 대해 1000리는 남북의 폭을, 2000리는 동서의 너비를 가리켜 말한 것으로
보는 해석이 있다.[71] 두 기록을 합리적으로 연결해 본 견해라 할 수 있다.

한편 『염철론』의 기록에 따르면, 연은 동호를 습격하여 먼저 1000리를 얻
고, 다시 요동을 건너 조선을 공격하였다. 이에 따르면 요서까지는 동호의

---

[70] 김정배, 2010, 앞의 책, 32~34쪽.

[71] 金毓黻, 1976, 『東北通史』, 洪氏出版社, 101쪽.

지역 1000리가 되는 것이다. 그런데 G-③에서 '도요동'(度遼東), 즉 요동을 건넌 후 조선을 공격하였다고 하여, 동호와 조선의 중간에 요동이 있던 것처럼 보인다. 이것은 고조선의 초기 중심지가 요동에 있었다고 보는 이동설과 정면으로 배치되는 기록이다.

이동설에서는 '도요동'을 '도요수'(度遼水)와 같은 뜻으로 보고, 요서지방이 동호의 지역이고 요하 이동이 고조선 지역이었다고 이해한다. 하지만 문맥이나 '도'(度)의 자의로 보아,[72] '도요동'은 '요동을 건너'라고 해석하는 것이 자연스럽다. '도' 자를 쓴 이유는 요수나 요택이 요동의 지형을 대표하기 때문으로 보인다. 즉 요하가 요동의 제일 관문이어서 요동을 지나가는 것을 '도요동'이라고 표현한 것이다.

당 가탐(賈耽, 730~805)의 『황화사달기』(皇華四達記)(『武經總要』에 인용)에서도 영주(營州, 조양)에서 안동도호부(양평, 요양)까지의 교통로를 서술하면서, "渡遼州十七驛"이라고 하여 '도'(渡)를 쓰고 있다. '도유주'(渡遼州)와 마찬가지로 '도요동'은 요동을 건넌다는 뜻으로 해석해야 할 것이다.

G의 '도요동' 해석과 관련하여 『전국책』 연책(燕策)의 기록도 주목해야 한다. 전국시대 소진(蘇秦)이 연후(燕侯)에게 유세하며, "연은 동쪽으로 조선·요동에 접해 있고, 북쪽으로는 임호·누번이 있으며, 서쪽으로는 운중·구원이 있고, 남쪽으로는 호타·이수가 있다"라고 한 기록이 있다. 『전국책』에는 소진이 연 문후(文侯, 기원전 361~기원전 333년 재위)에게 유세한 것으로 나오지만, 장사 마왕퇴(馬王堆) 출토 『전국종횡가서』(戰國縱橫家書)에 의하면 소진은 그보다 늦은 기원전 312~기원전 284년, 대체로 연 소왕(昭王) 시기에 활동한 인물로 이해된다.[73] 이 시기는 연장 진개가 조선을 침공했던 기원전 282~기원전 280년[74]

---

72 『사기』 조선열전의 '渡浿水'를, 『한서』에서는 모두 '度浿水'라고 한 것에서 度와 渡는 바꾸어 쓴 글자임을 알 수 있다.

73 陳平, 1995, 『燕事紀事編年會按』, 北京大學出版社.

74 배진영, 2005, 「燕國의 五郡 설치와 그 의미」, 『중국사연구』 36; 박대재, 2006, 「古朝鮮과 燕·齊

직전 시기에 해당한다.

　연의 동쪽에 있던 '조선·요동'은 함께 언급된 임호·누번, 운중·구원과 마찬가지로 두 개의 지명이라고 구분해 보는 것이 자연스럽다. 다만 기록의 순서가 조선과 요동이어서, 연과 요동 사이에 조선이 있는 것처럼 보이기도 하지만, 남쪽의 경우 멀리 있는 호타가 가까운 이수보다[75] 먼저 기록되었다는 점에서, 이를 근거로 조선의 위치가 요동보다 연에 가까운 요서 지역이라고 단정하기는 어렵다. 그보다 요동과 조선이 구분되어 기록되었다는 데 주목하고자 한다. 이것은 『염철론』에서, "요동을 건너 조선을 쳤다"는 기록과도 통하는 것이다.

　『전국책』과 『염철론』의 기록을 종합해 보면, 연의 침공 직전 연과 조선의 사이에 요동이 있었던 것이다. 그렇다면 『사기』 조선전에서 조선과 함께 연의 침공을 받았다고 한 진번은 자연스럽게 요동에 위치하며, 요동은 조선의 서방에 해당하는 것이 된다. 『사기』 흉노전과 『염철론』의 기록을 종합해 보면, 연은 먼저 동호를 공격하였고, 또 요동을 지나 조선을 공격하였던 것이다. 이 가운데 동호를 『사기』 조선전의 진번이라고 보기는 어려우며, 요동이 바로 그에 해당하는 지역이라고 보아야 할 것이다.

　일찍이 리지린은 『사기』 흉노전의 동호를 조선과 맥족을 포함한 동방 이민족의 총칭이라고 해석한 바 있다. 『산해경』 해내서경의 "맥국은 한수의 동북쪽에 있는데 땅이 연에 근접하여 그에 의해 멸망되었다"(貊國在漢水東北 地近于燕 滅之)는 기록의 맥국을 바로 연에 의해 멸망한 맥족이라고 보면서, 연의 침공을 받았던 『사기』 흉노전의 동호를, 『위략』의 조선과 서로 연결해 보았다. 어환이 『위략』에서 연에게 격퇴당한 동호와 맥족의 고조선을 통틀어 조선으로 본 것이라고 추정한 것이다.[76] 하지만 『사기』와 『위략』에는 동호와 조선이 구

　의 상호관계」, 『사학연구』 83.

75　譚其驤 主編, 1982, 『中國歷史地圖集』 제1책, 中國地圖出版社, 37~38쪽 참조.

76　리지린, 1963, 『고조선 연구』, 과학원 출판사, 25~44쪽.

분되어 서술되어 있을 뿐만 아니라,『산해경』에서도 맥국과 조선이 구별되어 따로 기록되어 있다. 따라서 동호·조선·맥국을 하나의 실체라고 보기는 어렵다.

그런데『산해경』의 맥국은 연의 침공을 받아 멸망했다는 기록이 직접 보여 주목된다. 연의 침공 지역을 이해하는 데 중요한 단서가 될 수 있다.『산해경』에 의하면, 맥국은 한수(漢水)의 동북쪽에 위치하는데, 땅이 연에 가까워 그에 멸망했다고 한다. 연에게 멸망당한 맥국에 대해서는, 연장 진개의 공격에 의해 멸망한 국이라고 보는 견해가 중국 학계에서 제기된 바 있다.[77]

'맥국'이라는 표현으로 보아 이민족에 대한 막연한 범칭이 아니라 특정 세력을 가리키는 것이다.『산해경』에는 맥국과 별도로 조선이 따로 보인다. 해내북경에서는 조선이 해북산남(海北山南)에 위치한다고 하였고, 해내경에서는 '동해지내 북해지우'(東海之內 北海之隅)에 조선이 있다고 하였다. 이로 보아 연에게 멸망당한 맥국과 조선은 분명히 다른 세력이다.[78]

『산해경』에서 조선과 구별되어 나오는 맥국이 바로『사기』조선전에서 연의 침공을 받았다고 한 '진번'과 대응될 수 있다. 또한 맥국이『위략』에서 연의 침공을 받았다고 한 조선의 서방에 위치하였음도 유추할 수 있다.

『산해경』에서는 맥국의 위치가 한수의 동북쪽이라 하였다. 하지만 한수의 위치는 지리지를 통해 확인하기 어렵다. 다만 앞서 본『진서』재기의 '험독'이『자치통감』에서 '황수'(黃水)로 보이는데, 호삼성은 그 주석에서 '황수'를 '황수'(潢水)라고도 하였다. '漢水'와 '潢水'는 자형과 음이 비슷하여 동일 지명의 다른 표기로 볼 수 있다. 황수(黃水, 潢水)는 시라무렌하[西拉木倫河], 즉 요하의 본류인 서요하(西遼河)의 이칭으로 알려져 있다.[79]

그렇다면 맥국의 위치는 서요하의 동북쪽에 비정될 수 있을 것이다. 서요

---

77   劉子敏·金榮國, 1995,「《山海經》貊國考」,『北方文物』1995-4.

78   박대재, 2013,『중국 고문헌에 보이는 고대 조선과 예맥』, 경인문화사, 260~262쪽.

79   中國歷史大辭典·歷史地理編纂委員會 編, 1996,『中國歷史大辭典』歷史地理, 上海辭書出版社, 968쪽.

하는 내몽고에서 발원하여 동류하다가 요북 쌍요(雙遼)에 이르러 동요하와 만나 남류하여 요하(大遼水)를 이룬다. 수계가 길어서 그 동북쪽을 특정 지역에 한정하기는 어렵지만, 동북이라는 방위로 보아 서요하가 동류하다가 동요하와 만나 남류하는 곡류(曲流) 지역, 즉 요북 일대라고 볼 수 있을 것이다. 동류하는 지역이었다면 남북으로 방위를 표기하였을 것이고, 남류하는 지역이었다면 동서로 방위를 표시했을 것이기 때문이다.

이와 같이 보면 서요하와 동요하가 만나는 쌍요 동북쪽의 요북 지역에 맥국이 위치했을 가능성이 높다. 이와 관련해 최근 고고학적 연구에서도 『산해경』의 맥국을 요북 지역 동요하유역의 토착 집단으로 비정한 연구[80]가 있어 참고된다.

2) 만번한(滿番汗)과 패수(沛水)[汗水]

『산해경』의 '한수'(漢水)와 관련해서는 『한서』 지리지 요동군 번한현조의 패수(沛水)에 대한 응소의 주에 보이는 '한수'(汗水)도 주목해 볼 만하다. 번한현 '패수'의 주에서 응소는 '한수'가 새외(塞外)에서 나와 서남류하여 바다에 들어간다고 주를 붙였다.[81] 응소가 '한수'(汗水)라 한 것은 대체로 한(汗)과 패(沛)의 자형이 유사해서 생긴 오기라고 볼 수도 있지만, 번한의 한(汗)과 연결해 보면 한수(汗水)가 원형에 가까운 것인지도 모른다. 번한현의 패수(沛水)가 '汗水'라고도 표기되었던 것은 한수(沛水, 汗水)와 한수(漢水)의 관련성을 시사해 준다.

『한서』 지리지에서는 요동군 번한현의 패수(沛水)는, "새외에서 나와 서남쪽으로 흘러 바다에 들어간다"[沛水出塞外西南入海]고 하였다. 이 패수를 응소는 '한

---

80 오강원, 2011, 「歷史와 考古學的 측면에서 본 『山海經』 「海內西經」 貊國의 實體」, 『동아시아문화연구』 49, 223~255쪽.

81 『漢書』 地理志 遼東郡 番汗縣 기록의 패수에 대한 응소의 주는 판본에 따라 출입이 있다. 이에 대해서는 왕선겸의 『漢書補注』 및 양수경의 「漢書地理志補校」(『二十五史補編』 1)를 참조하라.

수'(汗水)라고 표기한 것이다. 패수(한수)는 번한현의 강이었으므로, 번한현과 패수의 위치 비정은 서로 결부되어 있다. 『위략』에서는 연의 요동 진출 이후 만번한이 조선과의 경계가 되었다고 하였다. 만번한의 '번한'이 번한현을 가리킨다고 보는 통설에 따르면, 번한현의 패수(한수)는 연과 조선의 경계가 된 강이라고 볼 수 있다. 패수는 일찍부터 연과 조선의 경계와 관련하여 주목받아 왔다.

청말 진풍(陳澧, 1810~1881)은 패수를 박천강(博川江)에 비정한 바 있다. 진풍은 『한서지리지수도도설』(漢書地理志水道圖說)에서, 요동군 번한현의 패수(沛水)에 대해 다음과 같이 주석을 붙였다.

> H. 지금 조선국 박천성(博川城) 대정강(大定江)이 서남쪽으로 흘러 바다로 들어간다[마자수(馬訾水)는 새외에서 나오지 않는데 이 수는 새외에서 나오니 반드시 마자수보다 동쪽에 있는 것이다. 마자수는 비록 현토군에서 나와 서안평에 이르러 바다에 들어가지만, 서안평은 요동군에 속하므로 지금 압록강의 입해처(入海處)는 한의 요동군 지역이 된다. 대정강은 압록강과 서로 떨어져 있지만, 입해처는 멀지 않으니 역시 마땅히 요동군 지역이며, 또한 그 수도 서남쪽으로 바다에 들어가니 패수임을 알 수 있다].[82]

대정강은 박천강의 다른 이름으로 대령강(大寧江)이라고 불리기도 한다. 진풍은 박천의 대정강, 즉 박천강을 패수에 비정하면서, 요동군의 범위가 그 지역까지 미쳤다고 본 것이다. 이러한 진풍의 설에 따라, 중국 역사지리학계에

---

[82] 陳澧,「漢書地理志水道圖說」; 開明書店 編, 1967, 『二十五史補編』 1, 臺灣開明書店, 1322쪽, "今朝鮮國博川城大定江西南流入海[馬訾水不出塞外 此水出塞外 必更在馬訾水之東 馬訾水雖出玄菟郡 而至西安平入海 西安平屬遼東郡 則今鴨綠江入海處爲漢遼東郡地 大定江距鴨綠江 入海處不遠 亦當爲遼東郡地 又其水西南入海 故知爲沛水也]".

서도 패수를 대정강으로 보고, 번한현도 그 유역에 비정하는 것이 일반적이다.[83] 패수(浿水)=대정강, 패수(浿水)=청천강이라고 보면서, 번한이 위치한 패수보다 실제로는 패수(浿水)가 경계의 역할을 했다고 보고 있다. 패수(浿水)=박천강, 패수(浿水)=청천강 설은 현재 중국 학계의 통설이다.[84]

국내에서도 이병도가 일찍이 패수=박천강설을 제기한 바 있다. 연이 취한 2000여 리 중에 조선이 잃은 부분은 약 1000리가량인데, 박천강이 요동군의 서계인 대요로부터 거의 천 리에 해당하고, 박천의 박이 패수(浿水)의 패나 번한의 번과 소리가 가깝다는 점이 주요 근거였다.[85] 즉 연과 조선의 경계가 된 만번한을 박천강유역에 비정한 것이다.

이동설은 번한(패수)=박천설에 대해 비판한다. 『한서』 지리지에서 패수(浿水)는 서남류하여 바다로 들어간다고 하였는데, 대령강(박천강)은 남류 내지 동남류하는 강이기 때문에 부합하지 않고, 또한 만번한은 문현과 번한현을 이은 경계선인데, 문현으로 비정되는 요동의 개평 지역과 박천은 서로 멀리 떨어져 있어 문제가 된다는 것이다. 그러면서 문현과 가까운 개평 지역의 어니하(淤泥河)를 패수(浿水)에 비정하였다. 또한 『성경통지』 권28 고적 개평현경내고적조에 반한현이 보인다는 점에 주목하여 번한현을 개평의 동북쪽 지역으로 추정하였다.[86]

이동설에서는 만번한을 요동군의 문현과 번한현의 연칭으로 보고 있다. 이것은 앞서 언급한 조선 후기 정약용의 설을 따른 것이다. 정약용보다 한 걸음 더 나아가 문현과 번한현의 위치를 구체적으로 비정한 것은 신채호였다. 그에 따르면 연장 진개가 취한 땅은 명백히 상곡부터 요동까지니, 만번

---

83 譚其驤 主編, 1988, 앞의 책, 14쪽.

84 孫進己 主編, 1988, 『東北歷史地理』(上), 黑龍江人民出版社; 劉子敏, 1996, 「戰國秦漢時期遼東郡東部邊界考」, 『社會科學戰線』 1996-5.

85 이병도, 1933, 「浿水考」, 『靑丘學叢』 13, 121~122쪽.

86 노태돈, 1990, 앞의 글, 50쪽.

한은 요동에서 구해야 된다고 한다. 『한서』 지리지 요동군현 중 문현과 번한현이 바로 만번한으로 문현은 비록 연혁이 전하지 않지만, 번한은 지금 개평 등지이므로 문현도 개평 부근이 되어야 하며, 만번한은 지금 해성·개평 부근이 된다는 것이다.[87] 이러한 정약용과 신채호의 만번한 위치 비정은 이동설의 기초가 되었다.

이동설의 다른 논자도 문현이 요동의 천산산맥 서남쪽인 것으로 보아, 번한현도 그 인근인 개주 지역으로 추정되며, 결국 고조선은 연에게 패하여 천산에 이르는 서쪽 땅 1000리를 상실하고 중심지를 요동에서 평양으로 이동하고, 요동반도를 남북으로 가르는 자연 계선인 천산산맥을 경계로 연과 대치하였다고 파악하였다.[88]

이동설에서는 만번한을 문현과 번한현의 연칭이라 보고 있지만, 사실 '만'(滿)을 문현의 이칭이라 볼 수 있을지는 의문이다. 안정복의 『동사강목』 기자강역고(箕子疆域考)에서는, '만반한'(滿潘汗)을 요동군 동부속현 '반한'(潘汗)이라고 보았다. 번한(반한)만 현명으로 파악한 것이다. 한편 근대에는 번한을 만번한을 생략한 지명이라고 보면서 압록강유역 의주에 비정하기도 하였다.[89] 중국 학계에서는 만번한을 문현과 번한현의 연칭으로 보지 않고, 만(滿)을 연자(衍字)로 보아 번한현과 관련된 지명으로 이해하는 경향이 강하다.[90] 이처럼 이동설을 제외하고는 만번한을 문현과 번한현의 연칭이 아니라, 지리지에 보이는 번한현을 중심으로 한 지명으로 이해하는 시각이 일반적이다.

만번한을 요동의 개평(개주) 일대로 보는 이동설에서는 번한현보다는 문현

---

87 신채호, 1948, 『조선상고사』, 종로서원; 1972, 『단재신채호전집』(상권), 단재신채호선생기념사업회; 1977, 개정판, 형설출판사, 101쪽.
88 서영수, 1988, 앞의 글, 41쪽; U. M. 부찐, 1986, 『고조선』, 국사편찬위원회, 215~222쪽에서도 이와 비슷한 논지가 제기된 바 있다.
89 白鳥庫吉·箭內亙, 1913, 「漢代の朝鮮」, 『滿洲歷史地理』 제1권, 南滿洲鐵道株式會社, 30쪽.
90 譚其驤 主編, 1988, 앞의 책, 14쪽. 한편 중국 학계 일각에서는 만(滿)을 위만(衛滿)의 만으로 보기도 한다(王綿厚, 1988, 「前漢時期東北の行政建置」, 『東北歷史地理』(上), 黑龍江人民出版社, 203쪽).

의 위치에 더 주목한다. 『독사방여기요』에서 문현 고성(문성)이 개주위(蓋州衛) 서쪽에 있다고 한 기록을 중시하는 것이다. 하지만 만번한의 위치 비정에서 더 중요한 것은 지리지에 직접 지명이 보이는 '번한'(番汗)이다.

이동설에서는 문현과 번한현이 인접한 지역이라고 보아, 위치 미상의 번한현도 문현과 가까운 개주 일대에 있었을 것으로 추정한다. 그래서 번한현의 패수(沛水)도 개주 부근의 어니하에 비정한 것이다. 어니하는 개평현 내 천산산맥에서 발원하여 서남류하는 청하(淸河)의 지류로, 지금의 개평과 해성 사이의 어니하유역이 번한현 고지였다고 보는 것이다.[91]

그런데 만번한이 이동설의 주장처럼 서로 인접한 문현과 번한현의 연칭이라면, 굳이 인접한 지명을 연이어 거명할 필요가 있었을까 하는 의문이 든다. 서남류하여 바다로 들어가는 본류는 청하인데 굳이 그 지류인 어니하를 패수(沛水)라고 비정한 이유도 분명하지 않다. 앞서 리지린도 청하의 지류인 어니하를 험독과 관련하여 주목한 바 있는데, 어니하를 만번한이나 패수와 관련된 지명으로 보기에는 무리가 많다. 『한서』 지리지에 따르면, 패수는 새외에서 발원하여 바다로 흘러 들어가는 큰 하천으로 보이기 때문이다.[92] 만약 개평 경내에서 발원하는 어니하가 새외에서 발원한 패수에 해당한다면, 개평 동북쪽은 새외가 되어 『한서』 지리지가 기술한 한대 요동군 또는 현토군의 범위를 그 주변에 상정하기 곤란해진다.

『한서』 지리지의 기록을 존중하면, 박천의 대령강도 패수(沛水)가 되기 어렵다. 박천강설에서는 박천강을 패수(沛水)로, 박천강이 합류하는 청천강을 패수(浿水)로 비정하는데 이 역시 문제가 있다. 패수(浿水)는 낙랑군의 패수현이 별도로 있기 때문에 요동군 번한현의 패수(沛水)와 구분되는 별도의 강으로

---

91 노태돈, 1990, 앞의 글, 51쪽.

92 노태돈, 위의 글, 51쪽 각주(114)에서는 새(塞)를 장성이라고 보면서, 당시 장성의 동단을 요양 지역으로 추정하고 있다. 요양 동쪽에 천산산맥이 서남으로 뻗쳐 있고, 번한현이 그 서쪽 언저리에 있는데, 패수도 거기서 발원하므로 '出塞外'라는 표현이 나온 것으로 보았다.

보아야 한다.

『한서』 지리지에 따르면 패수(沛水)는 요동군 번한현에, 패수(浿水)는 낙랑군 패수현에 위치하는 강으로, 패수(沛水)는 새외에서 발원하여 번한현을 지나 서남으로 흘러 바다에 들어가고, 패수(浿水)는 서쪽으로 증지현(增地縣)에 이르러 바다에 들어간다. 『설문해자』에서도 패수(沛水)는 요동군 번한현의 새외에서 발원한다고 하였으며, 패수(浿水)는 낙랑군 누방현(嶁方縣)에서 나온다고 하여 양자를 구분하고 있다. 이처럼 『한서』 지리지나 『설문해자』는 모두 패수(沛水)와 패수(浿水)를 별도의 강으로 구별한 것이다.[93]

번한현의 패수(沛水)는 새외에서 발원한 반면, 낙랑군의 패수(浿水)는 군현 경내에서 발원하는 강이다. 새외에서 발원한 강이 군현을 경유하여 바다로 들어간 것은, 요하와 같이 수로가 긴 경우에 해당할 것이다. 하지만 박천강이나 어니하는 수로가 길지 않으며, 각각 청천강과 청하에 합류하는 지류라는 점에서 문제가 있다.

진풍을 제외한 청의 고증학자들은 패수(沛水)를 주로 망평(望平) 새외에서 발원하는 '대요수'(大遼水), 즉 지금의 요하 본류나 동요하에 비정해 왔다. 대표적으로 청말 양수경(楊守敬)은 『전한지리도』(前漢地理圖)[94]에서 동요하를 패수(沛水)로 보고, 번한현을 그 유역인 지금의 요녕성 창도현(昌圖縣)에 비정한 바 있다(그림 2 참조). 그림 2에서 보듯이 양수경은 현토군과 요동군 사이 북쪽 새외에서 발원하는 지금의 동요하를 패수(沛水)로 보고, 그 강이 요동군에 진입한 지금의 창도 지역에 번한현을 비정하였다.

이처럼 패수(沛水)를 동요하로 보는 설은 청말 오승지(吳承志)의 『한서지리지 수도도설보정』(漢書地理志水道圖說補正)에서도 확인된다. 특히 오승지는 진풍의 대정강설을 비판하면서, 박천은 낙랑군의 한가운데에 위치하는 지역으로 새

---

93 오강원, 1998, 「古朝鮮의 浿水와 沛水」, 『강원사학』 13 · 14합, 80~81쪽. 오강원은 浿水를 압록 강에, 沛水를 청천강에 각각 비정하고 있다.

94 楊守敬, 『前漢地理圖』 橫一縱二(1904~1911, 『歷代輿地圖』, 觀海堂).

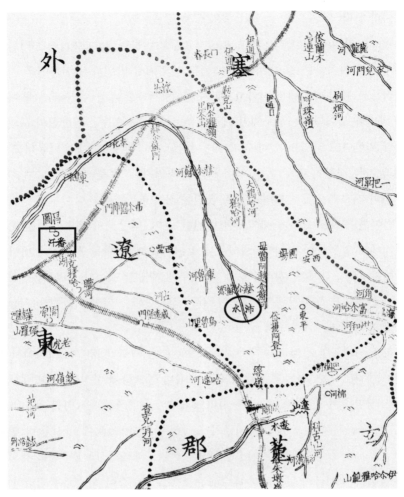

그림 2 양수경(楊守敬)의 번한현과 패수(沛水) 비정

(塞)와 전혀 가깝지 않다는 점을 강조하고 있다. 대정강의 발원지인 천마산은 압록강의 지류인 도로하(圖魯河)의 발원지와 근접하며, 그 동쪽에는 청천강과 대동강의 발원지가 가깝게 위치한다. 그러므로 청천강으로 비정되는 패수(浿水)와 압록강의 지류인 마자수가 모두 새내에서 발원하는데, 이와 인접한 그 사이의 대정강만 유독 새외에서 발원한다는 것은 불가능하다는 것이다. 그

러면서 요동군의 강 가운데 멀리 새외에서 발원하여 서남쪽으로 흐르는 강은 대요수(요하)를 제외하고는 합당한 것이 없다고 보고 있다.[95] 번한현의 위치를 구체적으로 언급하지 않았지만, 패수(沛水)=대정강(박천강)설의 문제점을 정확히 지적하고 패수(沛水)의 위치를 요동의 요하와 연결해 본 것이다.

패수(沛水)가 새외에서 발원한다는 『한서』의 기록을 존중한다면, 군현 지역 내에서 발원하는 하천은 비정에서 제외해야 한다. 『한서』 지리지 요동군 망평현에는, 대요수가 새외에서 발원하여 남쪽으로 안시(安市)에 이르러 바다에 들어간다고 하였다. 『한서』 지리지의 대요수는 내몽고 적봉 일대에서 발원하는 서요하로부터 연결되는 요하 본류를 가리킨다. 『한서』 지리지 요동군의 하수 가운데 새외에서 발원하는 또 하나의 강인 패수(沛水)는, 양수경의 비정과 같이 요동군 동북쪽 새외에서 발원하여 서남류하는 동요하로 비정하는 것이 합당하다. 이에 따라 번한현은 패수(沛水)가 요동군 경내로 들어오는 동요하 상류 지역에 비정하면 크게 틀리지 않을 것이다. 넓게 보아 철령(鐵嶺) 이북 요북 지역의 창도·개원 일대가 번한현의 범위에 포함된다고 볼 수 있다.

『한서』 지리지에서 문현과 번한현이 붙어서 기록되었다는 점을 중시하여, 두 지역이 인접해 있다고 생각할 수도 있다. 하지만 문현 바로 앞에는 압록강 하구의 서안평이 나오며, 또 그 앞에는 발해만 지역의 평곽(平郭)이 있다. 지리지의 기록 순서를 근거로 위치를 판단하기는 어려운 것이다. 이동설에서 지적하였듯이 조위 때 산동반도로 건너간 유민들 가운데 문현(文縣)·북풍현(北豊縣)·답현(沓縣)의 주민은 보이지만, 번한현 출신은 없었다는 점도 그 지역이 내륙 지역이었음을 시사해 준다.

번한현의 위치를 동요하유역 요북 지역(철령 이북 창도·개원)에 비정하면, 앞서 본 맥국의 위치와도 서로 연결된다. 앞서 보았듯이 『산해경』에서는 한수(漢水), 즉 대요수 동북쪽에 위치했던 맥국이 연에게 멸망당했다고 하였다. 연

---

95 吳承志, 『漢書地理志水道圖說補正』(『二十五史補編』 1, 中華書局, 1355~1356쪽).

의 공격 지역은 맥국의 지역에 해당한다. 이것은 연의 요동 진출 이후 조선의 경계가 된 만번한(번한)의 위치가 동요하유역이었다는 사실과도 일치하는 것이다.

5. 맺음말

최근 이동설의 이해처럼 연의 요동 진출로 고조선의 중심지가 함락되었다면, 과연 『위략』에서 그 서방을 공격하여 마침내 조선이 약화되었다라고 기록하였을까 하는 의문이 든다. 아마도 조선의 중심지가 함락되었다면 멸망시켰다고 기록하였을 것이다. '서방'이라는 표현은 연의 공격이 중심지까지 이르지 못했다는 것이다.

또한 『염철론』에서는 요동을 건너 조선을 공격하였다고 했는데, 요동에 고조선의 중심지가 있다고 보게 되면, 이 기록과 맞지 않게 된다. 기원전 282~기원전 280년 연장 진개의 조선 침공이 있기 직전의 상황을 전하는 『전국책』의 기록에서 연의 동쪽에 조선과 요동이 있다고 하여 두 지역을 구분하고 있는 점도 주의할 필요가 있다. 이러한 기록들은 당시 조선의 중심이 요동에 있지 않았고, 요동은 연의 침공을 받았던 조선의 서방에 해당함을 의미하는 것이다.

지금까지 살펴본 바에 따르면, 연의 요동 진출은 요북 지역의 동요하유역(철령 이북의 창도·개원)을 주축으로 하여 이루어졌던 것으로 이해된다. 즉 연장 진개가 침공한 지역은 고조선의 중심지가 아니라 조선의 서방인 『사기』의 고진번(진번조선의 진번), 『산해경』의 맥국이며, 그 지역은 요북 지역의 동요하유역이라고 판단된다. 진번(고진번)과 맥국은 동일한 실체의 다른 표기일 가능성이 높다.

다만 『사기』에서 연이 진번과 조선을 침공하였다고 하였으므로, 연의 침공 지역에 조선의 서변 지역이 포함되었던 것으로 이해된다. 『위략』에서 '만번한'에 이르러 연과 조선이 경계를 이루었다고 한 것도 조선의 서변이 요동에 있었음을 의미하는 것이다. '만번한'은 요동군 번한현과 관련된 지명으로, 그 위치는 양수경 등의 견해를 따르면 동요하가 요동군으로 유입하는 창도 일대로 비정된다. 『한서』 지리지에서 번한현에 있었다고 한 패수(한수)도 바로 동요하를 가리키는 것으로 판단된다. 따라서 연의 요동 진출 이후 조선과의 경계는 대체로 동요하(패수)를 자연 경계로 하여 형성되었다고 추정할 수 있다.

연의 침공으로 멸망한 맥국(고진번)은 요동 지역에 있던 조선 서방의 중심 세력이었던 것으로 보인다. 요동 지역은 산동 지역의 제와 바다로 교류하는 데도 유리한 지역이었다. 『관자』에서 문피(호피)의 산지로 거론된 '발조선'(發朝鮮)의 위치는 대체로 요동 지역 천산(千山) 산지와 관련된 것으로 추정된다.[96] 발조선은 전국시대 이후 더 이상 기록이 나타나지 않으며, 연의 요동 진출도 발조선과 제의 연결을 차단하기 위한 전략에서 이루어졌다.[97] 발(發)은 맥(貊)과 통하는 것으로 이해되기 때문에 발조선과 맥국(고진번)은 서로 연결될 가능성이 높다고 하겠다.

따라서 『위략』의 기록을 근거로 고조선의 중심지가 요동에서 평양으로 이동했다고 보기는 어려우며, 고조선의 서방이었던 요동의 고진번(맥국, 발조선) 지역에 연이 진출하면서 고조선의 영역(서변)에 변천이 있었다고 보는 것이 타당할 것이다.

---

[96] 박대재, 2014, 「古朝鮮과 齊의 해상교류와 遼東」, 『한국사학보』 57.
[97] 박대재, 2006, 앞의 글.

참고문헌

1. 국내 단행본

김정배, 2010, 『고조선에 대한 새로운 해석』, 고려대학교 민족문화연구원.

박대재, 2013, 『중국 고문헌에 나타난 고대 조선과 예맥』, 경인문화사.

박준형, 2014, 『고조선사의 전개』, 서경문화사.

부쩐, U. M., 1986, 『고조선』, 국사편찬위원회.

송호정, 2003, 『한국고대사 속의 고조선사』, 푸른역사.

신채호, 1948, 『조선상고사』, 종로서원; 1972, 『단재신채호전집』 상권, 단재신채호선생기념
    사업회; 1977, 개정판, 형설출판사.

이병도, 1976, 『한국고대사연구』, 박영사.

이종욱, 1993, 『고조선사연구』, 일조각.

2. 국내 논문

권오중, 2011, 「後漢 安帝期(106~125)의 遼東屬國」, 『중국고중세사연구』 25.

김남중, 2015, 「險瀆과 고조선의 관계」, 『한국사학보』 61.

김철준, 1978, 「古朝鮮社會의 政治勢力의 成長」, 『한국사』 2, 국사편찬위원회.

노태돈, 1990, 「고조선의 중심지 변천에 대한 연구」, 『한국사론』 23, 서울대학교 국사학과.

리지린, 1963, 「고조선의 위치에 대하여」, 『고조선에 관한 토론 론문집』, 과학원 출판사.

박대재, 2006, 「古朝鮮과 燕·齊의 상호관계」, 『사학연구』 83.

_____, 2014, 「古朝鮮과 齊의 해상교류와 遼東」, 『한국사학보』 57.

_____, 2016, 「箕子朝鮮과 小中華」, 『한국사학보』 65.

박선미, 2009, 「고조선의 강역과 중심지」, 『고조선사 연구 100년-고조선사 연구의 현황과
    쟁점-』, 학연문화사.

박준형, 2012, 「기원전 3~2세기 고조선의 중심지와 서계의 변화」, 『사학연구』 105.

배진영, 2005, 「燕國의 五郡 설치와 그 의미」, 『중국사연구』 36.

서영수, 1988, 「古朝鮮의 위치와 강역」, 『한국사 시민강좌』 2, 일조각.

_____, 1999, 「古朝鮮의 對外關係와 疆域의 移動」, 『동양학』 29-1.

송호정, 2010, 「古朝鮮의 位置와 中心地 문제에 대한 고찰」, 『한국고대사연구』 58.

오강원, 1996·7, 「古朝鮮 位置比定에 관한 研究史的 檢討(1)·(2)」, 『백산학보』 47·48.

_____, 1998, 「古朝鮮의 浿水와 沛水」, 『강원사학』 13·14합.

_____, 2011, 「歷史와 考古學的 측면에서 본 《山海經》〈海內西經〉 貊國의 實體」, 『동아시아문화연구』 49.

윤용구, 2017, 「《史記》·《漢書》注文의 '古朝鮮' 관련 기사」, 『한국고대사연구』 85.

이병도, 1933, 「浿水考」, 『靑丘學叢』 13.

조법종, 2006, 「고조선의 사회와 영역」, 『고조선·고구려사 연구』, 신서원.

황철산, 1963, 「고조선의 위치와 종족에 대하여」, 『고조선에 관한 토론 론문집』, 과학원 출판사.

3. 국외 단행본

譚其驤 主編, 1988, 『《中國歷史地圖集》 釋文匯編·東北卷』, 中央民族學院出版社.

孫進己 主編, 1988, 『東北歷史地理』 上, 黑龍江人民出版社.

矢木毅, 2012, 『韓國·朝鮮史の系譜－民族意識·領域意識の變遷をたどる－』, 塙書房.

陳平, 1995, 『燕事紀事編年會按』, 北京大學出版社.

4. 국외 논문

大原利武, 1933, 「浿水考」, 『滿鮮に於ける漢代五郡二水考』, 近澤書店.

劉子敏, 1996, 「戰國秦漢時期遼東郡東部邊界考」, 『社會科學戰線』 1996-5.

白鳥庫吉·箭內亘, 1913, 「漢代の朝鮮」, 『滿洲歷史地理』 1, 南滿洲鐵道株式會社.

蘇衛國·張旗, 2013, 「有關東漢遼東屬國問題的一些看法」, 『鞍山師範學院學報』 15-5.

王宗維, 1983, 「漢代的屬國」, 『文史』 20, 中華書局.

劉子敏·金榮國, 1995, 「《山海經》 貊國考」, 『北方文物』 1995-4.

池內宏, 1951, 「眞番郡の位置について」, 『滿鮮史硏究』上世編, 祖國社.

肖忠純, 2010, 「古代文獻中的"遼澤"地理範圍及下遼河平原遼澤的特點成因分析」, 『北方文物』2010-3.

秋葉岩吉, 1913, 「漢代の滿洲」, 『滿洲歷史地理』1, 南滿洲鐵道株式會社.

3장

위만조선의 영역 구조와 한군현

1. 머리말

『사기』조선전에 원봉 3년(기원전 108) 한 무제가 조선을 평정하고 그 지역에 4군을 설치한 사실이 기록되어 있지만 구체적인 군명은 보이지 않는다. 『한서』무제본기와 조선전에서 진번(眞番)·임둔(臨屯)·낙랑(樂浪)·현토(玄菟)라고 군명을 적기하고, 소제본기에서는 시원 5년(기원전 82)에 담이군(儋耳郡, 지금 중국 해남도)과 함께 진번군을 파하고, 원봉 6년(기원전 75) 정월에 요동 현토성을 쌓은 사실을 기록하였다. 요동 현토성은 이맥(夷貊)의 침공에 의해 현토군을 고구려의 서북으로 옮겼다는 『삼국지』동이전의 기록과 연결해 제2현토군치로 보는 것이 일반적이다.[1]

한편 『한서』오행지에서는 원봉 6년(기원전 105) 가을 누리가 있었는데 그전에 두 장군(좌장군, 누선장군)이 조선을 정벌하고 '삼군'(三郡)을 열었다고 하였

---

[1] 이병도, 1930, 「玄菟郡及臨屯郡考」, 『史學雜誌』 41-4; 1976, 『한국고대사연구』, 박영사, 159쪽. 玄菟郡의 독음을 그동안 "玄菟=丸都"와 연결해 '현도군'이라고 읽는 경우가 많았으나(이병도, 같은 책, 189쪽), 청대 금석학자 吳式芬(1796~1856)의 구장품으로 현재 산동성박물관에 소장되어 있는 「漢玄菟太守虎符」(王冬梅, 2016, 「山東博物館藏玄菟太守虎符解讀」, 『文物天地』 2016-9, 77쪽)의 '玄菟' 명문에 착안하여 이 글에서는 '현토군'으로 읽고자 한다. 菟는 『설문해자』에 없는 글자로 菟와 兔는 음이 같아 서로 바꾸어 썼던 통가자였다.

다. 이에 대해 안사고(顏師古)는 본기에 근거해 '사군'(四郡)의 착오라고 보았지만, 이를 그대로 따르기도 한다. 또한 『한서』 지리지에는 현토군이 원봉 4년(기원전 107)에 개설되었다고 하여, 조선전에서 4군이 동시에 설치된 것처럼 기록된 것과 차이가 나기도 한다.

『후한서』 동이전에는 소제 시원 5년에 임둔과 진번을 파해 낙랑과 현토에 병합하였다고 하여, 임둔·진번 2군이 동시에 폐지된 것으로 나온다. 그 후 낙랑군의 동변과 남변에 동부도위(東部都尉)와 남부도위(南部都尉)가 각각 설치되었다가 광무제 건무 6년(30)에 폐지된 사실은 『한서』 지리지와 『삼국지』 동이전을 통해 확인할 수 있다.

낙랑·진번·임둔·현토 4군의 병립은 원봉 4년부터 시원 5년까지 25년간 이루어졌으며 그 이후에는 폐합과 이치를 반복하며 큰 변화를 겪었다. 이보다 앞서 원삭 원년(기원전 128)에도 창해군(蒼海郡, 滄海郡)이 설치되었다가 2년 만에 폐지되기도 하였다.

군현의 폐합은 이민족의 주거지에 설치된 변군에서 자주 나타나는 현상으로 그 지방 토착사회의 저항 등 군현 설치 이전 지역체제가 완전히 해체되지 않은 데서 기인하는 것이다. 따라서 한군현의 폐합을 맥락적으로 이해하기 위해서는 군현 설치 이전 위만조선 시기의 영역 구조 내지 지역 세력의 존재 양태에 대한 이해가 필요하다.

기존 연구에서는 위만조선과 한군현을 계기적으로 이해하지 못하고 분리해 보는 경향이 강하였다. 위만조선이 한에 의해 멸망함에 따라 설치된 중국 군현이라는 점에서 낙랑군 등은 한국사의 흐름에서 단절적이고 이질적인 존재로 파악되었다. 식민주의 역사학에서는 타율성론에 입각해 낙랑군을 토착사회에 대한 지배 기관이라고 본 반면, 민족주의 역사학에서는 토착사회의 저항에 의한 낙랑군의 축소 과정에 초점을 맞춰 보았다. 양자 모두 중국계 지배 세력과 토착 원주민사회를 이항대립 관계로 본다는 데 공통점이 있다.[2]

하지만 최근 알려진 초원 4년(기원전 45)에 작성된 낙랑군 호구부를 통해 위만조선 시기의 지역 구분이 낙랑군 편제에도 유지되고 있었음이 알려지면서,[3] 위만조선과 한군현의 관계를 계기적으로 파악해 볼 수 있는 발판이 마련되었다. 고고학적으로도 위만조선과 낙랑군의 문화를 명확히 구분하기 어렵고, 낙랑군 시기에도 토착적인 세형동검 문화는 1세기 가까이 지속되었다. 사회문화사의 관점에서 보면 위만조선과 낙랑군은 계기적으로 이해할 수 있다.

아래에서는 한군현 설치 초기 폐치분합 과정을 위만조선의 영역 구조와 연결해 보는 관점에서 접근해 보고자 한다. 그동안 많이 논의되었던 위치 비정 문제보다는 영역 내 지역 세력의 존재에 의해 형성된 공간 구조를 파악하는 데 초점을 맞춰 보고자 한다.

2. 위만조선의 영역 구조와 지역 세력

진번과 임둔의 지명이 위만조선 시기부터 있었음은 주지의 사실이다. 위만이 집권 초기에 한으로부터 병위 재물을 얻어 그 주변 '소읍'(小邑)을 병합하니 진번과 임둔도 복속하였다.[4] 위만에게 복속한 진번과 임둔에 대해 사마정의 『사기색은』에서는 '동이소국'(東夷小國)으로 뒤에 군이 되었다고 하였다. 이를 통해 진번과 임둔은 위만조선의 소읍(소국)으로 한군현 시기까지 지역 정체성이 이어졌음을 알 수 있다.

이에 앞서 위만이 망명 초기 진고공지(秦故空地)에 머물 때 진번·조선의 만

---

2 박대재, 2014, 「樂浪郡과 고조선 유민」, 『낙랑고고학개론』, 중앙문화재연구원 엮음, 진인진, 30~32쪽.

3 손영종, 2006, 『조선단대사-고구려사 1-』, 과학백과사전출판사, 118~124쪽; 윤용구, 2010, 「낙랑군 초기의 군현 지배와 호구 파악」, 『낙랑군 호구부 연구』, 동북아역사재단, 153~202쪽.

4 『사기』 권115 조선열전, "會孝惠高后時天下初定 遼東太守即約滿爲外臣 保塞外蠻夷 無使盜邊 諸蠻夷 君長欲入見天子 勿得禁止 以聞 上許之 以故滿得兵威財物 侵降其旁小邑 眞番臨屯皆來服屬 方數千里".

이와 옛 연·제의 망명자들을 역속하였는데, 여기의 진번(고진번)은 위만조선 시기의 진번과는 구분되는 집단으로 조선 서방(요동)에 있다가 연의 침공을 받은 맥국(貊國), 즉 발조선(發朝鮮)의 주민들로 추정된다.[5]

『사기』조선전에 따르면 위만은 먼저 진번·조선의 유민과 중국계 망명인들을 복속시켜 왕이 되고 왕험성에 도읍한 후 주변 소국(소읍)인 임둔과 진번을 복속시킴으로써 사방 수천 리의 영역을 확보하게 되었다. 위만의 손자 우거왕 때 진번 옆 여러 국 또는 진국(辰國)[6]과 한의 교통을 막자 원봉 2년 한의 군사적 위협이 시작되었고 결국 1년 만에 위만조선은 멸망하였다. 이를 통해 위만조선 말기까지 진번이 지역 세력으로 기능하고 있었음을 확인할 수 있다. 『사기』화식전에는 연 동쪽 세력으로 예맥(穢貉, 濊貊), 조선, 진번이 보이는데,[7] 여기의 진번도 위만조선 시기의 지역 세력으로 이해된다.

위만조선의 지역 중심지(소읍)로서 진번은 주로 그 남쪽의 진국 내지 삼한과의 통교를 관장하고 황해 지역의 해산물을 중앙에 공급하는 기능을 하였던 것으로 짐작된다. 진번 옆 여러 국(진국)이 중국과 통교하려고 한 것이나 조선상 역계경이 진국으로 망명한 후 조선·진번과 왕래하지 않았다는 것은 진번이 중간 창구였음을 시사해 준다.

지역 중심지인 소읍 주변에는 일반 읍락들이 분포하였다. 『사기』에 '읍락' 용어가 보이지 않지만, 향(鄕)보다 작은 규모의 취(聚)가 읍락에 해당한다.[8] 도

---

5   박대재, 2014, 「古朝鮮과 齊의 해상교류와 遼東」, 『한국사학보』 57, 34~35쪽; 2017, 「고조선 이동설에 대한 비판적 검토」, 『동북아역사논총』 55, 37~45쪽. 맥국이 연에 의해 멸망되었다고 한 기록은 『산해경』 해내서경에 보인다(박대재, 『중국 고문헌에 나타난 고대 조선과 예맥』, 경인문화사, 2013, 260~262쪽). 고진번과 위만조선 시기 진번의 관계에 대한 연구사 검토는 조원진, 2021, 「고대 진번의 변천 연구」, 『선사와 고대』 66 참조. 이 책의 Ⅲ-2장(고조선 이동설에 대한 비판적 검토) 참조.

6   『사기』 조선전의 판본에 따라 "眞番旁衆國"(남송본) 또는 "眞番旁辰國"(북송본)으로 보인다. 이에 대한 검토는 박대재, 2005, 「三韓의 기원에 대한 사료적 검토」, 『한국학보』 119, 5~11쪽 참조.

7   『사기』 권129 화식열전, "夫燕亦勃碣之間一都會也 南通齊趙 東北邊胡 上谷至遼東 地踔遠 人民希 數被寇 大與趙代俗相類 而民雕捍少慮 有魚鹽棗栗之饒 北鄰烏桓夫餘 東綰穢貉朝鮮眞番之利".

읍-소읍-읍락의 분층적 구조로 이루어진 위만조선의 영역에서 진번과 임둔
은 중간 단계의 지역 중심지로 기능하였으며, 이들의 정체성은 위만조선 멸
망 후 군현체제에서도 유지되었다.

『설문해자』에서 노어(鱸魚), 첩어(鯜魚), 미어(鮇魚), 국어(鮷魚), 사어(鯋魚), 낙어
(鱳魚) 등이 난다고 한 낙랑반국(樂浪潘國)은 낙랑군으로 폐합된 후의 진번을 가
리키는 것으로 보인다. 진번은 『사기』에 '진번'(眞藩)[9]으로도 보여 반국(번국)이
진번일 가능성을 높여 준다.[10] 이는 풍부한 어류의 산지인 황해도 일대에 진
번군을 비정하는 데 중요한 근거가 되기도 하였다. 『설문해자』가 편찬된 시
기는 이미 진번군이 폐합된 지 200년 가까이 지난 시점이지만 여전히 진번의
지역 정체성은 이어진 것이다.

임둔도 위만조선 말기까지 지역 세력으로 기능하다가 임둔군으로 재편되
었던 것으로 보인다. 위만이 조선의 왕일 때 옥저가 그에 속하였다거나,[11] 또
예(동예)·옥저·구려가 모두 조선의 지역이었다고 한 기록[12]을 보면 임둔이
위만조선의 영역이었음은 분명해 보인다. 옥저 지역이 임둔의 범위에 포함
되는지에 대해선 논쟁이 있지만, 임둔의 중심지인 동예 지역이 위만조선의
영역이었다가 군현 설치 이후 부조현(옥저)을 제외한 나머지 영동 6현이 그곳
에 설치된 것에 대해선 이론이 없다.

---

8 '읍락' 용어는 『삼국지』 이후에 보이지만, 조위 張晏의 『한서』 주를 통해 한대의 '聚'가 그에 해
  당함을 알 수 있다(『한서』 권12 평제기 원시 3년, "郡國日學 縣道邑侯國日校 校學置經師一人 鄉日庠 聚日序
  [張晏曰 聚邑落名也 師古曰 聚小於鄉 聚音才喩反] 序庠置孝經師一人").

9 『사기』 권130 태사공자서, "燕丹散亂遼間 滿收其亡民 厥聚海東 以集眞藩 葆塞爲外臣 作朝鮮列傳第
  五十五".

10 『설문해자』의 판본에 따라 樂浪潘國이 樂浪番國으로도 보인다. 番國을 외이의 국읍, 즉 藩國으
  로 파악하기도 하지만, "鮷魚也 皮有文 出樂浪東暆"와 같이 낙랑 뒤에 구체적인 특산물 산지명
  이 나온다는 점에서 潘(番)도 진번의 약칭이라고 봄이 자연스럽다.

11 『삼국지』 권30 동이전 동옥저, "漢初 燕亡人衛滿王朝鮮 時沃沮皆屬焉".

12 『후한서』 권85 동이열전 예, "濊北與高句驪沃沮 南與辰韓接 東窮大海 西至樂浪 濊及沃沮句驪 本皆朝
  鮮之地也".

진번군의 위치에 대해선 20세기 초까지 재북(고구려고지)설이 꾸준히 제기되어 왔으나, 『사기』 조선전의 "진번 옆 여러 국(진국)" 기록이 재조명되면서 진국과 지리적으로 인접한 자비령 이남 지역에 비정하는 안이 널리 받아들여지고 있다.[13]

　통설에 따라 임둔과 진번을 동해안 지역과 황해도 지역에 각각 비정하게 되면 위만조선의 영역은 한반도 북부를 거의 포괄하는 넓은 범위가 되며, 이는 사방 수천 리였다는 『사기』의 표현과도 일치한다. 위만조선의 영역이 단단대령(낭림산맥)과 자비령(언진산맥)에 의해 자연 구획되면서 임둔과 진번이 중앙의 통제로부터 반자립적인 지역 세력으로 기능할 수 있었다.

　위만조선은 아직 군현제적인 지방제도가 정비되어 있지 않았던 초기국가의 중층적인 영역 구조로 이루어졌던 것으로 짐작된다. 일반적으로 초기국가는 중앙집권국가의 일원적 구조와 달리 3개 층위―국가적, 지역적, 지방적 수준―의 중층적 구조로 이루어져 있었다고 이해된다.[14]

　한국사에서 초기국가의 중층적 구조는 진번과 임둔 등의 소읍이 분포하던 위만조선 단계부터 확인된다.[15] 소읍은 위만조선에 복속되어 있던 군장사회(chiefdom) 이상의 지역 정치체로 이해되는데,[16] 이는 위만조선의 국가 구조가 중앙집권적인 구조와는 상당히 거리가 있었음을 보여 준다. 조선상(朝鮮相)·이계상(尼谿相) 등의 '상'은 중앙에서 파견된 지방관이라기보다 각 지역에 기반이 있는 지역 집단의 족장 출신으로 중앙에 편제된 세력으로 이해할 수 있다.[17]

13　今西龍, 1970, 「眞番郡考」, 『朝鮮古史の硏究』, 國書刊行會; 이병도, 1976, 앞의 책.

14　H. J. M. Claessen, 2004, "Was the State Inevitable?" *The Early State, Its Alternatives and Analogues*, L. E. Grinin et al. (eds.), Volgograd: "Uchitel" Publishing House, p.74.

15　박대재, 2013, 「국가형성기의 복합사회와 초기국가」, 『선사와 고대』 38, 271~272쪽.

16　김정배, 1987, 「사기 조선열전 역주」, 『중국정사조선전 역주 1』, 국사편찬위원회, 34쪽.

17　송호정, 2003, 『한국고대사 속의 고조선사』, 푸른역사, 416쪽; 2020, 「위만조선의 정치체제와 삼국초기의 부체제」, 『다시 쓰는 고조선사』, 서경문화사, 249쪽.

조선상 역계경의 망명 기록[18]에서 보듯이 2000호 정도의 주민 집단을 거느린 상은 1만여 명의 인구수로 보아도 군장 정도의 세력으로 판단된다. 지역 기반을 가지고 있던 지역 군장이면서 동시에 중앙에서 상으로 활동하던 고위자로, 이러한 지역 군장의 이탈은 중층적인 영역 구조의 초기국가에서는 종종 나타나는 현상이다. 기원전 128년에 있었던 예군남려 등의 이탈이나, 위만조선의 멸망 과정에 나타난 이계상 참(參)의 반역도 지역 군장이 가지고 있던 자립성의 결과라고 볼 수 있다.

역계경·예군남려·이계상 등은 진번이나 임둔 등 지역 중심 세력(소읍)과 구분되는 제3의 세력이라고 할 수 있는데, 이들은 상대적으로 변경지대(변읍)에 위치하며 원심성이 더 강한 세력이었던 것으로 생각된다. 제3의 변경 세력은 진번보다 임둔 지역에 더 많이 분포하였을 것으로 추정된다.

임둔 지역이 단단대령에 의해 지리적으로 격절한 데다가『삼국지』동이전(동예)의 책화 풍속에서 엿볼 수 있듯이 산천을 경계로 읍락들이 할거하여 대군장이 출현하기 어려웠던 동해안 지역의 특성을 고려하면 지역사회 구성이 진번 지역보다 복잡하였음은 충분히 짐작된다. 예군남려의 존재가 변경 세력의 대표적인 예라고 할 수 있는데, 이에 대해선 예맥의 정체성과 관련하여 다음 절에서 살펴보고자 한다.

3. 예맥의 정체성과 창해군의 지역성

1) 예맥의 정체성과 분포 지역

25년간 병립했던 한사군의 강역은 대부분 위만조선과 그에 복속해 있던

---

18 『삼국지』권30 동이전 한 배송지주 인용 위략, "初 右渠未破時 朝鮮相歷谿卿以諫右渠不用 東之辰國 時民隨出居者二千餘戶 亦與朝鮮貢[眞]蕃不相往來".

지역 세력(소읍)의 강역으로 한의 무위(武威)에 풍미된 주변 지방도 일부 포함되었을 것이다. 위만조선의 중심 지역에 낙랑군을 설치하고, 그에 복속해 있던 진번고지에 진번군을, 임둔고지에 임둔군을 설치한 것이다.

그런데 현토군 지역이 본래 위만조선에 복속해 있던 어떤 세력의 근거지였는지 아니면 위만조선과 관계없이 한이 새롭게 정복한 지역인지는 논란이 되어 왔다. 『사기』를 통해 진번과 임둔은 위만조선의 지역 세력으로 확인되지만 현토는 따로 보이지 않기 때문에 일견 한이 새로 개척한 지역처럼 보이기도 한다. 물론 『삼국지』 동이전에는 현토군을 옥저 지역에 설치하였고 옥저는 본래 위만조선에 복속되어 있었다고 한 기록이 있어,[19] 이를 따르면 현토군 지역도 위만조선의 영역이었다고 이해할 수 있다. 하지만 이 기록의 취사선택을 둘러싸고 논의가 분분하다.

『사기』 조선전과 『삼국지』 동이전의 기록을 그대로 따르면 4군이 모두 위만조선의 영역임은 자명해 보인다. 조선 후기에도 진번·임둔군의 위치 비정에는 다소 시각차가 있었지만 대체로 한사군의 범위 모두를 조선의 고지로 파악하였다. 이와 같은 맥락에서 시라토리 구라기치[白鳥庫吉]는 '조선사군'(朝鮮四郡)을 대개 조선국 영내 국별(조선, 진번, 임둔, 옥저)로 설치된 것으로 파악하였다.[20]

그런데 이병도에 의해 현토군의 위치가 동해안의 옥저 지역이 아니라 압록강 북쪽의 고구려 지역에 새롭게 비정되면서, 현토군 지역은 위만조선 영역 밖에 있었던 예맥(예군남려)의 근거지였으며 낙랑·진번·임둔 3군만이 본래 위만조선의 영역이었다고 파악되었다.[21]

---

19 『삼국지』 권30 동이전 동옥저, "漢初 燕亡人衛滿王朝鮮 時沃沮皆屬焉 漢武帝元封二年 伐朝鮮 殺滿孫右渠 分其地爲四郡 以沃沮城爲玄菟郡".

20 白鳥庫吉, 1912, 「漢の朝鮮四郡疆域考」, 『東洋學報』 2-2; 1913, 『滿洲歷史地理』 1; 1970, 『白鳥庫吉全集』 3(朝鮮史硏究), 岩波書店, 295~299쪽.

21 이병도, 1976, 앞의 책, 169~176쪽.

『사기』흉노전의 "是時 漢東拔穢貉朝鮮以爲郡" 기록과『한서』오행지의 "先是 兩將軍征朝鮮開三郡" 기록을 주목하여, 조선 영역에 3군이 설치되고 그와 구별되는 '예맥' 지역에 1군이 따로 설치되었다고 본 것이다. 예맥 지역에 설치된 현토군이 3군보다 1년 늦게 설치된 것도 그 지역이 원래 조선의 영역이 아니라 고구려예맥의 지역이었기 때문이라고 본다. 전한 대의 예맥은 압록강·혼강(동가강)유역에 웅거한 고구려예맥사회를 가리키는 것이며, 현토군의 첫 치소(고구려현)도 고구려예맥사회의 중심지인 압록강 중류의 통구 평야(집안)에 있었다고 보았다.

이처럼 현토군을 제외한 3군만 위만조선의 영역이었다고 보면 위만조선과 한의 경계 비정에서 압록강유역은 자연히 제외된다. 이병도가 한과 조선의 경계인 패수(浿水)를 청천강으로 비정해 보는 것도, 그 이북 현토군 지역을 위만조선의 영역에서 제외하기 때문이다. 따라서 현토군 지역의 귀속 문제는 위만조선의 영역 범위를 이해하는 데 중요한 전제가 된다.

이병도는 예맥의 고대음 "Khouei-mai"와 고구려를 가리키는 "고마/개마(蓋馬)"가 서로 일치함을 근거로 현토군을 고구려(예맥) 지역에 비정하였다. 또한 기원전 128년 예군남려 지역에 설치된 창해군을 현토군의 전신으로 보면서, 예군남려의 '예'(薉, 穢)도 고구려 지역의 예맥을 가리킨다고 보았다.

이병도는 한의 정벌 대상을『사기』흉노전에 따라 예맥과 조선이라고 보았지만,『사기』무제본기에는 조선이라고만 명시하였다.[22] 또한『한서』오행지를 따라 조선 지역에 3군이 설치되었다고 보았지만,『한서』무제본기에는 4군을 설치하였다고 하였다.[23] '삼군'은 안사고의 지적처럼 '사군'의 오류라고 보거나, 정복 직후 기원전 108년에 먼저 설치한 낙랑·진번·임둔의 3군을 가리킨다고 보는 것이 타당할 것이다.『한서』천문지[24]와 위현(韋賢)전[25]에서 조

---

22 『사기』권12 효무본기, "其明年 伐朝鮮 夏旱 公孫卿曰 黃帝時封則天旱 乾封三年 上乃下詔曰 天旱 意乾封乎 其令天下尊祠靈星焉".

23 『한서』권6 무제기 원봉 3년, "夏 朝鮮斬其王右渠降 以其地爲樂浪臨屯玄菟眞番郡".

선을 정벌하고 낙랑군과 현토군을 설치하였다고 한 것을 보아도 『한서』 편찬자는 현토군 역시 조선의 고지로 인식했음을 확인할 수 있다.

『한서』 본기에는 원봉 3년(기원전 108)에 4군을 동시에 설치한 것처럼 나오지만, 『한서』 지리지에는 현토군이 1년 뒤 따로 설치된 것으로 보인다. 지리지에 따라 원봉 4년에 현토군이 따로 설치되었다고 보는 경향이 강하지만,[26] 본기를 따라 원봉 3년에 동시에 설치되었다고 보기도 한다.[27] 하지만 1년의 시차를 이유로 현토군이 위만조선의 영역이 아니었다고 보기는 어렵다.

『한서』 지리지에 근거하면 현토군이 고구려 지역과 밀접한 관련이 있는 것으로 보이지만 주지하듯이 『한서』 지리지의 군현 편제는 한 성제 원연·수화 사이(기원전 9~기원전 8), 호구 수는 한 평제 원시 2년(2)의 자료에 기초한 것이다. 따라서 이 기록을 근거로 현토군 설치 초기의 상황을 판단하기는 어렵다.

이병도는 전한 시기 예맥(예군남려 세력)을 고구려의 전신으로 보며 그 분포 범위를 압록강유역에 비정하였다. 전한 시기의 예맥을 『후한서』 및 『삼국지』의 예맥과 지역적으로나 시기적으로 구분해 보는 것이다. 예군남려의 세력을 예맥이라고 보는 것은 순열(荀悅)의 『한기』(漢紀)에 '예맥군남려'(穢貊君南閭)로도 나오므로 동의할 수 있지만, 그 근거지가 고구려 지역이었는지는 논의가 필요하다.

---

24 『한서』 권26 천문지, "元封中 星孛于河戌 占曰 南成爲越門 北戌爲胡門 其後漢兵擊拔朝鮮 以爲樂浪玄菟郡 朝鮮在海中 越之象也 居北方 胡之域也".

25 『한서』 권73 위현전, "孝武皇帝愍中國勞無安寧之時 乃遣大將軍驃騎伏波樓船之屬 南滅百粵 起七郡 北攘匈奴 降昆邪十萬之衆 置五屬國 起朔方 以奪其肥饒之地 東伐朝鮮 起玄菟樂浪 以斷匈奴之左臂 西伐大宛 並三十六國 結烏孫 起敦煌酒泉張掖 以鬲婼羌 裂匈奴之右肩".

26 장병진, 2015, 「초기 고구려의 주도세력과 현도군」, 『한국고대사연구』 77, 14쪽. 일본 학계에서도 稻葉岩吉(1935, 「漢四郡問題の考察」, 『增訂滿洲發達史』, 日本評論社, 21쪽) 이후 일반적으로 원봉 4년에 현토군이 따로 설치되었다고 본다(田中俊明, 「高句麗の興起と玄菟郡」, 『朝鮮文化研究』 1, 1994, 44쪽).

27 중국 학계에서는 대체로 원봉 3년에 4군이 동시에 설치되었다고 이해한다(周振鶴, 1987, 『西漢政區地理』, 人民出版社; 2017, 商務印書館, 235~236쪽).

『사기』 화식전에서 조선·진번과 함께 언급된 예맥은 『관자』 소광편의 '예맥'(穢貊) 기록을 제외하면,[28] 중국 문헌에서 처음 보이는 사례이다. 『사기』 흉노전에도 예맥이 보이는데,[29] 화식전과 마찬가지로 조선과 함께 기록되어 있다.[30] 이처럼 예맥이 조선과 함께 기록에 나타나기 시작한다는 것은 그 정체성이 조선과 밀접히 연관된 존재임을 시사해 준다. 조선과 예맥이 병기된 예는 『한서』에서도 확인된다.[31]

창해군 설치 직전 원광 연간(기원전 134~기원전 129) 엄안(嚴安)이 무제에게 올린 상서에 언급된 예주(薉州, 濊州)[32]는 예맥의 거주지로 조선의 이칭일 수도 있고,[33] 그 직후 내속한 예군남려의 지역일 수도 있다.[34] 시기적으로 보면 창해군 설치와 인접해 있다는 점에서 후자의 가능성이 좀 더 높아 보인다. 이 무

---

28 『관자』 소광편에는 제 환공이 자신의 사방 정벌을 과시하는 언급에서 북쪽으로 고죽, 산융, 예맥에 이르렀다는 표현이 보인다. 소광편 앞부분에도 이와 비슷한 기록이 보이는데, 거기서는 예맥이 보이지 않고 산융·영지·고죽 등만 보인다. 두 기록을 비교해 보면 예맥은 卑耳之貉(貉의 誤)의 오기로 추정된다. 이는 동일 사실을 전하는 『國語』 齊語에서 예맥이 보이지 않는 데서도 확인할 수 있다(박대재, 2013, 『중국 고문헌에 나타난 고대 조선과 예맥』, 경인문화사, 149~161쪽).

29 『사기』 권110 흉노전, "諸左方王將居東方 直上谷以往者 東接穢貉朝鮮 右方王將居西方 直上郡以西 接月氏氐羌 … 漢使楊信於匈奴 是時 漢東拔穢貉朝鮮以爲郡 而西置酒泉郡以鬲絕胡與羌通之路".

30 『사기』 평준서에 보이는 "彭吳賈滅朝鮮 置滄海之郡 則燕齊之間 靡然發動"의 '滅朝鮮'도 일반적으로 '濊朝鮮'의 오자로 이해한다(錢大昕, 1964, 「史記考異」, 『廿二史考異』 1, 藝文印書館). '예조선'도 '예맥조선'과 같은 용례로 볼 수 있다.

31 『한서』 권24하 식화지, "彭吳穿穢貉朝鮮 置滄海郡 則燕齊之間 靡然發動"; 『한서』 권28하 지리지 燕地, "上谷至遼東 地廣民希 數被胡寇 俗與趙代相類 有魚鹽棗栗之饒 北隙烏丸夫餘 東賈眞番之利 玄菟樂浪 武帝時置 皆朝鮮濊貉句驪蠻夷"; 『한서』 권75 夏侯勝傳, "宣帝初即位 欲襃先帝 詔丞相御史曰 朕以眇身 蒙遺德 承聖業 奉宗廟 夙夜惟念 孝武皇帝躬仁誼 厲威武 北征匈奴 單于遠遁 南平氐羌昆甌駱兩越 東定薉貉朝鮮 廓地斥境 立郡縣".

32 『사기』 권112 주부언전, "嚴安上書曰 … 今欲招南夷 朝夜郎 降羌僰 略濊州 建城邑 深入匈奴 燔其龍城 議者美之 此人臣之利也 非天下之長策也"; 『한서』 권64하 엄안전, "今徇南夷 朝夜郎 降羌僰 略薉州 建城邑 深入匈奴 燔其龍城 議者美之 此人臣之利 非天下之長策也".

33 박준형, 2014, 『고조선사의 전개』, 서경문화사, 261쪽.

34 吉本道雅, 2009, 「濊貊考」, 『京都大學文學部研究紀要』 48, 6쪽; 이준성, 2020, 「濊君 南閭의 동향과 滄海郡·玄菟郡 설치」, 『백산학보』 116, 99쪽.

럽 『한서』 무제기에는 남이도(南夷道) 개척(기원전 130)이나 용성(龍城, 籠城) 공격 (기원전 129) 등 주변 지역에 대한 진출이 기재되어 있는데 예주 역시 새로 개척한 창해군 지역을 가리키는 것으로 보인다.

한편 『염철론』 지광편에는 조선과 예맥이 한 문장 안에서 보인다.[35] 이 기록은 한 소제 시원 6년(기원전 81)에 열린 염철 회의를 정리한 것으로 시기상 진번군과 임둔군이 폐합된 직후다. 여기서 예맥은 앞에 나온 조선이나 임둔[36]에 대한 범칭일 수도 있지만, 서남이와 남이의 상황을 기록한 앞 문장의 구조와 비교해 보면 공(邛)·작(笮), 구(甌)·낙(駱) 등과 마찬가지로 구체적인 지칭으로 보인다. 연·제가 예맥에서 곤궁해졌다는 표현은 창해군 설치 과정을 서술한 부분에서도 보이는데, 둘을 연결해 보면 예맥은 공·작 등과 같은 험지인 창해군 지역을 의미한다고 볼 수 있다.

기원전 2세기 후반 편찬된 『회남자』 원도훈(原道訓)[37]에 보이는 '예구'(穢裘)의 예도 넓은 의미에서는 위만조선을 가리키지만 좁은 의미에서는 그에 복속되어 있던 동해안의 임둔을 가리키는 것으로 이해할 수 있다.[38]

1956년 평양시 정백동 1호분(목곽묘)에서 출토된 「부조예군」(夫租薉君) 인장은 부조(夫租, 沃沮)[39] 지역이 낙랑군 동부도위 아래 있던 시기(기원전 75~30) 그

---

35 『염철론』 지광, "文學曰 秦之用兵 可謂極矣 蒙恬斥境 可謂遠矣 今踰蒙恬之塞 立郡縣寇虜之地 地彌遠 而民滋勞 朔方以西 長安以北 新郡之功 外城之費 不可勝計 非徒是也 司馬唐蒙鑿西南夷之塗 巴蜀弊於邛 笮 橫海征南夷 樓船戍東越 荊楚罷於甌駱 左將伐朝鮮 開臨洮 燕齊困於穢貉 張騫通殊遠 納無用 府庫之藏 流於外國 非特斗辟之費 造陽之役也 由此觀之 非人主用心 好事之臣 爲縣官計過也".

36 『염철론』 원본에는 '臨洮'로 보이지만 일반적으로 '臨屯'으로 교정해 본다(王利器 校注, 『鹽鐵論校注』 上, 中華書局, 1992, 216쪽 참조). 원본의 '臨洮'를 '臨沮'의 오사로 보면 임둔과 옥저를 아울러 표기한 것이라 볼 수도 있다.

37 『회남자』 권1 원도훈, "匈奴出穢裘 于越生葛絺 各生所急以備燥溼 各因所處以禦寒暑 竝得其宜 物便其所".

38 최슬기, 2017, 「衛滿朝鮮과 匈奴의 '穢裘' 交易」, 『선사와 고대』 52, 76쪽에서는 穢裘를 동해안 지역(동예)의 표범 가죽[文豹]으로 파악하였고, 松田壽男, 1979, 「貂皮貿易と遊牧民」, 『內陸アジア史論集』 2, 國書刊行會, 209쪽에서는 읍루에서 나는 담비 가죽(貂皮)으로 추정하였다.

39 「夫租薉君」의 '夫'를 '天' 자로 판독하고 '沃' 자의 簡化로 보기도 한다(林澐, 1999, 「說貊」, 『史學集刊』

지역 토착 지배층에게 수여된 것으로 부조예군이 낙랑 지역으로 사거된 정황을 보여 준다.[40] 부장 유물로 세형동검·동모·동탁 등이 철기류와 함께 출토된 것으로 보아 군현 재편 직후인 기원전 1세기 전반기 유적으로 보아도 무방할 듯하다. 이를 통해 기원전 1세기 전반 동해안의 부조 지역도 예의 분포 범위로 인식되었음을 확인할 수 있다.

앞서 거론한 『한서』 지리지 연지(燕地)조에서는 현토와 낙랑은 모두 조선·예맥·구려의 만이라고 하여 예맥과 구려를 구분해 썼다. 이에 대해 이병도는 조선을 낙랑에 예맥·구려를 현토에 각각 연결해 보았지만, 문맥상 통행본(중화서국 교감본)의 구독처럼 조선·예맥·구려의 만이라고 보는 것이 자연스럽다. 이처럼 구독하면 예맥은 조선이나 구려와 구분되는 지역이라고 볼 수 있다.

한편 전한 시기 예맥이 발해 연안 동쪽 지역에 분포한 정황을 보여 주는 자료도 있다. 진·한 교체기에 편찬된 『여씨춘추』 시군람(恃君覽)편에서 북빈(北濱)의 동쪽을 이예(夷穢)의 지역이라고 하였는데,[41] 여기서 북빈은 북해(北海), 즉 발해 연안을 가리키며 그 동쪽은 요동반도 남부 지역으로 볼 수 있다. 또한 대련 보란점시 장점고성(張店古城)에서 출토된 「임예승인」(臨穢丞印) 봉니(여순박물관 소장)를 통해 임예현(臨穢縣)의 위치를 그 주변 지역에 비정하면, 예를 그 인접 지역으로 추정해 볼 수도 있다.[42]

1999-4; 孫慰祖, 2008, 「漢樂浪郡官印封泥的分期及相關問題」, 『上海博物館集刊』).

40　백련행, 1962, 「夫租薉君 도장에 대하여」, 『문화유산』 4; 岡崎敬, 1968, 「夫租薉君銀印をめぐる諸問題」, 『朝鮮學報』 46; 김기홍, 1985, 「夫租薉君에 대한 고찰」, 『한국사론』 12. 한편 부조예군 인장을 기원전 128~기원전 126년 창해군 설치 공사와 관련하여 토착민 회유를 위해 사여한 것으로 보는 견해도 있다(秋山進午, 2008, 「〈夫租薉君〉銀印再考」, 『高麗美術館研究紀要』 6, 38쪽).

41　『여씨춘추』 恃君覽, "非濱之東 夷穢之鄕 大解陵魚其鹿野搖山揚島大人之居 多無君". 원문의 '非'는 후한 高誘의 주를 토대로 '北' 자로 고쳐보고 북해, 즉 발해로 보는 것이 일반적이다.

42　봉니 출토 지역을 곧바로 현 치소로 비정하기는 어렵지만, 현령이나 군태수보다 업무 범위가 좁은 縣丞의 봉니라는 점에서 인근 지역에 현치가 위치하였을 가능성이 크다. 임예현의 소속에 대해선 연 요동군의 속현(劉俊勇, 2004, 「論大連(旅順)在中國東北史中的地位」, 『大連大學學報』

『설문해자』에서 '예야두국'(薉邪頭國)이라고 하여, 동해안 지역에 위치한 야두매의 정체성을 예(濊)로 표기한 것 역시 부조예와 마찬가지로 동해안 지역이 후한 시기에도 계속해서 예 지역으로 이해되고 있음을 보여 준다. 『삼국지』 동이전에 의하면 부조(옥저)나 야두매를 포함한 영동 7현의 주민들은 모두 예로 불렸다.[43]

『삼국지』 동이전의 예조는 『태평어람』 인용 『위지』 원문에는 '예맥국'(獩貊國)조로 보인다. 『삼국지』 동이전의 고구려조와 동옥저조를 비교해 보아도, 고구려와 동옥저는 모두 남쪽으로 '예맥'과 접해 있다고 하였다. 『삼국지』와 비슷한 시기에 편찬된 장화의 『박물지』에도 "獩貊國 南與辰韓 北與句麗沃沮接 東窮大海"라고 하였으며, 『한서』 무제기의 예군남려에 대한 후한 복건(服虔)의 주에서도 "穢貊在辰韓之北 高句麗沃沮之南 東窮于大海"라고 하였다. 즉 후한~삼국시대에는 예맥과 예를 동일시한 것인데, 이는 전한 시기와 같은 양상이다. 『삼국지』 동이전의 기록을 종합해 보면, 영동과 영서 지역에 분포한 종족을 포괄해 예맥이라고 하였음을 알 수 있다.[44]

기원전 82년 진번·임둔 2군 폐합 이후에 영서 지역은 낙랑군으로, 영동 지역은 동부도위로 관할이 나뉘었지만 모두 예민(濊民)이라 하였다.[45] 영동 지역의 예맥은 후한 시기에 들어와 동예와 동옥저로 분화되었다. 후한 시기(30)에

2004-1), 한 낙랑군의 속현(王綿厚, 2010, 「寶蘭店張店漢城與熊岳漢城再踏査斷記」, 『旅順博物館學苑』, 吉林文史出版社), 창해군의 치현(王天姿·王禹浪, 2016, 「西漢"南閭穢君"·蒼海郡與臨穢縣考」, 『黑龍江民族叢刊』 2016-1; 王禹浪, 2017, 「漢·滄海郡地理位置考-寶蘭店市張店古城爲中心-」, 『東北之窓』 2017-3)으로 보는 견해들이 제기되었다. 최근에는 임예현의 예를 부여와 연결해 보면서 四平 梨樹縣 二龍湖古城을 현치로 비정하기도 한다(王俊錚, 2020, 「"臨穢丞印"封泥與"臨穢縣"考」, 『地域文化硏究』 2020-3).

43 『삼국지』 권30 동이전 예, "自單單大山領以西屬樂浪 自領以東七縣 都尉主之 皆以濊爲民 後省都尉 封其渠帥爲侯 今不耐濊皆其種也".

44 박대재, 2006, 『고대한국 초기국가의 왕과 전쟁』, 경인문화사, 126~127쪽.

45 낙랑군 호구부에 보이는 북부 지역의 5현을 영서 지역에 설치된 舊임둔군 속현으로 본 견해(윤선태, 2010, 「한사군의 역사지리적 변천과 '낙랑군 초원 4년 현별 호구부'」, 『낙랑군 호구부 연구』, 동북아역사재단, 251~252쪽)도 영서 지역을 예의 분포 지역으로 이해한다.

영동 7현을 관리하던 동부도위가 폐지되면서 옥저·불내예(不耐濊) 등이 후국 (侯國)으로 분립되었다.

옥저는 일찍부터 고구려에 신속하여 동천왕의 피난처가 될 정도로 고구려 의 영향력 아래 있다가 위군의 공격을 크게 받은 데 반해,[46] 불내 등의 동예 지역은 정시 8년(247)에 불내후(不耐侯)가 위로부터 불내예왕(不耐濊王)으로 책 봉될 정도로 낙랑·대방 2군과 밀착하게 되었다.[47] 이에 따라 예의 정체성은 불내를 중심으로 한 동예 지역에 부여되고, 옥저는 그와 구별된 존재로 인식 된 것으로 보인다.

『사기』와 『한서』의 예맥을 부여(예)와 고구려(맥)로 구분해 보는 시각도 있 지만,[48] 『사기』 화식전과 『한서』 지리지에서 부여와 예맥을 구별해 각각 기록 하고 있다는 점에서 전한 시기의 예맥을 부여와 연결해 보기는 어렵다.

이상에 의하면 전한 시기 예맥은 요동반도 남부(발해 동안)로부터 동해안 지역에 이르기까지 상당히 넓은 지역에 분포한 집단에 대한 범칭이었다. 『사 기』 화식전에는 예맥이 조선·진번과 병칭되고 있는데, 이를 통해 예맥은 조 선 남부의 진번과 구분되며 주로 조선 북부 및 동부에 분포한 세력에 대한 지 칭이라고 볼 수 있다.

위만조선 시기의 임둔·부조(옥저)·구려(원고구려) 등이 예맥을 구성한 지역 세력이라고 할 수 있는데, 예맥은 진번에 비해 구성이 복잡한 사회였던 것으 로 보인다. 예맥은 위만조선 북쪽과 동쪽 변경 지역의 세력을 포괄한 혼종사 회에 대한 범칭으로, 예군남려의 예와 같이 위만조선의 영향력에서 벗어나 한에 속하기도 하는 등 유동성이 강한 세력도 포함되어 있었다.

---

46 『삼국지』 권30 동이전 동옥저, "毌丘儉討句麗 句麗王宮奔沃沮 遂進師擊之 沃沮邑落皆破之 斬獲首虜 三千餘級".

47 『삼국지』 권30 동이전 예, "正始六年 樂浪太守劉茂·帶方太守弓遵以領東濊屬句麗 興師伐之 不耐侯等 擧邑降 其八年 詣闕朝貢 詔更拜不耐濊王 居處雜在民間 四時詣郡朝貢 二郡有軍征賦調 供給役使 遇之 如民".

48 首藤丸毛, 1979, 「玄菟·臨屯·眞番三郡についての一私見」, 『朝鮮學報』 93, 110~111쪽.

2) 창해군의 설치 배경과 지역성

『한서』의 "예군남려등(濊君南閭等) 28만 구"라는 표현을 따르면 예군남려뿐만 아니라 여러 세력이 한에 내속한 것이다. 역계경 집단의 규모 2000호(약 1만 구)와 비교하면 20개 이상의 세력이 연대한 것이다. 하지만 '28만 구'라는 수치는 초원 4년 낙랑군 호구부의 25개 현 총인구수(28만 561)와 공교롭게도 일치한다는 점에서 다소 의문이 든다.

낙랑군 호구부 통계 자료에 기초해 25개 현 가운데 위만조선의 중심 지역이었던, 즉 본래 낙랑군의 속현이었던 조선현 등 11개 현의 인구수와 당시 인구증가율을 근거로 위만조선 말년의 인구수를 11만 3836명으로 추정한 연구 성과가 나온 바 있다.[49] 위만조선 말기 중심 지역 인구가 11만 정도로 추산된다는 사실은 당시의 정치·사회상을 이해하는 데 중요한 단서가 된다. 11만의 인구 규모는 위만조선이 도시국가 수준이 아니라 상당히 넓은 영역을 포괄한 국가임을 보여 준다. 중심 지역 외에 진번과 임둔 등 주변 소국(소읍)까지 합하면 약 15만 정도의 인구를 가진 영역국가라고 볼 수 있다.

그런데 기원전 128년 예군남려가 한에 내항할 때 인솔한 인구수 28만은 위만조선 말기 추정 전체 인구수보다 2배가 넘는 규모다. 『한서』 기록을 그대로 믿는다면 예군남려는 우거왕보다 월등히 큰 세력을 거느리고 있던 것이다. 남려가 우거왕을 배반하지 않고 조선에 부용되어 있던 상황을 전제하면 위만조선의 전체 인구수는 40만이 넘는 규모가 된다. 이는 『삼국지』 동이전에 보이는 3세기 중엽 고구려의 호구 수 3만 호(약 15만 구)와 비교해 과다한 인구수라고 할 수 있다. '28만 구'는 실제 인구수라기보다 한의 무위를 과장하기 위해 낙랑군 설치 이후 파악한 전체 조선 지역 호구 수를 소급 부회한 수사적인 표현으로 보인다.

---

[49] 김정배, 2010, 「고조선의 稱王과 인구 문제」, 『고조선에 대한 새로운 해석』, 고려대학교 민족문화연구원, 580쪽.

『한서』와 달리『사기』에는 기원전 128년에 창해군을 설치했다가 2년만 폐지하였다는 기록만 나오지 예군남려의 존재나 인구수 기록은 보이지 않는다.『사기』에서는 창해군의 설치 배경을 팽오(彭吳)의 활동으로 기록하여 남려의 내항에 의해 설치되었다고 한『한서』와 차이가 난다.

『한서』에서 처음 나타난 예군남려 기록은 그 이후『한기』,『후한서』등에서 부연되는데 관련 원문을 제시하면 다음과 같다.

A-1. 彭吳賈滅朝鮮 置滄海之郡 則燕齊之間 靡然發動[50]

2. (원삭 원년) 東夷薉君南閭等口二十八萬人降 置蒼海郡[51]

3. (원삭 3년) 春 罷蒼海郡[52]

4. 彭吳穿穢貊朝鮮 置滄海郡 則燕齊之間 靡然發動[53]

5. (원삭 원년) 東夷穢貊君南閭等口二十八萬人降 以爲蒼海郡[54]

6. 元朔元年 薉君南閭等畔右渠 率二十八萬口 詣遼東內屬 武帝以其地爲蒼海郡 數年乃罷[55]

『사기』 평준서(A-1)에 의하면 창해군은 팽오가 예조선(薉朝鮮)과 장사[賈]한 결과 설치되었고, 그로 인해 연과 제 지역이 소란스럽게 발동하였다고 한다. 팽오는 상인으로 추정되나 관련 기록이 없어 자세히 알 수 없다. 예조선은 앞서 보았듯이 위만조선의 외곽인 예(예맥) 지역을 가리키거나 예와 조선을 아울러 부른 것으로 보인다. 팽오의 활동에 의해 창해군이 설치되었다는『사

---

50 『사기』 권30 평준서.

51 『한서』 권6 무제본기 원삭 원년.

52 『한서』 권6 무제본기 원삭 3년.

53 『한서』 권24하 식화지.

54 『한기』 권12 효무황제기3 원삭 원년.

55 『후한서』 권115 동이전 예.

기』기록은『한서』식화지로 이어지는데, 다만 '고'(賈)가 '천'(穿)으로 바뀌어
나온다. 천을 오자로 보기도 하지만, 길을 뚫었다고 보면 의미가 통한다.

『한서』에는 창해군이 개설된 계기로 팽오(식화지)와 예군남려(무제본기)가
모두 기록되어 있다. 이에 대해『한서』가『사기』외의 다른 자료를 통해 기록
을 추가한 것이라고 볼 수도 있지만, 창해군이 2년 만에 폐지되었다는 점에
서 당대의 사마천(기원전 145~기원전 89?)이 접하지 못한 자료를 뒤에 반고(32~
92)가 보았다고 하기에는 어려움이 있다.

한편『사기』공손홍전에는 창해군이 폐지된 경위가 기록되어 있다. 어사
대부였던 공손홍은 한 무제에게 서남이(西南夷), 동쪽의 창해, 북쪽의 삭방지
군(朔方之郡)은 쓸모없는 땅이라 그곳을 유지하는 것은 중국을 피폐하게 하
는 것이니 폐지하라고 간언하였다. 이에 대해 무제가 주매신 등을 시켜 삭방
군의 설치 필요성 10가지를 거론하자, 공손홍은 삭방군에만 전념하고 나머
지 서남이와 창해의 건설만은 그만두라고 다시 간언하니 이에 따랐다는 것
이다.[56]

이는 앞서 본 엄안의 상서에 나오는 남이(南夷)·예주(濊州)·용성(龍城) 개척
에 관한 언급과도 조응된다. 창해군 설치가 중국을 피폐하게 만든다는 논리
는『사기』평준서의 창해군 설치 기사에서도 보인다.[57] 즉 서남이로 통하는
산길을 뚫으면서 파촉(巴蜀)의 인민이 피폐해지고 막대한 인력과 식량이 들었
지만 몇 년이 지나도 개통하지 못하고 소요만 일어나 재정만 궁핍하게 되었

---

56 『사기』권112 공손홍전, "元朔三年 張歐免 以弘爲御史大夫 是時通西南夷 東置滄海 北築朔方之郡 弘
數諫 以爲罷敝中國 以奉無用之地 願罷之 於是天子乃使朱買臣等難弘 置朔方之便 發十策 弘不得一 弘迺
謝日 山東鄙人 不知其便若之 願罷西南夷滄海 而專奉朔方 上乃許之".

57 『사기』권30 평준서, "唐蒙司馬相如開路西南夷 鑿山通道千餘里 以廣巴蜀 巴蜀之民罷焉 … 當是時 漢
通西南夷道 作者數萬人 千里負擔饋糧 率十餘鍾致一石 散幣於邛僰以集之 數歲道不通 蠻夷因以數攻 吏
發兵誅之 悉巴蜀租賦不足以更之 乃募豪民田南夷 入粟縣官 而內受錢於都內 東至滄海之郡 人徒之費擬於
南夷 又興十萬餘人築衛朔方 轉漕甚遠遠 自山東咸被其勞 費數十百巨萬 府庫益虛 乃募民能入奴婢得以終
身復 爲郎增秩 及入羊爲郎 始於此".

듯이, 동쪽 창해군 개설에도 많은 비용이 들어갔다는 것이다.

이러한 당시 상황을 고려하면 창해군 설치로 인해 연과 제 지역이 소란스럽게 발동하였다는 것은 연·제의 인민들이 대규모로 동원되어 궁핍하게 된 상황을 의미한다고 이해된다. 이것은 삭방군 설치로 인해 산동 지역 인민들이 피로해졌다고 한 것과 같은 맥락이다. 이는 앞서 본 『염철론』 지광편에서 조선을 정벌하고 임둔을 개척하느라 연·제의 인민이 피곤해졌다고 한 것과도 통한다.

이병도는 창해군 기록에 보이는 '연제지간'(燕齊之間)이나 '예요동내속'(詣遼東內屬)을 근거로, 창해군이 연·제 및 요동과 지리적으로 인접한 고구려 지역일 것으로 추정하였다. 하지만 남려가 요동에 와 내속하였다는 기록은 『후한서』에 이르러서야 나타나는 것으로 '28만 구'와 마찬가지로 후대에 부회된 기록일 가능성이 크다.

최근에도 이와 같은 배경에서 창해는 연·제와 지리적으로 가까운 발해 북부 해역을 가리킨다고 보고 요동반도에 창해군이 설치되었다고 보기도 한다.[58] 하지만 요동반도에 창해군을 비정하게 되면 요동군의 범위와 중첩되는 문제점이 있다. 이에 대해 요동군은 한 무제 때 본래 하북 지역(天津 薊縣)에 설치되었다가 창해군 폐지 후 요동 지역으로 이전하였다고 추정하지만,[59] 이를 따르면 요서군의 위치 비정 등 또 다른 문제가 파생된다.

한 무제 시기 발해 서안에 발해군(勃海郡)이 설치되어 있었다는 점에서,[60] 인접한 해역에 다시 발해의 이칭(창해)에서 나온 창해군을 추가로 설치하였을지 의문이다. 특히 『사기』 조선전에는 누선장군 양복의 출정 경로를 '발해'(渤

---

58 권오중, 2000, 「滄海郡과 遼東東部都尉」, 『역사학보』 168; 2015, 「고대 중국 正史에서의 예맥-'요동예맥'의 자취에 관한 검토로서-」, 『동북아역사논총』 49, 252쪽.

59 권오중, 1996, 「古代 遼東郡의 位置問題 試論」, 『길현익교수정년기념 사학논총』.

60 『한서』 지리지에는 발해군이 한 고조 때 설치되었다고 하였지만, 이 기록에는 의문이 있으며 한 문제 말년에 설치된 것으로 이해된다(周振鶴, 1987, 앞의 책, 93쪽).

海)로 기록하고 있어 전한 시기 창해군이 발해와 관련될 가능성은 희박하다고 판단된다. 『사기』에서 발해와 창해는 서로 다른 바다를 가리키는 것으로 보아야 한다.

창해군의 위치에 대해선 다양한 시각이 제기되고 있지만,[61] 그 지명인 창해와 떨어져 생각하기 어렵다. 발해 북부 해역을 '창해'라고 부르기도 하였지만, 대다수 용례는 푸른 바다를 뜻하는 문학적 표현이어서 구체적인 위치를 특정하기 어렵다. 발해군이나 요동군이 당시 발해 양안에 이미 존재한 것으로 보아, 창해군은 그보다 더 동쪽의 큰 바다로 보아야 할 것이다. 동쪽으로 '창해지군'(滄海之郡)에 이르는 길을 열기 위해 막대한 공역과 비용이 들어갔다는 『사기』 기록을 통해 창해군이 요동군과 인접한 지역은 아니었음을 알 수 있다.

이런 맥락에서 보면 창해군은 단단대령 동쪽의 동해안 지역에 설치되었다고 보는 것이 자연스럽다. 다만 창해군의 범위를 28만 구라는 인구수에 주목해 동해안뿐만 아니라 혼강·압록강유역까지 포괄하는 넓은 지역으로 설정[62]하는 것은 따르기 어렵다. 28만 구는 한군현 설치 이후 통계 자료를 근거로 부회된 표현일 가능성이 높으며, 교통로를 개척하다가 결국 2년 만에 폐지되었다는 점에서도 창해군을 현토군과 같은 형태로 존재했다고 보기는 어렵다.

『삼국사기』에서 고구려 태조왕 4년(56) 동옥저를 정벌한 것을 서술하며 동쪽으로 '창해'(滄海)에 이르렀다고 표현하였다.[63] 여기서 '창해'는 동옥저 지역

---

61 창해군의 위치 비정 문제는 최슬기, 2021, 「蒼海郡 위치비정의 쟁점과 전제」, 『고조선단군학』 44 및 이승호, 2021, 「衛滿朝鮮 시기 濊族 사회의 동향과 滄海郡路-'滄海郡 在沃沮說'에 대한 최근 비판의 반론을 겸하여-」, 『고조선단군학』 45 참조.

62 和田淸, 1951, 「玄菟郡考」, 『東方學』 1, 11쪽; 김미경, 2002, 「第1玄菟郡의 位置에 대한 再檢討」, 『실학사상연구』 24, 31쪽.

63 『삼국사기』 권15 고구려본기 태조왕 4년, "秋七月 伐東沃沮 取其土地爲城邑 拓境東至滄海 南至薩水".

의 동해를 가리키는데, 창해군의 '창해'도 옥저(부조) 지역의 바다를 의미하는 것으로 이해할 수 있다.

부조(옥저) 지역이 창해군과 관련이 있다고 볼 때 앞서 본 「부조예군」은 인을 다시 한번 환기할 필요가 있다. 부조예군 인장은 기원전 1세기 전반경 자료로 추정된다는 점에서 『한서』에 이르러 비로소 등장하는 예군남려의 존재와도 관련이 있어 보인다. 은제(銀製)・타뉴(駝鈕)의 읍군(邑君) 인장이라는 예외적인 형식이나 낙랑군치의 중심 지역 무덤에서 출토되었다는 점에서 부조예군은 한과 각별한 관계에 있던 예의 군장이었던 것으로 보인다. 한의 4군이 설치된 지 25년 만에 2군으로 폐합된 상황에서 부조 지역 군장에 대한 특별한 예우를 통해 영동 지역의 관할을 유지하고자 부조예군에게 인장이 사여된 것으로 이해할 수 있다.[64]

나아가 한이 부조예군을 후대한 배경 내지 전고(典故)로써 부조예군의 선대로 추정되는 예군남려의 내속이 부회되었을 가능성은 없을지도 검토해 볼 문제이다. 부조예군과 예군남려의 관계는 『후한서』와 『위략』에 보이는 염사인 소마시와 염사치의 관계를 방불케 한다. 후한 건무 20년(44) 소마시 등이 낙랑군에 방문하여 공물을 바치자 광무제가 그를 '한염사읍군'(漢廉斯邑君)에 봉하였다.[65] 앞서 왕망 지황 연간(20~22)에는 염사치가 낙랑군에 내항하여 큰 공을 세우고 관책과 전택을 하사받았는데 후한 안제 연광 4년(125)에 후손이 그로 인해 복제(復除)를 받았다.[66]

예군남려와 부조예군의 관계도 이와 비슷한 맥락에서 이해할 수 있다. 염사치 기록에서 진한이 낙랑에 속바친 1만 5000인이나 변한포(弁韓布) 1만 5000필이 과장인 것처럼 예군남려가 한에 이끌고 간 28만의 인구수도 한의

「부조예군」 인장 사여 배경에 관한 연구사 검토는 이승호, 2014, 「漢의 沃沮 지배와 토착 지배층의 동향-夫租薉君 사례에 대한 검토를 중심으로-」, 『동국사학』 57, 267~276쪽 참조.

[65] 『후한서』 권85 동이열전 한.

[66] 『삼국지』 권30 동이전 한 배송지주 인용 위략.

세력을 과시하기 위한 수사로 보인다.

4. 2군의 폐합과 2부도위의 설치

1) 2군의 폐합과 옥저의 소속

진번에 비해 임둔의 존재는 사료에 잘 보이지 않는데, 시원 5년(기원전 82)의 군현 폐합 기록에도 진번군만 언급되어 있다.[67] 한편『후한서』동이전에는 임둔군과 진번군이 시원 5년 낙랑군과 현토군으로 폐합된 것으로 나온다.[68] 이에 대해『후한서』기록을 회의적으로 보기도 한다.[69]

임둔군 폐합 시기는 기원전 82년에서 멀지 않은 시기로 보거나,[70] 현토군이 요동으로 옮겨진 기원전 75년 무렵 직전으로 본다.[71] 그런데 앞서 본『염철론』지광편의 기록 가운데 '임둔' 지명이 보여 염철 회의가 열린 기원전 81년까지는 아직 폐지되지 않았던 것으로 볼 수 있다. 2군이 동시에 폐합되었다기보다 가까운 시기에 차례로 폐합되었다고 이해할 수 있다.

대체로 임둔군의 폐합 방향은 낙랑군 쪽으로 이루어졌다고 파악된다. 조선 후기 유형원 이래 정약용에 이르기까지 많은 실학자들이 진번재북설의 입장에서 진번군이 현토군 쪽으로, 임둔군이 낙랑군 쪽으로 폐합되었다고

---

67 『한서』권7 소제 시원 5년, "罷儋耳眞番郡". 이에 대해 안사고는 "담이는 본래 남월지역이었고 진번은 본래 조선 지역으로 모두 무제가 설치하였다"고 주석을 붙였다. 담이군은 지금 중국 광동성 해남도에 기원전 110~기원전 82년에 설치되었다.

68 『후한서』권85 동이열전 예, "至元封三年 滅朝鮮 分置樂浪臨屯玄菟眞番四郡 至昭帝始元五年 罷臨屯眞番 以幷樂浪玄菟".

69 池內宏, 1940,「前漢昭帝の四郡廢合と後漢書の記事」,『加藤博士還曆記念東洋史集說』; 1979,『滿鮮史硏究』上世1冊, 吉川弘文館, 12쪽.

70 窪添慶文, 1970,「樂浪郡と帶方郡の推移」,『倭國の形成と古文獻』(東アジア世界における日本古代史講座3), 學生社, 30쪽.

71 西本昌弘, 1989,「樂浪・帶方二郡の興亡と漢人遺民の行方」,『古代文化』41-10, 14쪽.

보았다.[72]

하지만 앞서 본 『설문해자』의 '낙랑반국'이나 『광운』과 『집운』에서 낙랑 지역 지명으로 소개된 '잡(삽)양부'(霅陽部)나 '잡(삽)양장'(霅陽障)이 진번군의 치현인 잡(삽)현(霅縣)과 관련된 지명으로 이해되기 때문에,[73] 진번군이 낙랑군 쪽으로 폐합되었다고 보는 것이 자연스럽다. 진번군을 황해도 지역에 비정하게 된 통설도 진번군이 지리적으로 가까운 낙랑군 쪽으로 폐합되었다고 보기 때문이다.

이병도는 임둔군의 속현들은 처음 군현 폐합 때 반반씩 나뉘어 현토군과 낙랑군에 각각 합쳐졌다가 기원전 75년 무렵 현토군치가 요동 현토성으로 옮겨가면서 현토군에 합쳐졌던 속현들이 다시 낙랑군에 이속되어 동부도위 관할 아래 놓이게 되었다고 보았다.[74]

임둔군을 파하여 낙랑·현토 2군에 분속하고 진번군을 낙랑군에 폐합하였다고 본 의견은 청말 역사지리학자 양수경(1839~1915)이 먼저 제기하였다.[75] 양수경은 임둔군의 치현인 동이현(東暆縣)을 비롯한 그 속현인 불이(不而)·야두매현(邪頭昧縣) 등은 애초부터 낙랑군으로 폐합되었고, 임둔군의 잠태(蠶台)·전막현(前莫縣)은 현토군의 치현인 옥저(부조)에 접해 있어 처음에는 현토군에 합해졌다가 현토군치가 고구려현으로 옮겨감에 따라 다시 낙랑군으로 이속

---

72 박대재·김철민, 2020, 「《我邦疆域考》 역주·비평(4)-臨屯考·眞番考-」, 『한국사학보』 81, 261~264쪽 참조.

73 윤용구, 1990, 「樂浪前期 군현지배세력의 종족계통과 성격」, 『역사학보』 126.

74 이병도, 1976, 앞의 책, 195쪽. 제2현토군치인 요동 현토성의 위치와 관련해 학계에서는 신빈현 영릉진고성을 주목한다. 최근 영릉진고성 남성 발굴 조사에서 성내 출토 봉니편의 문자를 "(高句驪)丞"으로 추정하고 이를 제2현토군치의 주요 근거로 제시하였다(遼寧省文物考古研究所, 2017, 『永陵南城址發掘報告』, 文物出版社, 519쪽). 그런데 봉니가 출토된 H138 灰坑은 요금 시기 층위에 위치하거니와 승(丞) 자는 분명하지만 여(驪) 자는 판독이 불가하다. 영릉진고성을 요동 현토성(고구려현)의 후보지로 주목하는 것은 여전히 가능하지만, 이 봉니를 근거로 삼는 데는 주의가 필요하다.

75 楊守敬, 「汪士鐸漢志釋地駁議」, 『晦明軒稿』 上, 臺灣商務印書館, 1977, 154~155쪽.

되었는데 이때 본래 현토군 소속이었던 옥저와 화려(華麗)도 낙랑군으로 함께 편입되었다고 보았다.

이처럼 옥저를 본래 현토군의 치현이라 본 것은 『삼국지』 동이전의 "以沃沮城爲玄菟郡" 기록을 따르기 때문이다. 조선 후기 이래 이 기록에 따라 현토군 치를 옥저성으로 보아 왔으나, 이병도는 옥저가 원래 임둔군에 속해 있다가 현토군으로 잠시(기원전 82~기원전 75) 폐합된 사실이 잘못 전해진 것으로 이해하였다. 그러면서 이 기록보다 『한서』 지리지에 고구려현이 현토군의 치현으로 나오는 것을 더 주목하여 고구려현이 처음부터 현토군의 치소였으며 군치를 옮긴 후에도 계속해서 치현의 명칭은 고구려현이었다고 보았다.

옥저(부조)의 귀속 문제는 임둔군의 폐합뿐만 아니라 현토군의 범위와도 관련하여 그동안 많은 논쟁이 있었다.

표 1 제1현토군의 위치에 관한 여러 설

구분	군현 범위	주요 논자	비고
옥저 치소설	옥저 지역	한백겸, 유득공, 정약용, 那珂通世, 白鳥庫吉, 津田左右吉, 池內宏, 李健才	
	옥저+고구려 지역	楊守敬, 周振鶴, 稻葉君山, 今西龍, 三上次男, 田中俊明, 김미경, 윤용구, 이성제	통설 ①
고구려 치소설	고구려(예맥)지역	이병도, 공석구	통설 ②
	고구려(맥)+옥저(예)	和田淸, 靑山公亮, 노태돈	
	고구려(맥)+부여(예)	首藤丸毛	
고구려-옥저 이치설	고구려 지역 → 옥저+고구려 지역	권오중, 기수연	

대체로 『삼국지』의 "以沃沮城爲玄菟郡" 기록 신뢰 여부에 따라 옥저성 치소설과 고구려현 치소설로 입장이 크게 나뉜다. 최근에는 『후한서』 동이전(예조)의 "玄菟復徙居句麗" 기록에 주목하여 2군이 폐합되었을 때 옥저가 일시적

으로 현토군치가 되었다가 기원전 75년 무렵 다시 요동 고구려현으로 이치하였다고 보는 견해도 제기되었다.[76]

옥저성에 현토군을 설치했다는 기록은 『삼국지』보다 먼저 편찬된 『한서』 지리지나 『후한서』(속한서) 군국지에는 보이지 않기 때문에 의문을 제기할 만도 하다. 하지만 옥저성 기록이 『삼국지』에 이르러 비로소 채록된 경위를 살펴보면 그간의 사정을 이해할 수 있다.

주지하듯이 『삼국지』 동이전과 그 재료가 된 『위략』 동이전의 기록은 240년대 있었던 유주자사 관구검의 고구려 경략 과정에서 수집된 정보에 바탕하고 있다. 특히 옥저 지역에 관한 정보는 현토태수 왕기(王頎)의 활약에 의한 것이다. 정시 6년(245) 관구검의 공격으로 동천왕이 도망하자 관구검은 왕기를 보내 추격하게 하였는데 그때 옥저를 지나 숙신의 남쪽 경계까지 이르렀다.[77] 왕기는 옥저의 동계까지 이르러 기로(耆老)로부터 동해중에 있다는 여인국(女人國)·기인(奇人) 등과 관련한 이야기도 듣게 된다.[78]

왕기는 위군의 군량을 구하기 위해 부여에 파견되기도 하였으며,[79] 정시 8년

---

76 권오중, 2002, 「漢과 高句麗의 관계」, 『고구려연구』 14, 245쪽; 기수연, 2007, 「현토군과 고구려의 건국에 대한 연구」, 『고구려연구』 29, 188쪽.

77 『삼국지』 권28 관구검전, "正始中 儉以高句驪數侵叛 督諸軍步騎萬人出玄菟 從諸道討之 句驪王宮將步騎二萬人 進軍沸流水上 大戰梁口 宮連破走 儉遂束馬縣車 以登丸都 屠句驪所都 斬獲首虜以千數 句驪沛者名得來 數諫宮 宮不從其言 得來歎曰 立見此地將生蓬蒿 遂不食而死 舉國賢之 儉令諸軍不壞其墓 不伐其樹 得其妻子 皆放遣之 宮單將妻子逃竄 儉引軍還 六年 復征之 宮遂奔買溝 儉遣玄菟太守王頎追之 過沃沮千有餘里 至肅愼氏南界 刻石紀功 刊丸都之山 銘不耐之城 諸所誅納八千餘口 論功受賞 侯者百餘人 穿山漑灌 民賴其利".

78 『삼국지』 권30 동이전 동옥저, "毌丘儉討句麗 句麗王宮奔沃沮 遂進師擊之 沃沮邑落皆破之 斬獲首虜三千餘級 宮奔北沃沮 北沃沮一名置溝婁 去南沃沮八百餘里 其俗南北皆同 與挹婁接 挹婁喜乘船寇鈔 北沃沮畏之 夏月恆在山巖深穴中爲守備 冬月冰凍 船道不通 乃下居村落 王頎別遣追討宮 盡其東界 問其耆老 海東復有人不 耆老言國人嘗乘船捕魚 遭風見吹數十日 東得一島 上有人 言語不相曉 其俗常以七月取童女沈海 又言有一國亦在海中 純女無男 又說得一布衣 從海中浮出 其身如中人衣 其兩袖長三丈 又得一破船 隨波出在海岸邊 有一人項中復有面 生得之 與語不相通 不食而死 其域皆在沃沮東大海中".

79 『삼국지』 권30 동이전 부여, "正始中 幽州刺史毌丘儉討句麗 遣玄菟太守王頎詣夫餘 位居遣大加郊迎 供軍糧 季父牛加有二心 位居殺季父父子 籍沒財物 遣使簿斂送官".

에는 대방태수로 부임하여 왜와의 교섭도 주관하였다.[80] 정시 연간에 왕기는 현토태수와 대방태수를 역임하며 고구려·옥저·부여·왜 등 동이 지역에 관해 가장 많은 정보를 갖고 있던 인물이었다.

특히 왕기의 직함이 현토태수였다는 점은 현토군과 옥저성의 관계와 관련하여 주목된다. 『삼국지』 동이전에서 옥저성을 현토군으로 특기한 것도 당시 왕기가 현토태수였던 사정과도 관련이 있어 보인다. 왕기의 활동을 고려하면 옥저에 대한 『삼국지』의 정보는 상당히 신뢰성이 높다고 판단된다.

그런데 최근에 『삼국지』 관구검전의 "刻石紀功 刊丸都之山 銘不耐之城" 기록 때문에 고구려 지역 환도성 공략과 옥저 지역 불이성(不而城) 공략 사건이 착종되면서 옥저성에 현토군을 설치하였다고 한 『삼국지』 동옥저조의 잘못된 기록이 파생되었다고 보는 견해가 제기되었다.[81] 현토군의 옥저성 치소설을 비판하며 고구려현 치소설의 타당성을 다시 확인하는 입장이다.

하지만 불내(불이)는 임둔 지역의 안변 일대로 비정되어 옥저 지역(함흥 일대)과 지리적으로 구분되거니와,[82] 『삼국지』 동이전에서도 동옥저(옥저성)와 동예(불내예)가 따로 보여 옥저와 불내를 같은 지역이라고 묶어 볼 수는 없다. 특히 임둔군 폐합 이후 불내(불이)는 동부도위의 치소였기 때문에 『삼국지』 찬자가 옥저성과 불내성을 혼동해 잘못 기록했다고 보기는 어렵다.

이와 관련하여 기원전 1세기 옥저(부조)의 세력 범위는 「부조예군」 인장이나 낙랑군 호구부의 부조현 호수(1150)를 통해 확인할 수 있듯이 함흥을 중심으로 한 읍군의 소국으로서 『삼국지』에 나타난 3세기 동옥저의 규모와 큰 차이가 난다는 점도 유의해야 한다. 옥저의 범위가 남·북옥저를 아우르며 북

---

[80] 『삼국지』 권30 동이전 왜인, "正始元年 太守弓遵遣建中校尉梯儁等奉詔書印綬詣倭國 拜假倭王 幷齎 詔賜金帛錦罽刀鏡采物 … 其八年 太守王頎到官 倭女王卑彌呼與狗奴國男王卑彌弓呼素不和 遣倭載斯烏 越等詣郡說相攻擊狀 遣塞曹掾史張政等 因齎詔書黃幢 拜假難升米爲檄告喻之".

[81] 공석구, 2021, 「현도군위치 옥저지역설을 다시 검토한다－《삼국지》 사료비판－」, 『한국고대 사연구』 102, 225쪽.

[82] 이병도, 1976, 앞의 책, 201쪽.

쪽으로 두만강유역, 남쪽으로 강원도 북부까지 넓게 확대된 것은 동해안 일대가 고구려의 지배하에 들어가게 된 태조왕 대 이후이다.[83]

『삼국지』 동이전에서 '옥저성'을 현토군으로 삼았다고 한 것은 전한 시기의 옥저(부조)지역이 현토군의 치소였다는 것을 의미한다. 여기의 '옥저성'을 3세기의 동옥저와 같이 동해안 일대의 넓은 지역으로 파악하기는 어렵다.

『삼국지』 동이전에서 비로소 현토군의 첫 번째 치소인 옥저성에 관한 정보가 채록된 것은 그만큼 그곳이 중국과 교통이 어려운 지역이었기 때문이다. 기원전 75년 현토군치가 요동 현토성으로 옮긴 후에는 옥저와 현토군 사이에 고구려가 길을 막고 있어서 왕래하기 어려웠다. 『한서』 지리지에서 초기(옥저) 현토군에 관한 언급이 보이지 않는 것도 이런 배경 때문일 것이다.

기원전 75년 무렵 이맥의 침공에 의해 현토군치를 옥저성에서 고구려 서북의 요동 현토성으로 옮길 당시 이맥의 공격지점은 요동군과 옥저성을 연결하는 중간 교통로였던 것으로 이해된다.[84] 이맥의 분포 지역은 요동 천산산맥 동부에서 압록강 중상류 일대였으며 고구려 초기의 양맥(梁貊)·소수맥(小水貊) 등과도 관련되어 있다.[85]

고구려에 의해 요동과 옥저 사이의 교통로가 차단되면서 그 대신 낙랑군과 임둔군을 연결하는 교통로를 통해 동해안 지역에 대한 관리가 이루어졌던 것으로 보인다. 이로 인해 임둔군치였던 동이현은 폐군 후에도 한동안 동해안의 중심지로 기능하였을 것이다.[86]

임둔군과 진번군의 군치가 동이현과 잡(삽)현이었다는 사실은 『한서』 주에 인용된 『무릉서』 기록[87]을 통해 알 수 있다. 『무릉서』[88]에 따르면 한의 장안에

83 이현혜, 1997, 「옥저의 사회와 문화」, 『한국사』 4, 국사편찬위원회, 251쪽.
84 김미경, 2002, 앞의 글, 39쪽.
85 여호규, 2002, 「高句麗 初期의 梁貊과 小水貊」, 『한국고대사연구』 25.
86 이성제, 2011, 「玄菟郡의 改編과 高句麗-'夷貊所侵'의 의미와 郡縣의 對應을 중심으로-」, 『한국고대사연구』 64.
87 『한서』 권6 무제기6 원봉 3년, "夏 朝鮮斬其王右渠降 以其地爲樂浪臨屯玄菟眞番郡[臣瓚曰 茂陵書 臨屯

서 동이현과 잡현까지 거리가 각각 6138리·7640리 떨어져 있고 두 군 모두 15개 현으로 이루어졌다. 이 기록은 그동안 두 군의 위치와 규모를 추정하는 데 근거로 활용되기도 하였고 다른 한편 신뢰성에 의문이 제기되기도 하였다.

현전 『무릉서』 일문에는 중국 남방의 상군(象郡), 주애군(珠崖郡), 담이군(儋耳郡), 심려군(沈黎郡) 등의 기록도 전한다. 그런데 상군의 치소 임진현(臨塵縣)이 장안으로부터 1만 7500리 떨어져 있다는 기록에는 착오가 있는 것으로 이해된다. 지금 중국 남단 해남도에 비정되는 주애군과 담이군까지의 거리가 7300리이기 때문에 그보다 북쪽에 있던 임진현(지금 광서 숭좌)이 그보다 두 배 이상 멀다는 것은 분명 잘못이기 때문이다. 또한 심려군이 21현을 거느리고 있다는 기록에도 착오가 있는 것으로 보인다. 상거(常璩)의 『촉지』(蜀志, 華陽國志)에 전하는 기록과 지세를 통해 볼 때, 심려군에는 5현 정도가 속해 있던 것으로 추정되기 때문이다.[89]

이러한 『무릉서』의 기록 실태를 감안하면, 임둔·진번군 기록에 보이는 거리나 현수도 그대로 신뢰하기 어렵다. 그동안 진번군(잡현)의 거리 기록은 '오천'(五千)[90]이나 '육천'(六千)[91]의 오사(誤寫)로 추정되기도 하였다. 위만조선의 중심 지역에 설치된 낙랑군 초기 속현은 최대 11현으로 추정되는데, 그 주변 소읍 지역이었던 임둔과 진번이 각각 15현의 규모였다고 하는 것도 상식적으

郡治東㬨縣 去長安六千一百三十八里 十五縣 眞番郡治霅縣 去長安七千六百四十里 十五縣]".

[88] 『무릉서』는 한 무제릉(茂陵)에서 출토된 간독 문헌으로 현존 기록의 군현 연혁을 감안하면 무제 중·후반 시기 사정을 반영한 기록으로 추정된다. 원서는 현재 전하지 않으며 서진 신찬의 『漢書注(漢書音義)』, 유송 배인의 『史記集解』, 수·당 사이 虞世南(558~638)의 『北堂書鈔』 등에 그 일문이 전한다. 洪頤煊(1765~1833)이 찬집한 집본 1권(일문 18조)이 問經堂叢書 『經典集林』 권11에 들어 있다. 『무릉서』의 출토 경위와 찬자에 관해서는 박대재·김철민, 2020, 앞의 글, 255~257쪽 참조.

[89] 周振鶴, 1984, 앞의 책, 160쪽·210쪽.

[90] 那珂通世, 1958, 「朝鮮樂浪玄菟帶方考」, 『外交繹史』, 76쪽.

[91] 이병도, 1976, 앞의 책, 124쪽.

로 납득하기 어렵다.

동이현과 관련해 동이령(東暆令) 연년(延年)[92]의 존재가 알려져 있는데, 연년은 태시 연간(기원전 96~기원전 93) 한 무제에게 상서한 바 있는 인물이다. 연년이 동이현령이었다는 점은 당시 동이현이 임둔군의 수현으로 4000호 이상의 규모였음을 시사해 준다. 그런데 초원 4년(기원전 45) 작성된 낙랑군 호구부에서 동이현의 호수가 279호로 급감한 것은 지역 중심지로서 기능을 상실했음을 의미한다.[93] 이처럼 동이현이 급격하게 위축된 것은 그사이 불이현에 치소를 둔 동부도위가 새로 설치되어 영동 지역 7현을 관할하게 되었기 때문이다.

2) 2부도위의 설치와 중층적 군현체제

현토군치가 요동 현토성으로 옮겨간 후 옥저 지역은 다시 낙랑군에 속하게 되었는데, 낙랑군의 범위가 너무 넓어서 단단대령 동쪽에 동부도위를 따로 설치하여 옥저를 포함한 영동 7현을 별도로 주재하게 하였다. 건무 6년(30) 변군의 도위를 줄이면서 낙랑군 동부도위도 폐지되었고, 불내·화려·옥저 등의 현들은 후국(侯國)으로 분립하였다.[94] 동부도위 설치 시기에 관한 기록은 보이지 않지만 대체로 기원전 75년 현토군치가 옮겨진 직후로 추정해 왔다.

영동 7현은 『한서』 지리지와 『후한서』 군국지에 보이는 건무 6년 전후 낙랑군 속현의 출입을 통해 동이·불이·잠태·화려·야두매·전막·부조 등 7현임을 확인할 수 있다. 이 가운데 불이는 동부도위 치소로 불내(不耐)라고도 하며,

---

92 『한서』 권30 예문지, "東暆令延年賦七篇".

93 윤선태, 2010, 앞의 글, 259쪽.

94 『삼국지』 권30 동이전 동옥저, "沃沮還屬樂浪 漢以土地廣遠 在單單大領之東 分置東部都尉 治不耐城 別主領東七縣 時沃沮亦皆爲縣 漢建武六年 省邊郡都尉 由此罷 其後皆以其縣中渠帥爲縣侯 不耐華麗沃沮 諸縣皆爲侯國".

부조는 옥저의 전신이다. 낙랑군 호구부에서 동이현 이하 영동 7현을 마지막 목독에 일괄 기재한 데는 모종의 의도가 있었던 것으로 여겨진다. 총 3매의 목독으로 이루어진 낙랑군 호구부에는 아래와 같이 4개의 지역 구분이 반영된 것으로 이해된다.

표 2 초원 4년(기원전 45) 낙랑군 호구부의 지역 구분

지역 구분	속현	주요 현 인구수	목독 구분
1구역(중부)	1조선현~6둔유현	조선현(5만 6890)	①(1조선현~9장잠현)
2구역(남부)	7대방현~13함자현	대방현(2만 8941) 소명현(4435)	
3구역(북부)	14수성현~18탄열현	수성현(1만 9092)	②(10해명현~18탄열현)
4구역(동부)	19동이현~25부조현	동이현(2013) 불이현(1만 2348)	③(19동이현~25부조현)

기존 연구에서는 손영종 이래 낙랑군 호구부의 25현을 위와 같이 4개 지역으로 구분해 보았다. 먼저 7번 대방현부터 13번 함자현까지의 7개 현을 『진서』 지리지에 보이는 대방군 소속 7현, 즉 전한 때 낙랑군 남부도위 지역으로, 마지막 동이현 이하 7개 현을 동부도위 소속 영동 7현으로 보면서, 그 전후 6개 현(조선현~둔유현)과 5개 현(수성현~탄열현)도 별도의 지역으로 비정하여, 낙랑 중부·남부·북부·동부 등으로 구분한 것이다.

마지막 목독에 일괄 기록된 영동 7현은 당시 동부도위 관할 아래에 있었던 것으로 이해된다. 이에 대해 임둔군치였던 동이현이 여전히 맨 앞에 기록되어 있다는 점에서 불이현을 치소로 한 동부도위가 아직 설치되지 않았다고 보는 입장도 있다.[95] 하지만 불이현이 동부도위의 치소로 기록된 『한서』 지리지에도 동이현이 먼저 기록되어 있다는 점에서 설득력이 부족해 보인다.

---

[95] 이성제, 2010, 「낙랑의 군현 재편과 濊」, 『낙랑군 호구부 연구』, 동북아역사재단, 221쪽.

당시 동이현의 호수는 279호로 불이현의 1564호와 비교해 5분의 1에 불과하다. 동이현이 영동 7현 중 맨 앞에 기록되어 있지만 규모로 보아 이미 불이현 중심의 체제가 성립되어 있던 것이다. 영동 7현을 일괄 기록한 것이나 불이현의 호구 수가 7현 가운데 가장 우위에 있는 점에서 당시 동부도위가 이미 설치되어 있었다고 보는 것이 자연스럽다.

그런데 기존 견해처럼 기원전 45년 무렵 동부도위와 함께 남부도위도 설치되어 있었다고 볼 수 있을지는 의문이다. 『한서』 지리지에 따르면 남부도위의 치소는 소명현인데, 기원전 45년 소명현의 인구수는 4435명으로 같은 남부 지역 대방현의 인구수(2만 8941)와 비교해 6분의 1밖에 되지 않는다.

또한 남부 지역(2구역)을 중부 지역(1구역)과 북부 지역(3구역) 사이에 기록한 것도 주목된다. 만약 남부도위가 설치되어 있었다면 부도위 설치 지역인 동부 지역(4구역)과 이어지도록 후반부에 따로 기록하였을 가능성이 크다. 이는 2구역이 1구역이나 3구역과 마찬가지로 부도위가 아니라 낙랑군 태수가 직접 관리하던 지역이었음을 시사해 준다.

목독③에 따로 기록된 영동 7현을 제외하고 목독①, ②에 실린 18현들의 위치를 정확히 비정하고 지역을 구분하기는 쉽지 않다. 『한서』 지리지의 25현 순서와 비교해 보아도 영동 7현을 제외하고 나머지 18현의 기재 순서에 차이가 있으며, 18현 중에 본래 진번군과 임둔군의 속현이었다가 폐합된 현들을 가려내기도 어렵다. 기록 양상으로 보아서는 목독③에 기록된 영동 7현과 목독①, ②에 기록된 18현으로 크게 양분해 보는 것이 가장 무난하며, 이는 당시 낙랑군 태수가 직접 관리한 지역과 동부도위가 '별주'(別主)한 지역의 구분을 의미한다고 할 수 있다.

낙랑군 등 변군에 설치된 부도위의 성격과 관련해서는 상반된 시각이 존재한다. 동부도위가 영동 7현을 '별주'하였다는 『삼국지』 기록에 주목해 변군의 부도위는 이민족 지배를 위해 설치한 특수 기관으로 군태수를 대신해 군정과 민정을 아울러 관장하였다고 보는 입장[96]과, 변경 지역에서도 군태수를

중심으로 한 일원적인 군현 지배가 보편적으로 이루어졌으며 변군이나 내군
의 도위는 모두 군사(치안)만 전담한 군정조직으로 기능이 제한되어 있었다
고 보는 입장[97]으로 크게 구별된다.

그런데 거연한간(居延漢簡)에 나타난 전한 장액군(張掖郡)의 방어 체계에서 군
태수가 장군으로서 장사(長史)를 통해 제부도위(諸部都尉)를 총괄하고 있는 것
으로 보아, 변군의 부도위는 군정에서조차 군태수의 지휘 아래에 있었음을
확인할 수 있다.[98] 조선현 이하 18현과 영동 7현의 호구 수가 하나의 호구부
에 일괄 기록된 것도 당시 낙랑태수의 민정 범위가 동부도위 지역까지 포괄
하고 있었음을 보여 준다.

그럼에도 불구하고 영동 7현에 동부도위를 따로 설치하고 '별주'하게 한 것
은 군태수가 직할한 지역(내현)과 부도위가 별주한 지역(변현) 사이에 구분이
있었으며, 낙랑군의 25현에 대한 지배체제가 중층적이었음을 시사해 준다.
즉 영동 7현은 군태수의 광역적 관리 위에 부도위의 지역적 관리가 이중으로
이루어진 지역이라 할 수 있다. 일반적인 군현체제에서는 군태수의 지휘 아
래 현령(현장)의 관할이 이루어진 데 반해 부도위가 설치된 영동 지역에서는
그 중간에 동부도위의 관리가 추가된 것이다.

'별주'의 의미는 군태수의 총괄적 권한이 전제된 위에 부도위의 관리가 추
가된다는 의미로 이해된다.『삼국지』 동이전 부여조의 "제가별주사출도"(諸加
別主四出道) 기록에서도 '별주'가 보인다. 여기의 '별주'도 변경 지역인 사출도에
대한 부여 국왕의 공납제적 지배 위에 제가의 관할이 추가로 이루어졌다는
의미로 이해할 수 있다.[99]

---

96 권오중, 1992,『낙랑군연구-중국 고대변군에 대한 사례적 검토-』, 일조각; 2004,「漢代 邊郡
    의 部都尉」,『동양사학연구』88.

97 김병준, 2015,「낙랑군 동부도위 지역 邊縣과 군현지배」,『한국고대사연구』78.

98 陳夢家, 1964,「漢簡所見居延邊塞與防御組織」,『考古學報』1964-1, 55~86쪽.

99 박대재, 2013,「국가형성기의 복합사회와 초기국가」,『선사와 고대』38, 263쪽.

이상을 통해 군현 폐합 이후 낙랑군의 군현체제가 군태수에 의한 통합적 지배 위에 부도위에 의한 지역 지배가 이루어진 중층적인 구조였음을 확인할 수 있다. 낙랑군 호구부에서 조선현 등 18현과 구분되어 영동 7현이 따로 기록된 것도 이러한 중층적인 군현체제와 관련이 있다고 보인다.[100]

낙랑군 남부도위의 설치 시기를 특정하기는 어렵지만 기원전 45년 이후부터 『한서』 지리지의 군현편제 시점인 기원전 9~기원전 8년 이전으로 추정해 볼 수 있다. 이 시기 낙랑 남부 지역에서 일어난 변화로는 백제의 등장을 주목할 만하다. 기원전 1세기 후반 한강 하류~경기 북부 지역에서 백제국을 비롯한 마한 북부의 '근군제국'(近郡諸國)들이 등장하게 되면서, 그를 경계하기 위해 진번고지인 황해도 지역에 남부도위가 추가로 설치되었다고 볼 수 있다.

낙랑군 2부도위 지역에 대한 중층적 지배체제는 앞서 살펴본 위만조선 시기의 중층적인 영역 구조와도 서로 통하는 것이다. 조선왕의 국가적 권한이 진번과 임둔 등 주변 소읍 지역에까지 포괄적으로 미치지만 각 지역에서 재지 군장에 의한 지배가 추가로 이루어지던 중층적 구조가 낙랑군 시기까지 이어지면서 군현의 폐합과 부도위의 설치와 같은 조치가 이루어지게 된 것이다. 한군현 설치 25년 만에 2군의 폐합이 이루어진 것은 토착사회의 저항 때문이기도 하지만 근본적으로는 위만조선 이래 중층적 지배체제가 지속된 결과라고 이해할 수 있다.

5. 맺음말

이상의 검토에 의하면 낙랑군 등 한사군의 설치 이후 불과 25년 만에 진

---

[100] Park Dae-Jae, 2017, "A New Approach to the Household Register of Lelang(樂浪) Commandery," *International Journal of Korean History* 22(2), pp.32~36.

번·임둔 2군의 폐합이라는 대규모 개편이 일어난 배경에는 위만조선의 영역 구조가 가진 중층성이 낙랑태수 중심의 일원적인 군현 지배를 저해하였기 때문이라고 판단된다.

한군현 설치 초기에 위만조선이 가지고 있던 중층적 지배체제를 충분히 고려하지 않은 채 한의 내지와 같은 중앙집권적인 군현체제를 일률적으로 적용한 결과 기원전 82년 2군의 폐합이 불가피하게 되었다. 이를 보완하기 위해 임둔군의 고지인 영동 지역에 동부도위를 설치하였으며, 진번군의 고지인 대방 지역에는 남부도위를 설치하였다. 2부도위의 설치에 의해 위만조선 시기와 비슷한 중층적 지배체제를 다시 갖추었고, 이를 바탕으로 『한서』지리지에 보이는 25속현 및 2부도위를 갖춘 이른바 '대낙랑군'체제가 성립하게 된 것이다.

『한서』지리지의 103개 군국 현수를 보면 여남군(汝南郡) 37, 패군(沛郡) 37, 낭야군(瑯邪郡) 51, 동해군(東海郡) 38, 임회군(臨淮郡) 29, 북해군(北海郡) 26, 남양군(南陽郡) 36, 발해군(勃海郡) 26, 탁군(涿郡) 29, 서하군(西河郡) 36 등 10개 군에만 낙랑군보다 많은 수의 현이 속해 있어 낙랑군이 상위 10% 수준의 대군(大郡)임을 알 수 있다.

상위 10개 대군 중 낙랑군과 현수가 비슷한 군의 호구 수(현당 평균 호수/호당 평균 구수)를 보면, 북해군은 12만 7000호·59만 3159구(4884.62/4.67), 발해군은 25만 6377호·90만 5119구(9860.65/3.53)로, 낙랑군의 6만 2812호·40만 6748구(2512.48/6.48)와 비교해 2군의 현당 평균 호수가 많은 반면 호당 평균 구수는 적다.

이는 낙랑군의 군현체제가 내군에 비해 편호제민(編戶齊民)이 덜 진행된 비균질적인 구조로 이루어졌음을 시사해 준다. 이러한 공간 구조 역시 위만조선 시기부터 지속되어 온 중층적 영역 구조의 연장선상에서 이해할 수 있다. 낙랑군 호구부에서 조선현을 제외한 일반 현들의 호구 수가 10배 이상 크게 차이 나는 것도 동일한 맥락으로 볼 수 있다. 중층적인 영역 구조에서는 일원적인 지방 편제가 덜 진행되어서 지역에 따라 인구 밀도나 사회 분화의 상대적 차등이 크게 나타나는 것이다.

끝으로 본론에서 서술한 위만조선의 영역 구조와 한군현의 연혁을 도표로 요약하면 다음과 같다.

표 3 위만조선의 영역 구조와 한군현의 연혁

연도 (기원전)	연혁				비고 (기원전)
195~108	조선 (大邑)	진번 (小邑)	예맥		창해군 (128~126)
			임둔(小邑)	예군남려, 부조예군, 이맥	
108~82	낙랑군	진번군	임둔군	현토군(옥저성)	현토군 설치 (107)
82~75	낙랑군	← 폐합	폐합 →	현토군(옥저성)	이맥 침공(75)
75~45	낙랑군		영동7현(옥저) 동부도위	현토군 (고구려현)	낙랑군 호구부 (45)
44~8	낙랑군	남부도위	동부도위	현토군 (고구려현)	『한서』지리지 (9~8)

참고문헌

1. 국내 단행본

권오중, 1992, 『낙랑군연구-중국 고대변군에 대한 사례적 검토-』, 일조각.

김정배, 2010, 『고조선에 대한 새로운 해석』, 고려대학교 민족문화연구원.

박대재, 2006, 『고대한국 초기국가의 왕과 전쟁』, 경인문화사.

_____, 2013, 『중국 고문헌에 나타난 고대 조선과 예맥』, 경인문화사.

박준형, 2014, 『고조선사의 전개』, 서경문화사.

손영종, 2006, 『조선단대사-고구려사 1-』, 과학백과사전출판사.

송호정, 2003, 『한국고대사 속의 고조선사』, 푸른역사.

_____, 2020, 『다시 쓰는 고조선사』, 서경문화사.

이병도, 1976, 『한국고대사연구』, 박영사.

2. 국내 논문

공석구, 2021, 「현도군위치 옥저지역설을 다시 검토한다-《삼국지》 사료비판-」, 『한국고대
　　사연구』 102.

권오중, 2002, 「漢과 高句麗의 관계」, 『고구려연구』 14.

_____, 2004, 「漢代 邊郡의 部都尉」, 『동양사학연구』 88.

기수연, 2007, 「현도군과 고구려의 건국에 대한 연구」, 『고구려연구』 29.

김기흥, 1985, 「夫租薉君에 대한 고찰」, 『한국사론』 12.

김미경, 2002, 「第1玄菟郡의 位置에 대한 再檢討」, 『실학사상연구』 24.

김병준, 2015, 「낙랑군 동부도위 지역 邊縣과 군현지배」, 『한국고대사연구』 78.

박대재, 2013, 「국가형성기의 복합사회와 초기국가」, 『선사와 고대』 38.

_____, 2014, 「古朝鮮과 齊의 해상교류와 遼東」, 『한국사학보』 57.

_____, 2014, 「樂浪郡과 고조선 유민」, 『낙랑고고학개론』, 진인진.

_____, 2017, 「고조선 이동설에 대한 비판적 검토」, 『동북아역사논총』 55.

박대재·김철민, 2020, 「《我邦疆域考》 역주·비평(4)-臨屯考·眞番考-」, 『한국사학보』 81.

백련행, 1962, 「夫租薉君 도장에 대하여」, 『문화유산』 4.

여호규, 2002, 「高句麗 初期의 梁貊과 小水貊」, 『한국고대사연구』 25.

윤선태, 2010, 「한사군의 역사지리적 변천과 '낙랑군 초원 4년 현별 호구부'」, 『낙랑군 호구부 연구』, 동북아역사재단.

윤용구, 2010, 「낙랑군 초기의 군현 지배와 호구 파악」, 『낙랑군 호구부 연구』, 동북아역사재단.

윤용구, 1990, 「樂浪前期 군현지배세력의 종족계통과 성격」, 『역사학보』 126.

이성제, 2010, 「낙랑의 군현 재편과 濊」, 『낙랑군 호구부 연구』, 동북아역사재단.

_____, 2011, 「玄菟郡의 改編과 高句麗-'夷貊所侵'의 의미와 郡縣의 對應을 중심으로-」, 『한국고대사연구』 64.

이승호, 2014, 「漢의 沃沮 지배와 토착 지배층의 동향-夫租薉君 사례에 대한 검토를 중심으로-」, 『동국사학』 57.

_____, 2021, 「衛滿朝鮮 시기 濊族 사회의 동향과 滄海郡路-'滄海郡 在沃沮說'에 대한 최근 비판의 반론을 겸하여-」, 『고조선단군학』 45.

이준성, 2020, 「濊君 南閭의 동향과 滄海郡·玄菟郡 설치」, 『백산학보』 116.

이현혜, 1997, 「옥저의 사회와 문화」, 『한국사』 4, 국사편찬위원회.

장병진, 2015, 「초기 고구려의 주도세력과 현도군」, 『한국고대사연구』 77.

조원진, 2021, 「고대 진번의 변천 연구」, 『선사와 고대』 66.

최슬기, 2017, 「衛滿朝鮮과 匈奴의 '穢裘' 交易」, 『선사와 고대』 52.

_____, 2021, 「蒼海郡 위치비정의 쟁점과 전제」, 『고조선단군학』 44.

3. 국외 단행본

今西龍, 1970, 『朝鮮古史の研究』, 國書刊行會.

池內宏, 1979, 『滿鮮史研究』 上世1冊, 吉川弘文館.

楊守敬, 1977, 『晦明軒稿』 上, 臺灣商務印書館.

周振鶴, 1987, 『西漢政區地理』, 人民出版社; 2017, 商務印書館.

4. 국외 논문

岡崎敬, 1968, 「夫租薉君銀印をめぐる諸問題」, 『朝鮮學報』 46.

陳夢家, 1964, 「漢簡所見居延邊塞與防御組織」, 『考古學報』 1964-1.

吉本道雅, 2009, 「濊貊考」, 『京都大學文學部研究紀要』 48.

西本昌弘, 1989, 「樂浪・帶方二郡の興亡と漢人遺民の行方」, 『古代文化』 41-10.

窪添慶文, 1970, 「樂浪郡と帶方郡の推移」, 『倭國の形成と古文獻』(東アジア世界における日本古代史 講座 3), 學生社.

田中俊明, 1994, 「高句麗の興起と玄菟郡」, 『朝鮮文化研究』 1.

秋山進午, 2008, 「〈夫租薉君〉銀印再考」, 『高麗美術館研究紀要』 6.

Claessen, H. J. M., 2004, "Was the State Inevitable?," *The Early State, Its Alternatives and Analogues*, L. E. Grinin et al. (eds.), Volgograd: "Uchitel" Publishing House.

Park Dae-Jae, 2017, "A New Approach to the Household Register of Lelang(樂浪) Commandery," *International Journal of Korean History* 22(2).

4장

고조선사 체계의 재인식

1. 머리말

일반적으로 '고조선'은 근세의 조선과 구분되는 고대의 조선이라는 의미에
서 널리 사용되고 있다. 『고려사』 지리지(서경유수관)에서 전조선(단군), 후조
선(기자), 위만조선 등을 '삼조선'(三朝鮮)이라 명명한 이후, 고조선의 실체를 삼
조선으로 보는 것이 일반화되었다.[1] 조선시대에 '고조선'이란 명칭이 사용되
기도 했지만,[2] 그보다는 '삼조선'이 더 일반적이었다.

'고조선' 용어는 근대 이후 널리 사용되었다.[3] 근대 이후 '기자조선'의 역사
성이 부정되고 그 대신 '개아지조선'[奇氏朝鮮],[4] '한씨조선'(韓氏朝鮮),[5] '검조선',[6]

---

[1] 서거정의 「풍월루중신기」 "平壤三朝鮮高句麗之故都"(『사가문집』 권1), 『신증동국여지승람』 권51
   평양부, 한백겸의 『동국지리지』, 이익의 「성호사설」, 이종휘의 「삼조선연표」(『수산집』 권12),
   이규경의 『오주연문장전산고』, 이긍익의 『연려실기술』, 정약용의 「대동수경」(『여유당전서』 지
   리집 제7권) 등 조선시대 문헌에서 '三朝鮮'의 명칭은 두루 확인된다.

[2] 권근의 「평양성대동문루기」 "平壤卽古朝鮮箕子之所都也"(『동문선』 권78 및 『양촌선생문집』 권12),
   『세조실록』 3년(丁丑) 5월 26일(戊子)의 '古朝鮮秘詞' 등이 대표적인 예이다.

[3] 정인보, 1946, 「古朝鮮의 大幹」, 『조선사연구』(상), 서울신문사, 51쪽. 손진태, 1948, 「古朝鮮 및
   樂浪의 文化」, 『조선민족사개론』, 을유문화사, 54쪽.

[4] 최남선, 1926, 「兒時朝鮮」, 『조선일보』; 1929, 「조선사의 기자는 지나의 기자가 아니다」, 『괴
   기』 2.

'크치조선',[7] '예맥조선'(濊貊朝鮮),[8] '한조선'(韓朝鮮)[9]이란 명칭이 제안되었지만, 그 시기는 인정하여 고조선사를 3단계로 보는 삼조선설의 체계는 계속 유지되었다. 북한에서도 전조선(단군조선), 후조선, 만조선으로 구분하여, 삼조선사의 체계로 보고 있다.[10]

'고조선'이란 명칭은 조선 왕조 성립 이전인 고려 후기의 『삼국유사』에서 이미 보인다. 『삼국유사』에서는 '고조선' 조목에 '왕검조선'(王儉朝鮮)을 부기하여, 고조선이 단군조선을 가리킴을 보여 주고 있다.[11] 『삼국유사』의 '고조선'은 그다음 조목인 '위만조선'(魏滿朝鮮)보다 오래된 조선이란 의미로 사용되었다. 이처럼 고조선(단군조선)과 위만조선의 2단계로 보는 것은 조선시대 이래의 삼조선설과 크게 다른 것이다.

'고조선'이란 용어는 단군·기자·위만 삼조선을 모두 포괄하기도 하고, 다른 한편 『삼국유사』처럼 위만조선과 구분되는 그 이전의 조선만을 가리키기도 한다. 최근 학계에는 후자의 입장에서 고조선과 위만조선으로 양분해 보는 경향이 있다.[12] '고조선'의 범위를 단군조선에만 국한하게 되면, 연대상 위만조선 시기와 공백이 생기는 문제가 발생하게 된다.[13] 『삼국유사』에 따라 단

---

5   이병도, 1935, 「三韓問題의 新考察(2)」, 『진단학보』 3; 1959, 『한국사』(고대편), 을유문화사.

6   정인보, 1946, 앞의 책.

7   안재홍, 1947, 「箕子朝鮮考」, 『조선상고사감』, 민우사.

8   김정배, 1973, 「所謂 箕子朝鮮과 考古學上의 問題」, 『한국민족문화의 기원』, 고려대학교 출판부.

9   서영수, 1988, 「古朝鮮의 위치와 강역」, 『한국사 시민강좌』 2, 일조각.

10 박득준, 1999, 『고조선력사개관』, 사회과학출판사; 전대준·최인철, 2010, 『조선단대사-고조선사-』, 과학백과사전출판사, 46~51쪽에서는 후조선에 대해 전조선의 근친이나 인맥 관계에 있는 후왕급 인물에 의해 기원전 15세기 중엽 평화적으로 계승하여 세워진 나라라고 보면서 '기자조선'설을 부정하고 있다. '만조선'은 위만조선을 가리키는 것으로, 위만의 위(衞)는 중국인들이 후대에 부회한 성씨며 『사기』의 표현대로 '만'이라고 보는 것이다.

11 이기백, 1975, 「古朝鮮의 諸問題」, 『한국고대사론』, 탐구당, 27~29쪽.

12 서영수, 2015, 「고조선사 연구의 쟁점과 흐름」, 『고조선과 위만조선의 연구쟁점과 대외교류』, 학연문화사.

13 김정배, 2010, 「고조선 연구의 사적(史的) 고찰」, 『고조선에 대한 새로운 해석』, 고려대학교 민

군조선의 시대가 1500년간이었다고 보더라도,[14] 기원전 195년 무렵 세워진 위만조선과 연대가 바로 연결되지 않기 때문이다.

위만조선 이전에 있던 조선을 '고조선'이라 통칭하더라도, 그 안에는 소위 단군조선과 기자조선의 연대가 포함되어 있다고 보아야 한다. 기왕에 '기자조선' 대신 '한씨조선'·'예맥조선' 등이 제안된 것이나, 최근에 다시 '검조선'[15]이나 '조선후국·준왕조선'(朝鮮侯國·準王朝鮮)[16] 등의 용어가 제안된 것도 이런 맥락에서 이해할 수 있다.

삼조선 가운데 중간 단계의 고조선을 무엇이라 부를지 아직 학계의 정설이 없다. 근대 이후 '기자조선'에 대한 비판은 많이 축적되었지만,[17] 그 역사적 실체에 대한 조명은 자료의 부족으로 아직 과제로 남아 있다. 이 글에서는 전통적인 고조선사 체계인 삼조선설의 성립 과정을 살펴보고, 이를 토대로 단군조선과 위만조선 사이에 존재한 고조선의 성격을 어떤 맥락에서 파악하는 것이 타당할지 문헌사의 입장에서 고찰해 보고자 한다.

족문화연구원, 44쪽.

[14] 단군의 즉위년과 재위(전세) 기간에 대해선 요 50년(庚寅)~1500년간(『삼국유사』), 요 원년(戊辰)~1048년간(『제왕운기』), 요 25년(戊辰)~1048년간(『동국통감』) 등으로 기록이 다양하다. 각 기록이 근거한 역법에 따라 다소 차이가 있지만, 대체로 기원전 24세기에 단군조선이 개국한 것으로 역산된다. 단군 관련 연대에 대해서는 박대재, 2015, 「檀君紀元과 〈古記〉」, 『한국사학보』 61, 8~40쪽 참조. 이 책의 II-1장(단군기원과 고기) 참조.

[15] 조원진, 2014, 「단군과 기자-고조선사의 체계에 대한 고찰-」, 『고조선단군학』 31, 364쪽.

[16] 오현수, 2015, 「《魏略》 기재 朝鮮侯와 '取地二千餘里'의 검토」, 『한국사학보』 61, 54쪽. 단군조선과 위만조선 사이의 고조선을 요서 지역의 '조선후국'과 요동 지역의 '준왕조선'으로 구분해 보고, 이 중 '준왕조선'이 연의 침공을 받고 서북한 지역으로 이동하면서 위만조선으로 이어졌다고 본다.

[17] 박준형, 2009, 「한국 근현대 기자조선 인식의 변천」, 『고조선사 연구 100년-고조선사 연구의 현황과 쟁점』, 학연문화사, 98~126쪽 참조.

2. 삼조선사 체계의 성립 과정

고조선사를 3단계로 나누어 보는 인식은 고려 후기 이승휴의 『제왕운기』 (1287)에서 단초가 마련되었다. 『제왕운기』에서는 단군의 전조선과 기자의 후조선으로 구분해 보면서도,[18] 위만을 후조선의 왕위를 찬탈한 참람한 군주로 폄하하여 2조선에 부기했다. 정통론적 역사 인식에 따라 위만을 참주로 취급하고, 전·후조선과 구별하여 낮추어 본 것이다. 하지만 『제왕운기』에서 위만을 전·후 2조선 다음에 추가함으로써 삼조선설의 단서가 열리게 되었다.

『삼국사기』 연표에서는 해동의 역사가 기자로부터 열려 위만으로 이어졌다고 보아,[19] 단군에 대한 인식은 나타나지 않는다. 한편 『삼국유사』에서는 고조선(왕검조선)과 위만조선으로 시기를 구분해, 그 중간의 기자조선에 대한 명확한 인식이 보이지 않는다. 뒤에서 살펴보겠지만 『삼국사기』 동천왕본기에서도 평양이 기자를 제외한 선인왕검(仙人王儉, 단군)과 위만의 고도 왕험(王險)으로 인식되고 있다. 이에 반해 『제왕운기』에서는 단군의 전조선, 기자의 후조선과 함께 위만까지 추가하여 삼조선 인식의 기초를 마련한 것이다.

조선 태조 3년(1394) 편찬된 정도전의 『조선경국전』(국호)에서는, 조선 왕조에 앞서 단군·기자·위만 3자가 '조선'을 국호로 썼다고 하여, 삼조선 인식이 나타나기 시작한다.

삼조선사가 더욱 분명하게 체계화된 과정은 이첨(1345~1405)이 남긴 기록을 통해 확인된다. 이첨은 '단군조선'(檀君朝鮮)·'기자조선'(箕子朝鮮)·'위만조선'(魏滿朝鮮)으로 삼조선의 명칭을 제시하고 각각의 간략한 역사를 서술했

---

18 현존 『제왕운기』는 조선 태종 13년(1417)에 간행된 중간본으로, 여기에는 '前朝鮮'이 보이지 않는다. 하지만 1287년 『제왕운기』 초간 직후 이승휴가 진양부 서기 정소에게 보낸 서간(『동안거사문집 잡저1 與晉陽書記鄭昭書)에 의하면, 단군 앞에 '前朝鮮紀' 4자가 원래 들어갔어야 했다고 한다.

19 『삼국사기』 권29 연표(상), "海東有國家久矣 自箕子受封於周室 衛滿僭號於漢初 年代綿邈 文字踈略 固莫得而詳焉".

다.[20] 단군조선조에서 『삼국유사』 고조선조에서만 확인되는 『위서』(魏書) 기록을 인용했고, 위만조선의 표기도 『삼국유사』와 동일하게 '魏滿朝鮮'인 점으로 보아, 『삼국유사』를 참고한 것이 분명해 보인다. 하지만 '왕검조선' 대신 '단군조선'이란 명칭을 처음 썼고, '기자조선' 단계를 설정했다는 점에서 『삼국유사』와 분명히 차이가 난다.

이첨은 '기자조선' 조목 아래 "기자가 처음 봉해진 해부터 진시황 20년 갑술년에 이르기까지 846년"이라고 주를 붙였다. 이것도 『삼국유사』 등 기존 기록에 보이지 않는 것이다. 진시황 20년은 기원전 227년인데, 왜 이때를 기자조선의 말년으로 비정했는지 의문이다.

기자조선의 말년은 『제왕운기』에 따라 위만이 망명하여 준왕을 몰아낸 한 고제 12년(기원전 195)으로 보는 것이 일반적이다. 『제왕운기』에서는 기자조선의 역년을 주 무왕 즉위년(기묘)부터 928년간이라고 했다. 기원전 227년부터 195년까지의 32년을 928년에서 빼면 896년이 되어 846년과 50년의 차이가 있다. 이첨이 언급한 기자조선의 연대가 어떤 자료에 근거한 것인지 모르지만, 위만조선과의 사이에 연대 간극이 있는 점은 주목된다.

이첨의 삼조선에 대한 기록은 원래 태종 3년(1403) 왕명에 의해 하륜·권근 등과 함께 편찬했던 『동국사략』에 수록된 글로 추정된다.[21] 『동국사략』은 태조 4년(1395) 정도전과 정총에 의해 편찬된 고려의 역사인 『고려국사』에 이어서 삼국사의 정리를 위해 태종 2년 6월 영사평부사 하륜(1347~1416), 참찬의정부사 권근(1352~1409), 예문관대제학 이첨이 편찬을 시작하여 다음 해 8월 완성된 편년체 사서로 『삼국사략』이라고도 한다.

하륜·권근·이첨은 연령이나 관직·학문에서 서로 비등했으므로 세 사람이 동등한 자격으로 편찬에 참여했던 것으로 생각된다. 그런데 하륜과 이첨

---

20 이첨, 『쌍매당선생협장문집』 권22, 잡저(김동주 역, 1999, 『국역 쌍매당선생문집』, 민창문화사, 부록 883쪽).
21 정구복, 1989, 「雙梅堂 李詹의 역사서술」, 『동아연구』 17, 308쪽.

은 그해 10월 초에 명 영락제의 즉위를 축하하는 하등극사로 중국에 갔다가 다음 해 4월에 귀국하여 7개월이나 편찬 작업에 참여할 수 없었다. 그들이 하등극사로 중국에 갈 때 편찬 업무를 권근에게 위임한 것으로 보이며, 실질적인 편찬 작업은 권근에 의해 완성되고, 또 그 서문(三國史略序)과 전문(進三國史略箋)도 권근이 쓴 것으로 추정된다. 이 사서를 보통 권근의 『삼국사략』이라고도 칭한 것은 이 때문이다.[22]

『동국사략』이 『삼국사기』를 대본으로 하여 편년체로 다시 정리한 삼국사이지만, 『삼국사기』가 단대사임에 반하여 『동국사략』은 단군조선 이래의 상고사를 삼국사 앞에 보충한 신라 말까지의 통사라고 이해된다. 『동국사략』에서 단군조선, 기자조선, 위만조선, 한사군, 이부(二府), 삼한으로 이어지는 상고사 체계는 권근 등의 독창적인 견해라기보다 고려 후기 이래 축적되어 온 상고사 인식 체계의 반영이라고 할 수 있다.

『삼국사기』까지는 상고사가 체계화되지 못했는데, 『삼국유사』와 『제왕운기』에 의해 단군조선부터 시작되는 상고사 체계가 점차 성립되어갔다. 『동국사략』은 특히 『제왕운기』의 서술을 이어받아, 관찬사서로서는 처음으로 단군조선 이래의 상고사 체계를 정립한 것으로 평가받는다.[23]

이처럼 기존 연구에서는 『동국사략』의 상고사 체계가 주로 『제왕운기』의 영향을 많이 받은 것으로 이해되었다. 하지만 앞서 보았듯이 이첨의 『쌍매당협장문집』[24]에 남아 있는 일문을 통해, 『동국사략』의 상고사 서술에 『제왕운

---

22 정구복, 1975, 「東國史略에 대한 史學史的 考察」, 『역사학보』 68, 4~6쪽. 『태종실록』 3년 8월 기해조에 의하면 정식 명칭은 『동국사략』이었지만, 『양촌집』과 『동문선』에 실려 전하는 권근의 서문과 전문에 의하면 권근은 『삼국사략』이란 서명을 더 선호한 것으로 보인다.

23 정구복, 1975, 앞의 글, 12~13쪽.

24 『쌍매당협장문집』은 세종 연간에 이첨의 아들 소축에 의해 목판본 25권이 간행되었으나 현재 전하는 것은 권22~25이며, 필사본의 연보와 권1~2가 추가로 확인되었다. 이 자료들은 『한국문집총간』 제6책에 실리기도 했다(정구복, 1999, 「쌍매당 선생 문집 해제」, 『국역 쌍매당선생문집』, 민창문화사, iii쪽).

기』뿐만 아니라 『삼국유사』의 영향도 컸음을 확인할 수 있다.

『동국사략』은 현재 고려대 중앙도서관 화산문고에 권3~4의 1책만 전해져 그 전모를 파악하기 어렵다. 이첨의 문집에는 단군조선, 기자조선, 위만조선, 사군, 이부, 신라, 고구려, 백제, 가락국의 역사가 간단하게 정리되어 있다. 이들 서술은 『동국사략』의 내용을 요약한 것으로 추정되는데, 이 가운데 '魏滿朝鮮'의 표기나 2부·가락국의 기록은 『삼국유사』에 근거한 것이다.

물론 『동국사략』의 단군조선과 기자조선에 대한 서술은 『삼국유사』보다 『제왕운기』 쪽에 더 가깝다. 하지만 『동국사략』의 상고사 서술에 『삼국유사』의 영향도 적지 않았음을 확인할 수 있다. 『동국사략』은 『삼국유사』와 『제왕운기』를 종합하여 삼조선에서 시작하는 상고사 체계를 정립한 것이다. 『동국사략』은 삼조선사의 체계를 처음 세운 사서라고 평가할 수 있다.

『동국사략』에서 정립된 삼조선사 체계는 『고려사』 지리지(1451)에 이르러 더욱 구체화되었다. 『고려사』에서는 평양이 삼조선의 도읍지였다는 인식이 추가되는데, 이러한 삼조선 평양설은 기존 사서에서는 보이지 않던 것이다.

> A. 평양부는 원래 삼조선의 옛 도읍인데 당요(唐堯) 무진(戊辰)년에 신인(神人)이 하늘로부터 단목(檀木) 아래로 내려옴에 국인들이 세워 임금으로 삼고 평양에 도읍을 정하여 단군이라고 불렀으니 이것이 전조선(前朝鮮)이다. 주(周) 무왕(武王)이 상(商)을 이기고 기자(箕子)를 조선에 봉하니 이것이 후조선(後朝鮮)이다. 기자의 41대손인 준(準) 때에 이르러 연(燕) 사람 위만이 망명하여 천여 명의 무리를 모아 와서 준의 땅을 빼앗고 왕험성(王險城)[險은 儉으로도 쓰니, 곧 평양이다]에 도읍하였는데, 이것이 위만조선이다.[25]

---

25 『고려사』 권58 지리지3 서경유수관, "平壤府 本三朝鮮舊都 唐堯戊辰歲 神人降于檀木之下 國人立爲

『고려사』지리지의 내용은 평양이 단군의 전조선, 기자의 후조선, 위만조선 등 삼조선의 도읍지였다는 것이다.

『삼국유사』에서 단군의 도읍지로 평양이 언급되었지만 이후 아사달과 장당경으로 옮겼다고 하거나, 아니면 『위서』를 인용한 부분에서는 단군왕검의 도읍지로 아예 아사달만을 거론하고 있다. 또한 기자의 도읍지에 대해서도 그 전신인 고죽국의 고지가 당시의 '해주'(海州)에 해당한다고 하여 평양이 아닌 다른 지역에 비정하였다. 이처럼 고려 후기까지는 평양이 삼조선 모두의 도읍이라는 인식이 아직 정립되지 않았던 것으로 보인다.

삼조선 평양설은 이후 권람의 『응제시주』에서도 보이고 『세종실록』 지리지, 『동국통감』, 『동국여지승람』 등의 조선 전기 관찬 사서와 『동국지리지』, 『동사찬요』, 『동사강목』, 『아방강역고』, 『해동역사』 등 조선 후기 사서에도 같은 내용이 일관되게 이어진다.

17세기 이후 준왕을 매개로 기자조선에서 마한(삼한)으로 역사의 정통이 이어졌다고 보는 삼한정통론이 대두했다. 이에 따라 위만조선의 역사는 삼한에 비해 덜 주목받게 되었다. 고려 후기 『제왕운기』부터 이미 위만이 참주로 비판되었는데, 17세기 이후가 되면 아예 삼한을 먼저 언급하면서 상고사의 체계가 단군조선-기자조선-마한으로 이어졌다고 보게 된 것이다.

조선 전기 『동국통감』에서는 단군조선·기자조선·위만조선 등 삼조선을 먼저 서술하고 그 다음에 삼한을 서술하였지만,[26] 조선 후기 『동사강목』에서는 단군조선·기자조선 다음에 마한을 먼저 서술하고 위만조선은 '참국'(僭國)의 예로 그 뒤에 부가하였다.[27]

조선 후기에 정통론이 대두하면서 위만조선의 위상은 마한에 비해 자연히

君 都平壤號檀君 是爲前朝鮮 周武王克商 封箕子于朝鮮 是爲後朝鮮 逮四十一代孫準時 有燕人衛滿 亡命聚黨千餘人 來奪準地 都于王險城[險一作儉卽平壤] 是爲衛滿朝鮮".

[26] 『동국통감』 외기.

[27] 『동사강목』 범례 및 도상 동국역대전수지도.

격하되었다. 하지만 위만조선이 삼조선의 마지막 단계였다는 인식에는 큰 변화가 없었다. 이종휘는 『동사』(東史)에서 위만조선을 '중조선'(中朝鮮, 기자조선)[28] 다음의 '후조선'(後朝鮮)[29]이라 이름해, 삼조선사 속에 분명히 자리매김하였다. 이것은 『제왕운기』 이래 기자조선을 후조선이라 보고, 위만조선을 정통에서 배제한 것과 다른 인식이다.

물론 이종휘도 '후조선본기'를 '삼한본기' 다음에 서술하여,[30] 삼한정통론의 입장을 견지하고 있는 것으로 보이지만, '후조선'을 본기에 넣은 것은 『동국통감』과 같은 삼조선사의 체계를 계승한 것이다. 이종휘의 『동사』에는 단군본기·기자본기·삼한본기·후조선본기 등 4편의 본기가 있다. 이처럼 삼조선과 삼한을 모두 본기에 넣되 삼한을 위만조선 앞에 놓은 것은 삼조선설과 삼한정통론을 절충한 것이라 할 수 있다.

이종휘가 기씨(奇氏)·한씨(韓氏)의 족보를 근거로 중조선과 삼한의 왕계·연대를 추정[31]한 것은 신뢰할 만한 서술은 아니지만, 정통론에서 벗어나 고조선사의 흐름을 전-중-후 삼조선사의 체계로 파악한 것은 평가할 만한 부분이다. 위만조선은 사료에 분명하게 나타난 역사적 존재임에도 불구하고, 정

---

28 『수산집』 권11 동사세가 기자세가[보유], "中朝鮮太祖文聖王姓子氏 或曰名胥餘 其先殷王成湯也 末帝受之諸父 當周武王之革命 率其徒五千人 東渡遼水 居平壤之邸 周武王仍以封之而不臣也".

29 『수산집』 권11 동사본기 후조선본기, "後朝鮮王衛滿者 故燕人也 漢高皇帝封功臣盧綰於燕 盧綰叛 漢亡入胡 滿故爲盧綰臣 亡命 聚黨千餘人 渡浿水 求屬朝鮮 朝鮮拜爲博士 封之百里 使守西鄙 滿幷有秦故空地 上下鄣 稍役屬眞番諸小國及燕齊亡命者 衆漸盛 遂詐遣人稱漢人來伐 請入宿衛 朝鮮未及設備 滿潛師已迫 王準遂南遁金馬 滿入據平壤 卽王位 仍故國號朝鮮 時漢惠帝元年丁未也".

30 『수산집』 권11 동사본기 삼한본기, "外史氏曰 余以馬韓接朝鮮 退衛滿於後 以明正僞之統".

31 『수산집』 권12 동사연표 삼조선연표, "三朝鮮猶中國之三皇也 其事不可得以考 然其立國年月 因中國之史而可以詳其始末 至於中朝鮮 旣得其王號年代於奇氏韓氏舊譜中 與司馬遷史諸年表 按以驗之 有中有不中 然疑以傳疑亦史法也…余讀奇氏譜 中朝鮮 自文聖元年至哀平末年爲千十四年 稽諸正史 自武王己卯 迄于漢高帝丙午 乃九百二十八年 雖乖異 不可闕其年表 故三老王以下只書年數 而不及其薨立之蹟焉 至於檀君尙矣 事例尤從其簡云"; 『수산집』 권12 동사연표 삼한연표, "余於是 因奇氏譜 繼中朝鮮之後 起哀平王 訖稽王 凡二百十六年 著其大略 以俟後之博雅 辰卞二韓 事蹟無可考 而亦嘗臣屬於馬韓 故又不足爲之論次云".

통과 참위의 명분론에 의해 고조선사의 한 단계로 정당하게 평가받지 못했던 것이다.

조선 전기에 들어와 '위만조선'이라 칭해지며, 전조선(단군조선)·후조선(기자조선)과 함께 삼조선의 한 단계로 자리잡기는 했지만, 여전히 단군과 기자의 정통 조선과는 차별되었다. 『고려사』에서 기자조선을 '후조선'으로 파악한 것도 위만조선을 정통의 범주에서 제외해 본 입장이라고 할 수 있다.

이에 대해 이종휘는 기존의 전조선(단군)-후조선(기자) 중심의 고조선사 체계를, 전조선(단군)-중조선(기자)-후조선(위만)의 삼조선사 체계로 수정해 본 것이다. 이런 맥락에서 삼조선사 체계는 이종휘의 『동사』에 이르러 완전하게 정립되었다고 할 수 있다. 고조선사의 흐름이 전-중-후의 시계열적인 삼조선사 체계로 확립된 것이다.

3. 삼조선 평양설의 성립 배경

조선시대 삼조선설의 가장 큰 특징은 평양을 삼조선의 도읍지로 보면서 삼조선을 동일한 지역에서 계승 발전한 한 계통의 역사로 본다는 점이다. 평양이 시종일관 삼조선 모두의 도읍이었다는 인식은 『고려사』 지리지에서 체계화되었으며, 그 이전까지는 평양이 고조선의 도읍지 중 하나로 단편적으로 언급되었다.

대표적인 예로 『삼국사기』 고구려본기 동천왕조에 나오는 다음 기록을 주목해 볼 만하다.

> B. (동천왕) 21년(247) 춘정월 왕은 환도성이 난을 겪어 다시 도읍이 될 수 없다고 여겨, 평양성을 쌓고 백성과 묘사(廟社)를 옮겼다. 평양은 본디 선인왕검(仙人王儉)의 터이며, 혹은 왕의 도읍 왕험(王險)이라고도 한다.[32]

이 기록은 고구려가 위(魏) 유주자사(幽州刺史) 관구검의 침공으로 환도성이 유린되고 난 후 평양성을 새로운 도읍지로 삼았다는 내용이다. 평양이 선인왕검, 즉 단군왕검의 터전이자, 또한 위만이 도읍한 왕험성으로 인식되었다는 사실을 전해 준다. 고려 후기 조연수묘지(趙延壽墓誌, 1325)에서도 "平壤之先 仙人王儉 … 壽過一千"이라고 하여, 평양이 선인왕검(단군)의 근거지였음을 알려준다.[33]

B의 "왕의 도읍 왕험"은 사실 『사기』 조선전의 기록을 잘못 읽은 것이다.[34] 『사기』의 기록은 위만이 "진번·조선의 만이와 연·제의 망명자들을 복속하여 왕이 되고[王之], 왕험에 도읍했다[都王險]"[35]는 것이다. 『사기』에서는 '王之'와 '都王險' 사이가 끊기는데, 『삼국사기』에서는 '王之都王險'으로 연결해 본 것이다. 어쨌든 『삼국사기』 기록에선 평양을 단군과 위만의 도읍지로 본 것이다.

여기서 평양이 단군과 위만의 도읍지로만 나오고, 기자와 연결되지 않고 있다는 점이 주목된다. 이에 따르면 평양에 있던 고조선은 단군조선과 위만조선으로 구분된다. 이것은 『삼국유사』의 고조선(왕검조선)과 위만조선 체계와도 연결되는 것으로, 『삼국사기』 동천왕기의 전거자료가 『삼국유사』와 같은 국내의 고기(古記) 계통일 가능성을 시사한다.[36]

고려시대에는 고조선의 도읍에 대해 평양설 외에 다양한 견해가 있었다. 『삼국유사』에서는 『위서』를 인용하여 단군왕검의 도읍이 아사달이라 했고, 이어서 「고기」에서는 단군왕검이 평양성에 도읍했다가 백악산 아사달로 이도(移都)했고 기자가 조선에 봉해지자 장당경(藏唐京)으로 옮겼다가 뒤에 다시

---

32 『삼국사기』 권17 고구려본기5 동천왕 21년, "春二月 王以丸都城經亂 不可復都 築平壤城 移民及廟社 平壤者本仙人王儉之宅也 或云 王之都王險".

33 서영대, 1994, 「檀君關係 文獻資料 硏究」, 『단군-그 이해와 자료-』, 서울대학교 출판부, 62쪽.

34 이병도, 1977, 『국역 삼국사기』, 을유문화사, 267쪽.

35 『사기』 권115 조선열전, "燕王盧綰反入匈奴 滿亡命 聚黨千餘人 魋結蠻夷服而東走出塞渡浿水 居秦故空地上下鄣 稍役屬眞番朝鮮蠻夷及故燕齊亡命者王之 都王險".

36 박대재, 2016, 「箕子朝鮮과 小中華」, 『한국사학보』 65, 38쪽.

아사달에 돌아와 산신이 되었다고 했다. 한편 기자조선의 위치에 대해선 「당배구전」(唐裴矩傳)을 인용해 고죽국의 고지인 '해주'(海州)에 비정했다.

『삼국유사』에서 고죽국의 고지, 즉 기자조선의 위치로 비정한 해주에 대해 기존에는 황해도 해주만 생각해 왔다. 『고려사』 지리지에서 황해도 해주의 별호로 '고죽'을 소개하고 또 '수양산'(首陽山)도 있다고 했다.[37] 『동국여지승람』에서도 해주의 군명으로 '고죽'을 거론하고, 『수서』 배구전의 "高麗本孤竹國" 기록과 이첨의 "지금의 해주"라는 설도 소개했다. 그러면서 『대명일통지』에 의하면 영평부(永平府) 서쪽이 고죽국의 고지가 분명한데, 이첨은 어떤 근거에 의해 해주를 고죽에 비정했는지 모르겠다며 의문을 제기하였다.[38]

영평부는 지금 북경 동쪽의 하북성 노룡현(盧龍縣)을 가리킨다.[39] 『동국여지승람』에서는 고죽국의 고지를 하북성 노룡현 서쪽에 비정하면서, 황해도 해주를 고죽국에 비정했던 이첨의 설에 의문을 제기한 것이다. 앞서 보았듯이 이첨은 『삼국유사』를 직접 참고하여 고조선에 대한 기록을 남기기도 했는데, 고죽국을 "今 海州"에 비정한 것도 『삼국유사』에 근거한 것으로 보인다.

그런데 『삼국유사』의 '해주'는 황해도 해주가 아니라 요동의 '해주'인 지금의 해성(海城)일 가능성이 높다. 요동의 해주는 요대(907~1125)에 설치되었는데 그 치소인 임명(臨溟)이 지금의 요녕성 해성시로 관할 경계는 요하 하류 삼각주 지구에 해당한다. 명 홍무 9년(1376)에 해주위(海州衛)가 되고, 청 순치 10년(1653)에 해성현으로 고쳤다.[40]

『삼국유사』 인용 「당배구전」에 의하면 고죽국은 기자조선을 거쳐 고구려 영역이 된 지역이다. 『삼국유사』 고구려조에서는 시조 주몽이 도읍한 졸본주(卒本州)가 요동계에 있다고 했다. 고구려의 초기 중심지를 요동으로 본 것이

---

37 『고려사』 권12 지리3 안서도호부 해주.
38 『신증동국여지승람』 권43 해주목 군명.
39 中國歷史大辭典·歷史地理卷編纂委員會 編, 1996, 『中國歷史大辭典』(歷史地理卷), 上海辭書出版社, 261쪽.
40 같은 책, 772·4쪽; 薛國屛 編著, 2009, 『中國古今地名對照表』, 上海辭書出版社, 101쪽.

다. 고구려와 기자조선의 전신인 고죽국의 위치를 요동 해주(해성)에 비정한 것과 서로 통한다.

『구당서』의 기록에서 배구가 수 양제에게 고구려를 쳐야 한다고 주청한 이유도 당시 고구려가 요동을 차지하고 있었기 때문이었다. 요동이 본래 중국의 제후인 고죽국과 기자의 영역이었는데, 현재는 고구려가 차지하고 있어 외역이 되었으니 마땅히 정벌해야 한다는 것이다.[41]

배구의 말에 의하면 고죽국과 기자조선의 고지는 요동 지역에 있어야 한다. 배구가 요동의 어느 지역을 구체적으로 고죽국의 고지로 보았는지 알 수 없지만, 당시 고구려가 요동성(요양) 등 요하 동쪽 지역을 영유하고 있었기 때문에 그 지역을 염두에 둔 것으로 보인다.

요동 가운데 해성(해주)을 고죽국 및 기자조선의 고지로 비정한 근거는 알 수 없다. 하지만 천문 기록에 석목(析木)이 기(箕)와 고죽과 관련된 분야로 나오는 것으로 보아,[42] 석목현의 존재가 고죽과 기자의 근거지를 해주에 부회하게 만든 계기가 되지 않았을까 추정된다. 석목현은 지금 해성시 동남쪽의 석목진으로 역시 요대에 처음 설치되었다.[43]

요대에 해주 아래에 석목현이 설치되면서, 고죽과 기자의 고지가 요동 지

<hr>

41　『구당서』권63 열전13 배구, "從帝巡于塞北 幸啟民可汗帳 時高麗遣使先通于突厥 啟民不敢隱 引之見帝 矩因奏曰 高麗之地 本孤竹國也 周代以之封箕子 漢時分為三郡 晉氏亦統遼東 今乃不臣 列為外域 故先帝欲征之久矣 但以楊諒不肖 師出無功 當陛下時 安得不有事於此 使冠帶之境 仍為蠻貊之鄉乎 今其使者朝於突厥 親見啟民從化 必懼皇靈之遠暢 慮後服之先亡 脅令入朝 當可致也 請面詔其使還本國 遣語其王令速朝覲 不然者 當率突厥即日誅之 帝納焉 高麗不用命 始建征遼之策 王師臨遼 以本官領虎賁郎將 明年復從至遼東 兵部侍郎斛斯政亡入高麗 帝令矩兼掌兵部事 以前後渡遼功 進位右光祿大夫".

42　『구당서』권36 지16 천문, "尾·箕·析木之次也 寅初起尾七度[二千七百五十分 秒二十一少] 中箕星五度[三百七十分 秒六十七] 終斗八度 其分野 自渤海九河之北 盡河間涿郡廣陽國[漢渤海郡浮陽 今為清池縣 屬滄州涿郡之饒陽 今屬瀛州 涿縣良鄉與廣陽國薊縣 今在幽州] 及上谷漁陽右北平遼東樂浪玄菟[漁陽在幽州 右北平在白狼無終縣 隋代為漁陽郡 古孤竹國 後置北平郡 今為平州 遼東在無慮縣 即周禮醫無閭山 樂浪在朝鮮縣 玄菟在高句驪縣 今皆在東夷也] 古之北燕孤竹無終及東方九夷之國 皆析木之分也 尾得雲漢之末流 北紀之所窮也 箕與南斗相近 故其分野在吳越之東".

43　薛國屛 編著, 2009, 앞의 책, 101쪽.

역에 부회된 것으로 보인다. 그런데 지명이 동일하다 보니, 황해도 해주도 고죽국의 고지로 부회되는 혼선이 다시 생긴 것이다. 이런 배경에서 황해도 해주에 '고죽'이나 '수양산'의 지명이 생긴 것으로 추정된다.

『삼국유사』에서 「당배구전」을 인용하여 "고려는 본디 고죽국"이라 했고, 또 고구려의 졸본주가 요동에 있었다고 한 것을 보아, 고죽국의 고지로 비정된 해주도 황해도 해주가 아니라 요동의 해주를 염두에 둔 것이라 보아야 한다.

이처럼 『삼국유사』의 찬자가 고죽국 및 기자조선의 위치를 요동 해주(해성)에 비정한 것은 단군조선과의 관계를 이해하는 데도 시사점이 있다. 기자의 수봉 지역을 요동으로 보면서, 평양에 있었던 단군조선과 구분해 인식하게 된 것이다. 단군조선과 위만조선은 모두 평양 일대에 있었던 고조선인 반면, 요동에 있던 기자조선은 이와 구별된 존재로 인식한 것이다. 이것은 『삼국유사』에서 고조선(단군조선)과 위만조선 사이에 기자조선 단계를 설정하지 않은 이유와도 관련이 있다고 할 수 있다.

『삼국유사』에서 기자조선의 중심지를 평양이 아닌 요동으로 인식했음은 마한의 위치 비정에서도 엿볼 수 있다. 『삼국유사』에서는 기자조선의 말왕 준왕이 위만에게 쫓겨 내려와 마한을 세웠는데, 마한의 위치는 '마읍산'(馬邑山)이 있던 고구려 고지였다고 이해하고 있다. 현재 전하는 『삼국유사』 목판본(조선 중종 7년 간행)에는 '읍산'(邑山)이라고만 나오지만, 일본 덴리대학[天理大學] 소장 수택본(手澤本) 『삼국유사』에 의하면, 원래는 '馬邑山'이었던 것으로 추정된다.

『삼국사기』 고구려본기 보장왕 20년(661) 8월, 소정방이 고구려 군사를 패강(浿江)에서 깨트리고 '마읍산'을 빼앗은 후 마침내 평양성을 포위하였다. 이 '마읍산' 기록은 『삼국유사』 태종춘추공조에서도 보인다. 『동국여지승람』 평양부 고적조에서는 『일통지』를 인용해 평양성 서남쪽에 마읍산이 있으며, 소정방이 평양을 포위할 때 빼앗은 마읍산이 바로 이 산이라고 하였다. 『삼국

유사』에서는 평양 근교의 마읍산을 근거로 마한이 고구려 고지에 해당한다
고 본 것이다.

평양을 마한과 고구려의 고지라고 본 것은 최치원 이래의 전통적인 삼한-
삼국(삼한일통) 계승인식에 의한 것이다. 삼한일통의식에 의하면 마한은 고구
려와 연결된다.

조선 후기 한백겸의 『동국지리지』 이후 마한-고구려 인식이 극복되고, 현
재와 같은 마한-백제 인식이 성립되었다. 하지만 조선 전기까지만 해도 마
한이 고구려가 되었다거나, 또는 변한이 고구려가 되었다는 인식이 통설로
받아들여졌다.[44] 고려시대에 평양이 마한과 고구려의 고지로 인식된 것은 이
런 배경에서 나온 것이다.

하지만 이처럼 준왕이 남래하여 세운 마한의 고지를 평양 일대에 비정하
게 되면, 준왕 남래 이전 기자조선의 본래 중심은 평양이 아닌 다른 지역이
되어야 한다. 『삼국유사』에서 기자조선의 전신인 고죽국을 요동의 해주로 비
정한 것도 이런 맥락에서 이해할 수 있다.

『제왕운기』에서도 삼조선의 도읍을 모두 평양으로 인식하지는 않았다. 중
국과 구분되는 요동의 별건곤 가운데 조선이 있다고 하여,[45] 조선을 요하 동
쪽에 넓게 비정하고 있다. 『제왕운기』에서는 후조선(기자조선)의 준왕이 남래
한 지점, 즉 마한의 위치를 금마군(金馬郡, 전북 익산)으로 비정하여,[46] 『삼국유
사』에서 마한을 평양 일대에 비정한 것과 차이가 난다. 그러면서도 주몽이
"한 원제 건소 2년 갑신에 마한 왕검성에서 개국했다"고 하여,[47] 여전히 마한
과 고구려를 연결해 보기도 했다. 전통적인 삼한-삼국(삼한일통)설에 입각해

---

44 노태돈, 1982, 「三韓에 대한 認識의 變遷」, 『한국사연구』 38.
45 『제왕운기』 권하 동국군왕개국연대 병서, "遼東別有一乾坤 斗與中朝區以分 洪濤萬頃圍三面 於北
有陸連如線 中方千里是朝鮮 江山形勝名敷天 耕田鑿井禮義家 華人題作小中華".
46 『제왕운기』 권하 후조선기.
47 『제왕운기』 권하 고구려기.

마한을 고구려 고지로 보기도 하는 한편 백제 고지인 익산 일대에 비정하기도 한 것이다.

『삼국유사』에서도 "요즘 사람 가운데 간혹 금마산(金馬山)을 인식해 마한을 백제라고 보는 자가 있으나 잘못이다"[48]고 지적한 바가 있듯이, 고려시대에는 평양이 마한의 고지로 인식되었던 것이다.

준왕이 남래하여 세운 마한을 마읍산 주변의 평양으로 비정하게 되면, 기자조선의 원래 중심지는 자연히 평양이 아니게 된다. 평양이 마한 고지였다고 보는 삼한-삼국설이 받아들여지는 한 삼조선 평양설은 성립하기 어렵게 된다.

『제왕운기』에서 준왕의 남래 지점을 금마군(익산)으로 비정하면서, 기자조선의 본래 위치가 평양에 비정될 수 있는 단초가 마련되었다. 『제왕운기』에서 제기된 준왕의 금마(익산) 남래설은 조선시대에 들어가 삼한(마한)정통론으로 발전하게 된다.[49]

한편 고려시대에 평양이 기자의 고도로 인식되었던 것도 사실이다. 고려 숙종 7년(1102) 10월 평양에 기자사(箕子祠)를 건립하고 그 제사를 국가 사전(祀典)에 포함시켰다.[50] 숙종이 서경을 방문했을 때 예부에서 우리나라의 교화와 예의는 기자로부터 비롯되었음에도 묘가 없고 사전에 빠져있으니, 분영(墳塋)을 찾아 사당을 세우고 제사를 올릴 것을 건의하자 그에 따른 것이다.[51]

또한 명종 8년(1178)에는 평양의 기자사에 유향전(油香田) 50결을 지급했다. 그 뒤 기자사 제사는 중단되기도 했으나, 충숙왕 12년(1325)에 부활했고, 공민왕 대에도 평양부에 다시 기자 사당을 세우고 수시로 제사 지냈다.[52]

---

[48] 『삼국유사』 권1 기이 마한.

[49] 김정배, 1986, 「準王 및 辰國과 '三韓正統論'의 諸問題」, 『한국고대의 국가기원과 형성』, 고려대학교 출판부.

[50] 『고려사』 권63 지17 예지5 잡사.

[51] 『고려사절요』 권6 숙종 7년 동10월.

[52] 이강한, 2010, 「1325년 箕子祠 祭祀 再開의 배경 및 의미」, 『한국문화』 50, 3~26쪽.

사실 평양과 기자의 관계는 고구려의 평양 도읍 시기부터 인식되었던 것으로 보인다. 『구당서』에 보이는 고구려의 '기자신'(箕子神) 제사[53]가 바로 그러한 사실을 전해 준다. 기자묘가 평양성 북쪽 토산(兎山) 위에 있다고 한 『고려사』 지리지의 기록도 기자와 평양의 관계를 시사해 준다.

『고려사』 악지(樂志) 서경조에서 "서경(평양)은 고조선, 즉 기자가 봉해진 땅"이라고 했고, 같은 책 속악(俗樂) 대동강조에서도 고려에 들어와 백성들이 평양에 봉해진 기자의 교화를 기리며 대동강을 황하에 비유하고, 영명령(永明嶺)을 숭산(崇山)에 비유한 노래를 지어 기자를 기렸다고 했다. 이로 보아 고려 중기 이후 평양이 기자의 고도라는 인식이 존재하고 있던 것이다.[54]

하지만 『삼국사기』, 『삼국유사』, 『제왕운기』에서는 아직 평양이 단군, 기자, 위만 삼조선 모두의 도읍지로 일관되게 인식되지 않았다. 고려시대에는 삼조선 평양설이 아직 확립되어 있지 않았던 것으로 보인다. 『제왕운기』에 이르러 전조선-후조선-위만으로 이어지는 삼조선사 체계의 기초가 마련되었지만, 평양이 삼조선의 도읍지로 인식되지는 않았다.

기자와 평양의 관계는 단군과 위만의 그것과 비교해 상대적으로 약했던 것으로 보인다. 삼조선 평양설이 성립된 15세기 이후에도 기자조선의 위치에 대해서는 다른 의견이 존재했다. 전-중-후 삼조선사 체계를 확립한 이종휘의 『동사』에서도 기자의 처음 거주지는 요수 동쪽이었고, 나중에 평양에 이르렀다고 단계적으로 파악했다.[55]

조선 후기에 기자조선의 초기 중심지를 요동에 비정해 보는 시각이 대두하게 된다. 윤근수(1537~1616)의 『월정만필』에서 기자정(箕子井)과 기자묘(箕子廟)가 전해지는 광녕성(廣寧城, 지금의 요녕성 북진)을 기자조선의 지역으로 추정

---

53 『구당서』 권199상 동이전 고려, "其俗多淫祀 事靈星神·日神·可汗神·箕子神".

54 박대재, 2016, 앞의 글, 36쪽.

55 『수산집』 권11 동사본기 기자본기, "初居遼水之左 百姓咸歸之 於是有檀氏徙白岳 箕子至平壤 東民父老酋長咸來迎".

했다.[56] 여기서 한 걸음 더 나아가 박지원(1737~1805)은 『열하일기』에서 기자조선 동천설을 제기하기도 했다. 『당서』 배구전을 근거로 들면서, 고죽의 고지인 요서 영평부가 기씨(箕氏)의 처음 거주지였다가, 뒤에 다시 요동의 광녕을 거쳐 평양에 이르렀다고 보았다.[57] 윤근수의 설에 『당서』 배구전의 기자조선 인식을 더해 기자조선의 중심지가 요서-요동-평양으로 동천했다고 본 것이다.[58]

박지원이 기자조선 동천설의 근거로 제시한 『당서』 배구전, 『요사』 지리지, 『원사』 지리지 등은 모두 후대의 지리 인식이 반영된 기록이란 점에서 신뢰하기 어려운 문제점이 있다. 하지만 이를 통해 기자조선의 위치가 원래부터 평양이 아니라 요서나 요동 지역이었다고 보는 시각이 제기된 것이다.

일반적으로 조선 후기에 평양은 삼조선과 고구려의 도읍지로 인식되었다. 전통적인 삼한-삼국설이 극복되면서 마한과 평양의 관계가 빠지고, 삼조선의 도읍지로 비정된 것이다. 그러면서도 여전히 기자조선의 도읍은 평양이 아니라는 이설이 존재했다.

> C. 평양은 옛 왕검성으로 단군·기자·위만·고구려의 도읍이었다. 그 산천과 요속(謠俗)이 여러 차례 중국의 사책(史策)에 기록되었으나 성력(星歷)이 미치지 못한 바나 풍교(風敎)가 미치지 못한 바는 역대 문헌으로도 밝히지 못하는 것이 있다. 혹 이르기를 단군의 향국은 1000여 년에 이른다고 하고, 혹 이르기를 기자조선은 평양이 아니라고 하며, 위

---

56 윤근수, 『월정집』 별집권4 만록, "廣寧城北五里許 有箕子井 傍近舊有箕子廟 中有箕子戴方巾塑像 嘉靖間 爲鏈子所燒 今廢 廣寧在箕子封內 無亦箕子留駐此地 而有井及廟耶". 또한 『월정집』 제5권 送李僉樞[壽俊如京序와 『월정집』 제3권 送趙正郎[緯韓]以行臺如京에서는 광녕을 각각 기자의 행도와 행궁으로 파악했다.

57 박지원, 『열하일기』 도강록, 6월 28일 을해.

58 박대재, 2017, 「고조선 이동설에 대한 비판적 검토」, 『동북아역사논총』 55, 21~22쪽.

412   III. 고조선의 정치체제와 영역 구조

만·고구려에 이르러서는 그 연대가 더 가까운데도 그 사실이 더 어둡다.[59]

이 글은 1785년경 윤행임(1762~1801)이 평양감사로 부임하는 외종숙 조경(趙璥)을 송별하며 지은 것이다. 앞에선 평양이 삼조선의 도읍이라는 통설을 따랐지만, 뒤에선 기자조선은 평양이 아니라고도 한다는 이설을 소개하고 있다.

『고려사』 지리지에서 평양이 삼조선 모두의 도읍지로 파악된 것은 세종 11년 (1429) 이후 평양에서 이루어진 단군과 기자 제사의 병행이 영향을 미쳤던 것으로 보인다. 기자사가 평양에 처음 설치된 것은 고려시대이지만 조선시대에 들어가 단군사가 함께 설치되면서, 평양이 삼조선의 도읍지라는 인식이 확립하게 된 것이다.

기자에 대한 제사는 고려시대에 이어 조선시대에 들어와서도 계속 평양에서 이어졌다. 세종 11년(1429)에 평양의 기자사 남쪽에 단군사(檀君祠)를 처음 설치하고, 단군사와 기자사에 매년 봄·가을로 제사를 올리게 했다.[60]

다음 해 단군사의 위패가 '조선후단군'(朝鮮侯檀君)에서 '조선단군'(朝鮮檀君)으로, 기자사의 위패가 '조선후기자'(朝鮮侯箕子)에서 '후조선시조기자'(後朝鮮始祖箕子)로 개정되는데, 이것은 역사적으로 단군과 기자의 위치가 병렬적인 것에서 계승적인 위치로 전환되었음을 의미한다. 단군사의 위패는 다시 세조 때 '조선시조단군'(朝鮮始祖檀君)으로 고쳐지는데, 단군이 조선 역사의 시조라는 점

---

59 『석재고』 권11 送外從叔荷棲趙公出按關西序, "平壤古王儉城也 爲檀君箕子衛滿高勾麗所都 其山川謠俗 屢書中國史策 而星歷之所不及也 風教之所不暨也 歷世文獻無徵焉 或曰檀君享國一千有餘年 或曰箕子朝 鮮非平壤 以至衛滿高勾麗 其年代逾近 而其事逾晦".
60 『세종실록』 권154 지리지 평안도 평양부.

을 더욱 확고하게 한 것이다.[61]

고려시대에 평양에 기자사가 건립되고 제사가 이루어진 것은 평양과 기자를 연결해 보는 인식이 존재했음을 시사해 준다. 하지만 고려시대까지는 단군조선, 기자조선, 위만조선에 대한 인식이 단편적으로 각각 이루어지면서, 아직 평양이 삼조선 모두의 도읍지로 명확하게 인식되지 않았다. 『삼국사기』 (동천왕본기)나 『삼국유사』에서 평양을 단군과 위만의 도읍지로 보는 인식은 보이지만, 그 사이 기자조선까지 평양에 있었다고 보는 삼조선 평양설은 확인되지 않는다.

『삼국유사』에서 기자조선의 전신인 고죽국을 '해주'에 비정한 것이나, 기자조선의 말왕 준왕이 남래하여 세운 마한을 평양 일대에 비정한 것도 모두 평양을 기자의 본거지로 보지 않았음을 시사해 준다. 고려시대까지는 평양을 마한과 연결시켜 보는 삼한-삼국(삼한일통)의식이 강하게 받아들여지면서, 평양을 삼조선의 중심지로 보는 인식은 상대적으로 미약했던 것으로 보인다.

그러다가 『제왕운기』에서 기자조선의 준왕이 남래한 지점이 전라도 금마 (익산)로 새롭게 비정되면서 기자조선과 평양이 연결될 수 있는 여지가 열리게 되었다. 또한 조선시대에 들어와 평양에 단군과 기자의 사당이 함께 세워지면서 삼조선 평양설이 확고해지게 되었다.

삼조선 평양설이 『고려사』 지리지 단계에 성립되었다는 것은 그만큼 고조선의 지리에 대한 인식이 그전까지 확립되지 않았음을 의미한다. 단군조선과 위만조선의 위치에 대해서는 고려시대에 이미 평양과 긴밀하게 연결되는 면이 보이지만, 기자조선의 위치는 전통적인 삼한-삼국(삼한일통)설에 의해 평양이 아닌 다른 지역에 비정되기도 한 것이다. 삼한-삼국설에 의해 평양이 마한(고구려)의 고지로 인식되면서, 기자조선의 위치가 유동적이게 된 것

---

[61] 김성환, 2009, 「세조의 평양 巡幸과 檀君墓」, 『조선시대 단군묘 인식』, 경인문화사, 64~65쪽.

이다. 이것은 삼조선사 체계가 역사적 실제라기보다 역사 인식의 산물임을 시사해 주는 것이다.

4. 고조선사의 시기 구분과 계통

『삼국유사』에서는 '고조선' 조목에 '왕검조선'이라고 주를 붙여 고조선이 단군왕검의 조선을 가리키는 것처럼 보이게 했다. 하지만 고조선조의 내용에서는 단군과 기자의 사실이 함께 서술되어 있다.

'왕검조선'이라는 주기를 보아서는 고조선이 단군조선만을 가리키는 것 같지만, 기자가 조선에 봉해진 이후에도 단군의 장당경 이도 및 아사달로의 피은을 함께 기록했다. 또한 「당배구전」을 인용해 기자의 조선과 고구려 사이의 계승 관계도 서술했다. 내용상으로는 '고조선'조 안에 단군과 기자가 포함되어 있는 것이다.

이러한 『삼국유사』의 기록 방식은 기자를 단군의 시대 속에 포함해 보는 것이다. 『삼국유사』에서 기자조선을 따로 설정하지 않은 이유도 이와 관련된다.[62] 『삼국유사』의 '고조선'은 단군과 기자의 시기를 포괄한 개념이란 점에서, 고조선사의 한 단계를 표현하는 용어로는 부적절한 점이 있다.

『삼국유사』에서는 「당배구전」을 인용해, "고려는 본래 고죽국으로 주(周)가 기자를 봉해 조선으로 삼았다"고 하고, 또 한이 3군을 나누어 설치했는데 현토·낙랑·대방 등이 그것이라 했다. 그리고 "『통전』또한 이 설과 같다"고 했다. 「당배구전」은 『당서』배구전으로 『구당서』(권63)에는 배구가 수 양제에게 고구려가 본래 고죽국이며 주가 기자를 그 지역에 봉했기 때문에 고구려를 복속시켜야 한다고 권하는 내용이 있다. 이러한 배구의 인식은 수·당대 군

---

62 박대재, 2015, 앞의 글, 25쪽.

신들이 가지고 있던 한군현 고토회복 인식(군현회복론)[63]이라고 할 수 있다.

『삼국유사』에서 인용한 「당배구전」은 고죽국-기자조선-고구려로 이어지는 상고사 인식 체계를 보여 준다. 이에 따르면 기자조선의 전신은 단군조선이 아니라 고죽국이며, 그 후신은 위만조선이 아니라 고구려가 된다. 「당배구전」에 보이는 상고사 인식은 전통적인 삼조선사 체계와 다른 계통이다.

『삼국유사』 왕력에 인용된 「단군기」(壇君記)에서는 고구려 시조 주몽이 단군의 아들이라 하였다. 또한 고구려조에서도 역시 「단군기」를 인용해, 동부여 시조 부루가 단군의 아들이라고 하였다. 「단군기」에선 단군조선에서 고구려나 동부여로 이어졌다고 본 것이다. 이처럼 고려시대까지는 고조선사의 체계가 여러 갈래로 다기한 양상을 보이고 있었다.

고려시대의 고조선사 인식 체계는 『삼국사기』 동천왕본기나 『삼국유사』에 보이는 바와 같이 국내 사료인 「고기」의 기록을 존중하는 계통과 『한서』·『후한서』 등 중국 사서를 주로 따르는 『삼국사기』 연표 계통으로 양분해 볼 수 있다. 편의상 전자를 「본기」 유형, 후자를 「연표」 유형으로 구분해 보고자 한다.

「본기」 유형에서는 단군과 위만의 2조선을 중심으로 고조선사의 체계를 이해하고, 그 중간의 기자조선에 대한 인식은 잘 드러나지 않는다. 『삼국사기』 동천왕본기에서 평양을 선인왕검과 위만의 도읍으로 언급한 것이나, 『삼국유사』에서 왕검조선만을 위만조선 이전의 고조선으로 비정한 것이 그러한 경우다. 반면 「연표」 유형에서는 중국 사서에 나타난 기자와 위만의 2조선을 중심으로 고조선사 체계를 이해한다.

『제왕운기』에서 단군의 전조선과 기자의 후조선을 중심으로 이해하고, 위만은 참주로 2조선에 부가하면서 비로소 고조선사가 3단계로 구분되어 인식

---

63 윤용구, 2008, 「고구려와 요동·현도군-수당 군신의 '군현회복론' 검토-」, 『초기 고구려역사 연구』, 동북아역사재단, 150~153쪽.

되기 시작했다. 이러한『제왕운기』의 인식 체계는「본기」유형과「연표」유형을 종합한 형태이다.

그동안 별도의 계통으로 인식되던 단군과 기자의 조선을 전·후의 조선으로 시계열화하면서 새로운 2조선사 체계를 세운 것이다. 그리고 여기에 비록 참주지만 위만이 부가되었다.『제왕운기』에서 새롭게 모색된 고조선사 체계가 조선시대에 들어가 삼조선사 체계로 발전한 것이다.

『제왕운기』에서는 단군의 향국 연수에 대해 본문에서는 '1028년'이라 했고,「본기」를 인용한 주에서는 '1038'년이라고 했다. 이 가운데 본문의 '1028'년은 일반적으로 '1048'년의 오류로 이해된다.[64]『제왕운기』를 인용한 조선시대의『응제시주』,『동국통감』,『역대세년가』등에 모두 1048년으로 기록된 것으로 보아 1028년은 오류로 판단된다.[65]

『제왕운기』에서는 단군과 관련하여「본기」와「단군본기」의 두 자료를 인용하고 있다. 전조선기에서「본기」를 인용했고, 위만 다음의 한사군 및 삼한 부분에서「단군본기」를 인용했다. 여기서「본기」는「단군본기」와 같은 자료로 보이며, 전조선기가 단군에 대한 기록이었기 때문에 '단군'은 생략하고「본기」라고만 표기한 것이다.

따라서 단군의 향국이 '1038년'이었다는 것은「단군본기」에서 나온 것임을 알 수 있다.『세종실록』지리지에서 인용한「단군고기」에서도 '1038년'이라고 한 것으로 보아,「단군본기」와 같은 계통의 자료로 이해된다.

『제왕운기』에서 단군의 향국 연대에 대해 '1048년' 또는「단군본기」를 인용해 '1038년'이라고 한 것은,『삼국유사』「고기」에서 '1500년'이라 한 것과 큰

---

64 리상호, 1962,「단군 설화의 년대 문제」,『력사과학』5; 이기동, 1977,「古朝鮮問題의 一考察−帝王韻紀 所在 古朝鮮紀年에 대한 存疑−」,『대구사학』12·13합; 방선주, 1987,「韓·中 古代紀年의 諸問題」,『아시아문화』2.

65 『제왕운기』의 본문은 단군 원년을 戊辰年에, 주에서 인용된「본기」에서는 戊寅年에 각각 비정하면서 단군의 향국 연수에 10년의 차이가 생겼다. 이에 대한 자세한 검토는 박대재, 2015, 앞의 글, 23~24쪽 참조.

차이가 있다. 『삼국유사』와 『제왕운기』의 기록을 비교해 보면 다음과 같다.

D. (단군이) 나라를 다스린 것이 1500년이었다. 주 무왕 즉위년 기묘(己卯)에 기자를 조선에 봉하니 단군은 장당경(藏唐京)으로 옮기었다가, 뒤에 아사달에 돌아와 숨어 산신이 되었다. 수(壽) 1908세였다.[66]

E. (단군이) 은 무정(武丁) 8년 을미(乙未)에 아사달산에 들어가 신이 되시니, 향국 1028(1048)년이네. 어찌 환인으로부터 전해진 변화가 없겠는가. 그 뒤 164년째 어진 이가 다시 군신 관계를 열었네. 후조선의 시조 기자이시니, 주 무왕 원년 기묘(己卯) 봄 이곳에 이르러 스스로 나라를 세우시니, 주 무왕이 봉하여 조서를 내렸네.[67]

두 기록을 비교해 보면, 단군 연대에 대한 인식이 완전히 다름을 확인할 수 있다. 『삼국유사』 인용 「고기」에 따르면, 주 무왕 즉위년 기묘에 기자가 조선에 봉해지자, 단군은 장당경으로 옮겼다가 다시 아사달에 돌아와 숨어 산신이 되었다. 위 기록을 단군이 나라를 다스린 지 1500년 직후에 기자가 조선에 봉해진 것처럼 이해할 수도 있다. 즉 단군의 어국(御國)과 기자의 수봉(受封)이 바로 연결되는 것처럼 보는 것이다.

그런데 간지기년법에 주의해서 다시 읽으면 의문이 생긴다. 「고기」에 따르면 단군은 요 50년 경인(庚寅)에 즉위해 1500년간 다스린 것이다. 그러면 그 말년의 간지는 기축(己丑)이 되며, 그다음 1501년에 다시 경인(庚寅)이 된다. 그

---

66 『삼국유사』 권1 기이 고조선, "古記云 … 御國一千五百年 周虎王卽位己卯 封箕子於朝鮮 壇君乃移於 藏唐京 後還隱於阿斯達爲山神 壽一千九百八歲".

67 『제왕운기』 권하 전조선기, "於殷虎丁八乙未 入阿斯達山爲神 享國一千二[四]十八 無奈變化傳桓因 却 後一百六十四 仁人聊復開君臣 後朝鮮祖是箕子 周虎元年己卯春 遝來至此自立國 周虎遙封降命綸".

러나 기자가 조선에 봉해진 해는 주 무왕 즉위년 기묘이므로 연대상 간극이
있다.

경인과 제일 가까운 1주갑 내의 기묘도 48년 후가 된다. 이것은 간지기년
법에 익숙했던 전통시대 기록에서 있기 어려운 현상이다. 그동안 단군 어국
의 하한을 기자의 수봉 시점과 연결해 보아 왔지만, 간지에 주의해 보면 기존
해석에 문제가 있음을 알 수 있다.

「고기」의 1500년은『제왕운기』의 1048년 내지 1038년과 비교해 보면 500년
정도 더 길다.『맹자』와『사기』의 연대관에 의하면,[68] 단군이 즉위한 요임금
때부터 기자가 조선에 수봉된 서주 초기까지 1000여 년이 흘렀다고 한다. 이
로 보아 단군 어국 1500년은 기자의 수봉 시점(서주 초기)으로부터 500년 더
연장된 것이다. 이것은 기자의 시대를 단군의 시대에 포함해 보는 연대관
이다.

따라서 「고기」에 보이는 단군 어국 1500년의 하한은 기자의 수봉 시점이
아니라, 그 이후 단군이 아사달에 들어가 산신이 된 시점에 비정되어야 한
다.『삼국유사』에서 기자조선의 시대를 따로 설정하지 않은 점도 이러한 연
대 인식과 관련된다.[69]

한편『제왕운기』에서는 단군이 은 무정 8년 을미에 아사달 산신이 되어 향
국 1028(1048)년이었고, 그 뒤 164년 후인 주 무왕 원년 기묘에 기자의 후조선
이 다시 시작되었다고 한다. 단군의 연대가 1500년에서 1048년으로 줄게 되
면서, 단군과 기자의 시대가 전-후로 구분될 수 있는 여지가 생겼다.

『제왕운기』이전에는 기자조선에 대한 인식이 분명하게 보이지 않다가, 이

---

68 『맹자』진심장에서 "由堯舜至於湯五百有餘歲 由湯至於文王五百有餘歲 由文王至於孔子五百有餘歲"라
고 하였다. 즉 요순으로부터 탕왕까지 500여 년, 주 문왕(무왕의 부)까지 또 500여 년으로, 도
합 1000여 년이라고 본 것이다. 물론 정확한 연대가 아니라 500년마다 성인이 출현한다는
天運說의 논리이지만, 이러한 인식은 사마천의『사기』에도 계승되었다.
69 박대재, 2015, 앞의 글, 25쪽.

에 이르러 고조선의 역사를 단군과 기자 각각 약 1000년씩으로 나누어 양자를 동시에 인정하는 일종의 타협적인 인식이 등장하게 된 것이다.[70]

『삼국유사』의 「고기」에 따르면 기자조선의 시기가 단군조선의 시대에 포함된다. 하지만 단군의 연대를 1000여 년으로 축소해 보면, 단군과 기자의 시대를 구분해 별도의 단계로 각각 설정할 수 있게 된다. 『제왕운기』에서 단군의 전조선과 기자의 후조선으로 체계화한 것은, 이러한 연대 조정에 의해 가능해진 것이다.

『제왕운기』에서 단군과 기자의 조선이 하나의 체계로 시계열화 되었지만, 2조선의 연대는 제대로 맞물리지 않고 164년의 간극을 두고 부정교합 되었다. 『삼국유사』에서 단군조선에 이어 기자조선을 따로 설정하지 않은 것도, 기자의 수봉 시점이 단군의 어국 기간에 포함되는 연대상의 중복 때문이었다. 두 기록 모두 단군과 기자의 조선이 시계열적으로 곧바로 연결되지 않는 것이다.

이처럼 『제왕운기』와 『삼국유사』에 나타난 단군(전조선)과 기자(후조선)의 연대상 부정합은 원래 양자가 시계열적으로 연결된 하나의 계통이 아니었음을 시사한다. 『삼국유사』와 『제왕운기』가 중국에서 전해진 기자조선설을 수용하긴 했지만, 국내의 단군조선 전승과 완전하게 하나의 계통으로 체계화되지 못한 것이다.

전조선과 후조선의 연대 부정합은 조선시대에 들어가서도 해결되지 못하고, 여전히 단군과 기자의 사이에 164년의 간극이 있던 것으로 이해되었다. 『역대세년가』(1436)[71]와 『응제시주』(1462)[72]에서 단군 향국(1048) 이후 164년 뒤

---

70 조원진, 2015, 「고려시대의 기자 인식」, 『한국사학사학보』 32, 199쪽.

71 권제, 『역대세년가』 동국세년가, "遼東別有一乾坤 山川風氣自區分 三方濱海北連陸 中有萬里之古國 厥初檀君降樹邊 始開東國號朝鮮 竝與帝堯興戊辰 武丁乙未化爲神 享國一千四十八 至今廟在阿斯達 却後一百六十四 周武己卯箕子至".

72 권람, 『응제시주』 시고개벽동이주, "檀君歷虞夏至商武丁八年乙未 入阿斯達化爲神 今黃海道文化縣九月山也 廟至今存焉 享年一千四十八年 厥後一百六十四年己卯 箕子來封".

에 기자가 조선에 봉해졌다고 본 것이다. 이것은 『제왕운기』의 연대관을 따르는 것이다.

단군조선과 기자조선 사이에 보이는 연대상의 부정합은 두 조선 관련 기록이 원래 별도의 계통으로 따로 내려오다가, 후대에 하나의 체계로 합쳐지면서 발생한 현상이라고 할 수 있다. 즉 단군조선과 기자조선의 역사가 각각 전승되다가 후대에 하나의 체계로 합쳐지면서, 연대의 부정합이 해결되지 못하고 불완전하게 결합된 것이다. 연대의 부정교합은 단군조선과 기자조선의 기록이 상당 기간 독자성을 유지하고 각각 전승되었음을 시사한다.

단군조선의 전승은 중국 측 기록에서는 전혀 보이지 않고, 『삼국유사』 인용 「고기」나 『제왕운기』 인용 「본기」 및 「단군본기」와 같은 국내 고기류에서만 확인된다. 『삼국유사』 왕력과 고구려조 인용 「단군기」, 권람의 『응제시주』 인용 「고기」, 『세종실록지리지』 인용 「단군고기」, 『동국통감』 인용 「고기」(古紀), 『동국여지승람』 인용 「고기」 등이 단군조선 관련 주요 전거 자료들이다. 따라서 단군조선 기록은 국내 고기류를 통해 전승되어 온 것이라고 할 수 있다.

『삼국유사』 인용 「단군기」에서는 단군조선에서 고구려 또는 동부여로 상고사 계통이 이어졌다고 보았다. 이것은 단군조선과 기자조선을 선후 관계로 연결해 보는 삼조선설과 다른 인식 체계이다. 국내 고기류에서는 고조선사의 체계를 중국 사서와 다른 방향에서 인식하고 있던 것이다.

한편 기자조선의 전승은 한 무제가 위만조선을 정복하고 한사군을 설치한 기원전 108년 이후 기록에서부터 확인된다. 사마천의 『사기』 송미자세가, 복생의 『상서대전(서전)』, 초연수의 『역림』 등 모두 기원전 1세기 무렵의 기록들이다. 기자조선설은 그 후 반고의 『한서』 지리지, 어환의 『위략』, 진수의 『삼국지』 동이전, 범엽의 『후한서』 동이전을 거치면서 기자조선-위만조선-한사군의 계승 체계로 확립되었다.[73]

단군조선 전승과 기자조선 전승이 언제 하나의 체계로 결합이 시도되었는지는 확실하지 않다. 다만『삼국유사』인용「고기」에 단군의 조선과 기자의 조선이 동시에 보인다는 점에서,「고기」가 편찬된 고려 초[74]에 불완전하게나마 2조선의 연결이 시도된 것으로 추정된다. 하지만「고기」에서는 아직 단군과 기자의 조선이 시계열적으로 체계화되지는 못했다. 앞서 보았듯이 단군조선과 기자조선이 시계열적으로 결합된 것은 고려 후기의『제왕운기』에 이르러서였다.

고조선사의 체계를 단군과 위만을 중심으로 인식한「본기」유형과 기자와 위만을 중심으로 인식한「연표」유형이,『제왕운기』단계에 이르러 종합·절충되어 단군-기자-위만의 시기 구분이 가능하게 되었다. 이러한 시기 구분이 조선시대에 들어가 삼조선사 체계로 발전한 것이다.

삼조선사의 체계화는 서로 다른 계통의 고조선사 체계를 하나로 종합하는 과정이었다. 이 과정을 통해 단군의 조선과 기자의 조선이 시계열적으로 먼저 연결되고, 여기에 위만조선이 추가되면서 삼조선사 체계로 성립하게 된 것이다.

이상에서 살펴본 고려~조선시대 고조선사 인식 체계의 변화를 도표화해 보면 다음과 같다.

표 1 고조선사 인식 체계의 변화 과정

역사서	시기 구분	전거	체계
『삼국사기』 본기	선인왕검(단군)-왕험(위만)	「고기」+중국 사서	2조선 (단군+위만)
『삼국사기』 연표	기자-위만	중국 사서	2조선 (기자+위만)

---

73 박대재, 2016, 앞의 글, 11~18쪽.

74 『삼국유사』고조선조 인용「고기」의 편찬 시기에 대해서는 박대재, 2015, 앞의 글, 36~37쪽 참조.

『삼국유사』	고조선(왕검조선)-위만조선	「고기」+중국 사서	2조선 (단군+위만)
『제왕운기』	전조선-후조선-위만	「단군본기」+중국 사서	2조선+위만
『동국사략』	단군조선-기자조선- 위만조선	『제왕운기』+『삼국유사』	3조선
『고려사』 지리지	전조선-후조선-위만조선	〃	3조선
『동국통감』	단군조선-기자조선- 위만조선	〃	3조선
『동사』	전조선-중조선-후조선	〃 +『奇氏族譜』	3조선

이상과 같이 고조선사 인식 체계의 변화 과정을 이해하면, 고조선사의 전 개를 시계열적인 삼조선사 체계로 보는 것은 역사적 사실보다는 역사 인식 의 범주에 있음을 알게 된다.

고조선사의 체계는 사료 유형에 따라 계통적으로, 역사 인식의 변화 과정 속에서 맥락적으로 이해되어야 한다. 다시 말해 그동안 통설로 받아들여졌 던 삼조선사 체계에 대해서는 역사적 관점에서 다시 접근해 볼 필요성이 제 기되는 것이다.

5. 맺음말

고조선사가 단군조선(전조선)-기자조선(중조선)-위만조선(후조선)으로 전개 되었다고 보는 삼조선사 체계는 고려시대부터 조선시대까지 장기간에 걸쳐 단계적으로 성립된 역사 인식이다.

『삼국사기』와 『삼국유사』에서는 단군-위만 또는 기자-위만의 2조선사 체 계가 중심을 이루었다. 그러다가 『제왕운기』에서 단군의 전조선과 기자의 후 조선이 정통의 조선으로 인식되고, 위만은 참주로 2조선에 부기되면서 고조선사를 3단계로 볼 수 있는 단초가 마련되었다.

이첨의 기록을 통해 1403년 편찬된 『동국사략』에서 단군조선-기자조선-위만조선의 삼조선사 체계가 처음 성립되었음을 추정해 볼 수 있다. 『고려사』 지리지에서 평양이 삼조선 모두의 도읍이라는 삼조선 평양설이 등장하고, 조선 후기 이종휘의 『동사』에 이르러 전조선(단군조선)-중조선(기자조선)-후조선(위만조선)으로 연결해 보는 시계열적인 삼조선사 체계가 확립되었다.

기자조선설이 한대 이후 부회된 중화주의적 인식이라는 것은 비교적 널리 공감되는 사실이다. 그 때문에 '기자조선'이란 용어 대신 '개아지조선', '검조선', '크치조선', '한씨조선', '예맥조선' 등이 그 대안으로 제기되었다. 하지만 여전히 고조선사의 전개를 전-중-후 삼조선사의 체계로 보는 인식은 크게 변하지 않고 있다. 기자조선에 대한 비판이 고조선사의 체계에 대한 전면적인 비판으로 나아가지 못하고, 그 대안 용어를 모색하는 데 집중해 왔다. 이상의 검토에 의하면 고조선사는 전-중-후의 시계열적 체계가 아니라, 시·공간을 달리하던 삼조선의 다원적인 체계로 전개되었을 가능성이 있다.

소위 '기자조선'은 국내 고기류에 전하는 단군조선과 시·공간적으로 구분된 조선이었다. '기자조선'의 실체는 역사적으로 『사기』에서 전국시대 연에게 복속되었다고 한 '진번·조선'의 조선에 해당한다고 볼 수 있다. 위만이 진번·조선의 만이와 연·제의 중국계 망명자들을 복속시켜 왕이 되었는데, 여기서 언급된 "만이의 조선"은 분명히 기자의 교화를 받아 문명화되었다고 한 '기자조선'과는 구분되는 역사적 존재다.

『사기』 송미자세가에서는 기자의 조선을 언급하고 있지만, 조선전에서는 기자에 대한 언급이 전혀 보이지 않는다. 사마천은 기자의 조선과 위만조선 이전에 있었던 "만이의 조선"을 구분해 본 것이다. 위만조선 앞에 있던 "만이의 조선"이 바로 소위 '기자조선'(중조선) 단계에 해당하는 고조선의 역사적 실체라고 할 수 있다.

『사기』에서 위만조선 이전 고조선의 주민으로 언급된 '만이'의 실체를 어떻게 규정하는가에 따라 소위 '기자조선'으로 인식되어 왔던 고조선의 성격도 새롭게 이해할 수 있을 것이다.

위만조선 이전 고조선의 토착주민은 대체로 예맥족이었다고 이해된다. 하지만 예맥족의 용어에는 예·맥·예맥에 대한 다양한 이해 방향 때문에 그 실체를 규정하기 어려운 난점이 있다.

위만조선 이전 "만이의 조선"과 관련하여 『관자』에서 문피(文皮)의 산지로 널리 알려져 있던 '발조선'(發朝鮮)의 존재를 주목해 볼 수 있다. 전국시대에 편찬된 『관자』에는 관중이 제나라의 재상이었던 춘추시대 이후의 사실이 반영되어 있다.[75] 여기에 보이는 '발조선'은 시기적으로 보아 위만조선 이전 "만이의 조선"에 해당하는 조선임은 분명하다.

그동안 『관자』의 '발조선'에 대해선 발을 곧 맥으로 파악해 '발의 조선', 즉 맥족의 조선으로 이해하기도 하고,[76] 다른 한편 발과 조선으로 분별해 별개의 세력으로 구분해 보기도 했다.[77]

'발'(發)은 『일주서』(王會解)에도 '발인'(發人)으로 보이며, 『대대예기』(五帝德·少閒)에도 산융·숙신과 함께 '북발'(北發)이 보인다.[78] 『일주서』에서는 '발인'(發人)이 '예인'(穢人)과 구별되어 보인다. 이 점에서 발은 예를 포괄하는 범칭의 예맥과 구분되는 구체적인 실체라고 이해된다.

발조선의 문피는 산동의 제나라에까지 알려진 특산품으로 해내 7보 가운데 하나였다. 발조선의 문피는 『이아』에서 동북지방의 아름다운 산물로 보이는 "척산(斥山)의 문피"와도 같은 것으로 이해된다. 기존에는 척산을 문피가 수입되던 제나라 산동 지역의 집산지로 파악하고, 그 위치를 문등현(文登縣, 榮

---

75 『관자』의 사료적 성격과 '발조선'에 대해서는 박대재, 2013, 「『管子』의 發朝鮮과 穢貊」, 『중국 고문헌에 나타난 고대 조선과 예맥』, 경인문화사, 137~165쪽 참조.

76 김정배, 1997, 「고조선의 국가형성」, 『한국사』 4, 국사편찬위원회.

77 송호정, 2003, 『한국 고대사 속의 고조선사』, 푸른역사.

78 박대재, 2013, 앞의 책, 208·241쪽 참조.

成) 해안가의 적산(赤山)에 비정해 보았다.[79]

하지만 척산은 문피의 입항지가 아니라 산지로 이해되어야 한다. 『이아』에서 9방의 산물을 소개하면서 모두 그 산지를 앞에 표기했는데, "척산의 문피" 역시 척산에서 나는 문피라고 보아야 한다. 문피의 산지인 척산은 산동의 제나라와 해상으로 교류할 수 있는 동북지방이라는 점에서, 산동반도와 발해를 사이에 두고 인접한 요동반도에 위치했던 것으로 보인다. 제나라와 해상을 통해 교류한 발조선의 위치 역시 척산과 관련된 요동 지역이었을 가능성이 높다.[80]

발조선은 역대 기록에서 평양에 위치한 것으로 나타난 단군조선이나 위만조선과는 별개의 조선인 것이다. 그동안 소위 '기자조선'으로 인식되어왔던 고조선은 단군조선이나 위만조선과 시·공간적으로 구분된 별종의 조선으로써, 『사기』에서 위만조선 이전에 있었다고 한 "만이의 조선"이 바로 이에 해당하고, 『관자』의 '발조선'이 그 실체였을 것으로 추정된다.

---

79 張政烺, 1951, 「上古時代的中朝友好關係」, 『五千年來的中朝友好關係』, 開明書店, 9쪽.
80 박대재, 2014, 「古朝鮮과 齊의 해상교류와 遼東」, 『한국사학보』 57, 17~27쪽.

참고문헌

1. 국내 단행본

김정배, 1973, 『한국민족문화의 기원』, 고려대학교 출판부.

_____, 1986, 『한국고대의 국가기원과 형성』, 고려대학교 출판부.

_____, 2010, 『고조선에 대한 새로운 해석』, 고려대학교 민족문화연구원.

박대재, 2013, 『중국 고문헌에 나타난 고대 조선과 예맥』, 경인문화사.

박득준, 1999, 『고조선력사개관』, 사회과학출판사.

송호정, 2003, 『한국 고대사 속의 고조선사』, 푸른역사.

이병도, 1959, 『한국사』(고대편), 을유문화사.

전대준·최인철, 2010, 『조선단대사-고조선사-』, 과학백과사전출판사.

2. 국내 논문

김성환, 2009, 「세조의 평양 巡幸과 檀君墓」, 『조선시대 단군묘 인식』, 경인문화사.

노태돈, 1982, 「三韓에 대한 認識의 變遷」, 『한국사연구』 38.

박대재, 2014, 「古朝鮮과 齊의 해상교류와 遼東」, 『한국사학보』 57.

_____, 2015, 「檀君紀元과 〈古記〉」, 『한국사학보』 61.

_____, 2016, 「箕子朝鮮과 小中華」, 『한국사학보』 65.

_____, 2017, 「고조선 이동설에 대한 비판적 검토」, 『동북아역사논총』 55.

박준형, 2009, 「한국 근현대 기자조선 인식의 변천」, 『고조선사 연구 100년-고조선사 연구의 현황과 쟁점-』, 학연문화사.

방선주, 1987, 「韓·中 古代紀年의 諸問題」, 『아시아문화』 2.

서영대, 1994, 「檀君關係 文獻資料 研究」, 『단군-그 이해와 자료-』, 서울대학교 출판부.

서영수, 1988, 「古朝鮮의 위치와 강역」, 『한국사 시민강좌』 2, 일조각.

_____, 2015, 「고조선사 연구의 쟁점과 흐름」, 『고조선과 위만조선의 연구쟁점과 대외교

류』, 학연문화사.

오현수, 2015, 「《魏略》기재 朝鮮侯와 '取地二千餘里'의 검토」, 『한국사학보』 61.

윤용구, 2008, 「고구려와 요동·현도군-수당 군신의 '군현회복론' 검토-」, 『초기 고구려역사 연구』, 동북아역사재단.

이강한, 2010, 「1325년 箕子祠 祭祀 再開의 배경 및 의미」, 『한국문화』 50.

이기동, 1977, 「古朝鮮問題의 一考察-帝王韻紀 所在 古朝鮮紀年에 대한 存疑-」, 『대구사학』 12·13합.

이기백, 1975, 「古朝鮮의 諸問題」, 『한국고대사론』, 탐구당.

정구복, 1975, 「東國史略에 대한 史學史的 考察」, 『역사학보』 68.

_____, 1989, 「雙梅堂 李詹의 역사서술」, 『동아연구』 17.

조원진, 2014, 「단군과 기자-고조선사의 체계에 대한 고찰-」, 『고조선단군학』 31.

_____, 2015, 「고려시대의 기자 인식」, 『한국사학사학보』 32.

IV.

삼한사회의 구조와
국가형성

1장

삼한의 국읍과 별읍

1. 머리말

　마한·진한·변한(변진) 삼한은 백제·신라·가야의 모체로, 마한은 50여 국, 진한과 변한은 각각 12국으로 이루어져 있었다. 마한의 백제국(伯濟國)이 백제로, 진한의 사로국(斯盧國)이 신라로, 변한의 구야국(狗邪國)이 가야로 각각 발전하여 북쪽의 고구려와 각축하며 삼국시대를 열었다. 국명에서 알 수 있듯이, 백제-백제, 사로-신라, 구야-가야의 발전은 동일 정치체의 성장이라고 파악된다. 이런 맥락에서 삼한은 삼국시대 이전의 전사(前史)가 아니라 삼국 형성기의 원사(origin history)로 이해할 수 있다.[1]

　지역사 관점에서 보면, 경주의 사로국이 진한 전체를 아우른 영역국가(왕국) 신라로 발전하기 이전 시기의 경상북도 지역은 신라시대가 아니라 진한시대에 속한다고 볼 수도 있다. 하지만 한국사의 통사적 맥락에서 보면 그 시기는 신라 초기사로 이해되어야 한다. 사로국 시기는 신라가 형성·성장하는 과정에 해당하기 때문이다.

　삼한의 70여 국이 백제국·사로국·구야국을 중심으로 각각 백제·신라·

1　박대재, 2017, 「삼한시기 논쟁의 맥락과 접점」, 『한국고대사연구』 87, 5~44쪽.

가야로 재편된 것은 '국'이 '왕국'으로 발전한 과정이었다. 이 과정에서 어떤 국은 도태되고 어떤 국은 주변국을 아우르며 왕국으로 성장한 것이다.

『삼국지』에 따르면 마한 50여 국, 진·변한 24국으로 총 70여 개의 국이 있었다. 『삼국지』를 참고한 범엽의 『후한서』 동이전에서는 마한이 54국이라고 명기하여, 진·변한 24국과 함께 모두 78국이라 했다. 『진서』에선 마한 56국이라 하여 다시 국수에 차이가 있다.

『삼국지』에서 마한의 국명을 하나하나 열거하면서도, 결국 "凡五十餘國"이라고 한 것을 보면 마한에 대한 정확한 정보가 없던 것이다. 이것은 『삼국지』 삼한 기록의 성격을 알려 주는 중요한 단서로, 마한에 대한 종합적인 이해가 부족했음을 시사해 준다.

『삼국지』 동이전 한조에는 '국읍'(國邑) 기록이 두 번 보인다. 국읍에 있던 천군(天君) 및 주수(主帥)와 관련된 기록이다. 학계에선 국읍을 삼한 각 소국(小國)의 중심지로 이해한다. 국읍을 삼한 70여 소국의 중심 읍락으로 보면서, 국읍을 중심으로 한 소국들이 연합하여 마한·진한·변한의 각 소국연맹체를 이루었다고 보는 것이다.[2]

일반적으로 삼한의 국은 그 중심 읍락인 국읍과 거기에 종속되어 있던 일반 읍락, 또 읍락 내 결집되어 있는 복수의 개별 취락들로 구성되었다고 이해된다.[3] '취락' 단위는 문헌 기록에 나타나지 않지만, 고고학의 취락 유적을 통해 읍락을 구성한 하부 단위로 설정된 것이다.

이와 같이 국읍을 삼한 70여 국(소국)의 각 중심지로 보면, 삼한의 국들이 춘추전국시대의 열국(列國)과 같은 대등한 정치체들인 것처럼 보일 수도 있

2 　이현혜, 1976, 「三韓의 〈國邑〉과 그 成長에 대하여」, 『역사학보』 69; 이현혜, 1984, 『삼한사회 형성과정연구』, 일조각.

3 　권오영, 1995a, 「三韓社會 '國'의 구성에 대한 고찰」, 『삼한의 사회와 문화』(한국고대사연구10), 신서원; 1995b, 「三韓 國邑의 기능과 내부 구조」, 『부산사학』 28; 1996, 「三韓의 〈國〉에 대한 硏究」, 서울대학교 박사학위논문.

다. 삼한을 '소국연맹체'로 파악하는 시각도 이러한 이해와 연동되어 있다. 삼한을 연맹체 구조로 보게 되면, 영역국가인 왕국의 등장 과정을 제대로 파악하기 어렵다.

삼한의 국 내지 국읍의 성격에 대한 이해는 삼한의 발전 단계와 구조를 이해하는 데 중요한 전제다. 하지만 그동안 '국읍' 용어에 대한 심도 있는 검토 없이, 각국(소국)의 중심지(중심 읍락)란 의미로 통용되고 있다. 1974년 '국읍' 개념이 처음 사용된[4] 이후, 고고학이나 고대사 양쪽에서 널리 수용되어 왔다.[5] 최근에는 삼한 시기 국읍과 삼국시대 도성을 대비시켜 구분해 보기도 한다.[6]

과연 삼한 70여 국 모두에 '국읍'이 각각 존재했을까? 다시 말해 70여 국은 모두 '국읍'을 가진 각각의 단위 정치체였을까? 그동안 연구에서는 국읍의 성격을 일반 읍락과의 관계 속에서 이해하는 경향이 많았다. 하지만 다른 한편 삼한의 국읍은 '별읍'(別邑)과 대비되는 존재이기도 하다. '소도'(蘇塗)라고도 불린 별읍의 성격에 대해선 학계의 논의가 다양하지만,[7] 대체로 귀신 제사가 행해진 신성 지역으로 이해되고 있다.[8]

국읍과 별읍은 용어에서 유추되듯이 서로 밀접한 관계에 있었던 것으로

4 武田幸男, 1974, 「魏志東夷傳にみえる下戶問題」, 『古代の朝鮮』(旗田巍·井上秀雄 編), 學生社, 26쪽.
5 김정배, 1978, 「蘇塗의 政治史的 意味」, 『역사학보』 79; 1986 『한국고대의 국가기원과 형성』, 고려대학교 출판부, 148쪽; 노중국, 1989, 「韓國古代의 邑落의 構造와 性格-國家形成過程과 관련하여-」, 『대구사학』 38, 3쪽; 이도학, 1991, 「百濟의 起源과 國家發展過程에 관한 檢討」, 『한국학논집』 19, 한양대, 140쪽; 권오영, 1995b, 앞의 글, 27쪽; 문창로, 2000, 『삼한시대의 읍락과 사회』, 신서원, 161쪽.
6 이희준, 2002, 「초기 진·변한에 대한 고고학적 논의」, 『진·변한사 연구』, 경상북도·계명대학교 한국학연구원; 동국대학교 신라문화연구소 편, 2005, 『국읍에서 도성으로』(신라문화제학술발표회논문집26); 박대재, 2014, 「신라 초기의 國邑과 6村」, 『신라문화』 43; 이성주, 2017, 「辰弁韓 '國'의 形成과 變動」, 『영남고고학』 79; 여호규, 2018, 「삼국형성기 문헌사와 고고학의 접점-三韓의 國邑과 三國의 都城-」, 『한국상고사학보』 100.
7 송화섭, 1994 「馬韓蘇塗의 成立과 歷史的 意義」, 『한국고대사연구』 7, 265~272쪽 참조.
8 문창로, 2000 앞의 책, 106~107쪽.

보인다. 이 글에서는 중국 문헌에 보이는 '국읍' 용례를 통해 그 의미를 살펴보고, 일반 읍락뿐만 아니라 별읍과의 비교를 통해 국읍의 성격을 기존과 다른 각도에서 접근해 보고자 한다.

2. '국읍'의 용례와 의미

『삼국지』 동이전에서 '국읍'(國邑)이란 표현은 한(韓)조와 왜인조에서 모두 3번 보인다.

> A-1. 그 풍속에 기강이 적어서 국읍에 비록 주수가 있지만 읍락이 잡거하여 서로 잘 제어하지 못한다(『삼국지』 권30 동이전 한).
>
> 2. 귀신을 믿어 국읍마다 각 1인씩 세워 천신 제사를 주관하는데 '천군'이라 부른다. 또 제국(諸國)에 각각 별읍이 있어 '소도'라 하는데, 큰 나무를 세우고 방울·북을 매달아 놓고 귀신을 섬긴다. 그곳으로 도망해 온 자는 모두 돌려보내지 않으니 도적질하는 것을 좋아하게 되었다. 소도를 세운 뜻은 부도(浮屠)와 같으나, 행하는 바의 선악에는 다름이 있다(『삼국지』 권30 동이전 한).
>
> 3. 왜인은 대방의 동남쪽 큰 바다 가운데 있으며, 산도(山島)에 의지해 국읍을 이루고 있다. 옛날에는 100여 국이었고, 한나라 때 입조한 나라도 있으며, 지금 사역(사신과 통역)이 통하는 곳은 30국이다(『삼국지』 권30 동이전 왜인).

『삼국지』 한전과 왜인전에 보이는 '국읍'을 각국(소국)의 중심지란 의미로 해석하여, 하나의 용어로 처음 사용한 연구자는 1974년 다케다 유키오[武田幸

男]였다. 그는 국읍의 의미를 "한·왜 종족에 의해 배출된 소국, 즉 한전에 보이는 70여 소국을 의미하고, 그 실태는 소국의 중심지가 된 읍락을 가리키는 것"으로 생각했다. 이에 따라 "국읍과 읍락의 관계는 소국 소재 읍락과 그 소국에 통솔된 제 읍락으로 이해할 수 있고, 그런 의미에서 주수는 모든 읍락에도 존재했다"고 추정했다. "국읍 아래에는 별읍·소별읍·종락(소읍락) 등이 소속되어 있었는데, 그 각각에 있던 거수는 국읍에 의해 통솔되었다"고 본 것이다.[9] 이것은 읍락공동체가 완전히 해체되지 못하고, 국읍의 주수와 각 읍락의 거수가 공존하고 있던 누층적 구조를 상정한 입장이다.

다케다의 연구에 기초해 1976년 이현혜는 '국읍'의 성격을 삼한 각 소국의 중심 읍락으로 파악하며, "국읍이란 다수의 읍락군 중에서 상대적으로 규모가 크거나 혈연적 종지 관계에서 종(宗)에 해당하는 대읍락을 지칭하는 것"이라고 이해했다.[10] 그 후 국내 학계에서 '국읍'은 삼한 각국(소국)의 중심지(중심 읍락)를 뜻하는 용어로 널리 수용되었다.

그런데 왜인전의 '국읍' 용례는 삼한의 '국읍'을 이해하는 데 중요한 단서를 준다. 왜인전의 "依山島爲國邑"은 『한서』 지리지 안사고(顔師古) 주에 인용된 『위략』에는 "依山島爲國"[11]이라고 되어 있다. 『삼국지』 동이전은 3세기 중엽 편찬된 어환의 『위략』에 기초한 것인데,[12] 두 기록에 차이가 있는 것이다.

한편 『삼국지』를 참고한 범엽의 『후한서』 왜전에는 "倭在韓東南大海中 依山島爲居 凡百餘國"이라고 기록되어 있다. 『위략』·『삼국지』·『후한서』의 기록을 비교해 보면, "依山島爲" 다음 글자가 "國 → 國邑 → 居"로 바뀐 것이다. 『삼국

---

9   武田幸男, 1974, 앞의 글, 26쪽.

10   이현혜, 1976, 앞의 글, 4쪽.

11   『한서』 권28하 지리지 연지, "樂浪海中有倭人 分爲百餘國 以歲時來獻見云[如淳曰 如墨委面 在帶方東南萬里 臣瓚曰 倭是國名 不謂用墨 故謂之委也 師古曰 如淳云如墨委面 蓋音委字耳 此音非也 倭音一戈反 今猶有倭國 魏略云倭在帶方東南大海中 依山島爲國 度海千里 復有國 皆倭種]".

12   전해종, 1980, 『동이전의 문헌적 연구-위략·삼국지·후한서 동이관계 기사의 검토』, 일조각, 50쪽.

지』에서『위략』의 '國'을 '國邑'으로 바꾼 것이나,『후한서』에서 다시 '居'로 바꾼 것은 이들의 의미가 모두 통하기 때문일 것이다.

A-3에서 국읍은 뒤에 이어지는 한대의 '百餘國', 위대의 '三十國' 표현과 바로 호응하지 않는다.『위략』일문처럼 "依山島爲國"이라고 해야 문맥이 매끄럽다. 이렇게 보면『삼국지』왜인전의 '국읍'은 '국'과 같은 의미이거나, 또는 단순하게 거주지로서 국과 읍락을 아울러 부른 것이라 이해할 수 있다.

기존 역주에서『삼국지』왜인전의 '국읍'은 "국(國)과 촌(村)"으로 나누어 보거나,[13] '국'과 같은 의미로 보는[14] 등 해석이 갈린다. 왜인전에 보이는 '국읍' 기록의 불완전성 때문에, 일본 학계에서는 '국읍' 용어를 거의 사용하지 않는다.[15] 그 대신 중심 읍락과 같은 의미에서 '거점집락'(據點集落)이란 용어를 보편적으로 사용한다.[16]

거점집락은 지역거점으로 규모가 비상하게 크며, 존속기간이 길며 주변에 방형주구묘(方形周溝墓)와 같은 대형 분묘군이 있고, 목제 농공구를 제작해 주변의 중소 촌락[分村]에 공급하는 모촌(母村)의 성격을 갖는데, 수장이 정주하는 주거와 수장묘가 조영되어 있다는 특징이 있다.[17] 대표적인 거점집락으로는, 요코하마의 오츠카[大塚] 유적, 나라의 가라코·가기[唐古·鍵] 유적, 오사카

---

13 江畑武·井上秀雄, 1974,「三國志魏書倭人傳」,『東アジア民族史1-正史東夷傳-』(東洋文庫 264), 平凡社, 290쪽; 동북아역사재단 편, 2009,『삼국지·진서 외국전 역주』(역주중국정사 외국전4), 78쪽.

14 水野祐, 1987,『評釋 魏志倭人傳』, 雄山閣, 114쪽.

15 石原道博 編譯, 1985,「《魏志》倭人傳」,『新訂 魏志倭人傳·後漢書倭傳·宋書倭國傳·隋書倭國傳-中國正史日本傳(1)』, 岩波書店, 77쪽에서는『삼국지』왜인전의 '국읍'을 "제후의 封地"로 해설하고 있다. 이는 고대 중국의 '국읍' 용례를 참조한 것이다.

16 酒井龍一, 1990,「據點集落と彌生社會-據點集落を基本要素とする社會構成の復元」,『日本村落史講座』2(景觀 I 原始·古代·中世), 雄山閣, 65~83쪽; 西谷正, 1999,「列島各地の據點集落」,『邪馬臺國時代の國々』(季刊考古學 別冊9), 西谷正 編, 雄山閣, 10~13쪽; 小田富士雄 編, 2000,「集落と居館」,『倭人傳の國々』, 學生社, 263~293쪽; 鈴木敏弘, 2004,「原史集落の變貌」,『原始·古代日本の集落』, 同成社, 126~146쪽.

17 田中義昭, 1976,「南關東における農耕社會の成立をめぐる若干の問題」,『考古學研究』22-3; 1996「彌生時代據點集落の再檢討」,『考古學と遺跡の保護』; 西谷正, 1999, 앞의 글, 11~12쪽.

의 이케가미·소네[池上·曾根] 유적, 규슈의 요시노가리[吉野ヶ里] 유적, 이키[壹岐]의 하라노츠지[原の辻] 유적 등이 손꼽힌다.

한편 후쿠오카 요시타케[吉武] 유적을 모델로 하여, 거점집락 가운데 상대적 우위에 있는 거점집락의 출현을 여러 촌을 아우른 국의 성립으로 보면서, 국의 중심이 된 촌을 국의 '중심집락'이라 부르기도 한다.[18] 거집집락 가운데 더욱 우위에 있는 '중심집락'을 국의 중심지로 본 것이다. 중심집락은 국내 학계의 중심 읍락과 동일한 개념이라 할 수 있다.

이처럼 일본 학계에서는 '국읍' 대신 '거점집락' 또는 '중심집락'이란 용어를 일반적으로 사용해 왔다. 그런데 최근 일본에서도 '국읍'이란 용어가 사용되기 시작했다. 니시타니 다다시[西谷正]는 '국읍' 개념에 대해 아래와 같이 소개한다.

B. 국이 있다면 거기에는 중심 또는 거점이 되는 대규모 집락의 존재가 상정된다. 그 경우 종종 환호집락(環濠集落)이라는 형태를 취하고 있다. 그와 같은 국의 수도로도 부를 만한 거점집락이 왜인전의 앞부분이나, 위지(魏志) 한전에 보이는 국읍(國邑)은 아닐까. 한편, 국읍에 해당하는 거점집락의 주변에는 중·소의 집락군이 위성 모양으로 산재한다. 그들 주변집락은 한전에서 말한 바의 읍락일 것이다. 이와 같이 보면 당시의 국은 국읍을 정점으로 하고, 중·소 복수의 읍락으로 이루어진 피라미드 모양의 지역 구조를 형성하고 있었다고 할 수 있을 것이다.[19]

---

[18] 武末純一, 2002,「國の成立と集落」,『彌生の村』(日本史リブレット3), 山川出版社, 30~33쪽.

[19] 西谷正, 2011,「今月の言葉「魏志倭人傳」に見える國邑」,『月刊考古學ジャーナル』611; 2012「總論 邪馬臺國をめぐる國々」,『邪馬臺國をめぐる國々』(季刊考古學 別冊18), 西谷正 編, 雄山閣, 10쪽. 西谷正이 '國邑' 용어를 제안한『月刊考古學ジャーナル』611호는 "「倭人傳」國邑の考古學" 특집호로, 仁田坂聰의「末盧國の國邑 千々賀遺跡」등 일본 각지 국읍 관련 유적이 소개되어 있다.

물론 그전에도 일본에서 '국읍' 용어는 종종 사용되었다.[20] 하지만 위에서 보는 바와 같이 최근에 와서야 본격적으로 제안되었는데, 이것은 『삼국지』 한전의 '국읍' 기록과 한국 학계의 연구 경향에서 영향을 받은 것이다. 그렇지만 아직 일본에서는 '국읍' 용어가 한국에서만큼 보편적으로 사용되지 않고 있다.

사실 국내에서도 '국읍' 용어가 보편화되기 전에는 국과 읍을 같은 의미로 보면서, 국읍을 "국(읍)"으로 해석하는 것이 일반적이었다.[21] 원래 국 자체에 읍이란 의미가 있고, 국과 읍이 서로 통하기 때문에 '국읍' 용어를 따로 주목하지 않은 것이다.[22] 『삼국유사』에서도 삼한의 '국'을 '소읍'(小邑)으로 파악한 것[23]도 국과 읍이 서로 의미가 통하기 때문이다. 전통적으로 삼한의 '국'을 읍과 비슷한 규모로 보면서, 국읍은 별도의 개념이 아니라 국(읍)의 의미로 이해한 것이다.

---

20 中原齊, 2002, 「妻木晚田遺跡にみる彌生の國邑-九本柱掘立柱建物の問題を中心に-」, 『建築雜誌』 117-1488(特集 都市と都市以前-アジア古代の集住構造Ⅲ環濠と環濠集落③), 33~35쪽.

21 이병도, 1936, 「三韓問題의 新考察(三)-辰國及三韓考-」, 『진단학보』 4, 52쪽; 1976, 「三韓의 諸小國問題」, 『한국고대사연구』, 박영사, 260~277쪽에서, 삼한의 '國'을 읍(부락)과 같은 것으로 보고, '대국'은 '대읍락', '소국'은 '소읍락'이라 하여, 국=읍=국읍의 관계로 파악하였다. 손진태, 1948, 『조선민족사개론』 상, 을유문화사, 75쪽에서도, "국·읍에는 천신을 主祭하는 大巫 一人이 있어 이것을 天君이라 하고"라 한 것을 보아, 역시 국=읍의 의미로 파악한 것이다. 천관우, 1976, 「三韓의 國家形成-三韓攷 제3부-」, 『한국학보』 2·3; 1989, 『고조선사·삼한사연구』, 일조각, 272쪽에서도, 삼한의 국은 대부분 성읍을 가리키는 것으로 보기 때문에 국과 국읍을 따로 구분하지 않고 동일하게 파악하였다.

22 읍은 갑골문에서부터 사용되어, 성을 갖춘 도회지를 '읍'이라 했고, '大邑商'에서 보듯이 왕도를 '대읍'이라고도 했다. 주대가 되면 제후국[邦]의 도성을 '국'이라 하고, 국군(國君)의 자제 및 경·대부의 봉읍을 '읍'이라 했으며, 읍 가운데 '宗廟先君之主'가 있는 곳을 '都'라고 구분했다 (『좌전』 장공 28년). 전국시대가 되면 제후의 영역이 野를 넘어 주변 경·대부의 도·읍을 포괄하게 되면서, 국의 의미도 邦의 중심지에서 방과 같은 영토의 의미로 확대되었다(『釋名』 釋州國). 이에 따라 도의 의미도 변하여, 제후가 거주한 국성을 '都'라고 부르게 되었다(王力 主編, 2000, 『王力古漢語字典』, 中華書局, 1463쪽).

23 『삼국유사』 권1 기이 칠십이국, "馬韓在西 有五十四小邑皆稱國 辰韓在東 有十二小邑稱國 卞韓在南 有十二小邑各稱國".

그런데 근대에 들어와 삼한의 국을 '부족국가'(部族國家)에 비정하면서, 원시적 정치체와 연결해 보는 인식이 생기기 시작하였다.[24] 특히 1970년대 초 부족국가·성읍국가·군장사회(chiefdom)에 대한 논의가 활발해지면서, 삼한의 국을 초기국가로 보는 시각이 확산되었다.[25] 이런 배경 속에서 삼한의 국은 초기국가와 같은 정치체로 이해되고, 국읍은 그 정치체의 중심지로 파악된 것이다.

1970년대 들어와 '국읍' 개념이 사용되기 시작한 것도 삼한의 국을 단위 정치체로 파악하려는 당시 경향과 연결된 것이라 할 수 있다. 1970년대 중엽 삼한의 국을 성읍국가나 군장사회에 비정하거나, 연맹체를 구성한 단위 정치체(소국)로 보는 시각이 일반화되면서, 자연스럽게 각 정치체(국)의 중심지로 국읍이 주목된 것이다.

삼한의 국이 춘추전국시대 열국과 같은 일정한 영역과 통치체제를 갖춘 단위 정치체였다면, 그 중심지가 존재한 것은 당연할 것이다. 하지만 삼한의 국이 단위 정치체가 아니라 '읍'과 같이 지역 단위를 의미하는 것이라면, 각 국의 정치적 중심지로서의 '국읍' 개념은 성립하기 어렵다.

삼한의 70여 '국'을 모두 성읍국가나 군장사회와 같은 초기국가적인 정치체로 파악할 수 있을까? 『삼국지』 동이전에는 '국'이 국가와 같은 광역의 의미로 사용된 경우도 있고, 국 안의 국, 즉 지역 단위를 의미하는 협의로 사용된 경우도 있다.

'읍락'이 동이전에서 보편적으로 보이는 것과 달리 '국읍'은 삼한과 왜에서만 보인다. 이처럼 '국읍'이 제한적으로 보인다는 사실은, 그 용어가 읍락과

---

24 손진태, 1927, 「朝鮮民族의 構成과 其文化」, 『신민』 28, 56쪽; 백남운, 1933, 「原始部族國家의 諸形態-三韓-」, 『朝鮮社會經濟史』, 改造社; 하일식 역, 1994, 이론과실천, 111~130쪽.
   그동안 '부족국가' 용어는 백남운이 처음 사용한 것으로 이해되어 왔으나, 1927년 8월 발표한 손진태의 글에서 먼저 사용하였다(박대재, 2018, 「손진태의 사회문화사 연구」, 『민족문화연구』 78, 221쪽).
25 주보돈, 1990, 「韓國 古代國家 形成에 대한 연구사적 검토」, 『한국 고대국가의 형성』, 민음사.

같은 보편적인 개념이 아니었음을 시사한다. '국읍'은 국의 중심지라는 일반적 의미라기보다, 삼한의 특수한 지역 구조와 관련된 용어일 가능성이 높다고 생각된다.

국읍의 성격은 역시 삼한에서만 보이는 별읍의 존재와 관련해 살펴볼 필요가 있다. 일찍이 스에마쓰 야스카즈[末松保和]는 국읍과 별읍을 대비해 양자의 성격을 파악한 바 있다. 대마도의 민속 조사를 토대로 삼한의 별읍을 신지(神地)로, 국읍은 그와 대비되는 인지(人地, 非神地)로 파악했다.[26] 이에 따르면 국읍은 별읍과 대비되는 '본읍'(本邑)의 의미를 가지고 있기도 하다.

다케다[武田幸男]가 일반 읍락과의 관계(A-1)에서 국읍의 성격을 파악했다면, 스에마쓰[末松保和]는 별읍과의 관계(A-2)에서 이해한 것이다. A-1·2에 의하면, 국읍은 일반 읍락과도 구분되지만, 별읍과도 대비되는 존재다.

중국 고대 문헌에서 국과 읍은 의미가 비슷해 바꾸어 쓰는 경우가 많지만, 역사적으로 읍이 국보다 먼저 등장했으며, 읍은 사람들이 모여 사는 지방(성읍)을 강조하는 의미로, 국은 읍을 포괄하는 지역[邦國]을 강조하는 의미로 구분해 쓰는 것이 일반적이었다.[27] 국(國)에는 방(邦), 제후의 국(國), 도읍이라는 의미가 있어 읍보다 포괄적이었다.

읍에는 국도 및 각급 정치 중심인 성읍을 가리키는 의미와 함께 일반 소형 촌락의 의미도 내포하고 있다.[28] '국읍'의 읍은 전자의 의미이고, '읍락'의 읍은 후자의 의미라고 할 수 있다. 국과 읍은 서로 의미가 통하지만 구분해 사용하는 것도 분명했다. 이처럼 중국에서는 국과 읍을 각각 쓰는 것이 일반적이

---

26 末松保和, 1976, 「對馬の〈神地〉について」, 『朝鮮學報』 81; 1996, 『古代の日本と朝鮮』(末松保和朝鮮史著作集4), 吉川弘文館, 354쪽. 이에 앞서 末松保和, 1955, 「魏志韓傳の〈別邑〉について」, 『史學雜誌』 64-12, 76쪽에서는 '국읍' 대신 '본읍'이란 용어를 사용해 '별읍'과 '본읍'의 성격을 성지와 비성지로 대비해 보았다.

27 林澐, 1986, 「關于中國早期國家形式的幾個問題」, 『吉林大學社會科學學報』 1986-6, 1~2쪽; 杜正勝, 1992, 『古代社會與國家』, 允晨文化出版, 225~229쪽.

28 于凱, 2009, 「中國古代國家化進程中的邑落形態演進」, 『社會科學戰線』 2009-1(先秦史), 108~109쪽.

었으며, '국읍'을 하나의 용어로 붙여 쓰는 경우는 드물었다.

『사기』[29]와『한서』[30]에서는 한대 제후의 봉읍(封邑)을 '국읍'이라 불렀다. 허신의『설문해자』에서 "邑, 國也", 즉 읍은 국이라고 했는데, 제후의 봉읍이 곧 국(열국)이라고 이해한 것이다. 제후의 국은 독립된 국이 아니라 분봉된 국이라는 점에서 '국읍'이라고 불린 것이다.

중국 하남성 낙양에서 출토된 후한 시기 와당에서 "永保國邑" 명문이 확인된다. 대체로 진·한 시기 '국읍' 용례에 비견되어, 제후의 봉읍으로 이해된다.[31] 이와 같이 한대의 '국읍'은 일반적으로 열후의 봉읍(열국)을 의미한다.

삼한의 국도 기본적으로 독립된 국이 아니라 한국에 속해 있는 제국(諸國) 가운데 하나라는 점에서 한대의 국(국읍, 봉읍)과 비슷하다. 여기서 '국읍'에는 국(열국)이면서 읍(봉읍)이라는 의미가 내포되어 있음을 알 수 있다.

한편『송사』에서는 '국읍'을 국도(國都)의 의미로 쓰기도 했다. 고구려의 '국읍'이 평양성이었다고 한 것이다.[32] 고구려 도성에 대해『구당서』에서는 "其國都於平壤城"으로,『신당서』에서는 "都於平壤城"이라 했다. 선행 기록의 '국도'를 『송사』에서는 '국읍'이라고 한 것이다. 그 후『원사』에서는 다시 "其國都曰平壤城"이라고 바꾸어 썼다.

『송사』는 원 순제 지정 3~5년(1343~1345)에 탈탈(脫脫) 등이 봉칙찬한 정사

---

[29] 『사기』권96 장승상전, "玄成時佯狂 不肯立 竟立之 有讓國之名 後坐騎至廟 不敬 有詔奪爵一級 為關內侯 失列侯 得食其故國邑…子嗣 後坐騎至廟 不敬 有詔奪爵一級 為關內侯 失列侯 得食故國邑…子顯嗣 後坐騎至廟 不敬 有詔奪爵一級 失列侯 得食故國邑".

[30] 『한서』권99중 왕망전, "及漢氏女孫中山承禮君 遵德君 修義君更以為任 十有一公 九卿 十二大夫 二十四元士 定諸國邑采之處 使侍中講禮大夫孔秉等與州部衆郡曉知地理圖籍者 共校治于壽成朱鳥堂 予數 與羣公祭酒上卿親聽視 咸已通矣 夫襃德賞功 所以顯仁賢也 九族和睦 所以襃親親也 予永惟匪解 思稽前人 將章黜陟 以明好惡 安元元焉 以圖簿未定 未授國邑 且令受奉郡內 月錢數千 諸侯皆困乏 至有庸作者".

[31] 陳直, 1981,「秦漢瓦當槪述」,『摹廬叢著七種』, 齊魯書社; 趙平安, 1999,「兩種漢代瓦當文字的釋讀問題」,『考古』1999-12, 81~82쪽.

[32] 『송사』권487 외국전 고려, "高麗本日高句驪 禹別九州 屬冀州之地 周爲箕子之國 漢之玄菟郡也 在遼東 蓋扶餘之別種 以平壤城爲國邑".

이다. 송대의 『당서』와 명대의 『원사』가 한인(漢人)에 의해 편찬된 것과 달리, 『송사』는 원대에 몽골인에 의해 편찬되었다. 이 사실은 '국읍'이 한인에게 익숙하지 않은 단어였음을 시사해 주기도 한다.

『삼국사기』에서도 '국읍' 기록이 보이는데, 여기서도 중심 도읍을 의미하는 것으로 보인다.

C. (온조왕 26) 가을 7월에 왕이 이르길, 마한이 점차 약해져 상하가 마음이 벌어지고 그 세력이 오래 갈 수 없으니, 다른 자에 의해 병합되면 순망치한으로 후회해도 돌이킬 수 없게 되니, 다른 자보다 먼저 취하여 뒷날의 어려움을 면하는 것이 좋겠다고 했다. 겨울 10월 왕이 군사를 출병하여 겉으로는 사냥한다고 하고, 몰래 마한을 습격해 마침내 그 국읍을 병합했다. 오직 원산·금현 2성만 굳게 지켜 항복하지 않았다(『삼국사기』 권23 백제본기1).

백제가 몰래 마한을 습격해 그 '국읍'을 병합했다는 것인데, 여기서 '국읍'은 마한의 중심 도읍을 의미하는 것으로 해석된다. 『삼국사기』에선 이에 앞서 '마한왕'이 보이는데, '국읍'은 마한왕의 근거지인 것이다. 『삼국사기』의 국읍은 마한의 각 소국의 중심지가 아니라 마한왕의 근거라는 점에서, 『송사』의 국읍과 마찬가지로 도읍을 의미한다고 생각된다.

다른 한편 국읍이 성곽을 갖춘 거성(居城)인 '성읍'을 의미한 경우도 있다. 대표적인 용례로 송대(1124) 편찬된 서긍의 『고려도경』에서 '국읍'은 성읍의 의미로 보인다. 특히 서역의 '성곽제국'(城郭諸國)보다 발달한 고려의 '국읍지제'(國邑之制)에 대한 기록은 중국이 아닌 외국의 '국읍'을 이해하는 데 시사점이 있다.

D. 신이 듣건대, 사이(四夷)의 군장들은 대부분 산곡에 의지하다가 수초에 나아가는 경우가 많아 수시로 옮겨 다니는 것을 편하고 마땅하게 여깁니다. 그래서 본디 국읍 제도가 있다는 것을 알지 못합니다. 서역의 차사(車師)와 선선(鄯善)만 겨우 담장을 쌓아 거성(居城)을 지을 수 있었습니다. 사가(史家)들이 성곽제국(城郭諸國)이라고 가리키는 것은 대개 그 특이함을 기록한 것입니다. 하지만 고려는 그렇지 않아서 종묘·사직을 세우고 읍(邑)과 주(州)에는 가옥과 문을 만들고 높은 성첩(城堞)으로 주위를 둘러 중화를 본받았습니다(『선화봉사고려도경』 권3 성읍).

『고려도경』에서는 성곽이 있는 거성을 '국읍'이라고 보면서 사이에서는 보기 힘든데, 고려에서는 중화와 같이 종묘·사직·읍옥(邑屋)·주려(州閭)·성곽[高堞周屏]을 갖춘 성읍이 있다고 서술하고 있다. 성곽을 갖춘 거성, 즉 성읍을 국읍과 같은 의미로 본 것이다.

국과 읍이 모두 성곽과 관련이 깊음은 그 자형에서도 알 수 있다. 국과 읍의 '口'는 모두 주위를 둘러싼 성벽을 형상화한 것이다.[33] 『관자』(팔관)에서도 '국읍'과 '국성'의 용어가 함께 쓰였는데,[34] 여기서 '국읍'은 열국의 도성을 의미한다.[35] '국읍'은 국성으로도 쓰이며 성외의 전야(田野)와 대비되었다. 국에

<hr />

33 岸俊男, 1976, 「日本の宮都と中國の都城」, 『日本古代文化の探究-都城-』, 社會思想社, 111쪽; 愛宕元, 1991, 『中國の城郭都市-殷周から明淸まで-』, 中央公論社, 20쪽.

34 『관자』 권5 팔관, "入國邑 視宮室 觀車馬衣服 而侈儉之國可知也 夫國城大而田野淺狹者 其野不足以養其民 城城大而人民寡者 其民不足以守其城 宮營大而室屋寡者 其室不足以實其宮".

35 諸橋轍次, 1984, 『大漢和辭典』 3, 大修館書店, 74쪽. 『관자』는 전국시대의 변화된 성읍 개념을 보여 주는 자료로, 인구의 다소에 따라 대국의 성읍은 '國', 소국의 성읍은 '都'라고 구분해 표현하였다. 소위 "萬室之國 千室之都"(『관자』 승마)의 구분이 대표적이다. 『관자』 팔관편의 '國城'도

는 야(野)와 대비되는 '성중'(城中)의 의미가 있고, '국중'(國中)은 '성중'과 바꾸어 쓰기도 했다.[36] '국'과 '성'은 서로 의미가 통하는 글자였다.

『고려도경』 성읍조에서 성곽을 갖춘 거성을 '국읍'이라 기록한 것과 비슷한 맥락이다. 종묘·사직·읍옥·주려·성곽 등을 갖춘 고려의 성읍을 '국읍'으로 표현한 『고려도경』의 기록은 삼한의 국읍을 이해하는 데도 좋은 단서가 된다.

이상과 같이 국읍에는 열국(봉읍), 도읍(국도), 성읍 등 크게 세 가지 의미가 있었다. 기존 연구에서 '국읍' 용례에 대한 자세한 검토는 없었지만, 결과적으로 '국읍'을 '국도'의 의미로 본 것이다. 삼한의 국읍을 국도의 의미로 보면, 삼한 각국이 하나의 단위 정치체가 되는 셈이다. 한편 국읍을 열국의 의미로 보면 여러 국 가운데 하나라는 의미가 되고, 성읍이라고 보면 성곽을 갖춘 거성에 해당하게 된다.

삼한의 국읍은 도읍, 봉읍, 성읍 가운데 어떤 형태에 해당할까? 아래에서는 『삼국지』 동이전에 보이는 삼한의 국·읍락·별읍과의 비교를 통해 국읍의 성격에 접근해 보고자 한다.

3. 대·소국의 구분과 국읍의 분포

『삼국지』 동이전에서는 삼한을 묶어 '한국'(韓國)[37]이라 부르기도 하고, '제국'(諸國) 또는 '제한국'(諸韓國)이라 표기하기도 했다. 한국 안에 다시 여러 국이

대국의 성읍을 의미한다(賀業鉅, 1986, 「春秋戰國之際城市規劃初探-兼論前期封建社會城市規劃制度-」, 『中國古代城市規劃史論叢』, 中國建築工業出版社, 62~63쪽).

36 諸橋轍次, 1984, 앞의 책, 73쪽.

37 『삼국지』 권30 동이전 한, "桓靈之末 韓濊彊盛 郡縣不能制 民多流入韓國 … 部從事吳林以樂浪本統韓國 分割辰韓八國以與樂浪 … 辰韓在馬韓之東 其耆老傳世 自言古之亡人避秦役 來適韓國 馬韓割其東界地與之".

있는 것이다. '국읍' 용례가 삼한에서 보이는 것은 무엇보다도 국 안에 여러 국이 있는 구조와 관련이 있다고 추정된다.

『삼국지』에서 부여와 고구려에 대해서도 '국'이라 표현했지만, '국읍'이란 용어는 보이지 않는다. "國有君王"(부여), "國中大會"(부여·고구려), "在國·出國"(부여), "國南山上"(부여), "國之耆老"(부여), "國人"(부여·고구려), "國有故城"(부여), "國有王"(고구려), "國主"(고구려), "國中大家"(고구려), "國中邑落"(고구려), "國東有大穴"(고구려), "國東上"(고구려), "作國"(고구려), "破其國 焚燒邑落"(고구려), "更作新國"(고구려) 등 '국'이 들어간 서술이 많다.

부여와 고구려조에서 '국'은 국가를 의미하기도 하고, 국도를 가리키기도 한다. 이것은 '국' 자체에 도성의 의미가 있기 때문이다. 특히 '國南', '國東', '新國' 등의 '국'은 국도를 가리킨다. "破其國 焚燒邑落"에서 '국'도 '읍락'과 대비되는 도성을 의미한다. 이처럼 부여와 고구려에서는 국도를 의미할 때도 그냥 '국'이라 하고 '국읍'이라 하지 않았다. '국'이라고만 해도 국도의 의미가 있기 때문이다.

한편 동옥저와 읍루조에서도 '국'이 드물게 보인다. "侯國"(동옥저), "國小"(동옥저), "國人"(동옥저), "古之肅愼氏之國"(읍루), "其國"(읍루) 등 모두 그 국(나라)이라는 소박한 의미로 쓰였다.

반면 예의 경우는 '국' 자가 전혀 쓰이지 않았다. '국'이라고 쓸 수 있는 부분에서도 "其地"라고 했다. 이것은 정시 6년(245) 조위가 동예를 정벌하고 토착 세력을 불내예왕(不耐濊王)으로 책봉하여 그 지역을 내속했기 때문이라고 추정된다. 이런 정황은 예(동예)가 "사시(四時)로 군(郡)에 조알하고, 2군에 군정 부조(軍征賦調)가 있으면 사역을 공급하며, 그 지역을 민과 같이 대우했다"는 『삼국지』 기록에서도 짐작된다.

이에 비해 삼한에서는 70여 개나 되는 국명이 일일이 기록되었다. 또한 '한 국' 또는 '제한국'이라고 하여, 삼한 전체를 가리킨 경우에도 '국'이라고 했다. "國出鐵 韓濊倭皆從取之"에서 보듯이, 진한 또는 변한을 가리켜 '국'이라고 칭하기도 했다. 『삼국지』 동이전의 저본이 된 『위략』에서도 "其國作屋 橫累木爲之 有似牢獄也"라고 하여, 진한의 가옥 구조를 설명하면서 '其國'이라 했다.[38]

삼한에는 부여나 고구려와 달리 국(韓國) 안에 70여 국(諸國)이 있었다. 부여나 고구려는 하나의 '국'으로 그 안에 다시 '국'이 존재하지 않았다. 부여나 고구려의 국내 지역은 '읍락'이라 표현되고, 도성을 가리킬 때는 '국' 또는 '국 중'이라고 했다.

고구려의 "國中大會", "國中大家", "國中邑落" 등의 '국중'은 도성일 수도 있고, 국내를 의미하는 것일 수도 있다. 사전적으로 '국중'에는 도성과 국내의 의미가 모두 있다.[39] 하지만 '국중'이 지배 세력인 '대가'들의 거주 지역으로 나오고, 또 국중대회 기록에 도성 동쪽을 '국동'이라 표현한 경우가 섞여 기록된 것으로 보아, '국중'은 도성을 의미한다고 여겨진다. 따라서 "국중 읍락"은 국중(도성)과 읍락(지방)으로 '경향'(京鄕)을 뜻한다고 추정된다.

고구려조에서는 "都丸都之下"라고 하여 '도'(都)를 썼다. 왜인전에서도 "邪馬臺(壹)國 女王之所都"라고 하여 '도'를 썼다. 왜에서도 30국의 이름을 거명하고 '제국'(諸國)이란 표현을 쓰고 있지만, 야마대국이 그 가운데 도읍이라고 명시한 것이다.

반면에 한전에서는 '都'란 표현이 나오지 않는다. "辰王治目(月)支國"으로 진왕의 치소가 목지국이었음만 기록하고 있다. 이것은 진왕이 삼한의 총왕, 즉 '한왕'(韓王)이 아니며, 목지국 역시 삼한 전체의 도읍이 아님을 시사해 주는 것이다. 왜인전에서 여왕국에 통속되어 있던 '일대솔'(一大率)의 치소에 대해 "常治伊都國"이라고 서술한 것과 같은 표현이다. 치(治)와 도(都)를 구분해 쓴 것이다.

필자는 진왕의 성격을 삼한 총왕이 아니라 진국(辰國) 고지인 금강유역 일

---

38 『삼국지』 권30 동이전 한 인용 위략.
39 諸橋轍次, 1984, 앞의 책, 83쪽.

대를 통합하던 "진(辰)지역의 왕"이란 의미로 보고 있다.[40] 『삼국지』 한전에서 '도'를 쓰지 않고 '치'를 쓴 배경도 여기에 있다. 그런데 『삼국지』를 참고한 범엽의 『후한서』에서는 "都目支國 盡王三韓之地"라고 고쳐 썼다. 이것은 도와 치를 구분해 쓴 『삼국지』의 의도를 파악하지 못한 범엽의 개서로, 이로 인해 진왕이 삼한 전체의 총왕이었다고 본 구설[41]이 파생되기도 했다.

『삼국지』 동이전에서 '제국'이란 표현은 한과 왜에서만 보인다. 한이나 왜 모두 '제국'으로 구성되어 있었지만, 한에는 제국 전체를 통솔하는 중심국이 없었고, 왜에는 중심국(야마대국)이 있었다. 왜인전에서 '도'는 보이지만 '국읍'이란 표현이 서두의 기록(A-3) 외에 더 이상 보이지 않는 것도 이런 구조 차이와 관련이 있다. 삼한의 '국읍'은 '도'와는 분명히 다른 성격을 가진 중심지로 보인다.

삼한과 같이 국(한국) 안에 국(제국)이 있는 상황에서 '국'에는 이중적 의미가 있을 수밖에 없다. "국읍마다 각각 천군 1인을 세워 천신 제사를 주관했다"고 하니, 국읍은 분명 복수였다. 국읍이 전체를 아우른 유일한 도읍은 아닌 것이다. 만약 한국의 도읍이었다면 '도'라고 표현했을 것이다.

마한·진한·변한 삼한 각각의 도읍을 국읍이라고 표현했을 가능성도 생각해 볼 수 있다. 『삼국사기』에 보이는 마한의 국읍이란 표현도 이와 관련될 수 있다. 이처럼 보기 위해선 마한·진한·변한 삼한에 각각의 왕이 있어야 한다. 하지만 '진왕'이라는 표현을 보면 마한에는 50여 국을 통괄하는 총왕은 없었던 것이다.

마한의 총왕으로서 마한왕의 존재는 『삼국지』 다음 단계의 3세기 후반 상황을 서술한 『진서』 마한전에 가서야 보인다. 서진 무제 태강 원년(280)과 2년에 "其(馬韓)主"가 자주 사신을 보내 조공했다는 기록이다. 이 기록의 주

---

40 박대재, 2002, 「《三國志》 韓傳의 辰王에 대한 재인식」, 『한국고대사연구』 26; 2006, 『고대 한국 초기국가의 왕과 전쟁』, 경인문화사, 106~107쪽.
41 이병도, 1976, 앞의 책, 241쪽.

체는 『통지』·『통전』·『책부원귀』 등에 모두 "馬韓王"으로 보인다. 이 마한왕
은 당시 백제의 지배체제를 정비하며 국가적 성장을 이끌었던 고이왕(234~
286 재위)을 가리키는 것으로 추정된다.[42]

『삼국지』에서 마한국, 진한국, 변한국처럼 삼한에 각각 국을 붙여 따로 구
분한 표현은 보이지 않는다. 이로 보아 삼한을 3국으로 이해한 것은 아니다.
"(韓)有三種"이란 표현은 삼한을 한국의 세 구성요소로 본 것이다. 그러므로
'국읍'을 삼한 각각의 도읍이라 보기는 어렵다.

다음으로 현재의 통설과 같이 삼한 70여 각국(소국)의 중심지를 '국읍'이라
고 표현했을 가능성을 살펴보자. '국읍'의 '국'이 70여 국의 국을 가리킨다고
보면 가장 자연스러운 해석이다. 하지만 A-2에서 국읍마다 천군이 있고, 제
국(諸國)마다 별읍이 있다고 한 기록의 문맥이 의문이다. 문면대로 보면 일반
제국에는 별읍(소도)이 있고, 국읍에서는 천군을 세워 천신 제사를 지낸 것이
다. 국읍(천군)과 제국(별읍)이 서로 대응되고 있다. 만약 국읍이 제국의 도읍
이라면, 제국에는 국읍과 별읍이 각각 있어서 국읍에서는 천군이 천신 제사
를 지내고, 소도인 별읍에서는 귀신 제사를 지낸다고 서술했을 것이다.

『삼국지』에 의하면, 부여에는 은정월(12월)의 국중대회인 영고라는 제천 의
례가 있었고, 고구려에서도 10월의 국중대회인 동맹이라는 제천 의례가 있
었다. 동옥저와 읍루에는 제천 의례가 없었고, 예(동예)에는 무천이라는 제천
의례와 함께 호신(虎神) 제사가 있었다.

이런 상황에서 삼한의 70여 제국 각각에서 천군에 의한 제천 의례가 이루
어졌다고 보기는 어렵다. 삼한에는 국읍(천군)의 제천 의례 외에 5월과 10월
농경 의례가 있고, 또 별읍(소도)에서 이루어진 귀신 제사가 있었다. 이들 여
러 제의가 삼한의 제국에서 일반적으로 각각 병행되었다고 보기는 어렵다.

국읍에서는 천군에 의한 제천 의례가, 제국의 별읍에서는 귀신 제사가 따

---

42 박대재, 2006, 앞의 책, 151~152쪽.

로 이루어졌다고 보는 것이 자연스러운 해석이다. 기존 연구에서도 국중 대회인 제천 의례는 국가적인 제의라는 점에서, 삼한의 제국에서 보편적으로 행해지기보다는 규모가 큰 마한의 '대국' 정도에서 실시되었다고 이해되었다.[43]

『삼국지』 한전에서는 제국(諸國)을 대국과 소국으로 구분하고 그 인구수를 각각 기록하고 있다. 마한은 50여 국 총 10여만 호, 변·진한은 24국 총 4~5만 호였다. 마한에서는 '50여 국', '만여 가', '수천 가', '십여만 호'라고 하여 부정확한 표현이 많은 반면, 진·변한에 대해서는 비교적 정확한 수치를 제시하고 있다. 진·변한에 대한 정보가 더 구체적이었음을 시사해 준다.

표 1 『삼국지』의 삼한 가호 수

구분	대국	소국	합계
마한(50여국)	만여 가	수천 가	10여만 호
진·변한(24국)	4000~5000가	600~700가	4~5만 호

삼한에서 소국과 대국의 인구는 크게는 10여 배 가까이 차이가 난다. 특히 마한의 대국과 진·변한의 소국 사이의 인구수가 눈에 띄게 차이가 크다.

『삼국사기』에 보이는 신라에 복속된 11국들이 각각 그 규모와 따라 '군' 단위(소문국·감문국·압독국·골벌국 등) 내지 '현' 단위(음즙벌국·초팔국 등)로 구분되어 편제된 것도, 진한의 제국 사이에 대·소국의 차이가 있었음을 보여 준다. 『삼국지』 한전의 신지와 읍차 등 거수 칭호의 구분도 대·소국의 차등을 시사해 준다.[44]

이런 배경에서 천신 제사를 주관한 천군은 마한의 대국에 존재했다고 보

---

[43] 최광식, 1994, 『고대한국의 국가와 제사』, 한길사, 163쪽.
[44] 박대재, 1997, 「辰韓諸國의 규모와 정치발전단계」, 『한국사학보』 2; 2006, 앞의 책, 182쪽.

고, 마한의 대국은 지배 이데올로기를 일원화했다는 점에서 초기국가 단계에 이르렀고, 그렇지 못한 마한의 소국과 변·진한의 제국은 수장사회 단계에 머물렀다고 구분해 보기도 한다.[45] 마한 대국의 국읍에만 천군 1인이 있었고, 나머지 제국에는 천군이나 제천 의례가 없었다는 것이다.

이 설명은 제천 의례와 천군에 초점을 맞춘 것이지만, 조금 논의를 확대하면 국읍의 성격을 이해하는 데도 시사가 있다. 마한의 대국을 제외한 나머지 제국에 천군의 제천 의례가 없었다는 것은 바꾸어 말하면 마한의 대국에만 국읍이 존재했다는 것이다. "국읍마다 각각" 천군을 세워 천신 제사를 지냈다고 했으므로, 마한의 소국과 진·변한에는 국읍이 없어야만 이와 같은 추론이 가능해진다.

하지만 국읍이 마한의 대국에만 있었다고 보기는 어렵다. 마한의 대국과 진·변한의 대국 사이에 2~3배 인구차가 있지만, 대국이라는 점에서는 공통된다. 대·소국의 호수와 총 호수를 비교해 보면, 진·변한에는 대국이 8개 내외, 소국이 16개 정도 있었던 것으로 추산된다. 진한과 변한으로 분할해 보면, 각각 대국이 4개, 소국이 8개 정도 있었던 셈이다. 대국과 소국의 비율이 1대 2 정도가 되는 것이다.

마한의 경우에는 호수와 국수가 불명확하여 정확하게 계산하기 어렵지만, 대국의 규모가 1만여 호로 상당히 커서 5개 이상이 되면 계산이 맞지 않게 된다. 전체 호수가 10여만 호라는 점을 감안해 보면, 마한에는 대체로 대국이 5개 이내, 소국은 50개 정도였던 것으로 추산된다. 마한의 대국과 소국 비율은 1대 10 정도인 셈이다.

마한과 진·변한을 따로 서술했지만, 각 지역에서 대국의 존재는 분명히 드러난다. 『삼국지』 기록을 피상적으로 보면 삼한사회가 70여 국으로 나뉜 균질적인 구조인 것처럼 보이지만, 면밀하게 살펴보면 대국과 소국이 혼재

---

45 최광식, 1994, 앞의 책.

한 차등적인 구조로 이루어졌음을 알 수 있다. 차등적인 구조가 지속되면, 자연스럽게 중심(대국)과 주변(소국)의 관계가 형성된다. 또한 대국과 소국의 분포에 따라 지역별로 문화 수준에서도 차이가 나타나게 된다.

이런 삼한사회의 구조에서 천군의 천신 제사가 이루어진 국읍은 귀신 제사가 이루어진 "제국(諸國)의 별읍"과 대비되는 중심 지역으로, 제소국과 비교해 우위에 있던 대국의 중심지를 가리킬 가능성이 높다고 추정된다.

A-1에 의하면, 국읍에는 주수가 있으면서 주변 읍락을 완전하지 않지만 통제하고 있었다. 과거에는 이 기록을 주수가 읍락의 민중들 사이에 잡거하고 있었기 때문에 제대로 통제하지 못했다고 해석했다.[46]

하지만 기록을 다시 구독해 보면 주수가 거주한 곳은 국읍이고, 그 주변에 읍락들이 '잡거'(雜居)하고 있었기 때문에 제대로 통제하지 못했다는 것이다. '잡거'의 주체는 읍락이며, 읍락들이 성곽과 같은 경계 시설 없이 산곡 간에 섞여 산재해 있는 상황을 나타낸 것이다. 『후한서』에서는 마한의 거주 상황을 "읍락잡거 역무성곽"(邑落雜居 亦無城郭)이라고 분명하게 서술했다.[47] 읍락이 잡거한 상황과 성곽이 없는 상황을 연결해 본 것이다.

성곽을 갖춘 군현(성읍)을 중심으로 취락이 집중되어 있던 중국의 취락 형태(집촌형취락)[48]와 달리, 마한에서는 읍락들이 성곽 없이 흩어져 분포한 상황을 '잡거'라고 표현한 것이다. 『삼국지』 한전의 서두에서도 마한이 "산과 바다 사이에 산재하며 성곽이 없다"고 했다.[49] 이처럼 성곽 없이 읍락들이 산재해 있던 상황을 '잡거'라고 기록한 것이다.

---

[46] 손진태, 1948, 앞의 책, 74쪽.

[47] 『후한서』 권85 동이열전 한, "馬韓人知田蠶 作縣布 出大栗如梨 有長尾雞 尾長五尺 邑落雜居 亦無城郭 作土室 形如冢 開戶在上".

[48] 宮崎市定, 1957, 「中國における聚落形體の變遷について-邑・國と鄕・亭と村とに對する考察-」, 『大谷史學』 6; 1976, 『宮崎市定アジア史論考』 中卷, 朝日新聞社, 3~9쪽.

[49] 『삼국지』 권30 동이전 한, "馬韓在西 其民土著 種植 知蠶桑 作綿布 各有長帥 大者自名爲臣智 其次爲邑借 散在山海間 無城郭".

그런데 『삼국지』에서는 앞서 마한에 성곽이 없다고 했다가, 그 뒤에서는 '국중'에서 큰일이 있거나 '관가'(官家)에서 '성곽'을 축조할 때 여러 소년을 동원했던 기록이 보인다.[50] 이 기록은 그동안 삼한의 성년 의례와 관련해 주목받아 왔는데, 여기서 국중·관가·성곽의 표현이 주목된다. 앞서 보았듯이 '국중'은 관가·성곽과 함께 서술된 것으로 보아, 국내보다는 국의 중심지를 가리키는 것으로 추정된다.

마한에 성곽이 없다고 했다가 다시 성곽을 축조했다는 기록은 모순되게 보인다. 하지만 이러한 기록 차이는 대국과 소국이 혼재하던 차등적인 구조였기 때문에 생긴 현상으로 이해할 수 있다. 성곽이 없는 것은 마한의 일반적인 소국의 상황이며, 관가에서 성곽을 축조했던 것은 대국과 관련된 것으로 보인다.

'국중'에는 왕성이 있는 국의 중심이란 의미가 있다. 특히『주례』에서 '국중'이란 용어를 성곽중·성중·성내의 의미로 많이 사용했다.[51] 대표적으로『주례』고공기의 "匠人營國 方九里 旁三門 國中九經九緯 經涂九軌 左祖右社 面朝後市 市朝一夫"에 보이는 '국중'은 '곽중'(郭中)의 의미로 궁성이 곽성(郭城)의 중앙에 위치함을 표현한 것이다.[52]

국중은 성곽으로 둘러싸인 중심 지역을 의미한다. 관가와 성곽을 갖춘 국중이 바로 국읍에 해당하며, 만여 가 또는 4000~5000가의 많은 인구가 집중 분포하던 대국의 중심지에 한정적으로 존재했다고 생각된다.

마한의 '관가'는 왜인전의 '저각'(邸閣)[53]과 비교할 만한 건물로 주수가 거주

---

50 『삼국지』권30 동이전 한, "其國中有所爲及官家使築城郭 諸年少勇健者 皆鑿脊皮 以大繩貫之 又以丈許木鍤之 通日嚾呼作力 不以爲痛 既以勸作 且以爲健".

51 諸橋轍次, 1984, 앞의 책, 83쪽.

52 兪偉超, 1985,「中國古代都城規劃的發展階段性」,『文物』1985-2, 57쪽.

53 『삼국지』왜인전의 '저각'은 조세를 수납하기 위한 장소로 보이는데, 대형 창고와 같은 시설로 추정된다. 이 밖에『삼국지』에서 '저각'은 대규모 군용 창고, 식료나 무기류를 저장하는 장소, 교통·군사상의 요지나 정치·경제의 중심지에 설치된 건물로 보인다(小田富士雄 編,

한 국읍에 설치된 정치적 건축 공간으로 보인다. 관가는 정치적 중심지에 세워졌으며, 성곽도 일반 읍락이 아니라 주수가 있던 중심지인 국읍에 한정적으로 축조되었을 것이다. 일반 읍락들은 성곽 없이 산재(잡거)해 있었지만, 국읍에는 주수를 위한 관가와 성곽이 건설되어 있던 것이다.

이처럼 성곽과 관가를 갖춘 국읍은 제국(소국)에 일반적으로 분포한 것이 아니라 인구가 밀집되어 있던 중심 대국에만 존재했다고 추정된다. 만약 마한에 성곽을 갖춘 국읍이 일반적으로 분포했다면 "무성곽"(無城郭)이란 표현이 나오지 않았을 것이다.

따라서 국읍은 성곽이 구비되어 있으면서 인구가 밀집 분포하던 대국의 중심지를 의미하는 것이며, 대다수의 소국은 성곽 없이 읍락들이 잡거하던 구조였다고 이해된다. 다시 말해 국읍은 인구가 밀집 분포하던 대국의 중심지로, 중국의 성읍과 같이 성곽을 갖추고 있던 경우가 많았을 것으로 추정된다.

고대 중국의 취락 형태는 성곽을 갖춘 성읍(중심성 취락)과 성곽이 없는 향촌(종속성 취락)의 두 가지로 크게 구분된다. 성읍은 일국이나 한 지역의 정치·제사·경제의 중심지이며, 대다수의 취락은 그 주변의 향촌 읍락으로 종속되어 있었다.[54]

삼한의 국읍은 성곽을 갖춘 지역 중심지로서 성읍을 의미하며, 앞서 본 『고려도경』 성읍조의 국읍과 같은 의미로 이해된다. 국읍의 국이 삼한 70여 국의 각국을 가리키는 것이 아니라, 국중의 국과 같이 성곽을 뜻하는 것이라고 보인다. 즉 국읍은 성곽(국)이 있는 중심지(읍)를 의미하는 것이다.

기존에도 일반 읍락과 달리 국읍에는 환호·목책·토루·토성 등과 같은 외곽 방어 시설이 있었던 것으로 추정되어 왔다.[55] 특히 토성이나 토루는 그 축조에 소요되는 막대한 노동력의 징발을 고려할 때 국읍에 국한되었으며, 환

2000, 앞의 책, 281쪽).

[54] 馬新, 2008, 「遠古聚落的分化與城鄕二元結構的出現」, 『文史哲』 2008-3, 88~94쪽.

[55] 권오영, 1995a, 앞의 글, 47쪽.

호나 목책이 더 광범위하게 이용되었을 것으로 이해된다. 마한의 국읍에 축조된 성곽도 대체로 토성이나 토루와 같은 초기 성곽이었을 것이다.

한편 마한과 달리 진·변한에는 성곽과 성책이 있었다고 한다. 진한에는 '성책'이 있고, 변진(변한)에도 '성곽'이 있었다.[56] 성책과 성곽으로 차이는 있지만, 대체로 토루에 목책과 환호가 결합된 초기 토성이었을 것으로 짐작된다.

이처럼 성곽 기록에서 마한과 진·변한 사이에 차이가 나는 것은 대국(국읍)의 분포 비율이 지역에 따라 달랐기 때문이다. 앞서 보았듯이 마한에는 5개 이내로 대국의 수가 희박했지만, 진·변한은 8개 정도로 대국의 분포율이 상대적으로 높았다. 이런 상황 때문에 대국이 비교적 많은 진·변한에는 성곽(성책)이 있다고 한 반면, 마한에는 성곽이 없던 것처럼 서술된 것이다.

이상의 검토에 의하면 삼한의 국읍은 성곽(성책)을 갖추고 있으며 인구가 밀접 분포한 지역 중심지로서의 성읍에 해당한다고 생각된다. 그리고 이러한 국읍(성읍)은 인구가 밀집 분포한 삼한의 대국을 중심으로 존재했다고 추정된다. 삼한의 국읍은 일반적인 여러 국(제국)의 중심지를 말하는 것이 아니라, 그 가운데 인구가 밀집 분포하며 성곽을 갖추고 있던 도회지(도시)와 같은 대국의 중심지를 가리킨다고 할 수 있다.

대국과 소국의 규모 차이가 분명한 상황에서, 정치적 군장인 주수와 제사장인 천군이 존재한 국읍이 삼한의 제국에 균질적으로 존재했다고 보기는 어렵다. 대체로 성곽(성책)과 관가를 갖추고 있던 "대국의 성읍"을 삼한의 '국읍'으로 규정할 수 있을 것이다. 삼한의 국읍은 제천 의례를 주관한 천군과 주변 읍락을 미숙하나마 통제하던 주수가 거주하던 대국의 국중 성읍이라고 이해된다.

---

56 『삼국지』권30 동이전 한, "(辰韓) 有城柵 其言語不與馬韓同 … 弁辰與辰韓雜居 亦有城郭 衣服居處與辰韓同 言語法俗相似 祠祭鬼神有異 施竈皆在戶西".

4. 국읍과 별읍의 상호 관계와 분화 과정

국읍과 별읍은 일단 그 표현에서 상호 대응하는 것으로 보인다. 논의의 편의를 위해 국읍과 별읍이 함께 언급된 A-2 기록의 원문을 인용해 보면 다음과 같다.

E. 信鬼神 國邑各立一人主祭天神 名之天君 又諸國各有別邑 名之爲蘇塗 立大木
　　縣鈴鼓 事鬼神 諸亡逃至其中 皆不還之 好作賊 其立蘇塗之義 有似浮屠 而所行
　　善惡有異 (『삼국지』 권30 동이전 한)

이 기록의 내용은 삼한의 제의와 관련된 것이다. 여기서 국읍-천군과 제국-별읍이 서로 대구를 이루고 있음을 알 수 있다. 국읍과 제국의 층위가 서로 맞지 않는 것 같지만, 국읍(천군)의 천신 제사와 제국(별읍)의 귀신 제사가 서로 비교되고 있다. 국읍은 일반 제국(별읍)과 비교되는 지역이다.

별읍과 소도의 관계에 대해선 기존에 논란이 많았다. 원문 그대로 소도를 별읍의 이칭으로 볼 것인지, 아니면 사료에 착종이 있다고 보고 소도는 대목(大木) 내지 입간(立竿)을 가리킨다고 볼 것인지의 문제였다.

손진태는 이 기록을 "又諸國有別邑 立大木 名之爲蘇塗"라고 해야 할 것을 찬자가 잘못해서 뒷부분이 도치됐다고 보았다. "立蘇塗之儀"에서도 소도가 대목임을 확인할 수 있다고 한다. 소도는 입간(立竿)·신간(神竿)이라고도 하는데 읍락과 읍락 사이의 경계표이며, 이를 기준으로 읍락 간에 서로 침범하지 않았다는 것이다. 별읍도 경계에 의해 구분된 일반 개별 읍락을 가리키는 것이지 특별한 뜻은 없다고 하였다.[57]

---

[57] 손진태, 1948, 「蘇塗考」, 『조선민족문화의 연구』, 을유문화사, 214~219쪽.

여기서 소도와 별읍에 대한 기존 연구사[58]를 자세히 검토할 여유가 없지만, "諸亡逃至其中"이란 표현을 보면 소도가 '大木'을 가리킨다고 보기는 어렵다. '其中'은 소도가 일정한 범위의 지역임을 나타낸다. '별읍'이란 표현도 그곳이 특별 지역임을 시사해 준다. 『삼국지』 기록대로 소도를 별읍의 이칭이라고 보면, 소도는 영고(鈴鼓)를 단 대목(大木)을 세우고 귀신 제사를 지낸 특별 지역이란 의미에서 벗어나기 어렵다.

『삼국지』 한전에서 별읍 기록은 다시 한번 보이는데, 변진한에도 "또한 제소별읍이 있다"[又有諸小別邑]고 하였다. 마한에서 "諸國各有別邑"이라 한 표현으로 보아 별읍은 제국의 범위에 포함된 지역이다. 모두 한전에 나오는 기록이기 때문에, 마한과 진·변한의 별읍을 다르게 해석하기는 곤란하다. 진·변한의 '제소별읍'도 국에 포함된 특별 지역으로서 '별읍'이라고 보는 것이 타당할 것이다.[59] 진·변한의 "又有諸小別邑"은 마한의 "諸國各有別邑" 기록과 그 의미에서 크게 다르지 않다고 생각된다. 진·변한에도 마한과 마찬가지로 '제국'(諸國)마다 특별 지역으로 별읍(소별읍)이 있던 것이다.

별읍은 그 용어에서 보듯 특별 지역인데, '읍'이 붙은 것으로 보아 국읍과 마찬가지로 역시 일종의 중심지라고 할 수 있다. 다만 별읍은 귀신 제사를 주관하던 제의의 장소인 데 반해, 국읍은 제의(천군)와 정치(주수)가 모두 이루어진 중심지라는 데 차이가 있다. 국읍은 별읍에 없는 정치적 중심지로서의 기능을 갖췄고, 또 제의의 격도 천신이란 점에서 귀신을 모신 별읍보다 우위에 있었다.

별읍의 귀신 제사를 주관한 주체는 관련 기록이 없어 그동안 논란이 되어 왔다. 천군이 별읍의 귀신 제사도 주관했다고 보기도 하고,[60] 다른 한편 천군은 국읍의 제천 의례를 주관하고 별읍에는 별도의 무(巫)가 있어 귀신 제사

---

58 문창로, 2017, 「문헌자료를 통해 본 삼한의 소도와 제의」, 『백제학보』 22, 8~15쪽 참조.
59 노중국, 1989, 앞의 글, 17쪽.
60 이병도, 1976, 앞의 책, 281쪽; 김정배, 1986, 앞의 책, 160쪽.

를 따로 지냈다고 보기도 한다.[61] 이러한 견해차는 국읍과 별읍의 공간 관계에 대한 상이한 이해로부터 나온 것이다. 전자는 국읍 안에 천군이 활동하던 별읍이 위치했다고 본 반면, 후자는 국읍과 별읍을 별도의 공간으로 분리해 본다.

대국과 소국 사이의 차등을 고려하면, 별읍의 존재 양태도 대·소국 사이에 차이가 있었다고 보아야 한다. 대국에 별읍이 있다고 해도, 천군이 가지고 있던 일원적인 제의권에서 벗어나지 못했을 것이다. 별읍에 별도의 무가 있다고 할지라도 국읍의 천군이 별읍의 귀신 제사까지 통합 관리했을 것이다. E에서 별읍 제사의 주체가 특별히 언급되지 않은 이유도 이런 맥락에서 이해할 수 있다.

한편 소국에서는 제천 의례를 주관한 1인의 천군이 존재하지 않았기 때문에, 별읍의 무(巫)가 곧 제사장으로서 귀신 제사를 주관했을 것이다. 제국 별읍의 제사장은 주변 읍락을 통솔하는 지도자의 역할도 겸했을 것으로 짐작된다. 별읍은 제사장이 머물던 중심지로서, 제정일치 단계의 사회에서는 정치적 중심지로도 기능했던 것으로 보인다.

인류학적으로 무당과 제사장은 발전 단계에서 구분되어 인식된다. 무당(Shaman)은 개인을 대상으로 독립적인 일을 하는 데 비해, 제사장(Priest)은 조직사회의 일원으로 집단의식을 인도하는 전문 성직자의 역할을 한다. 무당과 제사장이 중복되어 나타나는 경우도 있지만, 일반적으로 무당은 부족사회에서 나타나며, 제사장은 국가의 형성 과정과 밀접한 관련이 있다.[62]

소국의 별읍은 제사장의 거처로 소속 읍락들을 통솔한 위치에 있었다고 볼 수 있다. 한편 대국 단계가 되면 별읍은 천군에게 종속되어 국읍으로 흡수된다. 소국 단계의 별읍은 제사장이 거처하는 제의(정치)적 중심지로 기능

---

[61] 홍윤식, 1989, 「馬韓社會에 있어서 天君의 位置」, 『마한문화연구의 제문제』, 원광대학교 마한백제문화연구소, 91~96쪽; 최광식, 1994, 앞의 책, 161쪽; 문창로, 2000, 앞의 책, 274쪽.
[62] 김정배, 1986, 앞의 책, 153~154쪽.

했지만, 대국 단계가 되면 별읍은 국읍에 흡수 통합되고 천군의 관할 아래 놓이고 별읍으로서의 정체성을 상실했던 것으로 보인다.

별읍이란 표현에서 짐작되듯이 국읍과는 공간적으로 분리된 지역이었다고 생각된다. 한대의 출토 자료나 문헌에 나타난 용례에서도, '국읍'(제후의 봉읍)과 '별읍'은 '본읍'(本邑)과 '비지'(飛地)의 의미로 서로 분리된 지역으로 보인다.[63]

한대 열후가 영유한 후국의 비지인 별읍은 처음 식봉[始封] 받은 국읍(본읍)에서 멀리 떨어진 지역으로 뒤에 추가로 식봉[益封] 받은 지역이었다. 한(漢)과 삼한에서 국읍·별읍의 성격은 달랐지만, 두 용어는 비슷한 맥락에서 쓰였다고 생각된다. 『삼국지』에서는 삼한의 국읍과 별읍을 한(漢)의 국읍·별읍과 같이 서로 상대적이면서도 유기적인 관계에 있던 존재들로 인식한 것이다.

일반적으로 삼한의 별읍(소도)은 제의와 관련된 신성 지역으로 이해된다. 필자는 이러한 별읍의 성격에 제사장이 거주한 제정일치 단계 소국의 중심지라는 의미를 추가해 보고 싶다. 별읍의 중심지로서의 의미는 그 별칭인 '소도'의 어의로부터 추정해 볼 수도 있다.

'소도'를 한자 의미로 해석해 "부활소생의 노(路)"로 해석하기도 하지만,[64] 일반적으로는 토착어의 차자 표기로 본다. 소도의 의미에 대해 솟대(神竿·立竿), 솟터(신성 지역), 제천 의례 등 여러 가지 견해가 있지만,[65] 솟터(신성 지역)로 보는 시각이 일반적이다.[66]

『삼국사기』 신라본기 서두에, 혁거세를 나정 옆에서 발견하고 거두어 길렀다고 한 돌산고허촌장 소벌공(蘇伐公)에 대해 고허(高墟)와 소벌(蘇伐)이 모두

---

63 劉瑞, 2009, 「武帝早期的南郡政區」, 『中國歷史地理論叢』 2009-1; 馬孟龍, 2011, 「松柏漢墓35號木牘侯國問題初探」, 『中國史研究』 2011-2, 37~39쪽.

64 村上正雄, 1956, 「魏志韓傳に見える蘇塗の一解釋」, 『朝鮮學報』 9, 298쪽.

65 송화섭, 1995, 「三韓社會의 宗敎儀禮」, 『삼한의 사회와 문화』(한국고대사연구 10), 신서원, 67쪽.

66 문창로, 2017, 앞의 글.

'솟벌', 즉 상읍(上邑)·수읍(首邑)의 의미이며, 백제 지명의 '소부리'(所夫里)도 솟 벌의 음사이고, '소도' 역시 고허(高墟)의 뜻인 '솟터'의 음역이라고 보는 견해 가 일찍부터 있었다.[67]

나정이나 오릉(五陵) 등 시조의 사적이 고허촌(사량부) 지역에 위치한 것도 그 지역의 신성성과 상징성을 시사해 주는 것이다. 별읍(소도)은 제정일치사 회의 중심지(상읍·수읍)로 신성성을 가진 지역이기도 했다. 신성 지역으로서 의 소도는 중심지로서의 우위성도 가지고 있었다.

이러한 소도(솟터)의 상읍 기능은 제정일치사회의 중심지를 의미하는 것이 다. 삼한의 소국이 이러한 제정일치 단계의 복합사회(신정사회)였다고 생각된 다. 대국에는 주수와 천군이 따로 있어서 제의로부터 정치가 분화한 측면이 보이는 반면, 소국에서는 아직 제정이 분리되지 못하고 소도의 제사장에게 집중되어 있던 것으로 이해된다.

『삼국사기』에서 김대문의 말을 인용해, 방언에서 무(巫)를 차차웅[慈充]이라 고 하며 "귀신을 섬기고 제사를 모시기"[事鬼神尙祭祀] 때문에 외경한다고 했는 데, 이 무(차차웅)가 바로 소국 단계의 수장인 제사장을 의미한다고 하겠다.

제정일치 단계의 중심지인 소도는 『삼국유사』에 보이는 고조선의 '신시'(神 市)와도 연결해 이해할 수 있다. '신시'는 신성 지역을 뜻하는데, 대목(大木)을 세우고 귀신 제사가 이루어지던 소도는 바로 신시의 다른 표현이라고 할 수 있다.

고대 중국의 읍락과 국가의 형성 과정에서, 그 중심지는 "읍-도-국"(邑-都- 國)의 3단계를 거치면서 발전한 것으로 이해된다.[68] 『좌전』(장공 28)의 "邑有宗 廟先君之主曰都 無曰邑" 기록에서, '도'(都)는 읍과 국의 중간 형태로 제사의 중 심지로 나타난다. 삼한의 소도는 바로 제사의 중심지인 '도'에 비견되는 단계

---

67 이병도, 1976, 앞의 책, 281, 596쪽.
68 于凱, 2009, 앞의 글, 110쪽.

라고 할 수 있다.

고대 중국의 취락 가운데 성곽이 없던 촌읍은 다시 비교적 대형의 '종읍'(宗邑)과 기타 소형의 촌락으로 나뉘는데, 종읍은 종족장이 거주한 제사 중심지로 이해된다.[69] 또한 『좌전』의 '종읍'(宗邑, 종묘소재읍)은 제정일치(신권사회) 단계의 중심 취락으로 파악되기도 한다.[70] 삼한의 소도(별읍)는 고대 중국의 '종읍'에 해당하는 중심지라고 할 수 있다.

대국의 국읍에도 신성 지역으로 제장(祭場)이 존재했지만, 주수의 정치권과 천군의 제의권에 포섭되어 별읍으로서의 정체성은 상실되었던 것으로 보인다. 하지만 기존 소도로서의 신성성은 유지하며, '전불칠처가람'(前佛七處伽藍)과 같은 신성 공간으로서의 토착적 기능은 계속 가지고 있었을 것이다.

제국(諸國)의 별읍은 대국의 국읍과 병존한 별도의 중심지라는 의미에서 소국의 중심지를 구분해 부른 것으로 생각된다. 이에 반해 소도라는 토착적 명칭은 '상읍'(上邑)이란 본래 의미에서 대국과 관계없이 소국의 중심지를 의미한다고 할 수 있다. 국읍은 본래 소국 단계의 제의적 중심지인 소도에서 출발하여 제의 및 정치적 중심지로 한 단계 더 발전한 형태인 것이다.

이상의 논의를 바탕으로 삼한사회의 구조와 그 분화 과정을 도식화하면 표 2와 같다.

표 2 삼한사회의 구조와 분화 과정

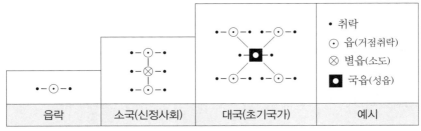

---

69 馬新, 2010, 「殷商村邑形態初探」, 『東岳論叢』 31-1, 35쪽.
70 王震中, 2014, 「中心聚落形態·原始宗邑與酋邦社會的整合研究」, 『中原文化研究』 2014-4, 5~6쪽.

천군을 세워 제천 의례를 주재한 것으로 보아 제의권은 국읍에 일원화되어 있었지만, 주수의 정치권은 아직 주변 읍락을 완전히 통제하지는 못한 상태였다. 국읍의 정치권과 제의권의 진화 정도가 일치하지 않는 상황은 성숙국가(집권국가)의 전 단계인 초기국가의 중층적인 구조를 보여 주는 것이다.

클라선(H. J. M. Claessen)에 의해 제안된 '초기국가'(early state)는 중앙집권적인 성숙국가(mature state) 이전 단계의 국가 형태로, 지배 집단(중심)과 피지배 집단(주변)의 호혜적인 상호 관계에 기초한 중층적(분산적·분권적) 구조로 이루어졌으며, 군사력보다는 이데올로기(제의)에 의해 공권력이 합리화되는 체제를 갖추고 있다.[71]

국읍은 내적으로는 대국 내의 읍락들에 지배력을 행사했지만, 외적으로는 주변 소국들에 대해서도 영향력을 미쳤던 것으로 보인다. 별읍이란 표현에서도 국읍과 "본읍-별읍"의 관계가 엿보인다. 그 관계는 국읍의 주수에 의한 정치적 통속 관계라기보다 천군을 통한 주변 소국(별읍)에 대한 제의권의 행사일 가능성이 높다.

이런 맥락에서 보면 대국(국읍)과 소국(별읍)의 관계는 '연맹'과 같은 대등한 정치체 간의 상호 관계라기보다 제의에 기반한 종속 관계에 가깝다고 판단된다. 이것이 정치적인 지배-피지배 관계로까지 발전하게 되면, 초기국가를 넘어 중앙집권적인 성숙국가로 전환하게 되는 것이다. 요컨대 '국읍'이란 표현에는 인구가 밀집 분포한 대국의 국중 성읍이라는 의미 외에, 주변 제소국의 '별읍'(소도)에 영향력을 미치고 있던 지역[諸國]의 중심지라는 의미도 내포되어 있다고 이해할 수 있다.

---

[71] 박대재, 2013, 「국가형성기의 복합사회와 초기국가」, 『선사와 고대』 38, 235~237쪽. 이 책의 I장 참조.

5. 맺음말

삼한은 70여 개의 국으로 이루어져 있던 사회였다. 부여나 고구려가 단일한 국을 이루고 있던 것과 달리, 삼한(한국)은 그 속에 '제국'(諸國)들이 복합되어 있던 중층적인 구조였다. 특히 삼한의 국에는 '대국'과 '소국'의 차등이 있었는데, 대국은 '초기국가' 수준으로 발전한 단계였던 데 비해, 소국은 아직 제정일치 단계의 복합사회였던 것으로 이해된다. 물론 삼한 내에는 소국 단계에도 이르지 못한 읍락도 섞여 있었다. 삼한은 대국·소국·읍락이 중층적으로 복합되어 있던 국가형성기의 사회였다고 할 수 있다.

기존 연구에서는 삼한의 '국읍'을 일반적인 제국(소국)의 중심 읍락으로 이해했다. 국읍의 '국'이 70여 국의 '국'과 같은 일반 소국을 가리킨다고 보고, 각국의 중심지를 국읍이라고 파악한 것이다. 하지만 '국읍' 용어에 대한 검토를 통해, 국읍이 일반 제국의 중심지가 아니라 인구가 밀집 분포한 대국의 중심지로, 성곽을 갖추고 있던 국중 성읍을 가리키는 용어임을 살펴보았다.

'국읍'의 용례에 열국(봉읍)·국도·성읍 등의 의미가 있는데, 이 가운데 삼한의 국읍은 성곽을 갖춘 성읍에 가깝다고 보인다. 국(한국) 안에 국(제국)이 있는 삼한의 특수한 구조에서, 인구가 밀집 분포한 대국의 중심 성읍을 '국읍'이라고 표현한 것이다. 서긍의 『고려도경』에서 종묘·사직·관가·성곽 등을 갖춘 성읍을 '국읍'이라고 한 것이 삼한의 국읍과 가장 비슷한 용례라고 할 수 있다.

국읍과 별읍은 공간적으로 분리되어 있으면서도 상호 대응하는 관계에 있었다. 한대 사료에서 국읍(봉읍)과 별읍은 본읍과 비지의 관계로 나오는데, 삼한의 국읍과 별읍도 서로 상대적이면서도 유기적인 관계에 있던 지역들이었다. 별읍은 '읍'이 붙은 것으로 보아, 국읍과 마찬가지로 역시 일종의 중심지였다. 별읍은 귀신 제사를 주관하던 제의적 중심지인 데 반해, 국읍은 제의(천군)와 정치(주수) 모두의 중심지였다. 국읍은 별읍보다 격이 높고 정치적으로 발전한 형태의 중심지였다.

별읍의 이칭인 '소도'는 고허(高墟), 즉 '솟터'의 차자 표기로, 제정일치사회의 중심지(상읍·수읍)를 의미한다. 신성 지역으로서 소도는 소국의 제사장이 거처하는 제의(정치)적 중심지로 기능했다. 소국이 대국으로 발전하거나 또는 대국의 영향력 아래에 들어가게 되면, 소도는 정체성을 상실하고 국읍에 흡수되거나 또는 그 영향권 내에 포섭되었다.

삼한의 소국은 제정일치 단계의 복합사회(신정사회)였다. 대국에는 주수와 천군이 따로 있어서 제의로부터 정치가 분화한 측면이 보이는 반면, 소국에서는 아직 제정이 분리되지 못하고 소도의 제사장에게 집중되어 있었다.

삼한의 국읍에서는 1인의 천군을 세워 천신 제사를 지내고, 또 주수가 있어 주변의 읍락을 미숙하나마 통제했다. 이러한 수준의 국읍은 초기국가의 중심지로 이해되며, 주변 소국의 제의적 중심지인 소도에도 영향력을 미쳤던 것으로 보인다. 삼한의 국읍은 인구가 밀집 분포한 대국의 국중 성읍일 뿐만 아니라, 주변 제소국(별읍)에도 영향력을 미치고 있던 지역[諸國]의 중심지이기도 했다.

대국의 국읍(중심)과 소국의 별읍(주변) 사이에 형성된 초기국가의 종속 관계는 향후 중앙집권적인 성숙국가의 중앙과 지방의 지배·피지배 관계로 전환되어 갔다. 대국(국읍)과 소국(별읍)의 관계는 '연맹'과 같은 대등한 정치체 간의 상호 관계라기보다 제의에 기반한 의례적인 종속 관계였다. 이것이 정치적인 지배-피지배 관계로 발전하면, 초기국가를 넘어 중앙집권적인 성숙국가로 변화하게 되는 것이다.

마한 지역에서 국읍의 존재 양태와 관련해 서울 풍납토성, 청주 정북동토성, 홍성 신금성 등 3세기에 조성된 것으로 추정되는 토성 유적의 존재가 주목된다. 진·변한 지역에서도 경주 월성, 대구 달성, 경산 임당토성, 김해 봉황토성, 함안 가야리토성(추정왕궁지) 등이 초기의 토성으로 알려져 있다. 향후 삼한 국읍의 존재 양태가 고고학적인 조사와 연구를 통해 종합적으로 밝혀질 수 있기를 기대해 본다.

참고문헌

1. 국내 단행본

김정배, 1986, 『한국고대의 국가기원과 형성』, 고려대학교 출판부.

동국대학교 신라문화연구소 편, 2005, 『국읍에서 도성으로』(신라문화제학술발표회논문집 26).

문창로, 2000, 『삼한시대의 읍락과 사회』, 신서원.

박대재, 2006, 『고대한국 초기국가의 왕과 전쟁』, 경인문화사.

손진태, 1948, 『조선민족사개론』 상, 을유문화사.

_____, 1948, 『조선민족문화의 연구』, 을유문화사.

이병도, 1976, 『한국고대사연구』, 박영사.

이현혜, 1984, 『삼한사회형성과정연구』, 일조각.

전해종, 1980, 『동이전의 문헌적 연구-위략·삼국지·후한서 동이관계 기사의 검토-』, 일조각.

천관우, 1989, 『고조선사·삼한사연구』, 일조각.

최광식, 1994, 『고대한국의 국가와 제사』, 한길사.

2. 국내 논문

권오영, 1995, 「三韓社會 '國'의 구성에 대한 고찰」, 『삼한의 사회와 문화』, 신서원.

_____, 1995, 「三韓 國邑의 기능과 내부 구조」, 『부산사학』 28.

_____, 1996, 「三韓의 〈國〉에 대한 研究」, 서울대학교 박사학위논문.

노중국, 1989, 「韓國古代의 邑落의 構造와 性格-國家形成過程과 관련하여-」, 『대구사학』 38.

문창로, 2017, 「문헌자료를 통해 본 삼한의 소도와 제의」, 『백제학보』 22.

박대재, 1997, 「辰韓諸國의 규모와 정치발전단계」, 『한국사학보』 2.

_____, 2002, 「《三國志》韓傳의 辰王에 대한 재인식」, 『한국고대사연구』 26.

_____, 2013, 「국가형성기의 복합사회와 초기국가」, 『선사와 고대』 38.

_____, 2014, 「신라 초기의 國邑과 6村」, 『신라문화』 43.

_____, 2017, 「삼한시기 논쟁의 맥락과 접점」, 『한국고대사연구』 87.

_____, 2018, 「손진태의 사회문화사 연구」, 『민족문화연구』 78.

송화섭, 1994, 「馬韓蘇塗의 成立과 歷史的 意義」, 『한국고대사연구』 7.

_____, 1995, 「三韓社會의 宗敎儀禮」, 『삼한의 사회와 문화』, 신서원.

여호규, 2018, 「삼국형성기 문헌사와 고고학의 접점-三韓의 國邑과 三國의 都城-」, 『한국상
　　고사학보』 100.

이도학, 1991, 「百濟의 起源과 國家發展過程에 관한 檢討」, 『한국학논집』 19.

이성주, 2017, 「辰弁韓 '國'의 形成과 變動」, 『영남고고학』 79.

이현혜, 1976, 「三韓의 〈國邑〉과 그 成長에 대하여」, 『역사학보』 69.

이희준, 2002, 「초기 진·변한에 대한 고고학적 논의」, 『진·변한사 연구』, 경상북도·계명
　　대학교 한국학연구원.

주보돈, 1990, 「韓國 古代國家 形成에 대한 연구사적 검토」, 『한국 고대국가의 형성』, 민음사.

홍윤식, 1989, 「馬韓社會에 있어서 天君의 位置」, 『마한문화연구의 제문제』, 원광대학교 마한
　　백제문화연구소.

3. 국외 단행본

杜正勝, 1992, 『古代社會與國家』, 允晨文化出版.

愛宕元, 1991, 『中國の城郭都市-殷周から明淸まで-』, 中央公論社.

4. 국외 논문

林澐, 1986, 「關于中國早期國家形式的幾個問題」, 『吉林大學社會科學學報』 1986-6.

馬新, 2008, 「遠古聚落的分化與城鄕二元結構的出現」, 『文史哲』 2008-3.

____, 2010, 「殷商村邑形態初探」, 『東岳論叢』 31-1.

王震中, 2014, 「中心聚落形態·原始宗邑與酋邦社會的整合研究」, 『中原文化硏究』 2014-4.

于凱, 2009, 「中國古代國家化進程中的邑落形態演進」, 『社會科學戰線』 2009-1.

兪偉超, 1985, 「中國古代都城規劃的發展階段性」, 『文物』 1985-2.

趙平安, 1999, 「兩種漢代瓦當文字的釋讀問題」, 『考古』 1999-12.

賀業鉅, 1986, 「春秋戰國之際城市規劃初探-兼論前期封建社會城市規劃制度-」, 『中國古代城市規劃史
　　論叢』, 中國建築工業出版社.

宮崎市定, 1957, 「中國における聚落形體の變遷について-邑・國と鄕・亭と村とに對する考察-」, 『大
　　谷史學』 6; 1976, 『宮崎市定アジア史論考』, 中卷, 朝日新聞社.

鈴木敏弘, 2004, 「原史集落の變貌」, 『原始・古代日本の集落』, 同成社.

末松保和, 1955, 「魏志韓傳の〈別邑〉について」, 『史學雜誌』 64-12.

_____, 1976, 「對馬の〈神地〉について」, 『朝鮮學報』 81; 1996 『古代の日本と朝鮮』 (末松保和朝鮮
　　史著作集 4), 吉川弘文館.

武末純一, 2002, 「國の成立と集落」, 『彌生の村』 (日本史リブレット3), 山川出版社.

武田幸男, 1974, 「魏志東夷傳にみえる下戶問題」, 『古代の朝鮮』 (旗田巍・井上秀雄 編), 學生社.

西谷正, 1999, 「列島各地の據點集落」, 『邪馬臺國時代の國々』 (季刊考古學 別冊9), 雄山閣.

_____, 2011, 「今月の言葉〈魏志倭人傳〉に見える國邑」, 『月刊考古學ジャーナル』 611.

_____, 2012, 「總論 邪馬臺國をめぐる國々」, 『邪馬臺國をめぐる國々』 (季刊考古學 別冊18), 雄山閣.

小田富士雄 編, 2000, 「集落と居館」, 『倭人傳の國々』, 學生社.

岸俊男, 1976, 「日本の宮都と中國の都城」, 『日本古代文化の探究-都城-』, 社會思想社.

酒井龍一, 1990, 「據點集落と彌生社會-據點集落を基本要素とする社會構成の復元-」, 『日本村落史講
　　座』 2(景觀 I 原始・古代・中世), 雄山閣.

村上正雄, 1956, 「魏志韓傳に見える蘇塗の一解釋」, 『朝鮮學報』 9.

2장

신라의 성립과 사로국

1. 머리말

주지하듯이 『삼국사기』와 『삼국유사』에는 신라의 역사가 시조 혁거세 거서간의 즉위(전한 선제 오봉 원년 갑자)로부터 개시한 것으로 기록되어 있다. 이러한 신라사 인식은 조선 후기 사서에까지 이어지다가, 근대에 들어와 엄밀한 사료 비판을 표방한 일본 학자들에 의해 반박되기 시작하였다.[1] 그에 따르면 4세기 후반에 해당하는 내물왕 대(356~402)가 신라의 제1차 성립시대이고, 6세기 전반의 법흥왕 대(514~540)가 제2차 성립시대라는 것이다.

4세기 중·후반 내물왕 대를 신라의 실질적인 성립 시기로 보는 시각은 이후 국내 학자들에게도 받아들여지게 되었다.[2] 이에 따르면 내물왕은 신라 국가 건설의 태조로 이해되며, 신라는 내물왕 이후 기존의 부족연맹을 청산하고 고대국가로 성립한 것으로 파악된다. 이처럼 4세기 중·후반 내물왕을 신

1 　末松保和, 1932, 「新羅の軍號〈幢〉について」, 『史學雜誌』 43(12); 1954, 「新羅建國考」, 『新羅史の諸問題』, 東洋文庫; 1995, 『新羅の政治と社會』 上(末松保和朝鮮史著作集 1), 吉川弘文館; 今西龍, 1933, 「新羅史通說」, 『新羅史研究』, 近澤書店.

2 　이병도, 1959, 『한국사』(고대편), 진단학회 편, 을유문화사; 김철준, 1964, 「韓國古代國家發達史」, 『한국문화사대계』 I(민족·국가사), 고려대학교 민족문화연구소.

라의 성립 시점으로 보는 시각은 근래까지도 학계에서 폭넓게 받아들여지고 있다.[3]

이러한 4세기 분기론[4]의 바탕에는 『삼국사기』 신라본기의 초기 기록보다 중국 사서의 기록을 더 중시하는 사료관이 깔려 있다. 『삼국지』·『진서』·『양서』 등 중국 정사의 사료적 가치를 높이 평가하고 그에 근거해 신라의 국가 성립 과정을 이해하는 것이다. 3세기를 배경으로 한 『삼국지』·『진서』 동이전까지는 아직 진한의 1국인 '사로국'(斯盧國)으로 보이다가, 4세기 후반 내물왕 때(377, 381) '신라'(新羅) 국명으로 중국 전진(前秦)과 통교하기 시작한 사실을 중시해 그때를 신라의 실질적인 성립 시기로 보는 것이다.

4세기 중국 정사 기록이 완전한 모습으로 남아 있다면, 그 기록의 역사적 맥락을 무시할 수는 없다. 하지만 서진 초(280년대) 『삼국지』 동이전 편찬 이후 4세기 초 영가의 난(311)으로 사실상 서진이 몰락하고 420~430년대 송과 북위가 남·북조로 대두하기까지는 중국 정사에서 주변 민족에 관한 기록이 미비한 시기다.[5]

『진서』 사이전(四夷傳) 서문에서 언급하고 있듯이, 서진이 멸망하고 강남으로 남천한 317년 이후 동진 시기에는 주변 민족과의 통교가 끊어져 정보가 상세하지 않았다.[6] 『진서』 이후의 중국 정사로 남조의 『송서』와 북조의 『위서』가 채택되었는데, 북위 이전의 5호 16국 시기는 정사가 설정되지 않은 호족 제국(胡族諸國)의 분열기였다.

---

3 이에 관한 연구사 검토는 선석열, 2001, 『신라국가성립과정연구』, 혜안, 9~20쪽 참조.

4 4세기 중엽을 기준으로 그 이전과 그 이후를 구분해 보는 시각을 '4세기 분기론'이라 칭하고 자 한다. 이에 관해서는 박대재, 2003, 「한국 고대사의 4세기 분기론의 문제」, 『의식과 전쟁-고대 국가를 바라보는 새로운 시각-』, 책세상, 91~106쪽 참조.

5 3~4세기 중국 정사 동이전에 관한 문헌적 검토는 아래 논문 참조; 윤용구, 1998, 「3세기 이전 中國史書에 나타난 韓國古代史像」, 『한국고대사연구』 14, 115~162쪽; 임기환, 1998, 「4~6세기 中國史書에 나타난 韓國古代史像」, 『한국고대사연구』 14, 163~192쪽.

6 『진서』 권97 열전67 사이, "旣而惠皇失德 中宗遷播 凶徒分據 天邑傾淪 朝化所覃 江外而已 睠貢之禮 於茲殆絶 殊風異俗 所未能詳 故探其可知者 爲之傳云".

이런 가운데 5호 16국의 하나인 전진의 역사를 전하는 『진서』(晉書)에 신라의 입조 사실이 기록된 것인데, 『진서』는 원서가 전하지 않고 그 일문만 『태평어람』에 전하고 있다. 이처럼 중국 정사의 기록이 미비한 시기의 단편적인 기록을 근거로 신라의 성립 시기를 이해하는 것이 과연 온당한 것일까? 이 글은 이러한 문제의식에서 출발해 중국 문헌과 국내 문헌 기록을 종합해 보는 시각에서 4세기 이전과 이후에 전개된 신라의 성립 과정을 계기적으로 살펴보고자 한다.

2. 4세기 동아시아 정세와 신라의 위상

고구려가 미천왕 14년(313)에 낙랑군을 격퇴하고 이듬해 다시 남하하여 대방군을 공격하자, 요동의 장통과 낙랑의 왕준 등 저항 세력은 천여 가를 거느리고 선비족 모용외(慕容廆)에게 의탁하였다. 당시 중국에서는 8왕의 난(301~306)과 영가의 난(311)으로 인해 서진은 결국 멸망하고(316), 생존한 사마씨 일족은 강남으로 건너가 동진(317~420)을 다시 세웠다. 서진 멸망 후 화북 지역은 이른바 5호 16국이 흥망을 거듭하여 북위가 북량(北涼)을 정복하고 화북을 통일할 때(439)까지 분열과 이동의 커다란 혼란기였다.

이미 3세기 후반부터 흉노와 선비 등 5호의 남하와 자립이 시작되었지만, 일반적으로 304년 10월 이웅(李雄)과 유연(劉淵)이 각각 성도왕(成都王)과 한왕(漢王)을 칭한 시점에 5호 16국 시기가 시작되었다고 이해하며, 이후 약 150년 간 화북에서는 20개 이상의 소규모 국가가 흥망을 반복하였다.[7]

혼란과 분열의 5호 16국 시기 중 화북 지역이 잠시 통일된 적이 있었다. 전

---

7 三崎良章, 2007, 『오호십육국-중국사상의 민족 대이동-』, 김영환 역, 경인문화사, 43~46쪽; 葛劍雄, 2013, 『統一與分裂-中國歷史的啓示-』, 商務印書館, 40~43쪽.

진의 부견(符堅)이 376년 8월 서역의 전량(前凉)을 멸망시키고, 같은 해 12월 북방의 대(代)를 평정하며 화북을 통합한 것이다. 그러나 전진에 의한 화북통일은 부견이 동진을 침공했다가 비수(肥水)의 전투(383)에서 대패하면서 중단되고 말았다. 그 후 전진은 급격히 쇠퇴하여 385년 부견은 관중의 강족(羌族) 요장(姚萇)에게 붙잡혀 살해되고, 화북은 이전 시기보다 더욱 극심한 분열 시기로 치닫게 되었다. 일반적으로 5호 16국 시기는 전진의 화북통일(377~382)을 기점으로 전기와 후기로 나뉘는데, 바로 그 중간의 짧은 통일 시기에 신라의 사신이 전진의 부견에게 입조한 것이다.

전진의 부견이 화북통일을 이룰 수 있었던 결정적 계기는 369년 전연의 용장 모용수(慕容垂)가 전진에 망명해 온 사건에서 비롯되었다. 당시 전연과 전진은 화북 동쪽과 서쪽의 패자로 자웅을 겨루면서도 동진의 북벌을 공동으로 방어하는 상황이었는데, 전연 종실의 내분에 의해 모용수가 전진으로 망명해 온 것이다. 370년 전진은 모용수의 군단을 앞세워 전연을 공격해 수도 업(鄴)을 함락시키고, 황제 모용위(慕容暐)와 왕공(王公)을 포로로 잡아 선비족 약 4만 호와 함께 전진의 수도 장안에 이주시켰다.

전연은 서진 쇠퇴 후 요서·요동에서 위세를 떨친 선비족 모용외 세력으로부터 시작하였는데, 337년 모용외의 아들 모용황이 '연왕'(燕王)을 칭하는 동시에 동진으로부터 책봉을 받으면서 본격 대두하였다.[8]

전연은 고구려와 국경을 접하고 있었기 때문에 항상 갈등의 소지가 있었다. 낙랑·대방 2군의 유민이 모용씨 세력에게 의탁한 것이나, 거꾸로 모용씨에게 패하거나 모용씨 내부의 혼란에 의해 고구려로 망명한 유이민들도 많았다. 319년 모용외를 공격하였다가 실패하자 고구려로 망명한 진(晉) 평주

---

[8] 동진은 화북의 후조를 견제하기 위해 해로를 통해 모용씨와 교통하고 모용황을 연왕에 책봉하였다. 이는 삼국시대 강남의 오(吳)가 화북의 위(魏)와 대결하기 위해 요동의 공손씨와 교통하고 공손연을 연왕에 책봉한 사례와 통한다(坂元義種, 1981,「四~五世紀の東アジア」,『倭の五王-空白の五世紀-』, 敎育社, 15~16쪽).

자사·동이교위 최슬(崔毖), 336년 모용외 사후 요동에서 자립했다가 모용황에게 패하고 고구려로 망명한 모용인(慕容仁)과 그 부장 동수[佟(冬)壽]·곽충(郭充) 등이 대표적인 사례이다.

중원 진출을 꾀하는 전연에게 고구려는 후방의 비수였고, 고구려에게도 역시 전연은 요동 진출을 위해 극복해야만 하는 눈앞의 적수였다. 고구려가 330년 후조에 호시(楛矢)를 보내고,[9] 338년 후조가 30만 석의 곡식을 고구려에 보낸 것은[10] 모두 전연을 견제하기 위한 양국의 이해관계가 맞았기 때문이었다.

342년 전연은 고구려를 대규모로 침공해 왕도의 환도성을 함락하고 고구려왕 조(釗, 고국원왕)의 모후와 왕비를 잡았으나, 고구려왕이 끝까지 항복하지 않자 모용황은 고국원왕의 부왕인 미천왕의 묘를 파헤쳐 시신을 취하고 궁실을 불태우고 환도성을 무너트린 후 고구려의 남녀 5만여 명을 포로로 잡아 돌아갔다.

343년 고구려는 전연에 왕제를 보내 입조하고 막대한 진품을 바친 후 부왕의 시신을 돌려받았지만, 왕모는 여전히 전연에 인질로 잡혀 있었다. 고국원왕의 모후가 귀국한 것은 355년에서야 가능했으며, 그 해에 비로소 전연의 황제 모용준은 고구려왕을 책봉하고 그 지위를 인정하였다.

이처럼 고국원왕은 전연과의 전쟁에서 큰 패배와 굴욕을 경험한 후 369년 남쪽으로 눈을 돌려 백제를 공격하였으나 패배하였다. 오히려 이를 빌미로 371년 백제 근초고왕이 태자(귀수)와 함께 고구려의 평양성을 공격해 고국원왕이 전사했다.

이 사이 370년 중국 화북에서는 앞서 본 바와 같이 전진이 전연을 멸망시

---

9 『진서』권105 재기5 석륵하, "(建平元年)時高句麗肅慎致其楛矢 宇文屋孤並獻名馬于勒".
10 『진서』권106 재기6 석계룡상, "季龍謀伐昌黎 遣渡遼曹伏將青州之衆渡海 戍蹋頓城 無水而還 因戍于海島 運穀三百萬斛以給之 又以船三百艘運穀三十萬斛詣高句麗 使典農中郎將王典率衆萬餘屯田于海濱 又令青州造船千艘 使石宣率步騎二萬擊朔方鮮卑斛摩頭破之 斬首四萬餘級".

킨 사건이 일어났다. 전진의 재상 왕맹이 이끄는 대군에 의해 전연의 왕도 (鄴)가 함락되기 직전 전연의 산기시랑 여울(餘蔚)은 부여·고구려·상당 등에 서 온 인질 500여 명을 거느리고 업성의 북문을 몰래 열어 전진의 군대를 맞 아들였다.[11] 여울은 부여씨, 즉 부여인으로 보이는데, 부여와 고구려에서 잡 아 온 포로와 인질들이 전연 멸망의 화근이 된 것이다.

전연이 멸망하자 모용수와 갈등 관계에 있었던 전연의 태부 모용평이 고 구려로 망명해 왔으나, 고국원왕은 그를 잡아 전진에 보냈다.[12] 모용평과 모 용수는 숙질 사이인데 모용평이 황태후와 짜고 국정을 문란케 하며 동진과 의 전투(369)에서 승리한 모용수를 견제하자 모용수는 전진에 망명하였다. 그 후 전진에 의해 전연이 멸망하자 모용평은 고구려로 망명하였지만 결국 전진에 압송된 것이다. 이로 인해 고구려는 전연에 대한 숙원을 풀고 멀리 장안에 도성을 두고 있던 전진과 우호적인 교섭의 길을 열게 되었다.

하지만 371년 백제의 침공에 의해 고국원왕이 전사하면서 고구려와 전진 의 교류는 다음 소수림왕 때에 이루어지게 되었다. 371년 10월 고국원왕이 죽고 그 태자인 소수림왕이 즉위하자 이듬해 6월 전진왕 부견은 사신과 승려 순도를 고구려에 파견해 불상과 경문을 보냈고, 고구려에서도 그 답례로 전 진에 사신을 보내 방물을 바쳤다.

한편 같은 해인 372년 백제 근초고왕은 동진에 사신을 보내 진동장군(鎭東 將軍)·영낙랑태수(領樂浪太守)로 책봉되었다. 고국원왕이 전연으로부터 받은 책봉호에도 '낙랑공'(樂浪公)이 포함된 것을 보면, 백제와 고구려가 낙랑고지에 대한 패권을 두고 외교전을 벌이는 양상이라 할 수 있다.

377년에 고구려가 신라와 함께 전진에 입공한 것도 백제와의 외교전에서

---

11 『자치통감』 권102 진기24 해서공 태화 5년(370) 11월, "戊寅 燕散騎侍郎餘蔚帥扶餘高句麗及上黨 質子五百餘人 夜開鄴北門納秦兵 燕主暐與上庸王評 樂安王臧 定襄王淵 左衛將軍孟高 殿中將軍艾朗等奔 龍城".

12 『삼국사기』 권6 고구려본기6 고국원왕 40년, "秦王猛伐燕破之 燕太傅慕容評來奔 王執送於秦".

이루어진 것이다. 『자치통감』에는 고구려와 신라가 함께 전진에 사신을 보낸 기록이 보이지만, 『삼국사기』에서는 고구려의 사신 파견만 기록되었다.

> A-1. (태원) 2년(377) 봄 고구려·신라·서남이가 모두 전진에 사신을 보내 조공하였다.[13]
>
> 2. 소수림왕 7년(377) 겨울 10월 눈은 내리지 않고 천둥이 치고, 백성들이 전염병에 걸렸다. 백제가 군사 3만 명을 거느리고 평양성을 침공해 왔다. 11월 남쪽으로 백제를 정벌하였다. 사신을 부진(符秦, 前秦)에 보내 조공하였다.[14]

377년 봄은 앞서 보았듯이 376년 12월 전진이 대(代)를 음산(陰山) 이북으로 퇴각시켜 화북을 통일한 직후로 전진의 전성기가 시작된 때이다.[15] 고구려·신라·서남이의 사신은 바로 전진의 화북통일을 축하하는 사절로, 고구려는 이를 통해 해동의 패권을 인정받고자 했을 것이며 신라를 대동한 것도 백제와의 외교전에서 우위를 차지하기 위한 전략이라고 볼 수 있다.

377년을 전후해 고구려는 계속 백제와 공방하고 있었는데, 375년 고구려

---

13 『자치통감』 권104 진기26 효무제상중, "(太元)二年 春 高句麗新羅西南夷 皆遣使入貢于秦".

14 『삼국사기』 권18 고구려본기6 소수림왕 7년, "冬十月 無雪雷 民疫 百濟將兵三萬 來侵平壤城 十一月 南伐百濟 遣使入符秦朝貢".

15 『태평어람』 권876 구징부3 폭풍에 인용된 『진서』에 의하면 377~378년은 前秦 苻堅의 강성기가 시작된 때이다(晉書曰 孝武太元二年春 暴風折木發屋 夏又暴風揚沙石 三年又暴風折木發屋 時苻堅强盛). 『태평어람』에서는 '晉書'라고만 하였지만, 湯球 輯, 『九家舊晉書輯本』 卷3에서는 장영서(臧榮緒)의 『진서』 오행지의 일문으로 수록하였다. 현전 당 방현령 등이 편찬한 『진서』에는 관련 기록이 보이지 않는다. 남제 장영서의 『진서』는 당 이전 편찬된 21家 晉史 중 유일하게 서진·동진을 아울러 1사(110권)로 편찬한 기전체 사서로, 현전 당의 『진서』도 장의 『진서』를 저본으로 하고 기타 제가의 진사와 진대의 문집을 수습해 이루어진 것이다. 당의 『진서』가 정사의 자리를 차지하면서 장의 『진서』는 기타 진사와 함께 망실되어 그 일문만 『初學記』 『北堂書鈔』 등 당대 이후 유서에 인용되어 전한다.

의 백제 수곡성 공격, 376년 고구려의 백제 북변 침공 등 주로 고구려가 더 공세적이었다. 이는 부왕(고국원왕)의 원한을 갚고 낙랑고지 지배를 확고히 하기 위한 소수림왕의 정책이라 할 수 있는데, 중국과의 외교도 그 연장선상에 있었다.

366년에 백제인이 신라에 오고, 368년에 백제가 신라에 사신을 보내 양마 2필을 바치는 등 양국의 관계는 비교적 '화호'(형제)[16] 관계에 있었다. 백제도 신라를 끌어들이기 위해 노력하였지만, 신라는 결국 377년에 고구려를 선택해 그와 함께 전진에 조공한 것이다.

377년에 고구려와 신라의 전진 입공이 있기 5년 전 고구려에서 태학이 설치되는데, 이는 전진과 사신을 교환하는 가운데 이루어진 중국식 제도의 정비였다.

> B. 2년(372) 여름 6월 진왕(秦王) 부견이 사신과 승려 순도를 보내 불상과 경문을 보내왔다. 왕이 사신을 보내 답례하고 방물을 바쳤다. 태학을 세워 자제를 교육하였다.[17]

372년에 전진왕 부견이 고구려에 사신과 승려를 파견해 불교를 전해 준 것은 2년 전 고구려가 망명한 전연의 태부 모용평을 전진에 압송해 준 것에 대한 보답이었다. 이에 고구려는 다시 사신을 전진에 보내 답례로 방물을 바쳤는데, 바로 이 시기에 태학이 설치된 것이다. 그리고 바로 이듬해 373년에는

---

16 『삼국사기』 권3 신라본기3 내물이사금 18년(373)조에서 신라가 백제 독산성주의 망명을 받아들이자 근초고왕이 그의 소환을 요청하며 보낸 서간 중에 당시 양국 관계를 "兩國和好 約爲 兄弟"라고 표현한 부분이 보인다. 결국 신라는 독산성주와 그를 따라온 300명을 백제에 돌려보내지 않았는데, 그에 대해 백제는 더 이상 묻지 않았다.

17 『삼국사기』 권18 고구려본기6 소수림왕 2년, "夏六月 秦王苻堅遣使及浮屠順道 送佛像經文 王遣使 廻謝 以貢方物 立太學 教育子弟".

율령을 반포하였다. 또 374년에는 승려 아도가 고구려에 오고, 375년에는 초문사와 이불란사를 창건해 순도와 아도를 각각 머물게 하였다.

이처럼 372~375년 사이 고구려에서 이루어진 불교 전래, 태학 설치, 율령 반포 등 일련의 중국식 제도는 모두 당시 활발하게 전개된 전진과의 교류를 통해 가능한 것이었다. 전진과의 교류가 활발하게 이루어진 시기 고구려에 태학·율령·불교 등 중국식 제도가 정비된 데는 전진왕 부견의 유학을 기반으로 한 한화 정책의 영향이 있었다.

부견은 한인(漢人) 재상 왕맹의 적극적인 협력을 받아 유교적 덕치주의에 입각한 지배체제를 정비하고 국력을 충실하게 해 5호 16국 시기 유일하게 화북을 통일할 수 있었다. 부견의 유학을 기반으로 한 적극적인 한화 정책은 출신 종족을 불문하고 능력에 따라 인재를 선발하는 것으로써 호한융합(胡漢融合, 和戎) 정책의 근간이 되기도 하였다. 부견 정권이 5호 16국 전기 여타 호족 국가와 다른 역사적 성격은 바로 이런 적극적인 한화 정책과 종족융합의 추진에 있었다.[18]

377년에 고구려와 함께 전진에 입조한 신라 사신 역시 고구려와 전진에서 추진되고 있던 한화 정책의 변화를 경험하였을 것이다. 하지만 고구려의 도움으로 처음 중국과 통교한 신라 입장에서는 아직 중국식 제도를 수용할 준비가 되어 있지 않았다.

다음으로 신라의 두 번째 사신 파견인 위두(衛頭)의 전진 입조 시기는 기록에 따라 381년 내지 382년으로 차이가 있어 자세한 검토가 필요하다. 『삼국사기』에서는 내물이사금 26년(381)에 신라가 사신 위두를 전진에 파견해 방물을 바쳤다고 하였지만, 『태평어람』 인용 『진서』(秦書)에는 부견 건원 18년(382)의 일로 보인다.

---

[18] 谷川道雄, 1971, 「五胡十六國史上における苻堅の位置」, 『隋唐帝國形成史論』, 筑摩書房; 박한제, 1988, 「苻堅政權의 性格」, 『중국중세호한체제연구』, 일조각; 松下洋巳, 1997, 「前秦苻堅政權の性格について」, 『史苑』 57-2.

C-1. 진서(秦書)에 이르길, 부건 건원 18년(382) 신라국왕 누한(樓寒)이 사
신 위두를 보내 미녀를 바쳤다. 그 나라는 백제의 동쪽에 있으며
그 나라 사람 가운데 머리카락이 아름다운 자들이 많은데 그 길이
가 1장이 넘는다. 또 이르길, 부건 때 신라국왕 누한이 사신 위두를
보내 조공하였는데, 견(堅)이 말하길, "경이 말한 해동의 일은 예전
과 같지 않은데 어찌 된 것인가?" (위두가) 답하길, "또한 중국과 같
으니 시대가 변하고 명호가 바뀌었습니다."[19]

2. 내물이사금 26년(381) 봄 여름 가물고 흉년이 들어 백성들이 굶주
렸다. 위두를 부진에 보내 방물을 바쳤다. 부건이 위두에게 묻기
를, "경이 말한 해동의 일은 예전과 같지 않은데 어찌 된 것인가?"
(위두가) 답하길, "또한 중국과 같으니 시대가 변하고 명호가 바뀌
었으니 지금 어찌 (예전과) 같겠습니까."[20]

이에 대해 『삼국사기』 기록은 『태평어람』에 근거한 것이며 그 말미의 '今焉
得同'만 『통전』의 기록[21]을 참고한 것이기 때문에 본원성이 있다고 보기 어렵
고, 381년에 기록한 것은 편찬자의 채록 중 오산일 것으로 파악한 견해가 있
다.[22] 또한 『태평어람』에 인용된 『진서』는 차빈(車頻)의 『진서』(秦書)나 또는 그

19 『태평어람』 권781 사이부2 신라, "秦書曰 苻堅建元十八年 新羅國王樓寒遣使衛頭獻美女 國在百濟東
   其人多美髮 髮長丈餘 又曰 苻堅時 新羅國王樓寒遣使衛頭朝貢 堅曰 卿言海東之事 與古不同 何也 答曰
   亦猶中國 時代變革 名號改易".

20 『삼국사기』 권3 신라본기3 내물이사금 26년, "春夏旱 年荒民飢 遣衛頭入苻秦貢方物 苻堅問衛頭曰
   卿言海東之事 與古不同 何也 答曰 亦猶中國 時代變革 名號改易 今焉得同".

21 『통전』 권185 변방1 신라, "苻堅時 其王樓寒遣使衛頭朝貢 堅曰 卿言海東之事 與古不同 何也 答曰 亦
   猶中國 時代變革 名號改易 今焉得同".

22 末松保和, 1995, 앞의 책, 120쪽.

를 정정한 배경인(裴景仁)의 『진기(진서)』[秦記(秦書)] 중 하나일 것인데 어떤 것인지는 명확하지 않다고 하였다.

그런데 『태평어람』에는 위에서 인용한 권781의 기록(C-1) 외에 다른 곳에서도 『진서』를 인용하여 신라의 입공을 기록하였는데, 거기서는 모두 '車頻秦書曰'로 기록[23]되어 있어 위 기록도 차빈의 『진서』에서 나온 것임을 알 수 있다. 『태평어람』 권373의 기록에서도 부견 건원 18년(382)에 신라가 미녀를 바쳤다고 하였는데, 차빈의 『진서』에서는 신라의 입공 시기를 382년으로 기재한 것으로 보인다.

그런데 『자치통감』의 기록에는 동진 태원 6년(381) 2월에 동이 및 서역의 62국이 진(秦)에 입공하였다는 기록이 보이고,[24] 『삼국사기』가 참고한 『통전』에서는 '符堅時'라고만 하여 입공 시기를 명확히 밝히지 않고 있어, 차빈 『진서』의 연도를 무조건 신뢰하기 어려운 형편이기도 하다.[25] 추정컨대 『삼국사기』에서는 『통전』과 『자치통감』의 기록을 연결해 본 결과 신라 사신 위두의 전진 입공을 381년조에 기록한 것이 아닌가 생각된다.

차빈의 『진서』는 전하지 않고 단편적인 일문만 전하고 있어 원문을 직접 확인할 수 없다. 『태평어람』에 전하는 20여 편의 일문 외에 1편이 『조옥집』(琱玉集)에 실려 전하는데,[26] 신라 관련 기록은 더 이상 보이지 않는다.

유지기의 『사통』에 따르면 차빈의 『진서』는 원래 전진의 비서랑이었던 조정(趙整)이 편찬했던 것으로 저서로 묶이지 못하고 전해지던 것을 유송 원가

---

23 『태평어람』 권373 인사부14 발, "車頻秦書曰 符堅建元十八年 新羅國獻美女 國在百濟東 其人多美髮 髮長丈餘"; 『태평어람』 권380 인사부21 미부인상, "車頻秦書曰 符堅時新羅獻美女 國在百濟國東".

24 『자치통감』 권104 진기26 효무제상중, "(太元 6) 二月 東夷西域六十二國入貢于秦".

25 『태평어람』 권363 인사부4 형체, "車頻秦書曰 符堅時 四夷賓服 湊集關中 四方種人 皆奇貌異色 晉人 爲之題目 謂胡人爲側鼻 東夷爲廣面闊額 北狄爲匡脚面 南蠻爲腫蹄 方方以類名也"에서도 차빈의 『진서』를 인용해 부견 시기에 사이(四夷)의 빈복(賓服)이 이루어졌음을 기록하고 있다. 이로 보아 부견에 의한 화북통일 시기(377~382)에 주변국의 복속이 집중되었음을 짐작할 수 있다.

26 王仁俊 輯, 『玉函山房輯佚書補編』(上海古籍出版社, 1995 『續修四庫全書』 1206 子部 雜家類, 276쪽); 新美寬 編·鈴木隆一 補, 1968, 『本邦殘存典籍による輯佚資料集成(續)』, 京都大學 人文科學研究所, 41쪽.

9~28년(432~451)에 차빈이 다시 정리해 3권으로 만든 것인데, 연월의 차례에 오류가 많고 앞뒤가 맞지 않는 곳이 많아 배경인이 다시 정정해 『진기』(11편)로 편찬했다고 한다.[27]

원찬자인 조정의 사망 연도는 알 수 없지만 전진 멸망(394) 후 차빈이 다시 그의 유고를 정리한 유송 원가 연간 시기(432~451)까지 간격이 작지 않은 점을 고려하면, 차빈의 『진서』에 보이는 신라의 입조 연도인 382년을 그대로 신뢰하기 어려우며, 『자치통감』과 『통전』의 기록을 종합한 『삼국사기』의 381년 쪽이 오히려 더 믿을 만하다고 판단된다.

381년 신라의 전진 입조와 관련해 고구려의 동행 기록은 보이지 않지만, 대체로 377년 때와 마찬가지로 고구려 사신을 따라 전진에 들어갔던 것으로 추정된다.[28] 그런데 『태평어람』에 인용된 차빈의 『진서』 기록들을 참고하면, 당시 신라의 위치와 관련하여 모두 백제가 언급되고 있다는 점이 눈에 띈다. 신라국은 백제의 동쪽에 있으며 그 나라에 머리카락이 아름답고 긴 사람이 많다는 것이다. 신라인의 머리카락과 관련한 기록은 『삼국지』 동이전 한조 말미에 나오는 "其人形皆大 衣服絜淸 長髮" 기록과 관련이 있어 보인다. 이 기록은 변진과 진한을 섞어 기록한 말미 부분에 나오고 있어 진한과 변한 모두에게 적용될 수 있다.

차빈의 『진서』에서 신라의 위치를 백제를 기준으로 설명한 것은 이 책이 차빈에 의해 집성된 시기에 송과 백제의 교류가 활발하게 전개된 것과 연결해 이해할 수 있다. 의희 12년(416) 여영(餘映, 전지왕)은 송으로부터 백제왕으로 책봉을 받았고, 경평 2년(424)에도 백제에서 장사 장위(張威)를 송에 파견하여 조공하였다. 다음 해 원가 2년(425)에도 송으로부터 태조의 조서를 가지

---

27 『사통』 권11 외편 고금정사2, "先是 秦秘書郎趙整參撰國史 値秦滅 隱於商洛山 著書不輟 有馮翊車頻 助其經費 整卒 翰乃啓頻纂成其書 以元嘉九年起 至二十八年方罷 定爲三卷 而年月失次 首尾不倫 河東裴 景仁又正其訛僻 刪爲秦紀十一篇".

28 이병도, 1976, 「古代南堂考」, 『한국고대사연구』, 박영사, 629쪽.

고 온 사신이 백제에 왔으며, 그 후 백제는 해마다 송에 사신을 보내 조공하였다. 차빈의 『진서』가 완성되기 직전인 원가 27년(450)에도 비유왕의 국서와 표문을 가져온 백제 조공사가 송에 왔고 태조는 백제의 요구를 모두 들어주었다.[29]

이처럼 당시 백제와 송 사이의 교류가 활발하게 이루어지고 있었기 때문에 차빈이 신라에 관해 기록하면서 백제를 기준으로 그 위치를 서술하였을 가능성이 있다. 그런데 만약 백제 관련 부분이 『진서』의 원찬자인 조정의 편찬 당시부터 있던 기록이라면 조금 다른 각도에서 이해해 볼 수도 있다.

전진과 백제 사이의 교류를 보여 주는 기록은 없지만, 4세기 후반 백제의 존재가 전진에게 알려져 있었던 것은 분명하다. 380년 부견과 사촌 간인 부락(苻洛)이 용성(龍城, 朝陽)에서 반란을 일으켜 계성(薊城)에서부터 중산(中山)까지 유주 일대가 큰 혼란에 빠졌는데, 이때 부락이 동이 제국에 군사동원을 요청한 기록 중에 선비·오환·고구려·백제·설라(薛羅, 신라) 등이 보인다.[30] 부락의 반란은 부견의 종실 부씨에 대한 억압책과 여러 이종족에 대한 우대책에 대한 불만에서 일어난 것인데, 동이 여러 세력은 부견의 정통성을 인정하고 부락의 요청을 거절하였다.[31]

5호 16국의 백제에 관한 인식은 이보다 앞서 전연 모용황 집권기인 345년 기록에서 이미 확인된다.[32] 당시 백제인들이 어떤 경위로 전연의 포로가 되었는지는 불분명하지만, 이를 통해 4세기 전반 백제가 고구려와 함께 전연의

---

29 『송서』 권97 열전57 이만 동이 백제국.

30 『진서』 권113 재기13 부견상, "於是自稱大將軍大都督秦王 署置官司 以平顏爲輔國將軍幽州刺史 爲其謀主 分遣使者徵兵於鮮卑烏丸高句麗百濟及薛羅休忍等諸國 並不從".

31 『자치통감』 권104 진기26 효무제 태원 5년(380) 3월조에는 앞의 각주에서 본 『진서』의 밑줄 친 부분이 "分遣使者徵兵於鮮卑烏桓高句麗百濟新羅休忍諸國 遺兵三萬助北海公重戎薊 諸國皆曰 吾爲天子守藩 不能從行唐公爲逆"이라 되어 있다.

32 『진서』 권109 재기9 모용황, "(永和元年) 句麗百濟及宇文段部之人 皆兵勢所徙 非如中國慕義而至 咸有思歸之心".

공격 목표가 될 정도로 성장한 것을 확인할 수 있다.[33] 이런 맥락에서 차빈의 『진서』에 보이는 백제 기록도 전진의 조정이 처음 기록할 당시의 동이 인식에 기초한 것으로 볼 수도 있다.

381년 신라의 전진 입조 기록에서 백제가 언급된 것은 당시 신라 사신 위두의 언사와 관련해 이해해 볼 수도 있다. 위두에 의해 백제에 관한 정보가 언급되었을 수 있는 것이다. 부견의 물음에 위두는 '시대변혁'(時代變革), '명호개역'(名號改易)이라는 거창한 표현을 쓰며 해동과 중국의 사정을 비교하였는데, 이것이 구체적으로 무엇을 가리키는지는 불분명하다.

기존 연구에서는 부견과 위두의 대화 내용을 근거로, 70·80년 전까지는 『삼국지』 한전에 의해 알 수 있는 바와 같이 제소국이 병립한 상태였던 마한·진한·변진, 특히 진한 지방에서 당시 사자를 보낸 신라가 지배적 지위를 점하고 통합적 위세를 높이고 있던 사실을 지적한 것이라고 이해하고, 이에 따라 신라가 일국(一國)으로서 역사적으로 출현한 연대도 4세기 중엽 내물이사금의 시대(356~402)라고 파악하였다.[34]

또 여기서 더 나아가 "이때 신라의 사회체제와 왕호 기타에 있어 일대변혁이 있었음을 더욱 알 수 있다. 그뿐 아니라 위 기사 중에 '신라왕누한'(新羅王樓寒)이라고 한 누한도 실상은 왕명이 아니라 왕호 마립간의 이사(異寫)인 것을 주의하여야 하겠다"고 하며, 이 기록을 근거로 내물왕 때부터 마립간 왕호를 사용하고 동시에 중앙집권적인 정치체제를 갖추기 시작하였다고 이해하였다.[35]

마립간 왕호의 개시 시기에 관해서는 『삼국사기』와 『삼국유사』 왕력에 서

---

33 위 기록의 '백제'를 어떻게 이해할지를 두고 그간 논란이 있었다. 이에 대한 검토는 강종훈, 2015, 「《晉書》 慕容皝載記와 《資治通鑑》 晉穆帝紀 소재 '百濟' 관련 기사의 사료적 가치」, 『대구사학』 121, 4~35쪽 참조.

34 末松保和, 1995, 앞의 책, 120~121쪽.

35 이병도, 1976, 앞의 책, 630쪽.

로 다른 기록이 전하는데, 전자에는 눌지왕 때부터 후자에는 내물왕 때부터라고 기록되어 있다. 이에 대해 부견과 위두의 대화 기록에 보이는 '명호개역'을 왕호의 변화와 연결해 보면서, 후자를 따라 내물왕부터 마립간시대가 열렸다고 이해한 것이다.

위두의 답변에 나오는 시대변혁과 명호개역이 정말 이렇게 획기적인 의미를 담은 것일까? 일단 부견과 위두의 대화 속에 나오는 시대변혁과 명호개역은 신라에 한정된 것이 아니라, 고구려와 백제까지 포괄한 해동의 전반적인 정세와 관련된 표현이라고 보아야 한다. 이때를 전후해 해동에선 북쪽의 고구려와 남쪽의 백제가 고국원왕이 전사할 정도로 여러 해(371, 375, 376, 377, 386, 389, 390, 392) 동안 전쟁을 벌이며 치열하게 대결하고 있었다.

고구려와 백제의 전쟁 과정에서 눈에 띄는 것은 377년과 386년 사이에 소강기가 있다는 점이다. 근구수왕 3년(377) 10월에 백제군 3만이 고구려 평양성을 공격하였고, 그에 대한 응전으로 같은 해(소수림왕 7) 11월 고구려가 백제를 침공한 이후 10년 가까이 전쟁이 보이지 않는다. 그 사이 381년에 신라 사신 위두가 전진에 입조한 것이다. 신라 사신이 처음 고구려 사신과 함께 전진에 갔던 377년까지만 해도 고구려와 백제 사이의 전쟁이 부단히 이어졌다. 379년에 백제는 동진에 사신을 파견했다가 해상에서 악풍을 만나 이르지 못하고 돌아오기도 하였다. 소강기 동안 고구려와 백제는 직접적인 교전보다 중국과의 외교를 통해 경쟁하였던 것으로 보인다.

이러한 당시 정세를 고려하면 위두가 언급한 해동의 시대변혁은 고구려와 백제의 전쟁이 소강상태에 들어가 비교적 평화로운 시기가 도래하였음을 말한 것이라고 할 수 있다. 또한 이는 앞서 보았듯이 이 무렵 동진과 전진이 남북에서 대치하고 있지만, 377년 이후 화북을 통일한 전진에 의해 비교적 평화로운 안정기를 누리고 있던 당시 중국의 소강상태와 비슷한 것이기도 하였다.

377~381년 전진에게 신라는 고구려의 남쪽 내지 백제의 동쪽에 있는 해동

의 먼 미지의 나라였을 가능성이 높다. 이는 380년 부락의 반란이 있었을 때 언급된 신라의 국명 표기가 '설라'(薛羅)로 보인다는 점에서도 미루어 짐작할 수 있다.

『진서』(晉書)의 '설라' 기록은 북위 최홍(崔鴻)의 『십육국춘추』(十六國春秋)를 참고한 것으로 보이는데,[36] 신라의 국명 표기가 380년(『晉書』)과 381년(『秦書』) 1년 사이에 다르다는 것은 당시까지 신라에 대한 정보가 불확실하였음을 시사해 준다. 이는 377년 신라의 사신 파견이 고구려를 통해 이루어진 것이나, 381년 기록에서 신라의 위치를 백제를 기준으로 서술한 데서도 엿볼 수 있다.

이러한 당시 신라의 국제적 위상을 생각하면 부견과 위두의 대화에서 나오는 해동의 사정은 신라보다는 오히려 고구려와 백제를 중심으로 한 해동 전체의 정세를 의미한다고 보인다. 앞서 보았듯이 이 무렵 고구려는 전진의 영향 아래 불교·태학·율령 등 중국식 제도를 크게 정비하였고, 백제 역시 근초고왕 때(346~375) 박사 고흥을 얻어 처음 '서기'(書記)가 있게 되었다. 하지만 내물왕 시기 신라에서는 아직 이러한 변화가 보이지 않는다. 따라서 위두가 '명호개역'이라고 할 만한 해동의 변화 역시 신라보다는 고구려나 백제의 중국식 제도 문물의 도입과 관련된 표현이라고 보는 것이 자연스럽다.

부견에게 신라는 고구려를 따라 전진에 처음 입조한 나라였고, 해동의 패권을 경쟁하고 있던 고구려와 백제의 사이에 끼어 있으며 아직 단독으로 중국에 사신을 파견할 수 없는 약소국으로 인식되었을 것이다. 따라서 부견과 위두의 대화 기록을 근거로 신라가 이 시기에 급성장했고, 3국이 정립한 본격적인 삼국시대가 이때부터 개시되었다고 보는 것은 무리이다.

---

36 湯球의 『十六國春秋輯補』 卷35 前秦錄5(苻堅)에는 『진서』와 『자치통감』의 기록을 종합하여 "薛 [一作新]羅"라고 보완하였다. 현행 『진서』 재기의 원문은 남제 장영서의 『진서』와 북위 최홍의 『십육국춘추』를 저본으로 한 것인데, 탕구는 '薛羅' 관련 부분을 최홍의 기록에서 온 것으로 파악한 것이다. 최홍의 『십육국춘추』(100권)는 정시 원년(504) 편찬을 시작해 10여 년 뒤인 효명제 때(516~527) 완성되었다.

그동안『진서』에 처음 보인 신라 사신 위두와 전진왕 부견의 대화 기록은 신라의 획기적인 도약을 시사해 주는 중요한 사료로 주목받아 왔다. 하지만 그 중요성에 비해 그간 이에 관한 종합적인 검토가 이루어지지 않았다. 이에 다소 장황하지만 신라와 전진의 교섭과 그를 전후한 국제 정세를 살펴보았다. 그 결과 이 기록을 근거로 4세기 후반 신라의 획기적인 국가성립이나 일대변혁을 설명한 기존 이해는 과장된 확대해석임을 확인할 수 있었다.

3. 마립간 왕호의 연혁과 함의

4세기 중·후반을 신라의 실질적인 성립 시기로 본 기존 이해에서는 신라 왕호가 내물왕 시기부터 기존의 이사금에서 마립간으로 바뀌었음에 주목하며, 이를 앞서 본『진서』의 '명호개역'과 연결해 본다. 이는 내물왕 이후 마립간 시기를 '신라'로 보고, 그 이전 이사금 시기를 진한의 사로국 단계로 분별해 보는 이른바 '전사론'[37]의 전제가 되기도 하였다.

『삼국사기』와『삼국유사』에는 마립간 시기의 개시 왕대에 관해 내물왕 대,[38] 눌지왕 대,[39] 지증왕 대[40] 등 3가지 다른 기록이 전하는데, 기존 이해에서는 일반적으로『삼국유사』왕력과『진서』의 기록을 연결해 보면서 내물왕 대의 변화로 보았다.

『삼국유사』왕력에서는 제17대 내물마립간부터 제22대 지정(智訂)마립간까

---

37 주보돈, 2003,「斯盧國을 둘러싼 몇 가지 문제」,『신라문화』21.

38 『삼국유사』왕력, "第十七奈勿麻立干[一作△△王 金氏 父仇道葛文王 一作未召王之弟△△角干 母△△△△金氏 丙辰立 理四十六年 陵在占星臺西南]".

39 『삼국사기』권3 신라본기3 눌지마립간, "[金大問曰 麻立者 方言謂橛也 橛謂誠操 准位而置 則王橛爲主 臣橛列於下 因以名之] 奈勿王子也".

40 『삼국유사』권1 기이 지철로왕, "第二十二智哲老王 姓金氏 名智大路 又智度路 諡曰智證 諡號始于此 又鄕稱王爲麻立干者 自此王始 王以永元二年庚辰卽位[或云辛巳 則三年也]".

지 마립간 왕호가 사용된 것으로 보인다. 한편 『삼국사기』에서는 제19대 눌지마립간부터 지증마립간 즉위 초까지 마립간 왕호가 사용되다가, 지증왕 4년(503)부터 중국식 왕호를 사용한 것으로 나타난다. 그런데 『삼국유사』 기이편에서는 지철로왕, 즉 지증왕 때부터 마립간 왕호를 사용하였다고 하여, 『삼국사기』뿐만 아니라 『삼국유사』 왕력과도 큰 차이가 있다. 그간 연구에서는 주로 내물왕대설과 눌지왕대설을 중심으로 논의가 이루어졌고 지증왕대설은 주목받지 못하였다.

앞서 보았듯이 『진서』의 위두 파견 기록에 보이는 '누한'(樓寒)을 마립간의 다른 표기로 보고 이때부터 마립간을 왕호로 사용했다고 보는 견해가 나온 이래 내물왕 때부터 김씨 왕권이 확립하는 등 새로운 정치적 상황이 전개되고 국가체제의 완비를 알리는 계기로 왕호를 마립간으로 변경했다고 이해하는 것이 일반적이다.[41]

이에 대해 『진서』의 기록은 신라가 이전까지 대외 관계가 미약하다가 내물왕 대에 이르러 그나마 고구려의 도움을 받아 국제 관계에 관심을 가지게 되었던 상황을 반영하는 것이므로, 내물왕 대에 신라사에 획기적인 변화가 있었다고는 보기 어렵고 따라서 내물왕 대 마립간으로 왕호가 바뀌었을 것으로 추정하는 데는 보다 신중해야 한다는 견해가 제기되기도 하였다.[42]

사실 신라에서 마립간 왕호가 사용된 시기에 대한 논의는 일찍부터 있었다. 내물왕이 삼성교립에서 김씨 세습으로 왕위 계승이 확립된 시기의 첫 왕이긴 하지만, 내물왕 대까지는 아직 전대의 석씨족 세력이 강하게 남아 있어서 다음 왕인 실성은 비록 김씨이나 모계가 석씨였다. 모계가 석씨인 실성과 내물왕의 아들이고 모 역시 미추왕의 딸로서 김씨인 눌지 사이에 암투가 벌어져 드디어 눌지가 승리하고 토함산이 무너졌다는 표현처럼 한기부에 세력

---

41 양정석, 1996, 「신라 麻立干期 왕권강화과정과 지방정책」, 『한국사학보』 창간호.
42 김희만, 1996, 「新羅 上古期의 王權과 官等」, 『동국사학』 30.

의 바탕을 둔 석씨족이 재기불능케 됨에 이르러 확고한 김씨의 왕권이 성립되고 중앙정부의 통제력이 여섯 부족(6부)에 모두 미치게 되었고, 눌지왕 대에 대외적으로도 고구려·왜의 세력을 물리치고 강력한 왕권을 확립하였기에 『삼국사기』에서 마립간이란 칭호를 처음 사용한 것으로 기록하였다고 이해하는 것이다.[43] 『삼국사기』의 기록을 따라 눌지왕 때부터를 마립간 시기로 파악한 것이다. 4~5세기 신라의 대내외 정세를 감안할 때 내물왕 대보다 그의 아들인 눌지왕 대를 마립간시대의 개시기로 보는 것이 타당하다고 생각된다.[44]

『삼국사기』 신라본기 지증마립간조 서두에는 다음과 같은 신라 왕호의 연혁에 관한 사론이 나온다.

> D. 논하길, "신라왕으로 거서간을 칭한 경우가 하나, 차차웅을 칭한 경우가 하나, 이사금을 칭한 경우가 열여섯, 마립간을 칭한 경우가 넷이다. 신라 말 명유 최치원은 「제왕연대력」을 지어 모두 '모왕'(某王)이라 칭하고 거서간 등을 말하지 않았다. 아마도 그 말이 촌스러워 칭하기에 부족하다고 생각했기 때문인 듯하다. 이르길 『좌전』과 『한서』는 중국의 사서이지만 오히려 초어(楚語)인 곡어도(穀於菟)와 흉노어(匈奴語)인 탱리고도(撑犁孤塗) 등을 남겨 두었다. 지금 신라의 일을 기록함에 방언을 남겨 두는 것 또한 마땅한 것이다."[45]

---

43 노태돈, 1975, 「三國時代의 '部'에 關한 研究」, 『한국사론』 2, 18쪽.

44 한편 『삼국유사』와 『삼국사기』에 왕호의 사용 시기가 달리 기록된 것은 이사금과 마립간 두 왕호가 동시에 사용되었기 때문이며, 내물계와 실성계의 정권 다툼 과정이 왕호 사용의 혼란으로 드러난 것이라고 보기도 한다(주보돈, 1997, 「朴堤上과 5세기초 新羅의 政治 動向」, 『경북사학』 21).

45 『삼국사기』 권4 신라본기4 지증마립간, "論曰 新羅王稱居西干者一 次次雄者一 尼師今者十六 麻立干者四 羅末名儒崔致遠作帝王年代曆 皆稱某王 不言居西干等 豈以其言鄙野不足稱也 曰左漢中國史書也 猶存楚語穀於菟 匈奴語撑犁孤塗等 今記新羅事 其存方言亦宜矣".

이 사론에는 거서간·차차웅·이사금·마립간 등의 신라 왕호가 비록 방언이지만 그대로 기록해 역사에 남기고자 한 편찬자의 의도가 잘 드러나 있다. 신라의 고유 왕호로 칭한 왕의 수를 구체적으로 적시하면서, 이사금은 16왕대에 마립간은 4왕 대에 각각 사용되었다고 하였다. 마립간호를 사용한 네 왕은 눌지왕·자비왕·소지왕·지증왕으로 신라본기와 연표에서 실제 마립간 왕호의 사용이 확인된다. 『삼국사기』에서는 이론의 여지 없이 눌지왕부터 지증왕까지 4대에 걸쳐 마립간 왕호를 사용했다고 본 것이다.

『태평어람』에 실려있는 『진서』의 일문(C-1)이 없었다면 『삼국유사』 왕력 기록은 크게 주목받지 못했을 것이다. 과연 『진서』의 일문이 『삼국사기』의 왕호 기록을 무시할 수 있을 정도로 사료적 근거나 역사적 의미가 높은 것일까. 앞서 살펴본 바에 의하면 『태평어람』에 전하는 『진서』의 일문에는 사료적 한계가 있으며, 그 의미도 신라의 사정과는 직접 관계없는 당시 해동의 패권을 경쟁하고 있던 고구려와 백제를 중심으로 한 내용일 가능성이 높다.

『삼국사기』 신라본기 눌지마립간조의 서두에 보이듯이 김대문은 '마립'(麻立)을 '궐'(橛), 즉 왕위를 나타내는 궐표(橛標, 말뚝)의 의미로 보았다.[46] 군신간의 위계를 나타내는 궐표의 상징으로 마립간 왕호가 사용되었다고 본 것이다. 이는 연장자를 의미하는 이사금 시기보다 마립간 시기에 국왕 중심의 위계질서가 확립되었음을 의미한다. 이제현도 '마립'을 궐(橛, 君位)의 의미로 보았고,[47] 『삼국사기』와 『삼국유사』에서도 김대문의 해석을 취하였다.

이에 대해 이병도는 아유카이 후사노신[鮎貝房之進]의 설을 따르며 마립을 우리 국어의 두(頭, 마리), 종(宗)·동(棟)·청(廳, 마루) 등과 어원이 같은 극소 정상

---

46 『삼국유사』 권1 기이 남해왕조에서는, "或曰麻立干[立一作袖] 金大問云 麻立者 方言謂橛也 橛標准位 而置 則王橛爲主 臣橛列於下 因以名之"라고 하여, 『삼국사기』 눌지마립간조 분주의 '橛謂諴操'가 '橛標'로 보여 차이가 있다. '諴操'의 뜻은 정확히 알 수 없지만, 『삼국유사』의 '橛標'에 해당하는 것으로 추정된다. 분주에서 마립간의 '立'을 '袖'로도 썼다고 하는데, 일반적으로 '裡'(리)의 잘못으로 보아 왔다(최남선, 1943, 『신정 삼국유사』, 삼중당).

47 『역옹패설』 전집1, "麻立方言橛也 新羅之初 君臣聚會 立橛爲其君位 因號其君曰麻立干 謂當橛者也".

을 의미하는 말로 풀어서, 마립간을 한문류의 폐하·전하의 존칭과 같이 보았다.[48] 또한 『진서』에 보이는 신라국왕 '누한'(樓寒)은 왕명이 아니라 왕호인 마립간을 일컫는 것으로 누(樓)는 '마루'로 훈독하면 마립과 같고 한(寒)은 간(干)과 같이 음을 취한 글자로 보면서, 마립간의 칭호는 『삼국유사』 왕력과 같이 내물로부터 시작된 것이 확실하며 엄밀한 의미의 신라 건국기는 내물 때로 보아야 한다고 파악하였다.[49]

마립의 뜻을 궐(橛)로 보든 두(頭)로 보든 마립은 신라 고유어의 소리를 한자로 표기한 것이다.[50] 마립간의 다른 표기가 '마리간'(麻裡干)이었던 것에서 엿볼 수 있듯이, 마립간은 소리를 한자로 표기한 음차 표기이다. 그런데 누한의 누는 마립의 음과 거리가 멀다. 이병도는 누는 훈차(마루)로 한은 음차(간)로 각각 다르게 썼다고 보았다. 하지만 '마립간'이나 '마리간'은 모두 음차 표기라는 점에서 누한(樓寒)의 표기 방식(훈차+음차)과 차이가 있다. 마립간을 차자 표기로 표현한 것이라면 음차든 훈차든 일관되게 썼다고 보아야 한다.

『양서』 신라전에 보이는 법흥왕의 성명 '모진'(募秦)은 울진봉평비에 보이는 '모즉지'(牟卽智)와 통하는 것으로 모두 음차 표기이다. 이와 마찬가지로 『진서』의 누한도 모두 음차에 의한 표기라고 보는 것이 자연스럽다. 누한은 법흥왕의 이름 '모진'과 마찬가지로 내물왕의 이름을 달리 표기한 것일 가능성이 높은데, 내물의 다른 이름인 '나밀'(那密)[51]과 연결해 생각해 볼 수 있다.

---

48 이병도, 1977, 『국역 삼국사기』, 을유문화사, 43쪽.

49 이병도, 1977, 앞의 책, 37쪽. 양주동 역시 樓寒의 樓를 頭(말·마리)나 宗(ㅁㄹ)의 훈차로 마립간의 마립(말)과 통하며, 마립을 橛로 설명한 고래의 속설은 부회된 것이라고 보았다(양주동, 1942, 『조선고가연구』, 박문서관; 1965, 『증정 고가연구』, 일조각, 71~72쪽).

50 중세 국어에서는 橛을 지금의 '말뚝'과 달리 '말'이라고 불렸으며(박성훈 주해, 2013, 『훈몽자회 주해』, 태학사, 167쪽), 頭는 '마제'(麻帝)에 가깝게 불렀다(孫穆, 『鷄林類事』 方言, "頭曰麻帝"). 橛을 가리키는 '말'이 '마립'의 소리에 가까웠기 때문에 고려시대 문헌에서는 김대문의 설을 합리적으로 받아들인 것으로 보인다.

51 『삼국사기』 권3 신라본기3 내물[일운나밀]이사금; 『삼국유사』 권1 기이 내물왕[일작나밀왕] 김제상.

일단 누(樓)와 나(奈, 那)는 자음이 비슷하여 쉽게 연결해 볼 수 있다. 한(寒)과 밀은 소리가 달라 연결이 어려운데, 두 글자의 모양이 비슷하여 한(寒)이 밀(密)의 오사(誤寫)일 가능성이 있다. 법흥왕의 이름 '모진'(募秦)도 기록에 따라 '모태'(募泰)로 보이는 경우가 많은데,[52] 이와 비슷하게 밀의 자형이 한과 비슷해 잘못 쓴 것일 수 있다고 보면 '樓寒〈密〉'은 내물왕의 이름인 '那密'의 다른 표기일 가능성이 있다.

『진서』의 누한을 마립간의 다른 표기로 보아 내물왕 때부터 마립간 호를 사용했다고 보는 것은 『삼국사기』의 일관된 기록과 충돌한다는 점에서 신중하게 접근해야 한다. 『삼국유사』 기이편 남해왕조에서 『삼국사기』의 왕호에 관한 사론을 그대로 인용하고 있는 데서도 신라에 마립간이 4명이었다는 데 별다른 이견이 없음을 시사해 준다.

『삼국사기』의 기록대로 마립간 왕호를 내물왕이 아니라 눌지왕 대(417~458)부터 사용했다고 보게 되면, 4세기 중엽을 신라사에서 중요한 획기로 본 기존 이해의 주요 근거가 없어진다. 하지만 아직 학계에서는 내물왕부터를 마립간기로 이해하면서, 그 이전 진한의 사로국과 분별되는 고대국가 신라의 출발로 보는 시각이 지배적이다.

> E. 이 4개의 분기(상고, 중고, 중대, 하대) 가운데 신라사의 출발인 상고는 무려 570년에 달하는 기간으로서 다른 시기와 비교하면 지나치게 길다. 그런데 국명이나 왕호를 비롯한 국가의 내부 구조와 그 성격을 구체적으로 점검하면 여러 가지로 현저하게 차이가 나는 두 시기로 다시 세분할 수가 있다. 이처럼 상고만은 따로 전기와 후기로 나누어서 살펴볼 필요가 있다. 전기는 혁거세로부터 16대 흘해왕까지이다. 이때는 신라가 아닌 사로국이란 국명이 사용되었고, 그 최고 지배자는

---

[52] 『남사』 권79 열전69 동이 신라, "梁普通二年 王姓募名泰 始使隨百濟奉獻方物".

이사금이라 불리었다. 후기는 17대 내물왕(奈勿王)이 즉위한 356년부터 22대 지증왕 때까지이다. 이때에는 신라란 국명이 처음 출현하였으며 그에 걸맞은 새로운 왕호로서 마립간이 사용되기 시작하였다. 신라가 사로국이란 초기국가로서의 성격을 벗어나 명실상부하게 고대국가로서의 모습을 갖춘 시기이다. 이처럼 상고는 여러 가지 측면을 비교할 때 성격상 차이가 나는 전후로 다시 나눔이 올바른 접근이겠다.[53]

위의 견해는 현재 신라사 연구자들에게 폭넓게 받아들여지고 있는 시각이라고 할 수 있다. 여기서 눈에 띄는 것은 내물왕 이전 이사금 시기까지는 '사로국'이라는 국명이 사용되었고, 내물왕 때 마립간 왕호와 '신라'란 국명이 출현한 점을 주목하는 것이다.

주지하듯이 『삼국유사』 왕력에 보이는 상고-중고-하고의 신라사 시기 구분은 불교식 왕호 및 성골왕의 시기인 중고를 중심에 놓고 전후로 나눈 것이다. 왕력에선 '법흥'(法興)을 신라왕의 첫 시호(諡號)라고 보며 법흥왕부터 중고, 그 이전 지증마립간까지는 상고라고 구분한다. 바꾸어 말하면 상고기는 거서간, 차차웅, 이사금, 마립간 등의 고유 왕호가 쓰인 시기이다.

『삼국사기』에 따르면 상고기는 상대(혁거세~진덕왕)에 포함된다. 『삼국사기』 연표에서 "갑오 (지증왕)15년 지증마립간 훙(薨) 법흥왕원종 즉위원년"이라고 한 것을 보면, 지증왕 4년 중국식 왕호로 개칭했다고 하지만 여전히 왕호는 마립간으로 표기되고 있다. 사론에서 마립간 호를 쓴 왕이 4인이었다고

53 주보돈, 2016, 「신라사의 시기 구분과 흐름」, 『신라사 총론』(신라 천년의 역사와 문화 1), 경상북도, 265쪽.

한 것도 같은 맥락에서 이해할 수 있다. 『삼국사기』는 왕호의 변화에 크게 구애됨이 없이 태종무열왕 이전을 모두 상대로 묶어 본 것이며, 지증왕 4년 중국식 왕호로의 개칭에 크게 의미를 부여하지 않은 것이다.

『삼국사기』에 의하면 1~4세기는 모두 이사금 시기에 해당한다. 이사금이 16명인데 비해 마립간이 4명에 불과한 것은 그 기간이 특별한 시기였음을 보여 준다. 눌지마립간 이전 내물이사금·실성이사금까지는 왕위 계승 원칙이 아직 부자 계승으로 확립되지 못한 시기라고 할 수 있다. 내물왕 다음에 즉위한 실성은 알지의 후손 이찬 대서지(大西知)의 아들이며 어머니는 석보등(昔登保) 아간의 딸[伊利夫人]로 출자에서는 왕위 계승자가 되기 어려웠다. 내물의 아들이 아직 어려 국인들이 실성을 왕으로 세웠다고 하지만, 392~401년 고구려에 질자로 머물렀던 실성의 이력이 왕위 계승을 가능하게 한 것이다.

실성이 왕이 된 후 내물왕의 아들 눌지를 고구려인에게 사주하여 죽이려 하였으나 도리어 고구려인이 눌지를 흠모하여 살려 주자 눌지는 실성을 죽이고 자립하여 왕이 되었다. 그 뒤로 눌지왕의 장자 자비가 즉위하고, 자비왕의 장자 소지가 즉위하여 마립간을 계승하였다. 이처럼 연거푸 적장자가 왕위를 계승했던 경우는 상고기에 없었다. 이사금 시기에 지마왕이 파사왕의 '적자'로 즉위하고, 아달라왕이 일성왕의 '장자'로 즉위한 것이 전부다. 그 밖의 시기는 이른바 '3성교립'이라고 할 정도로 왕위 계승 원리가 일정하지 않았다. 이에 비해 눌지마립간부터는 기존과 달리 적장자 왕위 계승 원칙이 확립된 시기라고 할 수 있다.

다만 마지막 지증마립간은 소지마립간의 적장자가 아니라 재종제(再從弟)로, 소지왕이 재위 22년(500) 11월에 갑작스럽게 사망하자 64세의 노령으로 왕위를 계승하였다. 그런데 503년 9월에 세워진 포항(영일)냉수리비에서 지증(至都盧)을 왕이 아니라 갈문왕으로 기록한 것을 보면 이때까지 아직 정식으로 왕위를 계승하지 못하고, 갈문왕으로서 국정을 섭정한 것으로 보인다.[54] 지증이 소지왕의 적장자가 아니었기 때문에 3년간 왕위를 대행하였던 것이다.

『삼국사기』에서 지증왕 4년 10월에 군신들이 뜻을 모아 '신라국왕'(新羅國王)의 호를 올렸다고 한 기록은 아마도 그때 비로소 지증이 정식 국왕으로 취임하였음을 의미하는 것으로 생각된다. 표면적으로는 이때부터 중국식 왕호를 썼다고 했지만 『삼국사기』 연표 말년 기록에 여전히 '지증마립간'이라고 쓴 것을 보면 마립간 왕호도 같이 썼던 것으로 보이며, 군신들의 추대로 이때 정식 왕위에 취임한 것을 에둘러 기록한 것이라 이해된다. 이처럼 마립간이란 왕호는 지증이 정식으로 계승하기 위해 3년이 필요할 정도로 까다로운 조건이 요구된 왕호였던 것으로 보인다. 그것은 다름 아닌 전왕의 적장자라는 조건이었다고 생각된다.

『삼국사기』 상 최초의 마립간인 눌지는 선왕을 시해하고 자립한 최초의 왕이다. 그 앞의 비상한 왕위 계승에서는 모두 선왕의 아들이 없어 군신이나 국인들이 신왕으로 추대하였다고 했을 뿐 "弑王自立"이라고 표현한 것은 눌지왕이 처음이다. 이렇게 즉위한 눌지왕은 선왕인 실성왕의 정통성을 인정하지 않았을 것이며 그를 위해 새롭게 선택한 왕호가 자신이 내물왕의 적통자(적장자)라는 취지에서 마립간이란 왕호를 내세웠을 것으로 짐작된다. 마립간 왕호에 이런 의미가 내포되어 있다고 생각하면, 마립간 시기는 왕위 계승의 적장자 원칙이 지켜진 시기라고 할 수 있다.

따라서 『진서』의 '누한'(樓寒) 기록과 마립간을 결부시켜 천착하기보다 전체적인 신라 왕호의 변화 속에서 마립간 시기를 조망해 볼 필요가 있다. 마립간 왕호의 사용을 신라의 성립과 관련해 보는 것은 그에 선행하는 이사금 시기를 신라사의 흐름에서 전사로 분리해 보는 시각이라고 할 수 있다. 이사금

---

[54] 500~503년 지증왕의 즉위 과정 및 집권 형태에 관해서는 윤진석, 2009, 「신라 至都盧葛文王의 '攝政'」, 『한국고대사연구』 55, 83~95쪽 참조.

에서 마립간으로 왕호가 변하는 맥락 속에서 신라의 성립과 발전 과정을 시계열적으로 보아야 할 것이다.

4. 사로에서 신라로의 계기적 발전

4세기 분기론에서는 '사로국'은 진한의 소국으로, '신라'는 진한 소국을 아우른 왕국의 국명으로 단계를 구분해 본다.[55] '사로'와 '신라'라는 국명을 '초기국가'와 '고대국가'라는 발전 단계상의 구분과 결부시켜 보는 것인데, 과연 일개 소국이었던 사로국이 갑자기 4세기에 들어와 왕국으로 전환한다는 설명이 이론적으로 성립할 수 있을지 의문이거니와, 그보다 실제 문헌상의 국명 기록 양상과 괴리가 있다는 문제점이 있다.

4세기 분기론에서는 '사로'에서 '신라'로의 국명 변화를 중시하지만, 내물왕 대 이후 '신라'만 국호로 쓰인 것도 아니다. 주지하듯이 503년 건립된 포항(영일) 냉수리비에는 '사라'(斯羅)로 보인다. 414년 세워진 광개토왕비에서 '신라'(新羅) 국명이 보이고, 524년 세워진 울진 봉평비에서도 '신라'가 보이지만, 다른 한편 '사라'도 6세기 초까지 함께 사용된 것이다. 『양서』 신라전에서도 '신라'와 '사라'가 유송 시기(420~479)에 혼용되었고 '사로'를 '신로'(新盧)라고도 표기하였다고 하여, 국호가 시기에 따라 구분된 것으로 보이지 않는다.

> F. 신라는 본디 진한의 종이다. (중략) 진한은 처음에 6국이었으나 점차 나뉘어 12국이 되었는데 신라는 그중 하나이다. 그 나라는 백제의 동남쪽 5000여 리에 있고, 그 땅은 동쪽으로 큰 바다에 연하고 남북으로 고구려·백제와 접한다. 위나라 때에는 '신로'(新盧), 송나라 때에는 '신

---

55 주보돈, 2003, 앞의 글; 2016, 앞의 글.

라'(新羅) 혹은 '사라'(斯羅)라고 하였다. 그 나라가 작아 스스로 사신을 보내지 못하였다. 보통 2년(521) 모진(募秦)이란 성명을 가진 왕이 처음으로 백제를 따라 사신을 보내 방물을 바쳤다.[56]

위 기록의 전반부는 『삼국지』 동이전 한조의 진한 기록을 토대로 신라의 기원을 서술한 것이며, 후반부에서는 국명 표기의 연혁과 양과의 교빙을 언급하고 있다. 신라의 국명을 삼국 위 때에는 '신로', 남조 송 때에는 '신라' 혹은 '사라'로 불렀다고 한다.

여기서 '신로'는 『삼국지』 동이전의 '사로'의 표기와 차이가 있는데, 이는 '신'(新)과 '사'(斯)의 당시 한자음이 유사하였기 때문에 생긴 차자 표기의 용례들로 이해할 수 있다. 최근 신라 국명에 관한 국어학적 연구에 의하면 '斯盧'·'新羅'·'斯羅'는 모두 '시라'의 차자 표기이며, 이는 『제왕운기』의 '시라'(尸羅)나 『일본서기』의 '新羅' 독음 '시라기'와 통한다고 본다.[57]

즉 신라의 '신'(新)과 사로 또는 사라의 '사'(斯)는 모두 서로 음이 통하며 비슷한 소리의 한자를 빌려서 표기한 것이다. 유송 시기에 '신라'와 '사라'의 표기가 혼용된 것이나, 비슷한 시기의 신라 금석문에서 두 표기가 번갈아 사용된 데서도 '신'과 '사'의 통가(通假)를 짐작할 수 있다.

사실 4세기 분기론의 논자도 지적하였듯이 내물왕 이전인 4세기 초에 이미 '신라'가 국호로 사용되었다는 기록이 확인된다. 『삼국사기』에 의하면 기

---

[56] 『양서』 권54 열전48 제이 신라, "新羅者 其先本辰韓種也 … 辰韓始有六國 稍分爲十二 新羅則其一也 其國在百濟東南五千餘里 其地東濱大海 南北與句驪百濟接 魏時曰新盧 宋時曰新羅 或曰斯羅 其國小 不能自通使聘 普通二年 王姓募名秦 始使使隨百濟奉獻方物".

[57] 권인한, 2008, 「新羅國號 異表記와 古代韓國語 音韻現象의 展開」, 『구결연구』 20, 180~205쪽; 정연식, 2018, 「신라의 초기 국호 사라벌[徐羅伐]과 시라[斯盧]의 뜻」, 『동아시아문화연구』 72, 14~44쪽.

림이사금 10년(307)에 "국호를 신라로 회복하였다"고 한다.[58] 탈해이사금 9년 계림(雞林, 始林)에서 알지를 얻은 후 국호를 계림으로 바꾼 이후 이때 다시 신라로 국호를 회복했다는 것이다. 여기서 '회복하였다'(復)는 표현에 주목해 보면, 『삼국사기』의 찬자는 국초의 국호인 '서나벌'(徐那伐)과 신라를 같은 국호로 이해한 것이다. 이에 대해 『삼국유사』 왕력에서는 기림이사금 정묘년(307)에 "국호를 斯羅[新羅]로 정하였다"[59]고 해 『삼국사기』에서 '復國號'라고 한 것과 차이가 난다.

4세기 분기론의 논자는 서나벌(사로)과 신라는 전혀 다른 의미를 내포한 별개 국호라고 분별해 보기 때문에 『삼국사기』의 "復國號"는 잘못된 것이고, 그보다는 『삼국유사』 왕력의 "定國號"가 더 정확하며 4세기 초 어느 시점부터 기존의 사로를 대신해 신라가 새로운 국호로 사용되기 시작하였다고 이해한다.[60]

왕력 기록을 앞서 본 위두와 부견의 대화 기록과 연결해 보며, 4세기 전반은 신라사회 발전 과정에서 큰 변동기로 이사금이라는 왕호 대신 마립간이라는 새로운 왕호를 썼을 뿐만 아니라 국호에서도 신라라는 새로운 국명을 사용하기 시작하였으며, 이는 사로국과 주변 세력의 관계가 연맹 관계를 뛰어넘어 지배·피지배 관계로 전환된 것을 의미한다고 보았다.[61]

나아가 신라와 동시에 사용된 사라가 사로의 의미를 계승하고 있는 반면 신라는 전혀 새로운 성격의 국호라고 보면서, 사로와 사라가 경주 지역을 중

---

[58] 『삼국사기』 권2 신라본기2 기림이사금 10년, "復國號新羅".

[59] 『삼국유사』 왕력 기림이사금, "丁卯年定國號曰斯羅 新者德業日新 羅者網羅四方之民云 或系智證法 興之世".(壬申本) 통행본인 임신본(조선 중종 7년 경주 간행)에는 '斯羅'로 확인되지만, 이어서 "新은 덕업일신 羅는 사방의 백성을 망라한다는 것으로, 혹은 지증·법흥왕 때 일이라고도 한다"고 한 것을 보면, 아마도 '新羅'의 오기일 것으로 보인다. 최근 알려진 조선 초기 간행된 파른본에서 이 부분이 '新羅'로 확인되어(연세대학교 박물관, 2016, 『파른본 삼국유사』, 혜안), 이는 판각 과정에서의 오류였던 것으로 이해할 수 있다.

[60] 주보돈, 2003, 앞의 글, 4~5쪽.

[61] 주보돈, 1998, 「新羅 國號의 確定과 民意識의 成長」, 『신라 지방통치체제의 정비과정과 촌락』, 신서원, 315쪽.

494　IV. 삼한사회의 구조와 국가형성

심으로 하는 좁은 범위의 정치 세력으로서 이른바 원신라(原新羅)를 지칭하는 것과 달리 신라는 사로뿐만 아니라 그에 예속된 다양한 정치 세력을 포괄한 더 넓은 의미를 내포하고 있다고 보았다. 더 나아가 대외적인 교섭에서는 신라가 사용되었고, 사라는 대내적인 용도로 사용되었다고 구분해 보기도 하였다.[62]

『삼국사기』 신라본기와 『삼국유사』 왕력에 모두 보이는 기림이사금 10년(307) '신라' 국호 기록은 분명 유의미하게 해석할 수 있다. 기림왕 대는 신라 성립 과정에서 새롭게 주목해 볼 만한 시기이다. 『진서』 동이전 진한조에 태강 원년(280)~7년(286) 서진에 조공한 '其(辰韓)王'이 보이거니와, 유례이사금 시기(284~298)의 이서고국(伊西古國) 기록을 마지막으로 진한 소국에 관한 기록이 더 이상 보이지 않는다. 이는 신라가 주변 소국을 아우르고 왕국으로 대두한 시점이 미추이사금(262~283) 내지 유례이사금 시기와 관련이 있으며, 4세기 초 '신라' 국호의 사용은 이를 표상하는 것이라고 이해할 수 있다.[63]

하지만 4세기에 들어와 '신라'가 국명 표기로 사용되었다고 하여, 그 이전 '사로'와 완전히 분별하여 '신라'만 사용한 것은 아니었다.

> G. (지증왕) 4년 겨울 10월에 여러 신하들이 아뢰었다. "시조께서 나라를 세우신 이래 국호를 정하지 않아 '사라'(斯羅)라고도 하고 혹은 '사로'(斯盧) 혹은 '신라'(新羅)라고도 하였습니다. 신 등의 생각으로는, 신(新)은 덕업이 날로 새로워진다는 뜻이고 라(羅)는 사방을 망라한다는 뜻이므로 이를 나라 이름으로 삼는 것이 마땅하다고 여겨집니다."[64]

---

62 주보돈, 1998, 앞의 글, 316~319쪽.

63 박대재, 2006, 「辰韓의 왕과 諸國 복속 전쟁」, 『고대한국 초기국가의 왕과 전쟁』, 경인문화사, 197~198쪽; 2014, 「신라 초기의 國邑과 6村」, 『신라문화』 43, 356~358쪽.

64 『삼국사기』 권4 신라본기4 지증마립간 4년, "冬十月 群臣上言 始祖創業已來 國名未定 或稱斯羅 或稱斯盧 或言新羅 臣等以爲 新者德業日新 羅者網羅四方之義 則其爲國號宜矣".

이 기록은 지증왕 4년에 신라로 국호를 정하고 중국식 왕호를 채택한 사실을 전한다. 여기서도 볼 수 있듯이 당시까지 사라·사로·신라의 국호가 혼용되고 있었다. 4세기 초 기림이사금 시기부터 '신라' 표기를 사용하였지만, 그것만 쓴 것이 아니라 다른 표기와 혼용한 것이다.

또한 『양서』 신라전의 원전 자료로 이해되는 『양직공도』(張庚模本 「諸番職貢圖卷」)[65]의 다음 기록을 참조하면, 사로와 신라 역시 서로 혼용된 차자 표기의 용례로 볼 수 있다.

> H. 사로국(斯羅國)은 본디 동이 진한의 소국이다. 위나라 때에는 '新羅'라
> 하였고, 송나라 때에는 '斯羅'라 하였는데, 그 실체는 하나이다.[66]

위의 『양직공도』 기록에서 삼국 위 시기 국명을 '신라'로 표기한 것은 『양서』의 '신로'(新盧)와 차이가 나는데, 이는 오류라기보다 신라와 사로(신로)가 차자 표기에서 서로 통하는 국명이었기 때문에 굳이 구분하지 않은 것이라 볼 수 있다. "그 실체는 하나이다"[其實一也]라고 한 마지막 구절이 다양한 국명 표기의 실상을 잘 보여 준다. 신라·사로·사라는 동일 계통의 차자 표기인 것이다.

『양직공도』의 백제국 제기(題記)에서도 신라 국명이 '斯羅'로 보여 『양직공도』가 완성된 양 원제 시기(552~554)[67] 신라가 중국에서 '斯羅'로 알려져 있었음

---

65 『양직공도』의 전존 과정 및 고구려·백제·신라 관련 제기(題記)에 관한 문헌적 검토는 다음 논저 참조.
    윤용구, 2012, 「《梁職貢圖》의 流傳과 模本」, 『목간과 문자』 9; 李成市, 2014, 「〈梁職貢圖〉 高句麗·百濟·新羅의 題記について」, 『梁職貢圖と東部ユーラシア世界』(鈴木靖民·金子修一 編), 勉誠出版.

66 葛嗣浵, 『愛日吟廬書畫續錄』 卷5, 淸 張庚 諸番職貢圖卷, "斯羅國 本東夷辰韓之小國也 魏時曰新羅 宋時曰斯羅 其實一也…"(上海古籍出版社, 1995, 『續修四庫全書』 1088 子部 藝術類, 546쪽).

67 그동안 『양직공도』는 나중에 양 원제로 즉위한 소역(蕭繹)이 형주자사로 재직하던 시기인 보

을 확인할 수 있다. 『양직공도』에 '斯羅'로 보이는 데 대해 당시 신라가 백제의 사신을 따라간 상황이었기 때문에 신라 자신이 쓴 국호가 아니라 백제가 신라를 의도적으로 낮추기 위한 목적에서 사용하였다고 추정하기도 한다.[68]

하지만 『양직공도』에서 '신라'와 '사라'를 동일 실체라고 보았거니와, 645년 석(釋) 도선(道宣)이 찬한 『속고승전』 인용 『양직공도』에서는 '新羅'로 보여,[69] 신라와 사라 사이에 어떤 의미 차이가 있었다고 보기는 어렵다. 『일본서기』 계체 7년(513)조에도 신라 국명으로 '斯羅'가 보인다.[70] 『양직공도』의 국명 표기와 연결해 보면, 6세기 전반 대외적으로 '신라'보다 '사라'가 더 많이 알려져 있던 것이다. 앞서 본 『진서』의 '설라'(薛羅)까지 고려하면, 국외 문헌에 나타난 4세기~6세기 신라 국명 표기는 '신라'만이 아니라 '설라'·'사라' 등으로 다양하였다.

이처럼 사로·신라·사라 등 국명 표기의 차이는 국가 발전 단계나 왕호의 변화와 연동된 특별한 정치적 의미를 내포한 국호의 변화라기보다 토착 국명을 소리가 비슷한 다른 한자를 빌려 표기한 차자 표기의 사례에 해당한다고 보아야 한다.

사로와 신라의 표기 차이는 백제(伯濟)와 백제(百濟), 구야(狗邪)와 가야(加耶)의 표기 차이와 같은 맥락에서 이해할 수 있다.[71] 사로·백제·구야와 신라·

통 7년(526)~대동 5년(539) 사이에 제작한 것으로 이해되었다(金維諾, 1960 「『職貢圖』的時代與作者-讀畵札記-」, 『文物』 1960-7). 그런데 최근에는 『양직공도』 일문 가운데 중대동 원년(546) 처음 양에 입조한 渴盤(槃)陀國에 관한 기록이나 승성 3년(554) 3월 견사한 西魏(西虜)에 관한 기록이 들어있는 것으로 보아, 원제 재위 말년인 승성 3년(554)에 최종 완성된 것으로 이해되고 있다(王素, 1992, 「梁元帝《職貢圖》新探-兼說滑及高昌國史的幾個問題-」, 『文物』 1992-2, 73~75쪽; 2020, 「梁元帝 《職貢圖》與西域諸國-從新出淸張庚摹本《諸番職貢圖卷》引出的話題-」, 『文物』 2020-2, 36쪽).

68 주보돈, 1998, 앞의 책, 320쪽.

69 『속고승전』 권24 당신라국대승자장전, "案梁職貢圖 其新羅國 魏曰斯盧 宋曰新羅 本東夷辰韓之國矣".

70 『일본서기』 권17 계체천황 7년, "冬十一月辛亥朔乙卯 於朝庭 引列百濟姐彌文貴將軍 斯羅汶得至 安羅辛巳奚及賁巴委佐 伴跛旣殿奚及竹汶至等 奉宣恩勅 以己汶滯〈帶〉沙 賜百濟國".

71 『삼국지』 동이전의 '狗邪'(國)와 '加耶', '加羅'의 표기가 서로 통하는 차자 표기의 용례라는 점

백제·가야의 차이는 국호의 변화나 발전 단계의 분별보다 시기에 따른 차자 표기의 변화에 불과하다. 『삼국지』의 백제·사로와 『삼국사기』의 백제·신라가 동일한 실체의 다른 표기라고 한다면, 이를 근거로 발전 단계를 구분하거나 정치사의 시기를 구분해 보기는 어렵다.

따라서 마립간 왕호나 신라 국명의 등장을 무리하게 4세기 중엽(내물왕 대)에 비정해 보고 나아가 이를 근거로 그때를 신라의 실질적인 성립기로 보는 기존 견해는 재고되어야 한다. 신라사의 전개를 4세기 중엽을 전후해 시기 구분해 보기보다, 앞선 시기 사로국으로부터 연결되는 계기적 맥락 속에서 신라의 성립 과정을 통시적으로 이해해야 한다.

신라가 삼한 가운데 진한에서 출발했다는 것은 주지의 사실이다. 진한의 역사를 처음 본격적으로 기록한 『삼국지』 동이전에 의하면, 진한은 12개의 국으로 이루어져 있었다. 이 가운데 보이는 사로국이 바로 신라의 모체라고 할 수 있다.

진한이 신라의 전신인 것은 사실이지만, 진한 12국이 처음부터 신라의 영역이었던 것은 아니다. 12국 가운데 하나인 사로국이 2세기 이후 주변 소국(음즙벌국·실직국·압독국 등)들을 차례로 복속해 나아가면서 고대국가로 형성·발전한 것이다.[72] 정치체제에서도 사로국 시기인 2세기부터 정사당과 남당 등 국가적인 중앙정부 조직의 원형이 성립되어 기능하고 있었다.[73] 신라의 성립 과정은 진한의 소국이었던 사로국이 2~3세기 주변 소국들을 병합하여 대국으로 성장한 후 정사당과 남당을 갖추며 소국 지역을 간접 지배한 진한의 왕국으로 발전해 간 과정이라고 할 수 있다.[74]

에 대해선 박대재, 2019, 「변진사회의 분화와 구야국의 성장」, 『한국고대사연구』 94(이 책의 IV-3장) 참조.

[72] 김영하, 1990, 「新羅의 發展段階와 戰爭」, 『한국고대사연구』 4, 116~121쪽.

[73] 이문기, 1990, 「新羅 上古期의 統治組織과 國家形成 問題」, 『한국 고대국가의 형성』, 민음사, 269~274쪽.

[74] 박대재, 2006, 앞의 책, 173~199쪽.

그렇다면 진한 12국을 아우른 왕국으로서의 신라는 언제 등장했다고 보아야 할까? 이에 대해 학계에는 두 가지 다른 시각이 존재한다. 3세기 중엽에 신라(사로국)가 진한 소국들을 아우르고 '진왕'(辰王)으로 대두했다고 보는 입장이 있는 반면,[75] 4세기 이후에야 비로소 진한 연맹체를 청산하고 고대국가(왕국) 신라라고 부를 수 있는 단계로 발전했다고 보는 입장이 있다.[76]

전자는 『삼국사기』 신라본기에 보이는 신라의 소국 병합 기록을 신뢰하면서, 『삼국지』 동이전의 진한 12국이 진왕에게 속했다고 한 기록을 3세기 중엽의 사로국왕(첨해이사금)과 연결해 본다. 후자가 4세기 이후를 신라로 보며 그 이전 진한(사로국) 단계와 분별해 보는 '전사론'이라고 한다면, 전자는 사로국 시기를 신라의 전기(초기)에 포괄해 보는 '전기론'이라고 이해된다. 하지만 전사론의 입장 역시 사로국과 신라를 완전히 분리해 보는 것은 아니기 때문에 전기론과의 접점이 있으며, 공시적 관점과 통시적 관점 중 어느 쪽에 더 비중을 두느냐에 따라 나올 수 있는 시각차이기 때문에 둘을 종합해 볼 수 있다.[77]

신라의 성립 과정은 진한 제국의 상호 관계를 중시하는 전사론과 사로국의 발전 과정을 중시하는 전기론의 시각을 종합해 보면, 진한 소국이었던 사로국이 주변국을 복속하고 대국-왕국으로 발전하는 맥락에서 파악할 수 있다. 『삼국사기』 신라본기 초기 기록의 신뢰 여부를 떠나 진한의 사로국이 신라 왕국으로 성장하는 과정은 연속적인 국가형성 과정으로 이해할 수 있다.[78]

엄밀히 말하자면 신라의 기원은 진한이 아니라 사로국에 있다고 할 수 있

---

[75] 천관우, 1976, 「三韓의 國家形成-三韓攷 3부-」(상·하) 『한국학보』 2·3; 1989, 『고조선사·삼한사연구』, 일조각.

[76] 주보돈, 2002, 「辰·弁韓의 成立과 展開」, 『진·변한사 연구』, 경상북도·계명대학교 한국학연구원; 2011, 「진한에서 신라로」, 『신라 형성기의 유적-집터(주거지)유적·무덤(분묘)유적·생산유적·기타 유적-』, 한국문화재조사연구기관협회.

[77] 전사론과 전기론에 관한 검토는 박대재, 2017, 「삼한시기 논쟁의 맥락과 접점」, 『한국고대사연구』 87(이 책의 IV-5장) 참조.

[78] 김재홍, 1996, 「신라사로국의 형성과 발전」, 『역사와 현실』 21; 김수태, 2003, 「新羅의 國家形成」, 『신라문화』 21.

다. 경주 일대의 사로국이 점차 영역을 확장하면서 진한 지역을 아우른 왕국으로 발전하는 연속선상에서 신라의 성립을 이해해야 한다. 결과적으로 진한의 고지가 신라의 영역이 된 것이지 4세기에 들어와 진한(연맹체)에서 신라(고대국가)로 일순간 전환된 것이 아니다.

신라의 기원을 진한 전체가 아니라 그 일국인 사로국에서 찾는 시각은 조선 후기 안정복의 인식에서도 그 단서를 찾아볼 수 있다. 안정복은『북사』신라전의 기록[79]을 요약하면서, "신라는 진한의 유종(遺種)이니 사로라고도 한다. 진한은 12국이었는데 신라가 그 중 하나이다"라고 하였다.[80]

진한의 사로국을 신라와 직접 연결해 본 기록은『북사』보다 조금 일찍 편찬(636)된『양서』신라전에서 먼저 보인다. 이는 마한 50여 국 중 하나인 백제국과 백제를 연결해 본 범엽(393~445)의『후한서』동이전과 비교해 시기상 많이 늦지만, 신라와 중국의 교류가 백제와 비교해 상대적으로 늦은 시기에 이루어지다 보니『양서』에 이르러 비로소 사로-신라의 연결 관계가 기록된 것이다.

신라 국호가 중국 정사에서 늦게 등장한다고 해서 신라의 성립이 그만큼 늦은 시기에 이루어졌다고 보기는 어렵다. 기존의 통설과 같이 '신라' 국명의 등장에만 초점을 맞춰 보면 사로국에서 신라로 이어지는 연속적인 발전의 맥락을 파악하기 어렵다. 4세기 중·후반 내물왕 대를 신라의 실질적인 성립 시기로 보았던 기존 시각의 맹점이 여기에 있다.

이상의 논의에 의하면 신라의 성립 과정은 진한의 소국이었던 사로국이 2~3세기 주변국을 복속하며 대국을 거쳐 진한의 왕국으로 발전하는 맥락에서 계기적으로 파악할 수 있을 것이다.

---

[79] 『북사』권94 열전82 사이상 신라, "新羅者 其先本辰韓種也 … 辰韓之始 有六國 初分爲十二 新羅則其一也".

[80] 『동사강목』부록 상권하 잡설 三國始起, "北史云 新羅辰韓種也 亦曰斯盧 辰韓十二國 新羅其一也".

5. 맺음말

『태평어람』에 인용된 『진서』(秦書)의 신라 사신 기록은 신라와 중국(전진)의 초기 통교를 알려 주는 중요한 기록이다. 하지만 그 기록의 의미를 지나치게 확대해석하고 그를 근거로 신라사를 시기 구분해 보면, 신라사의 연속적인 발전 과정을 단절시켜 보게 되는 맹점이 생긴다. 중국 사서의 풍부한 기록도 참고하되, 『삼국사기』나 『삼국유사』 등 국내 사서에 보이는 신라사의 연속적인 맥락도 무시하지 말아야 한다.

그동안 신라사 연구에서는 4세기 중·후반 내물왕 대에 신라의 실질적인 성립이라는 획기적인 변화가 있었다고 상정해 왔다. 내물왕 대를 고대국가 성립기로 보면서 그 전의 진한 사로국(소국) 단계와 분별해 본 것이다. 이러한 4세기 분기론에서는 『삼국지』·『진서』·『양서』 등 중국 정사 기록을 더 신뢰하며 『삼국사기』 신라본기 초기 기록의 맥락을 분해해 보는 입장을 견지하기도 했다. 하지만 4세기는 5호 16국의 분열과 혼란으로 인해 중국의 역사 기록이 불완전한 시기였다. 따라서 그에 근거해 신라의 성립이나 전개 과정을 판단하기에는 한계가 있다.

기존 연구에서는 『태평어람』 인용 『진서』의 '신라국왕누한'(新羅國王樓寒)이나 '시대변혁'·'명호개역'과 같은 표현에 주목해, 4세기 중·후반 내물왕 대를 신라의 획기적인 도약기로 이해하였다. 그에 따라 4세기 이전 사로국과 4세기 이후 신라 사이의 양적·질적 분별이 여러 분야에서 심화 연구되었다. 고고학의 '원삼국시대'라는 표현도 이러한 4세기 분기론과 궤를 같이한다.

하지만 『진서』의 기록을 다시 검토한 결과 시대변혁과 명호개역의 표현은 신라보다는 당시 해동의 패권을 두고 남북에서 경쟁하고 있던 고구려와 백제의 형세를 중국의 전진과 동진에 견주어 비유한 것으로 이해된다. 또한 기존 통설에서 『진서』의 기록에 근거해 추정한 것과 같이 신라의 왕호(마립간)나 국호가 내물왕 때를 기점으로 바뀌었다고 보기도 어렵다.

신라의 기원은 진한이 아니라 사로국에 있었다. 경주 일대의 사로국이 점차 영역을 확장하며 대국을 거쳐 진한 전역을 아우른 왕국으로 발전하는 연속선상에서 신라의 성립 과정을 이해해야 한다. 결과적으로 진한 지역이 신라의 영역이 된 것이지 4세기에 들어와 기존의 진한 연맹체에서 신라 왕국으로 일순간 전환된 것이 아니다. 국내 사서 및 중국 사서에 나타난 신라의 역사적 맥락을 종합해 보면, 4세기 중·후반 신라가 갑자기 고대국가로 등장한 것이 아니라 진한의 소국이었던 사로국이 2~3세기 주변국을 복속하며 대국을 거쳐 진한의 왕국으로 대두하는 계기적인 발전 과정에서 신라의 성립을 이해할 수 있다.

참고문헌

1. 국내 단행본

노중국 외, 2002, 『진·변한사 연구』, 경상북도·계명대학교 한국학연구원.

박대재, 2003, 『의식과 전쟁-고대 국가를 바라보는 새로운 시각-』, 책세상.

_____, 2006, 『고대한국 초기국가의 왕과 전쟁』, 경인문화사.

박한제, 1988, 『중국중세호한체제연구』, 일조각.

三崎良章, 2007, 『오호십육국-중국사상의 민족 대이동-』, 김영환 역, 경인문화사.

선석열, 2001, 『신라국가성립과정연구』, 혜안.

이병도, 1959, 『한국사』(고대편), 진단학회 편, 을유문화사.

_____, 1976, 『한국고대사연구』, 박영사.

주보돈, 1998, 『신라 지방통치체제의 정비과정과 촌락』, 신서원.

천관우, 1989, 『고조선사·삼한사연구』, 일조각.

2. 국내 논문

강종훈, 2015, 「《晉書》 慕容皝載記와 《資治通鑑》 晉穆帝紀 소재 '百濟' 관련 기사의 사료적 가치」, 『대구사학』 121.

권인한, 2008, 「新羅國號 異表記와 古代韓國語 音韻現象의 展開」, 『구결연구』 20.

김수태, 2003, 「新羅의 國家形成」, 『신라문화』 21.

김영하, 1990, 「新羅의 發展段階와 戰爭」, 『한국고대사연구』 4.

김재홍, 1996, 「신라사로국의 형성과 발전」, 『역사와 현실』 21.

김철준, 1964, 「韓國古代國家發達史」, 『한국문화사대계』 I(민족·국가사), 고려대학교 민족문화연구소.

김희만, 1996, 「新羅 上古期의 王權과 官等」, 『동국사학』 30.

박대재, 2014, 「신라 초기의 國邑과 6村」, 『신라문화』 43.

_____, 2017, 「삼한시기 논쟁의 맥락과 접점」, 『한국고대사연구』 87.

_____, 2019, 「변진사회의 분화와 구야국의 성장」, 『한국고대사연구』 94.

양정석, 1996, 「신라 麻立干期 왕권강화과정과 지방정책」, 『한국사학보』 창간호.

윤용구, 1998, 「3세기 이전 中國史書에 나타난 韓國古代史像」, 『한국고대사연구』 14.

_____, 2012, 「《梁職貢圖》의 流傳과 模本」, 『목간과 문자』 9.

윤진석, 2009, 「신라 至都盧葛文王의 '攝政'」, 『한국고대사연구』 55.

이문기, 1990, 「新羅 上古期의 統治組織과 國家形成 問題」, 『한국 고대국가의 형성』, 민음사.

임기환, 1998, 「4~6세기 中國史書에 나타난 韓國古代史像」, 『한국고대사연구』 14.

정연식, 2018, 「신라의 초기 국호 사라벌[徐羅伐]과 시라[斯盧]의 뜻」, 『동아시아문화연구』 72.

주보돈, 1997, 「朴堤上과 5세기초 新羅의 政治 動向」, 『경북사학』 21.

_____, 2003, 「斯盧國을 둘러싼 몇 가지 문제」, 『신라문화』 21.

_____, 2016, 「신라사의 시기 구분과 흐름」, 『신라사 총론』, 경상북도.

3. 국외 단행본

葛劍雄, 2013, 『統一與分裂-中國歷史的啓示-』, 商務印書館.

谷川道雄, 1971, 『隋唐帝國形成史論』, 筑摩書房.

今西龍, 1933, 『新羅史研究』, 近澤書店.

末松保和, 1954, 『新羅史의 諸問題』, 東洋文庫; 1995, 『新羅の政治と社會』 上, 吉川弘文館.

坂元義種, 1981, 『倭の五王-空白の五世紀-』, 教育社.

4. 국외 논문

藤井秀樹, 1999, 「前秦における君主權と宗室」, 『史朋』 32.

李成市, 2014, 「〈梁職貢圖〉 高句麗・百濟・新羅の題記について」, 『梁職貢圖と東部ユーラシア世界』, 勉誠出版.

松下洋巳, 1997, 「前秦苻堅政權の性格について」, 『史苑』 57-2.

王素, 1992, 「梁元帝《職貢圖》新探-兼說滑及高昌國史的幾個問題-」, 『文物』 1992-2.

____, 2020, 「梁元帝《職貢圖》與西域諸國-從新出淸張庚摹本《諸番職貢圖卷》引出的話題-」, 『文物』 2020-2.

3장

변진사회의 분화와 구야국의 성장

1. 머리말

신라가 진한의 사로국(斯盧國)에서, 백제가 마한의 백제국(伯濟國)에서 기원하였듯이, 가야는 변한(변진)의 구야국(狗邪國)에서 기원했다. 사로에서 신라로, 백제에서 백제로의 변화처럼 구야에서 가야로의 변화 역시 차자 표기의 차이이며, 그 실체는 연속된다고 이해된다. 신라·백제·가야는 삼한의 사로·백제·구야국으로부터 기원해 성장한 것이다.

가야는 "狗邪·加羅·加耶(伽倻)·駕洛·加良" 등으로 다양하게 표기되었지만, 그 음은 서로 통하는 것으로 추정된다.[1] '狗'의 상고한음(上古漢音)은 [ko], 즉 '고'에 가깝게 재구된다.[2] '狗'가 [kəu]로 구에 가깝게 발음된 것은 『절운』 이래 중

---

[1] 이영식, 2016, 「가야제국명의 재검토」, 『가야제국사연구』, 생각과종이, 159쪽에서는 김해 지역 향언에 '가'는 '개'로 발음되기도 했으며, 고대 중국에서 주변 민족이나 국명을 표기할 때 야만으로 낮춰 보는 뜻에서 나쁜 뜻이나 동물의 뜻이 있는 글자를 빌어 표기했었다는 점에서, 狗는 개에 대한 훈차일 가능성이 있다고 보았다. 즉 가야는 '개야'라고도 불리었는데, 개의 뜻을 빌어 狗邪로 표기했다는 것이다. 그런데 고대지명의 차자 표기에서 음차가 일반적이거니와, 『삼국지』에서 狗邪는 拘邪로 표기되기도 했다는 점에서 음차로 보는 것이 타당하지 않을까 생각된다.

[2] 郭錫良, 1986, 『漢字古音手冊』, 北京大學出版社, 171쪽. 『삼국지』 왜인전의 국명[狗奴], 인명[掖邪狗], 관명[卑狗] 등에 보이는 狗도 고대 일본어[彌生語]에서 [ko(コ)]로 재구된다(長田夏樹, 2010, 『新稿 邪馬

고한음부터였다. 따라서 3세기 후반 편찬된 『삼국지』의 '狗邪國'은 상고음에 따라 재구해야 한다.

구야가 이후 가야·가라 등으로 바뀐 것이나 '狗'의 상고음이 [ko]에 가까운 것으로 보아, 구야의 '狗'는 본래 고대국어의 'ᄀ'에 가까운 소리였던 것으로 추정된다. 고대국어에서 ᄋ → 아의 전이가 자주 보이는데, 고구려·백제 지명에서 'ᄀ'[邊]를 '加'로 표기한 예에서 확인할 수 있다.[3] 'ᄋ'는 '아'와 '오'의 중간음으로, 중세국어에서 대부분 '아'로 발달하고 일부 '오'나 '어'로 변한 경우도 있다.[4]

'狗邪' 다음의 한자 표기로 '加羅'가 광개토왕비, 『송서』 등에서 보이며, '加耶'(伽倻)는 최치원의 『석이정전』(釋利貞傳) 등 신라 사료에서 보이기 시작한다. "狗邪 → 加羅 → 加耶"의 변화에서 야·라 사이에 단층이 있는 것처럼 보일 수도 있다. 하지만 고대국어에서 'ᄋ·ㄹ'의 상통에 의해 '邪·耶'가 '라'로 전음차된 경우가 많다는 점에서 야 → 라 → 야의 변화는 오히려 일반적이다.[5]

이처럼 어원적으로 볼 때 가야의 기원을 구야국에서 찾는 것은 자연스러운 접근이다. 하지만 학계 일각에는 『삼국지』 동이전의 구야국을 4세기 이후의 가야와 구분해 보는 시각[6]이 있다. 구야국 단계는 가야의 전사(前史)인 변진사의 일부이며, 4세기 이후부터가 가야사라고 보는 입장이다.

구야국 등 12국이 공존한 변진사회를 '전기 가야'(1~4세기)로 치환해 보는 시각[7]도 문제가 없지 않지만, 그 시기를 가야사에서 분리해 전사로 파악하는

臺國の言語-彌生語復元-』, 學生社, 24~26쪽).

3 박병채, 1968, 「古代 三國의 地名語彙攷-三國史記 地理志의 複數地名을 中心으로-」, 『백산학보』 5, 124쪽; 1971, 『고대국어의 연구』(음운편), 고려대학교 출판부, 332쪽.

4 이숭녕, 1940, 「· 音攷」, 『진단학보』 12; 1988, 『이숭녕국어학선집』 1, 민음사, 71~106쪽.

5 양주동, 1965, 『증정 고가연구』, 일조각, 347~350쪽.

6 주보돈, 1995, 「序說-가야사 이해의 기초」, 『가야사연구-대가야의 정치와 문화-』, 경상북도; 2018, 『가야사 이해의 기초』, 주류성, 190~244쪽.

7 김태식, 1993, 『가야연맹사』, 일조각, 27~87쪽.

것은 한국사의 전체 맥락에서 보면 더 큰 문제를 야기할 수 있다.[8]

지역사 관점에서는 3세기까지 영남 각지의 역사를 신라사와 가야사의 전사인 진·변한 소국의 역사로 서술할 수 있다. 하지만 한국사의 전체 체계에서 보면 그 시기는 신라·가야가 성립한 삼국시대 초기에 포함해 이해해야 한다. 구체적인 건국 연대에 대해서는 논의가 갈릴 수 있지만, 『삼국사기』나 『삼국유사』의 체제에 따르면 사로국과 구야국이 성립된 시기부터 삼국시대로 파악할 수 있는 것이다.

사로국과 구야국이 진한과 변진의 1국이었음은 부인할 수 없는 사실이다. 하지만 이것은 공시적인 관점에서 바라본 것이며, 이들이 계속해서 1개 소국에 머물러 있었다고 보기는 어렵다. 삼한사회는 기원전 1세기부터 개시된 것으로 이해되는데, 3세기까지 사로국과 구야국이 소국 수준에 머물러 있었다고 보면, 그 후 신라와 가야로 발전한 과정을 계기적으로 파악하기 어렵다. 통시적인 국가형성 과정에서 보면, 삼한 시기는 사로국·백제국·구야국 등이 소국에서 대국으로 성장해 간 시기였다.[9]

변진에 대한 종합적인 검토는 지면 관계상 선행 연구[10]에 할애하고, 여기서는 변진사회의 분화에 대한 고찰을 통해 구야국이 소국에서 대국으로, 나아가 변진의 종주국으로 성장한 과정을 중심으로 살펴보고자 한다.

---

8 변한과 가야의 시기 구분에 대한 연구사 검토는 문창로, 2018, 「변한과 가야' 연구의 동향과 과제」, 『한국고대사연구』 89, 83~85쪽 참조.

9 박대재, 2017, 「삼한시기 논쟁의 맥락과 접점」, 『한국고대사연구』 87, 6~44쪽.

10 이병도, 1976, 「三韓問題의 硏究」, 『한국고대사연구』, 박영사; 이현혜, 1984, 『삼한사회형성과정연구』, 일조각; 김정배, 1986, 「三韓社會의 〈國〉의 解釋問題」, 『한국고대의 국가기원과 형성』, 고려대학교 출판부; 천관우, 1989, 『고조선사·삼한사연구』, 일조각; 백승충, 1995, 「弁韓의 成立과 發展」, 『삼한의 사회와 문화』(한국고대사연구 10), 신서원; 권오영, 1996, 「三韓의 〈國〉에 대한 硏究」, 서울대학교 박사학위논문; 문창로, 2000, 『삼한시대의 읍락과 사회』, 신서원; 노중국·권주현·김세기·이명식·이형우·이희준·주보돈, 2002, 『진·변한사연구』, 경상북도·계명대학교 한국학연구원; 이재현, 2003, 「弁韓社會의 形成과 發展」, 『가야 고고학의 새로운 조명』, 부산대학교 한국민족문화연구소 편, 혜안.

2. 변진과 진한의 구분

3세기 후반에 편찬된 진수(233~297)의 『삼국지』 동이전 한조(이하 한전)에는 마한·진한·변한(변진)이 차례대로 기록되어 있는데, 진한과 변한은 각각 12국으로 이루어져 있었다.

변한은 변진으로도 보이는데, 한전의 서두에서는 변한으로 기록했으나, 그 뒤에서는 모두 변진이라 표기되었다. 특히 진·변한 24국의 이름을 열거한 부분에서는 변진미리미동국(弁辰彌離彌凍國), 변진접도국(弁辰接塗國) 등과 같이 일일이 변진을 붙여 진한의 국명과 구별했다.

일반적으로는 변진보다 변한을 더 많이 사용하고 있지만, 『삼국지』뿐만 아니라 『위략』『후한서』에서도 변진이 압도적으로 많이 쓰였다. 3세기 중엽 편찬된 어환의 『위략』이 『삼국지』 동이전의 저본이 되었으며, 5세기 전반 편찬된 범엽(393~445)의 『후한서』 동이열전은 다시 『삼국지』를 참고하여 편찬된 것이다.[11] 그런데 『삼국지』 한전의 서두에서만 변한으로 보이고,[12] 『위략』[13]과 『후한서』[14]에서는 모두 변진으로 기록되었다.

배송지(372~451)의 『삼국지주』에 인용된 『위략』의 염사치 기사에서 변한포(弁韓布)가 확인된다. 『위략』에서도 변한과 변진이 혼용된 것이다. 『한원』에서는 『위지』를 인용하면서 변진을 변진(卞辰)이라 표기하기도 했다.[15] 『삼국사기』에서도 변한을 변한(卞韓)이라 표기했다.[16] 여기서 '弁'(卞)은 글자의 의미가

---

11 전해종, 1980, 『동이전의 문헌적 연구-위략·삼국지·후한서 동이관계 기사의 검토-』, 일조각.

12 『삼국지』 권30 동이전 한, "韓在帶方之南 東西以海爲限 南與倭接 方可四千里 有三種 一曰馬韓 二曰辰韓 三曰弁韓 辰韓者 古之辰國也".

13 『한원』 권30 번이부 삼한, "魏略曰 韓在帶方南 東西以海爲限 地方四千里 一曰馬韓 二曰辰韓 三曰弁辰 𠀤(辰)韓古之辰國也".

14 『후한서』 권85 동이열전 한, "韓有三種 一曰馬韓 二曰辰韓 三曰弁辰".

15 『한원』 권30 번이부 신라.

16 『삼국사기』 권1 신라본기1 시조혁거세거서간 19년, "春正月 卞韓以國來降". 변한을 '卞國'이라

아니라 소리를 빌려 쓴 차자 표기임을 알 수 있다.

그런데 마한·진한과 짝해 변한이라 하지 않고 변진이라고 표기한 이유는 무엇일까? 일단 진(辰) 자를 붙여 변진이라고 표기한 것은, 무엇보다도 이들이 진한과 관련된 존재라고 이해되었기 때문인 것 같다. 변진한 24국명이 섞여 있고,[17] 변진과 진한이 잡거했다는 기록[18]도 양자의 지역적 혼재를 보여준다.

또한 "弁辰韓合二十四國"이라고 한 데서, 진한과 변한을 합칭할 때 변진한이라 했음도 유의된다. 기록의 순서는 마한·진한·변한이었지만, 합칭할 때는 진한보다 변진이 먼저 언급된 것이다. 변진과 진한은 의복·거처·언어·법속 등에서 유사했다. 다만 귀신 제사에서 차이가 있었다. 이것은 변진과 진한이 서로 다른 선조의식을 가지고 있었음을 시사해 주는 것인지도 모르겠다. 하지만 여타 문화에서 동일 양상을 보인다는 점에서 변진과 진한의 주민이 다른 계통이었다고 보기는 어렵다.

『삼국지』에서는 마한·진한·변한을 한의 '3종'(種)이라고 서술했다. 여기서 종이 종족적 의미인지 아니면 다른 기준에 의한 분류인지 명확하지 않다. 『삼국지』 동이전에서는 고구려를 '夫餘別種', 소수맥(小水貊)을 '句麗別種', 예(동예)를 '句麗同種'이라 표현하여 '종'이 자주 보인다. 예와 왜(倭)의 정체성도 종으로 표현되었다.[19] 여기서 종은 대부분 종족의 의미로 사용된 것으로 이해된다. 예와 왜를 하나의 종으로 파악한 예를 보면, 한(韓) 자체가 개별 종(종족)이

고 표기한 예도 泉男生墓誌銘에서 확인된다.

17 『삼국지』 권30 동이전 한, "有已柢國 不斯國 弁辰彌離彌凍國 弁辰接塗國 勤耆國 難彌離彌凍國 弁辰古資彌凍國 弁辰古淳是國 冉奚國 弁辰半路國 弁[辰]樂奴國 軍彌國 (弁軍彌國) 弁辰彌烏邪馬國 如湛國 弁辰甘路國 戶路國 州鮮國 (馬延國) 弁辰狗邪國 弁辰走漕馬國 弁辰安邪國 (馬延國) 弁辰瀆盧國 斯盧國 優由國 弁辰韓合二十四國".

18 『삼국지』 권30 동이전 한, "弁辰與辰韓雜居 亦有城郭 衣服居處與辰韓同 言語法俗相似 祠祭鬼神有異施竈皆在戶西".

19 『삼국지』 권30 동이전 예, "自單單大山領以西屬樂浪 自領以東七縣 都尉主之 皆以濊為民 後省都尉 封其渠帥為侯 今不耐濊皆其種也"; 『삼국지』 권30 동이전 왜인, "女王國東渡海千餘里 復有國 皆倭種".

되고, 한의 3종은 그보다 하위의 분류라고 판단된다.

이와 관련해 『삼국지』에서 종이 종족보다 하위의 분류로 쓰인 오환 3종의 예[20]가 있다. 후한 건안 18년(213)조에 보이는 오환 3종은 '삼군오환'(三郡烏丸)을 의미한다.[21] 3군 오환은 답돈(蹋頓)이 이끄는 요서오환, 소복연(蘇僕延)이 이끄는 요동오환, 오연(烏延)이 이끄는 우북평오환을 일컫는다.[22] 3군 오환에 대한 기록은 『삼국지』 오환전에서도 확인된다.

오환 3종은 후한 말 원소가 선우(單于)로 봉했던 요서오환 선우 답돈, 요동오환 선우 소복연, 우북평오환 선우 오연 등에게 통속되어 있던 3군 지역의 오환을 가리킨다.[23] 이처럼 후한 말기에 오환을 3종으로 구분한 것은 정치적 통속 관계에 의한 것이었다.

한의 3종도 오환 3종과 비슷하게 정치적 통속 관계의 의해 구분된 지역 세력으로 추정된다. 변진과 진한의 국이 잡거하였던 것으로 보아, 양자를 3군 오환처럼 지역적으로 명확히 구분하기는 어렵다. 『삼국지』에는 변진한 24국명 기록 뒤에 다음 기록이 이어진다.

A. 변진한은 24국이다. 대국은 4000~5000가, 소국은 600~700가로 총 4~5만 호다. 그 12국이 진왕(辰王)에게 속한다. 진왕은 항상 마한인으로 세워 대대로 계승한다. 진왕은 스스로 서서 왕이 될 수는 없다.[24]

---

20 『삼국지』 권1 위서 무제기 건안 18년, "夏四月 至鄴 五月丙申 天子使御史大夫郗慮持節策命公為魏公曰 … 烏丸三種 崇亂二世 袁尚因之 逼據塞北 東單縣車 一征而滅 此又君之功也".

21 盧弼, 1936, 『三國志集解』 卷1, 93頁(2006, 中華書局, 47쪽). 『삼국지』 권1 위서 무제기 건안 12년조에 '三郡烏丸'이 보인다.

22 『자치통감』 권64 한기 헌제 건안 10년, "三郡烏桓攻鮮于輔於獷平[三郡烏桓 遼西蹋頓 遼東蘇僕延 右北平烏延也 獷平縣 屬漁陽郡]".

23 오환 3종의 선우에 대해서는 동북아역사재단 편, 2009, 『(역주 중국정사 외국전4) 삼국지·진서 외국전 역주』, 49~51쪽 주석 참조.

24 『삼국지』 권30 동이전 한, "弁辰韓二十四國 大國四五千家 小國六七百家 總四五萬戶 其十二國屬辰王 辰王常用馬韓人作之 世世相繼 辰王不得自立爲王".

위 기록에 보이는 진왕의 성격에 대해서는 그동안 많은 논의가 있었다. 진왕이 삼한의 총왕이라고 보는 입장에서는, 여기의 12국을 진왕과 부용 관계에 있던 진한의 12국이라고 파악한다.[25] 이에 따르면 변진한 24국 가운데 변진을 관칭한 12국은 후한 말 진왕에게서 이탈한 세력이라고 한다. 즉 진왕예하의 소속 여부를 기준으로 변진과 진한을 구분했다고 본 것이다.

그러나 이 주장은 진한을 경기 지역에 비정하고, 영남 지역 전체를 변진으로 본다는 점에서 현재의 통설과 기본 관점이 다르다. 진한과 변진을 경기와 영남 지역에 따로 비정하게 되면, 변진과 진한이 잡거하였다는 『삼국지』 기록과 정면으로 배치된다. 진한과 변한의 위치는 17세기 초 한백겸(1552~1615)의 『동국지리지』 이래 영남 지역 좌우에 비정해 온 것이 통설이다.[26]

그렇지만 위 견해에서 변진의 관칭 여부를 진왕으로의 정치적 소속 관계로 파악한 것은 주목할 만하다. 이에 따르면 지역적·종족적으로 구분하기 힘든 24국 가운데 12국에만 변진이 붙은 사실과 12국이 진왕에 속해 있다는 기록을 유기적으로 파악할 수 있다. 변진한 24국 가운데 12국은 진왕에게 속해 있었고, 나머지 12국은 진왕과 무관한 별도의 세력으로 구분되는 것이다.

그렇다면 진왕에 속한 12국과 속하지 않은 12국 중 어느 쪽이 변진인가가 문제이다. 이것은 변진의 12국에도 왕이 있다는 기록[27]을 통해 확인할 수 있다. 여기의 12국은 문맥으로 보아 독로국이 속해 있었고 왜와 인접한 변진의 12국을 가리킴이 분명하다. A의 12국이 속해 있던 진왕과 구분되는 별도의 왕이 변진에도 있던 것이다. 따라서 진왕에게 속해 있다고 한 12국은 자연스럽게 진한의 12국이며, 나머지 12국은 변진이라고 구분된다.

기왕에도 진왕에의 소속 여부를 진·변한의 구분 기준으로 주목한 시각이

---

25 이병도, 1976, 앞의 책, 270~271쪽.

26 김정배, 1968, 「三韓位置에 대한 從來說과 文化性格의 檢討」, 『사학연구』 20.

27 『삼국지』 권30 동이전 한, "其瀆盧國與倭接界 十二國亦有王 其人形皆大 衣服絜淸長髮 亦作廣幅細布 法俗特嚴峻".

있었다.[28] 12국을 통속한 진왕은 마한 목지국의 진왕과 구별되는 진한의 사로국왕이라고 보면서,[29] 진왕 소속 12국을 3세기경 사로국 세력권 내에 복속된 진한의 소국들로 이해하고, 나머지 12국을 변한으로 본 것이다.

『위략』의 일문에는 진왕이 진한인의 군주로 보인다.[30] 또한 『삼국지』를 참고한 『양서』 신라전에서는 진왕이 진한왕으로 표기되어 있다.[31] 『위략』과 『양서』의 기록을 종합해 보면, 12국이 진한왕에게 속해 있다고 해야 하는데 진왕으로 기록된 것이다. 진한에 별도의 왕(진한왕)이 존재했음은 『진서』 동이전의 기록[32]을 통해서도 확인된다.[33]

진수가 진의 저작랑이 되어 『삼국지』를 편찬한 시기[34]인 277~290년 마한의 왕과 진한의 왕이 진 무제에게 사신을 보내 조공하였다.[35] 이로 인해 진수는 마한과 진한을 각각의 왕을 중심으로 대외교섭을 하던 한의 지역 세력으로 이해하게 되었을 것이다.

마한이나 진한과 달리 변진의 왕이 서진과 교섭한 기록은 보이지 않는다. 변진 12국에도 왕이 있다고 한 것으로 보아, 변진에도 마한·진한과 구분되

---

28 이현혜, 1988, 「4세기 加耶社會의 交易體系의 변천」, 『한국고대사연구』 1, 160쪽.

29 천관우, 1976, 「《三國志》 韓傳의 再檢討」, 『진단학보』 41, 27쪽.

30 『한원』 권30 번이부 삼한, "魏略曰 辰韓人常用馬韓人作主 代代相承".

31 『양서』 권54 동이전 신라, "又辰韓王常用馬韓人作之 世相係 辰韓不得自立爲王 明其流移之人故也 恒爲馬韓所制 辰韓始有六國 稍分爲十二 新羅則其一也".

32 『진서』 권97 동이전 진한, "武帝太康元年 其王遣使獻方物 二年復來朝貢 七年又來".

33 박대재, 2002, 「《三國志》 韓傳의 辰王에 대한 재인식」, 『한국고대사연구』 26; 2006, 『고대한국 초기국가의 왕과 전쟁』, 경인문화사, 164~172쪽.

34 『삼국지』 편찬은 274년부터 시작해 280년대에 완성된 것으로 추정된다(張舜徽 主編, 1984, 「陳壽」, 『中國史學家傳』, 遼寧人民出版社; 江畑武, 2000, 「《三國志》の成立年次」, 『阪南論集』(人文·自然科學編) 36-2].

35 『진서』 권97 동이전 마한, "武帝太康元年二年 其主頻遣使入貢方物 七年八年十年又頻至 太熙元年 詣東夷校尉何龕上獻 咸寧三年復來 明年又請內附". 遣使 주체를 '其主', 즉 마한주라고 했으나, 『통전』과 『책부원귀』에는 '馬韓王'이라고 되어 있다. 『진서』를 저본으로 한 『통지』에서도 '其王'이라 하였다. 따라서 '其主'는 마한왕이라 보아도 무방할 것이다(박대재, 2006, 앞의 책, 151쪽). 『진서』의 마한 조공 기록에 대한 검토는 전진국, 2017, 「《晉書》에 보이는 馬韓의 대외교류와 百濟의 성장」, 『백제학보』 20 참조.

는 별도의 정치 세력이 있었던 것은 분명하다. 따라서 삼한은 오환 3종과 마찬가지로 정치적 통속 관계에 의해 구분된 사회였다고 할 수 있다.

3. 변진의 대·소국과 거수층의 분화

1) 대국과 소국의 관계

『삼국지』에서는 삼한이 70여 국으로 이루어진 사회로 서술되어 있다. 부여나 고구려가 단일한 국을 이루고 있던 것과 달리, 삼한, 즉 한국은 70여 제국들이 집합되어 있던 중층적인 구조였다.

이처럼 국 안에 여러 국이 모여 있는 구조를 기존에는 연맹체의 개념으로 파악했다. 마한·진한·변진이 모두 복수의 소국으로 이루어진 연맹체였다고 본 것이다.[36] 이에 따라 마한·진한·변진의 여러 국을 일반적으로 '소국'(小國)이라 표현해 왔다.

연맹체를 설정하기 위해서는 연맹의 맹주가 존재해야 한다. 마한 소국연맹체의 경우 목지국 진왕이 맹주로 파악되기도 하지만, 진왕의 명칭이 진(辰, 진국고지) 지역에 한정된 왕호로 보인다는 점에서 마한 전체의 맹주였다고 보기는 어렵다.[37]

『삼국지』의 표현대로 마한은 50여 국이 산과 바다 사이에 산재해 있던 복합사회였다. 한강유역·금강유역·영산강유역 등 각 지역권의 중심 세력이 설정될 수는 있지만, 마한 전체의 총왕(마한왕)이 『삼국지』 단계에 존재했다고 보기는 어렵다. 마한의 왕은 『삼국지』 다음 단계인 3세기 말의 상황을 전하는 『진서』 마한전에 가서야 비로소 확인된다.

---

[36] 이현혜, 1984, 앞의 책; 노중국 외, 2002, 앞의 책.
[37] 박대재, 2006, 앞의 책, 102~117쪽.

이에 반해 진한이나 변진의 경우는 사로국과 구야국이 각각 맹주의 지위에 있었던 것으로 추정되어, 소국연맹체의 구조에 보다 가까웠을 것으로 이해할 수도 있다. 하지만 연맹체는 기본적으로 제국 사이의 대등한 관계에 입각해 성립된다는 점에서, 이 역시 수긍하기 쉽지 않다. 변·진한 각국 사이에 규모나 발전 수준의 차이가 무시할 수 없을 정도로 현격하게 보이기 때문이다. A기록에 의하면 변·진한의 대·소국 사이에는 7배 정도의 호수 차이가 있었고, 마한에서도 그 정도의 규모 차이가 있었던 것으로 보인다.[38]

『삼국지』에서는 55개의 마한 국명을 열거한 뒤 모두 50여 국이라고 기록했다. 막로국(莫盧國)이 중복 기록된 것을 제외하면 54국이 되는데, 『후한서』에서 마한에 54국이 있었다고 한 것도 이 때문이다. 한편 『진서』에서는 마한의 국이 모두 56국이었다고 했다. 『삼국지』에서 국명을 일일이 기록하고도 50여 국이라고 한 것은, 마한 전체 국수에 대한 정확한 정보가 부족했기 때문이다.

마한의 총 호수가 10여만 호라는 점을 감안하면, 만여 가의 대국이 5개 이상 존재하기는 어렵다. 대국의 합이 5만 호가 되면 나머지 5만여 호가 50개 소국의 호수가 되어, 소국 당 호수가 수천 가였다고 한 기록과 맞지 않게 되기 때문이다. 대국의 수를 최소 1로 하게 되면, 9만여 호가 54~55개 소국의 합이 되기 때문에 소국 당 호수는 2000호를 초과할 수 없다. 즉 마한에서 소국의 평균 호수는 2000호 내외였다고 추정할 수 있다.

변·진한의 경우는 호수와 국수가 구체적으로 기록되어 있어 계산이 비교적 용이하다. 일단 대국의 호수가 4000~5000가였다는 점에서 8국 이내였을 것으로 추정된다. 8국 이상이 되면 천체 호수 4~5만 호를 초과하게 되어, 나머지 소국의 호수가 상정되지 않기 때문이다.

표 1에서 확인할 수 있듯이 소국과 대국은 7배 정도 인구 차이가 있었다. 마한의 대국과 변·진한의 소국을 비교하면 10배 이상의 규모 차이가 난다.

---

38 『삼국지』 권30 동이전 한, "(馬韓)凡五十餘國 大國萬餘家 小國數千家 總十餘萬戶".

표 1 삼한의 소국과 대국 규모

구분		소국	대국	총계
마한	호수	수천 가	만여 가	10여만 호
	국수		5국 이내	54~56국
변·진한	호수	600~700가	4000~5000가	4만~5만 호
	국수		8국 이내	24국

『삼국사기』에서 신라(사로국)에 복속된 국들이 군(郡) 단위(소문국·감문국·압독국·골벌국 등)와 현(縣) 단위(음즙벌국·초팔국 등)로 구분 편제된 것도, 진한 제국 사이에 대·소국의 차이가 있었음을 보여 준다. 『삼국지』에서 삼한의 거수 칭호를 큰 자인 신지와 작은 자인 읍차로 구분한 것도 대·소국의 차등을 시사해 준다.[39]

이러한 규모 차이를 감안하면, 삼한을 균질적인 연맹체사회였다고 보기는 어렵다. 『삼국지』 기록을 피상적으로 보면, 삼한이 70여 국으로 분할된 균질적인 구조처럼 보인다. 하지만 제국 사이의 규모 차이에 주목하면, 대국과 소국이 혼재해 있던 복합적인 구조였음을 알 수 있다.

그동안 국읍은 일반 제소국의 중심 읍락으로 이해되었다.[40] 하지만 국읍에는 천군이 있으며 천신 제사를 주관했다는 점에서, 일반적인 소국의 중심지로 파악하기는 곤란하다. 『삼국지』에서 국읍과 별읍은 한전에서만 보이는 용어라는 점에서, 이들은 삼한사회의 특수한 구조와 관련이 있는 개념이라고 판단된다.

한대의 출토 자료나 문헌에 보이는 국읍과 별읍은 열후가 처음 식봉(食封)받은 본읍(本邑, 始封地)과 추가로 식봉받은 비지(飛地, 益封地)로 구분되었다. 이

---

39 박대재, 1997, 「辰韓諸國의 규모와 정치발전단계」, 『한국사학보』 2; 2006, 앞의 책, 182쪽.

40 이현혜, 1976, 「三韓의 〈國邑〉과 그 成長에 대하여」, 『역사학보』 69.

러한 한대 국읍과 별읍의 주종 관계에 주목하면, 삼한의 국읍도 별읍에 영향력을 미친 우위에 있던 중심지였다고 볼 수 있다. 국읍과 별읍의 주종 관계는 대국과 소국의 용어 자체에 종주국과 부용국의 의미가 있는 것과도 연결될 수 있다. 『삼국지』에서 제사장인 천군과 군장인 주수가 함께 존재한 국읍과 제사장만 존재한 별읍(소도)을 구분한 것도, 제정분리 단계의 대국과 제정일치 단계의 소국을 구별한 것으로 이해할 수 있다. 따라서 국읍과 별읍은 각각 대국과 소국의 중심지이면서, 동시에 별읍이 국읍에 복속되어 있는 중층적인 구조였다고 파악할 수 있다.[41]

삼한사회의 구조는 10여 개의 대국이 지역권별로 산재해 있고, 대국의 주변에 60여 개의 소국이 나뉘어 분포한 복합적인 구조였다고 추정된다. 이러한 복합적 구조는 연맹장을 중심으로 한 균질적인 구조의 연맹체보다는 대국(종주) 중심으로 소국(부용)이 중층적으로 복속되어 있던 초기국가(early state)의 모델에 가깝다. 초기국가는 중앙집권적인 성숙국가 이전 단계의 국가 형태로, 지배 집단(중심)과 피지배 집단(주변) 사이의 호혜적인 관계에 기초한 중층적(분산적·분권적) 구조로 이루어졌으며, 군사력보다는 제의에 의해 공권력이 합리화되는 지배체제를 갖추고 있었다.[42]

삼한사회의 구성단위가 읍락·소국·대국으로 구분되어 있는 것은 통시적인 분화 과정을 보여 주는 것이기도 하다. 단순사회인 취락(촌락)이 주변 취락과 결합하며 읍락으로 확대되고, 다시 더 복잡한 구조의 복합사회인 소국

---

[41] 박대재, 2018, 「삼한의 '國邑'에 대한 재인식」, 『한국고대사연구』 91, 31~37쪽. 대국과 소국의 관계와 관련하여 백승충, 1995, 앞의 글, 191~196쪽에서도 대국의 지배자가 스스로의 천군을 통제하는 동시에 완만하나마 각 소국의 주수에 대한 지배를 통해 각 소국 소속 천군을 제어하는 통합 기능을 수행했을 것으로 파악했다. 국읍과 천군이 대국뿐만 아니라 소국에도 일반적으로 분포했다고 보는 점에서는 필자의 견해와 차이가 있지만, 대국의 소국에 대한 영향력을 이완된 통치 구조로 파악한다는 점에서는 서로 통하는 부분이 있다. 대국(국읍)과 소국(별읍)의 관계에 관해선 이 책의 IV-1장 참조.

[42] 박대재, 2013, 「국가형성기의 복합사회와 초기국가」, 『선사와 고대』 38, 235~237쪽.

과 대국으로 분화한 것이다. 변진의 국도 이러한 과정을 거쳐 분화했을 것이다.

구야국의 국읍은 봉황동(봉황대)유적과 대성동고분군이 연결된 구릉 지역으로 추정된다. 김해 봉황동 유적은 봉황대를 중심으로 환호·목책·주거지·패총 등이 확인되는 방어 기능을 갖춘 취락 유적이다. 특히 봉황대 동편 평지에서는 바닥시설을 갖춘 대형주거지와 대형 기둥구멍들이 확인되어 이 지역이 구야국의 중심지였던 것으로 보이며, 봉황대에서 대성동고분군에 이르는 구릉 지역이 『삼국유사』 가락국기에서 궁궐과 나성을 갖춘 궁성 지역으로 언급된 신답평(新畓坪)일 것으로 추정되기도 한다.[43] 봉황동 유적은 왕자의 묘역인 대성동 유적에 대응하는 구야국(금관가야) 최상위 계층의 거주 공간으로서, 그 중심에 신성 공간인 봉황대가 위치한다.[44]

봉황대에 인접해 있는 회현리 패총(김해패총)은 삼한의 국읍 혹은 읍락의 형태 가운데 한 유형으로 이해된 바 있다.[45] 패총의 규모는 일제 시기에 조사된 회현리 패총과 최근 조사된 그 서쪽의 봉황대 패총을 연결하면 전체 범위가 약 400m에 이르는 것으로 추정된다.[46] 이러한 대규모 패총은 일정한 장소에 장기간 거주하면서 패류를 소비한 결과 형성된 것이어서, 그 주변에 주거지·분묘·광장을 갖춘 거점 취락의 존재를 시사해 준다.[47]

구야국 시기에 회현리 패총은 구야국의 국읍을 보호한 외곽시설로 토루와 같은 기능을 하였다. 4~5세기 축조된 봉황동 토성[48]도 기존의 회현리-봉황대

---

43 부산대학교 박물관, 1998, 『김해봉황동유적』, 171쪽.

44 전옥연, 2013, 「고고자료로 본 봉황동유적의 성격」, 『봉황동유적』, 인제대학교 가야문화연구소 편, 주류성, 125쪽.

45 이현혜, 1976, 앞의 글, 10쪽.

46 부산대학교 고고학과, 2002, 『김해회현리패총-전사를 위한 시굴조사보고서-』, 9쪽 도면3 〈김해 회현리패총 및 봉황대의 패총범위〉 참조.

47 스즈키 기미오, 2007, 『패총의 고고학』, 이준정·김성남 역, 일조각, 38~40쪽.

48 봉황대를 둘러싸고 조성된 봉황토성(둘레 약1.5㎞)의 축조 시기에 대해선 4세기 설(김현, 2004, 「김해 봉황대 토성 발굴조사 개요」, 『한국성곽학보』 4), 5세기 후반설(경남고고학연구소, 2005, 『봉황

패총을 연장해 축조된 성곽 시설이다. 봉황동 유적 일대는 환호-패총-토성 등의 방위시설이 연속적으로 조성되었고, 왕릉급 고분인 대성동고분과 연결된 지역이라는 점에서 구야국의 중심지(국읍)로 가장 유력한 곳이다.[49] 구야국의 국읍이 고김해만에 인접한 봉황동 일대에 위치한 것은 구야국의 성장 기반이 해상과 관련되어 있음을 시사해 준다. 이에 대해서는 다음 절에서 살펴보고자 한다.

2) 거수층의 분화와 가우호 신지

『삼국지』에서는 마한보다 변진의 거수 칭호가 더 분화된 것처럼 서술되어 있다. 변진의 거수로 큰 자는 신지(臣智), 그다음으로 험측(險側)·번예(樊濊)·살해(殺奚)·읍차(邑借) 등이 있었다고 한 것이다.[50] 마한에 신지와 읍차가 있다고 한 것과 비교하면, 변진의 5단계 거수 칭호는 더욱 분화된 모습이다.

이에 대해 마한보다 변진사회의 계층 분화가 더 진행되었다기보다는, 변진에서 수집된 정보가 더 상세했던 데서 기인한 것으로 이해된다.[51] 변진의 철이 낙랑·대방 2군에 수출되었고, 변진의 구야국이 대방군과 왜의 해상 교섭에서 중요한 중계 거점 역할을 했다는 점에서 보면 일면 타당한 해석이라고 볼 수 있다. 험측·번예·살해 등 자형도 복잡하거니와, 토착어를 차자 표기한 것이라는 점에서 구체적인 정보에 의한 서술로 보인다.

그런데 마한 기록에서 위솔선읍군(魏率善邑君)·귀의후(歸義侯)·중랑장(中郎將)·도위(都尉)·백장(伯長) 등 5단계 관호가 보인다는 점도 주목해 볼 필요가

토성』)로 견해가 나뉘어 있다.

49 박대재, 2018, 「삼한의 國邑과 구야국」, 『김해 봉황동유적과 고대 동아시아-가야 왕성을 탐구하다-』, 인제대학교 가야문화연구소 편, 78~79쪽.

50 『삼국지』 권30 동이전 한, "弁辰亦十二國 又有諸小別邑 各有渠帥 大者名臣智 其次有險側 次有樊濊 次有殺奚 次有邑借".

51 篠原啓方, 2015, 「변진사회 군주상의 재검토-《삼국지》 한전 기사를 중심으로-」, 『구야국과 고대 동아시아』, 인제대학교 가야문화연구소 편, 주류성, 138쪽.

있다. 이 칭호들은 조위가 한의 거수들에게 인수와 함께 내린 일종의 책봉호이다. 솔선은 후한대 외이의 군장(외신)들에게 수여한 솔중(率衆)호에서 기원한 의례적 수사로 조위가 왜의 거수들에게 내린 칭호에서도 보인다.[52]

5단계 솔선관호와 관련하여 경북 상주에서 출토된 것으로 전하는 「위솔선한백장」(魏率善韓佰長)명 동인(銅印)의 존재가 주목된다.[53] '韓佰(伯)長'이란 표현에서 추정할 수 있듯이, 솔선관호는 낙랑·대방 등 변군을 통해 관계를 맺고 있던 한(삼한)의 거수들에게 사여된 칭호였다. 5단계 솔선관호가 마한 기록에서 보이는 것은 마한 역시 변진한과 마찬가지로 5단계로 거수가 분화되어 있었음을 시사해 준다. 『삼국지』 기록에는 마한의 거수 칭호로 신지와 읍차만 언급되었지만, 실제는 변·진한과 마찬가지로 그 중간에 험측·번예·살해 등도 존재했다고 보인다. 신지와 읍차는 그 가운데 가장 세력이 컸던 거수와 가장 작은 세력의 거수를 대표적으로 언급한 것이다.

이와 같이 5단계 거수 칭호가 있었다는 것은 삼한이 정치적으로 분화된 사회였음을 의미한다. 특히 마한과 변진에서는 일반 신지보다 더 우대해 부르는 칭호가 추가로 확인되기도 한다. 원문이 해석하기 어려운 부분이라 번역하여 소개하면 다음과 같다.

> B. 신지 가운데 혹 더 우대해 부르는 경우가 있는데, 신운견지보(臣雲遣支報), 안야척지(安邪踧支), 분신리아불예(濆臣離兒不例), 구야진지염(拘邪秦支廉)의 호칭이다.[54]

이 기록은 난해하여 그간 많은 논의가 있었지만, 대체로 마한 신운신국(臣

---

52 大庭脩, 2001, 「率善中郎將·率善校尉」, 『親魏倭王』, 學生社, 182~184쪽.

53 윤무병, 1973, 「"魏率善韓佰長" 청동 도장 발견의 뜻」, 『서울신문』 7월 17일, 6면.

54 『삼국지』 권30 동이전 한, "臣智或加優呼 臣雲遣支報 安邪踧支 濆臣離兒不例 拘邪秦支廉之號".

雲新國), 변진 안야국(安邪國), 마한 신분고국(臣濆沽國), 변진 구야국(拘[狗]邪國) 등 4국의 신지들을 다른 신지보다 더 우대해 부른 호칭이라고 풀이된다.[55]

견지보·척지·이아불예·진지염 등이 더 우대해 부른[加優呼] 신지들의 칭호인데, 이 가운데 견지·척지·진지 등은 모두 지(支)로 끝나는 공통점이 있다. 지(支)는 『양서』 신라전에 보이는 자분한지(子賁旱支)·제한지(齊旱支)·알한지(謁旱支)·일한지(壹告支)·기패한지(奇貝旱支) 등 5개 관명에서도 확인할 수 있다. 이로 보아 견지(遣支) 등은 신지보다 우대해 부른 최상위 거수의 관명이라고 판단된다. 지(支) 뒤에 붙은 보(報)나 염(廉)은 거수의 인명으로 보인다.[56]

삼한의 거수층이 5단계로 구분된 것은 대·소국의 분포를 생각하는 데도 시사가 있다. 『삼국지』에선 삼한의 제국이 대국과 소국으로 양분되는 것처럼 서술했지만, 실제는 중간 규모의 국들도 다수 존재함을 보여 주는 것이다. 5단계 거수 칭호를 고려하면, 대국과 소국 중간의 1000가 내외의 국도 상당수 있었을 것이다. 어쩌면 중간 규모의 국이 더 일반적이었을 수 있다.

신분고국·신운신국·안야국·구야국 등 4국의 신지가 다른 신지들보다 더 우대해 불렸다고 하니, 이들이 마한과 변진에서 최상위 거수였고 또한 4국이 가장 우세한 대국이었음을 의미하는 것이다. 그동안 이 기록을 통해 변진 12국 가운데 안야국과 구야국이 대국으로 파악되어 왔다.[57] 그런데 가우호 신지호가 최상위 신지에 대한 칭호였다는 점에서 구야국과 안야국은 단순히 대국이 아니라 대국 가운데서도 가장 우세한 인구 5000호 규모의 최강국이

---

55 이병도, 1976, 앞의 책, 279쪽. 이 기록에 대한 연구사 검토는 篠原啓方, 2015, 앞의 글, 132~140쪽; 선석열, 2015, 「3세기 狗邪國의 對郡縣 교섭과 辰王」, 『구야국과 고대 동아시아』, 인제대학교 가야문화연구소 편, 주류성, 163~168쪽 참조.

56 『삼국지』 동이전이 조위 정시 연간인 240년대를 전후한 시점의 정보를 집중적으로 기록하고 있다는 점에서, 그 무렵 구야국의 군장 이름이 '염'이었다고 유추해 볼 수 있다. 『삼국유사』 왕력과 「가락국기」에 의하면, 당시는 거등왕의 재위 기간(199~253)이다.

57 백승충, 1995, 앞의 글, 189쪽; 이영식, 2000, 「문헌으로 본 가락국사」, 『가야 각국사의 재구성』, 부산대학교 한국민족문화연구소 편, 혜안, 27쪽.

었다고 할 수 있다.

『삼국지』 기록에 의하면, 진한 12국이 속해 있던 진왕과는 구분되는 별도의 왕이 변진 12국에 있었다고 한다. 변진 12국의 왕이 1인의 총왕(변한왕)인지, 12국의 거수를 모두 왕이라고 칭한 것인지 불분명하여 논란이 되어 왔다.

하지만 12국 모두의 거수를 왕이라고 칭했을 가능성은 희박해 보인다. 앞서 보았듯이 변진의 거수에 신지부터 읍차까지 5단계 차등이 있었다고 서술되었기 때문이다. 왕이라는 표현에 주목하면, 진한의 진왕(진한왕)과 마찬가지로 변진 12국을 대표한 1인의 왕으로 이해된다. 그렇다면 B기록에 보이는 최상위 거수인 구야국과 안야국의 가우호 신지 가운데서 변진의 왕을 찾아야 할 것이다.[58]

이에 대해 『삼국지』 왜인전에서 이도국(伊都國)에 대대로 왕이 있었으나 여왕국에 속해 있었다고 한 것이나, 구노국(狗奴國)의 남자왕은 여왕에게 속하지 않았다는 기록을 통해 볼 때, 여러 국으로 구성된 집합체 안에서도 복수의 왕들이 존재하면서 그 왕들끼리 상하 관계가 형성되어 있기도 했기 때문에, 왕이란 표현만으로 변진 12국의 왕이 1인이었다고 단정할 수는 없다고 이해하기도 한다.[59]

삼한과 마찬가지로 제국(諸國)으로 이루어진 구조였던 왜에서 왕이 복수로 존재한 예는 참고할 만하다. 『삼국지』 왜인전에서 왕이라고 표현된 존재는 이도국의 왕, 구노국의 남자왕, 야마대국에 도읍하고 있던 여왕 등 3인이다. 이 가운데 야마대국의 여왕은 왜국을 대표하는 왕으로 조위로부터 '친위왜왕'(親魏倭王)에 책봉되기도 했다.

그런데 구노국의 남자왕은 여왕(왜왕)과 대립하던 왕이라는 점에서, 이도국의 왕과 똑같이 파악하기는 어렵다. 본래 남자왕을 세웠다가 오랫동안 반

---

[58] 박대재, 2006, 앞의 책, 229~240쪽.
[59] 篠原啓方, 2015, 앞의 글, 145쪽.

란이 계속되자 여왕[卑彌呼]을 공립한 것인데, 여왕 사후 다시 남자왕을 세웠다가 또 반란이 일어나자 비미호의 종녀(宗女)를 왕으로 세웠다. 구노국의 남자왕은 야마대국의 여왕과 대립하던 존재로, 여왕 예하의 이도국 왕과는 성격이 달랐다.

이도국은 대방군 사절이 왕래할 때 머물던 북부 규슈 지역의 관문으로,[60] 대외교섭에서 요지였기 때문에 여왕이 특별히 관리하던 지역이다. 여왕국 이북의 제국을 감찰하는 일대솔(一大率)을 이도국에 특별히 설치한 것도 그 때문이었다. 따라서 이도국 왕은 대외 관계에서의 역할 때문에 예외적으로 인정된 왕이었다고 이해할 수 있다.

어쨌든 왜국의 사례를 참조하면 변진 12국에도 복수의 왕이 존재했을 가능성이 있다. 특히 가우호 신지호를 사용하던 구야국과 안야국의 거수는 최상위 신지라는 점에서 둘 다 왕이라고 칭했을 가능성이 있다.

하지만 "十二國亦有王"의 문구를 다시 음미해 보면, 변진의 왕 역시 진한의 진왕과 마찬가지로 1인의 왕일 가능성이 더 높지 않나 생각된다. '또한'[亦]이라는 표현이 변진 역시 진한과 같은 형태로 왕이 존재했음을 시사해 주기 때문이다. '있다'[有]라는 표현이 다소 막연해 보이지만, 진한과 마찬가지로 변진도 진왕과 같은 1인의 왕을 중심으로 구성된 사회였음을 의미하는 것으로 이해할 수 있다.

변진의 왕은 왜의 대외교역을 총괄했던 이도국의 왕과 비슷한 성격의 대외교섭권을 가진 대표자였다고 이해된다. 이도국의 거수를 왕이라고 특별히 칭한 것도 이러한 대외교섭의 역할 때문으로 짐작된다. 그렇다면 변진의 왕은 12국의 대외교섭을 통할하고 있던 1인의 왕으로 이도국의 왕과 상대가 되는 존재라고 이해할 수 있다.

---

60 이도국은 위치는 규슈 후쿠오카현 하카다만 서쪽의 糸島지방(怡都郡), 그 국읍은 남북 1km, 동서 700m 규모의 대형 취락인 三雲·井原유적에 비정된다(西谷正, 2009, 『魏志倭人傳の考古學』, 學生社, 204쪽).

요컨대 변진 12국에는 신지부터 읍차까지 5단계 거수층의 분화가 있었고, 그 가운데 구야국과 안야국의 신지는 특히 더 우대해 불린 최상위(가우호) 신지였으며, 나아가 2국의 신지 가운데 변진을 대표하는 왕이 있었다고 볼 수 있다.

4. 구야국의 성장과 해상교역 체계

1) 구야국의 성장과 포상 8국의 도전

가우호 신지인 최상위 거수의 4국 중에 진한의 국이 보이지 않는 것은, 이들이 해상교역을 기반으로 성장한 세력이라는 점과 관련이 있다. 4국은 중국 군현과의 해상교통로상의 거점에 위치했던 국들로 이해된다.[61] 대체로 4국의 위치는 서해안의 마한 지역[62]과 남해안의 변진 지역(함안, 김해)에 비정된다.

건안(196~220) 연간에 요동의 공손강이 둔유현 이남에 대방군을 설치한 이후 한과 왜는 대방군을 통해[屬] 중국과 교섭하게 되었다.[63] 삼한과 중국 군현의 교섭은 교역로에 따라 구분되었는데, 대방군은 해로로 통하는 교역을, 낙랑군은 육상 교통로에 의한 교역을 주로 관장하였던 것으로 이해된다.[64]

한과 왜의 교섭이 대방군을 통해 이루어졌다는 것은, 그 교섭이 주로 해상

---

61 武田幸男, 1996, 「三韓社會における辰王と臣智(下)」, 『朝鮮文化研究』 3, 17~18쪽.

62 천관우, 1989, 앞의 책, 414쪽에서는 신운신국을 안야와 어떤 교섭을 가졌던 것으로 짐작하며, 해상교통이 편리한 전남의 어느 지점에 비정하였다. 신분고국의 위치는 대체로 대방군과 인접한 마한 북부 지역에 비정되며(윤선태, 2001, 「馬韓의 辰王과 臣濆沽國」, 『백제연구』 34), 최근에는 김포 운양동 유적이 위치한 한강 하류 지역과 관련해 보는 경향도 있다(차윤환, 2013, 「백제초기 한강 중·하류역에 위치한 정치체의 존재양상-묘제를 중심으로-」, 『고문화』 82).

63 西嶋定生, 1999, 「〈倭韓これに屬す〉の解」, 『倭國の出現-東アジアのなかの日本-』, 東京大學出版會, 158쪽.

64 윤용구, 1999, 「三韓의 對中交涉과 그 性格-曹魏의 東侵과 관련하여-」, 『국사관논총』 85, 116~120쪽.

교통로에 의해 이루어졌음을 시사해 준다. 가우호 신지의 칭호에서 마한과 변진의 국명만 보이는 것은 바로 대방군을 통해 이루어진 해상교역에서 수집된 정보이기 때문일 것이다.

대방군과 한·왜 사이의 해상교통로에 대한 기록은 『삼국지』 왜인전 서두에 자세히 보인다. "군(대방군)에서 왜까지는 해안을 따라 물길로 간다. 한국을 거쳐 남쪽으로 가다가 동쪽으로 가면 그 북쪽 대안인 구야한국(狗邪韓國)에 도착하는데 7000여 리이며, 처음 바다 하나를 건너 1000여 리를 가면 대마국(對馬國)에 도착한다"[65]는 기록이다.

대방군에서 왜로 가는 조위의 사절들이 경유한 해로상의 거점국으로 구야한국이 적기되어 있다. 구야국에서 비로소 1000여 리의 바다를 건넌다고 한 것으로 보아, 김해 지역은 대방군과 왜를 연결하는 중간 거점 항구였다. 대방군의 사절들이나 왜의 사절들에 의해 구야국과 변진 지역에 대한 정보가 중국에 전해졌을 것이다.

또한 해상교역을 담당하며 대방군에 출입했던 한의 하호 집단에 의해 정보가 전달되었을 가능성도 높다. 『삼국지』 한전에는 "그 풍속에 의책을 좋아하여 하호가 군을 방문할 때 모두 의책을 빌려 스스로 인수·의책을 착용하는 자들이 1000여 명이 넘는다"라는 기록이 보인다. 인수·의책을 빌려 자복(自服)하고 군(대방군)을 방문한 1000여 명의 하호들은 군현과의 교역에 종사하던 상인 집단으로 추정된다.[66] 이들은 하호의 신분임에도 불구하고, 통상을 위해 스스로 인수·의책을 착용하고 대방군에 들어갔던 것이다. 가우호 신지호가 토착 용어라는 점에서 하호 출신 상인 집단을 통해 수집된 정보일 가능성이 높다.

이와 같은 경로로 이루어진 교역에서 수집된 정보에는 자연스럽게 서해안

---

65 『삼국지』 권30 동이전 왜인, "從郡至倭 循海岸水行 歷韓國 乍南乍東 到其北岸狗邪韓國 七千餘里 始度一海 千餘里至對馬國".

66 鈴木靖民, 2004, 「文獻からみた加耶と倭の鐵」, 『國立歷史民俗博物館硏究報告』 110, 147쪽.

의 마한과 남해안의 변진에 대한 정보가 집중되었을 것이다. 그 가운데서도 특히 해로에 연해 있는 해안 거점 지역에 대한 정보가 많았을 것이다.

이런 여건에서 김해의 구야국은 변진 가운데서도 가장 많은 정보가 수집된 지역이었다고 추정된다. 한전 말미에 보이는, "그(변진) 사람들의 형체가 모두 크고 의복이 청결하며 머리가 길다"라는 정보나, "폭이 넓은 고운 베를 만들고 법속이 특히 엄격하다"라는 서술도, 김해의 구야국 및 함안의 안야국 지역과 관련된 정보일 가능성이 높다.

변진의 광폭세포(廣幅細布)는 『위략』에서 언급한 변한포(弁韓布)에 해당할 것이다. 변한포는 염사치가 낙랑군 함자현으로 귀부했던 왕망 지황(20~22) 연간에 이미 중국에 알려졌다. 본래 염사치가 진한의 우거수였다는 점이나, 진한을 통해 변한포를 수취했다는 것으로 보아, 대방군 설치 이전 중국 군현과의 교섭은 변진이 독자적으로 한 것이 아니라 진한을 경유해 육로로 이루어졌을 가능성이 높다.[67]

『삼국지』 한전에서는 국에서 철이 나와 한·예·왜·2군(낙랑·대방)에 수출하였다고 한다. 그 철 생산지가 진한인지 변진인지 구체적으로 적시되지 않았지만, 『태평어람』에 인용된 『위략』 일문에 "弁辰國出鐵"이라고 기록된 것을 보아, 변진이 철의 산출지였음을 알 수 있다.[68] 그뿐만 아니라 최근 발굴 조사된 제철 유적의 분포로 보아도, 김해를 중심으로 한 변진 지역이 철 생산지였던 것으로 이해된다.[69]

---

67 염사치가 낙랑군에 간 경로와 관련한 연구사 검토는 西本昌弘, 1989, 「帶方郡治の所在地と辰韓廉斯邑」, 『朝鮮學報』 130, 56~63쪽 참조. 西本은 염사치의 근거지(廉斯邑)를 경남 창원 동방의 廉山에 비정하며 창원 다호리 유적의 낙랑계 유물과 관련해 이해하고, 염사치가 낙동강을 거슬러 올라가 한강 상류의 충주로 들어갔을 가능성을 제기했다. 하지만 『위략』에서 염사치가 진한의 우거수였다고 했으므로, 기본적으로 진한 지역에서 그 위치를 찾아야 할 것이다. 염사읍의 위치와 관련한 연구사 검토는 이부오, 2001, 「1세기초 廉斯國의 대외교섭」, 『한국고대사연구』 22, 95~96쪽 참조.

68 박대재, 2006, 앞의 책, 232쪽.

69 손명조, 1990, 「한반도 중·남부지방 철기생산유적의 현황」, 『영남고고학』 22; 東潮, 1995, 「弁

김해 구야국을 거점으로 생산·유통되었던 변진의 철은 고고학 조사를 통해서도 그 실체가 확인되어, 구야국의 성장 과정을 대변해 준다. 2세기 후반~3세기 전반이 되면 철 소재품인 봉상철부와 함께 철모·철검·철촉 등 다양한 철기가 김해 양동리·대성동에서 집중적으로 출토된다. 이는 구야국 집단이 철 소재품의 생산과 유통을 장악하기 시작했고 보다 안정된 철기 생산 체계가 구축되었음을 보여 준다. 양동리·대성동 고분군에서 외래계 유물이 상당수 확인된 점도 이를 방증하고 있다.[70]

대방군과 왜로 가는 해로의 중간 거점인 김해에 위치한 구야국은 변진의 철이 수집되었다가 해외로 수출되는 집산지였다. 김해의 구야국은 한반도와 일본열도를 잇는 해상교역항의 역할을 했다. 구야국은 해상교역항을 보유한 정치체로서, 단순히 해운 교통로상의 기항지에 그친 것이 아니라 주변 세력들이 찾아와 철 자원을 구해 가고, 이들 간에 교역 활동이 벌어지던 국제교역의 거점이었다.[71]

이처럼 변진 지역의 대외교섭 체계와 철·철기 생산 체계가 구야국에 집중되면서 남해안 일대에 변화가 일어났는데, 문헌에 전하는 포상 8국(浦上八國)의 난이 대표적인 예이다. 3세기 초 구야국의 대외교섭과 철생산 장악에 불만을 품은 남해안의 포상 8국이 김해의 구야국에 도전한 것인데, 그를 제압한 구야국은 이전보다 한층 더 발전하여 변진을 대표하는 세력이 되었다.[72]

포상 8국이 공격한 국의 이름은 『삼국사기』 신라본기 내해이사금 14년

辰과 加耶의 鐵」, 『가야제국의 철』, 인제대학교 가야문화연구소 편, 신서원; 김양훈, 2013, 「삼한시대 변한권역 철기생산의 추이」, 『역사와 세계』 44; 성정용, 2018, 「가야지역의 철 생산과 유통 양상」, 『역사와 담론』 85.

70 김양훈, 2013, 앞의 글, 187쪽.
71 김창석, 2013, 「3~4세기 加耶聯盟體의 교역 전략과 정치체제」, 『한국 고대 대외교역의 형성과 전개』, 서울대학교 출판문화원, 83쪽.
72 박대재, 2006, 「弁韓의 王과 狗邪國」, 『한국사학보』 26; 앞의 책, 228~229쪽; 김양훈, 2013, 앞의 글, 192쪽.

(209)조에는 가라(加羅)로 보이지만, 같은 책 물계자전에는 아라(阿羅)로 다르게 보인다. 그동안 이에 대해 김해의 가라(가야)설, 함안의 아라(안라)설, 가라-아라 2국설 등이 제기되어 왔다. 또한 사건의 발발 시점에 대해서도 『삼국사기』의 연대를 그대로 따르기도 하지만, 3세기 후반·4세기 전반·6세기 중엽·7세기 초 등으로 수정해 보는 입장이 제기되기도 했다.[73]

포상 8국의 침공 기사는 『삼국유사』 피은 물계자조에서도 보이는데, 여기에는 포상 8국의 침공 시점이 내해이사금 17년(임진)으로 나온다. 이에 포상 8국의 침공이 내해 14년과 17년에 두 번 일어났고, 침공 지역도 김해의 가라(구야국)와 함안의 아라(안야국)로 각각 달랐다고 추정하기도 한다.[74] 『삼국유사』 물계자조의 내해 17년 기록은 포상 8국이 아라를 침공했다고 한 『삼국사기』 물계자전의 기록과 서로 통한다. 따라서 포상 8국이 내해 14년(209)에 먼저 가라를 공격한 후 내해 17년(212)에 또다시 아라를 공격한 것이라고 종합해 볼 수도 있다.

하지만 『삼국사기』의 내해 14년과 『삼국유사』의 내해 17년 기록을 과연 별개의 기록이라고 볼 수 있을지 의문이다. 『삼국유사』에는 포상 8국의 침공 지역이 신라의 변경으로 나오는데, 함안의 안야국(아라)이라고 보기에는 다소 거리가 멀다. 또한 내해 14년 포상 8국은 가라 침공에 실패하면서 8국의 장군이 사망하고 6000명이 포로로 잡히는 큰 피해를 입었다. 그런데도 3년 뒤에 포상 8국이 아라를 또 공격하기는 현실적으로 어렵다고 생각된다.

『삼국사기』에는 포상 8국의 난이 내해 14년조에만 기록되어 있다. 『삼국유사』 물계자조에서는 신라가 태자 내음(桰音)과 장군 일벌 등을 보내 포상 8국을 제압했다고 했다. 신라의 왕자와 장군이 참여했다면 신라본기에도 기록이 남아 있어야 할 것이다. 『삼국사기』 내해 14년조에는 신라가 태자 우노와

---

73 포상 8국의 침공 지역과 시기에 대한 연구사 검토는 백승옥, 2003, 『가야 각국사 연구』, 혜안, 106~115쪽 참조.

74 백승옥, 2003, 앞의 책, 114~115쪽.

이벌찬 이음(利音)을 보냈다고 하였다. 내음(棕音)과 이음(利音)이 공통적으로 보인다는 점에서 두 기록은 동일 사건에 대한 다른 전승이라고 보아야 할 것이다.[75]

포상 8국의 가라(구야국) 침공 시기 역시 『삼국사기』 기록처럼 209년 무렵의 상황이라고 파악된다. 당시는 요동 공손씨에 의해 대방군이 설치된 직후로,[76] 대방군-마한-구야한국-왜로 이어지는 해상교역 체계가 개시된 시점이다. 포상 8국은 경남 창원(마산), 고성, 사천 일대의 남해안 지역에 위치한 변진 소국들이었다. 대방군 설치 이후 해상교역 체계가 김해 구야국 중심으로 편제되자, 이에 불만을 품은 남해안의 소국들이 구야국의 이권에 도전한 것이 이른바 포상 8국의 난이다.

또한 포상 8국과 구야국의 분쟁에는 3세기 초 신라와의 정치적 외교 관계도 관련된 것으로 보인다. 포상 8국의 연합은 구야국과 신라의 정치적 동맹이 낙동강 서안 지역으로 확대되려는 움직임에 대한 위기의식에서 나온 것이며, 포상 8국이 가라(구야국) 침공 3년 후 신라의 갈화성(울주)을 공격한 것도 이 때문으로 이해된다.[77]

사실 김해의 구야국이 동해안 지역의 예(동예)에 철을 수출하기 위해서는 신라(사로국)의 협조가 없이는 불가능하다. 앞서 보았듯이 변진의 철은 중국 군현과 왜 외에 한(마한·진한)과 예(동예)에도 수출되었다. 『삼국지』에서 예는 남쪽으로 진한, 북쪽으로 고구려와 옥저, 동쪽으로는 동해에 접해 있던 현재

---

[75] 기존에 포상 8국의 침공 지역을 가라(구야국)로 파악한 데는 정약용의 『아방강역고』 변진별고에서 『삼국사기』 물계자전을 인용하며 阿羅를 '柯羅'로 바꿔 표기한 점도 중요하게 고려되었다.

[76] 대방군 설치 시기는 『삼국지』에 건안(196~220) 연간이라고만 보이지만, 일반적으로 공손강이 공손도의 뒤를 이어 집권하기 시작한 204년 무렵이라고 이해된다. 대방군 설치 경위와 시기에 대해서는 池內宏, 1929, 「公孫氏の帶方郡設置と曹魏の樂浪帶方二郡」, 『史苑』 2-6; 1951, 『滿鮮史硏究』上世第一冊, 吉川弘文館, 237~250쪽 참조.

[77] 연민수, 2015, 「변진시대 가락국의 성장과 외교」, 『구야국과 고대 동아시아』, 인제대학교 가야문화연구소 편, 주류성, 192쪽.

강원도 북부 지역의 세력이었다. 특히 단단대령(낭림산맥~태백산맥) 동쪽 지역(영동)에는 후한 이후 낙랑군의 영향력이 직접 미치지 못해 재지 토착 거수들의 세력이 성장하다가 후한 말기가 되면 고구려에 복속되었다.[78] 후한 말기는 헌제(190~220) 때인 2세기 말~3세기 초인데, 이때 동예는 고구려에 복속되어 반어피·문표(표범가죽)·과하마 등의 특산물을 고구려에 공납하게 되었다.

이런 정황을 고려하면 동해안을 통해 들어온 변진의 철이 동예를 거쳐 고구려에까지 전해졌을 가능성이 높다. 당시 고구려는 아직 요동 지역의 철산을 확보하지 못한 상태였기 때문에 동예를 통해 변진의 철을 공급받았을 수 있는 것이다. 이와 같은 교역 체계에서 그 중간에 위치한 진한 동부 지역의 협조는 불가결했을 것이다. 3세기 전반 사로국은 이미 삼척의 실직국, 안강의 음즙벌국, 울산의 우시산국 등 동남해안에 연한 소국을 복속시킨 상태였다.[79] 포상 8국의 가라 침공에 신라가 참여하게 된 것은 당시 교역 체계상 남해안의 중심 세력인 구야국과 동남해안의 중심 세력인 사로국이 연합 관계에 있었음을 시사해 준다.

구야국과 사로국의 연합에 의해 포상 8국의 도전이 좌절되면서 남해안과 동남해안의 해상교역은 당분간 2국을 중심으로 전개되었을 것으로 짐작된다. 특히 구야국이 위치한 김해 지역은 동남해안, 서남해안, 일본열도를 연결하는 삼각 체계의 결절점에 위치한다는 점에서 그 역할이 더욱 커졌을 것이다. 이러한 위상 변화를 통해 구야국은 변진의 중심 세력인 변진왕(변한왕)으로 대두하게 되었을 것이다.

---

[78] 『삼국지』 권30 동이전 예. 『태평어람』 사이부 동이 인용 『위지』와 『삼국지』 동옥저조에서는 濊를 '濊貊'이라 표기했고, 『삼국지』 고구려조에서는 옥저와 동예가 고구려에 복속되었다고 했다. 예(예맥·동예)의 범위와 정치 세력에 대한 연구사 검토는 국립춘천박물관·강원학연구센터 편, 2018, 『고대 강원의 정치체와 물질문화』, 국립춘천박물관·강원학연구센터 참조.

[79] 박대재, 2006, 앞의 책, 180~181쪽.

그동안 함안의 안야국과 김해의 구야국이 모두 가우호 신지의 최상위 대국으로 크게 차별성이 보이지 않았다면, 포상 8국의 난을 극복한 이후에는 양국의 위상에 격차가 벌어졌을 것이라 예상된다. 위기를 극복한 구야국은 변진의 중심 세력이 되었으며, 『삼국지』에서 변진 12국에도 또한 왕이 있다고 한 것은 바로 이러한 변진사회의 분화를 의미하는 것이라 판단된다.

2) 해상교역 체계의 변화와 대왜교역

앞서 본 바와 같이 구야국은 해상교역을 기반으로 해서 소국에서 대국으로 다시 변진의 중심국으로 성장하였다. 구야국의 해상교역 체계에서 가우호 신지의 국들은 연안항로의 네트워크로 연결되어 상호 호혜적인 관계에 있었던 것으로 보인다. 특히 황해도에 위치한 대방군과의 교역에서는 서해안의 신분고국과 신운신국의 협조가 필요했을 것이다.

그런데 246년 무렵 신분고국의 신지가 진한 8국의 교섭 창구를 기존의 대방군에서 낙랑군으로 변경하는 문제 때문에 중국 군현과 마찰을 빚고, 결국 대방군 기리영을 침공한 사건이 발생했다.[80] 낙랑군으로 교섭 창구가 바뀌게 되면 대방군과의 교섭을 주도했던 마한 서부와 변진의 세력들은 교역 체계에서 밀려나게 되고, 그 대신 낙랑군과 육로로 연결되는 마한 동부와 진한의 내륙 세력들이 주도권을 잡게 된다. 이런 교역 체계의 변화에 신분고국을 위시한 해상 세력들이 중국 군현에 반발한 것이다.

기리영 전쟁 결과 낙랑·대방군이 한을 멸망시켰다고 한 것은 삼한을 모두 멸망시켰다는 것이 아니라 그 주체 세력이었던 신분고국을 멸망시켰다는 의

---

[80] 『삼국지』 권30 동이전 한, "部從事吳林以樂浪本統韓國 分割辰韓八國以與樂浪 吏譯轉有異同 臣幘沾韓忿 攻帶方郡崎離營 時太守弓遵樂浪太守劉茂興兵伐之 遵戰死 二郡遂滅韓". 『삼국지』 통행본(중화서국 표점본)에는 밑줄 친 부분이 '臣智激韓忿'이라 되어 있으나, 남송본에는 '臣幘沾韓'이라 되어 있어 이를 근거로 신분고국이 기리영 공격의 주체였다고 추정되고 있다(윤용구, 1999, 앞의 글, 103쪽 참조).

미로 해석된다.[81] 기리영 공격을 주도한 것은 신분고국이었지만, 당시 4국이 연결된 해상교역 체계를 감안하면 나머지 가우호 신지의 3국도 기리영 전쟁에 참여했을 가능성이 높다.[82] 그렇다면 기리영 전쟁에서의 패배로 인해 나머지 3국도 적지 않은 피해를 보았을 것이다.

기리영 전쟁 무렵 조위의 동방 정책은 공손씨가 설치했던 대방군보다 낙랑군의 비중을 높이는 방향으로 전이되고 있었다.[83] 낙랑군이 본래 한을 통할했다고 한 부종사 오림의 언설도 대방군 설치 이전 낙랑군 중심의 변군체제를 의미한 것이다.

기리영 전쟁 이후 261년에 나타나는 조공 기사에서는 한이 예맥과 함께 '낙랑'의 외이로 나오고 있다.[84] 기존에 대방군을 통해 교섭하던 한이 낙랑군을 통해 조위에 조공한 것이다. 소속 변군의 변화와 더불어 한이 예맥과 함께 거론된 것도 주목된다. 3세기 전반 한과 왜가 대방군에 속해 있던 체제에서, 3세기 후반 한과 예맥이 낙랑군에 속한 체제로 바뀐 것이다. 예맥이 거론된 것은 낙랑군 중심 교역체제에서는 내륙 산간 지역의 교통로가 중요해졌음을 시사해 준다.

대방군 설치 직전인 환령지말(2세기 말)에 한·예가 강성해져서 군현이 통제할 수 없었다고 한 것은 마한의 북부와 영서 지역의 예 세력이 성장해서 낙랑군의 영향력이 위축된 것을 의미한다. 공손강이 낙랑군 남부에 대방군을 새로 설치한 배경도 강성해진 예맥 세력으로 인해 진한으로 이어지는 영서 지역의 교통로가 제대로 기능하지 못했기 때문이었다. 그러다가 기리영 전쟁 직전인 246년 5월 예맥을 토벌하면서, 낙랑군으로부터 영서 지역을 통해 진

---

81 2군이 멸망시킨 한은 바로 신책첨한의 한을 의미하는 것으로 보인다. 신책첨한(신분고한)은 구야국을 구야한국이라 쓴 예와 같다고 하겠다. 기리영 공격의 주체와 관련한 연구사 검토는 박대재, 2006, 앞의 책, 123~136쪽 참조.

82 백승옥, 2003, 앞의 책, 68쪽.

83 임기환, 2000, 「3세기~4세기 초 魏·晉의 동방정책」, 『역사와 현실』 36, 23쪽.

84 『삼국지』 권3 진류왕환기 경원 2년, "秋七月 樂浪外夷韓穢貊 各率其屬 來朝貢".

한으로 이어지는 내륙 교통로가 재개되었다.[85] 이러한 군현 교섭 체계의 변화에 의해 261년에 한과 예맥이 낙랑군의 외이로 표현된 것이다.

대방군을 통해 교섭하던 한이 낙랑군 소속으로 전환되면서, 기존의 해상 교역 체계는 쇠퇴하고 마한 동부와 영서 지역(예맥)을 거쳐 진한으로 이어지는 내륙교역 체계가 활성화되었다. 내륙교역 체계는 염사치 기사에서도 나타나듯이, 진한을 경유해 낙랑군과 변진이 이어지는 교역 체계였다.

낙랑군의 삼한에 대한 영향력이 온전했던 전한 시기의 한식(漢式) 유물이 변진 지역보다 진한 지역에 집중되어 보이는 현상[86]도 이러한 교역 체계와 관련해 이해할 수 있다. 목관묘에서 철기 문화의 수용이 기원전 1세기 진한 지역에서 먼저 이루어지고, 변진 지역에서는 이보다 늦은 기원후 1세기부터 지속적으로 보이기 시작하는 양상[87]도 낙랑-진한-변진으로 이어지는 당시의 교역 체계를 시사해 준다.

3세기 후반에 낙랑군을 중심으로 한 내륙교역 체계가 부활한 것은 남해안에 위치한 변진사회에게는 불리한 환경이었다. 이러한 교역 체계의 변화는 변진사회에서 구야국이 차지하는 위상에도 타격을 주었다. 그 단서는 3세기 후반의 상황을 전하는 『진서』에 변한이나 구야국 관련 기록이 보이지 않는 데서 짐작할 수 있다. 『진서』 동이전에는 마한과 진한조만 있거니와, 변진 12국은 진한에 속해 있었다고만 간단히 언급되어 있다.[88]

---

85 윤선태, 2001, 앞의 글, 7~10쪽; 박대재, 2006, 앞의 책, 131~133쪽.

86 高久健二, 2012, 「樂浪郡と三韓の交易システムの形成」, 『專修大學東アジア世界史研究センター年報』 6, 13~19쪽. 기원전 1세기 변·진한의 분묘 가운데 한식 유물이 출토된 유적은 경남 창원 다호리 1호분을 제외하고 대체로 경북 경주·대구·영천·경산 등지의 진한 지역에 분포한다.

87 윤형준, 2015, 「목관묘 유적으로 본 구야국 사회의 일면」, 『구야국과 고대 동아시아』, 인제대학교 가야문화연구소 편, 주류성, 106~116쪽. 변진 지역의 목관묘 유적은 대부분 1세기 이후 고식 와질토기 단계의 유적이 중심을 이룬다. 다만 사천 늑도 유적은 낙랑과 왜 등과의 해상교역을 보여 주는 예외적인 유적으로 주목할 수 있다.

88 『진서』 권97 동이전 진한, "辰韓在馬韓之東 自言秦之亡人避役入韓 韓割東界以居之 立城柵 言語有類 秦人 由是或謂之爲秦韓 初有六國 後稍分爲十二 又有弁辰亦十二國 合四五萬戶 各有渠帥 皆屬於辰韓".

『진서』의 기록은 『삼국지』 동이전의 서술 하한인 265년 이후 서진 무제 (265~290) 때의 상황을 반영한 것이다. 변진이 진한에 속했다고 한 것은 정치적으로 예속되었다는 것이 아니라, 진한을 통해 중국(낙랑군)과 교섭하였음을 의미한다. 『진서』에 진한왕의 조공만 기록된 것도 당시 변진이 중국과 개별적으로 교섭할 수 없었던 상황을 시사해 준다. 3세기 후반 마한주(왕)와 진한왕이 서진과 직접 교섭한 것과 달리 변진의 교섭이 보이지 않는 것은 대중교섭 체계의 변화에 따른 것이었다.[89]

변진 제국들이 분포하고 있던 지역은 경남 해안과 낙동강 하류 일대로 대별된다. 이 가운데 경남 해안의 소국들은 서해·남해·일본열도를 연결하는 해로상의 중심부에 위치하면서 교역 물자의 운송 부담을 줄여줄 수 있다는 점에서 김해 지역과 거의 동일한 조건을 가지고 있었다. 경남 해안 일대의 소국들은 모두 지리적으로 외부 세력과 접촉이 용이한 개별적인 관문 지역 사회(Gateway Community)로 기능할 수 있었다.[90] 이러한 변진의 지리적 환경은 언제든 원심력이 작동할 수 있는 조건을 가지고 있었다. 대방군과 구야국을 연결하는 해상교역 체계가 3세기 후반 약화되면서, 기존 구야국 중심의 질서도 변동될 환경이 조성된 것이다.

하지만 구야국은 새로운 방향에서 활로를 찾았다. 바로 왜와의 해협을 통한 양자교역 체계의 활성화였다. 『진서』에는 왜의 진에 대한 조공 역시 이전 조위 때에 비해 상당히 후퇴한 양상으로 나타난다. 『진서』 왜인전에 진 무제 태시 연간 초에 조공하였다는 기록이 있는데,[91] 이것은 무제기 태시 2년(266)

---

89 261년 낙랑외이 한예맥의 조공 기록에 이어 277년에는 마한이 진 본국에 견사한 것을 시작으로 290년까지 마한과 진한이 여러 차례 조공한 것으로 보인다. 이것은 3세기 후반에 이르면 삼한사회가 낙랑·대방군을 통한 간접적인 대중교역에 만족하지 않고 진 본국에까지 왕래함으로써 본격적인 원거리 국제교역에 참여하였음을 의미한다(이현혜, 1994, 「三韓의 對外交易體系」, 『이기백선생고희기념 한국사학논집』(상), 일조각, 54쪽).

90 이현혜, 1988, 앞의 글, 164쪽.

91 『진서』 권97 동이전 왜인, "泰始初 遣使重譯入貢".

에 왜인이 와서 방물을 바쳤다고 한 기록[92]과 연결된다.

왜는 경초 3년(239)부터 조위에 사신을 파견한 후 240·243·245·247년에 사신이 왕래하였다.[93] 조위와의 교류와 비교하면 서진과의 교류는 급격하게 축소된 것이다. 주지하듯이 이 기록 이후 왜와 중국과의 교류는『송서』에 보이는 421~478년 왜 5왕 찬(讚)·진(珍)·제(濟)·흥(興)·무(武) 관련 기록이 다시 등장할 때까지 160년간 단절된다.[94]

3세기 후반 이후 왜와 중국의 교섭 공백도 구야국을 통한 기존 해상교역 체계의 변화와 무관하지 않다.『진서』동이전에서 변진과 왜의 존재가 단편적으로 보이는 이유도 양국의 대중교섭 체계가 서로 연동되어 있었기 때문이다. 313~314년 낙랑군과 대방군의 축출은 이러한 변화를 더욱 촉진시켜 구야국과 왜 사이의 해협을 통한 권역교역 체계가 발달하는 계기가 되었다.

3세기 후반 이후 가야 지역 고분군에서는 중국계 유물이 감소하는 대신 왜계 유물이 집중적으로 부장되는 현상이 나타난다. 3세기 후반~4세기 왜계 유물의 분포가 남부해안 지역에 집중되어 있고 내륙 지역에서는 거의 출토되지 않는다는 점에서, 당시 대왜교섭의 창구는 남부 지역에 한정되었던 것으로 추정된다. 특히 김해 대성동 고분군의 왜계 유물이 대표적으로 주목되는데, 대형목곽묘인 대성동 13호분에 왜계 유물이 다수 부장된 점은 당시 왜와의 교섭을 김해 세력이 주도했음을 시사해 준다.[95]

92　『진서』권3 무제기 태시 2년, "十一月己卯 倭人來獻方物".

93　『삼국지』왜인전에는 경초 2년(238)에 처음 조위에 사신을 보낸 것으로 기록되어 있지만, 이 것은 경초 3년의 오기로 이해된다. 이에 대해서는 동북아역사재단 편, 2009, 앞의 책, 99쪽 참조.

94　『진서』안제기 의희 9년(413)조에 고구려와 왜국 및 서남이의 銅頭大師 등이 동진에 방물을 바쳤다는 기록이 있지만,『진서』왜인전에는 송 무제 2년(421)부터 조공 기록이 보인다. 이 에 대한 연구사 검토는 坂元義種, 1981,「東晉交涉の謎」,『倭の五王-空白の五世紀-』, 教育社, 34~ 73쪽 참조.

95　高久健二, 2004,「韓國の倭系遺物-加耶地域出土の倭系遺物を中心に-」,『國立歷史民俗博物館研究報 告』110, 371~372쪽.

변진에서 생산된 철 역시 3세기 후반 이후에도 지속적으로 판상 철제품 형태로 왜에 수출되었다.[96] 3세기 후반 이후 중국과의 교역이 쇠퇴한 것과 달리 변진과 왜 사이의 양자교역은 더욱 활발해졌다. 3세기 말 이후 조성된 대형 목곽묘 유적인 김해 대성동·양동리, 동래 복천동 유적 등에서는 왜의 중추부였던 기나이[畿內] 지역의 유물이 부장되는데, 이것은 기존 북부 규슈 지역을 중심으로 하던 대왜교섭 체계가 한 단계 발전한 양상을 반영한 현상으로 이해된다. 특히 김해 대성동·동래 복천동 유적에서 집중적으로 보이는 파형동기·통형동기 등은 김해의 금관가야(구야국)와 긴키[近畿] 지역 왜국 사이의 활발한 교류를 보여 주는 대표적인 유물로 주목된다.[97]

3세기 말 이후 김해 대성동·양동리, 동래 복천동의 대형 목곽묘 유적에서 등장하는 북방계 유물인 동복(銅鍑), 갑주(甲冑) 등의 존재를 북방 세력의 남하에 의한 지배 세력의 교체로 이해하는 시각[98]도 있다.[99] 하지만 이것은 구야국의 교역 체계가 기존의 서해안-남해안을 경유한 해상교역 체계에서 벗어나,

---

[96] 東潮, 2004, 「弁辰と加耶の鐵」, 『國立歷史民俗博物館硏究報告』 110, 34~39쪽.

[97] 申敬澈, 1993, 「加耶成立前後의 諸問題－最近의 發掘調査成果から－」, 『伽耶と古代東アジア』, 新人物往來社, 143~145쪽. 파형동기는 대체로 왜계 유물로 이해되지만, 통형동기의 경우는 김해 대성동 고분에서 더 집중 출토되고 형태나 출토상황에서도 왜와 다른 기능적 특징이 보인다는 점에서 가야 지역에서 기원해 왜에 유입된 것으로 파악되기도 한다(原久仁子, 2008, 「朝鮮半島出土의 筒形銅器」, 『月刊考古學ジャーナル』 570, 21~25쪽). 이밖에 김해출토 왜계 유물로는 광형동모·정각식 철촉·방제경[連弧文倣製鏡] 등이 있다(국립김해박물관 편, 2012, 『양동리, 가야를 보다』, 그라픽네트, 81~82쪽). 이 가운데 연호문방제경은 왜계 유물이 아니라 김해 지역에서 제작된 방제경이라고 이해되기도 한다(이재현, 2000, 「加耶地域出土 銅鏡과 交易體系」, 『한국고대사논총』 9, 가락국사적개발연구원, 57~58쪽).

[98] 申敬澈, 1993, 앞의 글, 131쪽.

[99] 3세기 말의 대형 목곽묘인 김해 대성동 29호와 양동리 235호에서 모두 동복(銅鍑)이 출토되었다. 두 무덤 가운데 규모와 부장유물에서 대성동 29호가 상대적으로 위계가 높다. 대성동 29호에는 금동관이 부장되고, 1인 순장과 토기 전용의 부곽이 존재한 것으로 추정된다. 이러한 두 유적 간의 위계차는 4세기가 되면 더욱 뚜렷해져서, 양동리 유적에서는 최고 상위계층의 분묘라고 할 만한 목곽묘가 더 이상 확인되지 않는다(심재용, 2012, 「良洞里古墳群의 墓制變遷과 意味」, 『양동리, 가야를 보다』, 국립김해박물관, 161쪽).

3장 변진사회의 분화와 구야국의 성장　535

내륙의 고구려(동예)와 신라를 연결하는 교역 체계로 전환되면서 나타난 현상이라고 이해할 수 있다.[100]

1990년대에 김해 대성동·양동리, 동래 복천동 유적이 본격 발굴되기 전에는 3세기 후반 이후 구야국의 발전상을 보여 주는 유적이 거의 알려지지 않았다. 그렇다 보니 그 이전에는 3세기 후반~4세기 새롭게 구성된 교역 체계는 신라를 중심으로 고구려와 왜를 연결하는 교역 루트로 이해되었으며, 가야의 교역 활동은 위축되었을 것으로 추정되었다.[101]

하지만 최근 김해 대성동·양동리, 동래 복천동 유적에서 출토된 북방계 유물과 왜계 유물을 종합해 보면, 3세기 말 이후 고구려(동예)-신라-가야-왜를 연결하는 새로운 교역 체계의 출현을 예상할 수 있다. 새로운 교역 체계에서도 김해의 구야국(금관가야)은 역시 대륙과 열도를 연결하는 무역항으로 중심적인 역할을 지속했다.

따라서 『진서』 동이전에서 변진 세력이 잠시 보이지 않는다고 해서, 그를 근거로 구야국의 성장이 3세기 후반 이후 좌절되었다거나 4세기 이후의 가야와 그 이전의 구야국이 역사적으로 연결되지 않는 것처럼 이해[102]하는 것은 곤란하다. 3세기 후반 이후에도 구야국은 대륙과 열도를 잇는 새로운 교역 체계의 중간 거점으로 지속 성장해 변진의 대표 세력으로 발전했고, 이로 인해 구야국의 이름이 김해 지역뿐만 아니라 그 교역 체계에 포섭되어 있던 변진(변한) 지역 전체를 의미하는 가야로 확대된 것이다.

---

[100] 이현혜, 1994, 앞의 글, 48쪽에서는 동복과 같은 북방계 유물의 유입은 동예와의 교역을 통해 들어온 것으로 추정하며, 동예와 김해 지역의 교역을 시사하는 간접적인 자료의 하나로 양동리 235호에서 동복과 함께 출토된 대형 철모를 주목하였다. 『삼국지』 예전에서 矛의 길이가 3장이나 되어 여러 사람이 함께 잡고 사용했다고 한 기록과 연결해 보며, 동예와 김해 지역 사이의 교역에 의해 유입된 것으로 추정하였다.

[101] 이현혜, 1988, 앞의 글, 169쪽.

[102] 주보돈, 2008, 「새로운 大加耶史의 定立을 위하여-研究上의 새로운 跳躍을 기대하며-」, 『영남학』 13, 35쪽에서는 4세기 이후 고령 세력이 김해 세력 대신 부상하여 가라의 국명을 쓰면서 가야의 중심 세력이 되었다고 파악하고 있다.

4세기 후반 백제가 가야 남부의 탁순·안라·가라 등의 세력을 매개로 왜와 동맹을 맺어 북쪽에서 내려오는 고구려 세력을 방어하고자 하면서, 김해의 구야국은 또다시 동맹 관계의 중요한 연결 고리로 부상하게 된다.[103] 이제 김해 지역은 교역 네트워크뿐만 아니라 백제·가야와 왜를 연결하는 정치적 연합의 결절점에 해당하게 되었다. 이로 인해 구야국의 지정학적 위상은 다시 한번 제고되고, 마침내 가야의 종주국을 의미하는 임나가라(任那加羅)[104]로 광개토왕비에 등장하게 된 것이다.[105]

5. 맺음말

변진과 진한은 지역 분포나 문화 양상에서 구분해 보기 어려운 사회였다. 다만 진한 12국은 진왕(辰王)에게 속해 있었고, 변진 12국에도 별도의 왕이 있었다고 해서, 두 사회가 정치적 통속 관계에 의해 구분된 사회였음을 시사해 주고 있다.

김해 구야국은 중국 군현(대방군)과 왜를 연결하는 해상교역 체계를 이용해

---

[103] 선석열, 2000, 「4세기 加耶와 新羅의 관계-廣開土王 南征의 배경과 관련하여-」, 『인문연구논집』 5(가야의 역사와 문화), 동의대학교 인문과학연구소; 田中俊明, 2001, 「高句麗の〈任那加羅〉侵攻をめぐる問題」, 『古代武器研究』 2.

[104] 임나의 의미에 대한 여러 설 가운데 폭넓게 지지를 받는 것은 임은 님(主), 나는 나라[國]의 의미로 해석하는 것이다(鮎貝房之進, 1931, 「日本書紀朝鮮地名攷」, 『雜攷』 第7輯 上卷, 朝鮮印刷株式會社, 39~44쪽). 임나는 우리말로 바꾸면 '임(님)나라'로 맹주국·왕국·군국을 의미한다(김정학, 1990, 「加耶의 歷史와 文化」, 『한국상고사연구』, 범우사, 183쪽; 정중환, 2000, 「辰國·三韓 및 加羅의 명칭」, 『가라사연구』, 혜안, 288쪽). 따라서 광개토왕비의 '임나가라'는 맹주국 가라, 즉 가라(가야)의 중심 종주국을 의미한다고 볼 수 있다.

[105] 대체로 임나가라는 김해의 금관가야를 가리키는 것으로 이해되지만, 일각에서는 고령의 대가야를 의미한다고 보기도 한다. 이에 대한 연구사 검토는 김태식, 1994, 「廣開土王陵碑文의 任那加羅와 '安羅人戌兵'」, 『한국고대사논총』 6, 가락국사적개발연구원, 62~86쪽; 백승옥, 2003, 앞의 책, 89~100쪽 참조.

대국으로 성장하였다. 3세기 초 포상 8국의 침공을 극복한 구야국은 한층 더 성장하여 변진의 중심 세력으로 대두하였다. 구야국이 함안의 안야국보다 우위에 있는 변진 12국을 대표한 왕으로 등장한 것이다.

하지만 246년 신분고국이 주도한 기리영 전쟁의 패배로 구야국의 해상교역도 타격을 입게 되었다. 3세기 중엽 이후 조위의 변군 정책이 낙랑군-예맥-진한을 중심으로 한 육상교역 체계로 전환되면서, 대방군을 중심으로 한 해상교역 체계에 속해 있던 구야국도 피해를 보게 된 것이다. 3세기 말의 상황을 전하는 『진서』 동이전에서 변진이 따로 보이지 않고, 변진 12국이 진한에 속해 있다고 한 것도 이러한 변화의 영향이다.

3세기 후분 이후 구야국은 중국과의 교섭 대신 왜국과의 양자교역을 더욱 활성화시키면서 새로운 교역 체계를 주도하게 된다. 4세기 초 낙랑·대방군의 축출은 이러한 변화를 더욱 촉진시켰다. 김해 대성동·양동리, 동래 복천동 유적 등 3세기 말 이후 구야국(금관가야)의 성장을 보여 주는 대형 목곽묘에서 출토된 북방계 및 왜계 유물은 새로운 교역 체계의 양상을 잘 보여 준다. 김해 지역에서 출토된 외래 유물을 통해, 구야국을 매개로 북방의 고구려(동예) 및 신라와 열도의 왜가 연결되는 교역 체계를 상정할 수 있다. 3세기 말 이후에도 김해의 구야국은 대륙과 열도를 잇는 교역항을 가진 초기국가로 지속 성장해, 광개토왕비에 보이는 가야의 종주국인 임나가라로 발전한 것이다.

참고문헌

1. 국내 단행본

김정배, 1986, 『한국고대의 국가기원과 형성』, 고려대학교 출판부.

김정학, 1990, 『한국상고사연구』, 범우사.

김창석, 2013, 『한국 고대 대외교역의 형성과 전개』, 서울대학교 출판원.

김태식, 1993, 『가야연맹사』, 일조각.

노중국 외, 2002, 『진·변한사연구』, 경상북도·계명대학교 한국학연구원.

문창로, 2000, 『삼한시대의 읍락과 사회』, 신서원.

박대재, 2006, 『고대한국 초기국가의 왕과 전쟁』, 경인문화사.

백승옥, 2003, 『가야 각국사 연구』, 혜안.

이병도, 1976, 『한국고대사연구』, 박영사.

이영식, 2016, 『가야제국사연구』, 생각과종이.

이현혜, 1984, 『삼한사회형성과정연구』, 일조각.

정중환, 2000, 『가라사연구』, 혜안.

주보돈, 2018, 『가야사 이해의 기초』, 주류성.

천관우, 1989, 『고조선사·삼한사연구』, 일조각.

2. 국내 논문

권오영, 1996, 『삼한의 〈국〉에 대한 연구』, 서울대학교 박사학위논문.

김양훈, 2013, 「삼한시대 변한권역 철기생산의 추이」, 『역사와 세계』 44.

김태식, 1994, 「廣開土王陵碑文의 任那加羅와 '安羅人戍兵'」, 『한국고대사논총』 6, 가락국사적
　　개발연구원.

문창로, 2018, 「'변한과 가야' 연구의 동향과 과제」, 『한국고대사연구』 89.

박대재, 2013, 「국가형성기의 복합사회와 초기국가」, 『선사와 고대』 38.

_____, 2017, 「삼한시기 논쟁의 맥락과 접점」, 『한국고대사연구』 87.

_____, 2018, 「三韓의 '國邑'에 대한 재인식」, 『한국고대사연구』 91.

_____, 2018, 「삼한의 國邑과 구야국」, 『김해 봉황동유적과 고대 동아시아-가야 왕성을 탐구하다-』, 인제대학교 가야문화연구소.

백승충, 1995, 「弁韓의 成立과 發展」, 『삼한의 사회와 문화』, 신서원.

선석열, 2015, 「3세기 狗邪國의 對郡縣 교섭과 辰王」, 『구야국과 고대 동아시아』, 주류성.

篠原啓方, 2015 「변진사회 군주상의 재검토-《삼국지》 한전 기사를 중심으로-」, 『구야국과 고대 동아시아』, 주류성.

심재용, 2012, 「良洞里古墳群의 墓制 變遷과 意味」, 『양동리, 가야를 보다』, 국립김해박물관.

연민수, 2015, 「변진시대 가락국의 성장과 외교」, 『구야국(狗邪國)과 고대 동아시아』, 주류성.

윤선태, 2001, 「馬韓의 辰王과 臣濆沽國」, 『백제연구』 34.

윤용구, 1999, 「三韓의 對中交涉과 그 性格-曹魏의 東侵과 관련하여-」, 『국사관논총』 85.

윤형준, 2015, 「목관묘 유적으로 본 구야국 사회의 일면」, 『구야국과 고대 동아시아』, 주류성.

이부오, 2001, 「1세기초 廉斯國의 대외교섭」, 『한국고대사연구』 22.

이영식, 2000, 「문헌으로 본 가락국사」, 『가야 각국사의 재구성』, 혜안.

이재현, 2000, 「加耶地域出土 銅鏡과 交易體系」, 『한국고대사논총』 9, 가락국사적개발연구원.

_____, 2003, 「弁韓社會의 形成과 發展」, 『가야 고고학의 새로운 조명』, 혜안.

이현혜, 1976, 「三韓의 <國邑>과 그 成長에 대하여」, 『역사학보』 69.

_____, 1988, 「4세기 加耶社會의 交易體系의 변천」, 『한국고대사연구』 1.

_____, 1994, 「三韓의 對外交易體系」, 『이기백선생고희기념 한국사학논집』(상), 일조각.

임기환, 2000, 「3세기~4세기 초 魏·晉의 동방정책」, 『역사와 현실』 36.

전진국, 2017, 「『晉書』에 보이는 馬韓의 대외교류와 百濟의 성장」, 『백제학보』 20.

주보돈, 1995, 「序說-가야사 이해의 기초-」, 『가야사연구-대가야의 정치와 문화-』, 경상북도.

_____, 2008, 「새로운 大加耶史의 定立을 위하여-硏究上의 새로운 跳躍을 기대하며-」, 『영남학』 13.

3. 국외 논문

高久健二, 2004, 「韓國の倭系遺物-加耶地域出土の倭系遺物を中心に-」, 『國立歷史民俗博物館研究報告』 110.

_____, 2012, 「樂浪郡と三韓の交易システムの形成」, 『專修大學東アジア世界史研究センター年報』 6.

東潮, 2004, 「弁辰と加耶の鐵」, 『國立歷史民俗博物館研究報告』 110.

鈴木靖民, 2004, 「文獻からみた加耶と倭の鐵」, 『國立歷史民俗博物館研究報告』 110.

武田幸男, 1996, 「三韓社會における辰王と臣智(下)」, 『朝鮮文化研究』 3.

申敬澈, 1993, 「加耶成立前後の諸問題-最近の發掘調査成果から-」, 『伽耶と古代東アジア』, 新人物往來社.

4장

백제 초기의 영역과 마한

1. 머리말

『삼국사기』에 나타난 백제의 영역 확장 과정에서는 고구려나 신라와 크게 다른 양상이 눈에 띈다. 주변 소국을 차례로 정복하거나 복속해 가면서 영역이 확장되는 추세가 보이지 않고, 온조왕 시기부터 경기도 일대 이상의 넓은 영역을 확보한 것으로 나타난다는 것이다. 이에 이처럼 광역의 영역을 초기부터 가질 수 있었던 것은 백제국 세력이 일찍부터 기마에 능했던 북방 예·맥=부여계였기 때문으로 이해되기도 하였다.[1]

그러나 『삼국지』등 중국 사서에 나타난 백제의 성장 과정은 이와 다르다. 백제는 3세기 중엽까지의 사정을 기록한 『삼국지』 동이전에서 마한 50여 국 중 하나인 백제국(伯濟國)으로만 보일 뿐 특별히 언급되지 않았다. 그러다가 3세기 후반(고이왕 대)~4세기 후반(근초고왕 대)의 사실을 기록한 『진서』 단계에 이르러 마한을 대표한 '마한주'(馬韓主)에서 마한을 초월한 '백제왕'의 국가로 발전한 것으로 이해된다.[2]

---

[1] 천관우, 1976,「삼한의 국가형성 (상)」,『한국학보』 2, 5쪽.

[2] 권오영, 2001,「백제국에서 백제로의 전환」,『역사와 현실』 40, 37쪽.

이러한 『삼국사기』와 중국 사서의 차이 때문에 『삼국사기』 초기 기록의 신빙성이나 건국 설화의 해석을 둘러싸고 많은 논쟁이 이어지고 있다.[3] 『삼국사기』가 백제의 「서기」(書記) 등 고기(古記)를 참조하여 편찬되었다는 점에서 사료 가치는 인정되지만, 12세기에 편찬된 후대 사서라는 점에서 그 한계도 무시할 수 없다.

하지만 중국 사서도 전문이나 전대 기록을 근거로 한 점에서 역시 한계를 가지고 있다. 전대 기록을 옮겨 싣는 중국 정사 외이전의 특성상 초기의 사정이 후대까지 계속 실려 그 사회의 발전상을 알기 어렵다. 5세기 전반에 편찬된 『후한서』 동이전은 3세기 후반에 편찬된 『삼국지』 동이전의 기록을 거의 그대로 따른 것이며, 마한조에선 "백제가 그 가운데 일국이다"라는 문구만 추가한 정도이다. 7세기 전반에 편찬된 『진서』에서 3세기 마한과 4세기 백제에 대한 기록이 동이전과 제기(帝紀)에 각각 보이는 것도 중국 정사의 한계라고 할 수 있다.

따라서 중국 정사 동이전의 한계를 보완하기 위해선 국내 사서의 통사적 기록을 참고하지 않을 수 없다. 외부자와 내부자의 관점에서 각각 정리된 중국 사서와 국내 사서의 특성을 종합하며 백제와 마한의 공시적 관계뿐만 아니라 백제가 영역국가로 성장한 통시적 과정도 함께 재구해야 한다. 다소 절충적인 연구 방법이지만, 사료가 부족한 초기사 연구에서 부득이한 대안이 될 수 있다.

『삼국사기』에서 백제 영역이 초기부터 비교적 넓게 기록된 것은 백제가 단기간 내에 성장하며 영역국가로 도약한 사실이 반영되었기 때문으로 생각할 수 있다. 백제사 연구에서 지배 세력이 3~4세기에 교체되었다거나 부여족

---

[3] 이강래, 2006, 「《삼국지》 동이전과 한국고대사」, 『한국고대사입문』 1, 김정배 편, 신서원; 노중국, 2007, 「《삼국사기》 초기 기록과 《삼국지》 동이전」, 『한국고대사 연구의 새 동향』, 한국고대사학회 편, 서경문화사; 김기섭, 2018, 「백제 국가형성사 연구동향과 과제」, 『동북아역사논총』 61.

등의 외부 세력에 의해 정복되었다고 보는 '왕실교대론'[4]이나 '정복국가론'[5]이 많이 제기된 것도 이런 사정과 관련이 있다고 하겠다.

하지만 백제는 마한의 일국인 백제국에서 성장한 것이 분명한 만큼 변화·발전의 요인을 마한사회의 맥락 속에서 먼저 찾아보는 것이 순서이다. 이런 관점에서 백제의 영역이 마한의 지역사회를 복속하며 확장한 과정을 살펴보고자 한다. 이를 위해 우선 백제 초기 영역 연구에서 가장 먼저 부딪히는 문제인『삼국사기』온조왕 대 영역 관련 기록을 검토해 보자.

2. 온조왕 대 사방 경계 기록의 함의

그동안 백제 초기 영역 연구는『삼국사기』온조왕 대의 사방경계가 어느 시기의 사실인지에 초점이 맞춰져 이루어졌다.[6] 특히 마한과의 경계인 웅천의 위치 비정이 가장 논란이 되며 직산 일대의 안성천 설[7]과 공주 일대의 금강 설[8]이 대립하고 있다. 최근에는 영역 확장에 따라 웅천이 안성천에서 금강으로 이동했다고 보는 시각[9]도 제기되었다.

---

4 이기동, 1981, 「백제 왕실교대론에 대하여」, 『백제연구』12.

5 이도학, 1995, 『백제고대국가연구』, 일지사.

6 최범호, 2010, 「백제 온조왕대 강역획정 기사 제설의 검토」, 『백산학보』87; 임기환, 2013, 「《삼국사기》온조왕본기 영역 획정 기사의 성립 시기」, 『역사문화연구』47; 위가야, 2013, 「백제 온조왕대 영역확장에 대한 재검토-비류집단 복속과 '마한' 국읍 병합을 중심으로-」, 『한국사학보』50; 이부오, 2018, 「3세기후반 4세기초 백제의 마한 진출과 熊川 주변 세력」, 『한국고대사탐구』28.

7 이병도, 1976, 『한국고대사연구』, 박영사, 248쪽.

8 전영래, 1985, 「백제남방경역의 변천」, 『천관우선생환력기념 한국사학논총』, 정음문화사, 138쪽.

9 임기환, 2013, 앞의 글, 33쪽.

A-1. (온조왕) 13년 8월 마한에 사신을 보내 도읍을 옮긴다고 알리고, 마
    침내 강장(疆場)을 획정하였다. 북쪽으로는 패하(浿河)에 이르고, 남
    쪽은 웅천(熊川)을 경계로 하고, 서쪽으로는 큰 바다에 닿고, 동쪽으
    로는 주양(走壤)까지 미쳤다.[10]

  2. (온조왕) 24년 가을 7월에 왕이 웅천책(熊川柵)을 세우자 마한왕이
    사신을 보내 나무라며 말하길, "왕이 처음 강을 건너왔을 때 발을
    디딜 만한 곳도 없었는데, 내가 동북쪽 100리의 땅을 나눠주어 편
    히 살게 하였으니 왕을 대우함이 후하지 않았다고 할 수 없다. 마
    땅히 이에 보답할 생각을 해야 할 터인데, 이제 나라가 완성되고 백
    성들이 모여들자 나와 대적할 자가 없다고 하면서 성과 해자를 크
    게 설치하여 우리의 강역을 침범하니, 어찌 의리에 합당하다고 할
    수 있는가?" 왕이 부끄러워하여 마침내 목책을 헐어 버렸다.[11]

  3. (온조왕) 26년 가을 7월에 왕이 말하길, "마한이 점점 약해지고 윗
    사람과 아랫사람의 마음이 갈리어 그 형세가 오래 갈 수 없을 듯하
    다. 만일 남에게 병합된다면 입술이 없으면 이가 시린 격이 될 것
    이니 후회하더라도 이미 늦을 것이다. 차라리 남보다 먼저 손에 넣
    어 훗날의 어려움을 면하는 편이 더 나을 것이다." 겨울 10월에 왕
    이 군사를 내어 겉으로는 사냥 간다고 말하면서 몰래 마한을 습격
    하여 마침내 그 국읍을 병합하였다. 오직 원산성과 금현성 두 성은
    굳게 지켜 항복하지 않았다.[12]

  4. (온조왕) 27년 여름 4월에 두 성(원산성과 금현성)이 항복하였다. 그

---

[10] 『삼국사기』 권23 백제본기 온조왕 13년.

[11] 『삼국사기』 권23 백제본기 온조왕 24년.

[12] 『삼국사기』 권23 백제본기 온조왕 26년.

백성들을 한산 북쪽으로 옮기니 마한이 드디어 멸망하였다.[13]

백제가 온조왕 13년(기원전 5)에 사방으로 패하(북)-웅천(남)-대해(서)-주양(동)의 경계를 획정하고, 온조왕 26~27년에는 마한을 멸망시켰다는 기록을 사실로 받아들일 수 있는가 하는 문제가 초기 영역 연구에서 가장 논란이 되었다. 이에 대해 사방 경계 기록은 고이왕 시기[14]나 근초고왕 시기[15] 사실이 소급된 것으로, 마한 병합 기록도 고이왕 시기,[16] 책계왕 시기,[17] 비류왕 시기,[18] 근초고왕 시기[19] 등 후대의 사실로 하향 조정해 보는 경향이 많다. 사방 경계를 최소한으로 잡아도 기원 전후 백제가 경기도 및 아산만 일대의 기호지방을 영역화하기는 어렵고, 마한을 병합하였다는 것도 『삼국지』와 『진서』에 마한이 계속 보이므로 따르기 어렵다는 것이다.

그동안 A-1의 '강장'을 일반적으로 강역의 의미로 해석해 왔다. 그런데 강장은 도읍과 대비되는 변경의 의미로,[20] 온조왕이 마한에 천도를 알리며 동시에 변경의 경계를 정했다는 것이다. 이는 실제 다음 해에 이루어진 천도와 마찬가지로 경계 획정 역시 마한에 먼저 알렸음을 의미한다. 이보다 앞서 온

---

13 『삼국사기』권23 백제본기 온조왕 27년.

14 이병도, 1976, 앞의 책, 481쪽.

15 김기섭, 2000, 『백제와 근초고왕』, 학연문화사, 145쪽.

16 노중국, 1988, 『백제정치사연구』, 일조각, 91쪽; 유원재, 1994, 「진서의 마한과 백제」, 『한국상고사학보』17, 146쪽.

17 강봉룡, 1997, 「백제의 마한 병탄에 대한 신고찰」, 『한국상고사학보』26, 149쪽.

18 전영래, 1985, 앞의 글, 140쪽.

19 이기동, 1990, 「백제국의 성장과 마한 병합」, 『백제논총』2; 1996, 『백제사연구』, 일조각, 110쪽; 김기섭, 2014, 「백제의 영역확장과 마한 병탄」, 『백제학보』11, 101쪽.

20 『춘추좌씨전』노 장공 28년, "宗邑無主則民不威 疆場無主則啓戎心" 기록과 그에 대한 여러 주석에 의하면, 강장은 종읍(도읍)과 대비되는 변경을 의미한다.

조왕은 신록(神鹿)을 잡아 마한에 보냈고,[21] 사방 경계를 정한 이후에도 말갈 추장 소모(素牟)를 잡아 마한에 보냈다.[22] 온조왕 대 백제는 마한에 신물이나 전리품을 바치며 복속해 있던 것이다. 온조왕의 천도와 경계 획정은 마한의 승인 아래 이루어졌다는 점에서, 사방 경계 이내를 온전히 백제의 영역이라고 보기는 어렵다.

A-2에서 볼 수 있듯이 마한왕이 온조왕에게 할양한 땅은 사방 100리 정도였다. 사방 경계를 최소한으로 잡아도 이보다 훨씬 넓은 지역이다. 그렇다면 사방 경계는 마한에 복속해 있던 온조왕이 다다를 수 있는 활동 지역의 범위라고 볼 수 있으며, 이는 마한왕의 영향력이 미치는 판도라고 할 수 있다. 웅천에 성책을 세우자 마한왕이 힐책한 것은 그전까지 웅천이 사실상 경계로서 기능하지 않았음을 시사한다. 패하와 주양에도 성책을 쌓았다는 기록은 보이지 않는다.

패하와 주양을 경계로 백제가 어떤 세력과 마주하였는지 명확하지 않다. 백제의 동쪽과 북쪽에 낙랑과 말갈이 있다고 하였지만,[23] 패하와 주양이 그 경계로 보이지는 않는다. 말갈이 자주 침공한 마수성(포천)·적현성(파주 적성)·술천성(여주 흥천) 등의 위치를 보면,[24] 대체로 패하(예성강) 이남 및 주양(춘천) 이서의 경기도 지역에 해당한다. 동부에 우곡성을 쌓게 하여 말갈을 방비하였다거나,[25] 말갈이 우곡계(牛谷界)에 들어왔다는 기록[26]을 보면 말갈과의 경계는 우곡성 일대였던 것으로 보인다. 한편 백제와 낙랑의 경계는 병산

---

21 『삼국사기』 권23 백제본기 온조왕 10년.
22 『삼국사기』 권23 백제본기 온조왕 18년.
23 『삼국사기』 권23 백제본기 온조왕 13년. 말갈과 낙랑의 위치에 대한 검토는 김기섭, 1991, 「《삼국사기》 백제본기에 보이는 말갈과 낙랑의 위치에 대한 재검토」, 『청계사학』 8 참조.
24 이병도, 1977, 『국역 삼국사기』, 을유문화사; 정구복 외, 1997, 『역주 삼국사기』 3(주석편), 한국정신문화연구원 참조.
25 『삼국사기』 권23 백제본기 다루왕 29년.
26 『삼국사기』 권24 백제본기 구수왕 16년.

책[27] 주변으로 보인다. 우곡성과 병산책의 위치는 미상이지만 패하나 주양이 말갈이나 낙랑과의 경계가 아님을 알 수 있다. 이처럼 패하나 주양이 말갈이나 낙랑과의 경계로 보이지 않는 점도 사방 경계 기록을 온조왕 대의 사실로 보지 않는 배경이 되기도 하였다.

기존 연구에서는 웅천을 백제와 마한의 경계로 보면서, A의 마한을 안성천(웅천) 이남 아산만 일대의 초기 마한으로 이해하였다.[28] 『삼국지』 동이전에 보이는 3세기 중엽의 마한은 대방군 이남의 50여 국을 포괄한 넓은 지역에 분포하기 때문에 온조왕 대 아산만 일대의 마한을 초기 마한이라고 규정해 그와 구분한 것이다.

『삼국사기』에서 백제가 마한을 병합한 직후에 축조한 대두산성이 탕정성(온양) 부근의 아산에 비정되므로,[29] 마한의 국읍은 지금의 아산 일대, 즉 아산지원(牙山之原)[30]에 위치하였을 가능성이 높다. 마한 국읍이 아산에 위치하면 웅천은 아산의 북쪽을 가로지르는 안성천에 비정함이 자연스럽다.

그런데 『삼국사기』의 마한은 백제의 관점에 의한 것이며, 『삼국지』의 마한은 중국 군현의 입장에서 바라본 것이기 때문에 두 기록의 마한은 시·공간적으로 구분될 뿐만 아니라 기록의 관점 자체에 차이가 있다. 초기 마한이란 용어가 3세기 중엽의 마한과 구분하기 위한 것이지만, 초기의 마한이 아산만 일대에만 분포한 것처럼 오해될 수 있다. 백제본기에는 마한이 백제의 남쪽에 있는 것으로 나오지만, 『삼국지』 동이전에 의하면 백제국을 둘러싼 주변 지역이 모두 마한의 국으로 보인다.

앞서 살펴보았듯이 패하나 주양은 백제의 경계라기보다 백제가 복속해 있던 마한의 판도로 보인다. 그렇다면 백제본기에 보이는 낙랑과 말갈의 실체

---

27 『삼국사기』 권23 백제본기 온조왕 8년.
28 박찬규, 2001, 「백제의 마한사회 병합과정 연구」, 『국사관논총』 95; 위가야, 2013, 앞의 글.
29 유원재, 1992, 「백제 탕정성 연구」, 『백제논총』 3, 백제문화개발연구원.
30 『삼국사기』 권23 백제본기 온조왕 43년.

도 백제 주변의 마한과 관련해 검토해 볼 수 있다. 이런 면에서 말갈을 백제 초기 주변의 소국에 대한 총칭으로 보거나,[31] 마한 북부의 신분고국과 연결해 보면서 한과 예의 혼유에 기초해 있다고 본 견해[32]는 주목할 만하다. 그동안 예(동예)로만 인식되어[33] 온 말갈의 정체성을 백제 주변의 마한과 연결해 본 점에서 새로운 접근이라 할 수 있다. 고고학적으로 백제국 주변 지역(경기·강원 영서)의 물질문화에서 한(마한)과 예(말갈)의 정체성을 준별하기 어렵다[34]는 점도 환기할 필요가 있다.

A-4에서 보듯 백제는 마한의 원산성과 금현성을 함락한 후 그 주민을 한산 북쪽으로 이주시켰다. 남옥저의 구파해 집단이 투항했을 때도 한산 서쪽에 안치하였다.[35] 이에 따라 백제 북부 지역에서는 다른 지역에 비해 한인과 예계 주민이 혼거하는 비중이 높았을 것이다. 마한의 구장(舊將) 주근이 반란을 일으킨 우곡성[36]의 위치는 미상이지만, 여러 기록을 종합해 보면 백제 동부의 말갈과 접한 변경 지역으로 보인다. 탈해왕 5년(61)에 신라에 투항한 마한 장수 맹소의 근거지인 복암성[37]도 신라와 가까운 동쪽 변경 지역에 해당할 것이다. 마한 국읍 멸망 후 유민 및 잔여 세력이 백제의 동쪽과 북쪽 지역으로 유입되면서 한인과 예계 주민의 혼거가 증가하였을 것이다.

한인과 예계 주민의 혼거 현상은 백제의 북부나 동부, 즉 경기 북부와 강원 영서 지역에서 많이 이루어졌을 것으로 짐작된다. 원삼국 시기 중부지방의 집단을 한과 예의 혼성으로 이루어진 한예(韓濊) 정치체로 보거나,[38] 한예

---

31 김병남, 2000, 「《삼국사기》 초기 기록의 말갈에 대한 재검토」, 『전북사학』 23, 56쪽.

32 윤선태, 2001, 「마한의 진왕과 신분고국-영서예 지역의 역사적 추이와 관련하여-」, 『백제연구』 34, 22~23쪽.

33 유원재, 1979, 「삼국사기 위말갈고」, 『사학연구』 29; 박순발, 1996, 「한성백제 기층문화의 성격-중도유형문화의 성격을 중심으로-」, 『백제연구』 26.

34 권오영, 2010, 「마한의 종족성과 공간적 분포에 대한 검토」, 『한국고대사연구』 60.

35 『삼국사기』 권23 백제본기 온조왕 43년.

36 『삼국사기』 권23 백제본기 온조왕 34년.

37 『삼국사기』 권1 신라본기 탈해이사금 5년.

를 한과 예의 통칭으로 보거나,[39] 한예를 '한지 내의 예'란 의미로 보는 시각[40]
은 모두 한과 예의 혼거 양상을 주목한 것이다.

『삼국지』 동이전에서 2세기 말 한·예가 강성해지자 군현(낙랑)의 주민들이
많이 한국으로 유입하였다고 하였는데, 낙랑 주민들이 마한의 북부나 동부
지역에 다수 유입했음을 보여 준다. 가평 달전리 유적[41]이나 춘천 우두동 유
적[42]에서 낙랑 계통의 토기와 철기가 많이 출토된 것도 백제 동쪽 '낙랑'의 기
원과 관련하여 주의할 만하다. 낙랑이란 표현은 이들이 낙랑군과 밀접히 관
련된 세력임을 시사해 준다.

백제의 북계와 동계로 나온 패하와 주양 일대는 한·예·낙랑 등 다양한 계
통의 주민이 혼거한 혼성사회였다고 볼 수 있다. 『삼국사기』에서는 낙랑과
말갈의 방위를 구분하였지만, 말갈의 침공 지역이 백제의 북부뿐만 아니라
동부에도 걸쳐 있음을 보면 말갈과 낙랑의 혼거도 짐작할 수 있다.

고이왕 시기까지 말갈이 백제를 침공하거나 교전한 횟수는 20건에 달한
다. 백제를 침공한 말갈의 병력은 3000에 이르기도 하고,[43] 말갈의 추장 소모
와 나갈(羅渴)의 이름이 전하기도 한다. 이러한 규모의 세력을 유이민의 군소
집단으로 보기는 어렵다. 말갈은 한인과 예계 주민의 혼성으로 이루어진 주
변 집단에 대한 백제의 타자 인식이라고 볼 수 있다.

사실 『삼국사기』에선 백제조차도 마한과 구분해 고구려나 부여에서 내려
온 유이민 집단으로 서술되었다. 그러나 『후한서』에서 언급하였듯이 백제가

---

38 송만영, 2003, 「중부지방 원삼국 문화의 전개 과정과 한예 정치체의 동향」, 『강좌 한국고대
사』 10, 가락국사적개발연구원; 2013, 『중부지방 취락고고학 연구』, 서경문화사, 251쪽.

39 권오영, 2009, 「원삼국기 한강유역 정치체의 존재양태와 백제국가의 통합양상」, 『고고학』
8-2, 42쪽.

40 윤용구, 2018, 「'韓濊之地'의 형성과 임진강 유역」, 『중부고고학회 학술발표회』 2018-4, 9쪽.

41 노혁진 외, 2007, 『가평 달전리유적』, 한림대학교 박물관.

42 강원문화재연구소 편, 2011~2015, 『춘천 우두동유적』 1~3, 강원문화재연구소.

43 『삼국사기』 권23 백제본기 온조왕 8년.

마한의 백제국에서 출발했음은 분명하다. 두 기록을 종합해 보면 백제 역시 한과 예(예맥)의 혼성사회라고 볼 수 있다. 말갈에 대해서도 같은 관점에서 접근할 필요가 있다. 백제에서는 말갈을 타자로 구분하였지만, 중국 군현의 시각에서는 백제 주변의 말갈도 한국의 범주로 인식한 것이다. 『삼국지』에서 2세기 말 낙랑 주민들이 대거 유입한 한·예의 지역을 '한국'이라고 표기한 것도 이런 맥락에서 이해할 수 있다.

기존 연구에서 백제의 마한 병합을 남방 진출로만 이해하고, 백제의 동부나 북부 지역의 마한에 대해서는 주목하지 못하였다. 마한은 백제의 남쪽뿐만 아니라 북쪽과 동쪽 지역에도 분포하고 있었다. A-1의 사방 경계는 백제와 접하고 있던 기호지방에 분포한 마한 소국의 지역을 나타낸 것으로 볼 수 있다. 아산 일대의 마한 국읍은 기호지방에 분포한 마한의 중심 세력으로 백제도 초기에는 거기에 복속해 있던 것이다. 이런 관점에서 A 기록을 다시 음미해 보면, 백제가 기호지방 마한사회 내에서 형성되어 아산의 국읍에 복속되어 있다가 이후 국읍을 병합하고 마한의 새로운 패자로 등장한 과정을 기록한 것이라 이해할 수 있다.

이처럼 사방 경계 기록을 백제가 속해 있던 마한의 판도로 본다면, 이 기록이 온조왕 대에 위치해도 크게 문제가 되지 않는다. 하지만 마한에 복속해 있던 백제가 마한 국읍을 병합하고 새로운 패자가 된 시기에 대해서는 단계를 구분해 봄이 자연스러울 것이다. 백제의 영역 확장 과정을 보여 주는 다른 기록을 통해 백제의 마한 병합 시기에 대해 살펴보자.

3. 마한 국읍의 병합과 한나해의 향방

백제가 복속되어 있던 마한의 국읍을 아산 일대에 비정하면 웅천은 안성천에 해당한다고 볼 수 있다. 백제가 마한 국읍을 병합하기 위해선 먼저 아산 북쪽의 안성천유역을 확보해야 한다. A 기록 외에 백제의 안성천유역 진출을 추정할 수 있는 기록은 고이왕 시기에 보인다.[44] 고이왕 5년(238)에 부산(釜山)에서 사냥하고 50일 만에 돌아왔다는 기록[45]이다.

그동안 부산의 위치에 대해선 『삼국사기』 지리지[46]에 근거하여 경기도 평택시 진위에 비정하여 왔다.[47] 진위는 안성천과 합류하는 진위천의 상류 지역으로 넓게 보아 안성천유역에 포함된다. 선행 연구에서도 이 기록을 주목하여 고이왕대 초반에 웅천(안성천)유역에 진출하였다고 보았다.[48] 고이왕은 부산에 사냥을 나갔다가 50일 만에 돌아왔는데, 이는 온조왕이 사냥을 구실로 몰래 마한을 습격한 정황과 비슷하다. 또한 온조왕이 주양과 패하에 순행하였다가 50일 만에 돌아왔는데,[49] 고이왕이 부산에서 50일간 사냥한 것과 기간이 일치한다. 이는 부산이 주양이나 패하와 같은 변경 지역의 요지임을 시사해 준다.

백제는 안성천유역에 진출하기에 앞서 서해안 지역을 복속시켰다. 이는 초고왕 48년(213)에 서부인 회회(茴會)가 백록(白鹿)을 헌상한 기록[50]을 통해 확인된다. 회회의 헌상은 백제가 주변 세력에게서 받은 최초의 공납으로 서부 지역이 가장 먼저 백제에 복속되었음을 알 수 있다.[51] 서부 지역이 복속된 213년은 공손씨에 의해 낙랑군 남부에 대방군이 설치된 시기와 가깝다.[52] 대

---

44 『삼국사기』에는 고이왕 대 이전에 백제가 신라의 와산성(보은)이나 구양성(옥천) 등을 공격한 기록이 보인다. 이는 온조왕 대 마한 병합을 전제로 한 기록들인데 그 실제 연대는 마한 병합 시기가 밝혀지면 자연히 드러날 것이다.

45 『삼국사기』 권24 백제본기 고이왕 5년.

46 『삼국사기』 권35 지리 신라 한주 당은군 진위현.

47 이병도, 1977, 앞의 책, 368쪽.

48 문안식, 2002, 『백제의 영역확장과 지방통치』, 신서원, 108쪽; 강종원, 2012, 『백제 국가권력의 확산과 지방』, 서경문화사, 40쪽.

49 『삼국사기』 권23 백제본기 온조왕 38년.

50 『삼국사기』 권23 백제본기 초고왕 48년.

51 박대재, 2013, 「국가형성기의 복합사회와 초기국가」, 『선사와 고대』 38, 269쪽.

52 대방군의 설치 시기는 204~207년 무렵으로 추정된다(임기환, 2000, 「3~4세기초 위·진의 동방정

방군 설치로 서해안 지역의 해상교역이 활발해진 시기에 백제가 서부 지역을 복속한 것은 중요한 전기가 되었다. 서부의 정확한 위치는 알 수 없지만, 고이왕이 서해 대도에서 사슴 40마리를 사냥한 기록[53]을 통해 강화도 일대의 서해안으로 추정할 수 있다.

다음으로 백제가 주변 세력으로부터 헌상받은 기록은 고이왕 시기에 보인다. 고이왕 25년(258)에 말갈 추장 나갈이 사자를 보내 양마(良馬) 10필을 바친 기록[54]이다. 말갈은 온조왕 시기부터 변경을 자주 침공하였는데, 구수왕 16년(229)까지 20회의 교전 기사가 확인된다. 그런데 258년 이후로 진사왕 3년(387)까지 130년간 말갈과의 싸움이 보이지 않는다. 말갈과의 전투가 오랫동안 보이지 않고 말갈 추장이 양마를 바치며 화친을 청한 데서 백제의 달라진 위상을 엿볼 수 있다.[55]

258년 말갈 추장의 양마 헌상은 온조왕이 마한에 신록을 잡아 보낸 것을 연상시킨다. 이는 그사이 백제가 마한왕의 자리를 대신하게 되었음을 의미한다. 말갈의 양마 헌상은 일종의 복속 의례로 볼 수 있다. 오랜 기간 백제를 공격하던 말갈이 130년간 기록에 나타나지 않는 것은 말갈이 백제의 영향력 아래에 들어왔음을 시사한다.[56] 『삼국사기』에는 일회성에 그친 것으로 보이지만 초기국가에서 피지배 집단의 공납이 신물의 헌상 형태로 기록된 양상을 고려하면, 258년 이후에 백제와 말갈 사이에 공납을 통한 지배예속 관계가 이루어졌다고 볼 수 있다.[57]

책」, 『역사와 현실』 36, 7쪽).

53　『삼국사기』권24 백제본기 고이왕 3년.

54　『삼국사기』권24 백제본기 고이왕 25년.

55　정재윤, 2007, 「초기 백제의 성장과 진씨세력의 동향」, 『역사학연구』 29, 12쪽. 정재윤은 말갈이 고이왕에게 화친을 청한 이유를 백제가 246년 중국 군현과 벌인 기리영 전쟁에서 승리하면서 위상이 달라졌기 때문으로 보았다. 하지만 백제가 전쟁을 주도했다거나 승리했다고 보기는 어렵다. 이에 대해서는 뒤에서 다시 살펴보겠다.

56　박대재, 2013, 앞의 글, 269쪽.

57　박대재, 2023, 「한국의 '고대'와 초기국가」, 『한국고대사연구』 110, 37쪽. 이 책의 V장 참조.

한편 이에 대해 백제와 말갈이 4세기 초까지 계속 대립하였다고 보는 견해도 있다. 책계왕 13년(298)에 왕은 한(漢)과 맥인(貊人)의 침공을 막는 과정에서 전사하였는데,[58] 이때의 맥인을 영서 지역의 예(말갈)로 파악하고 백제와 계속 대립하였다고 보는 것이다.[59] 그러나 이 맥인은 정약용이 지적한 바와 같이 춘천에 있던 낙랑의 부용 세력으로,[60] 낙랑이 주도한 공격에 부역한 것이라 보아야 한다. 『삼국사기』에는 낙랑이 말갈을 시켜 백제를 공격한 기록도 있지만,[61] 말갈과 낙랑은 별개의 세력이다. 백제본기에서 맥인은 여기서만 보이는데, 이들은 백제의 동쪽에 있던 낙랑과 연결된 세력에 해당한다.

분서왕 7년(304)에 백제가 낙랑의 서쪽 현을 습격하여 빼앗은 것은 책계왕을 전사케 한 맥인에 대한 보복이었다. 낙랑 서현이라는 표현은 이 지역이 백제의 동쪽에 있던 낙랑군의 부용 세력임을 시사한다. 분서왕은 낙랑 서현을 공격한 해에 낙랑태수가 보낸 자객에 의해 살해되었다.[62] 이 기록들은 책계왕·분서왕 시기에 백제가 낙랑과 갈등 관계에 있었음을 보여 준다. 따라서 이를 근거로 고이왕 대 이후 백제와 말갈이 계속 대립하였다고 보기는 어렵다.

229년까지 백제를 침공해 왔던 말갈이 258년에 고이왕에게 복속한 것은 그사이 백제가 마한 국읍을 병합하고 기존의 마한왕을 대신하게 되었기 때문으로 추정된다. 말갈 추장이 양마를 바치는 양상이 온조왕이 마한왕에게 신록을 바친 것과 흡사하고, 다음에서 보듯이 말갈의 향방이 마한 국읍 세력의 동향과 연동되어 보이기 때문이다.

백제의 마한 국읍 병합 시기는 『삼국지』 본기의 정시 7년(246) 기록에 보이

---

58 『삼국사기』 권24 백제본기 책계왕 13년.

59 문안식, 2003, 「백제의 마한 복속과 지방지배 방식의 변화」, 『한국사연구』 120, 37쪽.

60 『아방강역고』 낙랑별고.

61 『삼국사기』 권23 백제본기 온조왕 11년.

62 『삼국사기』 권24 백제본기 분서왕 7년.

는 한나해(韓那奚)의 향방을 통해 좀 더 구체적으로 유추할 수 있다. 한나해는 한의 나해국으로 이해되며, 나해는 『삼국사기』 지리지에 경기도 안성의 고지명으로 나오는 나혜홀(奈兮忽)[63]과 같은 차자 표기로 보인다. 이에 근거해 나해국의 위치를 안성에 비정하게 되면,[64] 안성과 인접한 마한 국읍의 추이에 대해서도 새롭게 접근해 볼 수 있다.

> B. 정시 7년(246) 봄 2월 유주자사 관구검이 고구려를 토벌하고, 여름 5월 예맥을 토벌하여 모두 깨트렸다. 한나해 등 수십 국이 각각 종락을 거느리고 항복하였다.[65]

한의 나해국은 『삼국지』 동이전의 삼한 국명에서는 보이지 않아 이를 둘러싸고 여러 가지 해석이 있었다. 나해를 자형이 비슷한 마한의 구해국(狗奚國)으로 추정하기도 하고,[66] 진한의 염해국(冉奚國)에 비정하기도 하였다.[67] 또한 위군이 영서 지역의 예(예맥)를 장악하면서 낙랑군과 진한을 연결하는 내륙 교역로가 확보되었다고 보면서, 한나해 등을 진한 북부의 소국(진한 8국)으로 추정하기도 하였다.[68]

한편 한나해 등의 항복을 246년 무렵 낙랑·대방군과 한 사이에 있었던 기리영 전쟁의 결과로 보면서, 한나해 등을 2군과 인접한 경기도 지역에 비정

---

[63] 『삼국사기』 권35 지리 신라 한주 백성군.

[64] 노중국, 2003, 「마한과 낙랑·대방군과의 군사 충돌과 목지국의 쇠퇴」, 『대구사학』 71, 30쪽에서도 나해와 나혜홀의 음운 일치를 근거로 나해국의 위치를 안성에 비정하였다.

[65] 『삼국지』 권4 위서 삼소제기 제왕방, "正始七年 春二月 幽州刺史毌丘儉討高句驪 夏五月 討濊貊皆破之 韓那奚等數十國 各率種落降".

[66] 한치윤, 『해동역사』 세기3 삼한.

[67] 池内宏, 1951, 「公孫氏の帶方郡設置と曹魏の樂浪帶方二郡」, 『滿鮮史研究』 上世編(1), 祖國社, 257쪽.

[68] 윤선태, 2001, 앞의 글, 16쪽.

해 보기도 하였다.[69] 그러면서도 한나해 등을 마한이 아니라 진한의 소속으로 보았는데, 이는 진한의 위치를 경기도 일대에 비정한 연구자의 독특한 전제 때문이었다. 따라서 한나해의 항복을 기리영 전쟁의 결과로 본 견해는 한나해 등을 경기도 일대 마한의 국으로 보는 시각이라고 할 수 있다.[70]

다른 한편 한나해 등을 마한이나 진한이 아니라 예와 잡거한 한의 일부로 보거나,[71] 동예 남쪽의 내륙 지역이나 동해안 지역으로 추정하기도 한다.[72] 『삼국지』 동이전에 나해의 국명이 보이지 않고, 한나해 등의 항복이 예맥의 향방과 관련되어 보인다는 점에서 주목할 만한 견해들이다. 한나해 등 수십 국의 실체는 『삼국지』 동이전에 보이는 삼한의 국들과 다른 맥락에서 검토할 필요가 있다.

B의 연대와 관련해 위 관구검군의 고구려·예맥 공격은 실제로 244~245년에 있었고, 246년은 그 결과로 한나해 등이 항복해 온 시점이라고 보는 경향이 많다.[73] 이에 따라 B의 5월 기사도 245년에 2군 태수가 동예를 공격한 사실[74]과 연결해 보면서 245년의 오류로 파악하였다. 한나해 등의 항복 원인을 244~245년에 있었던 위군의 고구려·예맥 공격과 관련해 보는 것이다.

그런데 위군의 공격 시점과 한나해의 항복 시점 사이에 간격이 있다는 점

---

[69] 이병도, 1976, 앞의 책, 261쪽. 기리영 전쟁의 시점은 명확하지 않은데, 한치윤은 대방태수 궁준이 기리영 전쟁에서 사망하고 새 태수 왕기가 정시 8년(247)에 부임한 사실을 근거로 정시 7년(246)에 일어났다고 추정한 바 있다(『해동역사』 세기5 사군사실).

[70] 천관우, 1976, 「《삼국지》 한전의 재검토」, 『진단학보』 41, 31~32쪽에서도 기리영 전쟁의 결과 2군이 한을 멸했다고 한 것은 실은 백제국과 대방군 사이에 위치한 한나해 등 수십 국이 항복한 것을 의미한다고 보았다.

[71] 윤용구, 1998, 「《삼국지》 한전 대외관계기사에 대한 일고찰」, 『마한사연구』, 충남대학교 출판부, 100쪽.

[72] 임기환, 2000, 앞의 글, 20~21쪽.

[73] 池内宏, 1951, 앞의 책, 244~282쪽; 임기환, 2000, 앞의 글, 16~19쪽; 윤선태, 2001, 앞의 글, 16쪽.

[74] 『삼국지』 권30 동이전 예, "正始六年 樂浪太守劉茂帶方太守弓遵以領東濊屬句麗 興師伐之 不耐侯等 擧邑降".

에 의문을 제기할 수 있다. 위의 고구려 공격은 244~245년에 주로 전개되었지만 246년 2월을 그 완료 시점이라고 보면,[75] 기록상의 연대 문제를 해결할 수 있다. B 기록 뒤에는 8월과 12월의 기사가 바로 이어져 나온다. 5월에 예맥을 토벌한 이후 한나해 등이 항복한 것이며 그 시점은 246년 8월 이전이된다.

이처럼 B의 연대를 기록대로 이해하면 246년 5월에 위군이 공격한 예맥은 245년에 2군이 공격한 동예와 다른 세력이라고 보아야 한다. 공격 결과 항복해 온 세력도 불내후와 한나해 등으로 차이가 난다. 위군이 예맥을 격파하자 한나해 등이 항복한 것은 예맥과 한나해 등이 서로 인접해 있었음을 시사한다. 나해의 위치를 경기도 안성으로 보면 예맥은 그와 인접한 영서 지역에 비정할 수 있고 춘천 일대의 낙랑 부용세력인 맥인과도 연결된다.

삼한의 고지명 가운데 나해와 연결될 수 있는 곳은 안성의 나혜홀이다. 안성은 238년 고이왕이 50일간 사냥을 한 부산(진위)의 바로 동쪽에 위치하며, 마한의 국읍인 아산의 북쪽에 해당한다. 246년에 안성의 나해국이 위에 항복한 것은 안성천유역 마한 국읍의 세력권에 큰 변화가 있었음을 시사한다.

안성은 안성천의 중상류 지역으로 경기도·충청남도·충청북도가 접하는 경계상의 요충지이다. 안성의 동부 지역인 죽산은 차령산맥 북쪽 군사·교통의 요지로 신라 시기 한산주(광주)와 국원소경(충주)을 연결하는 중간 거점이었다.[76] 안성은 죽산 북쪽의 남한강(여강)유역의 내륙 지역과 안성천유역의 아산만 일대를 연결하는 결절점에 해당하기도 한다.

예맥의 향방에 따라 안성의 나해국이 위에 항복한 것을 보면 여주-원주 사

---

75 盧弼, 『三國志集解』(1982, 中華書局) 동이전 고구려조 주석 참조. 이승호, 2015, 「〈관구검기공비〉의 해석과 고구려·조위 전쟁의 재구성」, 『목간과 문자』 15, 35쪽에서도 같은 의견을 제시하며 246년 2월을 위의 고구려 2차 침공이 완료된 시점으로 보았다.

76 서영일, 1999, 『신라 육상교통로 연구』, 학연문화사, 220쪽. 죽산은 본래 고구려의 개차산군으로 신라 경덕왕 대 개산군으로 개칭되고, 고려시대 죽주를 거쳐 조선시대까지 죽산현·죽산군으로 이어지다가 1914년에 안성과 용인으로 편입되었다.

이의 남한강유역을 통해 영서의 예맥과 연결되었던 것으로 보인다. 나해국과 함께 항복한 수십 국은 영서의 예맥과 인접한 남한강유역의 세력이라고 할 수 있다. 나해국이 『삼국지』 동이전에 보이지 않는 것은 목지국을 비롯한 마한의 50여 국들과는 지정학적 위치가 달랐기 때문이다. 나해국 등이 내항한 사실이 본기에만 기록된 것도 이들의 대중교섭 노선이 동이전의 마한 제국과 달랐음을 시사한다.

『삼국지』 동이전의 마한 국명은 3세기 중엽 삼한과의 교섭을 담당한 대방군 관리에 의해 일괄 작성된 것으로 이해된다. 대방군은 주로 해로를 통해 마한과 교섭하였기 때문에 자연히 내륙보다는 해안과 연계된 국이 주요 수록 대상이 되었다. 따라서 3세기 중엽 마한사회에는 동이전에 수록된 50여 국만이 아니라 더 많은 정치체가 존재하고 있었다고 보아야 한다.[77]

마한 50여 국으로 정확한 국수를 쓰지 않고 여지를 둔 것도 마한의 국명을 모두 기록한 것이 아니기 때문이다. 마한 제국의 위치 비정을 살펴보면 서해안 지역에 밀집 분포한 특징이 나타난다.[78] 구체적인 비정에서는 차이가 있지만 대략적인 분포 범위는 비슷한데, 경기도 이천의 노람국(奴藍國) 외에 남한강유역에는 마한의 국을 비정하지 않았다. 이런 정황을 보아 나해국과 함께 항복한 수십 국은 안성과 영서 지역 사이의 남한강유역 세력으로 볼 수 있다. 동이전에 보이는 마한의 국들이 대체로 대방군과 교역한 서해안 지역의 세력이라고 한다면, 남한강유역의 수십 국들은 낙랑군 중심의 교역 체계에 속해 있던 내륙 지역의 세력이라고 볼 수 있다.

안성은 아산만 일대와 남한강유역의 중간에 위치하는데, 246년 나해국이 남한강유역의 세력과 함께 위에 항복한 것은 그 무렵 아산만 일대 마한사회에 큰 변화가 있었음을 시사한다. 안성 지역은 백제의 진출 이전에는 마한

---

77 윤용구, 2019, 「마한제국의 위치재론」, 『지역과 역사』 45, 5~6쪽.
78 이병도, 1976, 앞의 책, 269쪽; 천관우, 1979, 「마한제국의 위치 시론」, 『동양학』 9, 238~239쪽.

국읍 세력의 권역으로 추정된다. 현재까지 조사된 고고학적 성과에 의하면 아산 명암리 밖지므레 유적을 중심으로 한 탕정 지역이 2~3세기 안성천유역의 중심지로 추정되며,[79] 안성 인지동[80]에서 아산 일대 마한 분묘에서 많이 출토된 청동 마형대구[81]가 1점 출토된 것을 보면 안성은 마한 국읍 세력의 권역에 포함된 소국 지역이라고 판단된다.[82]

246년 안성의 나해국이 위에 항복한 것은 아산 일대 마한 국읍 세력이 그 이전에 소멸하였음을 시사해 준다. 마한 국읍 세력이 온전하였다면 나해국이 수십 국의 대표 세력으로 위에 투항할 수 없었을 것이다. 『진서』 장화전에 보이는 마한신미제국(馬韓新彌諸國)[83]이 신미국을 대표로 한 마한 20여 국으로 이해되듯이, 나해국은 수십 국의 대표 세력이라고 볼 수 있다.

나해국의 향방은 마한 국읍 멸망 이후 마한 장수 맹소가 복암성을 들어 신라에 투항한 것과 비슷한 양상을 보인다. 또한 마한 구장 주근이 말갈과 인접 지역인 우곡성에서 반란을 일으킨 것은 마한 잔여 세력과 말갈의 연결성을 보여 주는데, 이는 예맥이 토벌된 후에 나해국이 항복한 것과 비슷한 양상

---

79 이상엽, 2008, 「아산지역 마한시기 유적의 현황과 성격-아산 밖지므레유적을 중심으로-」, 『충청학과 충청문화』 7, 285쪽.

80 서오선, 1992, 「천안 청당동 및 안성출토 일괄유물」, 『고고학지』 2, 71쪽. 안성 출토 마형대구는 1966년 안성 인지동 436번지에서 원저단경호 1점과 함께 출토되어 신고된 유물로 현재 국립중앙박물관에 소장되어 있다.

81 아산 용두리 진터 유적, 명암동 밖지므레 유적, 갈매리 유적에서 마형대구가 출토되었다. 이 밖에 안성천유역에서는 평택 마두리 유적, 천안 청당동 유적에서 마형대구가 출토되었다(현남주·권윤경, 2011, 「중서부지역 출토 마형대구의 검토」, 『선사와 고대』 35, 51~55쪽 참조).

82 최근 안성 도기동 산51-5번지와 산57번지 등에서 백제 한성기에 토성을 초축하여 사용하다가 이후 고구려가 점유하여 목책성으로 개축한 산성 유적이 발굴되었다(김진영, 2017, 「안성 도기동산성의 발굴성과와 성벽구조에 대한 소고」, 『고구려발해연구』 58). 도기동 산성을 웅천책이나 마한 국읍과 연결해 보는 시각도 있으나, 유적이 안성천 남안에 위치하고 4세기 중후반에 백제가 토성을 초축하고 5세기에 고구려가 목책성으로 개축하였다는 점에 주의할 필요가 있다.

83 『진서』 권36 장화전, "東夷馬韓新彌諸國 依山帶海 去州四千餘里 歷世未附者二十餘國 竝遣使朝獻 於是遠夷賓服 四境無虞 頻歲豐稔 士馬強盛".

이다. 나해국이 위에 투항한 것은 마한 국읍 소멸 이후 그 잔여 세력의 움직임으로 보인다.

이상을 종합해 보면 백제가 아산 일대의 마한 국읍을 병합한 시기는 고이왕이 부산(진위)에 진출한 238년 이후부터 안성의 나해국이 위에 투항한 246년 사이에 해당한다고 볼 수 있다. 고이왕은 3년(236)에 서해 대도에서 사냥하고, 5년에 부산에서 사냥하는 등 즉위 초반부터 전렵을 통해 영역 확장 의지를 표명하였다. 7년(240) 4월 좌장을 설치하고, 그해 7월과 9년(242) 7월에는 대규모 열병과 관사(觀射)를 실시하고, 10년(243) 정월에는 대단(大壇)을 설치하고 천지 산천에 제사를 올렸다.[84] 제사지[85]에 의하면 단을 설치하고 올린 천지 제사는 고이왕 5·10·14년에 유독 집중되어 있다. 부여에서 군사가 있으면 하늘에 제사를 올렸다는 『삼국지』 동이전 기록을 참고하면, 고이왕 대 천지 제사는 전쟁 준비를 위한 제천 의례로 추정된다. 특히 10년의 대단 제사는 그 규모에서 가장 주목된다. 238년 고이왕의 부산 사냥 이후 전개된 일련의 군사의식과 천지 제사는 백제의 마한 병합 과정을 시사하는 사료라고 할 수 있다.

238년은 위가 요동의 공손씨를 격파하고 낙랑·대방 2군을 점령하여 동이 지역으로 진출하기 시작한 때이다. 244~245년에 위는 고구려와 동예 지역을 공격한 데 이어, 246년에는 한과 인접한 예맥을 공격하고 기리영을 침공한 한과 직접 교전하기도 하였다. 『삼국사기』에는 고이왕 13년(246)에 위군이 고구려를 공격한 틈을 타 백제가 낙랑 변경을 공격하였다고 하였는데, 실제 공격은 위군이 고구려를 공격한 244~245년 사이에 있었던 것으로 보인다. 이처럼 2군을 둘러싼 정세가 혼란한 시기를 이용해 백제는 영역을 확장하며 마

---

84 『삼국사기』 권24 백제본기 고이왕 7·9·10년.

85 『삼국사기』 권32 잡지 제사, "古記云 溫祖王二十年春二月 設壇祠天地 三十八年冬十月 多婁王二年春二月 古尒王五年春正月 十年春正月 十四年春正月 近肖古王二年春正月 阿莘王二年春正月 腆支王二年春正月 牟大王十一年冬十月 並如上行".

한 국읍 병합을 달성한 것이다.

백제의 마한 병합은 일시에 끝나지 않았다. 백제가 마한 국읍 지역에 탕정성을 쌓고 끝까지 저항한 원산성과 금현성을 수리하여 주민을 정착시킨 것은 주근 등 마한의 잔여 세력을 진압한 2년 후인 온조왕 36년이었다. 마한 국읍을 병합한 온조왕 26년으로부터 10년이 지난 시점이다. 이런 추이를 보아 고이왕 대의 마한 병합도 상당 기간이 소요되었다고 볼 수 있다.

이상 검토에 의하면 백제의 마한 병합 기록은 고이왕 5~13년 사이의 사실이 온조왕 대로 소급된 것이라 짐작된다. 마한 병합 기록이 온조왕 대로 소급된 배경에는 『삼국사기』에 나타난 삼한과 삼국의 시기 구분 인식이 작용하였다고 추정된다. 신라본기에서도 진한과 관련된 기록은 모두 시조 혁거세 대에 집중되어 있다. 진한유민(辰韓遺民)[86]이라는 표현에서 볼 수 있듯이, 진한은 신라 건국 이전의 전시대로 인식되었다. 변한도 혁거세 19년에 항복해 왔다고 하여, 진·변한이 모두 신라 초기에 통합된 것으로 나타난다. 백제본기에서도 마한은 시조 온조왕 대에만 보인다. 이는 삼한을 삼국의 전대(前代)로 보는 전통적인 삼한·삼국 시기 구분 인식[87]에서 비롯된 것이라 할 수 있다.

삼한을 고구려를 포함한 삼국의 전신으로 보는 인식 위에서 『삼국유사』나 『제왕운기』뿐만 아니라 『동국통감』에서도 삼한은 삼국에 선행한 시대로 다루어졌다. 이러한 삼한·삼국 시기 구분 인식은 한백겸의 『동국지리지』 이후 삼한 인식이 새롭게 정립되면서 변화하기 시작하였다. 정약용이 지적한 바와 같이 마한과 진한은 삼국의 전대가 아니라 양한~위진 시기에 존재한 백제와 신라의 실적(實跡)이라는 점에 주의하게 된 것이다.[88]

백제국과 백제를 선후시대로 나눌 수 없듯이 마한과 백제 초기는 공시적

---

86 『삼국사기』 권1 신라본기 시조 혁거세거서간 38년.
87 박대재, 2018, 「삼한시기 논쟁의 맥락과 접점」, 『한국고대사연구』 87, 14쪽. 이 책의 IV-5장 참조.
88 박대재, 2018, 앞의 글, 21쪽.

인 관계에 있다. 따라서 온조왕 대에 일괄 기록된 마한 병합 기록의 편년은 전통적인 삼한·삼국 시기 구분론에서 벗어나 백제 초기의 영역 확장 과정을 통해 새롭게 재구해 보아야 한다. 백제의 마한 국읍 병합은 고이왕 5년(238) 부산(진위) 진출로부터 시작하여, 마한 국읍의 잔여 세력인 안성의 나해국이 위에 투항한 고이왕 13년(246) 사이에 전개되었다고 볼 수 있다.

4. 3세기 후반 백제의 영역과 마한주

246년 한나해의 향방과 관련되어 있던 예맥은 경원 2년(261)에 한과 함께 위에 조공한 예맥[89]과 동일 집단으로 추정된다. 261년 한과 예맥의 조공 기록 도 동이전에는 보이지 않고 본기에서만 확인된다. 정시 8년(247) 이후 동예의 불내예왕이 사시로 2군에 조알하고 군역과 부조도 부담하며 군현민과 같은 대우를 받았다고 한 『삼국지』 동이전 기록을 참고하면, 261년의 낙랑외이(樂浪外夷)로 표현된 예맥은 동예와 구분되는 예맥이라고 판단된다. 246년의 예맥과 같이 한과 인접한 지역의 예맥으로 볼 수 있다.

한과 인접한 예맥은 『삼국사기』에 보이는 낙랑의 부용 세력인 맥인과 같은 존재라고 할 수 있다. 영서 지역의 예(말갈)를 동예와 구분하기 위해 '영서예'로 부르기도 하는데,[90] 영서의 예도 바로 『삼국지』 본기의 예맥에 해당한다고 할 수 있다.

나해국의 향방은 마한 잔여 세력의 움직임으로 보이며, 그 방향성에서 한과 예맥의 연관성을 읽을 수 있다. 246년 위에 토벌된 예맥이나 그에 따라 투항한 한나해 등의 수십 국은 백제의 영향력 밖에 있던 세력이다. 261년에 낙

---

89 『삼국지』 권4 위지 삼소제기 진류왕환, "景元二年 秋七月 樂浪外夷韓濊貊各率其屬來朝貢".
90 문안식, 1998, 「《삼국사기》 나·제본기의 말갈 사료에 대하여」, 『한국고대사연구』 13.

랑외이로 위에 조공한 한과 예맥도 한나해 및 예맥과 마찬가지로 백제의 영향권 밖에 있으며 낙랑과 연결된 집단으로 보인다. 책계왕 말년에 낙랑과 함께 백제를 침공한 맥인도 백제의 영향권 밖에 있던 춘천 일대의 예맥 세력이라고 볼 수 있다.

이로 보아 주양(춘천) 일대 북한강유역은 마한 국읍 병합 이후에도 백제의 세력권에 들어오지 않았다고 보인다. 246년 이후 영서 지역의 내륙 교통로를 통해 진한과의 교역을 확대하려고 한 낙랑군의 정책[91]에 의해 백제의 북한강유역 진출이 쉽지 않았을 것이다. 분서왕 7년(304)에 공취한 낙랑 서현을 춘천 일대의 맥인 지역으로 보면 이때 백제가 잠시 진출한 것으로 보이지만, 곧바로 분서왕이 낙랑의 자객에 의해 살해되면서 지속되지는 못하였다.

『삼국사기』에는 고이왕 대 후반기인 255·266·278·283년에 신라의 괴곡성과 봉산성을 연속 침공한 기록이 보인다. 괴곡성과 봉산성은 충북 괴산과 경북 영주에 비정되며 남한강유역을 통해 연결되는 계립령과 죽령 주변의 거점 지역이다. 고이왕은 남한강유역의 세력이 낙랑과 진한을 연결하는 것을 차단하고 백제의 세력권에 편입하기 위해 이 지역을 공격한 것으로 보인다.[92] 그러나 고이왕은 두 성의 공취에 결국 실패하였다. 고이왕 대 후반기 이후 낙랑과 갈등한 배경에는 이 지역에 대한 백제의 공격도 영향을 미쳤을 것이다. 다만 말갈이 침공하던 남한강유역의 술천성(여주 홍천)[93]은 258년 말갈의 복속 이후 백제의 영역으로 편입된 것으로 보인다. 고이왕 대 백제는 여주 일대 남한강(여강)유역까지는 확보하였지만, 아직 괴산 인근의 남한강 중상류까지 진출하지는 못한 것으로 보인다.

---

[91] 윤용구, 1999, 「삼한의 대중교섭과 그 성격-조위의 동이경략과 관련하여-」, 『국사관논총』 85, 117~118쪽.

[92] 박대재, 1999, 「《삼국사기》 초기기록에 보이는 신라와 백제의 전쟁」, 『한국사학보』 7, 32~33쪽.

[93] 『삼국사기』 권23 백제본기 온조왕 40년 및 초고왕 49년. 술천성(述川城)은 『삼국사기』 지리지에 술천군(述川郡)으로 보이는 여주 홍천에 비정하는 데 이견이 없다.

말갈의 복속 이후 백제는 말갈의 활동 지역을 영역화하고 북쪽으로 대방군과의 경계인 예성강 이남 개성 일대까지 진출한 것으로 보인다. 고이왕 대 후반기에 백제는 낙랑군과 적대한 것과 달리 대방군과는 우호적인 관계를 유지하였다. 고이왕의 아들 책계왕은 대방왕(대방태수)의 딸 보과와 혼인하여 대방과 인척 관계가 되었다.[94] 책계왕과 보과의 혼인 시기는 확실치 않지만, 고이왕의 재위 기간이 53년으로 긴 점으로 보아 고이왕 대 후반기일 가능성이 높다.

고이왕이 말갈의 복속을 받은 직후인 260년대는 관품제와 관복제를 정비하고(260), 남당을 국왕의 정청으로 이용하며 좌평을 임명하고(261), 재물을 받은 관리와 도둑질한 자를 처벌하는(262) 등 국가의 지배체제를 빠른 속도로 정비해 간 시기이다. 말갈의 복속으로 인해 경기 북부 지역을 통한 대방군과의 교류가 원활해지면서 중국의 문물제도를 수용해 빠른 속도로 지배체제를 정비할 수 있었던 것으로 보인다. 백제가 276년 이후 마한과 진의 교섭을 주도한 마한주(馬韓主)[95]로 대두한[96] 데는 이 시기 지배체제 정비와 함께 대방군과의 우호적인 관계가 중요한 기반이 되었다.

고이왕 대 대외 관계는 265년 위가 멸망하고 진이 건국하면서 여러 가지 새로운 변화를 맞게 된다. 진으로 바뀌면서 동이에 대한 정책도 낙랑·대방의 2군보다 요동 양평의 동이교위부 중심체제로 개편되었다.[97] 고이왕 후반

---

94 『삼국사기』권24 백제본기 책계왕 원년.

95 『진서』권97 동이전 마한, "武帝太康元年二年 其主頻遣使入貢方物 七年八年十年又頻至 太熙元年詣東夷校尉何龕上獻 咸寧三年復來 明年又請內附".

96 이기동, 1987, 「마한영역에서의 백제의 성장」, 『마한·백제문화』10, 61쪽; 이현혜, 1997, 「3세기 마한과 백제국」, 『백제의 중앙과 지방』, 충남대학교 백제연구소, 28쪽; 권오영, 2001, 앞의 글, 44쪽.

97 김수태, 1998, 「3세기 중후반 백제의 발전과 마한」, 『마한사 연구』, 충남대학교 출판부, 209쪽. 285년 하감(何龕)이 동이교위로 교체되면서 동이교위의 역할이 본격화되었고 이때부터 낙랑·대방 2군이 변군의 기능을 상실하고 급격히 쇠퇴한 것으로 이해된다(임기환, 2000, 앞의 글, 25~30쪽). 이에 대해 교위부의 이민족 교섭도 주군(州郡)의 협조하에 이루어졌기 때문에

기 백제는 쇠퇴해 가는 낙랑군보다는 진과의 교역에 직접 참여한 것으로 보인다.[98] 백제가 대방군과 우호적인 관계를 유지한 이유는 서해안을 통해 동이교위부가 있는 요동에 접근하기 위해서는 황해도 해안을 장악하고 있는 대방군의 지원이 필수적이었기 때문이다.[99] 이처럼 3세기 후반에 백제와 대방군 사이에 우호적인 관계가 유지되면서 백제의 북쪽 경계는 예성강유역에까지 미치게 되었다.

한편 마한 국읍 병합 직후 백제의 남쪽 경계는 아산만 남쪽의 자연 경계선인 차령산맥까지 도달한 것으로 보인다.[100] 차령산맥 이남 금강유역에는 목지국을 중심으로 한 진왕 세력이 아직 존재하고 있었다. 백제가 차령산맥 이남 중서부 마한 지역으로 진출한 시기는 4세기 전·중엽으로 추정된다.[101] 진왕의 쇠퇴와 백제의 진출 사이에 시기적 간격이 있는 것인데, 이는 진왕이 백제의 공격에 의해 소멸한 것이 아님을 의미한다. 270년대 후반 이후 백제가 마한의 대중교섭을 주도하면서 진왕 세력은 서서히 도태해 간 것으로 보인다.

진왕은 『삼국지』 동이전까지 보이다가 『진서』 동이전 단계에 이르면 그 존재가 보이지 않게 된다. 서진 이후 마한과의 교섭 체계가 동이교위와 마한주를 중심으로 변경되면서 진왕은 점차 쇠퇴하였다. 책계왕 대(286~298)에 이르러 백제와 대방군의 관계가 군사를 지원할 정도로 더욱 밀착하게 되면서 진왕은 소멸한 것으로 추정된다. 낙랑이 책계왕 말년에 백제를 공격한 배경에는 그사이 백제가 진왕의 목지국을 대체하며 마한의 새로운 패자(마한주)로 부상한 변화가 있었다고 할 수 있다. 책계왕은 즉위 원년에 위례성을 수리하고 아차성과 사성(蛇城)을 수축하였다. 이를 통해 책계왕 대 백제는 마한주로

전통적인 방식대로 변군을 통해 동이 제국을 통어하였다고 보기도 한다(윤용구, 2005, 「고대중국의 동이관과 고구려-동이교위를 중심으로-」, 『역사와 현실』 55, 83쪽).

98 박현숙, 2016, 「3~4세기 백제의 대외관계와 왕권의 추이」, 『한국고대사연구』 83, 139쪽.

99 임동민, 2018, 「《진서》 마한 교섭기사의 주체와 경로」, 『한국고대사연구』 89.

100 유원재, 1998, 「백제의 영역변화와 지방통치」, 『한국상고사학보』 28, 152쪽.

101 성정용, 2000, 『중서부 마한지역의 백제영역화 과정 연구』, 서울대학교 박사학위논문.

서의 위상을 더욱 강화하였을 것이다.[102]

진왕과 목지국의 쇠퇴를 246년 기리영 전쟁에서 한이 패배한 결과와 연결해 본 견해가 있다. 진왕이 대방군 기리영 공격을 주도한 한의 대표 세력이었으며 패전의 타격으로 안성의 나해국 등 핵심 세력이 이탈하며 목지국의 위상이 약해지자 이때를 이용해 백제가 직산·천안에 있던 목지국을 공격해 함락시켰다는 것이다.[103] 하지만 기리영 전쟁은 진왕의 목지국이 아니라 신분고국이 주도한 것으로 이해되며,[104] 목지국은 기리영 전쟁 이후에도 한동안 존속한 것으로 보인다.

『삼국지』 동이전에서는 기리영을 침공한 한을 2군이 멸(滅)하였다고 하였다. 246년에 목지국이 멸망하였다면 그곳에 치소를 두고 있던 진왕의 종말에 대해 『삼국지』에서 기록하였을 것이다. 『삼국지』 동이전은 위가 공손씨로부터 낙랑·대방군을 접수한 경초 연간(237~239)부터 관구검군의 고구려 침공과 기리영 전쟁이 전개된 정시 연간(240~249)의 사실이 중심을 이룬다. 예조와 왜인조의 기록은 정시 8년(247)에 불내예왕을 책봉한 것과 왜왕 비미호(卑彌呼)의 종녀(宗女)가 새로운 왕으로 공립된 것을 하한으로 한다. 이처럼 동이지역 왕의 존재에 관심을 보인 『삼국지』의 시선을 고려하면, 진왕은 240년대 후반까지 존속하였다고 보아야 한다. 진왕이 240년대 후반까지 존속한 것은 백제에 의해 병합된 마한 국읍을 목지국과 연결해 보기 어렵게 한다. 앞서 본 바와 같이 아산 일대의 마한 국읍은 246년 이전에 백제에 의해 병합된 것으로 추정된다.

그동안 연구에서는 백제에 의해 병합된 마한 국읍을 진왕의 치소였던 목지국으로 보는 경향이 많았다. 목지국의 위치를 직산 일대[105]나 천안 일대[106]

---

102 풍납토성과 몽촌토성은 3세기 중·후반에 축조된 것으로 추정되는데(박순발, 2001, 『한성백제의 탄생』, 서경문화사, 181쪽), 책계왕 원년의 위례성 수리 기록은 이와 관련해 주목된다.

103 노중국, 2003, 앞의 글, 31~32쪽.

104 윤용구, 1999, 앞의 글; 임기환, 2000, 앞의 글; 권오영, 2001, 앞의 글; 윤선태, 2001, 앞의 글.

에 비정한 견해에서는, 『삼국사기』에 보이는 마한 국읍의 실체를 목지국으로 본다. 마한왕의 국읍과 진왕의 목지국을 연결해 본 시각은 『삼국사기』와 『삼국지』의 마한을 동일 실체로 본다는 문제점이 있다. 하지만 앞서 살펴본 바와 같이 두 사서의 마한은 동일시하기 어렵다.

목지국에 치소를 둔 왕을 '진왕'이라 한 것은 그의 관할 영역이 과거 진국의 고지(진)를 중심으로 하기 때문이다. 진왕 시기에 진국은 이미 없어졌지만, 그 지역을 다스린 지배자였기 때문에 진왕이라 부른 것이다. 문헌과 고고 자료를 종합해 볼 때 진국은 세형동검 문화와 초기 철기 문화가 남한 지역에서 가장 먼저 발달했던 공주-익산 일대의 금강 중하류 지역에 위치하였을 가능성이 높다.[107] 따라서 진왕의 목지국도 진국의 고지인 금강 중하류 일대에서 먼저 찾아보아야 한다.[108]

1990년대에 조사된 천안 청당동 유적에서 중국계 외래 물품이 출토되면서 목지국의 위치가 천안 일대로 추정되었다.[109] 그런데 2000년대 이후에는 아산 곡교천유역의 명암리 밖지므레 유적 등 2~3세기 분묘 유적들이 다수 확인되면서, 아산 탕정 지역이 목지국의 소재지로 새롭게 주목받고 있다.[110] 또 최근에는 미호천유역의 3세기 후반~4세기 후반 대형 취락 유적인 청주 송절동 유적을 목지국의 국읍과 연결해 보기도 한다.[111]

---

[105] 이병도, 1976, 앞의 책, 252~253쪽.

[106] 권오영, 1995, 「백제의 성립과 발전」, 『한국사』 6, 국사편찬위원회, 24쪽.

[107] 김정배, 1986, 『한국고대의 국가기원과 형성』, 고려대학교 출판부, 256쪽; 이현혜, 1984, 『삼한사회형성과정연구』, 일조각, 37쪽; 권오영, 1996, 『삼한의 '국'에 대한 연구』, 서울대학교 박사학위논문, 32쪽. 최근 익산과 인접한 완주 갈동 유적에서 기원전 2세기 외래계 철제품(주조철겸)과 유리제품이 출토되어 금강 하류 일대에 진국이 존재하였을 가능성이 더 커졌다.

[108] 박대재, 2002, 「《삼국지》 한전의 진왕에 대한 재인식」, 『한국고대사연구』 26; 2006, 『고대한국 초기국가의 왕과 전쟁』, 경인문화사, 92~116쪽.

[109] 함순섭, 1998, 「천안 청당동유적을 통해 본 마한의 대외교섭」, 『마한사연구』, 충남대학교 출판부, 71~75쪽.

[110] 이상엽, 2008, 앞의 글, 285쪽; 최욱진, 2018, 「아산지역 2~5세기 고대 유적의 현황과 의미」, 『선사와 고대』 55, 149쪽.

최근 발굴 성과에 의해 아산 탕정 지역과 청주 송절동 일대가 마한의 대국(국읍)일 가능성은 커졌지만, 목지국과 연결해 보기 위해서는 문헌 사료의 뒷받침이 있어야 한다. 진왕과 목지국은 『진서』 동이전에서 보이지 않는다는 점에서 마한과 진의 교섭이 활발히 전개된 280년대 무렵에는 소멸하였다고 볼 수 있다. 또한 진왕의 호칭과 관련하여 진국의 위치나 진국 시기인 기원전 2세기의 문화상도 함께 고려해야 한다.

이상 검토에 의하면 3세기 후반 백제는 북쪽으로 예성강 이남부터 남쪽으로 차령산맥 이북까지 경기만 일대의 기호지방을 영역으로 확보하였다고 볼 수 있다. 이 지역은 마한주로서 진과의 교섭을 주도한 백제의 마한사회 내 세력권의 범위라고도 할 수 있다. 270년대 후반 이후 백제가 마한주로서 진과의 교섭 주체로 성장하였지만, 마한 50여 국 전체를 대표한 것은 아니었다. 282년에 진과 처음 교섭한 신미국 등 20여 국은 백제의 세력권 밖에 있던 영산강유역의 마한 세력이었다.[112]

기존의 진왕(목지국)을 중심으로 한 금강유역의 마한 세력도 3세기 후반 백제의 세력권 내에 포함되지 않은 것으로 보인다. 3세기 후반에 금강유역권에서는 이전 단계와 달리 외래기성품의 분묘 부장 단절 양상이 나타난다. 이는 3세기 후반에 원거리 대외교섭권이 금강유역권의 세력으로부터 백제국으로 이양된 변화와 관련된 것으로 이해된다.[113] 한강유역의 백제가 마한과 진의 교섭을 주도하게 되면서 금강유역의 마한 세력은 그 교역권(交易圈)에서 소외되어간 것으로 보인다.

요컨대 3세기 후반 마한사회에서 백제국을 중심으로 한 기호지방의 마한이 진과 가장 활발하게 교섭하였으며, 신미국 등 영산강유역의 마한은 한 차

---

111 강유지, 2022, 「청주지역 마한계 취락과 조영 세력」, 『한국고대사연구』 105, 26쪽.
112 노중국, 2011, 「문헌기록 속의 영산강 유역」, 『백제학보』 6, 13쪽.
113 함순섭, 1998, 「금강유역권의 마한에서 백제로의 전환-분묘출토 토기를 중심으로-」, 『3~5세기 금강유역의 고고학』(한국고고학전국대회 발표문), 14쪽.

례 교섭하는 데 그쳤다. 반면 금강유역의 목지국을 중심으로 한 마한은 진과
의 교섭에 참여하지 못하면서 쇠퇴해 간 것으로 보인다. 이처럼 마한 세력의
추이를 권역별로 이해하면, 『진서』의 마한주는 기호지방 마한의 중심국이었
던 백제국이며, 3세기 후반 백제의 영역은 곧 마한주의 세력권에 해당한다고
할 수 있다.

5. 맺음말

백제 온조왕 대부터 미숙하나마 문물제도가 갖추어지기 시작한 점은 분명
하지만, 대외적인 면에서 백제는 아직 마한의 국읍에 복속되어 있던 소국 단
계였던 것으로 보인다. 온조왕 대의 사방 경계는 백제가 속해 있던 마한의
판도로 추정되며, 마한 국읍은 기호지방에 분포한 마한 제국의 중심국으로
이해된다. 『삼국사기』에서는 백제 주변의 세력을 말갈이라 불러 마한과 구분
했지만, 『삼국지』에 의하면 백제국뿐만 아니라 그 주변 소국들 모두 마한으
로 파악된다. 말갈은 한인과 예(예맥)계 주민의 혼성사회로 기호지방에 분포
한 마한 제국의 범주에 포함될 수 있다. 따라서 백제의 마한 병합은 마한 국
읍을 정복하고 기호지방의 마한 제국을 영역화한 과정이라고 볼 수 있다.

마한 국읍의 위치는 선행 연구와 최근 발굴 조사 성과를 고려할 때 아산 일
대로 추정된다. 현재 학계에는 마한 국읍을 목지국으로 보는 시각이 많지만,
『삼국사기』의 마한왕과 『삼국지』의 진왕은 시공간적으로 연결해 보기 어려
운 존재이다. 진왕의 치소였던 목지국은 진국고지인 금강 중하류의 공주-익
산 일대에 있던 것으로 추정되며, 270년대 후반 이후 백제가 마한주로서 진
과 마한 사이의 교섭을 주도하면서 진왕 세력은 자연 도태된 것으로 보인다.

백제의 마한 국읍 병합은 고이왕이 안성천 북쪽의 부산(평택 진위)에 진출
한 238년에 시작되어, 마한 국읍의 잔여 세력인 안성의 나해국이 위에 투항

한 246년 이전에 완료되었다. 238~246년은 위의 동방 진출이 본격적으로 이루어지며 고구려·동예·예맥을 공격하고 한과의 기리영 전쟁이 일어나기도 한 큰 혼란기였다. 이러한 혼란기를 이용해 백제는 마한 병합을 달성하며 영역을 확장한 것이다.

백제의 마한 국읍 병합 결과 258년 말갈이 양마를 바치며 고이왕에게 복속해 왔다. 말갈 복속 이후 백제는 북부 지역을 영역화하고 예성강유역까지 진출하여 대방군과 원활하게 교류하게 되었다. 260~262년 백제가 단기간 내에 관품제와 좌평제 등 지배체제를 정비할 수 있었던 것은 대방군과의 활발한 교류가 있었기에 가능하였다. 고이왕의 아들 책계왕과 대방공주의 혼인이 이루어진 시기도 말갈 복속 이후인 고이왕 대 후반기로 추정된다.

3세기 후반 백제는 대방군과 달리 낙랑군과는 적대적인 관계에 있었다. 책계왕 말년(298)에 낙랑군과 낙랑 부용 세력인 맥인의 공격을 받고 책계왕이 전사하였다. 분서왕 말년(304)에 낙랑 서현을 공격해 빼앗았으나, 낙랑군이 보낸 자객에 의해 분서왕이 살해되었다. 이처럼 백제가 낙랑군의 공격을 많이 받은 것은 그만큼 백제가 마한의 새로운 패자로 성장하였음을 시사하기도 한다. 당시 낙랑군이 북한강유역과 남한강 중상류 지역의 내륙 교통로를 통해 진한과 교역하면서 백제의 이 방면 진출은 어려웠다.

아산의 마한 국읍 병합 직후 백제의 남쪽 경계는 차령산맥까지 이르렀고, 그 이남의 금강유역에는 아직 진왕의 목지국 세력이 존재하고 있었다. 백제가 금강유역에 진출한 시기는 4세기 전·중엽으로 추정되며, 그사이 금강유역권은 백제국 중심의 교역권에서 소외되어 있던 것으로 보인다.

이상의 검토에 의하면 3세기 후반 백제의 영역은 예성강 이남의 개성 일대로부터 차령산맥 이북의 아산만 일대까지 대체로 경기만 부근의 기호지방에 해당한다. 당시 백제의 영역은 『진서』에 보이는 마한주의 세력권이기도 하다. 백제가 마한주로 성장한 이후에도 금강유역과 영산강유역에는 백제의 영향력이 미치지 못하는 마한 제국이 남아 있었다. 따라서 마한주로서 백제의 위상은 기호지방 마한의 패자로서 서진과의 교섭을 주도하였다는 점에서 주목되지만, 마한 전체의 왕자 단계에는 아직 이르지 못하였다.

그동안 백제 초기의 영역 확장 과정은 남방의 마한 병합 과정을 중심으로 논의가 이루어져 왔다. 이는 『삼국사기』에서 백제의 동쪽과 북쪽에 있던 세력을 마한과 구분해 보는 인식과 연결되어 있다. 하지만 『삼국지』 동이전의 시각에서 보면 백제의 동·북쪽 세력도 한과 관련해 이해할 수 있다. 이 글에서는 백제 주변의 말갈이나 낙랑을 한인과 예계·낙랑계 주민이 혼거한 혼성 사회로 보면서 백제의 마한 병합 과정을 한·예의 복속 과정으로 검토해 보았다. 이는 백제 초기의 종족 구성과도 관련된 문제인데, 이에 대해선 다음 연구 과제로 남기고자 한다.

참고문헌

1. 국내 단행본

강종원, 2012, 『백제 국가권력의 확산과 지방』, 서경문화사.

김기섭, 2000, 『백제와 근초고왕』, 학연문화사.

김정배, 1986, 『한국고대의 국가기원과 형성』, 고려대학교 출판부.

노중국, 1988, 『백제정치사연구』, 일조각.

문안식, 2002, 『백제의 영역확장과 지방통치』, 신서원.

박대재, 2006, 『고대한국 초기국가의 왕과 전쟁』, 경인문화사.

박순발, 2001, 『한성백제의 탄생』, 서경문화사.

이기동, 1996, 『백제사연구』, 일조각.

이도학, 1995, 『백제고대국가연구』, 일지사.

이병도, 1976, 『한국고대사연구』, 박영사.

이현혜, 1984, 『삼한사회형성과정연구』, 일조각.

천관우, 1989, 『고조선 · 삼한사 연구』, 일조각.

2. 국내 논문

강봉룡, 1997, 「백제의 마한 병탄에 대한 신고찰」, 『한국상고사학보』 26.

강유지, 2022, 「청주지역 마한계 취락과 조영 세력」, 『한국고대사연구』 105.

권오영, 1995, 「백제의 성립과 발전」, 『한국사』 6, 국사편찬위원회.

_____, 1996, 『삼한의 '국'에 대한 연구』, 서울대학교 박사학위논문.

_____, 2001, 「백제국에서 백제로의 전환」, 『역사와 현실』 40.

_____, 2009, 「원삼국기 한강유역 정치체의 존재양태와 백제국가의 통합양상」, 『고고학』 8-2.

_____, 2010, 「마한의 종족성과 공간적 분포에 대한 검토」, 『한국고대사연구』 60.

김기섭, 1991, 「《삼국사기》 백제본기에 보이는 말갈과 낙랑의 위치에 대한 재검토」, 『청계
　　사학』 8.

_____, 2014, 「백제의 영역확장과 마한 병탄」, 『백제학보』 11.

_____, 2018, 「백제 국가형성사 연구동향과 과제」, 『동북아역사논총』 61.

김수태, 1998, 「3세기 중후반 백제의 발전과 마한」, 『마한사연구』, 충남대학교 출판부.

노중국, 2003, 「마한과 낙랑·대방군과의 군사 충돌과 목지국의 쇠퇴」, 『대구사학』 71.

_____, 2007, 「《삼국사기》 초기 기록과 《삼국지》 동이전」, 『한국고대사 연구의 새 동향』,
　　한국고대사학회 편, 서경문화사.

_____, 2011, 「문헌기록 속의 영산강 유역」, 『백제학보』 6.

문안식, 2003, 「백제의 마한 복속과 지방지배 방식의 변화」, 『한국사연구』 120.

박대재, 1999, 「《삼국사기》 초기기록에 보이는 신라와 백제의 전쟁」, 『한국사학보』 7.

_____, 2002, 「《삼국지》 한전의 진왕에 대한 재인식」, 『한국고대사연구』 26.

_____, 2013, 「국가형성기의 복합사회와 초기국가」, 『선사와 고대』 38.

_____, 2018, 「삼한의 '국읍'에 대한 재인식」, 『한국고대사연구』 91.

_____, 2023, 「한국의 '고대'와 초기국가」, 『한국고대사연구』 110.

박순발, 1996, 「한성백제 기층문화의 성격-중도유형문화의 성격을 중심으로-」, 『백제연
　　구』 26.

_____, 2001, 「마한 대외교섭의 변천과 백제의 등장」, 『백제연구』 33.

박찬규, 2001, 「백제의 마한사회 병합과정 연구」, 『국사관논총』 95.

박현숙, 2016, 「3~4세기 백제의 대외관계와 왕권의 추이」, 『한국고대사연구』 83.

송만영, 2003, 「중부지방 원삼국 문화의 전개 과정과 한예 정치체의 동향」, 『강좌 한국고대
　　사』 10.

위가야, 2013, 「백제 온조왕대 영역확장에 대한 재검토-비류집단 복속과 '마한' 국읍 병합
　　을 중심으로-」, 『한국사학보』 50.

유원재, 1979, 「삼국사기 위말갈고」, 『사학연구』 29.

_____, 1992, 「백제 탕정성 연구」, 『백제논총』 3.

_____, 1994, 「진서의 마한과 백제」, 『한국상고사학보』 17.

_____, 1998, 「백제의 영역변화와 지방통치」, 『한국상고사학보』 28.

윤선태, 2001, 「마한의 진왕과 신분고국-영서예 지역의 역사적 추이와 관련하여-」, 『백제

연구』 34.

윤용구, 1998, 「《삼국지》 한전 대외관계기사에 대한 일고찰」, 『마한사연구』, 충남대학교
출판부.

_____, 1999, 「삼한의 대중교섭과 그 성격-조위의 동이경략과 관련하여-」, 『국사관논총』
85.

_____, 2018, 「'韓濊之地'의 형성과 임진강 유역」, 『중부고고학회 학술발표회』 2018-4.

_____, 2019, 「마한제국의 위치재론」, 『지역과 역사』 45.

이부오, 2018, 「3세기후반 4세기초 백제의 마한 진출과 熊川 주변 세력」, 『한국고대사탐구』
28.

이상엽, 2008, 「아산지역 마한시기 유적의 현황과 성격-아산 밖지므레유적을 중심으로-」,
『충청학과 충청문화』 7.

이승호, 2015, 「〈관구검기공비〉의 해석과 고구려·조위 전쟁의 재구성」, 『목간과 문자』 15.

이현혜, 1997, 「3세기 마한과 백제국」, 『백제의 중앙과 지방』, 충남대학교 백제연구소.

임기환, 2000, 「3~4세기초 위·진의 동방정책」, 『역사와 현실』 36.

_____, 2013, 「《삼국사기》 온조왕본기 영역 획정 기사의 성립 시기」, 『역사문화연구』 47.

임동민, 2018, 「《진서》 마한 교섭기사의 주체와 경로」, 『한국고대사연구』 89.

전영래, 1985, 「백제남방경역의 변천」, 『천관우선생환력기념 한국사학논총』, 정음문화사.

정재윤, 2001, 「위의 대한정책과 기리영 전투」, 『중원문화논총』 5.

_____, 2007, 「초기 백제의 성장과 진씨세력의 동향」, 『역사학연구』 29.

최욱진, 2018, 「아산지역 2~5세기 고대 유적의 현황과 의미」, 『선사와 고대』 55.

함순섭, 1998, 「천안 청당동유적을 통해 본 마한의 대외교섭」, 『마한사연구』, 충남대학교
출판부.

5장

삼한 시기 논쟁의 맥락과 접점

1. 머리말

마한·진한·변한(변진) 등 삼한이 백제·신라·가야 등 3국의 전신 내지 모체였다는 것은 주지의 사실이다. 그러나 삼한이 언제 3국으로 전환되었는지, 또는 삼한과 3국의 시기 관계를 어떻게 설정할 것인지에 대해서는 아직 정설이 없다. 이런 가운데 4세기를 전후해 삼한이 백제·신라·가야로 전환되었다고 보는 이른바 '전사론'(前史論)[1]이 최근 활발하게 제기되고 있다. 삼한 시기를 4세기 이후 삼국시대와 구분하며, 백제·신라·가야의 전사로 취급하는 것이다.[2]

전사론의 시각은 백제의 실질적인 건국을 고이왕 27~28년(260~261)으로,

---

1   주보돈, 1995, 「序說-加耶史의 새로운 정립을 위하여-」, 『가야사연구-대가야의 정치와 문화』, 경상북도, 13~21쪽; 이희준, 1998, 『4~5세기 新羅의 考古學的 研究』, 서울대학교 박사학위논문; 2007 『신라고고학연구』, 사회평론, 30~40쪽; 노중국·권주현·김세기·이명식·이형우·이희준·주보돈, 2002, 『진·변한사 연구』, 경상북도·계명대학교 한국학연구원; 주보돈, 2011, 「진한에서 신라로」, 『신라 형성기의 유적-집터(주거지)유적·무덤(분묘)유적·생산유적·기타 유적-』, 한국문화재조사연구기관협회, 629~632쪽; 주보돈, 2017, 『가야사 새로 읽기』, 주류성, 83~85쪽.
2   전사론에 대한 연구사 검토는 김수태, 2003, 「新羅의 國家形成」, 『신라문화』 21, 51~54쪽 참조.

내물왕(356~402)을 신라 고대국가 건설의 태조로 파악한 이병도의 연구[3]에 기초하고 있다. 또한 3세기까지의 삼한을 부족국가 내지 미약한 부족연맹 단계로 파악하고, 4세기 신라 내물왕 이후 부족연맹의 영도권을 확립하며 고대국가로 성립하였다고 본 김철준의 연구[4]도 영향을 미쳤다.

삼한의 70여 국을 성읍국가로 보면서, 고이왕과 내물왕 대에 백제와 신라가 각각 연맹왕국을 형성하고, 4세기 근초고왕과 6세기 지증·법흥왕 대에 중앙집권적인 귀족국가를 완성하였다고 보는 연구[5] 역시 4세기 이후를 본격적인 삼국시대로 본다는 점에서 전사론과 일맥상통한다.[6] 이처럼 4세기부터를 삼국시대 및 고대국가 단계로 보는 입장은 '4세기 분기론'이라 묶어 부를 수 있다.[7] 이런 배경 속에서 전사론에서는 삼한을 소국연맹체 단계로 이해하고, 4세기 이후의 고대국가와 발전 단계를 구분해 보고 있다.[8]

『삼국사기』의 연대상 3세기 이전은 삼국시대 전기 내지 초기에 해당하지만, 전사론에서는 『삼국사기』 초기 기록보다 『삼국지』 동이전을 더 신뢰하여 3·4세기 사이 삼한에서 3국으로의 전환이 있었다고 이해한다. 3세기까지를 삼국시대의 '전사'(前史)라고 하여 삼한과 삼국을 구분해 보는 것이다. 전사론에서는 『삼국사기』에 따라 3세기 이전을 삼국시대 전기 내지 초기로 보는 입

3 이병도, 1959, 『한국사』(고대편), 진단학회 편, 을유문화사, 350·399쪽.
4 김철준, 1964, 「韓國古代國家發達史」, 『한국문화사대계』 I(민족·국가사), 고려대학교 민족문화연구소, 492~493쪽; 1973, 「部族聯盟勢力의 擡頭」, 『한국사』 2(고대-민족의 성장-), 국사편찬위원회, 141~144쪽.
5 이기백·이기동, 1982, 『한국사강좌』 I(고대편), 일조각.
6 이기동, 1988, 「한국고대사 연구의 현황과 과제」, 『한국고대사론』, 한길사, 19~25쪽에서 4세기 중엽을 기준으로 삼한시대와 삼국시대를 구분해 서술하고 있다.
7 박대재, 2003, 『의식과 전쟁-고대 국가를 바라보는 새로운 시각-』, 책세상, 91쪽.
8 주보돈, 1990, 「韓國 古代國家 形成에 대한 연구사적 검토」, 『한국 고대국가의 형성』, 한국고대사연구회 편, 민음사, 224~235쪽에서 김철준의 부족국가설과 이기백의 성읍국가설의 문제점을 각각 비판하고 있지만, 그 비판은 용어 문제에 초점이 맞춰져 있으며, 3·4세기를 기준으로 발전 단계를 나누어 보는 데 대해서는 별다른 언급이 없다.

장[9]을 '전기론'이라고 명명하여 '전사론'과 대조해 본다.

하지만 4세기 이후를 본격적인 삼국시대(고대국가)로 보고 그 이전의 삼한과 단계를 구분해 보는 전사론의 시각은 개설서나 교과서의 일반적인 서술과 차이가 있어 혼란을 준다. 주요 한국사 개설서나 교과서의 연표에서는, 『삼국사기』의 연대에 따라 기원전 1세기에 삼국의 건국 연대를 표기하거나 그때부터 삼국시대로 제시하고 있기 때문이다.[10] 이러한 혼란은 대중적인 개설서에서 삼한과 삼국시대에 대한 모순적인 서술로 나타나기도 한다. 삼한의 시기를 1~3세기로 서술하면서도, 그 시기를 '삼국시대 이전'이라고 하여 기원전 1세기부터 삼국시대로 본 개설서의 시대 구분과 배치되는 것이다.[11]

삼한의 시기를 둘러싼 논의는 고고학에서 '원삼국시대'(原三國時代)의 개념을 도출해 내기도 했다. 1972년 김원용은 "원삼국시대라는 것은 소위 삼한시대, 삼국시대 초기, 또는 고고학에서 말하는 김해시대에 대한 필자의 새로운 명명 제안이며, 문헌상으로나 고고학상으로나 타당한 이름이 아닐까 생각된다. 영어로는 Proto-Three Kingdoms Period가 되며 기록상과 실지 역사상에서의 불합리점이 서로 타협될 것 같다"고 설명하며, '원삼국시대'를 기존까지 '삼한시대'나 '삼국시대 초기'로 혼용해 부르던 시기(0~200, 250)에 대한 새로운 용어로 제시하였다.[12] 그 후 김원용은 원삼국시대의 하한에 대해 문헌사에서 300년을 삼국기 개시로 보고 있기 때문에, 고고학에서도 원삼국기의 연대는

9 천관우, 1989, 『고조선사·삼한사연구』, 일조각; 이종욱, 1982, 『신라국가형성사연구』, 일조각; 1999, 『한국의 초기국가』, 아르케.

10 진단학회 편, 1959, 『한국사-연표-』, 을유문화사, 15~19쪽; 강만길 외 편, 1994, 『한국사』 25, 한길사, 23~25쪽; 국사편찬위원회, 2002, 『고등학교 국사』, 교육인적자원부(제7차 교육과정), 44쪽 주요 연표.

11 이현혜, 1989, 「삼한」, 『한국민족문화대백과사전』 11, 한국정신문화연구원, 439~442쪽.

12 김원용, 1972, 「石村洞 發見 原三國時代의 家屋殘構」, 『고고미술』 113·114합, 9쪽 주 ④. '원삼국시대'라는 용어는 이보다 조금 앞서 일본에서 간행된 金元龍 著·西谷正 譯, 1972, 『韓國考古學槪論』, 東出版, 93쪽에서 처음 사용되었다.

0~300년으로 보는 것이 좋겠다고 연대를 다소 수정하였다.[13]

하지만 '원삼국시대'라는 용어는 원사시대와 삼국시대가 결합된 용어로 연구자마다 주관에 따라 다르게 받아들일 수 있다는 맹점이 있다. 단적인 예로 최몽룡은 초기철기시대를 족장사회(Chiefdom), 원삼국시대를 국가(State) 단계로 파악하는 반면,[14] 김정배와 이청규는 원삼국시대는 선사와 역사의 중간 단계인 원사시대에 해당하는 개념이기 때문에 이미 역사시대에 진입한 시기를 명명하기에 문제가 있다고 비판한다.[15] 전자는 삼국시대에, 후자는 원사시대에 방점을 두고 '원삼국시대' 용어를 받아들인 것이다.

최근 '원삼국시대' 개념의 효용성을 비판한 글에서, 문헌사의 입장에서 고조선과 삼한을 묶어서 '고조선-삼한시대'로 설정하고 그다음의 '삼국시대'와 연결할 것을 대안으로 제안하기도 하였다.[16] 여기서 삼한이 '삼국시대'(기원 전후~7세기 후반)의 선행 단계로 나오는 것은, 전사론이나 전기론과 또 다른 맥락으로 삼한을 기원전의 존재로 한정해 보는 것이다. 이처럼 삼한과 삼국을 기원 전후로 구분해 보는 시각은 근대 이전 전통시대의 삼한 인식이다. 북한 학계에서 삼한을 삼국시대 이전 진국의 지역세력으로 보는 것[17]도 같은 맥락이다.

이런 가운데 고고학계 일각에는 기원전 3세기부터 기원후 3세기까지 600년 간을 '삼한시대'로 명명하는 시각[18]이 공존해 있기도 하다. 삼한 시기의 상한

13 김원용, 1977, 『한국고고학개설』(개정판), 일지사, 128쪽.

14 최몽룡, 1987, 「鐵器(初期鐵器·原三國時代)時代와 古代國家의 發生」, 『한국사연구입문』(제2판), 지식산업사, 66쪽.

15 김정배, 1996, 「'원삼국시대' 용어의 문제점」, 『한국사학보』 창간호; 이청규, 2007, 「先史에서 歷史로의 전환-原三國時代 개념의 문제-」, 『한국고대사연구』 46.

16 노혁진, 2015, 「한국고고학의 시대구분과 원삼국시대론에 대한 소론」, 『호남고고학보』 51, 129쪽.

17 강인숙, 1980, 「진국의 삼한과 그 소국들」, 『력사과학』 1980-1, 과학백과사전출판사.

18 신경철, 1989, 「三韓時代의 釜山」, 『부산시사』; 1995, 「三國·統一新羅·高麗時代의 東萊」, 『동래읍지』; 이재현, 2002, 『진·변한사회의 고고학적 연구』, 부산대학교 박사학위논문.

과 하한에서는 전사론과 큰 차이가 없지만, 이 시기를 '삼한시대'라고 일반화
함으로써 문제가 되는 것이다. 한반도 중·남부에 위치했던 삼한이 고구려·
부여 등을 포함한 한국사의 보편적 시대 구분 기준이 될 수 없음은 물론이며,
마한 지역까지 고려하면 획일적으로 하한을 정할 수 없는 다기한 지역상을
가지고 있기 때문이다.[19] 이처럼 학계에서 삼한의 시기를 둘러싼 논의는 정리
되지 못한 채 난맥상을 보이고 있다.

그런데 전사론이 처음 제기된 가야사에서는, 변한 시기를 '전기(조기) 가야'
로 보는 전기론이 전사론보다 우세한 위치에 있다.[20] 고고학에선 마한이 영
산강유역에서 6세기 초까지 그 정체성을 유지하며 백제와 공존했다고 보기
도 하며,[21] 이 때문에 고대사에서도 마한의 하한을 5세기 중반 이후에 획정하
기도 한다.[22] 그리고 보면 전사론은 진한·신라사 분야에서만 두드러진 현상
이라고 볼 수도 있다.

삼한과 삼국시대의 관계 설정이 난맥상을 보이게 된 데에는 근대 이후 들
어온 인류학 이론과 『삼국사기』 초기 기록에 대한 시각 차이가 서로 복잡하
게 얽히면서 문제를 더욱 가중시킨 측면이 있다. 여기에 더해 전통시대 삼한
시기 인식을 충분히 검토하지 않다 보니 이면의 맥락을 정확히 짚어내지 못
한 부면도 있다. 이 글에서는 삼한의 시기를 둘러싼 논의의 맥락을 전통시대
의 인식부터 짚어 보면서, 이 문제의 발단과 복잡화 과정을 살펴보고, 이를
토대로 기존 논쟁의 접점을 모색해 보고자 한다.

---

[19] 박대재, 2006, 「삼한의 기원과 국가형성」, 『한국고대사입문』 1, 신서원, 279~281쪽.

[20] 김정학, 1990, 「加耶의 歷史와 文化」, 『한국상고사연구』, 범우사; 천관우, 1991, 『가야사연구』, 일조각; 김태식, 1993, 『가야연맹사』, 일조각.

[21] 최성락 편저, 1999, 『영산강유역의 고대사회』, 학연문화사; 임영진, 2014, 「전남지역 馬韓諸國의 사회 성격과 百濟」, 『백제학보』 11.

[22] 이기동, 1994, 「馬韓史의 上限과 下限」, 『마한·백제문화와 미륵사상』; 1996 『백제사연구』, 일조각, 85쪽.

2. 전통시대의 삼한 시기 인식

1) 고려시대~조선 전기

『삼국사기』 본기에서는 짧은 기간이지만 삼국 초기와 삼한이 중복되어 나타난다. 백제 온조왕 27년에 마한을 멸망시켰다거나, 신라 혁거세 19년에 변한이 항복해 왔다거나, 고구려 태조왕 69·70년에 마한의 군사행동이 보이고 있어, 삼한과 삼국의 시기가 명확히 구분되어 있지 않다. 이것은 『삼국사기』가 전거 자료인 「고기」(古記)나 『후한서』·『자치통감』 등의 기록을 그대로 반영한 결과일 것으로 추정된다. 이처럼 『삼국사기』에서는 삼한과 삼국에 대한 시계열적 인식이 아직 분명하지 않았다.

전통시대 역사서 가운데 삼한 시기 인식이 보이기 시작하는 것은 고려 후기 이승휴의 『제왕운기』(1287)부터인 듯하다. 『제왕운기』에서는 삼한이 삼국시대 이전 단계로 구분되어 서술되어 있다. 기자조선의 마지막 왕 준왕이 금마군에 이거하였다고 하였으나, 그것을 마한의 시작으로 직접 서술하지는 않았다. 『제왕운기』에서 마한은 고구려 건국 지역으로 이해되며, 진한에서 신라가, 변한에서 백제가 건국되었다고 하여 최치원 이래의 전통적인 삼한·삼국 인식을 보여 주고 있다.

신라 시조 혁거세가 한 선제 오봉 원년(기원전 57)에 진한에서 개국한 것, 고구려 시조 주몽이 한 원제 건소 2년(기원전 37)에 마한 왕검성에서 개국한 것, 백제 시조 온조가 한 성제 홍가 3년(기원전 18)에 변한에서 개국한 것을 서술하여, 삼국이 각각 삼한에서 개국하였음을 밝히고 있다.[23]

『제왕운기』에서 삼한 시기는 한사군 설치와 신라 건국 사이에 해당한다. 4군이 나뉜 뒤 신라가 일어나기까지 '72년'이라고 하였는데, 원봉 3년(기원전 108)부터 오봉 원년(기원전 57) 사이는 실제 52년이므로, '七十二'는 '五十二'의 오

---

23 『제왕운기』 하권.

자로 판단된다. 이 시기에 삼한이 성립되었다가 삼국이 되었다고 본 것이다.

한편 『제왕운기』와 비슷한 시기에 편찬된 『삼국유사』에서도, 마한이 고구려가 되었으며 동명이 마한을 병합한 후 고구려를 건국하였다고 하였다.[24] 마한은 위만에게 쫓겨 남천한 준왕에 의해 개국되었다고 하였다. 결국 『삼국유사』에서는 준왕이 남천한 시점(기원전 195)[25]부터 고구려가 건국된 기원전 37년까지 159년을 마한의 시기로 이해한 것이다.

『삼국유사』에서 변한과 진한의 연대는 자세히 언급하지 않았지만, 온조의 앞에 변한이 세워져 마한과 대립하였다고 한 것으로 보아,[26] 백제와 신라의 건국 이전을 변한과 진한의 시기로 본 것이다. 『삼국유사』 기이에서는 온조가 홍가 4년 갑진(기원전 17)에 건국하였다고 하였으므로,[27] 그 이전이 삼한 시기에 해당하는 셈이다.

한편 『삼국유사』 진한조에서는 진한의 성립이 진(秦)의 망인들로부터 유래하였다는 『후한서』 기록과, 진한이 본디 연(燕)의 피난민들이라고 한 최치원의 말을 인용하고 있다. 진의 망인들이 왔을 때 마한이 그 동쪽 지역을 떼어주어 진한이 되었다고 한 것을 보면, 마한의 뒤에 진한이 성립하였다는 것이다. 그렇다면 준왕이 남천하여 마한이 성립한 기원전 195년부터 변한이 백제로 바뀐 기원전 17년까지가 『삼국유사』에서 파악한 삼한 시기인 것이다. 『제왕운기』는 위만조선 멸망(한사군 설치)부터 신라 건국까지의 중간 시기에, 『삼국유사』는 기자조선 멸망(준왕 남천)부터 삼국 건국까지의 중간 시기에 삼한을 비정하였다.

---

24 『삼국유사』 권1 기이 마한.

25 준왕의 남천 시점에 대해 『제왕운기』에서는 기원전 195년(한 혜제 원년 병오), 『동사강목』에선 기원전 193년(한 혜제 무신년)으로 다르게 비정하고 있다. 이 연대는 『사기』 조선전에서 위만이 "孝惠高后時", 즉 高后(여태후)가 섭정하던 한 혜제 시기(기원전 195~기원전 188)에 조선의 왕이 되었다는 기록에서 유추한 것이다.

26 『삼국유사』 권1 기이 변한백제.

27 『삼국유사』 왕력에서는 온조 즉위년을 계묘(홍가 3년, 기원전 18)이라고 하였다.

삼한을 삼국시대와 구분하는 인식은 조선 전기『동국통감』에 이르러 더욱 분명해진다. 삼한을 삼국기 앞의 외기(外紀)에 넣어 구분한 것이다.『동국통감』외기에서는 마한의 상한과 하한을 준왕이 남천한 기원전 195년부터 온조왕에게 병합된 기원후 9년까지로 보았다. 이것은 기존과 달리 권근의 사론에 따라 마한을 고구려가 아니라 백제와 연결하면서,『삼국사기』백제본기의 기록과 부합하게 되었다. 기원전 195년부터 기원후 9년까지 약 200년간을 마한, 즉 삼한의 시기로 본 것이다. 이러한『동국통감』의 마한 인식은 이후 삼한정통론의 기초가 되기도 하였다.

삼한을 삼국시대의 앞 시대로 구분해 보는 전통적인 입장을 편의상 '전대론'(前代論)이라 부르면 어떨까 한다. 뒤에서 살펴보겠지만 조선 후기 정약용이 전통적인 삼한 시기 인식을 비판하면서, 삼한 시기를 삼국의 '전대'로 보는 것은 잘못이라고 지적하기도 하였다. 이에 따라 삼국시대 이전, 즉 기원전 1세기까지를 삼한 시기로 보는 전통적인 시각을 '전대론'이라 불러 두고자 한다.

『삼국유사』와『동국통감』에서는 기자조선의 준왕이 남천해 와 한왕이 되었다고 한『후한서』의 기록을 마한의 시점으로 이해한다. 전사론에서도 마한의 시점과 관련해 기원전 2세기 초 준왕의 남천과 기원전 3세기 말 진(秦)의 망인들이 한국에 왔을 때 마한이 동쪽 땅을 떼어 주었다는 기록을 중시한다.[28] 하지만『후한서』보다는『삼국지』동이전 기록을 존중한다는 점에서 전대론과 차이가 있다. 전사론에서도 연구자에 따라 다소 차이는 있지만, 대체로 진·변한은 기원전 2세기, 마한은 그보다 조금 이른 기원전 3세기에 성립하였다고 본다.[29] 마한의 상한을 기원전 3세기로 보는 것은 진(秦)의 망인들이 한국에 온 시점을 주목하기 때문이다.

---

[28] 노중국, 1987,「馬韓의 成立과 變遷」,『마한·백제문화』10; 2002,「辰·弁韓의 政治·社會구조와 그 운영」,『진·변한사연구』, 경상북도·계명대학교 한국학연구원; 이기동, 1994, 앞의 글.

[29] 노중국 외, 2002, 앞의 책.

그러나 『삼국지』와 『후한서』에서 진한의 기원을 진(秦)과 연결한 것은 진(秦)과 진(辰)의 음상사에 의해 만들어진 부회이거나 중국인의 가탁이라고 이해된다.[30] 『삼국지』에서는 진한의 기원이 진(秦)에 있어서 '진한'(秦韓)이라고도 하며, 진한의 언어가 진인(秦人)과 유사하다고도 하였다. 이러한 기록들은 중국 주변의 이민족이 중국으로부터 기원했다고 보는 중화주의에서 나온 것에 불과하며 사실로 받아들이기 어렵다.[31]

또한 기원전 3세기 말 진·한 교체기에 마한이나 진한이 성립되어 있었다고 보기 어려운 것은 진국(辰國)의 존재 때문이다. 『사기』 조선전에 의하면 진국은 기원전 2세기 말 한(漢)과 통교를 시도하다가 위만조선의 방해로 실패하였다. 『삼국지』 동이전에 의하면 진한은 '고지진국'(古之辰國)이라고 하여, 진국은 진한의 전신으로 나온다. 그러므로 기원전 3세기 말 진(秦)의 망인들이 흘러들어와 진한이 성립되었다고 하면, 사료적으로 진국과 진한의 선후가 바뀌게 되는 모순이 생긴다. 따라서 진한의 성립은 진국 이후, 즉 기원전 2세기 말 이후에 비정하는 것이 자연스럽다. 그렇다면 이 기록을 근거로 마한의 상한을 기원전 3세기에 비정하는 것은 설득력이 없어진다.

전사론에서는 전대론과 마찬가지로 기원전 2세기 초 준왕의 남래를 마한의 성립 계기로 파악하기도 한다. 준왕이 '한지'(韓地)로 망명하였다는 기록은 『삼국지』 동이전에서 처음 보인다. 준왕은 『사기』나 『한서』에서는 보이지 않으며, 3세기 중엽에 편찬된 『위략』에서 처음 나타난다. 『위략』은 준왕의 남래 지점을 '해중'(海中)이라 하였는데, 『삼국지』는 '한지'라고 더욱 구체적으로 기술하였다. 『삼국지』 동이전 예(濊)조에서는 준왕이 기자의 40여 세 손이라고 그 계보까지 명시하고 있다.

이러한 기록 양상을 감안할 때 3세기 후반 『삼국지』에서 처음 보이는 준왕

---

30 이병도, 1959, 앞의 책, 270쪽; 임창순, 1959, 「辰韓位置考」, 『사학연구』 6, 21쪽; 조좌호, 1979, 「魏志 東夷傳의 史料的 價値」, 『대동문화연구』 13, 144쪽.

31 박대재, 2006, 『고대한국 초기국가의 왕과 전쟁』, 경인문화사, 160~162쪽.

남래설은 기자동래설의 연장선상에 있는 부회일 가능성이 높다. 기자조선의 마지막 왕 기준(箕準)이 다시 남쪽으로 가 '한왕'(韓王)이 되었다는 레토릭의 부연을 통해, 기자 교화의 외연을 확대하고 중국과 삼한의 관계를 역사적으로 연결하려고 한 것이다.[32]

중화주의적 부회인 준왕 남래 기록을 근거로 마한의 성립을 기원전 2세기 초로 상정하는 것은 설득력이 없다. 최근 삼한 연구에서는 기원전 2세기 말 위만조선 멸망 및 한사군 설치로 인한 조선유민의 남하를 삼한 성립의 계기로 보는 경향이 강하다.[33] 이에 따르면 삼한의 성립 시점은 기원전 1세기 전반에 상정할 수 있다.

따라서 삼한의 상한을 기원전 3·기원전 2세기로 보는 전통적인 전대론이나 근래의 전사론은 모두 중국 측 기록을 비판 없이 받아들인다는 점에서 따르기 어렵다. 삼한의 시점을 기원전 1세기 전반에 맞추면, 『삼국사기』의 삼국 건국과 시기가 서로 인접하게 된다. 삼한이 삼국시대 초기와 이어질 가능성이 높아지는 것이다.

2) 조선 후기

삼한을 삼국의 전대로 보던 시각은 한백겸의 『동국지리지』(1615)에 이르러 변화를 보이기 시작한다. 이것은 삼한이 삼국과 더 이상 짝지어지지 않고, 백제·신라·가락(가야)과 새롭게 연결되면서 오게 된 변화이다. 『동국지리지』에서는 변한을 처음으로 가락과 연결하면서, 기존과 다른 시각에서 삼한의 변천을 파악하고 있다. 수로왕이 신라 유리왕 18년(42)에 진한의 남쪽 변한 지역에서 가락을 세웠다고 하였다.[34]

---

32 박대재, 2011, 「準王南來說에 대한 비판적 검토-조선유민의 마한 유입과 관련하여-」, 『선사와 고대』 35, 114~120쪽. 이 책의 II-4장 참조.
33 권오영, 1996, 『삼한의 '국'에 대한 연구』, 서울대학교 박사학위논문; 이현혜, 1997, 「삼한의 정치와 사회」, 『한국사』 4, 국사편찬위원회; 박대재, 2006, 앞의 글, 253~269쪽.

이것은『삼국유사』가락국기에서 건무 18년(임인, 42)에 수로가 즉위하였다고 한 기록과 일치한다. 이처럼 변한의 하한을 42년으로 보는 것은 삼한과 삼국을 기원 전후로 구분해서 보았던 전대론과 다른 것이다. 신라가 건국되고 100년 후까지 변한이 지속된 것이고, 삼한과 삼국의 시기가 중첩되는 것이다.

『제왕운기』이래『동국통감』에서 삼한을 삼국의 전대로 비정한 데는 삼한-삼국설의 영향이 컸다고 추정된다. 마한이 고구려가 되고, 진한이 신라가 되고, 변한이 백제가 되었다고 하는 전통적인 삼한 인식은 삼한을 삼국시대의 전대로 비정하지 않을 수 없게 하였다.

그러다가 17세기 초『동국지리지』에 이르러 삼한-삼국 인식이 깨지고, 고구려 대신 가락(가야)이 변한의 후신으로 이해되면서, 삼한 시기가 삼국시대와 중첩되어도 무방하게 되었다. 기존의 삼한-삼국론에서 벗어나면서, 삼한과 삼국을 공간적 지리 관계에서 파악할 수 있게 된 것이다.

『동국지리지』이후 변한을 가야와 연결해 보는 인식은 확산되었다. 이와 함께 삼한의 하한을 삼국의 건국에 맞춰 보려던 전대론도 비판받기 시작했다. 먼저 안정복은『동사강목』(1778)에서 다음과 같이 삼한의 하한에 대해 언급하였다.

> A. 상고하건대 선한(鮮韓) 때에 동쪽 한 지역에 국을 이름한 것이 거의 백을 헤아렸는데, 삼국이 함께 일어나 점차 여러 국을 침탈한 뒤에 삼국만 존립하게 되었다. 신라 초기에 이서 등의 국이 지척에 있었으되 여러 대를 지난 뒤에 멸망시켰으니, 이것으로 헤아려 보면 대체로 그러했을 것이다. 백제가 마한을 습격하였다고 해서 일시에 그 땅이 전부 먹혀 버리지는 않았을 것인데,『삼국사기』에는 마치 단번에 몽땅 병

---

34 『동국지리지』후한서 삼한전, 우안.

합한 것처럼 기록되어 있으니, 반드시 그럴 수는 없으며 사씨(史氏)가 잘못 기록한 것이다. (중략)『위지』에 이른바 진한의 8국을 나누었다는 것과,『진서』에 이른바 마한왕이 입조하였다는 것이 어찌 잘못된 말이겠는가. 그러므로 나는 삼한이 후세에까지 전해지다가 삼국이 강성한 뒤에 분산되었으며, 예맥·옥저의 무리도 역시 마찬가지였다고 생각한다.[35]

안정복은 삼한의 하한을『위지』와『진서』에 근거해 위·진대까지 내려 보았다. 삼국 초기에 진한과 마한이 각각 신라와 백제와 대립하다가 삼국이 강성한 뒤에 분산되었다고 하여, 삼한과 삼국을 시계열적 선후 관계가 아니라 공시적 상호 관계로 파악하였다. 중국 기록을 중시하면서도, 삼국 초기에 신라·백제가 진한·마한의 국과 겨루면서 성장한 과정을 서술한 것이다.

하지만 안정복은 삼한정통론에 입각하다 보니 삼한 시기 인식에서 모순된 모습을 동시에 보이기도 하였다. 즉 마한이 정통이었던 시대를 삼국시대 앞에 설정하여, 마한(정통)시대와 삼국(무통)시대를 서로 구분한 것이다.『동사강목』에서는 기자조선-마한으로 이어지는 정통론의 입장에서 기년을 표기하였다. 기준(箕準)이 위만에게 쫓겨 남쪽으로 도망한 '[무신] (기준)28년'(기원전 193) 다음 해의 기년은 '[기유] 마한왕기준원년'으로 표기하여, 마한이 정통임을 밝혔다. 그다음부터는 '마한' 국호만 큰 글씨로 쓰고 나머지 국호는 작은 글씨로 기록하다가, 마한이 백제에게 망한 기사년(9) 다음 해(경오년)부터는 삼국의 기년만 작은 글씨로 기록하였다. 마한 정통의 시대가 끝나고 무통의 삼국시대가 되었음을 드러낸 것이다.

---

35 『동사강목』부록 상권 하 잡설, 삼한후설.

마한이 멸망한 기사년조에서는, "마한이 기준에게서 일어나 이때까지 전세한 수는 역사에 전하는 바가 없지만 역년하면 202년이고 기자로부터의 전조를 합치면 1131년이다"고 하였다.[36] 마한의 역년을 기원전 193년부터 기원후 9년까지 계산하여 202년이라고 본 것이다.

안정복의 기년법이 스승인 이익의 삼한정통론에 입각한 강목체 필법에서 영향받은 것임은 물론이다. 이익은 기준(준왕)이 마한을 창업함은 한(漢)이 일어날 즈음이었으며 백제가 마한을 멸망시킨 해는 왕망이 한을 찬탈한 원년이었다고 보며, 이러한 기수의 교묘한 부합은 우리의 강토가 중국과 서로 비슷하게 돌아가는 '소중화'(小中華)이기 때문이며, 그러므로 마한이 바로 동국의 정통이라고 이해하였다. 마한의 연대를 전한(기원전 206~8)의 시말과 비슷하게 부합시켜 본 것이다. 이익은 준왕이 남쪽으로 간 이후 위만조선은 겨우 80여 년 만에 멸망하였으나, 마한은 그 뒤 117년이나 더 지속되었다고 하여, 마한의 전세 기간을 197여 년으로 보았다.[37]

삼한(마한) 정통론에서는 삼국의 건국 시점보다 마한의 멸망 시점에 더 주목하여 기년 체계를 세운다. 이러한 강목체의 기년 체계는 17세기 후반 홍여하의 『동국통감제강』(1672)으로부터 비롯되었다.

『동국통감』 외기에 있던 기자조선을 『동국통감제강』에서는 권1 조선기(朝鮮紀) 상편 첫머리에 수록하여 동국사의 정통이 은태사(殷太師), 즉 기자(箕子)에 있음을 드러내었다. 조선기 하편에서는 기준왕을 서술하여, 준왕을 매개로 기자-마한-신라로 이어지는 정통론의 체계를 세웠다.

『동국통감제강』 조선기(하)에서는 준왕이 마한을 개국하여 정통이 200년에 이르렀다고 하였다.[38] 또한 삼국기에서도 마한 200년은 한 혜제 무신년(기원전 193)에 준왕이 남쪽 금마군에 내려와 마한을 칭하며 50여 국을 통할하다가

---

36 『동사강목』 제1상 [己巳]마한〈신라남해왕6년, 고구려유리왕28년, 백제시조27년〉.

37 『성호선생전집』 권47 잡저 삼한정통론.

38 『동국통감제강』 권1 조선기하 기준왕.

백제에게 멸망당한 때까지의 시기라고 하였다.[39] 기원전 193년부터 8년까지 200년간을 마한시대로 보고, 그 다음부터를 신라가 정통인 삼국시대로 파악한 것이다.

마한 정통시대를 기원전 193년부터 8년까지 200년간으로 본 것은『동국통감제강』과『동사강목』이 정확히 일치한다. 다만 삼국시대를 신라 정통시대로 보는가 아니면 무통시대로 보는가에서 차이가 드러난다.

조선 후기에도 삼한 시기가 삼국시대에 선행하는 '전대'로 계속 비정된 데는 이러한 삼한(마한) 정통론의 영향이 적지 않았다. 기자조선과 삼국시대를 이어주는 중간 단계로 마한이 설정되면서, 삼한은 자연스럽게 삼국시대 이전에 위치하게 된 것이다.

그런데 정약용에 이르러서는 삼한정통론에 구애받지 않고, 삼한 시기를 삼국시대에 포괄하여 이해하게 되었다.『아방강역고』(1811)에 나타난 정약용의 삼한 시기 인식은 다음과 같다.

B. 양 무제 이전에는 신라라는 이름이 없었으니, 대체로『후한서』,『위지』,『위략』,『진서』,『북사』 등에 실려 있는 진한 기록은 모두 신라의 실제 자취다. 증거가 되고 믿을 만하기는 김인문이나 김부식이 전해 들은 설보다 나을 것이다. 마한과 백제도 마찬가지다. 우리나라 학자들이 역사를 쓸 때 항상 삼한을 삼국의 전대(前代)로 잘못 만들어 아득한 시절로 돌렸으니, 이 또한 잘못이 아닌가. 양한(兩漢)과 위·진 시기가 우리 삼한국시대와 실지로 같기 때문에, 저 역사를 지은 사람들이 매번 삼한의 전(傳)을 지었다. 반고의 때에는 열수 이남의 일은 전문이 미치지 못했기 때문에『전한서』에 4군은 있으나 삼한은 없다. 이 또한 삼한이 늦게 나왔다는 명확한 증거다. 우리나라 유학자들은 신

---

39 『동국통감제강』 권2 삼국기 무진 남해군 4년 하4월.

정약용은 삼한을 삼국의 '전대'(前代)로 보았던 기존 시각을 비판하면서, 양한~위진 시기가 실제 삼한의 시기라고 이해하였다. 『후한서』 등 중국 기록에 보이는 진한·마한을 신라와 백제의 '실적'(實跡)이라고 보면서, 삼한이 위진대까지 이어졌다고 본 것이다. 정약용은 『진서』 동이전에서 서진 무제 태강 연간(280~289)에 마한과 진한이 조공한 것은 곧 백제와 신라의 일이라고도 파악하였다. 마한과 진한의 실체가 곧 백제와 신라라는 것이다.

정약용의 삼한 인식은 전사론·전기론 양쪽 모두와 연결될 수 있다. 삼한 시기를 양한부터 위진까지 비정한 것은 전사론의 입장과 같다. 한편 『삼국지』와 『진서』 동이전에 보이는 마한과 진한의 실체를 백제와 신라로 파악한 것은 전기론과 통하는 것이다.

그런데 삼한과 삼국시대를 포괄적 관계로 이해한 정약용의 인식은 근대 이후 발전적으로 계승되지 못하였다. 『삼국사기』 초기 기록에 대한 불신론과 함께 부족국가론이 도입되면서, 삼한 시기가 고대국가 이전의 원시적인 단계로 돌려지고, 삼국시대의 본격적인 개시 역시 4세기 이후로 조정되었다. 삼한과 삼국의 시대(발전 단계)가 구분된 것이다. 이러한 과정 속에서 삼한의 시기를 바라보는 시각은 난맥상을 보이며 착종하게 되었다.

---

40 『아방강역고』 진한고.

3. 삼한 시기 인식의 착종과 그 배경

신채호의 전후삼한설(前後三韓說)은 삼한에 대한 근대 최초의 본격적인 연구이면서 동시에 민족주의 역사학에 미친 영향이 적지 않았다. 전후삼한설의 맹아는 『독사신론』(1908)에서부터 찾아지지만, 그 구체적인 주장은 1920년 무렵 저술한 『조선상고문화사』에서 처음 보이고, 전론인 「전후삼한고」(前後三韓考, 1924)와 『조선상고사』 등에서도 볼 수 있다.[41]

전후삼한설의 논지를 『조선상고사』를 중심으로 정리하면 다음과 같다. 기원전 4세기경 단군조선은 신조선(眞朝鮮)·불조선(番朝鮮)·말조선(莫朝鮮)으로 나누어졌다. 삼조선은 각각 진한·변한·마한으로서 이것이 전삼한(북삼한)이다. 신조선은 지금의 하얼빈을 중심으로 하였으며, 부여·고구려가 이를 계승하였다. 요동의 불조선은 기자의 후예가 왕위를 이었는데, 위만이 이를 탈취하였다. 말조선은 평양을 중심으로 하였는데, 후에 임진강 이남으로 옮겨가 마한이 되었다. 신조선과 불조선의 유민들 일부가 남하하자 마한이 경상도 일대의 땅을 떼어 주어 진한과 변한이 성립하였다. 이것이 후삼한(남삼한)이다.[42]

전후삼한설이 가지고 있는 고증상의 문제는 이미 기존 연구에서 적지 않게 지적되었다. 여기서는 전후삼한설에서 삼한 명칭이 이미 단군조선 때부터 있었다고 한 것이나, 한강 이남의 남삼한 이전에 북삼한이 먼저 있었다고 한 주장들이, 삼한의 역사상 시기와 관련하여 착종을 유발하는 데 일정하게 영향을 미쳤다는 점을 지적해 두고자 한다.

신채호의 전후삼한설은 정인보·안재홍 등 민족주의 학자들에게 큰 영향을 주었다. 북방의 고조선(전삼한)과 남방의 삼한(후삼한)을 하나로 연결해 보

---

[41] 조인성, 2015, 「申采浩 前後三韓說의 의의」, 『한국사학사학보』 31, 162쪽.

[42] 이만열, 1990, 『단재 신채호의 역사학 연구』, 문학과지성사, 237~239쪽; 단재신채호전집편찬위원회 편, 2007, 「朝鮮上古史」, 『단재신채호전집』 1, 한국독립운동사연구소, 645~659쪽.

는 인식은 고대사의 체계를 세우는 데 기여한 바도 적지 않다. 하지만 그로
인해 조선 후기 실학자들에 의해 정돈되었던 삼한의 역사적 시·공간이 착종
되는 결과를 불러오기도 했다. 일제 시기 민족주의 역사학의 삼한 인식이 실
학자들의 인식과 계기적으로 연결되지 못하고 변형되면서, 삼한의 시·공간
인식에 또다시 변곡점이 생기게 된 것이다. 전후삼한설에서 파생된 삼한이
동설은 해방 이후에도 연구 방법론의 하나로 주목받기도 하였다.[43]

　다음으로 근대에 들어와 삼한 시기 인식에 착종이 일어난 배경으로 부족
국가론을 지적하고 싶다. 1933년 백남운은 『조선사회경제사』에서, 조선 고
대사회의 발전 단계를 원시씨족사회-원시부족국가-노예국가시대로 설정하
고, 삼한을 원시부족국가(부족동맹) 단계에서 설명하였다.

　삼한은 각각 부족(종족) 동맹을 형성하고 있었는데, 국이란 것은 부족의 거
주 지역을 의미하는 데 불과한 것으로 부락 혹은 촌락을 말하며, 마한은 50여
부족으로 이루어져 있었다고 하였다.[44] 마한의 신지·읍차는 모두 부족 추장
을 지칭하며, 진왕 등 삼한의 왕에 대해서도 모두 종족의 고급 추장으로 후세
적 의미에서 통치자는 아니며 각각의 종족평의회에 의해 확인받을 것을 요
구받았다고 추정하였다.[45] 한편 2세기 전후 삼한의 사회조직은 이미 계급적
으로 분열 발달된 원시적 부족국가이며 노예국가의 맹아 형태로 백제 및 신
라 건국의 초석이었다고 이해하기도 하였다.[46]

　결국 정치적으로는 아직 고대국가 단계에 이르지 못하고 부족동맹 수준에
머물러 있었지만, 사회경제적으로는 계급 분화된 노예국가의 맹아 형태에
이르렀다고 본 것이다. 이런 맥락에서 '원시적 부족국가'라는 용어를 사용한

---

[43] 전후삼한설을 발전시킨 대표적인 삼한이동설 연구는 천관우, 1975, 「三韓의 成立過程-'三韓攷'
　　제1부-」, 『사학연구』 26; 1989, 앞의 책이다.
[44] 白南雲, 1933, 『朝鮮社會經濟史』, 改造社; 하일식 역, 1994, 『조선사회경제사』(백남운전집 1), 이론
　　과실천, 114쪽.
[45] 白南雲, 1933, 앞의 책, 118~119쪽.
[46] 白南雲, 1933, 앞의 책, 130쪽.

것으로 보인다.

백남운의 부족국가설은 이후 손진태에게 영향을 미쳤다. 1948년 손진태는
『조선민족사개론』에서 고대사를 원시시대(신석기시대·씨족공동사회시대)-부족
국가시대-삼국내쟁시대(三國內爭時代, 귀족국가 확립시대)-통일신라시대(귀족국가
융성기) 4단계로 구분하고, 이 가운데 삼한을 부족국가시대에서 서술하였다.

C. 우리의 역사적 지식에 의하면 백제와 신라가 종래의 78개 군소 부족
국가로부터 고구려와 같은 강력 국가에의 기초를 세우게 된 것은 3세
기 중엽 이후의 일로 추측되어 신라로 말하자면 미추왕 대, 백제는 고
이왕 대로부터일 것 같으니, 그때는 고구려의 강대한 세력이 요동·
요서와 낙랑에서 위의 세력과 격렬한 충돌을 일으키었던 시대이었
다. 이 국제적 압력에 의하여 남방의 삼한 제소부족에게 강력한 연맹
세력이 요청되었던 것이다. 그러다가 313년의 고구려의 낙랑군 정복,
익년의 대방군 정복, 343년의 평양성 황성(黃城) 이도(移都) 등에 수반
하는 고구려 세력의 맹렬한 남하 운동에 대항하여 비로소 백제·신라
2국은 급속적으로 강력 국가화한 것이니, 백제는 근초고왕 대, 신라
는 내물왕 대의 사상일 것이다. 그러므로 4세기 중엽 이전의 반도 남
방은 소위 삼한 78개 소부족국가(小部族國家)시대에 속하였으니, 삼한
이란 것은 서쪽의 마한, 동쪽의 진한, 그 중간의 변한이었다.[47]

손진태는 신라와 백제가 고대국가의 기초를 세운 것은 3세기 후반 미추왕
대와 고이왕 대로, 나아가 강력한 고대국가로 성립한 것은 4세기 중엽 내물
왕 대와 근초고왕 대라고 파악하였다. 이에 따라 4세기 중엽 이전의 삼한시

---

[47] 손진태, 1948, 『조선민족사개론』, 을유문화사, 73쪽.

대는 78개 소부족국가의 시대였다고 본 것이다. 손진태는 부족국가에서 고대국가(귀족국가)로 전환한 시점을 4세기 중엽이라고 분명히 하였다. 이것이 4세기 이후를 삼국시대로 보는 전사론의 단초가 된 것이다.

나아가 손진태는 삼한의 사회발달 정도를 무계급·부족평등의 초기적 소부족사회였던 옥저와 동예보다는 일보 진화된 부족사회였다고 파악하였다. 미약하나마 내부적으로 사유재산 제도의 진전과 사회조직의 발전에 따라 거수·추장 등이 생기고, 외부적으로 한(漢) 민족의 감화에 의해 계급과 불평등의 맹아가 생기기 시작한 것은 부인할 수 없다고 하였다.[48] 대체로 백남운과 비슷하게 삼한사회에서 고대국가의 맹아가 생기기 시작하였지만, 아직 미개한 부족사회(부족국가) 단계에 머물러 있던 것으로 파악한 것이다.

손진태의 삼한 시기 인식은 삼국시대 개시 시점에 대한 서술에서도 엿볼 수 있다. 그동안 『삼국사기』에 따라 기원전 1세기부터 신라 통일(668)에 이르는 약 7세기 동안을 '삼국시대'라고 관칭해 왔지만, 이 삼국의 건국 연대가 신빙하기 부족하기 때문에 그때부터 강대한 삼국이 성립되었다고 보기는 어렵다고 하였다. 또한 삼국만 있었던 것이 아니라, 실제로는 6왕국(부여·고구려·낙랑·백제·신라·가락)이 있었으나, 부여·낙랑·가락이 중간에 망하였으므로 편의상 종래의 관칭을 취한다는 입장을 밝히고 있다.[49]

앞서 본 서술과 연결해 보면, 4세기 중엽 이전은 본격적인 삼국시대라고 보기 어려우며, 아직 남방은 삼한 부족사회 단계에 있었다고 파악하는 것이다. 이것은 『삼국사기』 초기 기록의 연대를 회의적으로 보는 시각이기도 하다. 이러한 손진태의 시각은 부족국가(부족연맹) 개념과 함께 이기백과 김철준에게 많은 영향을 미쳤다.[50]

---

48 손진태, 1948, 앞의 책, 111쪽.
49 손진태, 1948, 앞의 책, 117~118쪽.
50 이기백, 1961, 「部族聯盟의 形成」, 『국사신론』, 태성사; 1967, 「部族聯盟의 時代」, 『한국사신론』, 일조각; 김철준, 1970, 「韓國 古代社會의 性格과 羅末麗初의 轉換期에 대하여」, 『한국사시대구분

삼한을 부족사회로 본 시각은 이병도에게도 영향을 미쳤다. 1930년대에 삼한 문제를 천착했던 이병도는 1959년 그의 전고[51]들을 다시 정리해서 실은『한국사』(고대편)에서, 삼한의 제소국에 대해 '부족사회' 내지 '부족국가'라는 개념을 추가해 설명하였다.[52] 또한 삼한의 사회체제는 아직도 금석병용기의 부족공동체를 벗어나지 못하여, 소위 '대국'이라야 다수한 부족의 연맹체에 불과하였고, 제소국은 제정분립의 군소 부족국가라고 파악하였다.[53] 이처럼 삼한을 부족사회(부족국가)로 보는 서술은 1962년 이홍직의『국사대사전』에도 반영되었다.[54] 1960년대 이기백의『국사신론』·『한국사신론』에 이어 1970년 한우근의『한국통사』[55]에서도 삼한을 부족사회로 서술하면서, 삼한을 고대국가 이전의 부족사회(부족국가-부족연맹)로 보는 시각이 일반화되었다.

이러한 부족국가론은 4세기 이후의 삼국과 그 이전의 삼한을 발전 단계뿐만 아니라 시기까지 구분해 보는 것이다. 최근 전사론에서 부족국가의 개념에 대해서는 비판하지만, 삼한·삼국의 시기 구분이나 삼한을 연맹 단계로 보는 데서는 부족국가론과 크게 다르지 않다.

부족국가인 삼한과 고대국가인 삼국의 단계 구분은 1971년에 있었던『월간 신동아』의 '한국상고사의 쟁점' 토론회에서 다시 한번 부각되었다. 김철준은 고구려의 부(部)나 삼한의 국(國), 신라의 촌(村)과 같은 작은 국가들이 '부족

론』, 한국경제사학회 편, 을유문화사.

[51] 이병도, 1934~1937, 「三韓問題의 新考察」(1~7)『진단학보』1·3~8.

[52] 이병도, 1959, 앞의 책, 267, 280쪽. 이병도, 1934, 앞의 글(1), 24쪽에서는 삼한의 國을 '部落'이라고 이해하면서, 대국은 '대부락', 소국은 '소부락'이라고 하고, 삼한 전체를 아우른 辰王의 辰國은 '合衆部落國家'라고 설명하였다.

[53] 이병도, 1959, 앞의 책, 299~305쪽. 한편 이병도, 1976, 「三韓의 諸小國問題」, 『한국고대사연구』, 박영사, 260~277쪽에서는 삼한의 소국에 대해 성읍국가·부락·부족국가의 용어를 혼용해 설명하고 있다.

[54] 이홍직, 1962, 『국사대사전』, 지문각, 649~651쪽.

[55] 한우근, 1970, 『한국통사』, 을유문화사, 41~47쪽.

국가'이며, 이들을 통합해서 더 큰 세력을 이룬 단계의 삼국을 '고대국가'라고 구분해 보며, 삼국을 그 초기부터 '고대국가'로 보기 어렵고 그 초기를 '부족 국가'라고 간주해야 한다고 하였다.[56] 이에 대해 이용희가 '부족국가' 개념의 문제점을 지적하였고, 이후 '부족국가' 용어에 대한 비판이 학계에서 이어진 것은 주지의 사실이다.

이런 가운데 삼한을 부족사회로 보는 입장에 대해, 김정배는 고고학과 인류학의 입장에서 문제를 제기했다. 일반적으로 한국사에서 고대국가를 언급할 때 삼국시대에서 각각 국가의 성립을 찾는데, 이와 같이 설정하다 보면 자연히 삼한은 국가 이전의 미흡한 단계로 처질 수밖에 없다고 전제한 뒤, 인류학적 연구에 의하면 부족사회는 신석기적인 경제생활이 토대를 이룬 사회였는데, 삼한 중에서도 마한의 경우는 도저히 이러한 단계의 부족국가라고 볼수 없다는 것이다. 『삼국지』 동이전 기록이나 고고학의 성과에 의해 볼 때 삼한은 이미 완전히 철기시대에 들어와 있었고, 마한의 기록에서 진왕의 존재에 주목해 보면 동옥저나 예(동예)와 동일한 단계라고 생각할 수 없으며, 지배자(Ruler)에 의해 통치되는 '준국가'(準國家) 단계로 파악해야 한다는 것이다.[57]

삼한을 부족사회(부족국가)가 아니라 준국가 단계로 보아야 한다는 김정배의 주장은, 기존 부족국가 개념의 문제점을 비판하고 준국가를 신진화론의 군장사회(Chiefdom) 단계에 비정하면서 더욱 구체화되었다.[58] 기존에 중국 사서에 신라나 백제의 이름이 나오는 연대가 중시되고 그것이 곧바로 고대국가의 건국처럼 이해하는 연구 방법은 중국 측에 서서 한국 고대국가의 성립 기준을 찾는 것이라고 비판하면서, 고대국가의 기원은 고고학적으로 철기

---

56 천관우 편, 1975, 『한국상고사의 쟁점』, 일조각, 216·221쪽.

57 김정배, 1973, 「古代社會에 있어 馬韓의 性格」, 『마한·백제문화학술회의』 1, 원광대학교 마한·백제문화연구소, 7~9쪽.

58 김정배, 1973, 「韓國古代國家 起源論」, 『백산학보』 14; 1978, 「蘇塗의 政治史的 意味」, 『역사학보』 79; 1986, 『한국고대의 국가기원과 형성』, 고려대학교 출판부.

문화의 기반 위에서 찾아야 한다고 주장하였다.[59] 철기 문화 단계인 고조선과 삼한에서 한국 고대국가의 기원을 찾고자 한 것이다.

김정배는 기존의 삼한=부족국가(금석병용기)설을 비판하면서, 삼한=군장사회(철기 문화)론을 통해 삼한의 발전 단계를 고대국가에 가깝게 자리매김하였다. 이것은 부족국가=삼한, 고대국가=삼국을 구분해 보던 기존 설에 대한 문제 제기였다. 즉 백제·신라 고대국가의 기원을 삼한에서부터 찾는 것으로 전기론의 입장과도 통하는 것이다.[60]

또한 천관우도 부족국가론을 비판하면서 서양의 도시국가 개념에 준하는 성읍국가 개념을 삼한의 국에 적용하여, 백제·신라·가야의 영역국가 형성을 삼한의 백제국·사로국·구야국에서부터 찾았다.[61] 그러면서 삼한의 하한과 삼국시대의 관계에 대해 다음과 같이 입장을 피력하였다.

> D. '삼한'(三韓)이라는 기록의 하한은, 낙랑군·대방군이 한반도에서 축출된 기원후 313~4경으로 파악이 되지만, 백제의 비류대, 신라의 흘해대에 해당하는 이 시기를 반드시 시대 구분상의 계선으로 삼아야 될 이유는 별로 있을 법하지 않다. 백제국·사로국이 처음에는 각각 '마한'·'진한'의 이름으로 진(晉)과 통교한 데서도 알 수 있듯이, '한'(韓)에서 '백제'(百濟)·'신라'(新羅)로의 전환은 단지 중국 기록상의 호칭의 전환에 불과할 뿐, 그것이 사회정치상의 질적 변화를 의미하는 것은 아니기 때문이다. 혹은 백제는 고이왕 대, 신라는 내물왕 대를 각각 고대국가의 시발로 보고 그 이전을 이른바 '부족국가'라 하여, 그 부족

---

59 김정배, 1986, 앞의 책, 67~68쪽.
60 김정배, 1986, 앞의 책, 336쪽에서 사로국은 처음에 군장사회였다가 1세기경 경주 조양동 38호 토광묘에서 보여 주는 문화 단계로 탈바꿈하면서 새로운 사회로 변모하였다고 서술하였다. 이로 보아 사로국(신라)의 국가형성을 1세기경에 비정한 것이다.
61 천관우, 1976, 「三韓의 國家形成-三韓攷 3부-」(上·下), 『한국학보』 2·3.

국가시대를 삼한시대라고 보는 일도 적지 않다. (중략) 그 속에 아직 부족의 전통이 강인하게 남아 있었다 하더라도, 그것으로 삼한시대와 삼국시대를 구획하기는 어려울 것으로 안다. 더구나 삼한시대라는 시대의 설정이 다소의 혼란을 일으키는 요인이 되는 수도 있다. 우선 삼한시대 다음이 삼국시대라는 막연한 통념은, 삼한시대를 미개상태로 착각케 하는 일인(一因)이 되어 왔다.[62]

삼한을 삼국시대에 포함하여 백제·신라·가야의 국가형성기로 파악하는 천관우의 입장은 19세기 정약용의 시각을 발전적으로 계승한 것이다. 『삼국지』·『진서』 등 중국 기록과 『삼국사기』 초기 기록을 동시에 활용하면서, 동이전의 삼한과 『삼국사기』·『삼국유사』의 3국을 연결해 국가형성 과정을 계기적으로 파악하였다.

이종욱도 천관우의 연구에 고무되어 부족국가론을 비판하면서, 『삼국사기』 초기 기록을 중심으로 백제의 국가형성 과정을 고이왕 이전 시기에서 찾았다.[63] 또한 『삼국사기』의 내물왕 이전 기록을 중심으로 신라의 국가형성 과정을 단계별로 이해하기도 하였다.[64]

소국시대 사로국을 성읍국가에 견주고, 3세기 말경이 되면 진한 소국을 모두 통합한 나라로서 신라가 모습을 드러내었다고 하였다. 즉 추장사회(사로 육촌)-성읍국가(사로국)-영역국가(신라) 단계를 거쳐 3세기 말경에 신라의 국가형성이 완료되었다고 본 것이다.[65] 이처럼 신라의 국가형성이 사로국 단계

---

[62] 위의 글(下), 155쪽.

[63] 이종욱, 1976, 「百濟의 國家形成-三國史記 百濟本紀를 중심으로-」, 『대구사학』 11.

[64] 이종욱, 1982, 『신라국가형성사연구』, 일조각.

[65] 같은 책, 255~262쪽.

에 시작되어 3세기에 진한 소국 통합을 완료하였다고 본 것은 기존의 부족국
가론과 크게 다른 시각이다.

이에 대해 주보돈은 『삼국사기』 초기 기록을 그대로 신뢰한 입장을 중심으
로 비판하였다. 3세기 전반의 실태를 전하는 『삼국지』에는 신라의 모체가 된
사로국도 진한 12개 소국의 하나로 기술되었을 뿐 통일체를 형성하였다거나
사로국이 진한연맹체의 맹주였다는 기록의 편린조차도 보이지 않아 『삼국사
기』의 내용과 전혀 판이하다는 것이다.[66] 따라서 통설적 시각에서 『삼국사기』
보다 『삼국지』를 취신해 보면, 3세기 사로국에 의해 진한 소국이 이미 독립
성을 상실한 채 복속되었다고 본 것은 납득하기 곤란하다는 것이다. 인류학
의 이론을 한국사에 무비판적으로 적용하여 국가형성을 소급시켜 보는 것보
다, 『삼국사기』 초기 기록에 대한 보다 철저한 실증적 사료 비판이 더 중요하
다는 것이다.[67] 이러한 비판이 곧 전사론으로 발전한 것이다.

이상에서 살펴본 바와 같이 1970년대 이후 부족국가론을 비판하며 제기된
성읍국가론, 군장사회론 등의 국가형성론은 대체로 삼한의 백제국·사로국·
구야국에서 백제·신라·가야의 원형을 찾고 있다. 삼한 시기를 삼국의 국가
형성기, 즉 삼국시대 초기(전기)로 파악하는 전기론의 입장이다.

이처럼 전사론과 전기론은 삼한과 삼국의 국가형성(발전 단계) 문제를 둘
러싼 논쟁이며, 『삼국사기』 초기 기록에 대한 입장에서 명확하게 시각 차이
가 드러난다. 물론 전기론 내에서도 『삼국사기』를 전적으로 신뢰하여 기원전
1세기 사로국이 이미 추장사회 다음 단계의 국가(초기국가·성읍국가)에 이르
렀다고 보는 쪽[68]과 정복전쟁이 본격화된 파사왕 대(80~112)부터를 고대국가
(영역국가)로 보는 쪽[69]으로 입장이 나뉘기도 한다.

---

[66] 주보돈, 1990, 앞의 글, 240쪽.

[67] 같은 책, 246쪽.

[68] 이종욱, 1999, 앞의 책, 344쪽.

[69] 천관우, 1989, 앞의 책, 294쪽. 천관우는 『삼국사기』 신라본기의 초기 기록을 남하하는 舊辰

하지만 전기론에서는『삼국사기』초기 기록을 대체로 신뢰하여 3세기 이전 사로국·백제국 단계에서 국가형성을 찾는 반면, 전사론에서는『삼국지』기록을 보다 중시하는 입장에서 백제와 신라의 마한·진한 통합 시기인 4세기 중엽을 더 주목하는 것이다.

4. 전사론과 전기론의 접점

전사론에서 삼한·삼국의 전환 시점을 4세기에서 찾는 첫 번째 이유는『삼국지』동이전 기록 때문이다. 3세기 후반 편찬된『삼국지』동이전에는 260년대 무렵까지 대방군 이남에 마한 50여 국, 진한 12국, 변한 12국이 존재하며, 백제국·사로국·구야국은 그중 1국으로만 기록되어 있다.『삼국사기』초기 기록에 보이는 바와 같이 신라·백제가 영역국가로 발전한 모습은 보이지 않는 것이다. 3세기 말의 사정을 전하는『진서』동이전에도 마한 56국, 진한 12국, 변진 12국으로 기록되어 있다.

『삼국지』동이전을 참고하여 5세기 중엽 편찬된 범엽의『후한서』동이전에도 마한 54, 진한 12국, 변진 12국 등 모두 78국이라고 하여 큰 차이가 없다. 다만 "백제(伯濟)가 그 일국(一國)이다"라는 기록이 추가되어, 백제가 동진 등 남조와 교류한 그간의 사정이 반영된 것으로 보인다.『후한서』의 대상시대는 삼국시대(220~265)보다 앞서지만, 그 동이전 내용은 대체로『삼국지』에 의거하였기 때문에 크게 다르지 않다.

國=진한계 세력과 경주의 사로국 세력의 기록이 하나의 편년 체계로 일원화된 결과라고 보고 있다. 김영하, 1990,「新羅의 發展段階와 戰爭」,『한국고대사연구』4; 2002,『한국고대사회의 군사와 정치』, 고려대학교 민족문화연구원, 102~112쪽에서는 대외전쟁이 본격화된 탈해왕 대(57~79)부터를 신라의 국가형성기로 파악하며 그 이후의『삼국사기』기록을 신뢰하고 있다.

이처럼 『삼국지』·『진서』 동이전에는 3세기 말까지 마한·진한·변한 등 삼한이 존재한 것으로 나온다. 전사론에서는 이러한 중국 정사 기록을 『삼국사기』 초기 기록보다 중시하여, 삼한에서 삼국으로의 전환이 4세기에 들어가 이루어졌다고 보는 것이다. 전사론에서는 백제 고이왕 이후, 신라 내물왕 이후의 『삼국사기』 기록을 신뢰하고, 그 전사는 『삼국지』 동이전을 중심으로 파악한다. 마한의 백제국에서 영역국가 백제로 성장한 시기를 4세기 초 비류왕 대(304~344)로 파악한 견해[70]도 『진서』 등 중국 정사 기록을 중시하기 때문이다.

한편 고고학계에선 옹관고분 등 분구묘를 마한의 토착 문화로 보면서, 마한이 영산강유역에서 5세기 말 내지 6세기 초까지 존재했다고 보는 시각이 우세하다.[71] 또한 『송서』 왜국전의 '모한'(慕韓)이 마한의 후신이고 그 세력은 5세기 말에 백제에 흡수되었어도 6세기 전반까지 왜와 교류 관계가 있었다고 보기도 한다.[72] 이에 따르면 마한의 하한이 6세기까지도 내려갈 수 있다. 이것은 마한에서 백제로의 전환을 4세기에서 찾는 전사론의 입장과 완전히 다른 것이다.

마한과 백제는 시계열적 선후 관계보다 공시적 상호 관계에 있었다고 볼 수 있다. 마한과 백제의 공시적 관계는 『삼국사기』 백제본기에 보이는 마한왕과 백제의 갈등 기록에서도 확인된다. 『삼국지』에서도 백제는 마한의 중심 세력이 아니었고, 3세기 중엽까지는 진왕의 목지국이 대표 세력이었던 것으로 나타난다.

백제국이 마한의 중심 세력으로 대두하기 시작한 것은 3세기 후반 고이왕 대부터다. 정약용이 언급했듯이 『진서』의 '마한주'(馬韓主)가 바로 백제를 가리키는 것으로 보인다. 그렇지만 3세기 후반 백제가 마한의 전역을 장악한 것

---

70 김기섭, 2007, 「고대국가의 여명」, 『한성도읍기의 백제』, 충청남도역사문화연구원, 29~52쪽.
71 최성락 편저, 1999, 앞의 책.
72 東潮, 1995, 「榮山江流域と慕韓」, 『展望考古學』, 考古學研究會.

은 아니었으며, 금강 이남에는 아직 마한의 잔여 세력이 있었다. 마한의 잔여 세력을 모두 병합한 시기에 대해서는 4세기 후반설과 6세기 전반설로 나뉜다. 대체로 문헌사에서는 근초고왕 대인 369년을,[73] 고고학에서는 6세기 전반을 주목해 본다.

따라서 백제와 마한은 시계열적 선후 관계가 아니라 상당 기간 공시적 관계에 있었다고 보는 것이 합리적이다. 이것은 사로국이 3세기 후반까지 주변의 진한 소국을 차례로 병합 복속하고[74] 이후 신라로 지속 발전한 양상과 다른 점이다. 이처럼 마한에서 백제로, 진한에서 신라로의 전환은 일률적으로 규정하기 힘든 부분이 있다.

최근 전사론에서는 전사론과 전기론이 크게 다른 논지인 것처럼 대조하고 있지만, 사실 두 시각 사이에는 서로 통하는 점도 적지 않다. 먼저 삼한의 시기를 위·진대까지 내려서 파악하는 것이 가장 큰 공통점이다. 이것은 삼한 시기를 기원전으로 제한해 보던 전통적인 전대론과는 명확히 다른 부분이다.

다음으로 전사론이나 전기론 모두 고고학의 '삼한시대론'처럼 삼한을 따로 떼어내어 시기 구분하는 데 동의하지 않는다. 전기론에서는 삼한을 삼국시대 초기 내지 전기에 포함시켜 이해하므로 굳이 설명할 필요가 없을 것이다. 전사론에서도 4세기 전후 삼한에서 삼국으로 전환되었다고 보지만, 그렇다고 하여 4세기 이전을 '삼한시대'라고 보지는 않는다. 그것은 삼한 외에 고구려·부여·옥저·동예 등 북쪽의 세력까지 포함하여 시대를 구분해야 한다고 보기 때문이다.[75] 삼한을 삼국과 치환될 수 있는 시대 개념으로까지는 보지 않는 것이다.

---

[73] 박찬규, 2007, 「백제의 성장과 마한병합」, 『백제의 기원과 건국』, 충청남도역사문화연구원, 366쪽.

[74] 이현혜, 2016, 「진한연맹체와 사로국」, 『신라의 건국과 성장』, 경상북도.

[75] 주보돈, 2011, 앞의 글, 636쪽.

전사론에서는 진한과 신라 사이에 연맹체와 고대국가라는 발전 단계의 차이에 더 주목한다. 엄밀히 말하자면 전사론은 삼한과 삼국을 4세기 전후로 시대 구분하는 것이 아니라 발전 단계를 구분해 보는 시각이다. 즉 신라왕국의 전단계로 진한연맹체를, 백제왕국의 전단계로 마한연맹체를 설정하는 것이다.

전사론에서도 진한의 사로국과 마한의 백제국이 진한·마한연맹체를 구성한 소국들을 정복·병합하여, 신라·백제 왕국으로 성장하는 과정에 주목한다. 이것은 사로국·백제국의 영역국가로의 발전 과정을 주목하는 전기론과 서로 통하는 부분이다. 다만 전사론은 진한·마한은 연맹체이며, 신라·백제는 고대국가로 명칭과 단계가 달랐다고 구분해 보는 것이다. 한편 전기론에서는 진한·마한보다는 사로국과 백제국이 신라와 백제로 발전한 과정을 중시한다.

전사론에서도 『삼국지』 동이전의 사로국과 백제국을 각각 신라와 백제의 모체로 보기 때문에, 사로국-신라 및 백제국-백제로의 발전을 부정하지는 않는다. 공시적 관점에서 보면 사로국·백제국이 진한·마한에 포함되지만, 통시적 관점에서 보면 신라·백제의 초기가 된다. 즉 전사론은 공시적 관점에서, 전기론은 통시적 관점에서 바라본 것이다.

진한에서 신라로, 마한에서 백제로의 명칭 변화는 단지 전사론에서만 주목한 것이 아니다. 『진서』 간문제기 함안 2년(372)조에는 '백제왕'(百濟王)이 동진에 사신을 보내 방물을 받쳤다는 기록이 보인다. 『진서』 동이전에서 진 무제 태희 원년(290)에 '마한주'가 헌상하였다는 기록 이후 82년 만에 '백제왕'이 등장한 것이다. 『진서』 동이전에서 진한이 태강 7년(286) 서진에 입조한 이후, 『진서』 부견재기(苻堅載記) 전진 건원 16년(380)에 '설라'(薛羅, 신라)가 보인다. 『자치통감』에서는 건원 13년(377)에 '신라'(新羅)가 처음 전진과 통교한 기록이 확인된다.

이러한 기록에 근거해 천관우는 『진서』 전반(서진)까지도 '한'(마한·진한)이라 하던 것이, 『진서』 후반(5호 16국)부터 '백제'·'신라'로 바뀌었음을 지적하였다. 그 이유에 대해 300년경에 백제나 신라가 평지돌출로 국가 단계로 들어간 것이 아니라, 이 같은 명칭 변화는 311년 5호 16국시대의 시작, 316년 서진 멸망, 그리고 특히 313~314년 낙랑군·대방군이 요서로 쫓겨난 뒤 백제·사로가 2군의 중개 없이 직접 중국과 교섭하게 된 것과 관련이 있다고 이해하였다.[76] 국제 정세의 변화로 인해 진한·마한에서 신라·백제로 명칭이 변한 것이지 이때 갑자기 고대국가로 발전한 것이 아니라고 본 것이다.

중앙집권국가가 성립하기 이전 국가형성기의 미숙한 국가 형태를 초기국가로 보면,[77] 전기론은 삼한을 초기국가 단계로 보는 것이며, 전사론은 연맹체 단계로 파악하는 것이다. 초기국가론은 진한의 사로국, 마한의 백제국, 변한의 구야국 등 삼한의 대국에 초점을 맞춰 본다면, 연맹체론은 마한·진한·변한을 구성한 70여 소국의 존재에 초점을 맞춘 것이다. 연맹체론에서도 중심 맹주국을 상정하지만, 그보다는 연맹을 구성하는 제소국의 존재를 더 비중 있게 보는 것이다. 이런 점에서 전사론·전기론은 연맹체론·초기국가론이라고도 부를 수 있다.

『삼국지』 동이전에는 마한의 진왕, 진한의 진왕, 변한의 왕에 대한 기록이 보인다. 여기에 보이는 '왕'들의 성격은 삼한의 초기국가를 이해하는 데 중요한 실마리가 된다. 『삼국지』에 의하면 대국(1만~4000호)과 소국(수천~600호)은 인구에서 6~7배의 차이가 있다. 이처럼 인구 차이가 큰 삼한의 대국과 소국을 일률적으로 동일한 단계로 보아 대등한 정치체 간의 연맹체로 파악하기는 어렵다.[78] 인구가 만여 가인 마한의 대국은 거의 국가 단계에 이른 초기국가이며, 수천 가인 소국은 수장사회라고 구분해 이해되기도 한다.[79]

76 천관우, 1989, 앞의 책, 345쪽; 1991, 앞의 책, 227쪽.

77 박대재, 2013, 「국가형성기의 복합사회와 초기국가」, 『선사와 고대』 38, 232~241쪽.

78 박대재, 2006, 앞의 책, 188쪽.

79 최광식, 1994, 『고대한국의 국가와 제사』, 한길사, 163쪽.

대국에 초점을 맞춰 보는가 아니면 소국에 초점을 맞춰 보는가의 차이가 있는 것이다. 전사론에서도 삼한을 균질한 사회로 보는 것은 아니며, 전기론에서도 소국의 존재를 무시하는 것이 아니다. 전사론은 소국의 분포에 주목하고, 전기론은 대국의 성장에 주목하는 것이다. 백제국 중심의 소국연맹체가 곧 백제 초기국가이며, 사로국 중심의 소국연맹체가 곧 신라 초기국가이다.

진한 12국이 진왕에 속해 있다고 한 『삼국지』 기록은 진왕 중심의 연맹체가 3세기 중엽에 성립되어 있었다는 것을 의미한다. 진한의 진왕이 『양서』・『북사』 등에 '진한왕'(辰韓王)으로 기록된 것을 보면, 이 진왕은 마한의 진왕과는 구분되는 진한의 왕이다. 또한 변한에도 왕이 있다는 기록 역시 변한 12국에도 중심국이 있었음을 시사해 준다. 『삼국지』에 보이는 진한의 왕과 변한의 왕은 『삼국사기』에 나타난 신라의 소국 복속 기록과 가야와 포상 8국의 전쟁 기록을 참고하면, 사로국과 구야국의 왕을 가리킨다고 이해할 수 있다.[80]

변한의 경우는 전사론이나 전기론 모두 연맹체 단계로 보고 있다는 것도 큰 접점이다. 사실 전기론・전사론의 용어는 가야사의 시기 구분과 관련하여 처음 거론되었다. 즉 4세기까지를 가야의 전사인 변한사로 보아 가야사와 구분할 것인가, 아니면 전기 가야사로 연결해 볼 것인가의 문제였다.

전사론에서는 변한사회는 경제적인 교역 관계를 매개로 하여 각 소국 간의 연맹체 관계가 성립한 반면, 가야사회는 정치적인 관계가 보다 우선한다는 점이 양자 간의 가장 큰 차이라고 파악하였다.[81] 연맹체 내 결속력의 차이를 지적하였지만, 가야가 신라나 백제와 같은 고대국가였다고 보는 것은 아니다. 가야가 변한보다 좀 더 결속력이 강한 연맹체였다고 보는 것이다.

---

80 박대재, 2006, 「弁韓의 王과 狗邪國」, 『한국사학보』 26; 2006, 앞의 책, 221~228쪽.
81 주보돈, 1995, 앞의 글, 21쪽 각주 42.

마한-백제, 진한-신라와 달리 변한-가야 사이에서는 발전 단계의 변화가 상대적으로 뚜렷하지 않다. 이처럼 가야사의 경우 전기론과 전사론의 차이가 신라사의 경우보다 분명하게 느껴지지 않는다는 점에서, 전기론과 전사론의 구별이 과연 적절한 것인지에 대한 문제 제기[82]가 있기도 하였다. 어쩌면 삼한 중에서 변한이 전사론을 적용해 보기 가장 어려운 경우이다.

마한과 백제의 경우는 적어도 4세기 후반까지 공존한 형세로 이해되기 때문에 '전사'라는 개념은 적용하기 어렵다. 『삼국지』 동이전의 마한 진왕은 그 호칭에서 볼 때 마한 전체를 통제한 왕이 아니었으며,[83] 마한 지역 전부를 포괄하는 정치체라기보다 목지국을 중심으로 주변의 여러 소국들이 결집된 정치 세력일 가능성이 높다.[84] 즉 진한-신라처럼 계기적으로 발전한 것이 아니라, 백제가 동시대에 존재한 목지국 중심의 진왕 세력을 극복해 가는 과정이었다.

마한의 역사적 실체는 시·공간을 달리하며 변화된 것으로 보인다. 백제의 마한 병합 과정은 우선 한강유역의 마한 소국인 백제국이 성장하여 남쪽으로 세력을 확대하면서, 먼저 아산만 일대의 마한인 목지국 세력을 병합하고, 다시 남진하면서 금강유역 일대의 마한인 건마국 세력을, 마지막으로 영산강유역 마한 세력의 병합이라는 축차적인 과정으로 이해되기도 한다.[85] 목지국의 위치에 대해서는 아직 이설이 있지만, 한강유역의 백제와 구분되는 세력이었다고 보는 것은 보편적으로 받아들여지고 있다.

3세기 후반 마한 지역에는 백제국을 맹주로 하는 경기 지역 소국연맹체,

---

82 김수태, 2003, 앞의 글, 52쪽.

83 박대재, 2002, 「《三國志》 韓傳의 辰王에 대한 재인식」, 『한국고대사연구』 26; 2006, 앞의 책, 105~117쪽.

84 문창로, 2007, 「백제의 건국과 고이왕대의 체제정비」, 『백제의 기원과 건국』, 충청남도역사문화연구원, 295쪽.

85 유원재, 1999, 「百濟의 馬韓 征服과 支配方式」, 『영산강유역의 고대사회』, 학연문화사, 146~150.

목지국 중심의 금강유역 소국연맹체, 영산강유역 소국연맹체 등 복수의 소국연맹체가 병존하였고, 이들이 백제국 중심의 소국연맹체에 의해 차례로 병합되어 백제 국가로 편제되었다고 이해할 수 있다.[86] 이와 같이 마한의 실체를 시·공간에 따라 구별해 볼 경우, 마한과 백제의 관계는 전사와 본사의 관계가 될 수 없다.

일반적으로 전사론은 『삼국지』를 중심으로, 전기론은 『삼국사기』를 중심으로 사료를 이용한다고 대조된다. 하지만 전사론에서도 『삼국사기』 내물왕 이전의 초기사를 신라사의 범주에서 제외하지는 않는다.

> E. 이 4개의 분기(상고, 중고, 중대, 하대) 가운데 신라사의 출발인 상고는 무려 570년에 달하는 기간으로서 다른 시기와 비교하면 지나치게 길다. 그런데 국명이나 왕호를 비롯한 국가의 내부 구조와 그 성격을 구체적으로 점검하면 여러 가지로 현저하게 차이가 나는 두 시기로 다시 세분할 수가 있다. 이처럼 상고만은 따로 전기와 후기로 나누어서 살펴볼 필요가 있다. 전기는 혁거세로부터 16대 흘해왕까지이다. 이때는 신라가 아닌 사로국이란 국명이 사용되었고, 그 최고 지배자는 이사금이라 불리었다. 후기는 17대 내물왕이 즉위한 356년부터 22대 지증왕 때까지이다. 이때에는 신라란 국명이 처음 출현하였으며 그에 걸맞는 새로운 왕호로서 마립간이 사용되기 시작하였다. 신라가 사로국이란 초기국가로서의 성격을 벗어나 명실상부하게 고대국가로서의 모습을 갖춘 시기이다. 이처럼 상고는 여러 가지 측면을 비교할 때 성격상 차이가 나는 전후로 다시 나눔이 올바른 접근이겠다.[87]

---

[86] 이현혜, 2007, 「마한사회의 형성과 발전」, 『백제의 기원과 건국』, 충청남도역사문화연구원, 247~248쪽.

[87] 주보돈, 2016, 「신라사의 시기 구분과 흐름」, 『신라사 총론』, 경상북도, 265쪽.

내물왕 이전을 신라 상고기의 전기로 보면서, 신라사의 출발로 자리매김 하고 있다. 국명이 사로국, 왕호가 이사금이었던 전기와, 국명과 왕호가 신라·마립간으로 바뀐 후기로 세분해 보고 있지만, 상고기를 신라사의 출발로 분명히 이해하고 있다. 또한 전기를 초기국가 단계로, 후기를 고대국가로 구분해 보고 있다. 이것은 내물왕 이전을 신라의 '전사'(前史)가 아니라 초기사로 보는 입장에 가깝다고 할 수 있다. 따라서 '전사론'이란 용어에는 그 주장 내용과 부합하지 않는 점도 들어 있다.

전사론에서는 사로에서 신라로의 국명 변화를 매우 중시한다. 하지만 내물왕 대 이후 '신라'만 국호로 쓰인 것이 아니다. 주지하듯이 지증왕 4년(503) 건립된 포항(영일) 냉수리비에는 '사라'(斯羅)로 국호가 보인다. 『삼국사기』에 의하면 신라 국호가 확정된 것은 지증왕 4년(503) 10월이며, 그전에는 사라·사로·신라를 혼용했다고 한다. 그렇다고 해서 지증왕 5년부터 '신라사'라고 볼 수는 없을 것이다.

'斯盧'에서 '新羅'로의 변화는 국명의 변경이라기보다 차자 표기의 차이라고 보아야 한다. 『양서』 신라전에서, "魏時曰新盧 宋時曰新羅 或曰斯羅"라고 한 것은 이러한 사정을 짐작하게 한다. '斯盧·新盧', '新羅·斯羅'가 혼용된 것이다. 백제(伯濟)에서 백제(百濟)로, 구야(狗邪)에서 가야(加耶)로의 변화도 마찬가지다. 사로·백제·구야에서 신라·백제·가야로의 변화는 전사와 본사의 구분 기준이라기보다 시기에 따른 차자 표기의 변화라고 볼 수 있다. 『삼국지』의 백제·사로와 『삼국사기』의 백제·신라가 동일한 실체의 다른 이름이라고 한다면, 양자를 다른 존재처럼 구분해 보는 시각은 설득력이 없다.

또한 전사론에서는 내물왕부터 마립간이란 왕호를 사용했다는 점도 주목하고 있다. 이사금시대까지를 신라의 전사, 즉 진한사로 보고, 마립간시대부터를 신라사로 보는 것이다. 이사금이나 마립간은 모두 신라의 시기별 왕호이다. 6부 중심의 지배체제가 이사금기에 이미 성립되었다고 보면,[88] 이사금기와 마립간기를 연결해 보는 것이 자연스럽다. 이사금에서 마립간으로의 변화는 지배체제의 발전 과정이라고 보아야 한다.

이런 취지에서 신라의 국가형성 과정은 진한에서 신라로의 전환보다, 사로국에서 신라로의 계기적인 발전 과정에서 파악하는 시각[89]이 보다 합리적인 접근이다. 마찬가지로 백제의 국가형성 과정도 마한에서 백제로의 전환이 아니라, 백제국에서 백제로의 발전 과정으로 보아야 한다.[90]

이상에서 살펴본 바에 의하면, 전사론은 사로·백제를 신라·백제의 '전사'가 아니라 그 기원인 '원사'(源史)로 보는 입장이다. 신라·백제의 형성 이전에 있었던 별도의 전사가 아니라, 그 기원사(origin history)로 이해하는 것이다. 전사론에서 '원삼국시대' 용어에 호감을 표하는 것도 이런 배경에서 이해할 수 있다. 삼국이 정립하는 4세기 초를 기준으로 그 이전 일정 기간을 총칭하여 원삼국시대라 불러도 무방하다고 생각하는 것이다.[91]

김원용이 '원삼국시대' 용어를 제안한 이후 다소의 추이가 있었지만, 본래는 4세기 이전 시기도 삼국시대와 연결해 보자는 취지에서 제기된 용어였다.[92] 기본적으로 기원 전후~3세기를 삼국의 전사가 아니라 그 원사로 연결해 보고자 한 입장이라고 할 수 있다.

원삼국시대론은 전기론과 전사론 양쪽 모두에서 나름의 평가를 받고 있다. 전기론의 연구자인 천관우도 '원삼국시대' 개념을 사용해 삼국의 국가형성을 다음과 같이 설명하였다.

F. [原(프로토)三國時代] 고구려·백제·신라의 삼국은 모두 전일세기(前一世

---

88 전덕재, 1996, 『신라육부체제연구』, 일조각.

89 김재홍, 1996, 「신라(사로국)의 형성과 발전」, 『역사와 현실』 21, 95~131쪽; 김수태, 2003, 앞의 글, 54쪽.

90 권오영, 2001, 「백제국(伯濟國)에서 백제(百濟)로의 전환」, 『역사와 현실』 40, 30~56쪽.

91 주보돈, 2011, 앞의 글, 636쪽.

92 김원용, 2000(1992), 「原三國時代에 대하여(遺稿)」, 『고고학지』 11, 한국고고미술연구소.

紀)에 건국을 한 것으로 되어 있지만, 앞에서 말한 대로 고구려와 백제는 전일(前一)세기에, 신라는 후이(後二)세기 초에 각각 영역국가로서의 발전이 시작되고 있었다. 그렇다고 해서 이때부터를 가리켜「삼국시대」라고 할 수 있을까. 삼국 가운데 기록이 가장 상세한 신라를 예로 들더라도, 이(二)세기 초의 사로국은 겨우 영일-의창-청도-동래선이내를 영유한 소년기에 불과하였고, 그 주변에 가까이는 영천의 골벌국(骨伐國), 멀리는 상주의 사벌국(沙伐國), 기타 여러 세력이 엄존하고 있었다. (중략) 따라서 남은 남대로 북은 북대로, 많은 소세력이 각각 하나의 구심점을 중심으로 통합되어 고구려(高句麗)·백제(伯濟, 百濟)·신라(斯盧, 新羅)가 각 지역에서 명실을 갖춘 대표적 세력으로 되어 있었을 때에 비로소「삼국시대」라는 용어도 합당한 것이 될 것이다. 이리하여 려(麗)·제(濟)·라(羅)의 유년기·소년기, 그리고 그 시기의 주변 제세력의 시대가 말하자면「원삼국시대」가 된다.[93]

위 글에서 천관우는 백제의 근초고왕 대인 4세기 중엽을 기준으로 '원삼국시대'와 '삼국시대'를 구분하고 있다. 그 기준점을 4세기 중엽으로 본 것은 이때 비로소 삼국이 국경을 접하고 이른바 '삼국정립'이 이루어졌다고 보기 때문이다.

이러한 천관우의 시기 구분은 전사론의 입장과 크게 다르지 않다. 그렇다면 전기론 역시 삼한을 삼국시대의 원사로 다룬다는 점에서, 전사론과 함께 '원사론'(源史論)이라고 크게 묶어 불러도 무방할 것이다. 오히려 전통시대의

---

93 천관우, 1982,「近肖古-原三國時代에서 三國時代로-」,『인물로 본 한국고대사』, 정음문화사, 110~113쪽. 천관우의 원삼국시대에 대한 평가는 1976, 앞의 글(하)에서 이미 나타나 있다.

전대론(前代論)이야말로 삼한을 삼국의 전사(前史)로 명확히 구분해 보는 시각이라고 할 수 있다.

여기서 '원사'(源史)는 선사시대와 역사시대 사이의 원사시대(原史時代, proto-history)와 같은 보편적인 시대 구분 용어가 아니다. 삼한을 삼국의 전사가 아니라 삼국의 기원사(origin history)로 보자는 것이다. 삼한을 삼국의 전기로 보는 것도 그다음의 중기·후기 등의 시기 구분을 전제해야 되기 때문에 불편한 점이 있다. '원사'는 그런 전제조건 없이 삼한을 신라·백제·가야의 기원으로 이해할 수 있다는 점에서 비교적 수월한 개념이 아닌가 생각한다.

김원용은 '원삼국시대'를 제안하기에 앞서 삼국시대 개시를 『삼국사기』를 존중해 기원 전후에 비정하고, 그 이전 300년을 '삼한시대'로 보자고 제안한 바 있다.[94] 이것은 삼한을 삼국시대 전단계에 비정한 전대론의 시각이라고 할 수 있다.

그런데 원삼국시대론에서는 그 전 시기를 '삼한시대'가 아니라 '초기철기시대'라고 명명하였다. 초기철기시대와 삼국시대 사이에 원삼국시대를 설정한 것이다. 그러다 보니 원삼국시대란 용어가 선사시대와 역사시대 사이의 원사시대를 의미하는 것처럼 오해되기도 하였다. 삼국시대 앞에 원(proto-) 자를 붙이면서 그 시기가 마치 원사시대인 것처럼 이해되기도 한 것이다. 이런 맥락에서 보면 '원삼국시대' 용어는 이미 역사에 등장한 고조선과 삼국시대 사이에 위치한다는 점에서 통사적인 시대 구분 용어로는 부적절하다. 또한 본래 취지와 달리 원삼국시대와 삼국시대를 분리해서 이해하려는 경향에 단서를 제공하기도 하며, 고구려 등 북부 지역의 시대상을 포괄하지 못한다는 점에서도 마땅하지 않다.

삼한은 초기 고구려·부여·옥저 등과 함께 삼국의 기원사(origin history)를 구성하는 요소로 포괄될 수 있다. 마한-백제(백제국), 진한-신라(사로국), 변

---

[94] 김원용, 1967, 「三國時代의 開始에 關한 一考察-三國史記와 樂浪郡에 대한 再檢討-」, 『동아문화』 7.

한-가야(구야국)의 관계는 시계열적 선후 관계뿐만 아니라 공시적 상호 관계이기도 하다. 백제·신라·가야 3국은 그 기원이 삼한의 백제국·사로국·구야국에서부터 시작하며, 그 주변에 공존한 소국들과 상호작용하면서 대국으로 성장하였다. 삼한이 3국의 원사라는 것은 3국의 기원이 바로 삼한에 있음을 의미하는 것이다.

5. 맺음말

그동안 삼한의 시기를 둘러싸고 소위 '전사론'과 '전기론'으로 구분되어 왔던 연구 경향 사이에는 접점도 적지 않다. 두 입장이 크게 다른 논지인 것처럼 대조되고 있지만, 어쩌면 전사론과 전기론이라는 구분 자체가 주관적일 가능성이 높다.

특히 삼한에서 삼국으로 전이되는 과정에 대한 설명에서는 두 시각 사이에 접점이 적지 않다. 양자 모두 삼한의 하한을 위·진대까지 내려 보며, 삼한의 사로국·백제국·구야국에서 신라·백제·가야로의 발전 과정을 계기적으로 파악하고 있다. 백제·신라·가야 3국사가 삼한사 속에서 잉태된 만큼 전사론에서도 불가피하게 양자의 관계를 언급하지 않을 수 없기 때문이다. 전사론과 전기론의 쟁점만 부각할 것이 아니라 접점도 주목해 보아야 한다.

『삼국사기』 초기 기록과 『삼국지』 동이전의 사료 가치를 둘러싸고, 아직도 학계의 논의가 나뉘어 평행선을 달리고 있다. 사실 기존의 다양한 시각이 전사론·전기론으로 단순화되면서 더욱 대립적으로 비치기도 하였다. 『삼국사기』 초기 기록과 『삼국지』 동이전에 대한 이해도 쟁점을 부각시키기보다는 접점을 찾아가는 방향에서 포괄적으로 접근할 필요가 있다.

『동국통감』 등 전통사서에 나타난 전대론(前代論)이야말로 삼한시대와 삼국시대를 명확히 구분해 본다는 점에서 전사론(前史論)이라 할 수 있다. 이와 비교해 현재의 전사론과 전기론은 모두 삼한을 삼국의 기원사(origin history)로 본다는 점에서, 넓게 보아 '원사론'(源史論)이라고 묶어 볼 수 있다. 전사론과 전기론을 연결해 보면, 삼한의 제소국과 백제·사로(신라)·구야(가야) 3국을 공시적 관점과 통시적 관점에서 아울러 볼 수 있다.

『삼국사기』와『삼국유사』가 전하는 삼국시대는 삼국만 정립해 있던 시기가 아니다. 삼국이 등장한 이후 백제·고구려가 소멸하는 시기까지가 곧 삼국시대이다. 그 안에는 삼국 외에 부여·가야·옥저·동예 등의 여러 복합사회가 존재했지만 결국 삼국으로 귀속되었다. 삼한의 여러 소국들도 삼국시대를 구성한 이러한 복합사회라고 이해할 수 있다. 마한·진한·변한을 백제·신라·가야의 기원으로 삼국시대에 포괄해 이해하는 쪽이 한국사의 체계를 세우는 데 더 생산적인 논의가 될 것으로 생각한다.

참고문헌

1. 국내 단행본

김영하, 2002,『한국고대사회의 군사와 정치』, 고려대학교 민족문화연구원.

김정배, 1986,『한국고대의 국가기원과 형성』, 고려대학교 출판부.

김정학, 1990,『한국상고사연구』, 범우사.

김태식, 1993,『가야연맹사』, 일조각.

노중국 외, 2002,『진·변한사 연구』, 경상북도·계명대학교 한국학연구원.

박대재, 2003,『의식과 전쟁-고대 국가를 바라보는 새로운 시각-』, 책세상.

_____, 2006,『고대한국 초기국가의 왕과 전쟁』, 경인문화사.

손진태, 1948,『조선민족사개론』 상, 을유문화사.

이기동, 1996,『백제사연구』, 일조각.

이기백·이기동, 1982,『한국사강좌』 I(고대편), 일조각.

이병도, 1959,『한국사』(고대편), 진단학회 편, 을유문화사.

_____, 1976,『한국고대사연구』, 박영사.

이종욱, 1982,『신라국가형성사연구』, 일조각.

_____, 1999,『한국의 초기국가』, 아르케.

이현혜, 1984,『삼한사회형성과정연구』, 일조각.

이희준, 2007,『신라고고학연구』, 사회평론.

천관우 편, 1975,『한국상고사의 쟁점』, 일조각.

_____, 1989,『고조선사·삼한사연구』, 일조각.

_____, 1991,『가야사연구』, 일조각.

최광식, 1994,『고대한국의 국가와 제사』, 한길사.

최성락 편저, 1999,『영산강유역의 고대사회』, 학연문화사.

2. 국내 논문

권오영, 1996, 『삼한의 '국'에 대한 연구』, 서울대학교 박사학위논문.

_____, 2001, 「백제국(伯濟國)에서 백제(百濟)로의 전환」, 『역사와 현실』 40.

김기섭, 2007, 「고대국가의 여명」, 『한성도읍기의 백제』, 충청남도역사문화연구원.

김수태, 2003, 「新羅의 國家形成」, 『신라문화』 21.

김원용, 1967, 「三國時代의 開始에 關한 一考察-三國史記와 樂浪郡에 대한 再檢討-」, 『동아문
　　　화』 7.

_____, 1972, 「石村洞 發見 原三國時代의 家屋殘構」, 『고고미술』 113·114합.

_____, 2000, 「原三國時代에 대하여」, 『고고학지』 11, 한국고고미술연구소.

김재홍, 1996, 「신라[사로국]의 형성과 발전」, 『역사와 현실』 21.

김정배, 1996, 「'원삼국시대' 용어의 문제점」, 『한국사학보』 창간호.

김철준, 1964, 「韓國古代國家發達史」, 『한국문화사대계』 I(민족·국가사), 고려대학교 민족문
　　　화연구소.

_____, 1970, 「韓國 古代社會의 性格과 羅末麗初의 轉換期에 대하여」, 『한국사시대구분론』,
　　　한국경제사학회 편, 을유문화사.

_____, 1973, 「部族聯盟勢力의 擡頭」, 『한국사』 2(고대-민족의 성장-), 국사편찬위원회.

노중국, 1987, 「馬韓의 成立과 變遷」, 『마한·백제문화』 10.

노혁진, 2015, 「한국고고학의 시대구분과 원삼국시대론에 대한 소론」, 『호남고고학보』 51.

문창로, 2007, 「백제의 건국과 고이왕대의 체제정비」, 『백제의 기원과 건국』(백제문화사대
　　　계 연구총서 2), 충청남도역사문화연구원.

박대재, 2002, 「《三國志》 韓傳의 辰王에 대한 재인식」, 『한국고대사연구』 26.

_____, 2006, 「弁韓의 王과 狗邪國」, 『한국사학보』 26.

_____, 2006, 「삼한의 기원과 국가형성」, 『한국고대사입문』 1, 신서원.

_____, 2011, 「準王南來說에 대한 비판적 검토-조선유민의 마한 유입과 관련하여-」, 『선사
　　　와 고대』 35.

_____, 2013, 「국가형성기의 복합사회와 초기국가」, 『선사와 고대』 38.

박찬규, 2007, 「백제의 성장과 마한병합」, 『백제의 기원과 건국』, 충청남도역사문화연구원.

신경철, 1989, 「三韓時代의 釜山」, 『부산시사』.

유원재, 1999, 「百濟의 馬韓 征服과 支配方式」, 『영산강유역의 고대사회』, 학연문화사.

이기동, 1988, 「한국고대사 연구의 현황과 과제」, 『한국고대사론』, 한길사.

이종욱, 1976, 「百濟의 國家形成-三國史記 百濟本紀를 중심으로-」, 『대구사학』 11.

이청규, 2007, 「先史에서 歷史로의 전환-原三國時代 개념의 문제-」, 『한국고대사연구』 46.

이현혜, 1997, 「삼한의 정치와 사회」, 『한국사』 4, 국사편찬위원회.

_____, 2007, 「마한사회의 형성과 발전」, 『백제의 기원과 건국』, 충청남도역사문화연구원.

_____, 2016, 「진한연맹체와 사로국」, 『신라의 건국과 성장』, 경상북도.

임영진, 2014, 「전남지역 馬韓諸國의 사회 성격과 百濟」, 『백제학보』 11.

조인성, 2015, 「申采浩 前後三韓說의 의의」, 『한국사학사학보』 31.

주보돈, 1990, 「韓國 古代國家 形成에 대한 연구사적 검토」, 『한국 고대국가의 형성』, 한국고
　　　대사연구회 편, 민음사.

_____, 1995, 「序說-加耶史의 새로운 정립을 위하여-」, 『가야사연구-대가야의 정치와 문
　　　화-』, 경상북도.

_____, 2011, 「진한에서 신라로」, 『신라 형성기의 유적-집터(주거지)유적·무덤(분묘)유
　　　적·생산유적·기타 유적-』, 한국문화재조사연구기관협회.

_____, 2016, 「신라사의 시기 구분과 흐름」, 『신라사 총론』, 경상북도.

천관우, 1975, 「三韓의 成立過程-'三韓攷' 제1부-」, 『사학연구』 26.

_____, 1976, 「三韓의 國家形成-三韓攷 3부-」(上·下), 『한국학보』 2·3.

_____, 1982, 「近肖古-原三國時代에서 三國時代로-」, 『인물로 본 한국고대사』, 정음문화사.

최몽룡, 1987, 「鐵器(初期鐵器·原三國時代)時代와 古代國家의 發生」, 『한국사연구입문』(제2판),
　　　지식산업사.

3. 국외 단행본

白南雲, 1933, 『朝鮮社會經濟史』, 改造社.

V.

결장:
한국의 '고대'와 초기국가

1. 머리말

영어의 'Ancient'를 '고대'(古代)로 번역하기 시작한 것은 1880년대 중엽 일본에서부터이다.[1] '고대'는 중국이나 한국에서는 전통적으로 쓰지 않았으나 일본에서는 헤이안시대부터 사용되었다.[2] 국내에서 '고대'가 쓰인 것은 1900년대부터이지만,[3] 한국사 자료에서는 1910년대에 보이기 시작한다.[4] 하지만 그때까지 고대는 시간의 원근에 따른 막연한 표현으로 명확한 시대 구분 용어는 아니었다.

고대는 1930년대 마르크스주의 역사학자[5]들이 식민주의 역사학의 조선사

---

[1] 鳩山和夫가 1885년 12월에 H. S. Maine의 *Ancient law*(1861)를 번역한 『緬氏古代法』(文部省編輯局)을 출간한 후 'Ancient'를 '古代'로 번역하는 것이 일반화되었다. 이는 1886년에 출간된 『和英語林集成』 3판에 반영되었다. 『和英語林集成』의 초판(1867)과 2판(1872)에는 '古代' 항목이 없었다(明治學院大學圖書館 데이터베이스 참조).

[2] 헤이안시대 문학에서는 '古代'와 '古体'(古風)의 구분이 명확하지 않았다(大野晉・佐竹昭廣・前田金五郞 編, 1982, 『岩波 古語辭典』, 岩波書店, 494쪽). 이 시기 '古代' 용례는 『蜻蛉日記』(약 974)와 『源氏物語』(1008)에 보인다.

[3] 김상연의 『정선 만국사』(1906)에서 "古代・中世・近代"로 구분한 이래 세계사 교과서에서 대체로 이를 따랐다. 하지만 한국사 교과서에서는 전통적인 왕조별 편년체 방식을 따르거나, 林泰輔의 저술을 바탕으로 역술한 현채의 『東國史略』(1906)과 같이 "太古・上古・中古・近世"의 시대 구분을 적용하며 아직 '고대'란 용어는 쓰지 않았다.

[4] 1919년 8월 이광수는 『조일관계사료집』에서 삼국부터를 '古代'로 조선시대를 '中古'로 표현하였다. 같은 해 12월 장도빈이 발간한 잡지 『서울』 창간호에서 「古代人의 동계행사」로 부여・마한・고구려・백제・신라・발해・고려의 세시풍속을 소개하였다. 『서울』 1주년 기념호(1920.2)에 실린 「朝鮮古代地理考」에는 조선-五國-삼국-남북국-고려-조선의 지명이 정리되어 있다.

[5] 李北滿, 1932, 「朝鮮に於ける土地所有形態の變遷」, 『歷史科學』 8月號, 白揚社; 白南雲, 1933, 『朝鮮社會經濟史』, 改造社.

회정체론(朝鮮社會停滯論)을 극복하는 과정에서 노예제사회를 가리키는 시대 구분 용어로 쓰기 시작하였다. 그런데 이때부터 단순한 시간의 원근에 의한 통사적 개설이나 유물사관에 입각한 사회경제사적 시대 구분에서 모두 고대란 용어를 쓰면서 개념에 혼란이 왔다.[6] 사회경제사적 시대 구분에 의하면 고대사회는 원시사회가 해체되고 노예제 국가가 형성되면서 개시한다. 하지만 시간의 원근에 의한 통사적 개설에선 국가 이전의 부족사회나 선사시대까지도 고대의 범위에 넣었다.[7]

1960년대까지는 한국의 고대국가가 4세기 후반 이후에 성립되었다고 보는 것이 일반적이었다.[8] 1970년대 이후 인류학 이론을 참고한 국가형성 연구가 이루어지면서 기원전 4~기원전 3세기의 고조선을 '초기국가'(pristine state)로 보거나,[9] 기원전 2세기의 위만조선을 '고대국가'로 이해하며,[10] 삼국 이전에 국가가 형성되었다고 보는 시각이 등장하게 되었다.

하지만 이러한 국가형성 연구 성과가 시대 구분 연구의 고대에 관한 재인식으로까지 연결되지는 못하였다. 위만조선 멸망 이후 낙랑군 등 중국 군현이 4세기 초까지 존속한 사실과 『삼국사기』 초기 기록의 신빙성 문제 때문이었다. 또한 국가형성 연구에서 초기국가와 고대국가 용어가 혼용된 것도 문제였다. 연구자에 따라 초기국가부터 고대로 보기도 하고 초기국가를 고대

---

6 1930년대 이후 '고대' 용어를 쓴 시대 구분안에 대해선 이기백, 1970, 「韓國史의 時代區分 問題」, 『한국사시대구분론』, 한국경제사학회 편, 을유문화사, 8~9쪽 참조.

7 손진태, 1948, 『조선민족사개론』 상, 을유문화사; 이병도·김재원, 1959, 『한국사』(고대편), 을유문화사.

8 김철준, 1964, 「古代國家發達史」, 『한국문화사대계』 I, 고려대학교 민족문화연구소; 이기백, 1967, 『한국사신론』, 일조각. 고구려와 백제는 4세기 후반 소수림왕 대와 근초고왕·침류왕 대, 신라는 6세기 전반 법흥왕 대 율령반포 및 불교공인을 통해 고대국가로 성립하였으며, 그 이전 고조선, 부여, 삼한은 부족연맹 단계로 이해되었다.

9 김정배, 1977, 「衛滿朝鮮의 國家的 性格」, 『사총』 21·22합; 1986, 『한국고대의 국가기원과 형성』, 고려대학교 출판부.

10 최몽룡, 1983, 「韓國古代國家形成에 대한 一考察」, 『김철준박사화갑기념논총』, 지식산업사; 1985, 「古代國家成長과 貿易-衛滿朝鮮의 예-」, 『한국고대의 국가와 사회』, 역사학회 편, 일조각.

국가의 '전사'(前史)로 구분하기도 하면서,[11] 고대의 기점에 관한 논의가 복잡하게 된 것이다.

그동안 시대 구분 연구는 주로 고대와 중세의 분기, 즉 중세의 기점에 초점이 맞춰져 있었다.[12] 이런 가운데 고대의 범위를 고조선·부여·고구려·백제·신라·가야 등이 존속했던 기원전 4세기~7세기 한반도와 중국 동북지방으로 본 견해가 제기되었다.[13] 이는 기원전 4세기 이후 고조선을 초기국가로 본 국가형성 연구와 7세기 말을 중세의 기점으로 본 사회경제사적 시대 구분 연구의 성과를 종합한 것이었다.

그러나 학계에선 아직 초기국가와 고대국가의 단계를 구분하고 고대의 기점을 고조선보다 삼국에서 찾는 경향이 강하다.[14] 국가형성 연구 성과가 적지 않게 축적되었으나 시대 구분과는 연결되지 못하고 있다. 초기국가의 개념 인식에 혼선이 있다 보니[15] 고대와 초기국가의 관계에 대한 이해에 어려움이 있는 것이다. 이 글에서는 고대와 초기국가의 개념을 한국사의 맥락에서 어떻게 해석해야 할지 검토해 보고, 이를 토대로 한국 고대의 국가 구조를 초기국가의 성격과 관련지어 고찰해 보고자 한다.

2. 고대의 사회 형태와 국가 유형

역사상의 시대를 고대·중세·근대로 나눠 보는 시대 구분의 뿌리는 15세

---

11 박대재, 2017, 「삼한시기 논쟁의 맥락과 접점」, 『한국고대사연구』 87 참조.

12 노태돈, 2003, 「古·中世 분기를 둘러싼 제논의」, 『강좌 한국고대사』 1; 2009, 『한국고대사의 이론과 쟁점』, 집문당 참조.

13 김영하, 2007, 「古代의 개념과 발전단계론」, 『한국고대사연구』 46; 2012, 『한국고대사의 인식과 논리』, 성균관대학교 출판부, 25~31쪽.

14 주보돈, 1990, 「韓國 古代國家 形成에 대한 연구사적 검토」, 『한국 고대국가의 형성』, 한국고대사연구회 편, 민음사; 2002, 「초기국가 형성론」, 『한국 전근대사의 주요 쟁점』, 역사비평사.

15 박대재, 2013, 「국가형성기의 복합사회와 초기국가」, 『선사와 고대』 38 참조.

기 이탈리아 르네상스의 인문주의자들에게까지 거슬러 올라간다.[16] 3시대 구분법을 일반화한 것은 켈라리우스(Cellarius)로도 알려진 17세기 후반 독일의 교과서 저술가 켈러(C. Keller)였다.[17] 1848년 마르크스의 유물론적 역사관이 등장하면서 3시대 구분법은 더욱 확산하였다. 유물론적 역사관은 생산양식의 발전 단계[노예제·봉건제(농노제)·자본주의]와 3시대 구분법을 연결해 사회와 국가의 전구조(全構造)를 파악하려는 발전사관이라 할 수 있다.[18]

노예제사회에는 엘리트들이 노예를 이용해 대규모 생산을 할 수 있는 경제적 조건이 충족되어 있어야 한다. 엘리트들의 수중에 토지가 집중되어 있고, 시장이 발달해 생산한 상품을 판매할 수 있으며, 유력자들이 사회 내부에서 노예 외에는 다른 노동력을 이용할 수 없어야 한다.[19] 이에 따르면 기원전 6세기~기원전 5세기 고전기 아테네와 기원전 3세기~3세기 로마가 진정한 의미의 노예제사회였다. 우클라드(Uklad)로서 노예의 존재가 곧 노예에 의한 생산 방식이 지배적이었던 노예제사회(사회 구성)를 의미하지는 않는다. 진정한 의미의 노예제사회는 고전기 아테네, 고대 로마, 근대 초기 서인도제도, 브라질, 미국 남부 주(州) 등 다섯 예에 지나지 않는다고 한다.[20]

마르크스는 오리엔트사회의 노예제가 그리스·로마의 고전적 노예제와 다르다고 인식해 아시아적 생산양식(Asiatic mode of production)에 입각한 공동체적 노예(종족 노예, 총체적 노예)의 개념을 정립하였다. 1920년대 이후 아시아적 생산양식의 보편성을 둘러싸고 난해한 논쟁이 전개되었다.[21] 20세기 후반에 들

16 요한 호이징하, 2006, 『문화사의 과제』, 김원수 역, 아모르문디, 124쪽.

17 윌레스 클리퍼트 퍼거슨, 1991, 『르네상스사론』, 진원숙 역, 집문당, 98쪽.

18 小谷汪之, 1996, 「時代區分論をめぐる今日的問題狀況」, 『古代文化』 48-2, 10쪽.

19 모시스 핀리, 1998, 『고대 노예제도와 모던 이데올로기』, 송문현 역, 민음사, 130~131쪽.

20 차전환, 2015, 『고대 노예제사회-로마 사회경제사-』, 한울아카데미, 36~37쪽.

21 신용하 엮음, 1986, 『아시아적 생산양식론』, 까치; 칼 마르크스, 1988, 『자본주의적 생산에 선행하는 제형태-자본관계 또는 본원적 축적의 형성에 선행하는 과정에 대하여-』, 성낙신 역, 지평, 해제 참조.

어와서는 세계 각지의 농업사회에 대한 인류학적 연구가 활발해지면서 오리엔트·메소포타미아 등지를 중심으로 적용되었던 아시아적 생산양식이 다른 지역으로까지 확대 적용되었다. 아시아적 생산양식의 공동체적 소유에 기초한 2차 공동체사회가 최초의 계급사회로 이해되기에 이른 것이다.[22] 아시아적 생산양식을 본격적인 발전 단계가 아니라 원시사회와 고대사회 중간의 과도기로 보는 시각도 있지만, 이를 통해 고대사회의 발전 경로를 고전적 노예제사회로만 국한해 보던 단선적인 진화론은 지양될 수 있었다.[23]

아시아적 생산양식은 엥겔스가 『반 듀링론』(1878)에서 제시한 지배예속 발생의 두 가지 길, 즉 공동체론과 노예제론[24] 가운데 전자의 공동체 간에 지배예속이 발생한 경우와 연결된다. 막스 베버가 『고대농업사정』(1908)[25]에서 고대 경제 성립의 두 노선으로 제시한 오리엔트적 노선과 그리스·로마적 노선도 위의 경로와 각각 연결된다. 이 가운데 오리엔트적 노선이 바로 아시아적 생산양식에 기초한 경제 형태이다.

지배예속 관계는 사회 내부의 계급 분화(지배계급-피지배계급)에 의해서만이 아니라 공동체 간의 외적인 지배예속(지배공동체-피지배공동체)에 의해서도 발생한다. 전자를 내적 지배(내적국가)라고 한다면, 후자를 외적 지배(외적국가)로 구분해 볼 수 있다.[26] 외적국가는 국가 권력이 다원적인 형태로 분장된 구조로 이루어진다. 예컨대 전시에 일정한 병력을 제공하는 대신 각 지역사회의 내부 정치는 각 지역 지배자에 의해 운영된다.

아시아적 생산양식에 대한 새로운 이해를 통해 모든 사회가 고전적 노예제사회(노예제국가)를 거치며 계급사회로 발전한다는 단선론적인 진화론은

22 塩澤君夫·福富正實, 1984, 『아시아적 생산양식론』, 편집부 역, 지양사.
23 강성호, 1994, 『마르크스의 역사적유물론과 역사발전론』, 참한, 121쪽.
24 엥겔스의 공동체론과 노예제론에 대해선 박대재, 2013, 앞의 글, 246~247쪽 참조.
25 막스 베버, 2019, 『고대농업사정』, 김창성 역, 공주대학교 출판부, 20~24쪽.
26 瀧村隆一, 2003, 『國家論大綱』 第1卷上, 勁草書房, 343~346쪽 참조.

극복되어 나아갔다. 아시아적 생산양식에 기초한 아시아적 국가(asiatic state),[27] 공동체국가,[28] 공납제국가(tribute-based state),[29] 가산제국가[30] 등도 초기의 계급사회로 이해되었다. 초기국가(early state) 이론[31]은 바로 이러한 학술적 맥락에서 등장하였다.

헨리 클라선 등은 근대 이전의 국가 형태를 호혜주의와 친족 관계에 기초한 초기국가와 법적 제도와 사적 소유권이 발달한 성숙국가(mature state) 내지 후기국가(late state)로 구분하였다.[32] 초기국가는 촌락·족장사회 등 재래의 공동체들로 구성되어 있는데, 지배공동체와 피지배공동체 사이의 호혜적 의무가 중단되면 법제적·계서적 관계를 지향하는 일원적 구조의 성숙국가로 전환하게 된다.

초기국가가 군장사회(Chiefdom)[33]와 다른 점은 중앙 정부의 결정을 강제하고 분열을 방지할 수 있는 정당화된 권력의 중추에 왕(king)이 존재한다는 것이다.[34] 초기국가는 정당화된 권력을 중심으로 지배공동체와 피지배공동체 간의 호혜적인 관계와 공동의 이데올로기에 기초해 중층적인 구조로 이루어

---

27 J. Friedman, 1998, *System, Structure, and Contradiction: the Evolution of Asiatic Social Formations*, Walnut Creek, CA: AltaMira Press, pp.273~294.

28 佐伯陽介, 1981, 『古代共同體史論-非西歐世界と大崩壞』, 新泉社, 36~43쪽.

29 Christine Ward Gailey, Thomas C. Patterson, 1995. "State formation and uneven development," *State and Society: The Emergence and Development of Social Hierarchy and Political Centralization*, J. Gledhill·B. Bender·M. T. Larsen (eds.), London: Routledge, pp.77~88.

30 막스 베버, 1981, 『지배의 사회학』, 금종우·전남석 역, 한길사, 83~85쪽.

31 H. J. M. Claessen, Skalink, P., 1978. *The Early State*, Mouton Publishers; L. E. Grinin, R. L. Carneiro (eds.), 2004. *The Early State, Its Alternatives and Analogues*, Volgograd: "Uchitel" Publishing House.

32 *Ibid.*, pp.633~634. 초기국가(early state)의 개념에 대한 자세한 설명은 박대재, 2013, 앞의 글, 235~237쪽 참조.

33 Chiefdom은 君長社會·族長社會·首長社會 등으로 다양하게 번역된다. 이 글에서는 독립적인 Chiefdom은 '군장사회'로, 초기국가 내 지역사회로서의 chiefdom은 '족장사회'로 구분한다.

34 植木武, 1996, 「初期國家の理論」, 『國家の形成』, 三一書房, 10쪽.

진 복합사회이다.[35] 초기국가의 중심부에는 다른 집단으로부터 공납(tribute)을 받는 지배 종족(ethnic group, tribe)이나 지배자의 친족집단(kindred)이 있다.[36] 분권적 국가(Segmentary state) 모델로 제시된 은하국가(Galactic state), 극장국가(Theatre state), 합동국가(Congruent state) 등도 공동체 간의 지배·피지배 관계에 기초한 초기국가의 유형이라 할 수 있다. 분권적 국가는 중앙에서 부분적으로 독립된 지방의 정치 집단들로 구성되며 제의(ritual)와 친족관계(kinship)를 중심으로 지배체제가 유지된다.[37]

최초의 계급사회인 초기국가에는 친족관계가 사회정치조직의 기초로 존속했으며, 족장(귀족)-평민-노예 등과 같은 3계층의 원초적·세습적 계급이 친족 네트워크 위에 겹쳐있다.[38] 지배공동체와 예속공동체 간의 횡적 위계(heterarchy)[39]에 의해 구성된 초기국가의 분권적(중층적) 구조는 관료제·군현제 등 종적 위계(hierarchy)에 기초한 집권적(일원적) 구조의 후기(성숙)국가와 구분된다. 프레이저(J. G. Frazer)는 문화의 진화를 주술의 시대-종교의 시대-과학의 시대로,[40] 폴라니(K. Polanyi)는 경제의 진화를 호혜주의-재분배-시장경제 단계로 구분하였다.[41] 주술의 시대와 호혜주의 사회가 바로 초기국가 단계에

[35] H. J. M. Claessen, 2004. "Was the State Inevitable?," *The Early State, Its Alternatives and Analogues*, L. E. Grinin, R. L. Carneiro (eds.), Volgograd: "Uchitel" Publishing House, p.74.

[36] B. G. Trigger, 2003. *Understanding Early Civilizations: A Comparative Study*, Cambridge: Cambridge University Press, p.47.

[37] 박대재, 2003,『의식과 전쟁-고대국가를 바라보는 새로운 시각-』, 책세상, 22~23쪽.

[38] J. Rousseau, 2001, "Hereditary Stratification in Middle-Range Societies," *Journal of the Royal Anthropological Institute* vol.7, pp.117~131.

[39] 'heterarchy'는 집단 내의 종적 위계인 'hierarchy'와 대비되는 집단 간의 횡적 위계를 의미한다. 이에 대해서는 C. L. Crumley, 1987, "A dialectical critique of hierarchy," *Power relations and state formation*, T. Patterson, C. Gailey (eds.), American Anthropological Association, pp.155~159; 2001, "Communications, Holism, and the Evolution of Sociopolitical Complexity," *From Leaders to Rulers*, J. Hass (ed.), New York: Kluwer Academic · Plenum Publishers, pp.19~33 참조.

[40] 제임스 조지 프레이저, 2003,『황금가지』, 이용대 역, 한겨레신문사, 886~889쪽.

[41] K. Polanyi, 1957, "The Economy as Instituted Process," *Trade and Market in the Early Empires*, K. Polanyi et al. (eds.), Glencoe, Ill: The Free Press, pp.243~270.

해당한다고 할 수 있다.

사회학자 파슨스(T. Parsons)도 원시사회 이후의 사회진화 과정을 초기사회 (archaic society), 역사사회(historic society), 근대사회로 구분하였다. 고대 이집트나 메소포타미아와 같은 초기사회는 천문학과 종교 문화의 상징주의를 통해 지배가 이루어졌으며, 역사사회는 광대한 영역·인구와 발달한 정치조직을 갖춘 중국·인도·이슬람 제국·로마 제국과 같은 진전된 문명사회를 가리킨다. 문어(文語, written language)의 발달이라는 공통성에서 초기사회와 역사사회는 원시사회와 근대사회 사이의 중간기사회로 묶인다.[42]

이와 같은 맥락에서 초기국가 이론에서는 고대와 중세의 구분보다 전근대사회의 연속성에 더 주목한다. 근대 이전의 국가를 초기국가와 후기국가로 세분하면서도 장기적인 관점에서 고식국가(archaic state)[43]의 유형으로 묶어본다.[44] 고식국가는 토지에서 생산된 필수재(staples)를 통해 국가 재정을 조달하는 유형(아시아적 생산양식)과 부유재(wealth goods)의 상업적 무역에 기초한 유형(고전적 생산양식)으로 구분되는데, 메소포타미아나 이집트 등 초기국가 (primary state)와 중세 농업국가는 전자(staple finance)에, 미케네문명과 아테네 국가 등 노예제국가는 후자(wealth finance)에 속한다. 이러한 전근대 고식국가들은 최소한 두 개 이상의 통혼계급(class-endogamous)으로 구분된 계층사회라는 공통된 특징을 가지고 있다.[45] 이처럼 고·중세의 구분보다 근대 이전 국가의 공통성과 연속성을 주목하는 경향 속에서 초기국가 이론이 전개되고 있다.

---

42 T. Parsons, 1966, *Societies: Evolutionary and Comparative perspectives*, Englewood Cliffs: Prentice-Hall; 1977, *The Evolution of Societies*, J. Toby (ed.), Englewood Cliffs: Prentice-Hall, pp.51~98.

43 A. W. Johnson, T. Earle, 1987, "The Archaic State," *The Evolution of Human Societies: From Foraging Group to Agrarian State*, Stanford: Stanford University Press, pp.247~248.

44 파슨스 등의 사회학자들은 'archaic'을 진전된 문명사회 이전의 초기사회에 적용하는 반면 인류학자들 가운데는 전근대 국가를 통칭하는 개념으로 'archaic state'를 쓰는 경우가 많다.

45 G. M. Feinman, J. Marcus (eds.), 1998, *Archaic States*, Santa Fe: School of American Research Press, p.4.

초기국가 개념은 1980년대 이후 중국과 일본 학계에도 수용되었다. 일본에서는 먼저 고훈시대 중기(4~5세기)의 국가 구조를 초기국가(전방후원분국가)와 연결해 보다가,[46] 최근에는 야요이시대 후기(2~3세기)에 초기국가=부족적국가(部族的國家)가 등장하였다[47]고 보는 쪽으로 논의가 확대되고 있다. 중국에서도 클라선의 초기국가 개념을 '조기국가'(早期國家)로 받아들이면서 진·한제국 이전 하·상·주의 국가 구조를 규정하는 데 적용하였다.[48] 최근에는 하나라 이전 용산 문화(기원전 2300~기원전 2000) 단계에 초기국가가 출현하였다고 보는 쪽으로 시기가 상향되고 있다.[49]

국내에서도 1980년대 초 클라선의 초기국가 이론이 소개되었으나,[50] 인류학 이론을 한국사에 원용하는 문제에 대한 신중론[51]이 제기되면서 논의가 진전되지 못하였다. 고대국가에 관한 이론적 논의는 기존의 사회경제사적 연구 방법론에서 크게 벗어나지 못하고 있다.

한국 고대국가의 형태를 고전적 노예제국가로 볼 것인가 아시아적 생산양식에 입각한 공동체적 국가로 볼 것인가를 두고 1930년대부터 논란이 있었다. 김광진은 백남운의 고전적 노예제국가론을 비판하면서 고구려에 노예제가 존재했지만 지배적인 생산양식(사회 구성)으로까지 성립하지 않았으며 속민제도(屬民制度)와 공납제(貢納制) 등 공동체적 유제(遺制)에 기반한 동양적 전제국가였다고 파악하였다.[52] 이보다 앞서 이북만도 아시아적 생산양식을 봉

---

46 都出比呂志, 1989, 「古代文明と初期國家」, 『古墳時代の王と民衆』, 講談社; 1991, 「日本古代の國家形成論-前方後圓墳體制の提唱」, 『日本史研究』 343; 下垣仁志, 2018, 『古墳時代の國家形成』, 吉川弘文館.

47 寺澤薫, 2000, 『王權誕生』, 講談社; 2018, 『彌生時代國家形成史論-彌生時代政治史研究-』, 吉川弘文館.

48 謝維揚, 1987, 「中國國家形成過程中的酋邦」, 『華東師範大學學報』 1987-6; 1995, 『中國早期國家』, 浙江人民出版社; 沈長雲·張渭蓮, 2009, 『中國古代國家起源與形成研究』, 人民出版社.

49 王震中, 2013, 『中國古代國家的起源與王權的形成』, 中國社會科學院出版社.

50 김정배, 1982, 「國家起源의 諸理論과 그 適用問題」, 『역사학보』 94·95합.

51 이기동, 1989, 「韓國 古代國家形成史 硏究의 現況과 課題-新進化論의 援用問題를 중심으로-」, 『산운사학』 3.

건제와 연결해 보면서 한국사에서 고전적 노예제사회 단계를 따로 설정하지 않았다.[53]

해방 이후 북한 학계에서 삼국 시기 사회경제 구성을 둘러싸고 노예제론자와 봉건제론자 사이의 토론회가 개최되었다.[54] 삼국 시기부터를 봉건제사회로 간주하면 그에 앞서 존재했던 고조선·부여·진국 등은 원시사회가 아닌 이상 노예제사회로 규정할 수밖에 없게 되는데, 이는 당초 노예제 단계 없이 봉건제로 이행했다고 본 봉건제론의 논리와 충돌하게 되는 것이었다.

이에 봉건제론이 채택되면서도 동시에 노예제론을 일부 수용하여, 삼국에 선행한 고조선 등을 아시아적 생산양식에 입각한 총체적(종족적) 노예제사회로 비정하게 되었다. 고조선은 '아세아적 공동체'의 결합 위에 기원전 8세기경 형성된 동방적(총체적) 노예제국가였으며, 위만조선 이후 점차 봉건사회로 이행해 갔다고 본 리지린의 견해[55]가 정설로 자리를 잡게 된 것이다.[56] 결국 북한 학계에서는 아시아적 생산양식을 고대 노예제사회와 중세 봉건제사회에 모두 적용해 본 것이다. 이는 아시아적 생산양식을 고대사회에 적용하기도 하고 중세사회에 적용하기도 했던 기왕의 흐름이 절충된 것이기도 하다.

1980년대 후반 북한의 연구 성과가 남한에 알려지면서 1990년대에 시대 구분 논의가 다시 촉발되었지만, 삼국 이전의 고대사회에 대한 논의는 진전되지 못하였다. 시대 구분 논의가 주로 고대와 중세의 분기에 집중되다 보니 고대사회의 기점이나 총체성은 주목받지 못한 것이다.

---

52 金洸鎭, 1937,「高句麗社會の生産樣式-國家の形成過程を中心として-」,『普成專門學校研究年譜』3, 普成專門學校 普成學會, 760~782쪽.

53 李北滿, 1932, 앞의 글, 48~49쪽.

54 김광진 외, 1957,『삼국시기의 사회경제 구성에 관한 토론집』, 과학원 역사연구소.

55 리지린, 1963,『고조선연구』, 과학원출판사, 369~387쪽.

56 사회과학원 고고학연구소, 1977,「고조선의 사회성격과 그 형성시기」,『고조선문제연구론문집』, 사회과학출판사, 40~55쪽.

한국사에서 고대의 설정은 고조선의 국가적 성격을 밝히고 그를 이은 위만조선과 삼국 초기의 시간적 연속성을 확보함으로써 가능해진다. 고조선과 삼국의 국가 구조에 대한 통시적 검토는 고대의 기점과 지속을 파악하는 데 중요한 전제가 된다. 그러나 그동안 삼국 초기의 정치체제를 둘러싸고 논쟁하는 동안 고조선과의 연계성 문제는 논의에서 밀려났으며, 국가형성 연구가 삼국별로 이루어지면서 앞선 시기와의 통시적인 고찰이 어려웠다.

또한 최초의 국가인 고조선이 초기국가로 규정된 것도 논의를 복잡하게 만들었다. 초기국가의 의미를 연구자마다 달리 받아들이면서 고대국가와 분리해 이해하기도 하였다. 다른 한편에선 초기국가와 고대국가를 절충해서 삼국 초기의 부체제(部體制)[57] 단계를 '초기고대국가'로 부르거나,[58] 5~6세기 대가야의 발전 단계를 '초기고대국가'라고 보기도 하였다.[59] 그러나 이 개념은 이를 고대국가로 보는 것인지 아닌지 모호하게 받아들여질 수 있다. 부체제 단계에 고대국가가 성립되었다고 본다면 그 단계부터를 고대국가라고 하면 된다. 그렇지 않고 아직 고대국가로서 완성되지 못했다는 의미에서 초기를 붙인 것이라면 '초기고대'라는 표현은 모순된다. 그런 취지라면 차라리 초기국가와 고대국가를 분리해 보는 쪽이 합리적이다.

고대국가에 관한 논의는 최근 세계 학계의 연구 경향을 참고할 때 기존의 고전적 고대국가, 즉 노예제국가 중심의 단선론에서 벗어나 넓은 시야에서 검토되어야 한다. 중국과 일본을 포함한 세계 학계에서 초기국가를 고대국가의 대안(alternatives)이나 유형(analogues)으로 파악하는 데 반해 국내에서는 아직 고대국가의 전단계로 한정해 보는 경향이 강하다. 이 글에서는 초기국가를 본격적인 고대의 국가로 보는 시각에서 초기국가가 등장한 시기와 그 구

---

[57] 노태돈, 1975, 「三國時代의 '部'에 관한 연구」, 『한국사론』 2.

[58] 노태돈, 2000, 「초기고대국가의 국가구조와 정치운영-부체제론을 중심으로-」, 『한국고대사연구』 17; 김태식, 2003, 「초기고대국가론」, 『강좌 한국고대사』 2, 가락국사적개발연구원.

[59] 이영식, 2018, 「가야제국의 발전단계와 초기고대국가론」, 『한국고대사연구』 89.

조가 지속한 시기를 검토해 보고자 한다.

3. 초기국가의 형성과 왕의 공립

대체로 한국사에서 최초의 국가(State)는 군장사회(Chiefdom)였던 고조선이 기원전 4세기 말(기원전 323년경) 연(燕)과 대립하는 가운데 왕호를 자칭하며[60] 성립하였다고 이해된다.[61] 고조선의 왕위는 비왕(否王)·준왕(準王)으로 계승되었으며, 왕권을 뒷받침하는 작위적 관직으로 대부(大夫)와 박사(博士) 등이 성립되어 있었다.[62] 고조선의 관제는 제(齊)의 영향을 받은 것이며, 왕호의 사용은 연과의 경쟁 과정에서 일어난 변화였다. 이처럼 기원전 4~기원전 3세기 고조선은 제·연과의 상호작용을 통해 국가로서 정체성을 갖추게 되었다.[63]

기원전 195년 무렵 건립된 위만조선은 국호를 계속해서 조선이라고 하여 앞선 고조선의 국가정체성을 계승하였다. 위만조선은 정복 전쟁이나 대외무역에 기반한 국가라는 점에서 앞선 시기 고조선보다 한 단계 더 발전된 고대국가로 규정되기도 한다. 하지만 위만조선 시기에도 여전히 조선을 중심으로 진번·임둔·예맥 등의 주변 소읍(小邑, 小國)과 종족 집단이 중층적으로 복합되어 있었다는[64] 사실은 고조선과 위만조선의 국가 구조 사이에 획기적인 변화가 있었다고 보기 어렵게 한다.

기원전 1세기부터 기록에 보이는 부여는 3세기에 이르러 인구 8만 호에 궁실(宮室)·창고(倉庫)·뇌옥(牢獄)이 있고 군왕(君王)이 마가(馬加)·우가(牛加) 등의

---

60 『삼국지』 권30 동이전 한 배송지 주 위략.

61 김정배, 1997, 「초기국가의 성격」, 『한국사』 4, 국사편찬위원회, 32~33쪽.

62 박대재, 2005, 「古朝鮮의 王과 國家形成」, 『북방사논총』 7; 박대재, 2015, 「고조선의 정치체제」, 『동북아역사논총』 47.

63 박대재, 2006, 「古朝鮮과 燕·齊의 상호관계」, 『사학연구』 83.

64 박대재, 2021, 「위만조선의 영역구조와 한군현의 재편」, 『고조선단군학』 46.

육축관(六畜官)을 거느린 사회로 성장하였다.[65] 부여는 흉년이 들면 그 책임을 왕에게 물어 바꾸거나 살해하던 구속(舊俗)에서 벗어나, 2세기 이전에 적자상 속의 왕위 계승 원칙이 세워진 국가 단계에 진입하였다.[66] 다만 선왕의 적자 가 없으면 제가들이 신왕을 '공립'(共立)하였고, 또 제가들이 지방의 사출도(四 出道)를 '별주'(別主)한 것은 부여의 국가 구조가 초기국가의 분권적 구조였음 을 보여 준다.

기원전 108년 위만조선의 멸망으로 유민이 남하하면서 그 여파로 기원전 1세기부터 삼한의 '국'(國)들이 형성되었다.[67] 삼한의 70여 국들은 10배 이상의 인구 차이가 날 정도로 대·소국 사이의 격차가 컸다. 가장 큰 마한의 대국은 만여 가(家), 가장 작은 진·변한의 소국은 600가였다. 이런 규모 차이를 무시 하고 삼한 70여 국의 구조를 일반화하기는 어렵다.

거수와 별도로 천군(天君)이 세워져 있었다고 한 삼한의 국읍(國邑)에 대해 선행 연구에서는 일반 제국(諸國, 小國)의 중심 읍락으로 보았다.[68] 이에 따르면 대부분의 여러 국에서 천군을 세워 천신 제사를 지냈다고 보게 된다. 하지만 천신 제사는 국가적 수준의 제천 의례라는 점에서 제소국(諸小國)에서 보편적 으로 행해졌다기보다는 규모가 컸던 대국 정도에서 제한적으로 실시되었다 고 보아야 할 것이다.[69]

한편 국읍의 천신 제사와 별도로 별읍(소도)에서는 귀신 제사가 행해졌다. 별읍에 대해서는 일반적으로 신성 지역으로만 보는 경향이 강하지만,[70] 한대 (漢代) 사료에서 국읍과 별읍이 본읍(本邑)과 비지(飛地)의 지배예속 관계로 나

65 『삼국지』 권30 동이전 부여.
66 박대재, 2008, 「夫餘의 왕권과 왕위계승-2~3세기를 중심으로-」, 『한국사학보』 33.
67 권오영, 1996, 『三韓의 '國'에 대한 硏究』, 서울대학교 박사학위논문.
68 이현혜, 1976, 「三韓의 '國邑'과 그 成長에 대하여」, 『역사학보』 69; 1984, 『삼한사회형성과정연 구』, 일조각.
69 최광식, 1994, 앞의 책, 163쪽.
70 문창로, 2000, 『삼한시대의 읍락과 사회』, 신서원.

타난다는[71] 점에서 제의적 관계에 더해 정치적 복속 관계도 상정해 볼 수 있다. 즉 삼한의 국읍은 대국의 중심지로, 별읍은 그에 예속된 소국의 중심지로 각각에서 천신 제사와 귀신 제사가 행해졌다고 볼 수 있다. 이를 통해 삼한의 대국이 주변 소국을 복속하고 있던 초기국가의 중층적 구조를 유추할 수 있다.[72]

이처럼 대국의 국읍을 중심으로 주변의 소국(별읍)과 읍락이 중층적으로 복합된 영역 구조를 '국읍체제'라고 불러도 좋을 것이다. 국읍은 『삼국지』 동이전에서 삼한과 왜에서만 확인되는데, 대국-소국-읍락이 중층적으로 복합되어 형성된 초기국가의 영역 구조에서 중심축이었다고 할 수 있다.

초기국가 단계에 이른 삼한의 대국은 마한의 목지국(월지국)과 백제국, 진한의 사로국, 변한의 구야국 등이었다. 이들은 모두 『삼국지』 동이전에 보이는 삼한의 '왕'들과 관련된 국들이었다. 목지국은 '진왕'(辰王)의 치소로서 3세기 후반에 쇠퇴하고 그 대신 한강 하류의 백제국이 마한의 새로운 패자로 대두하였다. 280년대 백제 고이왕은 좌장제(左將制), 관등제(官等制), 남당(南堂) 등의 지배기구를 정비하며 주변 소국을 복속시키고, 마한의 대외교섭권을 가진 '마한주'(馬韓主)로서 서진(西晉)과 교섭하는 초기국가의 왕으로 성장하였다.[73]

진한에는 마한의 진왕과 구분되는 별도의 '진왕'(辰王)이 있었으며, 이는 사서에 따라 '진한왕'(辰韓王)으로도 기록되었다.[74] 3세기 중엽 진한의 진왕에게 12국이 복속되어 있었지만 자립하여 왕이 될 수는 없었다.[75] 진한의 진왕은 3세기 말에는 진한의 대외교섭권을 가진 '진한왕'으로서 서진과 교섭하였

71 馬孟龍, 2011, 「松柏漢墓35號木牘侯國問題初探」, 『中國史研究』 2011-2, 37~39쪽.

72 박대재, 2018, 「三韓의 '國邑'에 대한 재인식」, 『한국고대사연구』 91. 이 책의 IV-1장 참조.

73 박대재, 2006, 『고대한국 초기국가의 왕과 전쟁』, 경인문화사, 138~154쪽.

74 박대재, 2002, 「《三國志》 韓傳의 辰王에 대한 재인식」, 『한국고대사연구』 26.

75 『삼국지』 권30 동이전 한.

다.[76] 3세기 중·후반 진한왕, 즉 사로국의 왕권은 적자의 왕위 계승 원칙이 서 있던 부여의 왕권보다는 미숙한 단계였다. 『삼국사기』에 의하면 당시 신라(사로국)의 왕은 첨해이사금과 미추이사금인데, 이들은 각각 석씨(昔氏)와 김씨(金氏)로 서로 출계가 달랐다. 하지만 미추는 첨해왕의 조카(조분이사금의 딸)인 광명부인(光明夫人)과 혼인하여 석씨의 친족 집단에 속하기도 하였다. 미추왕의 즉위는 왕가의 친족 집단에 속해 있던 지배 집단의 일원이라는 점에서 이해할 수 있다.

『삼국사기』에 의하면 신라는 이 무렵 10여 개 소국을 복속시키고 남당(南堂, 都堂)에서 군신회의를 개최하는 초기국가의 면모를 갖춘다. 3세기 후반 남당은 백제국과 사로국에 각각 예속되어 있던 소국 대표(족장)들이 모여 정사를 논의하고 의식을 거행하던 정청(政廳)이자 정전(正殿)이었다.[77] 3세기 후반의 마한왕과 진한왕은 그에 예속되어 있던 소국의 족장들에 의해 공립(共立)되었으며, 남당은 대·소국의 왕과 족장들이 회합하여 공론(共論)을 펼치던 초기국가의 정치 공간이었다.

변한(변진)에도 '왕'이 있었는데,[78] 3세기 초에 일어난 포상 8국의 난을 제압하고 성장한 김해 구야국의 신지(臣智)가 바로 변한 12국을 대표하는 변한왕의 역할을 했던 것으로 보인다. 남해안과 일본 열도를 연결하는 해상 교통로의 결절점에 자리한 구야국은 중국 군현(낙랑·대방군) 및 한·예·왜에 철을 수출하며 3세기 전반 초기국가로 성장하였다.[79] 대형 목곽묘와 무력적 위세품의 출토에 근거해 가야 지역에서 초기국가의 성립이 2세기 중엽에 시작되었다고 이해하기도 한다.[80] 백제나 신라와 달리 해상교역을 통해 성장한 변

---

76 『진서』 권97 동이전 진한.

77 박대재, 2004, 「백제 초기의 회의체와 南堂」, 『한국사연구』 124.

78 『삼국지』 권30 동이전 한.

79 박대재, 2006, 「弁韓의 王과 狗邪國」, 『한국사학보』 26.

80 박광춘, 2003, 「洛東江流域의 初期國家 成立」, 『한국상고사학보』 39.

한의 구야국과 소국 간의 관계는 각국의 독자성이나 원심력이 상대적으로 강한 은하정치체(galactic polity)[81]나 칸막이 접시(module plate) 구조의 초기국가 모듈(early state module)[82]과 비슷하였다.

246년경 한과 중국 군현 사이에 벌어진 대방군 기리영 전쟁 이후 교역로가 해로에서 육로로 바뀌면서 구야국 중심의 교역 체계는 타격을 받게 되었다. 하지만 3세기 후반 구야국은 기존의 서해안 대신 동해안을 통해 고구려·동예와 신라-왜를 연결하는 새로운 해상교역 체계를 세움으로써 4세기 후반까지 변한의 중심국으로서 위상을 유지할 수 있었다.[83]

마한의 백제국이, 진한의 사로국이, 변한의 구야국이 각각 삼한의 중심국으로 성장하면서 그 국명이 백제·신라·가야 각 왕국의 이름으로 발전하였다. 伯濟-百濟, 斯盧-新羅(斯羅), 狗邪-加耶(加羅)의 국명 표기 변화를 통해 이들이 삼한의 일국(소국)에서 대표 왕국(대국)으로 성장한 과정을 계기적으로 파악할 수 있다.[84]

삼한의 왕국(대국)과 속국(소국)의 관계는 초기국가의 지배 집단과 예속 집단 사이에 보이는 횡적 위계(heterarchy)와 같은 구조로 이루어져 있었다. 진·변한 각국 거수의 호칭에는 신지(臣智)-험측(險側)-번예(樊濊)-살해(殺奚)-읍차(邑借) 등 5단계의 차등이 있었다. 중국 군현이 한(韓)의 거수에게 내린 위솔선관(魏率善官)의 등급에도 읍군(邑君)-귀의후(歸義侯)-중랑장(中郎將)-도위(都尉)-백장(伯長) 등 5단계 차등이 보인다.[85] 이러한 거수층의 등급은 바로 중심 대

---

81 S. J. Tambiah, 1997, "The Galactic Polity: The Structure of Traditional Kingdoms in Southeast Asia," *Annals of The New York Academy of Science* vol. 293, pp. 69~97.

82 C. Renfrew, 1975, "Trade as Action at a Distance: Questions of Integration and Communication," *Ancient Civilization and Trade*, Albuquerque: University of New Mexico Press, pp. 13~20.

83 박대재, 2019, 「변진사회의 분화와 구야국의 성장」, 『한국고대사연구』 94. 이 책의 Ⅳ-3장 참조.

84 박대재, 2020, 「문헌에 나타난 신라의 성립과 사로국」, 『한국고대사연구』 100. 이 책의 Ⅳ-2장 참조.

85 『삼국지』 권30 동이전 한. 위솔선관의 실례는 1973년 경북 상주에서 발견된 「魏率善韓伯長」 銅印을 통해 확인할 수 있다(윤무병, 1973, 「"魏率善韓伯長" 청동 도장 발견의 뜻」, 『서울신문』 7월 17일).

국과 복속 소국 사이의 지배예속 관계인 횡적 위계를 보여 주는 것이다. 각국 거수 사이의 차등은 수직적인 상하 관계와는 다른 호혜적인 후원자-고객(patron-client) 관계에 의존해 이루어졌다. 초기국가의 지배체제는 중앙의 지배자공동체와 각 지역 공동체 수장(족장) 간의 횡적 위계에 의해 이루어진 다층적 협치(governance) 체제였다. 이러한 횡적 위계는 대국(왕)의 지배력, 즉 왕권이 강화되면서 종적 위계질서인 관등제로 일원화하게 된다.

초기국가 형성기의 왕권은 부여의 제가나 삼한의 거수 등과 같은 지배 집단의 대표들에 의해 '공립'(共立)된 왕권이라는 특징을 가지고 있었다. 부여에서 선왕의 적장자가 없을 때 제가가 신왕을 공립한 것이나 삼한에서 진왕이 자립할 수 없었던 것은 초기국가의 왕이 탄생한 과정을 시사해 준다. 이런 맥락에서 보면 기원전 4세기 후반에 처음 등장한 고조선의 왕 역시 지배 집단의 공립에 의해 추대되었을 것이다. 당시 고조선의 왕에게 간언해 연과의 전쟁을 막았던 대부(大夫) 예(禮)와 같은 존재가 바로 부여의 대가에 비견되는 고조선 지배 집단의 대표로서 왕의 공립도 대부들에 의해서 이루어진 것으로 보인다.

4. 초기국가의 지배체제와 부(部)의 성격

중국과 일본의 초기국가 연구에서는 혈연 관계에 기초한 씨족의 지속적인 존재와 씨족공동체의 정치적·사회적 기능을 주목한다.[86] 왕과 왕비의 종족(宗族)을 중심으로 한 왕실 친족 집단은 초기국가의 지배체제에서 중추적인 위치를 차지하였다. 사회인류학의 친족(kinship)은 한국 전통사회의 친척

---

86 王震中, 2000, 「中國における古代國家の起源-研究の回顧と視點-」, 『國學院雜誌』 101(10); 中村友一, 2017, 「國家成立期の氏族·部と系譜」, 『歷史評論』 809.

에 해당하며 부계친[宗族]·모계친[母族]·처계친[妻族] 등 3족을 포괄한 출계·혈연·혼인으로 연결된 집단이다.[87] 혈연 관계에 기초한 친족 집단은 초기국가의 지배체제를 이해하는 데 핵심 요소라고 할 수 있다.

그동안 연구에서는 혈연 관계의 해소를 국가의 지표로 중시한 단계론적 국가론에 입각하다 보니 혈연의 정치·사회적 기능과 지속성에 대해 주의를 기울이지 못한 경우가 많았다. 혈연에 기반한 씨족사회로부터 지연에 기반한 정치사회(국가)로 발전했다고 보는 혈연에서 지연으로의 진화 도식은 19세기 후반 메인(H. S. Maine)의 『고대법』(1861)과 모건(L. H. Morgan)의 『고대사회』(1877)에서 비롯되었다.

혈연에서 지연으로의 발전 도식은 마르크스와 엥겔스에게도 큰 영향을 주었다. 엥겔스는 고대 그리스와 로마에 이 도식을 적용하며 혈연종족에서 지연종족으로 전환된 기원전 6세기에 국가가 기원하였다고 보았다. 한편 마르크스는 혈연적 원시공동체가 해체되고 최초의 지연적 농업공동체인 2차 공동체, 즉 아시아적 생산양식의 계급사회가 성립되었다고 보았다.[88]

이러한 혈연(원시)-지연(국가)의 이분법적 진화 도식에 문제를 제기한 것은 미국의 인류학자 로위(R. H. Lowie)였다. 그는 『원시사회』(1921)와 『국가의 기원』(1927)에서 혈연과 지연은 상반된 배타적인 원리가 아니라 상호 종속되며 공존한 내재적 요소라고 보았다. 다만 원시사회에서는 혈연이, 문명사회에선 지연이 비교 우위에 있었지만 두 요소는 항상 사회편성 원리로 중요하게 기능하였다고 본 것이다. 생리적인 혈연 관념이 성립되기 위해선 일부일처제와 같은 정형적인 혼인제도가 전제되어야 한다. 그렇지 않은 경우의 혈연은 생리적 요소보다 사회적 요소인 거주의 공동, 경제의 공동, 사회규범 등에 의해 이루어지게 된다. 이런 입장에서 로위는 혈연의 기저 요인으로 지역적

---

87 이광규, 1984, 『사회구조론-문화인류학각론 친족편-』, 일조각, 4~5쪽.

88 江守五夫, 1974, 「《血緣から地緣へ》の發展圖式にたいするR.H.ローウィの批判的見解をめぐって-共同體理論からの一考察」, 『國家の起源』, 靑山道夫 譯, 社會思想社, 168~180쪽.

근접성(local contiguity)이란 공간적 요소를 중시하였다.[89]

혈연과 지연이 국가의 사회적 원리로 동반한 사례는 삼국 시기 '부'(部)의 성격을 통해 확인할 수 있다. 삼국의 '부'를 여러 씨족이 통합된 고대국가 초기의 단위정치체이자 지배자 집단(공동체)으로 파악한 '부체제론'[90]은 기본적으로 혈연 관계의 사회적 기능을 중시한 시각이다. 부족 단위의 정치체인 부는 왕권에 의해 무역·외교·전쟁권 등의 대외교섭권을 박탈당하는 등 일정한 통제를 받았으나, 그 내부 사안에 대해선 상당한 자치력을 보유한 단위정치체였다고 보는 것이다.[91] 지배자 집단의 공동체적 관계에 기반한 부체제는 개인적 권력보다 혈연과 지연에 기반한 집단적 지배체제라고 할 수 있다. 이와 비슷한 맥락에서 제안된 '연맹왕국'[92] 개념 역시 여러 성읍국가의 연맹에 의하여 형성되었다는 점에서 부체제와 동일한 단계[93]의 집단적 지배체제로 이해할 수 있다.

삼국 초기 정치체제에 대한 논의는 크게 부체제(분권체제)론과 집권체제론으로 구별할 수 있다.[94] 부체제론에는 부의 자치권과 연맹체적 특성을 강조함으로써 국가 성립 이전의 집단 간 통합 원리와 국가 성립 초기의 정치체제를 명확하게 구분하지 못한 한계가 있으며, 집권체제론에는 부의 자치권을 인정하지 않음으로써 이후의 중앙집권체제와 구별되는 초기 정치체제의 고유한 특징을 간과한 문제점이 있다.[95]

[89] R. H. Lowie, 1927. *The Origin of the State*, New York: Harcourt · Brace and Company, pp.62~68.

[90] 노태돈, 1975, 앞의 글, 53~65쪽. 部를 지배자공동체로 본 입장은 武田幸男(1965, 「新羅の骨品體制社會」, 『歷史學研究』 299, 10쪽)에 의해 먼저 제기된 바 있다.

[91] 노태돈, 2009, 앞의 책, 79~83쪽.

[92] 이기백, 1976, 『한국사신론』(개정판), 일조각, 43~44쪽.

[93] 김수태, 1998, 「3세기 중·후반 백제의 발전과 마한」, 『마한사연구』, 충남대학교 출판부; 이현혜, 2013, 「백제 고이왕대 연맹왕국설의 검토」, 『백제연구』 58.

[94] 여호규, 2014, 『고구려 초기 정치사 연구』, 신서원, 19~31쪽 참조.

[95] 이준성, 2018, 「한국학계의 고구려 성립 및 운영 연구 동향」, 『소장학자들이 본 고구려사』, 혜안, 70~71쪽.

3세기 중엽 고구려에는 국왕의 부인 계루부(桂婁部)와 연노부(涓奴部)·절노부(絶奴部)·순노부(順奴部)·관노부(灌奴部) 등 5부(5족)가 있었다.[96] 계루부를 제외한 나머지 부명에서 보이는 '노'(奴)는 『삼국사기』의 부명(桓那·沸流那·椽那·貫那)에 보이는 '나'(那)와 통한다. 4부명에 '노'가 포함된 것은 왕의 계루부와 이들 사이의 관계를 보여 준다.

계루부 이전에 원래 왕의 부였던 소노부의 '적통'(適統) 대가(大加)는 고추가(古鄒加)를 칭하며 종묘를 세우고 영성·사직에 제사할 수 있었다. 고추가는 왕의 '종족'(宗族)인 대가만 칭할 수 있었지만, 전 왕가인 소노부의 대가와 왕과 혼인한 절노부의 대가에게도 허용되었다.[97] 4노부 가운데 2부에만 고추가 칭호가 부여된 것은 2부가 나머지 2부에 비해 위상이 높았음을 의미한다. 특히 『삼국사기』에서 4노부 가운데 절노부인 연나부(椽那部)가 압도적으로 많이 보이는 것은 왕족인 계루부와 왕비족인 절노부[98]를 중심으로 정치가 운영되었음을 시사해 준다. 이처럼 왕의 종족이나 친족을 중심으로 이루어진 정치체제를 부의 존재에만 주목하여 '부체제'라고 부르기는 어렵다.

부체제론에서는 부여의 사출도 역시 고구려의 4나부(那部)에 비견되는 단위정치체였다고 이해한다.[99] 그런데 사출도 사이에는 수천 가와 수백 가로 대·소 차이가 분명하였다.[100] 부여의 인구가 총 8만 호였으므로 대가의 사출도라 할지라도 큰 비중은 아니었다. 제가(諸加)가 '별주'(別主)한 사출도는 고구려의 부와 같은 지배자 집단의 단위라기보다는 사방에 산재한 식읍(食邑)[101]과

---

96 『삼국지』 권30 동이전 고구려. 『한원』에 인용된 『위략』과 『후한서』에는 '涓奴部'가 '消奴部'로 보인다.

97 같은 책.

98 이기백, 1959, 「高句麗王妃族考」, 『진단학보』 20.

99 송호정, 2000, 「고조선·부여의 국가구조와 정치운영-部와 部體制論과 관련하여-」, 『한국고대사연구』 17.

100 『삼국지』 권30 동이전 부여.

101 이인재, 2006, 「夫餘·高句麗의 食邑制-三國志 東夷傳을 중심으로-」, 『동방학지』 136.

같은 제가에게 예속되어 있던 지방의 속읍으로 보인다.

　고구려의 고유명 나부가 방위명 부로 바뀌는 3세기 후반을 전후해 중앙집권적인 정치체제가 성립되었다고 보는 것이 현재의 일반적인 경향이다.[102] 그러나 『삼국사기』에서 방위부와 나부가 초기부터 혼재되어 나타나거니와, 금석문에서 관명 앞에 방위부가 계속해서 관칭된 점을 고려하면 방위부의 존재가 곧바로 중앙집권체제의 성립을 의미하는 것은 아니라고 여겨진다.

　『삼국지』동이전에 의하면, 고구려에서는 대가들이 자체적으로 사자(使者)·조의(皂衣)·선인(先人) 등의 가신을 두었는데, 회합에서는 왕가의 사자·조의·선인 등과 동렬에 앉거나 설 수 없었으며 왕에게 그 이름을 보고해야 했다.[103] 부의 대가들이 가신을 따로 거느리고 있던 분산적 구조의 관제가 성립되어 있던 것이다. 신라의 나마(奈麻)·사지(舍知) 등 행정실무를 맡았던 비간군(非干群) 하급 관등도 고구려의 사자·조의·선인 등과 같은 대세력에 예속된 가신의 칭호에서 기원하였다고 이해된다.[104]

　일찍이 고구려 관제의 5부족 연맹적인 성격이 후기까지 지속되었다고 본 견해가 있었다.[105] 하지만 최근에는 초기의 관등(대대로·주부·선인)과 형계(兄系)·사자계(使者系) 등 여러 계통의 관등이 4세기 후반에 서열화되면서 일원적인 관등제가 성립되었다고 이해되고 있다.[106] 그런데 5세기 이후에도 부명이 관등 앞에 계속 관칭된 사실은 부의 정체성이 해소되지 않고 중기 이후에도 계속 유지되었음을 보여 준다. 일원적인 관등제가 성립되어 있었다면 부명은 더 이상 관인의 신분을 표기하는 데 쓰이지 않았을 것이다. 관인의 인명

---

[102] 여호규, 2014, 앞의 책, 43쪽.

[103] 『삼국지』권30 동이전 고구려.

[104] 하일식, 2000, 「신라 京位 관련 사료와 경위의 기원 문제」, 『한국 고대의 신분제와 관등제』, 아카넷, 276쪽.

[105] 김철준, 1956, 「高句麗·新羅의 官階組織의 成立過程」, 『이병도박사화갑기념논총』, 일조각; 1990, 앞의 책, 233쪽.

[106] 여호규, 2014, 앞의 책, 410쪽.

앞에 관등보다 부명이 먼저 붙은 것은 부의 정체성이 정치·사회적으로 중요
하게 기능하였음을 의미한다. 금석문에 나타난 부명 관칭의 예를 보면 아래
와 같다.

표 1 금석문에 나타난 고구려 부명(部名) 관칭 사례

자료명	부명	관등	인명	연대
충주고구려비	前部	大使者	多于桓奴	5세기
	〃	主簿	貴德	
	下部	拔位使者	補奴	
	下部	大兄	(미상)	
농오리산성 마애각석	前部	小大使者	於九婁	555년(추정)
평양성 석각	內部	上位使	尒丈	569년(추정)
백암성 비편	下部	大兄	(미상)	7세기

위의 고구려 금석문은 5세기 이후 자료인데도 전부(前部), 하부(下部), 내부
(內部) 등[107]의 부명이 관등 앞에 관칭되어 있다.[108] 관등이 함께 쓰이지 않았지
만 건흥 5년(596)명 금동광배의 "佛弟子淸信女上部兒奄"이나 『일본서기』 천지(天
智) 5년(666)조의 "高麗遣前部能婁等進調" 기록도 고구려 후기까지 인명 표기에
서 부명이 중시되었음을 보여 준다. 이처럼 관등이나 인명 앞에 부명이 계속
관칭된 것은 부의 정체성이 4세기 이후에도 지속되었음을 시사해 준다.

나부(那部)에 비해 방위부의 정체성이 약해 보이는 것은 분명하지만, 이것
이 곧 중앙집권체제의 성립을 의미한다고 보기는 어렵다. 방위부의 존재는
왕권이 전과 비교해 상대적으로 강화되었다는 사실을 보여 주지만, 이는 부

---

[107] 多于桓奴의 환노를 부명(桓那部)으로 보기도 한다(이종욱, 1979, 「高句麗初期의 左右輔와 國相」, 『전해
종박사화갑기념사학논총』, 502쪽).
[108] 최근 알려진 백암성 출토 비편에 관해서는 박대재, 2019, 「중국 요령성 燈塔市 白巖城 출토 高
句麗碑片」, 『한국고대사연구』 94 참조.

의 정체성이 지속되고 있는 분권적 구조 안에서 왕권의 상대적 강화이지 아직 일원적인 국가 구조가 성립된 단계는 아니었다.

부에 대한 실제적인 통제는 6세기 이후에 부를 관리하는 행정조직을 정비하면서부터이다. 먼저 고구려에서는 5부에 욕살(褥薩)이 설치되면서 5부에 대한 장악력이 진전하게 되었다.[109] 신라에서도 6세기 초에 설치된 육부소감전(六部少監典, 六部監典)이나 경주 남산신성비에 보이는 부감(部監)이 6부를 관리한 행정조직이었던 것으로 보인다.[110]

중앙집권체제는 중앙의 지방에 대한 일원적인 지배를 전제로 한 것으로, 지방관의 파견이나 지방민에 대한 직접적인 조세 수취와 역역 동원이 이루어진 단계의 지배체제이다. 주지하듯이 신라의 6부는 말기까지 고유명으로 표기되었으며 방위부로 개편된 적이 없다. 반면에 백제의 부는 초기부터 후기까지 방위부로만 보인다. 신라와 백제의 부와 비교해 보아도 방위부의 존재가 곧 중앙집권체제의 성립을 보여 주는 지표라고 이해하기 어렵다.

『삼국사기』에는 온조왕 대부터 남부·북부·동부·서부 등의 부가 방위별로 설치된 것으로 나온다. 이런 기록 양상 때문에 백제사 연구에서는 부를 지방의 행정단위로 보는 경향이 강하다.[111] 백제 초기에 우보(右輔)와 좌보(左輔)에 임명된 인물들을 북부 해루(解婁), 동부 흘우(屹于), 북부 진회(眞會) 등으로 기록한 것은 백제에서도 부가 단지 행정단위가 아니라 정치적으로 중요한 기능을 하였음을 보여 준다. 이는 고이왕 9년(242)까지 보이는 좌·우보가 백

---

109 『수서』 권81, 동이전 고려. 5부와 욕살의 관계에 대해선 다른 해석도 있으나, 『삼국사기』 고구려 보장왕 4년(645)의 북부욕살 고연수, 남부욕살 고혜진 기록에서 나타나듯이 5부에도 욕살이 설치된 것으로 보인다.

110 武田幸男, 1990, 「新羅 六部와 그 展開」, 『민족사의 전개와 그 문화(상)』(벽사이우성교수정년퇴직기념논총), 창작과비평사.

111 이도학, 1995, 『백제 고대국가 연구』, 일지사, 317~329쪽; 김기섭, 1998, 「백제 전기의 부에 관한 시론」, 『백제의 지방통치』, 한국상고사학회 편, 학연문화사; 박현숙, 2005, 『백제의 중앙과 지방』, 주류성, 170~172쪽.

제에 편입되었지만 독자성이 상당히 인정되는 주요 세력에게 수여된 관직[112]이라는 것과도 연결된다.

백제에서도 부가 고구려의 나부와 같은 단위정치체였으며 고이왕 대(234~285) 후반기에 5부체제가 성립되었다고 보기도 한다.[113] 소국연맹 단계에서 중앙집권국가로 발전해 가는 과도기(고이왕 대 후반~비류왕 대)를 5부의 지배자 집단을 중심으로 국가가 운영된 5부체제 단계였다고 보는 것이다.[114] 그러나 백제 초기의 부명으로 동서남북 4부만 보이고 '중부'(中部)는 보이지 않는다. 온조왕 대 기록에 보이는 한성(漢城)이 왕의 직할지로서 중부에 해당하며 백제에도 초기부터 5부가 있었다고 보기도 하지만,[115] 아신왕 14년(405) 한성인 해충(解忠)이 태자 전지(腆支)를 왕으로 옹립한 기록이나 비유왕 2년(428) 왕이 '사부'(四部)를 순무했다는 기록에서 보듯이 한성기에는 4부만 확인된다.

부의 사회적 정체성과 정치적 자립성을 인정한다고 하더라도 지배체제의 중추는 역시 왕이었고, 왕의 친족 집단은 왕권을 뒷받침하는 가장 중요한 혈연적·지연적 기반이었다. 왕의 친족 집단은 지배 집단 내에서 왕의 가장 중요한 정치·사회적 네트워크로 기능하였다. 그 근거로 백제에서 왕의 제(弟)·구(舅)·척(戚)을 좌평이나 좌장 등 고위직에 임명한 것을 들 수 있다.

여기서 왕의 구(舅)나 척(戚)으로 보이는 진씨(眞氏)와 해씨(解氏)는 왕비족[116]의 대표자들이라고 할 수 있다. 물론 이 가운데 비류왕의 서제(庶弟) 우복(優福)처럼 반란을 일으킨 경우가 있지만 대체로 고위직에 임명된 왕의 종족과 척족 등 친족 집단은 왕권의 중요한 지지기반으로 기능하였다. 특히 상좌평에 임명된 여신(餘信)·문주(文周) 등은 왕족의 대표로서 왕을 보좌할 뿐 아니라

---

112 정재윤, 2007, 「初期 百濟의 成長과 眞氏勢力의 動向」, 『역사학연구』 29, 7쪽.

113 노중국, 1988, 『백제정치사연구』, 일조각, 98쪽.

114 노중국, 2018, 『백제정치사』, 일조각, 160~199쪽.

115 양기석, 2000, 「백제 초기의 부」, 『한국고대사연구』 17; 2013, 『백제 정치사의 전개과정』, 서경문화사, 240쪽.

116 이기백, 1959, 「百濟 王位繼承考」, 『역사학보』 11.

표 2 백제 왕의 친족 임명 사례(『삼국사기』)

왕대	인명	직명	왕과의 관계
고이왕	우수(優壽)	내신좌평	제(弟)
비류왕	우복(優福)	내신좌평	서제(庶弟)
근초고왕	진정(眞淨)	조정좌평	왕후친척
근구수왕	진고도(眞高道)	내신좌평	구(舅)
아신왕	진무(眞武)	좌장, 병관좌평	친구(親舅)
	홍(洪)	내신좌평	서제
전지왕	여신(餘信)	내신좌평, 상좌평	서제
	해수(解須)	내법좌평	척(戚)
	해구(解丘)	병관좌평	척
비유왕	해수(解須)	상좌평	척
개로왕	문주(文周)	상좌평	자(子)
문주왕	곤지(昆支)	내신좌평	제

왕권의 대행자 역할도 하였던 것으로 보인다.

부체제는 최근 대가야의 고대국가적 성격을 설명할 때도 원용된다. 합천 저포리에서 출토된 대가야 양식 편구호에서 "下部思利(利)己"의 명문이 확인되는데, 이를 근거로 대가야에도 5부체제[117] 또는 3부체제 내지 2부체제[118]가 상정하곤 한다. 하지만 이 명문은 백제인의 것으로 볼 수도 있어,[119] 이것만으로 대가야의 부체제를 설정하기에는 부족함이 있다.

475년 웅진 천도 이후에도 백제 관인의 인명 표기에 부명이 관칭되었다. 『일본서기』에서는 516·534·547·548·655년에 왜국에 파견된 백제 사신

---

[117] 노중국, 1995, 「대가야의 정치와 사회구조」, 『가야사연구-대가야의 정치와 사회-』, 경상 북도.

[118] 김세기, 2020, 『대가야 고대국가론』, 학연문화사, 356쪽.

[119] 김태식, 1990, 「加耶의 社會發展段階」, 『한국 고대국가의 형성』, 민음사, 101쪽; 이영식, 2018, 앞의 글, 109쪽.

의 인명에서 전부(前部)·하부(下部)·상부(上部)·중부(中部)·서부(西部)·동부(東部) 등의 부명이 관칭되어 보인다. 최근 조사된 익산 미륵사지 서탑에서 금제 사리봉안기(639)와 함께 나온 청동합과 금판에서도 상부달솔목근(上部達率目近), 중부덕솔지수(中部德率支受), 하부비치부(下部非致夫) 등의 부명 관칭이 확인 된다.[120]

이는 백제 말기까지 관인의 신분 표시에서 부가 중요한 기준이었음을 시사해 준다. 왕도의 5부가 되면서 부의 정체성이 해소되었다면 인명 표기에서 부가 중시될 필요가 없었을 것이다. 웅진기 이후 부명 관칭을 귀족에 대한 통제책의 일환으로 보는 부체제론자도 있지만, 이는 부의 성격을 시기에 따라 상반되게 규정한다는 점에서 모순된 해석이다.

신라에서는 7세기 후반까지 부명이 관인의 인명에 관칭되었다. 경주 안압지에서 출토된 조로 2년(680)명 전(塼)의 "漢只伐部君若小舍"나, 『일본서기』에 보이는 부명 관칭의 마지막 예인 천무(天武) 10년(681)의 "沙喙一吉湌金忠平"이 대표적인 예이다.[121] 이상의 사실들은 삼국 말기까지 부명이 관인의 신분 표기에서 중요한 기능을 하였음을 말해 준다.

신라에서 부명 관칭은 680년경 이후에 사라진다. 그 배경으로는 그동안 지방민과 구별하기 위해 6부인의 특권 표시로 부명을 관칭하다가,[122] 통일전쟁 시기에 포상과 회유의 방법으로 상당한 숫자의 지방민이나 타국인이 왕경 6부로 편입되면서 부명에 의한 출신지 구분이 더 이상 불필요하게 되었기 때문으로 이해된다.[123]

신라에서 일원적인 관등 체계가 확립된 시기는 경위(京位)와 외위(外位)가 통

---

[120] 부여 능산리 절터 출토 목간에서도 부명이 관칭된 인명 표기로 "(漢?)城下部對德疏加鹵"가 보인다(국립부여박물관 편, 2008, 『백제목간-소장품조사자료집-』, 21쪽).

[121] 이문기, 1981, 「金石文資料를 통하여 본 新羅의 六部」, 『역사교육논집』 2, 108~109쪽.

[122] 三池賢一, 1970, 「《三國史記》職官志外位條의 解釋」, 『駒澤大學研究所紀要』 5, 124쪽.

[123] 이문기, 1981, 앞의 글, 122쪽.

합되고 부명을 관칭하지 않게 된 680년대 무렵이다. 문무왕 14년(674) 6도(徒, 部)의 진골들을 5경과 9주에 출거시킨 무렵부터 지방 유력자에게 수여되던 외위가 경위에 흡수된 것으로 보인다.[124] 출신지에 대한 차별이 없어진 것은 7세기 중엽 삼국 간 전쟁 이후 삼국 통합의 필요성이 대두하였기 때문이다.

경위와 외위가 구분되고, 경위의 관인에 대해 다시 부명을 표기해 출신지를 구분한 것은 부의 정치적·사회적 정체성이 지속되었음을 보여 준다. 포항 중성리비(501), 포항(영일) 냉수리비(503), 울진 봉평비(524), 단양적성비(545~550) 등 6세기 전반의 신라 금석문에 기록된 관등 소지자를 출신부 별로 비교해 보면, 탁부 출신 22인, 사탁부 출신 17인, 본피(파)부 출신 5인, 잠탁부[牟旦伐] 출신 3인, 사파(피)부 출신 1인으로 탁부[梁部]·사탁부[沙梁部]의 비중이 압도적으로 높다(표 3 참조).

표 3 6세기 전반 신라 금석문의 부별(部別) 관등 소지(미소지)자 인원[125]

구분	탁부	사탁부	본피부	기타 부
포항 중성리비	2(4)	2(3)	2	牟旦伐1(1), 金評?2
영일 냉수리비	2(3)	3(3)	1	본피1
울진 봉평비	12(1)	9	1	잠탁1
단양적성비	6(1)	3	1	

포항 냉수리비와 울진 봉평비에는 탁부는 왕(매금왕)의 부로, 사탁부는 갈문왕의 부로 나타난다. 그런데 사탁부의 지도로갈문왕(至都盧葛文王, 지증왕)과 탁부의 모즉지매금왕(牟卽智寐錦王, 법흥왕)은 부자 관계였다. 이는 2부가 동

---

124 武田幸男, 1965, 앞의 글, 11~12쪽.

125 판독은 국립경주박물관, 2017·2019, 『신라문자자료』 I·II(이용현 판독) 참조. 금평의 부명 여부에 대해선 의견이 갈린다(이수훈, 2013, 「〈포항중성리신라비〉의 牟旦伐과 金評」, 『역사와 세계』 44 참조).

일 친족 집단이었음을 보여 준다. 이는 봉평비와 천전리서석에 보이는 사탁부의 사부지갈문왕(徙夫智葛文王, 입종갈문왕)이 탁부의 법흥왕과 형제 관계였다는[126] 데서도 확인할 수 있다.

이처럼 왕의 친족 집단인 2부가 정치 운영의 중추였던 지배체제를 각 부의 정체성에만 주목하여 6부체제라고 보기는 어렵다. 이는 고구려에서 왕의 친족 집단인 계루부와 절노부 2부가 지배체제의 중심에 있었던 것과 유사하다. 이러한 지배체제에서 부명을 관칭한 것은 왕의 친족 집단과 여타 귀족 간의 위상 차이를 드러내는 수단이기도 했을 것이다.

신라에서 2부와 4부 간의 부등성(不等性)은 6세기 초 설치된 육부소감전 관원 구성에서 보이는 6부 간의 위상 차이에서도 확인할 수 있다.[127] 양부와 사량부의 최고위직이 감신(監臣)이 아니라 한 단계 아래의 감랑(監郎)인 것은 2부와 관련된 양궁(梁宮)과 사량궁(沙梁宮)에 설치된 사신(私臣)의 영향 때문으로 이해할 수 있다.[128]

양궁과 사량궁이 왕실 재정을 관리한 내성(內省)에 소속[129]된 것도 2부와 왕실 간의 친연성을 보여 준다. 이처럼 양부와 사량부 2부가 왕실과 친연 관계에 있던 상위의 지배자 집단으로 나머지 4부와 구별되고 있었다. 2부가 결국 왕의 친족 집단이라는 점에서 이를 종친집권체제라고 부를 수도 있을 것이다. 이는 왕권이 왕의 친족 집단에 기반하고 있던 집단적 지배체제이다.

봉평비에서 법흥왕의 소속 부명이 관칭된 것은 국왕이 부에 대한 귀속감을 갖고 있음을 보여 준다. 종래 이에 대해 국왕이 아직 귀족 대표의 위상에 머물러 있었음을 보여 주는 것이라고 이해하기도 하였다.[130] 단양적성비 이후

---

[126] 이문기, 1989, 「蔚珍鳳坪新羅碑와 中古期의 六部問題」, 『한국고대사연구』 2, 168쪽.

[127] 武田幸男, 1990, 앞의 글, 86쪽.

[128] 한영화, 2022, 「신라의 왕경 관련 행정조직과 운영-6부소감전을 중심으로-」, 『한국고대사연구』 108, 189쪽.

[129] 『삼국사기』 권39 잡지8 직관 중 내성.

[130] 주보돈, 1989, 「蔚珍鳳坪新羅碑와 法興王代 律令」, 『한국고대사연구』 2, 123쪽.

왕이 부명을 관칭하지 않은 것에 비해 왕권의 초월성이 미약한 것은 분명하지만, 매금왕과 갈문왕의 위상을 여타 부의 귀족들과 비교하기는 어렵다. 국왕의 부명 관칭은 왕권의 기반이 아직 국왕의 혈연적·지연적 공동체인 친족 집단을 벗어나지 못한 상태임을 시사해 준다. 국왕이면서 동시에 그가 속한 친족 집단의 대표로서 부명을 관칭한 것이다.

냉수리비와 봉평비에서 인명을 기록할 때 관등이 높은 자부터 기록하면서도 출신 부별로 묶어서 구분하였다. 사탁부나 탁부 2부 출신의 관등 소지자는 전형적인 관등 체계에 따라 순서대로 기록된 데 반해 기타 부 출신자는 그와 전혀 다른 계통의 관등인 간지(干支)를 소지한 것으로 보인다.[131] 중성리비에는 기타 부의 관등으로 간지 외에 일벌(壹伐)도 보인다. 간지나 일벌은 2부의 관등에서는 보이지 않는 것이다. 간지는 지방의 유력자인 촌주에게 외위로 내려지기도 하였다. 중성리비에는 간지 외에 일금지(壹金知)도 외위로 보인다.

간지·일벌 등의 관등은 단양적성비부터 경위에서 더 이상 보이지 않게 된다. 6세기 중엽에 이르러 경위가 2부의 관등 체계를 중심으로 일원화된 것이다. 경위 체계가 일원화되기 이전에는 부별로 관등 체계가 달랐기 때문에 부를 기준으로 나누어 기록할 수밖에 없었을 것이다. 봉평비 단계까지는 6부의 관등 체계가 일원화되어 있지 않았을 뿐만 아니라 경위와 외위가 구분된 이원적인 체계였다.

경위와 외위의 일원화는 문무왕 대(661~681)에 이르러 이루어진다. 문무왕 유조(文武王遺詔)의 "疏爵均於內外"는 경·외위의 일원화와 관련된 표현으로 짐작된다. 이 무렵에 6부 간의 부등성과 부명 관칭이 사라지고 육부소감전도 전읍서(典邑署)로 바뀌게 된다.[132] 이는 6부의 개체성이 약해진 것을 의미하며,

---

131 武田幸男, 1990, 앞의 글; 2020, 「新羅六部とその展開」, 『新羅中古期の史的研究』, 勉誠出版, 426~432쪽.

132 전덕재, 1996, 『신라육부체제연구』, 일조각, 151쪽.

중앙의 6부와 지방의 성·촌을 뛰어넘은 일원적인 지배체제는 사실상 이 단계에 이르러 정비된다.

고유명 부이든 방위명 부이든 기본 성격은 왕족이나 귀족(족장) 등 지배자집단의 혈연적·지연적 공동체 단위였다. 『삼국지』에서 고구려의 5부를 '오족'(五族)이라고 하고 계루부를 '왕가'(王家)라고 한 것이나 왕의 '종족'(宗族)이나 전왕족이나 왕비족의 대가를 고추가라고 불렀던 것은 초기의 부가 출계나 혈연과 깊이 관련되어 있음을 보여 준다. 『한원』에서 고구려 5부를 '오종'(五宗)이나 '귀인지족'(貴人之族)이라고 한 것이나 내부(內部, 桂婁部)를 '왕족'이라 한 것은 7세기 중엽까지 부의 성격이 왕족이나 귀족의 족적(族的) 집단이었음을 의미한다.

『삼국지』의 '본유오족'(本有五族)이나 『한원』의 '부귀오종'(部貴五宗) 기록을 연결해 보면 고구려의 5부는 초기부터 족적 정체성에 기반한 지배 집단으로 계속 존속하였다고 이해할 수 있다.[133] 이처럼 고구려의 5부가 초기부터 후기까지 족적 집단으로 보이는데도 그동안 연구에서 이를 간과한 것은 앞서 본 혈연(원시)에서 지연(국가)으로의 이분법적 진화 도식에 얽매여 있었기 때문이다.

고구려 후기의 관등 체계는 관등의 순서나 명칭에서 기록에 따라 상당히 복잡하게 나타난다. 『수서』와 『당서』에는 12등급, 『주서』에는 13등급, 『한원』에는 14등급으로 보인다. 이에 대해 학계의 의견도 12등 설[134]과 13등 설[135]로 나뉘어 있다. 이러한 현상은 각 기록의 원전 자료의 차이나 서술자의 오인에서 기인한 것일 수도 있지만,[136] 그 배경에는 신라의 관등제 성립 과정을 참고

---

133 이준성, 2020, 「고구려 초기 읍락의 성격과 '部'의 성립」, 『한국사연구』 190, 27~29쪽.

134 임기환, 1999, 「4~7세기 관등제의 전개와 신분제」, 『한국 고대의 관등제와 신분제』, 아카넷; 2004, 『고구려 정치사 연구』, 한나래.

135 武田幸男, 1978, 「高句麗官位制とその展開」, 『朝鮮學報』 99·100합; 1989, 『高句麗史と東アジア-〈廣開土王碑〉研究序說-』, 岩波書店.

136 이규호, 2021, 「《翰苑》〈高麗記〉에 보이는 고구려 官名의 구조와 특징」, 『규장각』 59; 2022, 『한

하면 관등 체계가 후기까지 일원화되는 과정에 있었다고 볼 수 있다. 현재까지 연구에선 4세기 후반에 서열화된 일원적인 관등제가 성립되었다고 보지만, 부의 공동체적 지속성에 관심을 두고 관등제의 장기적인 성립 과정을 검토할 필요가 있다.

5. 초기국가의 국가 구조와 지역 공동체

6세기에 들어가면 삼국에서 왕권 강화와 함께 지방에 대한 일원적인 지배 체제가 정비되기 시작하였다. 지방관의 파견이나 조세 수취 등 중앙집권체제의 정비는 철제 농기구의 보급에 의한 농업생산력의 발전에 따른 것이거니와 삼국 간의 영토분쟁이 본격화되면서 국가 재정 확충이나 인력 동원의 필요성이 증가하였기 때문이다.

지방관을 파견하여 조세를 직접 수취하기 이전에는 지역에서 중앙으로 방물(方物)을 바치는 공납이 일반적인 수취 형태였다. 신라의 각 지역에서 공납을 바친 사례는『삼국사기』파사왕 5년(84)부터 지증왕 13년(512)까지 보이다가 그 이후에는 더 이상 나타나지 않는다. 대체로 청우(靑牛)·가화(嘉禾)·일각록(一角鹿)·장미백치(長尾白雉)·육안구(六眼龜) 등 신물(神物)의 의례적 진상이 기록에 보인다. 지증왕 13년에 우산국이 귀속하여 해마다 토의(土宜, 토산물)를 바쳤다는 기록을 보면, 그 이전의 공납도 세공(歲貢)의 형태였을 것이다.

백제에서도 초고왕 48년(213) 서부인(西部人) 회회(茴會)의 백록(白鹿) 헌상, 고이왕 25년(258) 말갈 추장 나갈(羅渴)의 양마(良馬) 헌상 기록을 통해 지역 세력에 의한 의례적 공납이 이루어졌음을 알 수 있다. 동성왕 11년(489) 가을에 국남(國南) 해촌인(海村人)의 합영화(合穎禾) 헌상이 마지막 공납 기록인데, 바로 이

원 번이부의 세계』, 학연문화사, 146~150쪽.

어 10월에 천지에 제사를 올리고 11월에 남당에서 군신들에게 연회를 베풀었다. 이처럼 공납은 지역 세력의 중앙 지배자들에 대한 복속 의례로서의 성격을 띠고 있었다.

고구려에서는 민중왕 4년(47)부터 공납 기록이 보이는데, 대체로 2~3세기에 동해안 지역의 헌상 기록이 집중적으로 보인다. 이는 고구려의 동해안 진출 과정이나 지배 방식과도 관련이 있다. 2~3세기 고구려는 동해안의 동옥저를 신속시키고 대인(大人)을 통해 그 지역을 간접 지배하였다. 대가를 보내 맥포(貊布)와 어(魚)·염(鹽) 등을 수취하며 그 지역인들을 '노복'(奴僕)과 같이 대우하였다.[137] 동옥저를 노복처럼 대우한 것은 이종족(異種族)에 대한 집단적 지배 형태인 공납적 수취에 기반한 종족 지배[138] 혹은 종족노예제[139]와 같은 것이다. 즉 예족인 동옥저를 이종족과 같이 종족 집단 단위로 지배한 것이다.[140]

『삼국지』 동이전에서는 부여의 호민(豪民)들이 하호(下戶)를 '노복'으로 삼았다고 하였다. 고구려가 동옥저인들을 노복처럼 대우한 것과 비슷한 양상이다. 노복과 같은 대우를 받은 하호의 성격에 대해선 그동안 많은 연구가 있었다. 하호는 읍락 공동체의 구성원으로서 호민과 대비되는 민의 하층부를 구성한 계층으로,[141] 사회적으로 노복처럼 대우받았지만 기존 공동체와 자기 경리를 유지하면서 공납 등의 조세 부담을 지고 있던 집단적 예속민(피복속 종족)과 같은 존재로 이해된다.[142]

---

[137] 『삼국지』 권30 동이전 동옥저.

[138] 武田幸男, 1978, 「廣開土王碑からみた高句麗の領域支配」, 『東洋文化研究所紀要』 78; 1989, 앞의 책, 59쪽.

[139] 金洸鎭, 1937, 앞의 글; 박경철, 2003, 「高句麗 異種族支配의 實相」, 『한국사학보』 15, 306쪽.

[140] 이종록, 2022, 『高句麗 前期 동해안지역 복속과 滅族社會 연구』, 고려대학교 박사학위논문.

[141] 武田幸男, 1967, 「魏志東夷傳にみえる下戶問題」, 『朝鮮史研究會論文集』 3; 홍승기, 1974, 「1~3세기의 民의 存在形態에 대한 一考察-所謂 '下戶'의 實體와 관련하여-」, 『역사학보』 63.

[142] 조법종, 2003, 「한국 고대사회 노비제의 특성」, 『한국사학보』 15, 279쪽.

피지배 종족 집단의 예로는 414년 건립된 광개토왕비에서 수묘인 집단으로 보이는 '신래한예'(新來韓穢)의 한과 예가 대표적이다. 한(마한)과 예(예맥)는 고구려의 피지배 종족 집단으로 대외전쟁에 군사로 동원되기도 하였다.[143] 이 외에 양맥·숙신·말갈도 고구려에 의해 군사로 동원된 피지배 집단이었다. 특히 말갈은 백제와 신라의 기록에서도 단독으로 또는 고구려를 따라 북변을 자주 침입한 종족 집단이었다.

『삼국사기』에 보이는 말갈의 실체에 대해선 그동안 예(동예)나 예맥과 관련하여 다양한 논의가 있었지만,[144] 삼국의 주민과 이질적인 종족 집단을 말갈이라고 낮추어 구분한 것이라 할 수 있다. 고구려가 동옥저와 동예 지역을 영역화한 이후에도 그 지역 주민들을 7세기 중엽까지 '말갈'로 칭한 것[145]은 그들의 공동체를 해체하지 않고 종족 집단인 채로 예속시켜 간접 지배하였음을 의미한다.

신라에서도 법흥왕 11년(524) 건립된 울진 봉평비에서 거벌모라(居伐牟羅)·남미지(男弥只) 등의 촌을 일반 촌과 구분하여 '노인촌'(奴人村)으로 처우하고 '노인법'(奴人法)에 따라 처벌하였다.[146] 여기서 노인은 원래 비신라계였다가 신라에 점령당해 포로로서 집단적으로 노예적 존재가 된 집단적 예속민들로 신라에 복속되어서도 그들이 가지고 있던 공동체적 관계를 해체당하지 않고

---

143 『후한서』 권85 동이전 고구려; 『삼국사기』 권15 고구려본기 태조대왕 66년 및 69년(121); 『삼국사기』 권19 고구려본기 양원왕 4년(548).

144 유원재, 1979, 「三國史記 僞靺鞨考」, 『사학연구』 29; 이강래, 1999, 「《삼국사기》의 말갈 인식」, 『백산학보』 52; 2011, 『삼국사기 인식론』, 일지사; 노태돈, 2003, 「《삼국사기》에 등장하는 말갈의 실체」, 『한반도와 만주의 역사 문화』, 서울대학교 출판부; 2020, 『고구려 발해사 연구』, 지식산업사.

145 『삼국사기』 권22 고구려본기 보장왕 20년(661). 고구려장군 뇌음신이 북한산성을 공격할 때 이끈 '靺鞨衆'은 신라본기(무열왕 8)에는 말갈장군 생해의 군대로 나온다.

146 노인촌의 대상에 대해선 남미지촌만 해당한다고 보기도 하고 그를 관할한 거벌모라 뿐만 아니라 아대혜촌(阿大兮村)·갈시조촌(葛尸條村)도 포함된다고 보기도 하여 의견이 다양하다. 이에 대해선 최경선, 2019, 「6세기 「봉평리비」의 奴人村과 村使人」, 『한국고대사연구』 93 참조.

거의 그대로 유지한 채 국가로부터 부과된 일정한 국역을 부담하였던 존재로 여겨진다.[147] 6세기 초 신라에도 변경 지역 주민을 노복과 같은 집단예속민으로 간접 지배한 종족 지배 방식이 존재한 것이다.

포항 중성리비나 냉수리비의 내용은 홍해나 영일 지역의 궁(宮)이나 재(財)와 관련된 분쟁에 관련 부의 대표자들이 '공론'(共論)하여 판결한 것이다. 분쟁의 대상이 단지 지역의 재화에 불과하였다면 갈문왕이나 부의 대표자들이 대거 참여하여 그 귀속 문제를 두고 공론하여 판결하고 비를 건립하지 않았을 것이다. 분쟁의 대상인 재나 궁의 성격에 대해선 논쟁이 있지만,[148] 왕경의 지배자 집단이 공론을 통해 판결하였다는 것은 그 귀속이 그들의 이해관계와도 무관하지 않다는 것을 시사해 준다. 이는 두 지역과 부의 경제적 관계를 보여 줄 뿐만 아니라 당시 지배자 집단의 소유 형태가 사적 소유보다는 공동체적 소유(종족소유)에 가까웠음을 추정케 한다.

공납제에 기반한 지역 공동체에 대한 종족적 지배는 삼국 이전 고조선 시기부터 존재한 간접 지배 방식이었다. 기원전 3세기 초 연(燕)의 침공을 받고 소멸한 맥국은 고조선에 예속되어 있던 서방의 종족 집단으로,[149]『관자』의 발조선(發朝鮮)이나『사기』의 진번조선(眞番朝鮮)과 동일한 실체로 이해된다.[150] 위만조선 시기의 진번·임둔이나 옥저·예맥 등도 고조선 시기의 맥국과 비슷한 성격의 예속 집단이었다. 위만조선의 국가 구조는 역계경·예군남려·이계상 등의 지역 족장이 종족 집단을 거느리고 중앙에 예속되어 있던 중층적 구조로 이해된다.[151] 역계와 이계의 계(谿)는 모두 계곡을 뜻하며 고구려 초기

---

147 주보돈, 1989, 앞의 글, 119~120쪽.

148 홍승우, 2012, 「〈포항 중성리 신라비〉의 분쟁과 판결」, 『신라 최고의 금석문 포항 중성리비와 냉수리비』, 주류성 참조.

149 박대재, 2013, 「《山海經》의 貊國과 朝鮮」, 『중국 고문헌에 보이는 고대 조선과 예맥』, 경인문화사.

150 박대재, 2014, 「古朝鮮과 齊의 해상교류와 遼東」, 『한국사학보』 57; 2017, 「고조선 이동설에 대한 비판적 검토」, 『동북아역사논총』 55.

의 하천 변이나 계곡의 지역 집단을 의미하는 나(那)[152]와 통한다.

　고조선과 위만조선에 예속되어 있던 예·맥·예맥 등은 종족 집단의 명칭이다. 이들은 고구려나 부여에 신속되어 있던 동옥저나 읍루와 같이 대군장이 없던 종족사회였다.[153] 『삼국지』에서는 동옥저와 읍루를 '국'(國)이라고 표현하였는데, 이는 두 종족 집단이 대국인 고구려·부여에 예속되어 있던 '소국'이라는 의미이다. 고조선 시기의 맥국이나 위만조선의 진번·임둔 등도 대국에 예속되어 공납을 바치던 소국(소읍)의 종족사회라고 볼 수 있다.

　6세기 중엽 이후가 되면 삼국의 기록에서 지방의 공납이 더 이상 보이지 않는다.[154] 물론 지방의 방물 헌상은 그 이후에도 계속 이어졌지만, 중앙에 의한 직접적인 조세 수취가 제도화되면서 특기하지 않게 된 것이다. 6세기에 들어오면 삼국은 지방에 대한 직접적인 지배를 지향하며 거점 지역에 지방관을 파견하고 조세제도를 정비하기 시작한다.

　고구려의 지방 지배는 부(部) 소속 관인이나 그 지역 출신의 유력자를 통한 간접적인 지배 방식에서 시작되었다. 서천왕 19년(288)과 미천왕 원년(300)에 해곡태수(海谷太守)와 압록재(鴨渌宰)가 나타나는데, 이들은 각 지역의 토착 유력자를 의미하는 것으로 보인다. 부명이 관칭된 지방관으로 봉상왕 2년(293) 북부 소형(小兄)으로 신성재(新城宰)를 맡다가 전공을 세워 대형으로 승급한 북부 출신의 고노자(高奴子)가 있다. 북부 대형 고노자는 3년 후 모용외가 침공해 올 때 다시 신성태수를 맡게 된다.

　위와 같이 『삼국사기』의 3세기 말 기록에 보이는 재(宰)와 태수(太守)의 성격에 대해 중앙에서 파견된 지방관이라고 보는 견해[155]도 있다. 하지만 해곡태

151　박대재, 2013, 앞의 글, 271~272쪽; 2021, 앞의 글, 122~127쪽.

152　三品彰英, 1953, 「高句麗五部について」, 『朝鮮學報』 6.

153　『삼국지』 권30 동이전 동옥저 및 읍루.

154　고구려에서는 양원왕 4년(548)에 환도성에서 嘉禾를 진상하였다고 하여, 신라나 백제에 비해 늦은 시기까지 공납 기록이 보인다.

155　김현숙, 1997, 「高句麗 中·後期 中央集權的 地方統治體制의 發展過程」, 『한국고대사연구』 11, 20쪽.

수와 압록재는 부명이 관칭되지 않은 것으로 보아 각 지역 토착 세력으로 추정된다. 또한 고노자는 모용외의 침입을 격퇴한 공로로 소형에서 대형으로 승급하고 신성 주변의 곡림(鵠林)을 식읍으로 받은 것에서 볼 수 있듯이 지방관이기보다 북부 소속의 제가(諸加)에 해당한다고 볼 수 있다. 당시 모용외의 침공으로 봉상왕이 신성 지역으로 피신하던 중 고노자의 응전 덕분에 위기를 모면할 수 있었다. 3년 후 모용외가 다시 침공해 오자 봉상왕은 국상 창조리의 건의를 받아들여 북부 대형 고노자를 다시 신성태수로 임명하여 방어에 성공하였다. 이런 정황으로 보아 고노자는 신성에 상주하던 지방관이라기보다 자전(自戰)할 능력을 갖춘 북부의 제가로 전시에 왕명을 받아 신성을 방비하였으며 식읍인 곡림 주변의 신성 일대는 북부와 연고가 있던 지역이라고 볼 수 있다.

5세기의 금석문에 보이는 북부여수사(北夫餘守事, 모두루묘지)나 고모루성수사(古牟婁城守事, 충주고구려비)도 북부여 출신의 모두루(牟頭婁)나 하부(下部) 출신의 대형(大兄)이 맡았다. 수사는 초기의 재나 태수와 같이 중국식 한자의 뜻을 가진 관명으로 보이지만 다른 기록에서는 확인되지 않는다. 그런데 6세기 중엽 이후 기록에서 지방관으로 보이는 욕살·처려근지 등은 그 이전과 달리 고구려 고유식 관명으로 보인다. 이는 중국식 관명의 지방관이 고구려가 지방제도를 정비하기 이전에 지역 세력이나 귀족 세력에 의지하던 단계의 의제적 성격의 초기적 지방관임을 시사해 준다.

고구려는 6세기 중엽 이후에 지방의 대성(大城)·제성(諸城)에 욕살·처려근지[道使]를 파견하고 그 아래에 가라달·누초 등을 두었다.[156] 이 지방관들 사이에 4단계나 3단계의 통속 관계가 있었다고 보는 시각도 있지만,[157] 수십 성이 모두 관사를 두고 상호 통섭하였다는 기록[158]과 욕살과 도사 아래 각각 요좌

---

156 『한원』권30, 번이부 고려.
157 김현숙, 1997, 앞의 글, 43쪽 참조.
158 『주서』권46 이역열전 고려.

를 두어 조사(曹事)를 분장케 했다는 기록[159]을 참고하면 욕살과 처려근지 사이에 통속 관계가 있다고 보기는 어렵다. 『한원』에 의하면 가라달은 당의 장사(長史)에 비견되었으므로 도독에 비견된 욕살과 자사에 비견된 처려근지의 속관이 분명하며,[160] 누초는 현령에 비견되었으므로 규모가 작은 소성의 지방관이라 할 수 있다. 따라서 대성에는 욕살과 처려근지가 병렬적인 관계로 각각 배치되고 소성에는 누초가 설치된 2단계 체계였다고 보인다.[161]

『책부원귀』(권170)에서 욕살을 군주(軍主)라고도 한 것으로 보아 군사적으로 중요한 거점성에 욕살을 설치하고 행정적으로 중요한 거점성에는 처려근지(도사)를 설치하여 상호 유기적으로 통섭하게 하였던 것으로 보인다. 소성의 누초가 욕살(군주)이나 처려근지(도사)의 통속을 받았는지는 분명치 않다. 하지만 『신당서』에서 고구려 멸망시 행정구획이 5부(部)·176성(城)이라고 한 데 반해 백제는 멸망시 5부(部) 37군(郡) 200성(城)이었다고 한 기록을 보면, 고구려에서는 성을 통속한 군급의 상위 조직이 있었다고 보기 어려울 듯하다.

6세기 전반 안장왕 대부터 양원왕 대까지 왕위 계승전으로 인해 왕권이 귀족 세력들에 대한 통제력을 상실하게 되었고, 유력 귀족 집단이 정국 운영의 주도권을 장악하면서 귀족연립체제가 형성되었다.[162] 귀족 집단이 주도한 정치적 상황에서 주요 거점성에 지방관이 파견되었다고 하여도 일원적인 지방 통치 체계가 단기간에 정비되기는 어려웠을 것이다. 6세기 중엽 이후에도 지방행정 단위가 개별 성(城)이었고 성을 포괄하는 상위의 행정단위가 보이지 않는다는 점에서 후기까지 군현제와 같은 지방제도는 실시되지 않은 것으로 보인다.[163]

---

[159] 『구당서』 권199하 동이열전 고려.
[160] 武田幸男, 1980, 「朝鮮三國の國家形成」, 『朝鮮史研究會論文集』 17, 43쪽.
[161] 노태돈, 1999, 『고구려사연구』, 사계절, 246~252쪽.
[162] 임기환, 1992, 「6·7세기 高句麗 政治勢力의 동향」, 『한국고대사연구』 5.
[163] 정호섭, 2019, 「고구려의 州·郡·縣에 대한 재검토-중·후기 지방편제의 이해와 관련하여-」, 『사학연구』 133, 38쪽.

반면 백제에서는 무령왕 후기~성왕 초기(520~530년대)에 실시된 22담로제(檐魯制)나[164] 538년 사비 천도 후 실시된 방(方)·군(郡)·성(城)제에 의해[165] 군현제적인 지방 지배가 이루어진 것으로 이해된다. 군현제는 지방 조직 간의 상하 통속 관계를 특징으로 한다는 점에서 방군성제를 군현제와 연결해 볼 수 있다. 대당평백제비명(大唐平百濟國碑銘, 660)에서는 백제 고지를 5도독부 37군 250현으로 편제하였다고 하여 방군성제가 주군현제에 비견된 지방제도임을 알 수 있다. 다만 『신당서』에서는 200성이라 하여 250현과 차이가 나는데, 이는 백제가 의자왕 대 가야 고지를 점령하여 말기의 영역에 변동이 있었던 사실[166]과 관련이 있을지 모른다.

　방군성제가 처음 실시된 시기는 사비천도 이후 성왕 대로 추정되지만, 554년 성왕이 관산성 전투의 패전으로 전사한 이후 왕권이 약화되고 정국 운영의 주도권을 잡고 있던 기존 귀족 세력들이 쇠퇴하게 되었다. 위덕왕 대(554~598)와 그후 단명한 혜왕·법왕 대까지는 대성팔족(大姓八族)으로 대표되는 귀족 세력들이 왕권을 제약하였던 것으로 보인다.[167] 이런 정국 변화로 인해 6세기 후반까지는 방군성제가 안정적으로 정착되기 어려웠을 것이다.

　왕권이 다시 강화되고 대성팔족의 권한이 약화된 시기는 무왕 28년(627) 이후 시기로 이해된다.[168] 특히 의자왕 즉위 다음 해(642) 1월에 왕족과 귀족 등 40여 명을 섬으로 추방한 친위정변 이후 왕권은 직계 왕족을 중심으로 더욱 공고해졌다.[169] 의자왕은 친위정변 직후 같은 해 2월에 주군(州郡)을 순행하고

164　김영심, 2018, 「백제 웅진시기 지방통치의 구상과 운영의 실제」, 『백제 웅진기 영역과 지방지배』, 한성백제박물관 백제학연구소, 102쪽.

165　박현숙, 2005, 앞의 책, 172쪽.

166　박종욱, 2021, 『百濟 泗沘期 新羅와의 전쟁과 영역 변천』, 고려대학교 박사학위논문.

167　문동석, 2007, 『백제지배세력연구』, 혜안, 231쪽.

168　김주성, 1998, 「백제 무왕의 사찰건립과 권력강화」, 『한국고대사연구』 6, 278쪽.

169　김수태, 2007, 「의자왕의 친위정변 단행과 대외관계」, 『사비도읍기의 백제』, 충청남도역사문화연구원, 370쪽; 김영관, 2015, 「백제 말기 중앙 귀족의 변천과 왕권」, 『한국고대사탐구』 19, 28쪽.

위무하였는데,[170] 방군성제가 군현제적인 지방제도로 실제 정비된 시기는 이 때인 것으로 추정된다. 의자왕은 왕권 강화와 지방 통치제도의 정비를 통해 중앙집권국가의 체제를 갖춘 직후 같은 해(642) 8월 신라의 대야성을 함락시킨 이후 신라의 서쪽 변경인 가야 고지를 파상적으로 공격하였다.

6세기 후반에 들어와 고구려에서는 인세(人稅)로 포(布) 5필과 곡(穀) 5석을, 조(租)로 호(戶)의 등급에 따라 1석~5두를 부과하게 된다.[171] 그러면서도 말갈족과 같은 이종족으로 추정되는 유인(遊人)들에게는 일반민보다 적은 조세를 10인이 함께 부담하게 하였다.[172] 이는 후기까지 종족 집단별 공동체적 지배가 존속하였음을 보여 준다. 백제에서도 6세기 후반에 그해의 풍흉에 따라 차등을 두어 포·견사(絹絲)·마(麻)·미(米) 등으로 부세를 수취하였다.[173] 고구려나 백제에서 수취한 인세·조·부세 등의 구체적인 성격에 대해선 여러 견해가 있지만,[174] 6세기 후반에 들어와 양국에서 대민 수취 체계가 성립되기 시작하였음을 보여 준다.

신라에서도 함안 성산산성 목간과 경주 남산신성비(591) 등의 금석문을 통해 6세기 후반에 정남(丁男)에게 조(租)를 수취하고 도사(道使)와 성·촌의 사인(使人) 등을 통해 역역 동원이 이루어졌음이 확인된다.[175] 도사는 5세기 후반부터 지방의 주요 거점에 파견된 지방관으로 추정되며, 『양서』 신라전에 보이는 52읍륵은 도사가 파견된 행정성(촌)으로 이해된다.[176] 촌(村)제가 실시되기 이전인 5세기 후반에는 관도(官道)를 따라 도사를 파견하여 지방의 공납을 수취하여 왕경으로 운송한 일을 맡게 하였으며,[177] 6세기에 들어와서는 지방

170 『삼국사기』 권28 백제본기 의자왕 2년(642).

171 『수서』 권81 동이전 고려.

172 김기흥, 1991, 『삼국 및 통일신라 세제의 연구』, 역사비평사, 39쪽.

173 『주서』 권49 이역전 백제.

174 전덕재, 2006, 『한국고대사회경제사』, 태학사, 208~218쪽 참조.

175 강나리, 2023, 『新羅 中古期 稅役制度 硏究』, 고려대학교 박사학위논문, 165~167쪽.

176 주보돈, 1998, 『신라 지방통치체제의 정비과정과 촌락』, 신서원, 85쪽

의 거점 지역인 행정성·촌에 도사를 파견하여 주변의 여러 자연촌을 통제하였다.[178]

단양적성비에는 소녀(小女)·소자(小子) 등 연령 등급에 따른 표현이 보인다. 이는 촌락문서의 소자(小子)·소녀자(小女子) 등과 같은 것으로, 6세기 중엽 이후 신라에서 호구 파악을 위한 연령 등급 제도가 지방까지 실시되었음을 보여 준다.[179] 적성비에서는 그 지역 주민을 '적성연'(赤城烟)으로 표기하여 봉평비의 '노인'(奴人)과 같이 변경 지역 예속민에 대한 차별적인 표현이 보이지 않는 점도 주목된다.

노인은 6세기 후반 함안 성산산성 목간에서도 나타나 예속민이 계속 존재한 것은 분명하지만, 노인촌 단위로 집단적으로 국역을 부담하던 봉평비의 노인과 달리 성산산성 목간에서는 노인 개인별로 조세를 부담하는 변화상을 보인다. 함안 성산산성 목간의 노인(奴人)[180]이 조세를 부담한 방식에 대해선 노인 1인이 단독 부담했다고 보는 설[181]과 노인과 일반민이 공동 부담했다고 보는 설[182]로 나뉜다. 어느 쪽이든 성산산성 목간에서 노인이 조세를 개인별로 부담[奴人負]한 것은 봉평비의 집단별 부담[大奴村負]과는 다른 양상이라고 할 수 있다. 이는 6세기 중엽 이후 개별 인신적 지배가 노인에게까지 관철되기 시작하였음을 보여 준다.

백제에서도 사비도성 궁남지 수전(水田) 유구에서 출토된 7세기 목간[183]에서

---

177 김재홍, 2015, 「신라 중고기 道使의 운영과 성격 변화」, 『한국학논총』 44, 7쪽.

178 박성현, 2013, 「신라 郡-城·村制의 특징과 郡縣制로의 전환」, 『한국사연구』 163, 78쪽.

179 윤준혁, 2022, 「신라의 연령등급제 운영 방식과 그 의미-田制와 稅制와의 관련성을 중심으로-」, 『한국사연구』 119, 7쪽.

180 성산산성 목간의 노인에 대해선 집단예속민설, 사노비설, 사적예속민설 등으로 의견이 다양하다. 이에 대해선 김창석, 2009, 「新羅 中古期의 奴人과 奴婢-城山山城 木簡과 〈鳳坪碑〉의 분석을 중심으로-」, 『한국고대사연구』 54 및 이재환, 2018, 「함안 성산산성 출토 신라 荷札의 성격에 대한 새로운 접근」, 『한국사연구』 182 참조.

181 윤선태, 2012, 「咸安 城山山城 出土 新羅 荷札의 再檢討」, 『사림』 41.

182 이경섭, 2012, 「新羅의 奴人」, 『한국고대사연구』 68.

정(丁)·중구(中口)·소구(小口) 등 연령 등급이 확인된다. 비슷한 시기의 나주 복암리 2호 목간[184]에서도 정·중구·소구 등이 보인다. 이는 6세기 중엽 이후에 신라와 백제의 대민 지배 방식이 인신적(직접적) 지배를 지향하며 중앙집권적인 지배체제가 정비되기 시작하였음을 의미한다.

6세기 후반 이후는 공동체적 대민 지배에서 인신적 대민 지배로 전환이 이루어진 시기이며, 이는 초기국가의 중층적 구조에서 중앙집권국가의 일원적 구조로의 변동에 따른 것이다. 종족 집단이나 지역 집단을 단위로 하는 공동체적 대민 지배는 왕의 친족 집단을 중심으로 운영된 공동체적 집권체제와도 서로 통한다. 공동체를 단위로 하여 지배 집단과 피지배 집단 간의 복속 관계가 이루어진 것이다.

6세기 중엽 이후 삼국의 국가 구조가 점차 중앙집권적 방향으로 이행하기 시작하였지만, 실질적인 중앙집권국가의 성립은 7세기 후엽 신라의 문무왕·신문왕 대 중앙과 지방을 아우른 일원적인 관등제와 주군현제의 정비에 의해 완성된 것으로 보인다. 문무왕 13년(673) 백제인에게 하사한 관등 기록에는 내외(內外) 관등이 같이 보이는데, 신문왕 6년(686) 고구려인 관등 기록에서는 경관(京官)만 보인다. 그사이 외위가 없어지고 경위로 일원화된 것이다.[185]

또 문무왕 15년(675) 기록에 현의 장관인 소수(小守, 少守)와 현령(縣令)이 함께 기록된 것으로 보아 이 무렵부터 기존의 성·촌을 대신해 현(縣)제가 실시된 것으로 추정된다.[186] 현의 설치로 주군현제가 시행되었지만, 그것이 완성된 것은 신문왕 대 9주 5소경의 정비에 의해서였다. 9주에는 군주·총관·도

---

183 국립부여박물관 편, 2008, 앞의 책, 9쪽 참조.
184 이에 대한 판독과 연구사는 이용현, 2013, 「나주 복암리 목간 연구 현황과 전망」, 『목간과 문자』 10, 61~63쪽 참조.
185 하일식, 2006, 『신라 집권 관료제 연구』, 혜안, 271쪽.
186 전덕재, 2021, 「신라 중고기 말·중대초 縣制의 실시와 지방관에 대한 고찰」, 『신라문화』 58, 265쪽.

독 순으로 이름이 바뀐 지방관을 1명씩 파견하였으며, 도독의 속관으로 주조(州助)와 장사(長史)가 파견되었다. 5소경에는 사신(仕臣)이 장관으로 파견되었고, 사신의 속관으로 사대사(仕大舍)가 파견되었다. 군에는 태수, 현에는 소수 혹은 현령이 파견되었다. 그 밖에 감찰관인 외사정(外司正)은 주에는 2명씩, 군에는 1명씩 파견되었다. 『삼국사기』 경덕왕 16년(757) 군현 개편 기록에 의하면 9주 5소경 117군 293현으로, 지리지에 의하면 9주 5소경 120군 305현이 설치되었다. 한편 직관지에는 군태수가 115명인 것으로 나온다. 이러한 차이는 기록 시점에 따른 일부 군현의 승강 때문이라 볼 수 있다.[187]

신문왕 대에 정비된 신라의 주군현제는 고려의 지방제도보다 그 규모나 관할 체계에서 더 정밀하였다. 고구려와 백제의 유민을 '일통'(一統)하고자 한 신라는 관료제와 주군현제에 의해 중대 이전의 초기국가와 다른 일원적인 중앙집권국가의 구조를 갖추게 되었다. 신라의 상고기와 중대의 사이에 해당하는 중고기(법흥왕~진덕왕 대)는 중층적(heterarchical) 구조의 초기국가에서 일원적(hierarchical) 구조의 중앙집권국가로 이행한 전환기였다고 할 수 있을 것이다.

6. 맺음말

지금까지 살펴본 바에 의하면 기원전 4세기 말부터 6세기 초까지는 공동체(지역·종족) 간의 지배예속 관계로 구성된 중층적 구조의 초기국가가 지속된 시기이며, 6세기 중엽부터 7세기 중엽까지는 초기국가에서 중앙집권국가로 전환되어 가던 이행기라고 할 수 있다. 초기국가 내에서도 지배체제의 진전에 따라 원초적(inchoate)·전형적(typical)·이행적(transitional) 유형으로 세분해

---

[187] 문창로, 2016, 「지방 행정조직」, 『신라의 통치제도』, 경상북도, 201쪽.

볼 수 있다.[188] 고조선·부여·삼한은 각 지역에서 처음 등장한 초기국가의 원초적 유형에, 3세기 중엽 이후 고구려·백제·신라·가야는 그로부터 발전한 전형적 유형에, 6세기 중엽 이후의 삼국은 중앙집권화를 지향한 이행적 유형에 해당한다고 볼 수 있다.

초기국가의 원초기는 기존에 부족연맹·연맹왕국·부체제 등 연맹에 기반한 개념으로 설명되던 단계이다. 이러한 연맹체제론에서는 일원적인 중앙집권국가를 전형적인 고대국가로 파악하면서 중층적 구조의 초기국가를 본격적인 고대국가 단계로 규정하지 않았다. 4세기 후반에 고구려와 백제가 율령반포와 불교공인 등을 통해 중앙집권체제를 갖추면서 비로소 고대국가로 성립하였다고 보았다. 신라에서는 6세기 전반에 이러한 변화가 있었다고 본다.

그러나 중앙집권국가에는 중앙의 지방에 대해 일원적인 통치체제가 갖춰져 있어야 한다는 점에서 기존 이해에는 한계가 있다. 율령과 불교가 왕권과 지배 이데올로기의 강화를 가져올 수는 있지만, 이들만으로 국가 구조가 근본적으로 바뀌는 것은 아니다. 중앙의 지배력이 직접 미치지 못하는 지방에는 여전히 지역 집단이 공동체적 질서를 유지하며 중앙의 지배자 집단과 호혜적인 관계에 있었기 때문이다.

국가의 개별인신에 대한 직접적인 대민 지배가 이루어져 지역의 공동체적 질서가 해체되는 단계가 되어야 비로소 중앙집권국가라고 할 수 있다. 이러한 중앙집권화는 지방관의 파견을 통한 직접적인 지방 통치와 조세제도를 통해 가능하다. 6세기 중엽 이후 본격적인 삼국시대의 영역쟁탈전이 벌어지면서 전쟁에 필요한 인력과 재원을 효과적으로 조달하기 위해 중앙집권적인 지방제도와 조세·역역제도를 정비해 나가기 시작하였다.

그동안의 시대 구분 연구는 사회경제사적인 사회 구성에 초점을 맞추면

---

[188] H. J. M. Claessen, P. Skalník (eds.), 1978, *op. cit.*, pp.629~633.

서, 지배체제나 국가 구조에 대해서는 상대적으로 검토가 부족하였다. 서유럽의 역사를 기준으로 체계화된 기존의 고대와 중세의 시대 구분 틀에서 벗어나 인류사적인 시야에서 보면 근대 이전의 국가는 중층적 구조의 초기국가와 일원적 구조의 후기국가(중앙집권국가)로 크게 구분할 수 있다. 한국사에서 역사시대의 첫 단계는 초기국가의 시대라고 할 수 있다. 중층적 구조의 초기국가 다음에 일원적 구조의 중앙집권국가가 이어지는 역사적 추이는 동아시아뿐만 아니라 세계 각지의 인류학적 연구에서 확인되는 주류적 현상이다. 이는 3시대 구분법의 기준인 서유럽 지역에서 고대국가 다음에 분권적 구조의 중세 봉건국가가 전개된 것과는 다른 양상이다.

식민주의 역사학의 정체성론을 극복하기 위해 고대 노예제·중세 봉건제 등 서유럽 중심의 발전 단계론이나 시대 구분을 도식적으로 적용하는 과정에서 한국사에서의 지속성이나 고유성을 간과한 것은 아닌지 되돌아보아야 한다. 기존 3시대 구분법의 관성으로 인해 고대국가라는 용어가 쉽게 사라지지는 않을 것이다. 하지만 이 글을 통해 고전적 노예제국가나 중앙집권국가뿐만 아니라 초기국가도 본격적인 고대의 국가 유형으로 함께 고려될 수 있기를 기대해 본다.

중국의 하·상·주 삼대나 일본의 고훈시대 등 동아시아의 초기국가시대에는 율령보다 제의가 국가 지배체제의 중심에 있었다. 영고·동맹 등의 제천의례나 시조묘·신궁 제사 등을 통해 지배 집단과 피지배 집단을 아우른 초기국가의 호혜적 구조가 유지될 수 있었다. 이런 면에서 동아시아의 초기국가는 제의공동체라고 볼 수도 있다. 계급이나 집단 간의 모순뿐만 아니라 공동체적인 공존까지 함께 포괄한 시야에서 고대의 국가 구조를 바라볼 필요가 있다.

참고문헌

1. 국내 단행본

김기홍, 1991, 『삼국 및 통일신라 세제의 연구』, 역사비평사.

김세기, 2020, 『대가야 고대국가론』, 학연문화사.

김영하, 2002, 『한국고대사회의 군사와 정치』, 고려대학교 민족문화연구원.

_____, 2012, 『한국고대사의 인식과 논리』, 성균관대학교 출판부.

김정배, 1986, 『한국고대의 국가기원과 형성』, 고려대학교 출판부.

김철준, 1975, 『한국고대사회연구』, 지식산업사;1990, 서울대학교 출판부.

노중국, 1988, 『백제정치사연구』, 일조각.

_____, 2018, 『백제정치사』, 일조각.

노태돈, 1999, 『고구려사연구』, 사계절.

_____, 2009, 『한국고대사의 이론과 쟁점』, 집문당.

문동석, 2007, 『백제지배세력연구』, 혜안.

문창로, 2000, 『삼한시대의 읍락과 사회』, 신서원.

박대재, 2003, 『의식과 전쟁-고대국가를 바라보는 새로운 시각-』, 책세상.

_____, 2006, 『고대한국 초기국가의 왕과 전쟁』, 경인문화사.

_____, 2013, 『중국 고문헌에 보이는 고대 조선과 예맥』, 경인문화사.

박현숙, 2005, 『백제의 중앙과 지방』, 주류성.

양기석, 2013, 『백제 정치사의 전개과정』, 서경문화사.

여호규, 2014, 『고구려 초기 정치사 연구』, 신서원.

이강래, 2011, 『삼국사기 인식론』, 일지사.

이도학, 1995, 『백제 고대국가 연구』, 일지사.

이종욱, 1982, 『신라국가형성사연구』, 일조각.

_____, 1999, 『한국의 초기국가』, 아르케.

이현혜, 1984, 『삼한사회형성과정연구』, 일조각.

임기환, 2004, 『고구려 정치사 연구』, 한나래.

전덕재, 1996, 『신라육부체제연구』, 일조각.

_____, 2006, 『한국고대사회경제사』, 태학사.

주보돈, 1998, 『신라 지방통치체제의 정비과정과 촌락』, 신서원.

최광식, 1994, 『고대한국의 국가와 제사』, 한길사.

하일식, 2006, 『신라 집권 관료제 연구』, 혜안.

2. 국내 논문

강나리, 2023, 『新羅 中古期 稅役制度 硏究』, 고려대학교 박사학위논문.

권오영, 1996, 『삼한의 '국'에 대한 연구』, 서울대학교 박사학위논문.

김기섭, 1998, 「백제 전기의 부에 관한 시론」, 『백제의 지방통치』, 학연문화사.

김수태, 1998, 「3세기 중·후반 백제의 발전과 마한」, 『마한사연구』, 충남대학교 출판부.

_____, 2007, 「의자왕의 친위정변 단행과 대외관계」, 『사비도읍기의 백제』, 충청남도역사
    문화연구원.

김영관, 2015, 「백제 말기 중앙 귀족의 변천과 왕권」, 『한국고대사탐구』 19.

김영심, 2018, 「백제 웅진시기 지방통치의 구상과 운영의 실제」, 『백제 웅진기 영역과 지방
    지배』, 한성백제박물관 백제학연구소.

김재홍, 2015, 「신라 중고기 道使의 운영과 성격 변화」, 『한국학논총』 44.

김정배, 1997, 「초기국가의 성격」, 『한국사』 4, 국사편찬위원회.

김주성, 1998, 「백제 무왕의 사찰건립과 권력강화」, 『한국고대사연구』 6.

김창석, 2009, 「新羅 中古期의 奴人과 奴婢-城山山城 木簡과 〈鳳坪碑〉의 분석을 중심으로-」
    『한국고대사연구』 54.

김철준, 1964, 「古代國家發達史」, 『한국문화사대계』 I, 고려대학교 민족문화연구소.

김태식, 1990, 「加耶의 社會發展段階」, 『한국 고대국가의 형성』, 민음사.

_____, 2003, 「초기고대국가론」, 『강좌 한국고대사』 2, 가락국사적개발연구원.

김현숙, 1997, 「高句麗 中·後期 中央集權的 地方統治體制의 發展過程」, 『한국고대사연구』 11.

노태돈, 1975, 「三國時代의 '部'에 관한 연구」, 『한국사론』 2, 서울대.

_____, 2003, 「《삼국사기》에 등장하는 말갈의 실체」, 『한반도와 만주의 역사 문화』, 서울

대학교 출판부.

武田幸男, 1990, 「新羅 六部와 그 展開」, 『民族史의 展開와 그 文化』上(碧史李佑成教授定年退職紀念論叢), 창작과비평사.

문창로, 2016, 「지방 행정조직」, 『신라의 통치제도』, 경상북도.

박경철, 2003, 「高句麗 異種族支配의 實相」, 『한국사학보』 15.

박대재, 2002, 「《三國志》韓傳의 辰王에 대한 재인식」, 『한국고대사연구』 26.

_____, 2004, 「백제 초기의 회의체와 南堂」, 『한국사연구』 124.

_____, 2005, 「古朝鮮의 王과 國家形成」, 『북방사논총』 7.

_____, 2006, 「古朝鮮과 燕·齊의 상호관계」, 『사학연구』 83.

_____, 2006, 「弁韓의 王과 狗邪國」, 『한국사학보』 26.

_____, 2008, 「夫餘의 왕권과 왕위계승-2~3세기를 중심으로-」, 『한국사학보』 33.

_____, 2013, 「국가형성기의 복합사회와 초기국가」, 『선사와 고대』 38.

_____, 2014, 「古朝鮮과 齊의 해상교류와 遼東」, 『한국사학보』 57.

_____, 2015, 「고조선의 정치체제」, 『동북아역사논총』 47.

_____, 2017, 「고조선 이동설에 대한 비판적 검토」, 『동북아역사논총』 55.

_____, 2017, 「삼한시기 논쟁의 맥락과 접점」, 『한국고대사연구』 87.

_____, 2018, 「三韓의 '國邑'에 대한 재인식」, 『한국고대사연구』 91.

_____, 2019, 「변진사회의 분화와 구야국의 성장」, 『한국고대사연구』 94.

_____, 2020, 「문헌에 나타난 신라의 성립과 사로국」, 『한국고대사연구』 100.

_____, 2021, 「위만조선의 영역구조와 한군현의 재편」, 『고조선단군학』 46.

박성현, 2013, 「신라 郡-城·村制의 특징과 郡縣制로의 전환」, 『한국사연구』 163.

박종욱, 2021, 『百濟 泗沘期 新羅와의 전쟁과 영역 변천』, 고려대학교 박사학위논문.

송호정, 2000, 「고조선·부여의 국가구조와 정치운영-部와 部體制論과 관련하여-」, 『한국고대사연구』 17.

양기석, 2000, 「백제 초기의 부」, 『한국고대사연구』 17.

유원재, 1979, 「三國史記 僞靺鞨考」, 『사학연구』 29.

윤준혁, 2022, 「신라의 연령등급제 운영 방식과 그 의미-田制와 稅制와의 관련성을 중심으로-」, 『한국사연구』 119.

이규호, 2021, 「《翰苑》〈高麗記〉에 보이는 고구려 官名의 구조와 특징」, 『규장각』 59.

이기동, 1989, 「韓國 古代國家形成史 研究의 現況과 課題-新進化論의 援用問題를 중심으로-」, 『산운사학』 3.

이기백, 1959, 「高句麗王妃族考」, 『진단학보』 20.

_____, 1959, 「百濟 王位繼承考」, 『역사학보』 11.

_____, 1970, 「韓國史의 時代區分 問題」, 『한국사시대구분론』, 한국경제사학회 편, 을유문화사.

이문기, 1981, 「金石文資料을 통하여 본 新羅의 六部」, 『역사교육논집』 2.

_____, 1989, 「蔚珍鳳坪新羅碑와 中古期의 六部問題」, 『한국고대사연구』 2.

이수훈, 2013, 「〈포항중성리신라비〉의 牟旦伐과 金評」, 『역사와 세계』 44.

이영식, 2018, 「가야제국의 발전단계와 초기고대국가론」, 『한국고대사연구』 89.

이용현, 2013, 「나주 복암리 목간 연구 현황과 전망」, 『목간과 문자』 10.

이인재, 2006, 「夫餘·高句麗의 食邑制-三國志 東夷傳을 중심으로-」, 『동방학지』 136.

이재환, 2018, 「함안 성산산성 출토 신라 荷札의 성격에 대한 새로운 접근」, 『한국사연구』 182.

이종록, 2022, 『高句麗 前期 동해안지역 복속과 濊族社會 연구』, 고려대학교 박사학위논문.

이준성, 2018, 「한국학계의 고구려 성립 및 운영 연구 동향」, 『소장학자들이 본 고구려사』, 혜안.

_____, 2020, 「고구려 초기 읍락의 성격과 '部'의 성립」, 『한국사연구』 190.

이현혜, 1976, 「三韓의 '國邑'과 그 成長에 대하여」, 『역사학보』 69.

_____, 2013, 「백제 고이왕대 연맹왕국설의 검토」, 『백제연구』 58.

임기환, 1999, 「4~7세기 관등제의 전개와 신분제」, 『한국 고대의 관등제와 신분제』, 아카넷.

전덕재, 2021, 「신라 중고기 말·중대초 縣制의 실시와 지방관에 대한 고찰」, 『신라문화』 58.

정재윤, 2007, 「初期 百濟의 成長과 眞氏勢力의 動向」, 『역사학연구』 29.

정호섭, 2019, 「고구려의 州·郡·縣에 대한 재검토-중·후기 지방편제의 이해와 관련하여-」, 『사학연구』 133.

조법종, 2003, 「한국 고대사회 노비제의 특성」, 『한국사학보』 15.

주보돈, 1989, 「蔚珍鳳坪新羅碑와 法興王代 律令」, 『한국고대사연구』 2.

_____, 1990, 「韓國 古代國家 形成에 대한 연구사적 검토」, 『한국 고대국가의 형성』, 민음사.

_____, 2002, 「초기국가 형성론」, 『한국 전근대사의 주요 쟁점』, 역사비평사.

최경선, 2019, 「6세기 〈봉평리비〉의 奴人村과 村使人」, 『한국고대사연구』 93.

최몽룡, 1983, 「韓國古代國家形成에 대한 一考察」, 『김철준박사화갑기념논총』, 지식산업사.

_____, 1985, 「古代國家成長과 貿易-衛滿朝鮮의 예-」, 『한국고대의 국가와 사회』, 일조각.

하일식, 2000, 「신라 京位 관련 사료와 경위의 기원 문제」, 『한국 고대의 신분제와 관등제』, 아카넷.

한영화, 2022, 「신라의 왕경 관련 행정조직과 운영-6부소감전을 중심으로-」, 『한국고대사연구』 108.

3. 국외 단행본

武田幸男, 2020, 『新羅中古期の史的研究』, 勉誠出版.

寺澤薫, 2000, 『王權誕生』, 講談社.

_____, 2018, 『彌生時代國家形成史論-彌生時代政治史研究-』, 吉川弘文館.

佐伯陽介, 1981, 『古代共同體史論-非西歐世界と大崩壞-』, 新泉社.

下垣仁志, 2018, 『古墳時代の國家形成』, 吉川弘文館.

謝維揚, 1995, 『中國早期國家』, 浙江人民出版社.

王震中, 2013, 『中國古代國家的起源與王權的形成』, 中國社會科學院出版社.

沈長雲·張渭蓮, 2009, 『中國古代國家起源與形成研究』, 人民出版社.

Claessen, H. J. M., Skalink, P., 1978, *The Early State*, Hague: Mouton Publishers.

Feinman, G. M., Marcus, J. (eds.), 1998, *Archaic States*, Santa Fe: School of American Research Press.

Friedman, J., 1998, *System, Structure, and Contradiction: The Evolution of Asiatic Social Formations*, Lanham: AltaMira Press.

Grinin, L. E., Carneiro, R. L. (eds.), 2004, *The Early State, Its Alternatives and Analogues*, Volgograd: "Uchitel" Publishing House.

Trigger, B. G., 2003, *Understanding Early Civilizations: A Comparative Study*, Cambridge: Cambridge University Press.

4. 국외 논문

都出比呂志, 1989, 「古代文明と初期國家」, 『古墳時代の王と民衆』, 講談社.

_____, 1991, 「日本古代の國家形成論-前方後圓墳體制の提唱-」, 『日本史研究』 343.

武田幸男, 1965, 「新羅の骨品體制社會」, 『歷史學研究』 299.

_____, 1967, 「魏志東夷傳にみえる下戶問題」, 『朝鮮史研究會論文集』 3.

_____, 1978, 「高句麗官位制とその展開」, 『朝鮮學報』 99・100合.

_____, 1978, 「廣開土王碑からみた高句麗の領域支配」, 『東洋文化研究所紀要』 78.

_____, 1980, 「朝鮮三國の國家形成」, 『朝鮮史研究會論文集』 17.

三池賢一, 1970, 「《三國史記》職官志外位條の解釋」, 『駒澤大學研究所紀要』 5.

三品彰英, 1953, 「高句麗五部について」, 『朝鮮學報』 6.

小谷汪之, 1996, 「時代區分論をめぐる今日的問題狀況」, 『古代文化』 48-2.

植木武, 1996, 「初期國家の理論」, 『國家の形成』, 三一書房.

中村友一, 2017, 「國家成立期の氏族・部と系譜」, 『歷史評論』 809.

謝維揚, 1987, 「中國國家形成過程中的酋邦」, 『華東師範大學學報』 1987-6.

王震中, 2000, 「中國における古代國家の起源-研究の回顧と視點-」, 『國學院雜誌』 101-10.

Crumley, C. L., 1987, "A dialectical critique of hierarchy," *Power relations and state formation*, T. Patterson, C. Gailey (eds.), Arlington: American Anthropological Association.

_____, 2001, "Communications, Holism, and the Evolution of Sociopolitical Complexity," *From Leaders to Rulers*, J. Hass (ed.), New York: Kluwer Academic・Plenum Publishers.

Gailey, C. W., Patterson, T. C., 1995, "State formation and uneven development," *State and Society: The Emergence and Development of Social Hierarchy and Political Centralization*, J. Gledhill, et. al. (eds.), London: Routledge.

Johnson, A. W., Earle, T., 1987, "The Archaic State," *The Evolution of Human Societies: From Foraging Group to Agrarian State*, Stanford: Stanford University Press.

Rousseau, J., 2001, "Hereditary Stratification in Middle-Range Societies," *Journal of the Royal Anthropological Institute* vol.7, London: Royal Anthropological Institute of Great Britain and Ireland.

찾아보기

178, 179, 182, 183, 191, 192, 197~199,
239, 241, 251, 275~278, 283, 316~321,
395, 397~402, 404, 406~416, 421, 422,
426, 583, 586, 588~590

기자족 199

기족(箕族, 㠌族) 203, 208, 209, 211~215,
216, 218, 230

기후(㠌侯) 192, 195~199, 201~203, 206,
209, 211

기후방정 195, 197~203, 206, 215, 217~219,
222, 226, 228, 230

김광진 629

김대문 486

김원용 579, 610, 612

김정배 33, 37, 597, 598

김철준 300, 322, 323, 330, 578, 595, 596

김해 대성동 고분군 534

김해 봉황동 유적 61, 517